中国铜商文化研究资料系列丛书

曲靖师范学院中国铜商文化研究院 编

《清实录》中铜业铜政资料汇编

王瑰 陈艳丽 马晓粉 编

西南交通大学出版社
·成都·

图书在版编目（ＣＩＰ）数据

《清实录》中铜业铜政资料汇编／王瑰，陈艳丽，
马晓粉编. —成都：西南交通大学出版社，2016.7
（中国铜商文化研究资料系列丛书）
ISBN 978-7-5643-4572-3

Ⅰ. ①清… Ⅱ. ①王… ②陈… ③马… Ⅲ. ①铜－冶
金工业－史料－中国－清代 ①F426.32

中国版本图书馆 CIP 数据核字（2016）第 031852 号

中国铜商文化研究资料系列丛书

《清实录》中铜业铜政资料汇编

王 瑰 陈艳丽 马晓粉 编

责 任 编 辑	吴 迪
特 邀 编 辑	张龙高
封 面 设 计	严春艳
出 版 发 行	西南交通大学出版社 （四川省成都市二环路北一段 111 号 西南交通大学创新大厦 21 楼）
发 行 部 电 话	028-87600564　028-87600533
邮 政 编 码	610031
网　　　　址	http://www.xnjdcbs.com
印　　　　刷	四川煤田地质制图印刷厂
成 品 尺 寸	185 mm×260 mm
印　　　　张	32.5
字　　　　数	736 千
版　　　　次	2016 年 7 月第 1 版
印　　　　次	2016 年 7 月第 1 次
书　　　　号	ISBN 978-7-5643-4572-3
定　　　　价	180.00 元

中国铜商文化研究资料系列丛书

编 委 会

铜商文化：一个亟待开拓的研究领域

——"中国铜商文化研究资料系列丛书"总序

当中国经济进入新的发展阶段时，也正是地方高校面临严峻挑战之时。地方高校应对挑战的抉择，旨在选择"立地顶天"战略。这一战略的基本意蕴，实质上就是地方高校作为服务地方的"文化高地"，要主动服务和融入地方经济社会发展，依托地方优势，发掘地方历史文化资源，形成创新科研成果、学术品牌和人才培养优势，造福地方人民，在与地方经济社会发展的良性互动中获得不竭的发展动力。

曲靖师范学院位于素有"入滇锁钥"之称的云南省曲靖市。曲靖地跨滇东、滇东北，西接四川，东联贵州，向来是云贵高原中的历史悠久、文化厚重之地。在本地众多的地方文化资源中，明清时期云南铜业开发留下的文化遗产，应是最为富厚而又最具特色的。

滇东北是我国著名的川滇铜矿带上铜矿存储量最富厚的地区，而滇东北铜矿最富之地，又在明清的东川府（其辖地包含今曲靖市会泽县、昭通市巧家县、昆明市东川区）。该区域的铜业开发，一般认为可以上溯到商代，但最盛之时还是在明清时期。明代中后期，东川府铜矿的私人采冶日渐兴盛，诞生了有"钱王"之称的世界最大铜币"嘉靖通宝"。自清代康熙后期开始，东川铜矿渐渐为国家所介入，以"官本招商、垄断采购"为主要模式，将采冶推向极盛；乾嘉之世，东川府供应了全国60%以上的铸币用铜。深处乌蒙大山、难于蜀道的滇东北，也因之商贾辐辏、官民聚集、道桥广修，成为不同文化区域的交汇地带，迎来了其空前的文明盛世。当时的东川府以一县一厅的编制，列为名郡，府治会泽县，各省会馆庙堂聚集，号称一百零八所，遗留至今，生生将荒土僻壤的会泽县推入国家历史文化名城的荣耀之列。也凭着这份文化积累，清末民国，叱咤在中国历史舞台上的滇省风云人物如唐继尧、龙云、卢汉、罗炳辉等，也多出于滇东北。而整个滇东北，虽深处乌蒙大山，难入胜于蜀道，但至今仍是全滇传统汉文化保存最好而又人口稠密的地区。这是一个与滇东北铜业开发脱不了干系的奇迹。

如果将视野突破滇东北，放眼全滇，滇省从文化上最终融入中华民族大家庭的时期，是在清代。清代滇省首政便是铜务，全国60%以上的铜材来自滇东北，而云南全省则供应了全国近85%的铜材。滇西、滇南皆有大铜厂，既供应京城铸钱局，也供应黔、鄂、赣、浙、闽、粤等省的铸局采买。铜业开发，将云南与北京及全国各地紧密联系起来，形成空前的人员和经济、文化交流，从而最终完成这个文化一体化的过程。

如果把视野再投向全国、全世界，进入青铜时代几乎就等于进入文明时代。在中国，青铜时代还意味着国家时代的来临。中国的青铜文明，不仅是世界最灿烂的青铜文明，而且是中华民族本初性格的塑造者，青铜器上沉淀的中国文明，还在秦朝大一统之前，已然在中国广袤大地上实现了万里同风的格局。而青铜时代之后，铜作为秦汉以降最基本的货币材质，持续推动着古代中国经济、社会的发展演变；铜钱的铸造，也在不知不觉中成了朝代合法性的象征物。

从某种意义上说，铜实际上就是中国历史最具贯穿性和代表性的金属。

斯宾格勒曾经说过，每一种文化都植根于她自己的土壤，各有自己的家乡和故土的观念。以滇东北铜业开发为切入点，研究各个历史时期中国铜的开采、冶炼、流通、使用，及其附带的经济、政治、社会、文化、地理、生态影响等，就可以挖掘其"立地顶天"的潜质。我们暂且把这项研究称作"中国铜商文化研究"。从研究资料上说，这项研究拥有大量的文献、考古、文物、田野、地方特色资料等。历史遗存越多，表明文化越发达，因而，要把这项研究做到"顶天"的程度，至少在理论上是没有问题的。所以，我们成立了"中国铜商文化研究院"，作为开展这项研究的平台。

开启研究，面对种类繁多、数量巨大、分布零散的资料，进行系统的资料整理是首要的任务，所以我们先期出版这套"中国铜商文化研究资料系列丛书"，以为研究方便之用。

这套资料丛书的编纂，计划分为七大系统。其一，是散布于历代传统文献中的资料，如二十五史、诸子百家等；其二，是明清时期的档案、实录资料，如清代奏折、《明实录》《清实录》等；其三，是考古资料，包括考古发掘资料和考古调查资料，如铜矿遗址的发掘报告、清代铜运道路的调查资料等；其四，是清代专业文献资料的梳理，如《云南铜志》《滇南矿厂图略》《运铜纪程》等；其五，是隐藏在碑刻、谱牒、方志中的资料；其六，是国外档案资料和历代文人笔记、小说等中的资料；其七，是铜商会馆庙堂的详细建筑数据资料。这些资料由于专业性强、内容繁杂、头绪繁多，搜集难度很大。因此，我们采取边搜集、边整理、边出版的方法和谋求广泛合作的思路，以期尽快推进。

"中国铜商文化研究"，本质上是一项以大量文献、文化遗存为依据，以铜商历史文化为主要对象，并进而认识云南乃至中国历史文化的研究，但在边界上，它是一门结合经济、政治、科技、文化、社会等史实的研究，因此，中国铜商文化的研究涉及多个领域，具有一定的综合性特征，并且由于长期被主流文化所忽视，因而具有开创性意义。从目前已有的中国铜业研究来看，也确乎如此。但是，我们的目标，是要建立一个新的学科平台，这个学科以铜的社会经济活动为内核，没有具体的学科边界，只有规定的从铜的视角去窥探中国历史文化的一切，去思索中国的今天和未来，去为地方的经济、社会发展注入新的考量。

万事开头难，踏实的起步，是"顶天"的根基。唯在勤、唯在定、唯在思、唯在行，以小我之事业入于大我之情怀，以宇宙之浩淼不足一眼之放量，与诸君共勉。

曲靖师范学院　李国疆　杨黔云

清代的铜业开发（代序）

　　和秦汉以来的历代一样，铜钱（清代官方称制钱）是清国家行用最广、最深入的货币。就历代纵向比较来看，在清皇帝看来，似乎也是如此的，康熙五十三年，圣祖就曾自豪地对诸大学士说："钱法流行莫如我朝，南至云南、贵州，北至蒙古，皆用制钱，从古所未有也！"① 这不是虚言。不过，支撑清皇帝如此豪迈的，正是清代在秦汉以后空前蓬勃的铜业开发。在圣祖皇帝说出这句话时，清代的铜业开发还未达到高潮，他自豪的铜钱，有不少还是由来自日本的高价进口铜铸造的。清代的铜业开发到达高峰之后，岂止是蒙古、云南，就连新疆、西藏，同样是制钱流布之地，而且全部制钱的材质，也可谓是自给自足的。这种盛况的出现，不是偶然的、自发的，而是清廷苦心经营的结果，只是在清代，国家诸政中，才出现了所谓"铜政"。"铜政"所指并非简单的铜矿采冶，而是"一个涉及政治、经济、外交等多方面的复杂系统"②。铜业开发，与其他矿产开发相比，具有最重要的地位、最苛刻而又最灵活的政策待遇。通过这种苦心经营，清廷基本实现了自己的金融目标，也即"钱法"目标。当然，这种目标的实现，客观地还带来了清廷意料之外的积极和消极影响。

一、清代的铜业开发及其历史地位

　　清代的铸币业是从努尔哈赤建国就开始的，当时铸造了天命通宝钱，但是其可考的铜业开发却是入关之后的事。顺治初，清廷定鼎北京，即开始大规模铸钱，京师户工二部，当时统治所及各省、镇，皆铸顺治通宝钱。但铸钱的铜材来源，主要的应当还是利用了明末矿业滥采获得的铜材。清廷认为明亡于采矿，"鉴于明代竞言矿利，中使四出，暴敛病民"，于是国家放弃组织采冶，"听民采取、输税于官"③。国家获得铜材的方式只依靠矿税，但是当时的清廷正在开创阶段，天下纷扰、户口减耗，是难以保证国家铸币用铜的。而顺治初年大开铸局后，"户部以新

---

① 《清实录·圣祖实录》卷259《康熙五十三年七月己未》，中华书局1985年影印本。
② 戴建兵、许可：《清代铜政略述》，《江苏钱币》，2007年第3期。
③ 《清史稿》卷124《食货五》，中华书局1998年点校本，第3664页。

铸钱足用，前代惟崇祯钱仍暂行，余准废铜输官，偿以直，并禁私铸及小钱、伪钱，更申旧钱禁"①，可见当时清廷在尚未征用民间废铜的情况下，其铸币铜材都是充足的，其充足程度甚至达到禁用明崇祯前旧钱的程度，若非接收明廷的现成铜材，断难如此。不过，也就十年后，铜材便耗尽了，官府便不得不强索民间之铜，"以输官久不尽，通令天下，限三月期毕输，逾限行使，罪之"②。又据《清实录·圣祖实录》卷2《顺治十八年五月戊午》载户部议覆都察院左副都御史朱之弼条奏中有"钱局宜查铜本，应请饬钱法侍郎，即将各局未完本息严限追完报部"的条目，此时圣祖登基未久，可见专门获取铸币铜材的"铜本"制度，至晚在世祖去世前，已在户部设立专项资金，宣布建立了。但是，尽管如此，清廷对政府性的、大规模的铜矿采冶（也包括其他矿产），也是禁止的，怕的是矿徒聚集生乱，危害刚刚入主中原的清国家，所以当时"每内外臣工奏请开采，中旨常慎重其事"③。直到康熙十四年（1675），清廷制定和颁布《开采铜铅例》，才正式宣告了清代铜业开发的开始，该例规定"产铜及白黑铅处所，有民具呈愿采，该督抚选委能员监管采取。若地方官不准，愿采之民赴部控告，查果采得铅铜者，将不准采地方之官革职"④，名义上是开禁，实质上便是鼓励了。康熙十八年，户部等奉旨制定钱法，会议十二条上奏，既规定各地关差为京师铸钱局买铜的办法，还明确规定了地方自督抚以下监管铜铅采冶，随后又修改征课办法："各省采铜铅处，令道员总理，府佐分管，州县官专司，任民采取。八分听民发卖，二分纳官，造册季报。近坟墓处，不许采取，事有未便，该督抚题明停止。道厅官如得税铜铅，每十万斤纪录一次，四十万斤加一级；州县官得税，每五万斤记录一次，二十万斤加一级；所得多者，照数议叙；上司诛求逼勒者，从重议处。其采取铜铅，先听地主报名采取；如地主无力，听本州县人报采，许雇邻近州县匠役；如有越境采取，并衙役扰民，照光棍例治罪。"⑤ 明确了任民采取和官府监管的办法，并将地方官的考绩纳入其中，这就是制度性的鼓励了。但是，之后又有严禁、缓禁的政策反复。不过，终康熙之世，清廷对铜矿采冶的基本态度始终在维护社会秩序与地方政府、百姓的利益之间进行平衡⑥，禁止大规模的采冶，但默许民间寡少、分散，为生存计的采冶。

① 《清史稿》卷124《食货五》，中华书局1998年点校本，第3642页。
② 《清史稿》卷124《食货五》，中华书局1998年点校本，第3642页。
③ 出自〔清〕王庆云《石渠余纪·纪矿政》，转引自彭雨新：《清乾隆时期的矿政矿税与矿业生产发展的关系》//中国社会科学院经济研究所学术委员会编：《中国社会科学院经济研究所集刊》（第八集），中国社会科学出版社1986年版，第119页。
④ 康熙《大清会典》卷31《户部·库藏二·钱法》，上海古籍出版社2011年版，第1487页。
⑤ 康熙《大清会典》卷31《户部·库藏二·钱法》，上海古籍出版社2011年版，第1487页。
⑥ 常建华：《康熙朝开矿问题新探》，《史学月刊》，2012年第6期。

但是，也有例外。在云南，由于地处边疆，在大规模采冶条件下，动乱发生，国家安全仍有一定保证，而康熙四十年（1701）以后，清廷已无法按额进口日本铜材，所以康熙四十四年（1705），圣祖终于同意官局铸钱可兼采滇铜，于是政府主导的大规模滇铜开采由此获得合法地位。政府介入的方式，就是奠定了日后滇铜开发空前盛况的"放本收铜"政策，即由政府在云南省城设立国家注资的官铜店，官铜店出资招募商人组织采冶或贴补既有商人扩大开采，商人所得在正常税课之外，将余铜按官定价格专卖于官铜店，即所谓"官为经理，嗣由官给工本"①。这个政策降低了商人投资铜冶业的成本和风险，调动了民间商人和资本的参与积极性，清代铜材供应由此逐渐走上了自给之路。

世宗即位，虽然也禁止采矿，但对云南铜矿仍延续了康熙旧政，并且还令云南代京局铸钱。同时，雍正四年（1726），经过强势改土归流的昭通、东川二府，由四川划属云南，中国川滇铜矿带上铜矿储存最丰富的地区也便相应地获得了政府主导的大规模开采待遇。

高宗即位，一改乃祖、乃父政策，首先在乾隆二年全面开放了采铜之禁，"谕凡产铜山场，实有裨鼓铸，准报开采"②，然后又以诸矿皆系"天地间自然之利，可以便民"③为借口，默许金银等矿的开采，到乾隆八年（1743），经过大学士、九卿会议，高宗批准，矿禁终于全面开放。高宗不仅放开了矿禁，为鼓励采冶，还接受了都察院左副都御史仲永檀对不同地区不同矿种因时制宜地进行收买和抽课。④于是，乾隆朝的矿业政策便具有极大的灵活性，当然，这种灵活性也只体现在攸关鼓铸的铜铅采冶上，这两项是国家必须介入的。对于初开之矿、矿苗不旺之矿，在税收、通商、官买铜价等方面都给予较大优惠，税课可暂免，通商自卖比例也因地因时制宜，甚至高达七分，以便培育商力、培育大矿。即便在京局铸币所维系的滇铜上，到乾隆三十八年（1773），也将贵州铜矿通行的"一分通商"办法推广到云南矿场，"每百斤给厂民通商铜十斤"⑤。正是在乾隆朝灵活政策的促进下，整个清帝国，除满洲、蒙古以龙兴之地，直隶、顺天以京畿重地，山东以圣人故里，皆禁止采矿外，其他各地，西至新疆、南至海南，凡有铜铅之地无不报请采冶。

清代铜业开发的盛景，一直持续到嘉庆中期，之后，随着矿脉的衰竭、矿场周边林木的砍伐殆尽，到道光时期，以滇铜为例，其盛年所产已不足 300 万斤，不及

① 《清史稿》卷 124《食货五》，中华书局 1998 年点校本，第 3666 页。
② 《清实录·高宗实录》卷 95《乾隆四年六月甲辰》，中华书局 1985 年影印本。
③ 《清实录·高宗实录》卷 311《乾隆十三年三月癸丑》，中华书局 1985 年影印本。
④ 韦庆远、鲁素：《清代前期矿业政策的演变（下）》，《中国社会经济史研究》，1983 年第 4 期。
⑤ 魏明孔、魏正孔：《铜政便览点校本》，湖南科学技术出版社 2013 年版，第 44 页。

嘉庆十六年（1811）中衰前夕千万斤的三分之一。① 咸丰、同治年间，又因太平天国、云南回民起义等的打击，乾隆朝耗时几十年完善的铜政，遂为断绝。同治、光绪间，清廷谋求融入世界潮流，大开矿藏，铜矿采冶已无禁区，密迩京师的直隶平泉州也开铜矿，唐炯以巡抚衔专责云南铜矿，官督商办、引进机器，最终也无力回天。有清一代的铜业开发在竭力挣扎中，最终走向结束。

清代的铜业开发在广度上，是历代所难以企及的。就深度而言，及于西南重山之中，万里转运以达京局；其动用的人力，虽无确数，但《清史稿》载云南铜矿场"大厂矿丁六七万，次亦万余。近则土民远及黔、粤，仰食矿利者，奔走相属"②，而云南铜厂在其盛时，据研究者的统计，同时开采的矿厂基本保持在 30 所以上，最多时达 46 所。③ 若再加上全国其他地方，及服务于铜矿采冶相关产业的人口，其数目之巨就可想而知了，当是秦汉以降的历代之最。从铜产量来说，在清之前，中国历代铜产量明确记录最高的是北宋元丰元年（1078）的"千四百六十万五千九百六十九斤"④，但是仅有一年时间，其他绝大多数时期能达数百万斤就算多了。而在清代，只是滇铜的产量，据王德泰先生"根据中国第一历史档案馆藏内阁户科题本等资料考证，云南铜矿年产最高可达 1300 余万斤，通常保持在 1000 万斤以上"⑤，这个通常的时间接近 60 年。不过，若与汉代相比，清代的数据恐怕只能屈居其下。史载"自孝武元狩五年三官初铸五铢钱，至平帝元始中，成钱二百八十亿万余云"⑥，据秦晖先生的考证，此处亿即十万，二百八十亿万即二千八百亿⑦。以每枚五铢钱标准重量 3.5 克计，则共需铜 9.8 亿千克，即便以元狩五年至平帝元始五年（5）计，123 年间平均每年用铜近 800 万千克，而在清代盛时每年铸钱用铜也还不到 600 万千克。清代铸币用铜之盛在乾隆朝，自乾隆四年（1739）起，京局铸钱每年用铜 6331440 斤⑧，加上地方铸局用铜，"岁需九百余万"⑨，清代每斤重

① 严中平：《云南全省铜产销量之估计》，《清代云南铜政考》，中华书局 1948 年版，第 43 页。
② 《清史稿》卷 124《食货五》，中华书局 1998 年点校本，第 3665 页。
③ 云南大学历史系等：《云南冶金史》，云南人民出版社 1980 年版，第 54 页。
④ 《宋史》卷 185《食货下七·坑冶》，中华书局 1985 年点校本，第 4526 页。
⑤ 王德泰、强文学：《清代云南铜矿的开采规模与西南地区社会经济开发》，《西北师大学报（社会科学版）》，2011 年第 5 期。这个数值学界颇有不同的结论，严中平认为在 1200 万～1300 万，夏湘蓉认为是 1467.4481 万斤，陈庆德则认为可达 1733 万斤（《清代云南矿冶业与民族经济的开发》，《中国经济史研究》，1994 年第 3 期）。
⑥ 《汉书》卷 24 下《食货志下》，中华书局 1962 年点校本，第 1177 页。
⑦ 见秦晖：《关于西汉五铢钱的流通数额问题》，《陕西师范大学学报（哲学社会科学版）》，1988 年第 2 期。
⑧ 见严中平：《清代云南铜政考》，中华书局 1948 年版，第 13 页。
⑨ 《清史稿》卷 124《食货五》，中华书局 1977 年版，第 3666 页。

580～600克①，以其中位值590克计，则合今531万千克，显然是没有汉代高的，加上其他用铜，也当不会超过。当然，汉代新钱中肯定有一部分是废铜重铸而成，因此这个数值并不等于每年的铜产量，但是也须注意，汉时的铜并非全部用来铸钱，车马、兵器、乐器、生活器皿等所在都有用铜处。考古发现中，汉墓中的铜器也是秦汉以降最多的。汉代非铸币用铜，是常常禁用铜器的清代所无法比拟的，仅西汉里123年的时间跨度也是远长于清代铜业开发盛时的，因此即便当时平均每年产铜800万千克也不是没可能的，清铜的产量也难以望其项背。不过，就开采难度来说，清代的采冶技术并不比汉代高，而山深水远、易采铜矿的稀少，也不是汉代可比的。因此，总的来说，清代铜业开发当是秦汉以来的又一个高峰。

二、清代铜业开发的意义

清代大一统的广大和深入程度是历朝所不及的，其行用铜钱之广，也是历代之最，其铜钱供应之充足，也是秦汉以后所无。相较汉代去青铜时代未远，汉以后一千五百年，历朝历代都未如此充足地供应过铜材，清代铜业开发所取得的成就便愈发难能可贵。综合来看，其积极意义可以归结为三个方面。

第一，为清代的长久太平提供金融保障。清代的"康乾盛世"是我国历代王朝的治世之最，清代国内秩序的稳定、民生的安定，也是历朝之中最长的。太平时期，国家最重要的职能就是维护经济秩序，促进经济发展，并在此基础上调配资源、重组秩序，发展生产、传播文化，抵御外侮、拓展疆域，打造升平治世。发展经济中，良好金融制度的保障则是重要的前提，因为一切资源、人力的调配、组织都是以钱撬动的。对此，中国历代代不乏例，可以说每一个治世都是国家在反私铸、盗铸、毁钱的金融斗争中获得胜利才开创出来的。国家金融秩序稳定的长久（在中国古代其实就是货币供应的充足，或者说就是铜材供应的充足）往往决定了治世的长久。比如汉朝自武帝铸五铢钱，并将铸币权垄断到中央后，盗铸、私铸才不能扰乱国家的金融秩序，而相应的，刘氏汉朝的统治长度，汉以来，无朝能及。在清代，乾隆之前，康熙、雍正时期，多次严禁盗铸、毁钱，甚至禁止官民使用铜器，妄图从源头上断绝之，但始终不能如愿。直到乾隆时期，全面开放采铜之禁和使用铜器之禁，铜材供应日趋充足，盗铸、毁钱等弊反而趋于缓解；而高宗自诩的"十全武功"，也无不是海量铜材化作的铜钱所铺出来的；清代极盛和清代铜材供应极盛同时出现在乾隆朝，显然不是偶然的。陈雨露先生的畅销大作《中国是部金融史》，所讲述的其实也是一部铜材供应丰缺撬动的中国古代盛衰史。

---

① 参见黄盛璋：《历代度量衡里亩制度的演变和数值换算（续二）》，《历史教学》，1983年第3期。

第二，在开发边疆、巩固边疆，促进边疆和内地的经济、文化一体化进程中起到了重要作用。清代铜业大开发，主要集中在西南边疆滇黔川桂地区，其供应了清国家90%以上的铜铅资源。而这些地区，山高水深，交通艰难，民夷杂处，经济文化落后。铜业大开发的前奏，就是国家行政资源的强势介入，雍正时期，西南规模空前的改土归流就是国家行政资源的主要介入方式，而行政资源本身是经济、军事、文化等的综合资源。行政资源的强势介入，至少为改土归流地区开垦出了先进文明生长的土壤。但是，如果没有后续的先进文明的主动而持续的大量进入，则还是可能"由夏变夷"。对西南边疆而言，铜业大开发正是确保内地先进文明主动而持续大量进入的吸引内核。当时西南地区人流涌入的盛况，官员都是感到触目惊心的，如贵州按察使介锡周奏贵州米贵之由所云"黔省崇山峻岭，不通舟车，土瘠民贫，夷多汉少……自雍正五六年以来……加以银、铜、黑白铅厂，上下游十有余处，每厂约聚万人、数千人不等。游民日聚，现今省会及各郡县，铺店稠密，货物堆积，商贾日集。又如士庶一切冠婚丧祭，争趋繁华，风俗日奢。且新疆大村小寨，暨各处僻乡，酿酒日多，是皆川、粤、江、楚各省之人，趋黔如鹜，并非土著民苗"[1]；而在铜产最盛的东川府，其府治会泽县至今仍保存下来闽、黔、鄂、赣等八大会馆，并各寺观庙堂一百余所，昔日喧嚣繁华游客睹想。同样产铜且为京铜运输所必经的昭通府（今云南昭通地区），虽深处乌蒙大山，但铜冶繁兴为之留下的是至今人口稠密、华夏古风全滇首善的悖论奇迹。与东川、昭通类似，由于铜业大开发，西南产矿之地，大多一跃成为比肩内地的文明之区。人流、文明的进入，必定伴随着交通状况的改善，交通状况的改善也必会促进各色人流裹挟着诸文明因素进入，因为采铜、运铜而留下的西南地区的道、桥修建记录，也是史不绝书。如乾隆五年至十三年（1740—1748），在张允随主持下，一度修通了金沙江航道，使滇铜、川米能够自由上下；在陆路上，乾隆十七年（1752），为运铜之便，在牛栏江建成大木桥，并在腊溪河、硝厂河各建成木桥[2]，当时修建的桥道，至今仍有保存。桥道的修通，对于保卫边疆也具有重大意义，高宗时期征讨缅甸，其调兵、运粮大多利用了铜运道路。就是在保卫西南边疆上，不仅运铜道路可供利用，该地所产铜材也被就地运往前线，铸造铜炮。不光在西南边疆，在新疆，从事铜业生产的兵丁，也常被临时调来防守城池，为中央政府安定新疆、抵御外侮发挥了积极作用。到清代后期，开采边疆铜矿（也包含其他诸矿）也被上升到了"杜他族之窥伺，

---

① 《清实录·高宗实录》卷311《乾隆十三年三月癸丑》，中华书局1985年影印本。
② 见梁晓强：《东川府志·东川府续志校注》，云南人民出版社2006年版，第266-267页。

实为裕国筹边至计"① 的高度。

第三，为消化激增的人口，缓解土地和人口的矛盾，收纳游民等，开辟了重要途径。清代是我国人口大增长的时期，从康熙末到乾隆末的八十余年间，据周源和先生的研究，我国人口增长了三倍，人均耕地也从康熙时的接近 6 亩下降到乾隆时的不足 4 亩②，而"清代生产力水平下的"温饱常数"在每口 4 亩上下。此线之上社会就兴平，此线之下社会就动乱"③。高宗在其末年也感受到这份压力，不禁感叹道："以一人耕种而供十数人之食。盖藏已不能如前充裕。且民户既日益繁多，则庐舍所占田土，不啻倍蓰。生之者寡，食之者众，于闾阎生计，诚有关系。若再因岁事屡丰，粒米狼戾，民情游惰，田亩荒芜，势必至日食不继，益形拮据。"④ 到道光年间，人均耕地甚至下降到不足 2 亩⑤，但直到太平天国运动爆发前，清国家的安定秩序基本还是维持住了的。这与马铃薯、玉米等土地适应强、产量又高的农作物大量种植有关，但是，其间失去土地的人民必定还是很多的，他们也需要生存。同时，民间还有大量不愿从事耕作、经商的游民，他们也需要生存。而为他们中的多数提供了生存空间的其实就是以铜矿采冶为主的矿业开发。实际上清廷能最终开放矿禁，也是大量矿民反逼的结果。清代矿场所聚集人员之巨，前引《清史稿》已能概见。而从高宗对行川陕总督事尹继善奏报四川乐山铜矿事所发的一道上谕中，我们更能看出清廷最高决策层对矿场吸纳消化流民的基本态度。其云："向来京外鼓铸，洋铜而外惟仰给滇铜，艰于采运，诚令多得数处旺厂，广资接济，地方穷民，亦得藉以佣工觅食，于民生大有裨益。若谓川省向有啯噜子为地方之患，恐开采铜厂，或致滋事，不知此等匪徒，即不开厂，任其流荡失业，尤易为匪，惟在经理有方，善为弹压，不致生事滋扰。俾铜斤充裕，鼓铸有资，将来钱价亦可渐平。"⑥ 这是一种通过矿场把游民的破坏力转化为生产力的态度。显然，清代铜业大开发在消化流民，尽可能保持安定秩序上是作出了重大贡献的。

三、清代铜业大开发的弊病

凡事有利必有弊，清代铜业大开发，固然在多方面有着重大的积极意义，但是，其负面影响也是存在的。略言之，有两大端，其一是在错误的历史时机竭力做了一件正确的事，其二则是对生态环境的大破坏。

---

① 《清实录·德宗实录》卷 166《光绪九年七月戊子》，中华书局 1985 年影印本。
② 周源和：《清代人口研究》，《中国社会科学》，1982 年第 2 期。
③ 周源和：《清代人口研究》，《中国社会科学》，1982 年第 2 期。
④ 《清实录·高宗实录》卷 1441《乾隆五十八年十一月戊午》，中华书局 1985 年影印本。
⑤ 周源和：《清代人口研究》，《中国社会科学》，1982 年第 2 期。
⑥ 《清实录·高宗实录》卷 389《乾隆十六年五月癸丑》，中华书局 1985 年影印本。

首先，我们说第一点。清代的货币体系，是实质上的银－铜复本位制，应该说这迎合了当时世界金融潮流中货币贵金属化的趋势，但是其银的提供，根本上对外依赖海外的进口，对内则仰给于银商的兑换，这就注定了其金融体系的脆弱易动。每一次白银供给的丰缺变动，都会引起整个银钱比价的波动，从而带来金融秩序的紊乱。同时，当时世界金融还存在货币信用化的趋势。我国自宋代以来，国家金融体系中就流行信用货币中较高级的钞法，甚至清顺治初国家也还行用，因此这种趋势在国内还是存在的。但是，面对国内经济恢复、商业发展，需要更多货币时，清廷决策层却决然地摒弃了钞法，而在提供充足铜钱上费尽心思，滇铜的开采则使这种心思成为可能。但是，清廷虽然成功地供应了充足的铜钱，凡政府一切征收却又需折合为银，银钱之间的兑换，便无一日可缺。而本无自主控制的白银，虽然国家规定了与铜钱的兑换比率，但在实际中，却是按供求关系和实际重量进行兑换的。这样的金融货币体系，面临近代以来先进国家的金融入侵时，就无法发挥金融系统对资源的吸收和调配能力，从而无力为近代化的政治、经济改革垫付成本，最终阻碍了我国的近代化进程。

其次，我们说第二点。我们知道清代的矿冶技术和两千年前相比，几乎没有进步，这从与湖北大冶铜绿山的先秦采矿遗址的对比中不难看出。矿石冶炼的燃料，几乎全部来自燃烧木材的炭薪，这就需要砍伐森林。根据时人的记载，"得铜百斤，已用炭一千数百斤矣，此煎铜之大略也"[①]，按照这个比率，据研究者计算，清代每年生产1000万斤铜材，需砍伐7100公顷，即71平方公里的森林[②]，以达到1000万斤的60年计算，则要损毁4200余平方公里森林。这个问题，凸显得也很早，还在滇铜盛时的乾隆后期，王太岳即发现问题，严厉指出"硐路已深，近山林木已尽，夫工炭价数倍于前"[③]。于是，就此长久下来，原本"幽箐深林、蓊荟蔽塞"的东川府快速地沦为童童秃山，至今仍是世界泥石流地质灾害的样本地区。

（原文载于《曲靖师范学院学报》2016年第1期，作为序略有改动）

---

① 〔清〕倪慎枢：《采铜炼铜记》//〔清〕吴其濬：《滇南矿厂图略·云南矿厂工器图略》附，道光刻本，第35－36页。

② 肖本俊：《清代乾嘉时期云南矿区的"山荒"与滇铜业的衰落》，云南大学2011年，第14页。

③ 〔清〕王太岳：《论铜政利病状》//〔清〕吴其濬：《滇南矿厂图略·云南矿厂舆程图略》附，道光刻本，第80页。

凡　例

本书依据 1985 年中华书局影印本《清实录》整理汇编。

本书资料以《清实录》的编辑顺序为序，按帝王顺序分别重新编号；编号时，以卷为单位进行，同一卷下有若干条记载的，以其干支顺序依次摘录，不分别再次编号。

本资料中含铜资料的收录、取舍原则如下：

一、内容无相关性的含铜地名，不录。

二、铜炮、铜印及其他铜器，未提及数量或重量的，且没有与铜政、铜业直接相关的，不录。

三、含铜资料摘录，原则上以《清实录》中日干支下的每条记载为单位。若该条资料中，虽含有符合本书收录标准的资料，但只是夹杂在大量无直接相关的资料中，则以省略号的形式，进行适当省略；省略时为呈现原文的结构，有时省略号为独立成段。

本资料的点校原则：

一、尽量保持原文的连续性，并呈现原文的多层次引用特点；标点符号，不在字面衔接

相似之处强求统一，尽量根据具体内容的具体句群关系，给出标点。

二、《清实录》中引用的奏折，名称和内容并没有严格区分，混淆不清、长短参差，所以，在本资料中，凡引用奏折，奏折名与奏折内容，但以其文字长短和句子难易为准，简短者不加标点，长、难者加引号标出，一般不作书名号处理。

三、有今字的古体字改换为今体标准用字，电脑输入法无法打出的字，用电脑软件合成。

四、文中需要加注处，在行文中以"（）"标注在其后；人物名称、官名需要补充，才能使资料相对完整的，亦用此符号补充。

附录中索引编制方法：

一、本资料的索引序号，以每条资料前的编号（而非《清实录》中的卷号）为检索依据。

二、附录一中，中央主要部门类别，限于本书中出现次数较多的；省份以清代省名为准，此两类亦以各自实际数量作一定集中处理。国别，按出现的先后顺序排列。洋铜类，包含西法炼铜的内容。

三、附录二、三，以地名、人名的拼音字母为序排列；拼音相同的则按在资料中出现

的先后顺序排列。

　　四、附录四，铜厂省份以在该资料中出现的先后顺序排列；每省之下，同一地域的集中排列。厂地所在地，以《清实录》中提到的为准，未有明确提及的则不录；云南诸铜厂，可参考《铜政便览》和《新纂云南通志》标出的，则标出，否，则亦不录。

　　五、附录中用"＜　＞"表示编者根据清实录前后文提示，或者《清史稿》相关资料补充进去的字。

目　录

太宗实录部分

001 卷59·崇德七年三月

戊戌 朝鲜国王李倧移咨到部，咨云：

据议政府状启：本年二月初十日，该石城军丁贵生告称，初三日下午时，有异样船一只行至扭岛外洋，遭飓风大作，泊于多大浦镇前，即着通事崔义吉驰往泊船处，详探事情。去后，回据本官口报，本差系是倭差平城幸坐船，封进押物人一名、侍奉一名、伴从三名、稍（艄）公四十名。诘问得本倭称有公干。有许，首座滕智绳等亦从后而来，当俟洪、李两通事至面悉之等情。据此，行据本府状启，差礼曹官一员，与通事官洪喜男、李长生等前往釜山细问本倭情由。去后，续据东莱府节制使丁好恕驰报，洪喜男、李长生等就馆探问。

本倭言："我国大君年将四十，每以无嗣为忧，上年八月始生一男，名之曰若君，大小官员咸聚江浒（今江户）致贺。大君言于岛主曰：'吾以无功无德之人，承袭关白三世于兹，年将四十尚无一子，惟得罪先世是惧，幸而天佑神助，晚得此男，朝鲜闻之，亦必喜悦矣。'有一执政言于岛主曰：'此是日本国之大庆，朝鲜必有遣使致贺之举。'因着岛主通知，故岛主差我等来者。且日光山有甲康庙堂，而庙堂之后新创社堂，梁柱四壁皆以玉石营造，华丽无比。有守僧二人，其一年一百二十岁，即甲康生时亲信者也；其一即天皇之子也。上年冬天，大君率众官亲往焚香，后与众官及两僧会坐相贺。老僧言曰：'今为甲康营建设堂，而甲康为朝鲜歼灭，秀吉和好诚信，于今四十余年。朝鲜若闻大君，为甲康至诚追远之事，则必有相贺之礼，又有送物留迹之举。'令岛主将此意报知朝鲜，请得国王殿下亲笔一纸，及诸臣赞诵诗篇，以为万世传流之宝。至如《大藏佛经》乃是寺刹极重之书，大钟、香炉、烛台、花瓶等器，虽是我国易得之物，若得朝鲜所铸以为社堂传玩之宝，此亦朝鲜之功德也。又言上年冬，执政等问于岛主曰：'近闻汉人商贾之言朝鲜与清人和好之事，岛主何不报之于大君耶？'岛主答称朝鲜既与清国和好，别无他情，执政但唯唯而已等情。"

卑职等答称："贵国大君生子，果是庆事，《大藏经》则壬辰兵火之后，经板散失，今难印出；大钟等器，我国原非产铜之地，如此大器，决难铸成。"本倭回言："铜腊当自鄙岛量入送来，但欲得贵国一铸，以为流传之物耳。"卑职等再三搪塞，答以即系国王亲笔亦难准请，则本倭多有愠色，曰："岛主欲与朝鲜永结和好，以为两国安宁之计，如此相恳而终不之许，则从前相好之意尽为虚假。"等语。及观其书契，有本邦雍容垂拱，云八月上旬，若君庆诞之日，太平盛世，莫大于此，想贵国亦不胜欢忭也，先奉贺缄以闻，他辞俱令平城幸口述。平差又言："我等不日当回棹，转报大君，慎勿等闲视之。卑职等多方开谕，令其且待朝廷分付等情具报。"

据此，窃照彼方隆创佛宇，庆幸生男，其在邻国之道，惟当顺适其心、助成其事，实合机宜，且其所欲者俱非难办之物，况倭情巧诈褊急，多张恐吓之语，今若不许亦虑失其欢心，姑依其愿，许其准请，合无，移咨该部，以便转奏等因。据此为照，倭差所言俱是边情，理宜转报，烦乞贵部查照转奏施行。

世祖实录部分

001 卷25·顺治三年三月

乙亥 招抚江南大学士洪承畴解送故明内库铜磁祭器及五伦书。

002 卷26·顺治三年五月

甲子 礼部奏言："伏查旧例，吐鲁番国进贡来使于京师置买器物额数：每人茶五十斤、磁碗碟五十双、铜锡壶瓶五执、各色纱罗及缎共十五疋、绢三十疋、青白布三十疋、夏布三十疋、棉花三十斤、花毯二条、纸马并各色纸张共三百张、各色颜料五斤、糖果姜每样三十斤、药材三十斤、乌梅三十斤、黑白矾共十斤，照此定例置买；其龙、凤、黄、紫各色之物，及鞍辔、弓箭、刀，不许置买。其应买诸物，兵马司差役同通事监视买卖，两从其便。如盗买违禁之物，一经该员查出，买者、卖者并监视人役一并治罪，会同馆许开市五日。自京起者，卖者并监视人役一并治罪，会同馆许开市五日。自京起程后，牛、羊、犁、镏、铁锅至临洮府兰州与本处军民交易，亦买卖各从其便，仍行监视。护送官兵，加意谨防，送至关上。其至兰州交易者，亦不许买熟铁及各项兵器，令照旧例交易。"

003 卷33·顺治四年七月

甲子 以广东初定，特颁恩诏，诏曰：

自平定中原以后，粤东尚为唐藩诸逆所阻，以故岭海之外声教未达，税亩增科，越年横敛。尔百姓辛苦垫隘，已非一日，朕甚悯焉。遂移平南之师，席卷惠、潮、省会，但歼伪孽，罔治胁从，诸郡悉平，全省底定。念尔官民僻处遐荒，久切来苏之望，初无后至之心，朕用是肆赦省灾，冀百姓同沾恩赉，所有该省合行恩例，开列于后。

……

一、广东起解户、礼、兵、工四部折色钱粮、金花、黄白蜡、乌梅、五棓子、腊黄、黑铅、桐油、黄熟铜、圆眼、菉笋、荔枝、香蕈、木耳、硇砂、核桃、蜂蜜、药材、四司料价、胖祆、胭脂木、南枣木、紫榆木、紫竹、梨木、翠毛、均一料、鱼油料、麻、铁、铁税、会试；会同馆协济昌平本色钱粮、黄白蜡、芽茶、叶茶、银朱、贰朱、生漆、锡、生铜、药材、广胶，并铺垫水脚银两，俱照万历四十八年额数。自顺治四年正月初一日以前，已征在官者，起解充饷，拖欠在民者，悉行蠲免。

……

于戏！四方大定，悦来无间于寰中；万国攸宁，声教丕扬乎海外。凡官斯土，体熙朝宽大之怀，永乂吾民，享奕叶荡平之福。播告遐迩、咸使闻知。

004 卷54·顺治八年闰二月

己未 陕西河州弘化、显庆二寺僧旦巴查穆苏、诺尔卜查穆苏等贡方物，宴赉如例，仍敕以后喇嘛不许进贡佛像、铜塔，及番犬。

005 卷61·顺治八年十二月

辛未 是岁：人丁、户口一千六十三万三千三百二十六，田地、山荡二百九十万八千五百八十四顷六十一亩，畦地二万二千九百八十个；征银二千一百一十万一百四十二两有奇，米、麦、豆五百七十三万九千四百二十四石四斗有奇，草四百七十四万三千一百一束，中茶三万五千四百五十三篓；行盐三百四十七万八千五百二十八引；征课银一百九十六万五千一百五十九两九钱有奇；铸制钱二十四万三千五十万九千五十有奇，旧铸铜钱二十一万三千三百七十有奇，钞一十二万八千一百七十二贯四百七十有奇。

006 卷70·顺治九年十二月

丁卯 是岁：人丁、户口一千四百四十八万三千八百五十八，田地、山荡四百三万三千九百二十五顷四亩有奇，畦地二万二千九百八十个；征银二千一百二十六万一千三百八十三两五钱有奇，米、麦、豆五百六十二万八千七百一十一石一斗有奇，草五百二十一万六千八百四十束，中茶三万七千一百七十八篓；行盐三百七十四万六百二十三引；征课银二百一十二万二千一十四两二钱有奇；铸制钱二十万九千七百六十三万二千八百五十有奇，旧铸铜钱二十万一千二百一十有奇，钞一十二万八千一百七十二贯四百七十有奇。

007 卷79·顺治十年十二月

庚寅 是岁：人丁、户口一千三百九十一万六千五百九十八，田地、山荡三百八十八万七千九百二十六顷三十六亩，畦地二万二千九百八十八个；征银二千一百二十八万七千二百八十八两四钱，米、麦、豆五百六十七万二千二百九十九石九斗有奇，草二百九十万九千一百一十八束，中茶三万七千三百五十篓；行盐三百七十六万一千五百三十八引；征课银二百一十二万八千一十六两二钱；铸厘钱二十五万二千一百六十六万三千七百四十文有奇，旧铸铜钱二十一万三千三百七十文有奇，钞一十二万八千一百七十二贯四百七十文有奇。

008 卷87·顺治十一年十二月

甲申 是岁：人丁、户口一千四百五万七千二百有五，田地、山荡三百八十九万六千九百三十五顷，畦地二万二千九百八十个；征银二千一百六十八万五千五百三十四两九钱，米、麦、豆五百七十七万五千一百八十九石有奇，草五百一十六万四千六百五十一束；行盐三百九十八万六千八百五十八引；征课银二百一十八万六千三百六十九两五钱；铸厘钱二十四万八千八百五十四万四千四百六十有奇，旧铸铜钱二十万一千二百一十有奇，钞一十二万八千一百七十二贯四百七十有奇。

009 卷91·顺治十二年四月

癸酉 工部奏言："前有旨命乾清宫、坤宁宫两傍，俱照明朝旧制，各造科廊石房三间，乾清门两傍，各石房一间。今钱粮不足，倘造斜廊石房，恐工多、费繁，致误乾清等宫殿之工。又铜铁亦难采办,此斜廊石房工,应行停止,其原估所备木植,修理斜廊。"
从之。

010 卷96·顺治十二年十二月

戊寅 是岁:人丁、户口一千四百三万三千九百有奇,田地、山荡三百八十七万七千
七百一十九顷九十一亩有奇,畦地二万二千九百八十个;征银二千二百万五千九百五十四
两有奇,米、麦、豆五百七十六万八千七百一十三石八斗有奇,草四百六十二万九千三百
一十六束,中茶八万六千七百七十八篦;行盐四百九万八千一百三十八引;征课银二百二
十三万一千九百四十两有奇;铸厘钱二十四万一千三百八十七万八千八十有奇,旧铸铜钱
一十八万六千二百一十有奇。钞一十二万八千一百七十二贯四百七十有奇。

011 卷105·顺治十三年十二月

壬寅 是岁:人丁、户口一千五百四十一万二千七百七十六,田地、山荡四百七十八
万一千八百六十顷,畦地二万二千六百四十三个;征银二千二百八万九千六百九十六两三
钱,米、麦、豆五百八十一万二千六十石二斗有奇,草四百六十七万四千五百五十五束,
中茶,八万二千五百八十五篦;行盐四百四十六万四百五十六引;征课银二百三十九万五
千九百七十五两二氏有奇;铸厘钱二十六万四百八十七万二千三百八十有奇,旧铸铜钱二
十一万三千三百七十有奇,钞一十二万八千一百七十二贯四百七十有奇。

012 卷112·顺治十四年十月

丙子 谕户部:"朕惟帝王临御天下,必以国计民生为首务,故《禹贡》则壤定赋、
《周官》体国经野,法至备也。当明之初,取民有制,休养生息。万历年间,海内殷富,家
给人足。天启、崇祯之世,因兵增饷、加派繁兴,贪吏缘以为奸,民不堪命,国祚随之,
良足深鉴!朕荷上天付托之重,为生民主,一夫不获,亦疚朕怀。凡服御、膳羞,深自约
损,然而上帝、宗庙、百神之祀,军旅、燕飨、犒锡之繁,以及百官、庶役饩廪之给,罔
不取之民间,诚恐有司额外加派,豪蠹侵渔中饱。民生先困,国计何资?兹特命尔部右侍
郎王宏祚,将各直省每年额定征收起存总撒实数,编列成帙,详稽往牒,参酌时宜,凡有
参差遗漏,悉行驳正。钱粮则例,俱照明万历年间。其天启、崇祯时加增,尽行蠲免。地
丁则开原额若干、除荒若干,原额以明万历年刊书为准,除荒以覆奉俞(谕)旨意为凭。
地丁清核,次开实徵,又次开起存。起运者,部、寺、仓口,种种分晰存留者,款项细数、
事事条明,至若九厘银,旧书未载者今已增入。宗禄银,昔为存留者,今为起运。漕白二
粮,确依旧额。运丁行月,必令均平。胖袄盔甲,昔解本色,今俱改折。南粮本折,昔留
南用,今抵军需。官员经费,定有新规。会议裁冗,改归正项。本色绢布、颜料、银、朱、
铜、锡、茶、蜡等项,已改折者,照督抚题定价值开列,解本色者,照刊定价值造入。每
年督抚再行确查,时值题明,填入易知单内,照数办解。更有昔未解而今宜增者、昔太冗
而今宜裁者,俱细加清核,条贯井然。后有续增地亩钱粮,督抚按汇题造册报部,以凭稽
核。纲举目张,汇成一编,名曰《赋役全书》,颁布天下,庶使小民遵兹令式,便于输将;

官吏奉此章程，罔敢苛敛。为一代之良法，垂万世之成规。虽然，此其大略也，若夫催科之中，寓以抚字，广招徕之法，杜欺隐之奸，则守令之责也；正己率属，承流宣化，核出纳之数，慎那移之防，则布政司之责也；举廉惩贪，兴利除害，课殿最于荒垦，昭激扬于完欠，恪遵成法，以无负朕足国裕民之意，则督抚之责，有特重焉！其敬承之，毋忽！

013 卷 113 · 顺治十四年十二月

丁酉 是岁：人丁、户口一千八百六十一万一千九百九十六，田土、山荡四百九十六万三百九十八顷三十亩，畦地二万二千六百四十三个；征银二千四百三十六万六千三百六十五两七钱有奇，米、麦、豆五百八十三万五千九百四十石六斗有奇，草二百二十三万二千九百四十七束，中茶八万五千五百一十篦；行盐四百七十五万九十一引；征课银二百五十二万六百四十五两五钱；铸厘钱二十三万四千八十七万八百一十六，旧铸铜钱二十万一千二百一十有奇，钞一十二万八千一百七十二贯四百七十有奇。

014 卷 122 · 顺治十五年十二月

辛卯 是岁：人丁、户口一千八百六十三万二千八百八十一，田地、山荡四百九十八万八千六百四十顷七十四亩，畦地二万二千六百四十三个；征银二千四百五十八万四千五百二十六两四钱，米、麦、豆六百一万八千一百三十二石八斗有奇，草二百二十四万二千六百一十九束，中茶八万六千三百六十篦，行盐四百七十七万七千六十九引；征课银二百五十一万六千九百八十三两七钱；铸厘钱一万四千一百一十七万三千九百九十有奇，旧铸铜钱二十万一千二百一十有奇，钞一十二万八千一百七十二贯四百七十有奇。

015 卷 130 · 顺治十六年十二月

乙卯 是岁：人丁、户口一千九百万八千九百一十三，田地、山荡五百一十四万二千二十二顷三十四亩，畦地二万二千六百四十三个；征银二千五百五十八万五千八百二十三两有奇，米、麦、豆，六百二十万一千七百二十石一斗有奇，草二百二十六万三千四百二十二束，中茶八万七千一百五十篦；行盐四百六十五万九千五百九十四引；征课银二百六十六万六千二百三十两一钱；铸厘钱一万九千一百八十万五千七百一十有奇，旧铸铜钱二十一万三千三百七十有奇，钞一十二万八千一百七十二贯四百七十有奇。

016 卷 143 · 顺治十七年十二月

庚戌 是岁：人丁、户口一千九百八万七千五百七十二，田地、山荡五百一十九万四千三十八顷三十亩，畦地二万二千六百四十二个；征银二千五百六十六万四千二百二十三两有奇，米、麦、豆六百一万七千六百七十九石五斗有奇，草二百二十六万六千六百五十五束，中茶八万七千五百一十五篦；行盐四百一十万五千八百九十七引；征课银二百七十一万六千八百一十六两；铸钱二万八千三十九万四千二百八十有奇，旧铸铜钱二十万一千二百一十有奇，钞一十二万八千一百七十二贯四百七十有奇。

圣祖实录部分

001 卷 2 · 顺治十八年五月

戊午 户部议覆："都察院左副都御史朱之弼条奏：一、淮库宜核收支，应请饬漕运总督将节年出入挂欠，并余库各项银两造册具题，嗣后于岁底造册奏报，以凭核销；一、楚漕宜还原项，查楚省接连滇、蜀，大兵征调必由之地，南粮一项，恐不足用，漕项银米仍应留济军需；一、漕折宜清完欠，应请饬下江南、浙江巡抚，严查解交细数造册，其未完之银，有无侵蚀，查明具题，以凭核追；一、钱局宜查铜本，应请饬钱法侍郎，即将各局未完本息严限追完报部。"得旨："依议严行。"

癸酉 朝鲜国进贡使臣盗买硫黄，其民越江刨参，盗买铜、马，国王李棩上疏引咎云："臣守藩无状，民各为心，致令进京从人、边上顽氓，节次冒犯禁制。臣诚惶悚无以自容，恭候大朝处分。乃蒙皇上特施宽典，非但不加遣责，亦不许遣官查问，止令该部移咨，详审拟罪。字小之恩，柔远之德，视古无前，与天同大。臣与一国臣民不胜感戴！谨将各犯责供拟罪奏闻。"得旨："该部核拟。其本内有不合处，免其察议。"

002 卷 6 · 康熙二年二月

丙辰 先是，顺治十八年户部请禁厘字钱，上恐不便于民，命俟二年三月收毁。至是，户部复请严禁，本部给价收买，发宝泉局改铸新钱，暂停各关买解铜斤。从之。

003 卷 80 · 康熙十八年三月

乙卯 策试天下贡士马教思等于太和殿前，制曰："朕惟古帝王统御天下，建极绥猷，莫不简贤任能，乂宁兆庶。官方澄叙，府事修和，农务兴而野无旷土，国计裕而泉货流通。豫大丰亨，洵郅隆之上理也。朕荷天眷命，嗣缵鸿图，宵旰靡宁，孜孜求治，每思民生休戚，关乎吏治之贤否。安全噢咻，端藉循良，故于监司守令之任，务加遴选。乃龚黄之绩未闻，而贪黩之风如故。或吏道杂而多端，激扬之法未善欤？或大法小廉，表率未得其人欤？国家藏富于民，必使人无游惰，然后田野辟而生聚蕃。比年以来，劝农垦荒之令屡下，乃地利未尽、污莱尚多，抑有司奉行弗力耶？将督课者循名而未责其实也？自昔九府圜法，所以便民利用，鼓铸之设，其来旧矣。迄以铜不足用，铸造未敷，有以开采议者，有以禁民耗铜议者，果行之可永利乎？或二者之外，别有良策欤？尔多士留心经济，其详切敷陈，勿泛勿隐，朕将亲览焉。"

004 卷 84 · 康熙十八年九月

乙巳 谕大学士等："今闻钱法渐弛，鼓铸收铜等项滋生弊端，以致制钱日少，价值腾贵。着户部、工部、都察院堂官，同诣钱局亲察。每铸钱一文必重一钱，应作何厘剔弊端，俾制钱充裕，永可遵行，着彻底确察，逐一定议具奏。至于部院衙门各处，所有废铜器皿、毁坏铜钟，及废红衣大小铜炮，并直隶各省所存废红衣大小铜炮，着尽行确察，解部鼓铸。"

005 卷85·康熙十八年十月

丙寅 户部等衙门会议钱法十二条：

一、顺治钱初重一钱，后改铸重一钱二分五厘，又改铸重一钱四分，今应仍铸一钱四分重之钱行使。

二、因铜少以致钱贵，查盐课与关差一体，应将两淮、两浙、长芦、河东课银，俱交见出差御史、督各运司官，照部定价，买铜解送。

三、各关差官员，所办铜斤，应买废钱旧器皿等铜解送；或将红铜六十斤、铅四十斤，折作铜一百斤解送；不许解送毁化板块之铜。如此，则无毁钱之弊。

四、关差官员买铜，应慎选殷实老成人、役买办。

五、宝泉、宝源二局，炉头匠役，包揽买交者，枷责，并妻子流上阳堡；官员徇庇者，革职。

六、各关官员，差满回部，所欠铜斤应严立限期，限内不完者，革职，所欠铜斤，变产追完。办铜人役，仍照前定例治罪。

七、查户部宝泉局，有满汉侍郎管理，今亦应令满汉侍郎亲身带领监督等，公同秤收发铸。

八、开采铜铅，凡一切有铜及白、黑铅处所，有民具呈愿采，该地方督抚即选委能员，监管采取。

九、查定例'凡民间必用之铜器，五斤以下者仍许造卖外，其非必用之器，不许制造'，应再行严禁，照例治罪。

十、化钱为铜，已经禁止，定有处分之例。未定有鼓励拿获之例，嗣后有出首拿获者，审实，将所获之铜，一半入官、一半给赏。

十一、京城钱少价贵，应颁发制钱式样，行令各省巡抚鼓铸。

十二、宝泉、宝源二局，土砂、煤炭灰内，有滴流之铜，应专差官会同该监督，召人淘取，所得淘取之铜，照部定价收买。

从之。

006 卷90·康熙十九年六月

辛未 谕大学士等："直隶各省，铜铁红衣大小炮甚多，或遣部院堂官、贤能司官，逐省察明大小炮数、丈尺斤两，酌量每省应用者，以铁炮存留，其铜炮及所余铁炮堪用者，俱取至京，不堪用铁炮，悉令销毁。可令议政王大臣等会议以闻。"寻，议政王大臣等议覆："应遣官分省察验，并定严禁私铸火炮之例。"从之。

007 卷104·康熙二十一年八月

庚子 九卿议准土司田舜年请开矿采铜。上曰："开矿采铜，恐该管地方官员借此苦累土司，扰害百姓，应严行禁饬，以杜弊端。"

008 卷108·康熙二十二年三月

戊申 户部议覆："临清关监督户部郎中高拱乾疏言'关差办铜，多寡不均，今临清关额税止二万四千余两，而办铜银二万两，应请酌减'。查太平、赣关二处，额税三万余两，从不办铜，应减临清办铜额银一万两，分令太平、赣关采办。"从之。

009 卷114·康熙二十三年三月

丙戌 户部等衙门议覆钱法侍郎李仙根将宝泉局康熙二十二年分鼓铸用过铜斤具题。得旨："管理钱法，俱应另行选差，将铸钱事宜，并耗费等项，详加察看，亲督铸造，务期尽除积弊，永为定式。应差各官，该部开列具奏。"寻，户部将各部院堂官列名请旨，上命吏部侍郎陈廷敬、兵部侍郎阿兰泰、刑部侍郎佛伦、都察院左副都御史马世济，管理钱法。

010 卷116·康熙二十三年

七月丙戌 工部议覆："管理钱法刑部左侍郎佛伦疏言，宝源局每年鼓铸，用铜六十五万八千一百斤零，以五万斤铜为一卯，每月鼓铸二卯。此六十五万余斤之铜，止可鼓铸六个月有余，其五个余月，匠役无事，各归乡村。伊等俱赖手艺为生，焉能保其不行私铸？请将芦课并各关税增买铜斤共一百二十万斤，一年十二月，每月铸钱二卯，不令匠役出局，可杜匠役盗铸之弊。查见今芜湖、龙江、杭州、荆州四关，岁办铜斤七十一万九千六百五十四斤，尚不足铜四十八万三百四十六斤；应将江苏抚属芦课银内，令其办铜十七万斤，安徽抚属芦课银内，令其办铜六万斤，湖广芦课银内，令其办铜一万斤，江西芦课银内，令其办铜九千五百五十斤，浒墅关办铜九万五千斤，芜、赣二关共办铜三万斤，湖口关办铜一万四千斤，太平关办铜四万斤，凤阳关办铜二万一千七百九十六斤，以康熙二十四年为始，解交宝源局，以足鼓铸。"从之。

九月丙寅 九卿等议覆："管理钱法侍郎陈廷敬等疏言'民间所不便者，莫甚于钱价昂贵。定例每钱一串值银一两，今每银一两，仅得钱八九百文不等。钱日少而贵者，皆由奸宄不法之徒，毁钱作铜牟利所致。铜价每斤值银一钱四五分不等，计银一两仅买铜七斤有余，而毁钱一串，得铜八斤十二两。即以今日极贵之钱，用银一两换钱八九百文，销毁可得铜七斤七八两，尚浮于买铜之所得，何况钱价贱时乎！欲除毁钱之弊，求制钱之多，莫若鼓铸稍轻之钱。每钱约重一钱，毁钱为铜既无厚利，则毁钱之弊自绝，钱价平而有利于民。再查产铅、铜地方，因地方官收税种种作弊，小民无利，不行开采，此后停其收税，任民采取，则铜日多而价自平'，相应俱照所请，通行各省遵行。"得上旨："依议。开采铜斤，听民自便，地方官仍不时稽察，毋致争斗抢夺，藉端生事，致滋扰害。"

011 卷124·康熙二十五年二月

丙申 先是，上以各关采买铜斤，价值不敷，恐累商人，令大学士等传集旧任关差各员，逐一问明，并问四季造册送部，果否有益。至是，大学士等奏曰："臣等遵旨问旧任关差各官。据称，部定铜斤价值六分，采买不敷；其各差造册，四季报部，不如改令差满之日,一并汇送。"上曰:"国家设关榷税,原以阜财利用,恤商裕民,必征输无弊,出入有经,庶百物流通,民生饶裕。近来各关差官,不恪遵定例,任意征收,官役通同,恣行苛虐,托言办铜价值浮多,四季解册需费,将商人亲填部册改换涂饰,既已充肥私橐,更图溢额议叙,重困商民,无裨国计。种种情弊,莫可究诘。朕思商民皆我赤子,何忍使之苦累?今欲除害去弊,必须易辙改弦,所有见行例收税溢额,即升、加级纪录,应行停止。其采办铜斤,定价既已不敷,作何酌议增加;其四季达部册籍,应俟差满,一次汇报。嗣后务令各差,洁己奉公、实心厘剔,以副朕体下恤商至意,如或仍前滥征侵隐、藐玩不悛,作何加等治罪!至铜价既议加给,税额应否量增?俱着九卿、詹事、科道,详议具奏。"

012 卷125·康熙二十五年四月

戊子 户部等衙门遵旨议覆:"皇上轸念商民,近因出差各官,希图议叙,托言铜价浮多,不遵定例,任意苛征,令臣等酌议加增铜价,停其议叙。臣等查直隶各省关差采买铜斤,原价六分五厘,今酌议加增三分五厘,每斤计算一钱,通共户工二部,解铜三百六十四万二千七百五十八斤零,共加增铜价银一十二万七千四百八十八两零。即于各关差部定则例原额外,酌量派增,着为定额,以为采买之费。以康熙二十四年出差监督为始,如有例外苛索、征多报少,将商人亲填簿单,捏造改易,被参察出,从重治罪。至见在出差各官,虽有溢额,俱不准议叙,并停其四季所报部科簿单,总俟任满汇题。"从之。

013 卷159·康熙三十二年四月

癸巳 户部遵谕议覆:"各省解送物料共九十九项。京中无货买之物,应令照旧解送外,查所解印书纸张库内见有存贮,白铜无应用之处,应将此二项停其解送。至于外解青粉等三十八项,价值并脚价合算,比在京师价贵,相应停其外解;如有应用此等物料之处,在京照时价采买应用,或遇时价腾贵,办买不得者,具题行令出产省分解送。"从之。

014 卷160·康熙三十八年七月

辛卯 管理钱法户部右侍郎鲁伯赫疏言:"宝泉局中现今收贮废钱,挽铸四年,尚属有余。且红铜钱,铅多铜少,以致折耗甚多,请将红铜钱、小钱停其交送宝泉局。"得旨:"着户部堂官亲往验看,议奏。"寻,户部尚书马齐覆奏:"臣等亲至宝泉局,将红铜钱销毁验看,果系铅多铜少,应如所请,停其收买。"从之。

015 卷196·康熙三十八年十一月

丙午 工部议覆:"管理钱法侍郎常绥疏言'宝源局所铸制钱,每岁用铜一百二十万斤,各关解送铜斤于四五月始到,正二三月无铜可铸,每向户部题取制钱应用,请收买民间自行销毁钱铜一百万斤,挽和关铜鼓铸',应如所请。"从之。

016 卷217·康熙四十三年八月

甲子 户部议覆:"广西巡抚彭鹏疏言'旧例,广西采买熟铁、生铜解送京师。康熙三十九年奉旨，熟铁已停解送，今生铜亦请停解'，应不准行。"上谕大学士等曰："广西路遥地险，若令解送，必致累民，可如其所请，折银解部。"

017 卷227·康熙四十五年十一月

己巳 谕大学士等："因山东私铸小钱，故特差侍郎恩丕等缉拿。今既禁私钱，又不收取，则用私钱者无日可止矣。朕意欲令来年征收山东钱粮，其银一两折钱二千，俟钱尽时，照二千钱之数，折收诸样铜器，则不出一年，私钱自尽矣。彼地官员，不能缉拿私铸，俱系有罪之人，即将所收钱及铜，交付伊等，运至京城以赎前罪。运到之时，即着增炉，作速鼓铸制钱。尔等可与九卿、詹事、科道，会同详核议奏。"

018 卷231·康熙四十六年十月

己亥 户部议覆："云南贵州总督贝和诺等疏言'云南金、银、铜、锡等矿厂，自康熙四十四年冬季起至四十五年秋季止，一年之内共收税额银八万一百五十二两零金八十四两零'，应驳回，令该督据实严查加增。"上谕大学士等曰："云南矿税，一年征银八万两零，用拨兵饷，数亦不少，若又令增加，有不致累民乎？此所得钱粮，即敷所用矣。本发还，着照原题议结。"

019 卷259·康熙五十三年七月

己未 谕大学士等曰："朕理事年久，洞悉钱法钱价随时不同，铜价贵即毁小钱作铜卖，铜价贱即盗铸小钱。用小钱则私铸之人有利，用大钱则私铸之人无利。然小钱又不可禁，今大小钱兼用，于民甚便。钱法流行莫如我朝，南至云南、贵州，北至蒙古，皆用制钱，从古所未有也！治天下当宽裕仁慈以因人性，不可拂逆，即如满洲、蒙古各方之人，饮食日用，其性各殊，必欲一之，亦断不可行也！"问学士关保曰："尔曾居蒙古一年，用汉人之道可治蒙古否？关保奏曰："不可。"上曰："拂人之性，使之更改，断乎不可。譬如陕西、江南百姓，令其易地而居，则不但彼处田土此不能耕，此处器械彼不能用，即水土亦多不服。惟天赋忠孝之性，无有异同，即穷荒僻壤亦有至忠至孝之人，不可以地论也。"

020 卷260·康熙五十三年八月

丁亥 工部议覆："管理钱法工部侍郎崔征璧疏称'解铜之限，不可不严，处分之例，不可不定。嗣后每年额铜若干，办铜商人作何定限，责其完解，逾限不完，作何处分？永为定例，以便遵守'，应如所请。奏销时各商照应办铜铅额数，以十分为率，未完不及二分者，免其处分，限一年完足；未完二分至五分以上者，照分数分别治罪；未完六分以上者，照侵欺钱粮例，从重治罪；俱限一年，照欠补完，不能补完者，变产追赔。又称'直隶各省州县钱粮，无论有无闰月，俱于次年五月奏销，是以完欠分明，考成画一。惟钱法之奏销，俱论闰月，而满汉监督，又更换参差，嗣后应照地丁钱粮之例，总以次年五月奏销，满汉监督，亦必于奏销之后更换。如商人之铜斤挂欠、监督之鼓铸缺额，俱于奏销时一并查核，分别处分'，应如所请。嗣后钱法衙门俱于次年五月奏销，满汉监督俱于奏销之后更换。每年铸钱定限三十六卯，铜斤不完，责归商人；铜斤既完，而鼓铸不足卯数，责在监督。若商人上半年，解铜甚少，至下半年始解足者，既鼓铸不足卯数，咎亦不在监督，统于奏销疏内声明。商人完欠，照州县征收地丁钱粮未完之例治罪。"从之。

021 卷264·康熙五十四年六月

戊辰 先是，户部尚书赵申乔面奏："商人王纲明领库帑采办铜斤，历年悬欠，请停其承办，另行酌议。"事下九卿。寻，九卿议覆："鼓铸系户部及钱法衙门专责，铜斤即应交与采买。"得旨："依议。"至是，赵申乔疏言："现在钱局乏铜，商人现有买来铜铅五百五十六万余斤，请令交与宝泉局以资鼓铸。其采买铜斤请照旧交各关差、盐差、海差承办。"得旨："前赵申乔同户部堂官等具折面奏时，不胜忿激，奏称'朝廷库帑，商人等侵蚀二百余万，现今铜斤不能继续，作速停止商人采办，仍交与各关差官员'等语，朕亦可其所奏。思设法补完缺欠银两，故将商人所欠之银俱清还户部，停其采办，其所缺银两，现在内务府追补，与户部无涉。今赵申乔疏称'皇上神谋睿虑、无微不照'，朕治天下，惟宽仁是务，此等细事，素不萦怀，且非不知为君者无庸干与部院司官、笔帖式办理之事，但遇有关系者，岂可以细事忽之乎？九卿所议甚是，今赵申乔又何必固执己见，以图更改。疏内又称'现有买来铜铅五百五十六万三千斤，交完宝泉局五十四年之铜额而有余'等语，既有一年有余之铜铅，前面奏时何不明白陈说？为何如此躁急，以致前后互异？钱法事务，系户部专责，尔部仍须平气屏私，再行公同逐一明白议奏。"

022 卷266·康熙五十四年十二月

甲申 九卿遵旨议覆："宝泉、宝源二局需用铜斤，请匀交江南等处八省巡抚，择贤能官，动正帑采买。铅由户部发银给商人采买。见今宝泉局铜少不敷鼓铸，所买铜铅，令其四月内交一半，九月全完。嗣后俱照此例，于四月、九月分交。"从之。

023 卷271·康熙五十六年三月

壬午 户部尚书赵申乔遵旨回奏："臣管理钱法事务，上年十二月见宝泉局报称，存库铅二百二十六万余斤，止存铜三十八万斤。臣恐无铜配铅，有误鼓铸，是以缮折具奏。又臣居家时，见铁器物件安放地上，年久即有锈坏，窃揣铅与铁相同，堆积多时，或有坏烂，亦未可定。冒行附奏，原非确有实见。今蒙圣明批示，则臣愚昧之罪诚有难道，总由臣年衰智短，致滋咎戾，伏祈圣慈宽宥。"得旨："赵申乔从前奏称铅斤坏烂，今又云铅斤坏烂之处原非确有实见，诿称年老衰迈所致。铅斤之不坏，天下通知，赵申乔自幼读书，身登进士，历升尚书，今年逾七旬，无书不览，铅斤坏烂之处见于何书？赵申乔于所办之事，功则归己，过则诿之年老衰迈，可以糊涂了事，国家事务，作何处置耶？且于紧要事情，并不留心稽核，钱粮出入漫无觉察，惟于一二两之细务，胶执己见，刻责苛求，以铅斤坏烂等语，率意妄奏，殊属不合。该部察议具奏。"

024 卷272·康熙五十六年六月

癸巳 又谕（大学士等）曰："现在铜少，钱局收买废铜，以致镕毁制钱作铜卖者甚多，着问九卿具奏。"

己亥 大学士、九卿等遵旨议覆："民间私毁小制钱作铜变卖，当严行禁止。"上曰："毁坏制钱，原有明禁，特因铜少价昂，部内铸钱不敷，采买废铜，以致小民射利，毁小制钱作废铜变卖。朕办事五十余年，屡次更定钱法，皆视民之形势，从未严行禁止。销毁小制钱，亦屡为宽限。前李光地请将小制钱严禁，朕曾下旨断不能行，伊后知其不可，始以朕所见为是。总督额伦特请于湖广省发大制钱二百万贯通用，将小制钱销毁，朕以不可之故，分晰下旨，伊始晓然。小制钱私毁如何禁止之处，九卿、詹事、科道，会同确议具奏。"

壬子 户部等衙门遵旨议覆："钱局收买旧器皿废铜，小民图利，以致将小制钱销毁，作铜变卖。嗣后止许买旧器皿铜解送，不准买新铸板块铜。如有销毁小制钱作废铜变卖者，严缉治罪。"从之。

025 卷282·康熙五十七年十二月

癸亥 户部等衙门遵旨会议："鼓铸制钱，全赖铜斤，先经户部尚书赵申乔奏准交与江宁等八处督抚采办。今督抚并不拣选大吏，但委州县等官塞责，以致逾限不能完纳，应行文八处督抚，于道府大员内拣选，令其亲身采买。旧例，采买本年应用铜斤给发本年钱粮，令伊等四月完半，限期太迫，自不能依限完纳，以后采买次年铜斤，请于今年即预行动给钱粮。"从之。

026 卷283·康熙五十八年三月

壬辰 谕大学士等："户部见今采买器皿旧铜，兹工部又行采买，京城焉有如许器皿旧铜采买？至不得之时，不消之徒乘机射利，必致将制钱转买销毁，毁钱则钱价必长，甚与民生无益。且伊等局内，每月铸钱，即将伊匠役工钱作为采买铜斤所铸之钱交部，亦未可定。此事不无情弊，尔等详问九卿具奏。"寻，大学士等奏："臣等遵旨询问九卿，据九卿云，户部已经采买旧铜，工部又行采买，京师无有如许旧铜，恐射利之徒销毁制钱作为废铜，则钱价必长。且旧铜一时不得，则匠役将自己所得工钱作为新铸之钱交纳，亦势所必有。查见今宝源局，余剩铜一万四千八百斤有奇，又湖南解到铜五万四千四百斤有奇，湖北解到铜三万斤有奇，可以不误鼓铸，其采买器皿旧铜之处，应不准行。至江宁等八处应解铜斤，行文各该督抚，严催作速送至。"从之。

027 卷285·康熙五十八年九月

丙子 工部等衙门遵旨议覆："臣等查两局现贮铜八十三万余斤，又各省运到张家湾铜一百六十八万余斤，尚有报解历年铜二百八十六万余斤，今年秋冬、明年春夏，可以不误鼓铸。其江宁等八处，旧欠未完康熙五十五、六、七三年铜二百七十二万八千六百斤有奇，应令各该督抚，于文到日勒限十月，尽数解部，如有迟误，将办铜各官严加议处。督催不力之督抚，并承催不力之布政司，俱照承追钱粮之例议处。"从之。

028 卷 299 · 康熙六十一年九月

戊子 谕扈从大学士、尚书、侍郎、学士等曰："据陕西巡抚噶什图奏称'陕西亏空甚多，若止于参革官员名下追补，究竟不能速完。查秦省州县火耗，每两有加二三钱者、有加四五钱者，臣与督臣商议，量留本官用度外，其余俱损补合省亏空，如此则亏空即可全完'等语。朕谓此事大有关系，断不可行。定例，私派之罪甚重，火耗一项，特以州县官用度不敷，故于正项之外，量加些微，原是私事。朕曾谕陈瑸云加一火耗似尚可宽容，陈瑸奏云'此乃圣恩宽大，但不可明谕，许其加添'，朕思其言，深为有理。今陕西参出亏空太多，不得已而为此举，彼虽密奏，朕若批发，竟视为奏准之事，加派之名朕岂受乎？特谕尔等满汉诸臣共知之。"又谕曰："朕抚御寰区，时以生民为念，凡各省将军、督抚、提镇，差遣进折之人，及从外省来者，必询问雨旸收获与米粮物价。今年五月间，因京师钱价甚贵，故将应给兵丁月饷银钱兼发，至今尚未得平。昔年因钱价贵，管理钱法侍郎陈廷敬、阿兰泰、佛伦、马世济等条奏'奸宄图利，毁钱作铜，以致钱值腾贵，如将制钱铸重一钱，则钱价即平，于民甚便'，九卿照陈廷敬等所奏议覆，准铸小钱，朕迟至数月，未肯准行。是时科尔坤、佛伦屡奏将制钱铸小甚有裨益，始从其请。迨后，私铸甚多。朕以制钱仍应照旧铸大者为善，故特降谕旨。而九卿请鼓铸大钱，将小钱销毁，朕念小钱行之已久，今又专行大钱，未知于民有无利益。暂令大小兼用，试行三年，一次奏闻。于是大小兼行，自后钱价，并未见增，于民亦甚便利。此皆朕所理之事也。再，从前商人办买铜斤，钱价尚平，自赵申乔奏请交八省督抚采买，遂致迟误。部臣将迟误官题参，朕以采办铜斤改交八省，初行之始，若将违限官治罪，似属冤抑，故暂行宽恕。其后铜斤虽陆续解送，而不能全到，有误鼓铸矣。铜斤少则鼓铸误，鼓铸误则钱价自贵，凡事不可执一，须随时制宜。鼓铸一事从前屡经更改，今钱价何故骤贵？如何使之得平？交九卿、詹事、科道，会同确议具奏。可否鼓铸小制钱与大制钱兼用，其一并议之。"

世宗实录部分

001 卷7·雍正元年五月

甲午 户部议覆："御史单畴书条奏'安徽、湖广承办铜斤，日久未完，恐有借词故延之弊，请敕户工二部，清查历欠铜斤，勒限完解。又从前解官，皆属微员，易于误公，宜遴选府佐家道殷实者，委令领解'，均应如所请，令各该督抚限四个月，速催完解，逾限不完，照例参处，并选贤能府佐领解。"从之。

002 卷9·雍正元年七月

壬午 贵州巡抚金世扬疏称："黔省地僻荒陬，铜斤原无出聚，间有一二矿厂，久经封闭，若令开采鼓铸，无论工费浩大，一时难以获效。且贵州汉、苗杂处，每逢场市贸易，少则易盐，多则卖银，令使钱文，汉苗商贾，俱非情愿。若以配充兵饷，领运既难，流通无时。黔省用银沿习已久，请照旧例停开。"下部知之。

丙戌 谕户部、兵部："从前商人王纲明，因亏空铜斤银两，具呈愿采买两江、浙、闽、湖广五省营驿马匹，于每匹额价内，节省三两，填补亏空。后五省以王纲明所交之马疲瘦不堪，易于倒毙，题请仍自行采买，每匹扣银三两交部，为王纲明补垫亏空。此事虽行已数年，但各省采买，额价不敷，不能采买膘壮，营驿之马，恒至倒毙，以至地方官员，岁有赔累。况商人王纲明亏空银两与各省地方官员何涉，而代为补垫？除从前五省解部补垫银两外，以后每匹扣银着俱行豁免。其王纲明欠项着另行查明清结。"

003 卷29·雍正三年二月

甲午 江西巡抚裴𡷫度遵旨折奏："查广信府之封禁山，相传产铜，旧名铜塘山，明代即经封禁。其中树石充塞，荒榛极目，并无沃土可以资生，亦无顽民盘踞在内。此山开则扰累，封则安宁，历有成案。康熙五十九年，铅山匪类擒获之后，此山搜查二十余日，并无藏匿。据实奏闻。"得旨："当开，不得因循；当禁，则不宜依违。但不存贪功图利之念，实心为地方兴利除弊，何事不可为也？在秉公相度，时宜而酌定之。"

004 卷30·雍正三年三月

丁卯 谕云贵总督高其倬、贵州巡抚毛文铨、提督赵坤等："黔省犵苗最为不法。上年三四月间，辄敢蚁聚，抢夺集市，定广协副将领兵驱逐，官兵多被损伤。至八月间，抚提会调兵丁二千名，委员进剿，于九月行至定番州，兵丁强买民物，喧闹罢市。暮抵谷蔺地方，夜火不戢，又复焚毁熟苗五寨，以致民苗合围，射伤官兵。夫师出以律，乃沿途骚扰平民，激变熟苗，种种强横，何漫无法纪竟至如此！且犵苗及红、黑诸苗之巢穴，附在各州县者，种类不一，出没无常。朕意与其有事而加剿抚，孰若未事而预为计画。黔省文武各官，委靡成风，匪伊朝夕，尔等须大为整顿，身先倡率。文自司、道以至府、州、县、卫，惟抚恤是务，武自镇、协以至参、游、备、弁，惟操练是勤。务使民无派累之苦，兵无怠玩之习。将见各处向化熟苗，必皆举踵企慕，择其头目中淳良可用者，命该管官宣播恩德，加以优赏，俾各爱养所属，以备驱策。其有干纪犯科者，从而重惩，以示警戒。不一二年间，内地之民，莫不感激奋励。已附之夷人，胥皆畏威怀惠。彼狆苗及红、黑诸苗，多与汉奸声气相通，自当俯首帖耳、望风慑息，犹敢纵肆猖獗乎？设有怙恶不悛者，亦必审查，果系族类众多，稔恶渠魁，始遣熟苗头目先行招抚，抚之不从，然后行知所在将弁，塞其奔逸之路，一面命熟苗头目率伊部落前往剿捕，大兵从而继之，自获全胜。所获牲畜等物，即颁赏熟苗，酬其功绩，将劳效尤着之辈，或奏请赐一职衔，如是平定一二处，则其余不待招抚而归诚恐后矣。至于直省各员，俱有火耗羡余界之养廉，黔省钱粮额寡，耗羡无几，或以养廉不足加派民苗，然州县员缺，较他省无多，犹易为设法。莫若将各项陋规通盘查清，即以本省之所出，还济本省之公用，似属允协。闻自巡抚、提、镇，及司、道等官，各有纳粮官庄，每岁收米千百石至数十石不等。府、州、县亦间有之，此皆国家正赋，岂容私行隐占。又闻贵阳、镇远、安顺、普安四处榷税，每岁抽收一二万金，而报解正项不过数千。思南、威宁、黔西、大定、毕节等处，俱有过往牛、马、铜、盐，并落地等税，每岁可收至八九千金，少亦不下二三千金，而报解正项，不过数百。此等府州县，养廉太觉有余。至若都匀、思州、石阡、平越、独山、麻哈、广顺、定番、清镇、安平等处养廉，又甚属不足。一省之中，丰啬悬殊，安可不为调剂？嗣后尔督抚应将各处税课逐一清查，每年盈余若干，量留该管官养廉，余者贮库，并将文武各员所占官庄交纳之米尽数贮仓，阖省钱粮、耗羡，一总提解。合此三项，通行会计。自巡抚、司、道以下，及府、州、县，分别冲僻繁简，酌定养廉之数而派与之。如此，则溥遍均平，缺美者无亏空之虞，缺苦者亦不致科累民苗，上下俱无染指，各员咸得奉公尽职矣。再者，除养廉外量存数千金贮司库，以备赏犒兵丁苗猓之用，亦未始非裨益地方之一助也。尔等其周思详议，具折陈奏，务令官民两赖，可以永久行之无弊。庶几地方宁辑，民苗乐利，以副朕怀远筹边之至意。"

005 卷31 · 雍正三年四月

己丑 先是，云贵总督高其倬奏言："云南开化府与交阯接壤，有内地旧境失入交阯。今因开铜矿，经布政使李卫详报，臣随委开化总兵冯允中勘查，今查出都龙厂之对过铅厂山下一百二十九里，又南狼、猛康、南丁等三四十寨，皆被交阯占去。伏查《云南通志》，载开化府南二百四十里至交阯赌咒河为界，今交阯呼为安边河是也。后明季因其地旷远，将塘汛移入内地，另指铅厂山下一小溪，强名为赌咒河，已失去一百二十里。本朝康熙二十二年，铅厂山下小溪内斜路村六寨复入于交阯，以见在之马伯汛为界，较明季又失去四十里。若论旧界，应将二百四十里之境，彻底取回。臣见在移咨安南国王，交阯之都龙、南丹二厂，皆在此内，交阯倚为大利，必支吾抗拒，捏辞渎陈。为此详奏。"得旨："览奏，交阯旧界有远近互异等情。朕思柔远之道，分疆与睦邻论，则睦邻为美；畏威与怀德较，则怀德为上。据云，都龙、南丹等处，在明季已为安南所有，是侵占非始于我朝也。安南自我朝以来，累世恭顺，深属可嘉，方当奖励是务，宁与争尺寸之地？况系明季久失之区乎！其地果有利耶，则天朝岂宜与小邦争利？如无利耶，则又何必与之争？朕居心，惟以大公至正为期，视中外皆赤子。且两地接壤连境，最易生衅，尤须善处以绥怀之，非徒安彼民，正所以安吾民耳。即以小溪为界，庸何伤？贪利幸功之举，皆不可为训。悉朕此意，斟酌行之。"至是，安南国王黎维祹奏称："臣国渭川州向与云南开化府接壤，以赌咒河为界，河之西归开化府，河之东归渭川州聚龙社。忽接云贵总督移咨臣国'聚龙、斜路村等六寨，皆系开化府属内地，向为都龙土目占侵，至今四十余年，合行清立疆界'，臣已具文回覆。随有开化总镇亲来斜路村之鞍马山，去赌咒河一百二十里，就立界牌，设立房屋，分兵防守。臣备录情由，谨具奏闻。"得旨："此事王未奏之先，云贵总督高其倬方差员勘界之时即已折奏矣，朕念安南累世恭顺，王能恪继职守可嘉，且此地乃弃自明朝，安南之民住居既久，安土重迁，恐有流离之苦。朕心存柔远，中外一视，甚为不忍。已批谕将斜路村等处人员撤回，别议立界之地，务期允当。谅兹时所批已到，必另有料理矣。王但自共厥职，以绥尔民，静候可也。"

006 卷 40 · 雍正四年正月

己未 户部等衙门议覆："陕西道监察御史觉罗勒因特疏奏'欲杜私毁制钱之弊，必先于铜禁加严。康熙二十三年，大制钱，改铸重一钱，彼时即有奸民私毁，迨四十一年，每文仍重一钱四分，而钱价益复昂贵；皆由私毁不绝，制钱日少故也。盖以银一两兑大钱八百四五十文，约重七斤有余，制造铜器，可卖银二三两。即如烟袋一物，虽属微小，然用者甚多，毁钱十文，制成烟袋一具，辄值百文有余，奸民图十倍之利，安得不毁？请敕步军统领、五城、顺天府，严行禁止'等语。查康熙十八年已严铜器之禁，三十六年，又定失察销毁制钱处分之例，而弊仍未除者，以但禁未造之铜，其已成者，置之不议也。臣等酌议，欲杜销毁制钱之源，惟在严立黄铜器皿之禁。今请红、白铜器，仍照常行用，其黄铜所铸除乐器、军器、天平法马、戥子，及五斤以下之圆镜不禁外，其余不论大小器物，俱不得用黄铜铸造，其已成者，俱作废铜交官，估价给值；倘再有制造者，照《违例造禁物律》治罪，失察官员及买用之人，亦照例议处，则私毁之弊可息，而于钱法亦有裨益。"从之。

007 卷 48 · 雍正四年九月

丙申 谕内阁："钱文乃民间日用之所必需，向因钱价昂贵，朕悉心筹画，至再至三。今鼓铸之钱日增，而钱文不见其多，钱价仍复不减，是必奸民图利，有销毁制钱，打造器皿之事，若不禁止铜器，则钱价究不能平。嗣后，除三品以上官员准用铜器外，其余人等不得用黄铜器皿，定限三年，令将所有黄铜器皿悉行报出，官给应得之价。如旗人则于本旗交官领价，汉官民人则于五城该管之处，交官领价，不论轻重多寡，随便收买，不许发价之人，丝毫扣克，违者重治其罪。若三年之后，仍有私藏黄铜器皿者，亦加重处。如此，可永杜毁钱制器之弊，而国宝流通，民用充裕，实为有益。着九卿确议具奏。"

008 卷 49 · 雍正四年十月

丁卯 户部议覆："黄铜器皿除三品以上官员准用，民间乐器、天平、法马、戥子及五斤以下之圆镜不禁外，其余文武各官军民等，所有旧存黄铜器皿，限三年内，悉交官领价，收藏打造者，照例治罪；并请通行各直省，一体严禁。"得旨："依议。其各省禁止铜斤之处，且先于直隶八府，及各督抚驻扎之省城试行之。"

009 卷51 · 雍正四年十二月

丙子 谕都察院及五城御史等："制钱乃日用之所必需，务使充足流通，始便民间之用。国家开局，年年鼓铸，而京师钱文不见加增，外省地方亦未流布，是必有销毁制钱，制造器皿，以致钱文短少，钱价日昂。朕念切民生，屡降谕旨，而钱价仍未平减，是以禁用黄铜器皿。凡民间所有，俱给价令其交官，以资鼓铸。此悉心筹画，专为民间资生便用起见，并非朕有需用铜斤之处，而广收民间之铜器于内府也。似此有益于民间之事，即当踊跃急公，欣然交纳，使钱文赢余，日用赡足，尚何待于上官稽查催迫耶？况铜器交官，皆如数领受价值，又何乐而不为？且民间器皿，非必定需黄铜制造，其在有力之家则白铜、红铜，皆非难得之物；而无力之家如木盆、磁器，价廉工省，亦未尝不适于用；非若钱文，为人人所万不可缺者。与其将黄铜器皿藏匿于家，将来限满三年，犯禁获罪，何如彼此相劝，早为交纳，既得价值，而又受钱价减省之利益乎？着将此旨通行晓谕，其咸体朕意。"

010 卷52 · 雍正五年正月

癸巳 谕八旗官员兵丁等："国用莫要于制钱，制钱充满，价值日平，始于众人生计有益。今钱局每年鼓铸，并未流通外省，乃钱不加多，而价值反觉昂贵，皆因不肖之徒，希图利息，销毁制钱，制造器皿，以至如此。朕洞悉此等情弊，爰降谕旨，禁用黄铜器皿，令给官价收纳。此特为尔等生计周详筹画，理应欣然踊跃，各将家中所有黄铜器皿，速行交出。闻有经该管人员催促，不肯即行交纳者，又有迁移隐匿者，是诚何意？尔等有力之家，白铜、红铜、铅、锡俱属可用，至中人之家，磁器、木器，未尝不适于用，而所需价值，又复廉省。尔等将黄铜器皿交纳，既可照常得价，而制钱渐渐加多，充满足用，于尔等生计，亦大有裨益。今尔等隐匿家中，将来三年限满，发觉之日，自干罪戾，何如早为交纳以得官价乎？是以朕复行降旨晓谕。再，满洲风俗原以淳朴俭约为尚，今渐染汉人习俗，互相仿效，以致诸凡用度，皆涉侈靡，不识撙节之道，因酌定品次，以禁服色，勒限一年，令其各按品次着用。谕旨甚明。此特轸念八旗满洲官兵如同保赤，关系尤切，故曲为筹画。或有无知之徒，于已禁之后，新制衣服，诳称禁前所制，若如此，则终无底止时矣。人之尊荣，不在衣服，惟在各人行止。盖富足之人少而贫乏之人多，既已贫乏，而强相仿效，则生计愈窘。尔等与其为衣服拮据仿效，岂若安守本分，砥厉于技艺品行？如果能奋勉，得至官员大僚，即可服用矣。凡官员兵丁，所恃以谋生者，惟在俸饷，且各有应当之差，若因制一衣服，即耗费数月之钱粮，其日用尚能饶裕乎？夫俭约为持家根本，不能节省于衣服等项，焉能有益于生理？若能谨遵朕谕，俭约自持，不事奢靡滥用，驯至比户充盈，方感戴朕教养之深恩也。着交与八旗该管处，再行晓谕，务使咸知朕心，各图俭约，以副朕轸恤优待旗人之至意。"

011 卷56 · 雍正五年四月

壬辰 谕户部："国家设立宝源、宝泉二局鼓铸制钱，原期充足流通，以便民用。乃鼓铸日增，而钱文不见其多，钱价不见其平，必有奸伪之徒，销毁制钱，造作器皿，以贾利害民者。向经九卿会议，凡黄铜器皿，除乐器、镜面、戥盘外，其余不准使用，悉令交官，给与价值。朕令先试行于直隶及各处省城，无非欲杜毁钱之弊，而清其源也。乃立法甚明，而玩法者尚众。昨步军统领阿齐图现于崇文门外，拿获销毁制钱之人。近在辇毂，尚有此辈，则乡邑偏僻之地可知矣。此弊不除，钱文何以得充？着直隶总督严饬各地方官，密行缉拿，如有疏纵，将该地方官照溺职例革职。至于铜器交官给价，先试行于直隶及各处省城，其余各府、州、县地方，一时难于通行，故尚准其使用。然既准其使用，又复任其打造货卖，则将来仍滋弊端，于事无益。着该督抚通行禁饬，嗣后各处铺户人等，不得制造黄铜新器，违者照例治罪。"

012 卷58·雍正五年六月

戊申 户部议覆："云贵总督鄂尔泰疏言'滇省采买铜斤，除供鼓铸一百余万斤外，每岁多不过二三十万斤，今岁铜矿增盛，就现在核算，五年分铜斤可获三百数十余万。但铜多本少，收买不敷，恳于盐务盈余银两，酌借五六万两，发价收铜，运至镇江、汉口，令江南、浙江、湖广办铜诸省出价收买，以便还项'。查各省承办铜斤，除广东、福建从无迟误，浙江现在开洋，毋庸另购外，其湖南、湖北以采买维艰，每逾定限，而江苏则办新不足，旧欠滋多。应如该督所请，将滇省鼓铸余铜二百数十余万，动用盐务盈余银六万两收买，即委滇员运至镇江、汉口，卖价还项，庶滇省余铜，既得流通，而江苏及湖南、湖北承办亦免迟误，实于彼此均有裨益。"从之。

013 卷61·雍正五年九月

乙卯 谕各省督抚等："民生日用所需，制钱最为切要。朕特为便民起见，屡颁谕旨，严禁销毁制钱，并令京城及各省督抚驻扎之省城，不许铸造黄铜器皿，三品以下官员及兵民人等不得私用。此朕欲期钱文丰裕，为小民易于资生，非朕有所需用也。已曾谆切详谕，不啻再三。京城现今奉行，钱价已觉稍平。乃近闻各处督抚驻扎之省城，铜器店内，仍用黄铜铸造者甚多，此明系各省督抚，不实力奉行，徒以告示晓谕、虚文掩饰而已。朕向因钱局鼓铸日增，而钱文日见短少，即知有销毁制钱、铸造铜器之弊，嗣于京城内屡次拿获销毁制钱之奸民，而钦差官员至甘肃地方，亦见有毁钱为器者。省会乃督抚驻节之区，耳目最近，政令易行，非若远乡僻壤之难于稽察也，若果实心遵奉，甚属易事。朕为制钱筹画，宵旰焦劳，各省地方官办运铜斤，亦甚费经营跋涉之苦，然后官局得以鼓铸钱文，以资百姓之用。夫以铸钱如此之难，而奸棍贪财射利，竟将已成之钱，复行销毁，故禁用黄铜者，所以杜毁钱之源也。今特再加训诫，各省督抚务宜实力奉行，倘仍前疏忽，定将督抚严加处分。至从前曾斟酌三品以上许用黄铜器皿，今觉滥用者多，嗣后，惟一品官员之家，器皿许用黄铜，余着通行禁止。"

丙子 谕各省督抚藩臬等："朕宵旰勤劳，时以教养万民为念，所颁谕旨，皆正德厚生之要务，实切于民生日用者。乃闻向来谕旨颁至各省，不过省会之地一出告示，州县并未遍传，至于乡村、庄堡，偏僻之区，则更无从知之矣。如禁止黄铜、赌博、宰牛等事，朕为百姓筹画者，委曲周详，而地方官员有司不行禁约，上司置若罔闻，无怪乎百姓之迷而不悟也！京师乃五方杂处之地，凡禁约之事，较他省为难，今京城内外，市卖铜器及群聚赌博者，俱已禁止，岂外省转不能行乎？他如清查保甲、积贮社仓之类，行之必以其渐，地方始无纷扰，若骤然举行，而迫之以官法，奸胥猾吏，将借端为非，转为小民之累。今观地方大吏，于应当从容办理之事，则急切为之，而于一时可以禁止之事，实有益而无害者，则漫不经心，岂非缓急失宜，先后不得其序耶？至于邪教妖言，大有关于人心风俗，该地方官一有所闻，即当留心根究，庶可以消奸宄而安良善，所谓防微杜渐也。若下司隐匿不报，或上司知之，又欲化有事为无事，势必致奸宄漏网，匪党无所忌惮，附和者愈众，则将来株连者愈多。是本欲息事，而转致多事，故不如惩治之于早也。各省督、抚、藩、臬皆地方大吏，勉之毋忽。"

014 卷67 · 雍正六年三月

癸丑 谕礼部、光禄寺："陵寝祭祀银器等项，向从光禄寺临期运送。此器皿关系祭祀大典，路远运送往返，恐不洁净且或致有损伤，殊非诚敬奉祀之意。况每逢祭祀运送，未免徒费跋涉，其作何办理之处，着查议具奏。"寻议："查陵寝四时大祭，所用器皿俱全。惟每年十一月十三日圣祖仁皇帝忌辰，照周年例致祭，所用器皿，由光禄寺赍送。再，每岁清明、岁暮，嫔以下并荣亲王园寝，上坟所用器皿，亦由光禄寺赍送。请嗣后每年圣祖仁皇帝忌辰致祭所用金器，即用景陵四时大祭备用之金器，其余一切器皿贮存光禄寺者，照数送往。内有白铜盘碟二项，由内务府取用，亦令照数送往。至每次致祭，用银茶桶三十八只，应令制造全备，交管理陵寝事务大臣，严饬内关防并礼部郎中等，敬谨收贮，如有遗失损伤，题参治罪。"从之。

015 卷76 · 雍正六年十二月

辛卯 户部议覆："西安布政使署甘肃巡抚张廷栋奏言'甘省由前任巡抚石文焯收买小钱，改铸大钱，扰民已甚，请暂停鼓铸'，应如所请。"得旨："从前禁止小钱之时，伊都立曾奏请收买小钱，朕严饬伊都立，以民间行使小钱已久，今若将小钱尽收入官，倘一时未能多铸大钱，则民间市易，不敷所用，大有不便。伊都立遵朕谕旨而止。甘肃巡抚石文焯又奏请发帑收买小钱，暂开鼓铸，朕批谕云：'所陈开铸一事，朕详细斟酌再谕，若因不能禁止小钱，欲藉此为良策，恐未必所毁钱铜能敷新铸之用也。小钱之禁，不可急骤，暂宽候旨。'乃石文焯并不遵奉候朕再降谕旨，复具折恳请收钱开铸，朕以石文焯身在地方，屡次恳切陈奏，必确有所见，是以允其所请交部准行。不意收钱开铸之弊，烦扰驿站，贻累官民，至于如此，是石文焯之屡奏，不过固执己见，文过饰非而已。石文焯身为封疆大臣，不将所行之事筹画万全，遽行屡次陈奏，甚属草率。着将石文焯交部议覆。"

丙申 户部议覆："广西巡抚金鉷疏言'桂林府属涔江等处各矿请召募本地殷实商人，自备资本开采，所得矿砂，以三归公，以七给商。其梧州府属之芋莪山，产有金砂，请另委员办理。再，粤西贫瘠，铜器稀少，如开采得铜，并请价买，以供鼓铸'，均应如所请。"从之。

016 卷77·雍正七年正月

甲戌 户部议覆："广西左江镇总兵官齐元辅疏言，向来京局所铸新钱，从未到粤，民间日用，悉系私钱，自非制钱充足，其弊难除。雍正四年，户部议发云南所铸之钱二万串到粤搭放兵饷，军民称便，但数止二万串，散之通省，寥寥无几。且粤西所收铜器有限，又不足以资鼓铸。按广西水道，上通云南广南府属之剥隘，较他省挽运稍易。现今云南有余之铜，差员由广西运往汉口、镇江，若以此存于临安府，添炉鼓铸，运交粤西给发官俸役食及驿站钱粮，计可岁销四万余串，再于兵饷搭放十分之一，可销三万余串，如搭放十分之二，可销六万余串。且前此运粤之二万串，系全数解交藩库，方领银回滇，未免运费太多。若止令桂林一府运交藩库，其余悉于经过之处截留，即不必经过之大（太平）、思（思恩）、柳（柳州）、庆（庆远）各府者，亦俱于水道相通之南（南宁）、浔（浔州）、梧（梧州）三府截留，运费更可少省。一切私钱废钱，俱令交官给价，销化净铜，以资邻省采买，或资邻省鼓铸，于国计民生，均有裨益。应如所请。行令云贵、广西总督鄂尔泰，将滇省每年所有铜斤余出若干，临安一局，约可添炉几座，或铸钱四万串，或可多铸之处，酌量定议，委员解赴广西，照例每钱一串，易银一两领回。"从之。

017 卷82·雍正七年六月

丙申 谕刑部等衙门："闻得外间讹传，六月二十四、五，将开屠宰耕牛之禁，回子等俱欲齐来谢恩等语，又闻民间竟有私宰耕牛之事。此必奸人造为讹言，诱人犯法，以挠禁令也。凡朕所降旨禁约者，事事皆欲济民之用、厚民之生，无一事为朕之私心便用而设也。如禁用黄铜，所以裨益鼓铸，流通国宝，朕岂别有需用黄铜之处乎？如禁赌博，所以端人心而厚风俗。赌博之为害于人心风俗，朕已屡降谕旨，甚详且悉，非愚顽不移之辈，无一人不以禁约为当也。至于禁宰耕牛，以耕牛为农田所必需，垦田播谷，实藉其力。世间可食之物甚多，何苦宰牛以妨稼事乎？今朝廷所需，除祭祀照例供用，其余亦一概不用牛肉矣。年来，自禁用黄铜之后，而钱价渐平，民用颇利矣；自禁赌博之后，而开场聚众者，亦略知畏惧敛迹矣；自禁宰耕牛之后，而农家向日数金难得一牛者，今已购买易而畜牧蕃矣；可见，利益民生之事，亦既行之有效，为良民者，必皆知朕大公爱民之心，为良有司者，必能实心遵朕爱民之政。惟百姓中有回子一类，以宰牛为业，试思贸迁有无。百工技艺，何业不可营生，而必欲为此犯禁伤农之事，国家亦岂肯因一二游手回民无理之营生，而令妨天下万民之生计！夫朕所禁之事，必审度再四，灼见其必应禁止，然后见诸施行。岂有旋禁旋开，朝三暮四之理乎？今讹传宰牛开禁之语，必系为匪奸徒，造作言语，煽诱愚民，使之犯法，而于中取利，甚属可恶！着该部步军统领、顺天府府尹、五城御史等，通行晓谕京城直省，并严行查访，如有违禁私宰耕牛，及造为种种讹言，希图煽诱者，立即锁拿，按律尽法究治。如该管官不实力严查，致有干犯者，定行从重议处。"

018 卷88·雍正七年十一月

庚子 议政王大臣等议覆："署广东巡抚傅泰疏奏，暹罗国进贡方物，并请采买京弓、铜线，应否采买赏给之处，请旨遵行。"得旨："暹罗国远隔重洋，输诚向化，恭顺修职，历有年所，其所请采买物件，着行令该抚采买赏给，以示朕嘉惠远人之意。"

019 卷96 · 雍正八年七月

甲戌 谕都察院："凡国家之事，须实心办理，公同商酌，务期妥协，若以衙门人众，互相推诿，因循怠忽，此风断不可长。尔都察院衙门堂官及御史等，所交事件，理应同心办理。如堂官有不到之处，尔等御史亦当共相协助，何得视为膜外！今议设立巡检一疏，内称'设立巡检，原以助兵马司耳目之所不及，该铺内一应盗逃，以及黄铜、赌博、宰牛、斗殴、打降、酗酒等项，应令该巡检协理稽查，不得专擅，以侵司坊官之职守。凡遇有地方应报事件，当令该巡检一面申报该城御史，仍一面报明该司坊官，庶不致生事滋扰'等语。夫既令其稽查，又止许其报明，不得擅专，倘或地方有不法等事，必待报明，然后拘拿，遇盗贼则盗贼已逃，遇赌博则赌博已散，遇酗酒则醉者已醒，虽三尺之童，亦知其断不可行者，尔等独不计及此乎？且设一官必有一官之职，若止许其报明，则与番捕无异，何必设此巡检？如恐其生事滋扰，则当议令一面拘拿、一面详报，不许擅自审理，倘有不应拘拿之人，牵连被累，该城御史审明之日，将该巡检参处，方为妥协。尔等俱系言官，乃本衙门应办之事，并不实心办理，迟延数月，仍复草率定议，甚属不堪！着将原本掷还，另行详细妥议具奏，其都察院堂官及御史等，一并交部察议。"寻议："五城关内关外巡检于该管地方，遇有盗逃，及黄铜、赌博、宰牛、斗殴、酗酒等事，将人犯立即拘拿，报明司坊官，详解该城御史发落，该巡检不得擅自审理。"从之。

020 卷113 · 雍正九年十二月

癸巳 广东布政使杨永斌条奏："定例铁器不许出禁货卖，而洋船私带，禁止尤严。粤东所产铁锅，每连约重二十斤，查雍正七、八、九年，夷船出口，每船所买铁锅，少者自一百连、二三百连不等，多者至五百连，并有至一千连者。计算每年出洋之铁约一二万斤，诚有关系，应请照废铁之例，一体严禁。违者船户人等，照例治罪；官役通同徇纵，照徇纵废铁例议处。嗣后令海关监督，详加稽察。至商船煮食器具，铜锅、砂锅，俱属可用，非必尽需铁锅，亦无不便外夷之处，于朝廷柔怀远人之德意，并无违碍。"得旨："铁斤不许出洋，例有明禁。而广东夷船，每年收买铁锅甚多，则与禁铁出洋之功令不符矣。杨永斌所奏甚是。嗣后稽察禁止及官员处分、商人船户治罪之处，悉照所请行。粤东既行查禁，则他省洋船出口之处，亦当一体遵行。永着为例。"

021 卷117 · 雍正十年四月

丁未 谕内阁："从前四川建昌总兵官赵儒条奏开采会川、宁番等处铅铜各厂，彼时朕即不以为然，详问该抚宪德。据宪德回奏，极言有利无害，是以交部议行。乃两年以来，并无成效，徒滋烦扰，着将原请开采人员，交部察议具奏。所开矿厂，着封闭；其开采商民，该地方官妥协办理，令其各回本籍。"

022 卷 137 · 雍正十一年十一月

癸巳 谕内阁："鼓铸钱文，专为便民利用。铜重则滋销毁，本轻则多私铸，原宜随时更定，筹画变通，斯可平钱价而杜诸弊。顺治元年，每文铸重一钱；二年，改铸一钱二分；十四年，加至一钱四分；康熙二十三年，因销毁弊多，仍改重一钱，嗣因私铸竞起，于四十一年仍复一钱四分之制。迨后，铜价逐渐加增，以致工本愈重。今宝泉、宝源二局，额铸钱文，岁计亏折工本约银三十万两。朕思钱重铜多，徒滋销毁，且奸民不须重本，便可随时镕化，踩缉殊难，若照顺治二年之例，每文铸重一钱二分，在销毁者无利，而私铸者亦难，似属权衡得中，可以行之久远。再，现今五省采办洋铜，三省采办滇铜，朕思与其令三省办铜解部，莫若即令滇省就近铸钱，运至四川永宁县，由水路运赴汉口，搭附漕船解京，可省京铸之半，甚为便益。至于户工两局需用铅斤，旧系商办，闻贵州铅厂甚旺，如酌给水脚，令该抚委员解京，较之商办，节省尤多。着酌定规条，妥协办理。"

高宗实录部分

001 卷 4 · 雍正十三年十月

丙寅 （户部）又议准："云南巡抚张允随疏，请鼓铸运京制钱，在广西府设炉开铸，需用铜铅工本脚费钱二十八万七千余两，暂于司库封存银内借支，行令两淮盐政，于续收盐课银内照数动拨，解滇还款。其钱上清文，即篆宝云字样。"从之。

己卯 户部议准："苏州巡抚高其倬疏言，宝苏局鼓铸钱文，前经署巡抚乔世臣，以收存铜斤，业已铸完，题请暂停，今陆续收买铜器一百二十五万余斤，足敷鼓铸。苏省商贾云集，需用较多，仍请开炉铸钱，以资民用。"从之。

002 卷 10 · 乾隆元年正月

丁酉 谕总理事务王大臣："为治之道，在于休养生民，而民之所以休养，在乎去其累民者，使其心宽然自得，以各谋其生、各安其业，而后富足可期。此在亲民之吏，随事体察，惟恐毫末有累于民而已。朕思我皇考世宗宪皇帝诚求保赤，有孚惠心，蠲免额征，宽减浮粮，偶有水旱灾祲，即行赈恤，如救焚拯溺，仁心仁政，千载莫并。而民生犹不得宽裕者，大率由督抚大臣不能承宣德意，而有司中刻核居心、昏庸寡识者，或以苛察为才能，或受蒙蔽而不觉，以致累民之事，往往而有也。即如催征钱粮，而差票之累，数倍于正额；拘讯讼狱，而株连之累，数倍于本犯；抽分关税，而落地、守口、给票、照票，民之受累，数倍于富商巨贾；至于查拿赌博、黄铜，以及私宰、私盐之类，胥役营兵，因缘为奸，佐贰杂职，横肆贪酷，一案而化为数案，一人而波及数人；如此等者，不可枚举。以此扰累吾民，无怪乎民多不得自安其生业，而朝廷之德施，终不能尽致间阎于康阜也。嗣后各直省督抚，所以董率属员者，务以休养吾民为本，而一切扰累之事，速宜屏除，庶民生可遂，而民气以舒。然督抚中之不善会朕旨者，又恐因此而谓诸事可以不办，将转成废弛之习，不知宽大之与废弛，判然不同。不顾民生，专务纷更以矜干济者，外似振作而实则废弛也。勤恤民隐，安静恬愉以培元气者，乃非废弛而真能振作也。其尚各体朕意。"

003 卷 15 · 乾隆元年三月

辛亥 户部议覆："署江苏巡抚顾琮条奏采办铜斤事宜：

一、八省采办洋铜、滇铜，共四百四十三万余斤，今户工两局铸钱，每文改重一钱四分为一钱二分，两局现有存铜六百余万斤，已足供丁巳年鼓铸之用。应如所请，减少数十万斤，每年以四百万斤为率，于滇、洋分办。

一、海关为办铜扼要之地，应如所请，将管关道员，加以兼管铜务职衔。至解铜官员，须拣委府佐，脚价本省支领。

一、铜牌磨对，应如所请停止。倘有低潮，责成承办人员，炉头称手。有低昂情弊，该堂官究治。

一、招商承买，应如所请，令该道于洋商内，择其身家殷实者，吊验倭照，取连名互结，册报该抚给价，毋得克扣。陋规一概革除。一、洋商正铜之外，尚有余铜，应如所请，正铜解交足额，余铜听其售卖，可杜奸民销毁之弊。

从之。

甲子 署湖广总督史贻直奏："各省新设鼓铸，多因民间缴官黄铜，存贮日久，恐致官吏侵欺。是以设炉鼓铸，未便遽停，并请弛各省黄铜之禁。"得旨："此议朕嘉悦览之。户部尚书海望，亦为此奏，部覆以为应照所奏行，朕犹以为行之既久，未便更张。今览卿奏，明晰妥协，情理允当，已准行矣。其议覆崔纪一折，俟朕再为酌量。"

004 卷18 · 乾隆元年五月

癸卯 又谕："刑部从前发遣人犯内，有因干犯铜禁获罪者，今铜禁已弛，此等人犯，尚在配所，应加恩开释。着该部查明，行文各该处释放回籍。"

005 卷20 · 乾隆元年六月

戊辰 又谕："各省学政俱已赏给养廉，资其用度，惟云南旧有文武新生，馈送贽仪数金之例，足敷公署之用，相沿已久，是以未曾议及养廉。朕思新进寒士，即措办数金，仍属拮据，此项应行禁止。其学政养廉，着每年另赏银四千两，于司库铜息内照数支给。永著为例。"

006 卷21 · 乾隆元年六月

壬午 礼部议："暹罗国使臣昭丕雅大库代伊国王呈请恩赏蟒缎大袍一二件。又该国造福送寺需用铜斤，欲赴粤采办七八百斤。查旧例，赏赐已有蟒缎、蟒纱等物。铜铁出洋，久经严禁，该国王所请，应毋庸议。"得旨："暹罗国远处海洋，抒诚纳贡，除照定例给赏外，着特赏蟒缎四匹。至采买铜斤一项，该国王称系造福送寺之用，部议照例禁止，不许令其采买，固是，今特加恩赏给八百斤，后不为例。"

007 卷23 · 乾隆元年七月

辛亥 户部议覆："江苏布政使张渠奏，江浙二省海关，额办铜一百万斤，定限每年六月起解，十二月到部，如逾限不解，承办之员，照例革职留任；该管上司，降二级留任，展限四个月，戴罪承办，如限内完至三分之二者，免其革任治罪，再宽限四个月，照数办足解部；如限满未完，即将承办之员革任，交刑部从重治罪，另委贤员接办，查有亏空，着落家产追赔，该管上司，降二级调用，再令分赔完结；如参后六个月内将铜斤交完者，准予开复。如此略为酌更，则于定例之外，再得展限四个月，自可从容办理。若二参限满，完不及三分之二者，仍照旧例议处。至江浙二省海关所办铜斤，既数倍于前，承办之员，能依限全完者，该抚核明报部，臣部咨吏部量加议叙。又各省解部铜斤，每百斤例给水脚银三两，前因各省铜斤归并江、浙二省分办时，据原任苏抚吴存礼节省银八钱。嗣于雍正三年，仍归各省分办，各省已照旧全支，惟江苏、浙江，尚扣节省，承办之员，实多赔累，今归并海关，铜且数倍，运费益多，一员之力，岂能赔垫。应令海关所办铜斤，起解之日，即将所需水脚银两，除解部饭银外，其余俱照数全支。完解之后，据实报销，倘有侵隐情弊，指名查参。"从之。

008 卷37 · 乾隆二年二月

戊子 （贵州提督王无党）又奏："夷地开厂，米粮食物，垄断丛奸，铜铅二项，为铸局所需，自不可禁，银锡等厂宜因地因时，以为开闭。"得旨：据云铜铅为铸局所需，不可禁，则银锡亦九币之一，其可即行禁采乎？且禁银锡之厂，则为此者，将转而求之铜铅之场矣，游手耗食之人如故也。此奏虽是，而未通权。"

009 卷39·乾隆二年三月

乙巳 吏部议："广西巡抚杨超曾参奏刑部左侍郎金鉷，于广西巡抚任内，向苍梧道黄岳牧私借铜务充公银一千二百两，黄岳牧违禁借支。事关侵帑，均应革职，交刑部审拟具题。"得旨："金鉷着革职，余依议。"

辛亥 大学士总理浙江海塘兼管总督巡抚事务嵇曾筠疏称："浙江海关税务，委宁绍台道王坦管理，今准部咨各省额办洋铜，交浙江海关道员兼办，行令将该道官衔，加监督某处海关、兼办铜务字样，应请铸给监督浙江海关、兼理铜斤事务关防。"下部知之。

010 卷40·乾隆二年四月

壬戌 铸给监督江南海关兼管铜务关防，从江苏巡抚邵基请也。

戊辰 刑部遵旨审覆："广西巡抚金鉷用印票借支苍梧道库铜务充公银一案，应请照例枷责。"得旨："前因杨超曾参奏《金鉷借用存公银两》一折，内称'金鉷在广西巡抚任内，各项钱粮收支不清者甚多，容臣陆续查参'等语。朕意其必有贪劣实迹，是以交部严察议奏。后杨超曾查参到来，皆系琐屑无关重轻之事，则金鉷尚无劣迹可知。今览刑部所审此案，原非正项钱粮，且金鉷用印文支借，而黄岳牧用印册申报，亦非暗相侵蚀可比。部议金鉷枷责之处，着宽免，所借银两，亦不必着追。黄岳牧俟到京后，该部带领引见，另降谕旨。"

011 卷42·乾隆二年五月

癸巳 户部议覆："广西巡抚杨超曾疏报'粤西各属，向出银铅铜矿。今南宁府宣化县属之禄生岭，试采铅矿有效，并无碍民间田园庐墓，及毗连交趾逼近广东之处，题请开采'，应如所请。"从之。

012 卷44·乾隆二年六月

己巳 （户部）又议奏："江西巡抚岳濬覆题，先经升任巡抚俞兆岳疏请将江省贮局铜斤，照江浙等省之例，开炉铸钱，搭放兵饷，以裕民用。经九卿议'设炉铸钱，必得铜斤充裕，铸出钱足敷通省流行，方免钱价昂贵之患。今折内并未声明，难以悬议，应令该抚查明具题'。今查局贮生熟铜，连收私铸蔪边钱，共计二十六万五千一百三十斤有奇，足资铸用。每钱重一钱二分，共可出钱三万二千一百六十串有奇，以之搭放兵饷，自能渐次流通，不致昂贵。应准开铸，并请颁发样钱。"从之。

013 卷45·乾隆三年二月

辛卯 户部议覆："湖北巡抚张楷疏请将现存废铜，转饬该管之员，作速变价，除归还原价外，余银买社仓谷，接济民食。应如所请。"从之。

014 卷64 · 乾隆三年三月

甲寅 谕："朕闻得广东盐运使陈鸿熙在粤十有余年，自管理盐务以来巧取营私，无利不搜。每当商人纳饷之时，鸿熙并不照额收银，即行给发盐引，名曰挂饷，及当消售盐斤应完税价之时，又不照数交收，虚报空文存案，名曰挂价。总令各商将应纳之饷税银两在外营运，迨至获利之后，将正数归还原款，余利娄收入己。竟以朝廷正项之钱粮为运使放债之资本，积年所获不资，且动向各商摊派，用一指十，藉端网利，以充私橐。海南道王元枢，残忍贪黩，兼有恶才，前在肇庆府任内承办铜斤，预领帑银四万余两，乘黔省苗疆用兵道路梗阻，竟将公项分发各商营运，勒令加三、加五起息，毫无顾忌，其委收黄冈厂之家人，蠹役重耗苛征，两粤商民，怨声腾沸。此二员之贪污劣迹，朕访闻如此。陈鸿熙、王元枢，俱着革职，差兵部侍郎吴应棻、侍卫安宁驰驿前往广东，将贪劣各款，严审定拟具奏。钦差未到之先，着鄂弥达、王謩严行查察，若陈鸿熙、王元枢有抽换文卷，藏匿要证，买嘱商民等弊，将来发觉，朕惟于鄂弥达、王謩是问。"

丁卯 又谕："李世倬条陈改铸钱文一事，经九卿三议具奏，凡廷臣会议之案，原令各抒己见，不必强同，至于随声附和之弊，乃人臣所当切戒者。今此案三议覆奏，正得各抒己见之义，朕深取之，不必以互异为嫌。但钱文关系重大，必须斟酌尽善。着大学士悉心定议具奏。"寻议："据吏部等衙门议称'欲平钱价，必须改轻钱质'。窃思钱价之低昂，原不在钱质之轻重，纵复再减二分，钱价亦恐不能平。且改铸钱文与现在钱文，一体行使，新旧夹杂，重轻不一，民间更易纷争，所议似不可行。又据尚书孙嘉淦议称'铜斤留供两局鼓铸外，请将余铜陆续分发售卖'。窃思售卖余铜，只应于产铜之省，听商民购买市卖，若令运解来京，统入官局，再分发售卖，不独徒费脚价，转滋纷扰，即论体制，亦属未协，所议亦不可行。又据户部等衙门议称'查历来钱法，过重则虑私销，过轻必致私铸。今制钱酌重一钱二分，若再减二分，与从前所铸重钱一体使用，则奸民必致销毁重钱而铸轻钱'。李世倬所奏，亦无庸议。"从之。

015 卷69 · 乾隆三年五月

丙子 谕内阁："前都察院条奏，九卿等验看月官时，有素知其品行端谨或才具优长者，即填入名单，以为引见时酌调繁简之助，朕批准施行。今刑部郎中王概奏称'此例一行，恐九卿、詹事、科道中徇护知交，曲徇戚谊，始以情托，继以贿求，而借端招摇、指名撞骗之弊，俱从此生'等语。从来人君敷治，用人为最要，而知人为最难，内而访之九卿，外而问之督抚，此即询四岳、辟四门之义。虽诸臣之中，公私未必一致，将来徇情作弊之事，亦不能保其必无。然经朕觉察，自有国法，不容宽贷。而未事之先，朕则不忍存逆诈亿不信之心，因噎废食，将廷推公举，一概竟置不用也。况自举行以来，九卿验看月官，尚未有填注荐语者，岂有出令未久，又欲遽议更张？朕之令诸臣不时条奏，并许司官、参领等亦得奏事者。一则欲博采众论，以资治理，一则观其陈奏，可以知其人之识见才具如何。诸臣既奉诏进言，必当有关于国计民生之要务，或朕躬阙失，或政事乖差，据实指陈，朕不难收回成命。今观诸臣所奏，并无谠论嘉谟，不过就目前一二时事，反覆辨论，朝更夕改。从来国家政务，必行之数年，而后可以徐收其效，焉有取必于旦暮间者。即如禁铜一案，议论即不一，而无所适从。若以为当开，则既开禁之后，钱价未必平减，若以为当禁，则从前禁止多年，铜斤之缺少如故，并未见其充盈。今日之言当禁者，何不早言之于开禁之日也。诸臣之条奏，朕多敕交部议，若部臣皆以不行议覆，又似不体朕从善如转圜之意者。依违迁就，姑且准行，则徒事纷更，而无益于政治。朕熟察近日情事如此，因王概条奏，特颁此旨，晓谕诸臣共知之。"

016 卷71·乾隆三年六月

戊戌 大学士等会同九卿科道遵旨议覆："湖广道御史陶正靖条奏'近日钱价转昂，皆由经纪从中阻挠，兵役搜查扰害，请一切革罢。凡银钱交易，悉听民间自相买卖，即各当铺质当钱文，多寡听便，舟车运载，无庸拦阻，钱价自平'，应如所请。至所称'钱贵由于盗销，而铜禁未宜遽弛，请不必收铜以滋扰，第严禁制器以绝盗销'，不知从前禁铜之时，钱价未见甚平，则禁铜亦属无益。若严禁制器而不令官收，则民间仍得使用，奸徒必暗中打造，是禁犹不禁也。至谓'民间必需之青铜镜，专委工部开局铸造'，以国家庀材鸠工之地，为小民铸造之所，颁发各省，既不免脚运之费，赴部购买，又不无跋涉之劳。既属非体，事更难行。至左通政李世倬奏称'黄铜与制钱相表里，仍请添设铜行经纪，按照钱文斤两定价，买卖悉凭经纪，不论制器之精粗，概定以三分递算之工价'，所请尤易滋弊，不特货物贵贱悬殊，致亏商本，且奸民恃有官价，轻价强买，必启争端。惟陕西道御史朱凤英奏称'钱法必以铜斤为本，而铜必以足民为先，未有民铜贵而官铜得饶者也。今云南铜虽大旺，然只足供鼓铸拨解之用，何能以其余推暨民间。近闻海关无赴洋买铜之商，而江苏亦无可收之铜，实因官价与民价悬殊，孰肯冒越风涛，以资本赔垫。请敕该督抚，除洋人自带铜斤，应照部议平买收贮外，其有商民过洋购来者，听其售卖，不必官收。一切领照认充、包揽需索等弊，严行禁止。如此，则官民铜斤俱足，钱价自平'，应如所请。"从之。

戊申 兵部议准："奉天将军博第疏请将废旧鸟枪销毁，如式造新枪，除工部造送一千杆外，尚需二千八百杆。又兵丁技艺，各有专工，旗兵操演，原止弓箭、鸟枪，若令教习藤牌、大刀等项，不但一时不能熟练，且使伊等平时练习技艺，改移拨置，志向不专。请将雍正十年工部造送之藤牌、大刀、攩枪、仍照数解还。又奉天所属各城，并臣等衙门，先有铜炮十一位、铁炮五十九位。奉天北近边塞、南临海洋，应查明，将堪用者教习演放。但奉天原无炮手，请将京城炮手拣发四名，令其逐一试放。即于汉军兵丁内，挑选学习。又军前彻回兵带来之棉甲，臣衙门并无公处收贮，若分八旗收存，恐不谨慎。破烂遗失，请令修理整齐，交盛京工部收贮，有应用处，即行取用。"从之。

庚戌 四川巡抚硕色奏："川省钱文，雍正十年，经前抚臣宪德奏请，开炉十五座鼓铸。嗣恐滇铜不敷，止开八座。今闻滇铜旺盛，请增七座，以副原数。"得旨："此系甚有益之举，速速办理可也。"

017 卷72·乾隆三年七月

己未 大学士等议覆："云南巡抚张允随奏称滇省办运京铜各事宜：
一、汤丹厂铜斤，挽运京局，必先运至东川府，然后再运威宁，沿途行走甚难。今查由厂至威宁，另有车路可通，请分作两路并运。
一、张家湾为铜斤交兑之所，请设立监督一员驻扎，以司稽查。

一、自滇至京，程途万里，办运官员养廉盘费，宜分别酌给。其沿途一切费用，俱请于运铜案内照数造销。

一、滇省办运铜数既多，所有额外加解铜斤，请暂行停运，俟一年之后，酌量增解。

均应如所请。至所称运京钱文，分作三年带运，虽为趱运铜斤起见，但京师现在钱价昂贵，应令按期解部，以为添搭兵饷之用。"

得旨："依议速行。"

018 卷 74 · 乾隆三年八月

乙酉 谕曰："（御史稽鲁）又奏请'铸当十钱，每钱一文，重四钱，当小钱之十，现今制钱之五，大钱四十文，得铜一斤，则钱价浮于铜价，盗销之弊，可不屏自除。并请复设钱行经纪'等语。钱法一事，屡经条奏定议，自当渐次清楚，若改铸大钱，铜质轻而获利厚，盗铸之源，自此而开。奸民私毁制钱，改铸大钱，盗销之弊，自此益炽，于钱法有益乎？无益乎？至经纪蠹役，经御史条奏革除，稽鲁又请招募。此招募之人，能必其即愈于所革之人乎？彼所奏三折，持论悖谬，妄欲变乱成法，今略撮其大要，宣示于众。稽鲁着交部严加议处。"

019 卷 81 · 乾隆三年十一月

戊寅 （浙江巡抚卢焯）又奏请："借动盐法道库、盐义仓项下银五万两，照洋商领帑办铜之例，查明殷实之商，取具保结，借给本银，不取利息，令赴外省买米，运至浙省灾区粜卖，明年麦熟，交还本银。报闻。"

戊寅 云南总督庆复奏："滇省本年四月至次年三月，共应铸钱三十四万四千六百余串，抚臣张允随以驮脚无多，势难钱铜并运，奏请将运京钱文分年带运。部议以京师钱价昂贵，仍令设法调剂，按期解部。查广西府至板蚌水次，向给运钱脚价，并不为少，但山路崎岖，瘴疠甚重，又无回头货物，且东川现在运铜，恐脚户不愿运钱，应请量为调剂，令脚户自行酌量一年运钱若干。州县查明取保，将领运之银，全数给发，以便多买牛马。并令近东川脚户领铜，近广西脚户领钱，以省往返之劳。"得旨：如此办理甚妥。

020 卷 82 · 乾隆三年十二月

癸未 （户部）又议："贵州总督兼管巡抚事张广泗疏报'黔省办运铅斤，部议停运一年。未奉部文之先，已将己未年正耗铅斤，改由贵阳，直运楚省，请仍照旧解京'。查威宁一路，有江、安、浙、闽四省承办铜斤人员，并商驮货物，均于此处雇运，马匹无多，脚价必贵，是以议令停运一年。该抚既称改由贵阳，并无拥挤，应准照旧解部。又疏称'京局铜铅，乃每年必需之物。己未铅斤虽改由省城一路办解，运存之铅，业已无多。此后仍由威宁办运，究虞拥挤，请于黔省较近水次，兼产铅矿之地，招商开采，收买接济'，应如所请。"从之。

乙酉 （户部）又议准："云南巡抚张允随疏言，滇省己未年应行办运铜斤，需用工本脚价等项，请将库存备用银十三万八千七百二十四两有奇，并江西协拨铜本银十五万两，暂借给发。部拨银两到日，如数归还。"从之。

庚寅　户部议覆："云南巡抚张允随疏言'青龙、汤丹等厂，每年办铜余息银二十万两，向俱解存司库，备拨兵饷。嗣因盐务盈余裁减，将办铜余息银，咨明留为协办各官及学政养廉一切公费，应仍按年解贮司库备用。至滇省办解京铜，除将已未年额办铜斤，尽数办解外，所有余剩铜斤，部议酌令通商。查滇省地处极边，牛马无多，现在运解京铜及京粤钱文，牛马已属难雇。此时遽议通商，势必加价争雇，恐于正项有误。请俟京钱停运，并京铜一切章程核定后再议'，应如所请。"从之。

庚寅　正黄旗满洲都统平郡王福彭参奏："大理寺卿伟瑹，应赔从前安陆府任内，承办铜斤核减银，除完，仍欠银一千余两，应交部，照逾限不完例议罪。"得旨："依议。其交部之处，暂行停止，着再限一年，若一年限内不完，再行交部治罪。"

021 卷83·乾隆三年十二月

甲辰　户部等遵旨会议覆奏："滇省铸运京钱，据云南巡抚张允随称'运送维艰，请照旧铸数酌减一半'。查滇省开铸已经三载，铜铅充裕，工匠熟悉，自应仍照原额鼓铸。若虑运路荒僻，查有广南府剥隘地方，为商贾通衢，改由此路挽运，较为便易，或于定价外，量加脚价，均俟该抚回滇之日，酌定奏请施行。"得旨："所奏是，依议即行。"

022 卷85·乾隆四年正月

丁丑　云南总督庆复奏："滇铜运道，自东川起，由昭通过镇雄，直达川属之永宁，最为捷径，施工开辟，便可与咸宁两路分运。但由昭通过镇雄境内，有黔省数十里地方，插入滇界，请即拨归滇省管辖。又，自厂至东川，所经小江塘及寻甸一路，尚多阻塞，亦应一例开修。"得旨："办理甚属妥协，可嘉之至。"

023 卷87·乾隆四年二月

丙午　调任湖南巡抚张渠奏："楚省钱昂，办铜甚艰。因委员察勘前抚臣赵宏恩所开铜矿，如常宁县之铜盆岭，桂阳州之石壁下，绥宁县之耙冲，俱已刨试有效。他若桑植县之水獭铺，桂东县之东芒江，亦产铜砂，但桑植系新辟苗疆，桂东又不通水路，俟相度机宜，妥议具题。"得旨："既然试验有效，当悉心详酌之。汝今赴苏，将此事悉告之后任，令其极力料理，以期有资鼓铸，可也。"

024 卷88·乾隆四年三月

庚申　内阁侍读学士祖尚志奏："钱局镕铜渣土，工匠铺户人等买出，每于旷远之地，设炉淘炼，官吏察访不周，保无暗行销毁。请责成步军统领、五城御史委员严查，有销毁制钱者，照例治罪。倘稽查不力，将司查官员交部议处。"从之。

辛酉　军机大臣议覆："内阁侍读学士祖尚志奏'加卯铸钱，以备加数放饷'。查定例，局铸钱文与解至滇钱，按单月一成、双月二成搭放，约已敷用。今新添兵饷，钱数顿增，所请加卯鼓铸，使钱多价贱，因为善举。但各省岁办铜斤，就定额计算，虽有赢余，实皆挂欠未完之数。即令尽数催解，亦恐不能临期应用。前经户部议令今年宽解铜一二百万斤，加以粤东奏准开采铜矿，官商承办采买洋铜，多方筹画，铜斤自可充裕。应俟各处解到之日，酌量作何加卯鼓铸，再行定议。"从之。

025 卷89·乾隆四年三月

丙子 署广东巡抚王謩奏闻采铜矿事宜。得旨："所奏俱悉。'实力查察、悉心调度'八字，甚为中要，时刻勉之可也。"

026 卷90·乾隆四年四月

丁丑 策试天下贡士轩辕诰等三百二十八人于太和殿前，制曰："朕惟帝王，统御寰区，代天子民，敕明旦、凛对越、广咨询、切饥溺，朝夕乾惕，不遑宁处者。亦惟思措天下于治安，登斯民于衽席。缅想唐虞之世，吁咈一堂，时几互儆，其时黎民于变，府事修和。猗欤盛矣！朕以凉德，缵承丕基，孜孜图治，四年于兹。勤恤民隐，痌瘝在抱，蠲复遍于各省，而闾阎尚觉艰难；赏赉时及八旗，而京师未见富庶。论者谓泉布之贵，病在禁铜，今铜禁开矣，而钱价转昂。又谓物料之贵，病在税重，今关税薄矣，而物价未减。用是日夜思维，不能稍释。惟恐言路或有壅塞，而利弊不知，乃咨询倍切。而假公济私者多，实心忠爱者少；苟且塞责者多，直陈时务者少。岂折槛牵衣之流，不可见于今日耶？元为善长，宅心岂可不宽，而尚宽大则诸弊丛生，民生转受其累。恐其流也，稍事整饬，而观望者又以为上心在严，遂莫不以苛为察，以刻为明，而民受其困矣。夫以今日之风，行今日之政，不过补偏救弊，权宜设施。思欲家给人足、讲让兴廉，成比户可封之俗，将何术之从欤？又如河工一事，动如聚讼，新开运口，论者纷纷。彼身当其事者，稍自担承，众即以为固执而措置失宜。若一无厘正，又以为因循而不足与为。是责人则易，而自处之则又难也。生民休戚，视庶司贤否，而承宣表率，则大吏之责也。乃今之课吏者，不过稽其案牍，察其考成，其有爱民若子，如召父、杜母者，果得与旌扬之典耶？凡此数事，皆朕时厪于怀，而未得其要领者。尔多士起自草茅，入对明廷，既无顾忌之嫌，宜尽敷陈之义。若能仿治安六策、贤良三对，深达天人之理、性命之原、治乱安危之机者，亦不拘体制，详切陈之，朕将进而亲询焉。"

戊子 九卿、科道等遵旨覆奏："雨泽偶尔愆期，圣躬实无阙事。臣等奉职无状，嗣后当益励恪勤。"得旨："览卿等所奏，谓近日政务实无阙失可以指陈。朕自维即位四年以来，朝乾夕惕，无非以爱养民生为念……且如钱法一事，向谓不宜禁铜，乃铜禁既开，而钱价转昂，则又有以为铜禁宜严者。朕思此时若再禁铜，或致滋扰，是未收禁铜之利，而先受其害矣。凡为此等议论者，皆由小臣识见拘墟，不能深悉朕用人行政之苦衷耳！……"

027 卷91·乾隆四年四月

乙巳 户部议准："江西巡抚岳濬奏请承办铜斤官员，正额全行完解，应将原参革职留任之案，准其开复。至核减铜色银两，逾限不完，仍照例议处。"从之。

028 卷93·乾隆四年五月

癸酉 铸给钦差张家湾转运云南省铜斤监督关防。

乙亥 云南总督庆复奏："安南国奸人，自称都铜交江王，纠众散布流言。除会衔具咨安南国王外，饬兵分堵隘口，加谨防范。"得旨："如此办理，甚合机宜，得驭外夷之道。但此咨去后，彼若有求兵之请，则不可骤然发兵，只应速行奏闻；亦以请旨为辞告彼，而固守边界，则得矣。"

029 卷95·乾隆四年六月

甲辰 两广总督马尔泰奏："英德县长岗岭开矿炼铜，内有炼出银两，请归该商工费之用。又河源县铜矿，贴近银山及英德县之洪碛矿，出银过多，恐谋利滋事，应请封禁。"得旨："所奏俱悉，惟在实力行之。但所谓银矿应闭之说，朕尚不能深悉，或者为开银获利多，则开铜者少乎？不然，银亦系天地间自然之利，可以便民，何必封禁乎？卿其详议以闻。"

030 卷99·乾隆四年八月

戊戌 谕："云南黑、白、琅等盐井，旧有规礼银二千八百余两，归入公件项下，充为公事养廉之需，在于每年发给薪本银内扣解。在当日，柴价平减，灶户犹能供办。闻近年以来，童山渐多，薪价日贵，兼之卤淡难煎，所领薪本，不敷购买柴薪之用，灶户未免艰难，所当酌量变通，以示存恤。着将白、琅二井节礼银二千六百五十六两、黑井锅课银二百四十两，免其扣解，俾灶户薪本，较前宽裕，所有公件项下，不敷银两，统于铜息银内拨补放给。该部可即行文滇省督抚知之。"

甲辰 （湖南巡抚冯光裕）又奏："湖南商人何兴旺等九起，情愿自备工本，赴桂阳等州县之马家岭等处试采矿砂，现已准其开采。但此次开采，原为鼓铸便民，首重在铜。湖南铅多铜少，若一准并开，必致尽赴采铅，而开铜无人。现饬开得铅矿，即行封闭，如果已费工本，许其另蹚有铜引苗，报采成厂，以补所费。"得旨："所奏俱悉，若能多得铜，实属美事，不可畏难而止。若滋事而纷扰，则好事不如无也。再与督臣详商。"

031 卷100·乾隆四年九月

己酉 闽浙总督郝玉麟、署福建巡抚布政使王士任奏："据台湾镇总兵章隆、知府刘良璧等飞羽呈报，该地民间使用小钱从前番银一两换钱一千五六百文，后渐减至一千有零，本年六月间，每两仅换小钱八百一十二文。兵民力不能支，因与钱铺较论钱价，欲令稍减，开铺之人，竟至闭歇。该镇、府等婉为劝谕，并禁兵民不许强行勒换。始复开张，并称目前得内地运钱一万串，便可接济。臣等查内地钱价现在昂贵，势不能运往接济。而台地钱价，其贵大异寻常。况兵丁远戍，所支粮饷银，以之换钱为日用薪水，操演办公，较前更觉拮据。再四筹酌会议，惟有福州省城，从前收买黄铜器皿，共九万八千余斤，除已卖外，尚存生熟铜共八万一千余斤。若用鼓铸钱文，照定例每文重一钱二分，配以白、黑铅斤，约可铸钱万有余串，足以运济台地。应请开局鼓铸，俾臣等得将铸出钱文，运赴台地，照例搭放官兵月饷，流通于民，以纾一时之极困。"得旨："如所请速行。该部知道。"

032 卷101·乾隆四年九月

癸酉 户部议覆："云南巡抚张允随疏称'滇省办运京铜，应需铜本银，题请拨发未到，请于库存浙江协滇铜本银内，借用二十五万两，俟部拨到日，照数还项'，应如所请。"从之。

033 卷104·乾隆四年十一月

甲寅 户部议覆："云南巡抚张允随奏'滇省运铜至京，向于张家湾设局，请改设通州，由石路转运'等语。查由通至京四十里，不若经由水路，竟设局大通桥，其船只、夫役、水脚等项，应令直隶总督孙嘉淦、仓场侍郎塞尔赫等，详悉查奏，再行定议。"得旨："依议速行。"

034 卷108·乾隆五年正月

甲寅 谕军机大臣等："浙江巡抚卢焯，请动库银十万两，前赴滇省采买铜，运浙鼓铸。该部议以所买铜斤，与运京铜铅，有无阻碍，应令卢焯会同庆复、张允随妥议具题，到日再议。朕已降旨依议速行，但思浙省钱价昂贵，必因钱文缺少，民间需用孔急，是以卢焯有赴滇买铜之请。若事属可行，着庆复、张允随、卢焯等，一面即行办理，一面奏闻，俾得早资鼓铸，以利民用。不必俟具题交议，多稽时日也。尔等可寄信与该督抚知之。"

035 卷109·乾隆五年正月

辛未 湖南巡抚冯光裕奏："绥宁县之杷冲，采试铜矿，系前任抚臣赵宏恩、张渠，历委躧勘，并无妨碍田园庐墓。讵商人甫经开采，即有高寨、雷团二寨苗头杨月卿等，忽捏关碍风水，不容采试。更合地连大寨姚和卿等，聚众肆行，较凤凰永绥之苗，势尤猛烈。臣札商督臣，请旨拨兵，临压三寨，指名勒献凶苗，以惩苗风。再闻绥宁之芙蓉里苗人，听信广西义宁县奸匪李天宝传播妖邪，最恐滋蔓，倘绥宁军兴，可以一举两得。"得旨："知道了，相机而行，毋致偾事，可也。"

036 卷111·乾隆五年二月

辛丑 （湖广总督班第）又奏："靖州绥宁县杷冲地方，开采铜矿，该地高、雷二寨苗众，款合地连寨苗阻挠抢夺一案发觉之始，该管文武所报互异，是以抚臣冯光裕急于用兵。兹据该协副将姜嵋曾具报，若遽带兵擒拿，恐无知拒敌。随至各寨痛切晓谕，该苗头姚和卿、杨云卿（案：疑即卷109之杨月卿）等，自愿出官听审，究出启衅根由。实因该地方官，妄听奸商煽惑，任意生端；及至偾事，又不确查情由，徒欲逞兵泄忿。且矿山原在高、雷二寨身后，于田禾亦不能无碍，应俟此案结后，另行查参。"得旨："总期汝等和衷办理为妙。"

037 卷119·乾隆五年六月

戊戌 云南总督庆复、巡抚张允随奏："前闽省请买滇铜二十万斤，江苏请买滇铜五十万斤，查滇省每年办运京铜共七百三十余万斤，黔省每年办运京铅一百八十三万斤，同路运送，驮脚每苦不敷，今江、闽两省，又共请买铜七十万斤，实难运济。查广南府与粤西接界，由粤西水路至粤东，可以直达福建。闽省所需铜，应于附近广西之开化府者囊厂铜内拨给，交广西收贮税所。俟办员到日领运回闽，仍分作两年，每年十万斤，方得从容。至江苏，上通楚、蜀，应由威宁、镇雄两路，运赴永宁，交办员领运回苏，但铜斤现在不敷，实不能如江苏所请原数，请酌减二十万，给与三十万，亦分作两年运送。"得旨："办理俱属妥协。知道了。"

038 卷120 · 乾隆五年闰六月

丙午 户部议覆："云南巡抚张允随疏称'浙江钱价昂贵，请买滇铜开铸，当竭力筹画，以济浙省急需。查京铜全归滇办，现用递运之法，于东川、寻甸两路运至永宁。其长运之员，直至永宁领铜运京，办理已有头绪。今若令浙省办员仍赴东川领铜，碍难查考，应令径至永宁领运。其自东川、寻甸转运永宁，令承运各地方官分年带运。今拟以六十万斤为率，分作两年'，应如所请。"从之。

039 卷121 · 乾隆五年闰六月

戊辰 云南总督庆复、巡抚张允随奏报："遵照部议，改铸青钱，以杜私销之弊。但青钱须搭配点铜，滇省点铜甚贵，赴粤采买，工费颇多，势不能行。查云南个旧厂板锡，虽少逊点铜，而色兼青白，堪以配铸。臣等亲至省局，面令炉役试铸，铸出钱与青钱无异，并较现铸黄钱稍有节省。"得旨："所办甚妥。知道了。"

040 卷123 · 乾隆五年七月

丁酉 大学士等议覆："云南总督公庆复等奏'开凿通川河道，实为滇省大利，已两次委员查勘。自东川府，由小江口入金沙江，泝流至新开滩，一路直通四川泸州，虽崎岖险阻，要皆人力可施，堪以化险为平，以资利济。惟沿江一带，人烟稀少，募匠设厂，远运米粮，工费约需数十万金。滇省现运铜斤，若得改由水运，每岁可省运脚之半，约计三四年，省出运费，足以兴修永远钜工'等语。查此项工程，千数百里，长滩巨石，必令兴修之后，食货转输，一劳永逸，庶国帑不至虚糜。应令该督等遴委贤员，确实估计，详慎举行。至'估计一定，经秋水涸，有宜先动帑金，将紧要工段开凿疏通'者，应如所请，随时奏闻办理。至'来春先用木簰试运铜斤'之处，恐河道方开，遽欲试运，若稍不妥顺，反足以挠成议，应令从缓酌办。再，木欺古夷境为新开河道必经之地，应令委员善为招抚，期于永远安辑，庶无后虑。"从之。

041 卷124 · 乾隆五年八月

丁未 （户部）又议覆："云南总督公庆复奏'省、临二局，现设炉三十六座，不敷鼓铸，请添设炉十五座，每年可多铸钱六万余串，所需铜铅、工料，一切事宜，悉照省、临二局成规办理。铸出钱文，搭放兵饷'，应如所请。"从之。

042 卷125 · 乾隆五年八月

丁卯 （户部）又议覆："署广东巡抚王謩奏'粤东每年额解户工二部广锡十五万斤，现在市价昂贵，照部定价值，不能采买。查惠州等府属，原有锡山，请令办铜各商，自备工本，酌开三四处，得锡一百斤，照例二八抽收，以二十斤交官起解，以八十斤归商作本。每年所抽之数，除额解十五万斤外，如有盈余，尽数解部存贮，如不足额，照例动项采买余锡凑解'，应如所请。"从之。

043 卷126·乾隆五年九月

癸未 户部议覆："调任江苏巡抚张渠奏'江省开局鼓铸青钱应行事宜：一、宝苏局开铸钱文，请仍设炉十六座，一年二十八卯，每文重一钱二分，应用铜、铅八十三万八千六百余斤，铸钱十一万一千八百二十余串；一、江省钱价昂贵，民情望铸甚殷，应用铜、铅，挽运需时，请先开十二炉，俟铜、铅充裕之时，再开四炉以利民用；一、铸出钱文，必用磨锉渣末，请按炉分给铜铅三百斤，永为底火，铸务告竣，如数归还；一、开铸之始，铸作器具，炉头无力垫办，请预先支给银两，陆续扣还；一、宝苏局房屋墙壁多有倾塌，请动项修葺'，均应如所请。"得旨："依议速行。"

044 卷127·乾隆五年九月

丁酉 天津镇总兵黄廷桂奏："前经大学士等议覆云南总督庆复请开通川河道一折。查金沙江自东川府以下，深入蛮境，经历夷穴，不下千里，石岸峻仄，即使开凿，终恐徒糜国帑，罔利舟楫。且所历夷境，如阿都、阿驴等皆系有名土族，僻处深山，一旦于人迹罕至之区载铜过往，不独乘间邀劫为将来之隐忧，并恐现在兴工匠役繁多，必有潜赴夷寨，暗中骚扰之事。倘勾起衅端，诚非细故。请交各该督、抚熟筹万全，庶可举行。"得旨："黄廷桂此奏，着各该督抚和衷详议具奏。"

丁酉 云南总督公庆复奏："蒙自县金钗厂铜矿最为盛旺，今湖北采买滇铜二十余万，应将此项铜斤，令其委员运楚，以充鼓铸。再滇省各厂，惟汤丹最旺，岁产高铜八九百万及千万斤不等。接近汤丹之多那厂，产铜亦旺，但两厂相连，工匠云集，油米腾贵，现酌将多那一厂，暂为封闭，俟汤丹硐老，再行议开。"得旨："所奏俱悉，卿自能办理合宜，可免朕南顾之忧也。"

丁酉 （云南总督公庆复）又奏："调剂滇省营伍事宜：一、沿边各隘，从前委有土备、土千、土把各衔，现在遍行查核，其着有劳绩及奉法安静者，咨部奖励，不安本分者，分别革究；一、通省营汛沿边口岸，有应添改者，分别题咨，以重边疆；一、各标营书识，共食马粮八十五分，步粮一千二百四十二分，查马粮为步兵进身炎阶，书识人等惟当拨食步粮，如有人材壮健者，即令充伍；一、从有出师阵亡伤亡兵丁，所遗老亲寡到，及曾经出力告退民丁，酌量于该营公费粮内，每名月给米三斗；一、军装器械俱已修整，各标营火药，亦照例配制；一、督、抚二衙门，向拨有步粮九十一分，为各役工食，现在分别考验，堪应差操者，仍准食粮，其不能留伍者，于铜余项下，酌给工食。"得旨："具见卿留心地方，所办皆有条理也。"

045 卷130·乾隆五年十一月

辛未 户部议覆："云南巡抚张允随疏称'滇省改铸青钱，请用板锡配铸'等语。查该省点铜价贵，赴粤采买亦难，应如所请，以个旧厂板锡搭配鼓铸。"从之。

046 卷 131 · 乾隆五年十一月

乙酉 （户部）又议覆："云南总督公庆复疏称'滇省额办京铜，先经巡抚张允随议，并八运为四运。查向来运官在东川、寻甸领铜，脚户每不能按限挽运。本年由寻甸、东川两路分运至永宁交收，令长运官赴永宁领运，现在办理无误，可以经久'等语，应如所请，照该抚原议，将八运并为四运。今长运官俱赴永宁领铜，按限趱运，其承运、收发等官，亦准设立。所有应给养廉，除承运雇脚之东川、昭通、寻甸、镇雄等府州，俱照原题支给外，至所请收发官月给百两之处，查承运官月给养廉自四十两至六十两不等，收发官亦应依照支给。再，每运委正、协运官三员，领铜一百万斤，为数倍多，亦应如所请，将所减正运官一员，月费银十五两，加给每员各五两。"从之。

丙戌 户部议覆："直隶总督孙嘉淦等疏称'滇省运铜至京，部议将铜房设于大通桥，由通州五闸转运，行令妥议具奏。查铜斤向在张家湾起岸，运赴京局，车脚每多未便，今若从通州水运，较张家湾陆运实多节省'等语，应如所题，嗣后铜船一过津关，即令坐粮厅约束指引，俟到坝后，会同铜务监督，率委员齐赴坝口，眼同点验掣秤，令经纪用闸河剥船，运抵大通桥，转运至京。至所请'外河派把总巡查，五闸派闸官协查，并该监督等移通居住'之处，亦应如所题办理。"得旨："依议速行。"

047 卷 132 · 乾隆五年十二月

戊戌 户部议覆："湖北巡抚张渠疏称'楚省钱价昂贵，私铸充斥，现在骤难禁止，请采买滇铜，开炉鼓铸，俟官钱充足，收买小钱添铸'等语。查楚省至滇，较别省为近便，应令该抚将每年铸钱若干、需铜若干，咨商云南督、抚，妥议办理。"得旨："依议速行。"

048 卷 133 · 乾隆五年十二月

己未 大学士等会议云南总督公庆复奏开修金江通川河道事宜：

一、修凿各滩工程，应分别紧缓，次第兴修。查金江瘴气最盛，惟自十月至四月，可以施工。今该督乘冬春水落之时，将最要之大毛、大汉等滩，先行开凿，如果有成效，则依次兴修，为力较易。其分别紧缓，及应停工、施工之处，俱应照所奏办理。

一、委办人员，应各专责成。查通州川河道工费浩繁，自应遴委文武各员，分任办理。至各员、役等，照滇省旧例，分给养廉、饭食、盘费之处，均应入于工费估题册内，分晰题报。

一、雇募工匠，宜宽裕给与工价。查原奏内称铁石木匠，每日工银一钱二分，小工一钱，俱仍给食米一升，较寻常工价，实属宽裕。应令该督，确查该地情形，实难减少者，即照数支给。

一、现修紧滩，应设草房以资住宿防护。查工所堆贮物料米盐，及匠役等住宿，即资沿江竹木，搭盖草房，所费无几，应如所奏办理。

一、预备船只接济工所食用。查设立站船，转运川省米盐，而更番往来，又可熟习水性，所办俱属妥协，其需用站船工费及雇船接运等银两，俱准支销。

一、请动项以济诸用。查通河办理各务，需费甚多，应如所请，暂将铜息银四万两动支，俟部拨到日归款。

一、大工需用殷繁，应给青钱以资实惠。查东川开炉鼓铸，业经该督另折奏明，毋庸再议。

一、米盐、均应预为赴川购买。查工所米盐，最关紧要，自应如所奏，趁川省秋收后，采买米石并盐斤，存贮备用。

从之。

049 卷134·乾隆六年正月

辛酉 两淮盐政兼管扬州关税准泰奏："请内地各关，官办铜斤、铅、锡经过，查验数目相符，免其输税，有额外夹带，即将夹带之货，照例征收。运载船只系给水脚，应仍纳船料，则司库免致开销，解员亦不至延滞。至商人领帑办铜与官办无异，应否一体免税？"得旨："该部议奏。"寻议："官办止纳船料，商民领办，既经征课，未便更张。"从之。

050 卷135·乾隆六年正月

甲申 军机大臣等奏："准噶尔军营，所有钱粮、炮位、鸟枪、器械、什物甚多，除钱粮照常收贮，大铜炮四座，物重道远，就近交绥远城收藏外，所有子母炮、过山鸟、大小鸟枪，择好者半留军营收藏备用，余应令喀尔喀兵运至绥远城收贮。至火药、铅子、硝磺、绳索、盔甲、弓箭、衣帽、鞍屉一切杂项，恐年久朽坏，或暂留备将来赏赐，或即赏给何人？"得旨："着赏给额驸策凌。"

051 卷137·乾隆六年二月

乙丑 刑部尚书署湖广总督那苏图奏："楚省钱少，民间所用，不特沙板、漏风、鹅眼、榆荚等钱公然配搭，甚至将前代废钱，并指顶大之小铜片，作为钱形，以及铁锡等造作埋藏旧钱，搀杂行使，屡禁不止。每千换银一两二三钱，军民苦累，奸徒乘机私铸。需钱甚亟，鼓铸刻不容迟。查滇省现有金钗厂铜，可酌拨一年，而汉口铅锡，俱可就近采买，请即开局鼓铸。再，滇铜采买者多，恐不能源源接济。闻北、南二省，俱有铜厂可开，现在察访筹办。"得旨："所议俱属妥协，竭力办理可也。"

052 卷139·乾隆六年三月

癸未 （户部）又议准："广东粮道朱叔权奏称，钱贵由于钱少，钱少由于用广。昔年交易，但用银不用钱，且古钱与银兼用。今则用银者多改用钱，用古钱者多改用今钱，即如黄河以南及苗疆各处，俱行用黄钱，流布益远，自觉稀少。今除京局鼓铸原系搭放兵饷，流通便民，及云南产铜之区，钱价本不昂贵，毋庸议外，余省应饬地方官劝民银、钱兼用，自数两以上，毋专用钱，庶钱价平减。"从之。

甲午 左都御史管广东巡抚事王安国、两广总督马尔泰奏："粤东开采铜山，实属无益，矿砂出产甚微，砂汁甚薄，得铜无几，所得不偿所费，应急停止。"得旨："该部知道。"

053 卷 141·乾隆六年四月

癸丑 谕:"前因贵州总督张广泗奏称'原任云南迤东道王廷琬才具明晰,办事努力,因稍欠谨饬,是以前在云南管理铜务,致被参劾'等语,曾降旨调来引见。今闻王廷琬系贪劣之员,前经部议,有永不叙用字样,着将原案查明具奏。"

丙辰 谕曰:"前贵州总督张广泗在京,密荐原任云南迤东道王廷琬,朕随降旨,令吏部调来引见。昨闻王廷琬当日作被参贪劣之员,前经部议,有'永不叙用'字样。特令查取原案具奏,今查得王廷琬任内,多收耗铜入己,律应治罪,援赦宽免,系贪官永不叙用。夫各省督抚,保题属员,乃众所共知,自不敢有所假借。至密行奏荐,则惟朕独知,若不其难、其慎,则开幸进之门矣。张广泗将永不叙用之贪官保奏,纵其才有可用,亦非以人事君之意。着严行申饬,王廷琬不准引见。"

癸亥 署理湖南巡抚许容奏:"湖南各属制钱缺乏,计惟筹备铜斤,设局鼓铸。闻滇省各厂产铜甚旺,除解京外,尚多余剩。本拟一面具奏、一面委员赴买,但究未识滇铜是否足供鼓铸之需,因咨询云南总督庆复,并购取样铜、样钱。寻据咨复'滇省金钗厂铜,堪以接济邻省,其样铜业已委员赍解湖北'等语。旋准督臣那苏图札称'滇铜业已解到,现在试铸,俟有定局,另行札商。但闻金钗厂铜质不高,应俟湖北试验明确,会同酌办'。"得旨:"观此奏,汝颇有意见而左右其说,是属何心?此等歧俩,朕前不可也!"

054 卷 142·乾隆六年五月

戊寅 兵部议覆:"广州将军阿尔赛奏称'驻防八旗,每年十一月至燕塘炮营演放大炮,需用炮手三十名,请于额设二十四名外,添设六名';又'请添设铜匠二名、铁匠八名,于每旗壮丁内挑充,并酌开铜铁铺一座。于乾隆四年分余息银内借给一百两,为募雇商匠工本';均应如所请。"从之。

055 卷 144·乾隆六年六月

辛丑 户部议覆:"苏州巡抚徐士林、浙江巡抚卢焯、广东巡抚王安国、管理闽海关福州将军策楞会奏'前据云南巡抚张允随奏称,浙、闽、江苏三省,皆因钱贵,请买滇铜开铸。查滇省铜斤,除供京局及本省、川、黔鼓铸外,余剩无多。请于沿海各关,凡商船来自日本长奇岛者,应纳税银悉令以铜代税银完纳'等语,据查海关铜税,历来征银,若改征铜,事属创始,必须官无纷扰,商民便易,方可行之经久。今闽海既无铜进口,江浙海关,铜数无几,与官商未便。江浙等省需用铜斤,现于洋商自本办回铜内按数抽买,一应商贩船只,似应照旧征收,毋庸纷更,应如所请。"从之。

056 卷 146·乾隆六年七月

癸酉 (户部)又议准:"云南总督兼巡抚庆复奏称滇省每年搭解停铸京钱,原用铜一百八十九万一千四百四十斤,照依额铜之例,作为四运,每运委佐杂一员,赴永宁领铜。尾同运解额铜之员,押至汉口,即换装站船,湖广等省委员协运。其佐杂养廉,并陆路脚价银,悉照办运额铜之例支给。"从之。

057 卷 150 · 乾隆六年九月

己巳 （户部）又议准："署贵州总督云南巡抚张允随奏称'黔省威宁州属致化里产有铜矿，砂引颇旺，现开礂硐七十二口，内有十四口，已获百余万斤。招厂民二千余名，设炉二十座，采试有效'，应准其开采，课税照例二八抽收，余铜归官收买，每百斤给价银七两。"从之。

058 卷 151 · 乾隆六年九月

己卯 户部议准："川陕总督尹继善奏称，陕省钱贵，请将废铜十三万斤，开炉铸钱，搭放兵饷以平市价。"从之。

059 卷 152 · 乾隆六年十一月

戊辰 户部议覆："前湖北巡抚张渠奏称'楚省钱价昂贵，请采买滇铜开炉鼓铸'，经咨令自行咨商云南督抚，妥议具奏。今湖北巡抚范璨奏称'调任云南总督庆复奏明，有金钗厂铜，可以酌拨。请湖北设炉二十座，每座每月铸钱三卯，委武昌府知府督理，武昌同知协办。巡查之员，临时酌委，按季轮换。每座一年需正耗铜三十一万八千五百五十斤零，白黑铅、点铜如例配搭。应委府佐一员、杂职一员，同往采买。又滇省现买之铜，仅止一年，不敷接济，金钗厂铜，新旧各炉配铸外，可余铜一二十万斤。请将滇省每年余铜，留为楚北购买，庶得源源接济'，应如所请，并应行文钱法衙门，铸造青钱钱样，一面铸乾隆通宝汉院，一面铸宝武清字，颁发该省，照式鼓铸。"从之。

060 卷 155 · 乾隆六年十一月

丁丑 九卿议覆："贵州道监察御史孙灏奏称'铜之为用，在官则供鼓铸，在民则供器用。今鼓铸之铜，尽求之滇，器用取给洋铜。洋铜之来，或多或寡，商多空匮，故铜价贵。铜价贵，则私销之弊兴，此各省钱价所以不平也。请将滇厂新旧铜斤，按岁额需用外，每年免拨十分之一，售卖予民，以补洋铜之不足。至浙江海关现在洋铜岁入几何，倘出贩无人，应设法召募。再，从前停采洋铜，原因清厘积欠，事出权宜。即督臣尹继善原疏，亦有日后衰旺靡常之虑。洋产既停买收，官铜终缺储备。公帑久不出洋，商人必渐稀少。应听江、浙、云南三省大臣，从容详度'等语。查黄铜弛禁以来，民间需用铜器甚多，该御史请将滇铜酌拨售卖，固属便民之举，但现在滇厂每年获铜，额运各处鼓铸外，并无多余。应俟滇铜加旺，官铜有余，然后定议举行。至现在江、浙海关，每岁俱有洋铜进口，官商分买、贾舶流通，但各商资本有限，出贩无多。应如所奏，令江、浙督抚广为设法召募。"从之。

061 卷 156 · 乾隆六年十二月

癸巳 户部议覆："湖南巡抚许容疏称'湖南各属，制钱缺少，价甚昂贵，长沙一带，多使小钱，难以遽禁。设局鼓铸，已经咨询云督庆复，奏明金钗厂铜可以拨铸。应设炉十二座，每座一年需正耗铜三十一万八千五百五十斤零，红铜、白黑铅，如例搭配。委府佐一员、杂职一员,往滇采买。并咨滇省将金钗厂每年储铜三十万斤,留为楚省源源接济之用',应如所请,并应行文钱法衙门式铸造青钱钱样,一面'乾隆通宝'汉字,一面'宝南'清字,颁发该省照式鼓铸。"从之。

062 卷157·乾隆六年十二月

庚申 两江总督那苏图奏:"江省宝苏局鼓铸,先开炉十二座。今铜斤充足,拟于明年正月十五日为始,再开四座。报闻。"

063 卷159·乾隆七年正月

庚寅 (湖广总督孙嘉淦)又奏:"查桂阳、郴州属旧开铜矿,不碍田庐,又无苗猺杂处,可以复开。其余试采之处,有名无实,俱应封禁。"得旨:"所奏俱悉。"

064 卷161·乾隆七年二月

己未 云贵总督张允随奏:"昭通府地阻舟楫,物贵民艰。查盐井渡水达川江,可通商运。自渡至叙州府安边汛七十二滩,惟黄角碛等十一险滩,宜大疏凿,暂须起剥,余只略修,并开纤道。其自昭通抵渡,旱路崎岖九处,开广便行。现运铜赴渡入船,脚费多省,以积省之费,开修险滩,帑不靡而功可就。不独昭、东各郡,物价得平,即黔省威宁等处,亦可运米流通。"得旨:"既已试行有效,即照所议办理可也。"

己未 (云贵总督张允随)又奏:"金沙江上游六百七十余里,应修者三十五滩,具自双佛至蜈蚣岭十五滩最险,开凿后仍须数次盘剥,崖窄难行。查石圣滩南岸,有路绕出碎琼滩,约百里可开设马站。铜船至碎琼起剥,石圣下船,可免险路层剥,费省工易。已将大滩数处开修,空船可行,余滩易竣。至下游六百余里,如凹崖、三腔锣等十余险滩,并宜大加疏凿,现或兴工,或勘估未毕。其工银在铜息内动支,计年余铜息足用,毋庸拨帑。"得旨:"知道了,勉力详酌为之,而不可欲速也。"

065 卷162·乾隆七年三月

丁卯 户部议准:"四川巡抚硕色奏称,建昌、永宁二道所辖铜铅厂,矿苗甚盛,不碍田园庐舍,除例给厂费外,现议委员专司抽课。取具商匠结册,查核铜数汇报。其长宁、云阳等处,产黑、白铅矿,应准一体开采。"从之。

066 卷164·乾隆七年四月

戊戌 户部议覆:"云南巡抚张允随奏称'滇省向有青龙等铜厂,缘开久硐深,另于厂地前后左右开硐煎办,或收买水燥煎铜,或地界极边,烟瘴甚盛,或厂地同属东川,抽课给价,不能与汤丹两例,自须量为调剂,以裕厂民工本,使多得铜斤,方于鼓铸有益',应如所请,将旧有之青龙、惠隆、太和、马龙等厂照初开例,每铜百斤抽课二十斤,余铜以五两一百斤收买;金钗坡厂,每铜百斤,例给银四两外,增价六钱;初开之者囊、大水、碌碌、虐姑等厂,照汤丹、普毛两厂例,每铜百斤,抽课十斤,余铜以六两一百斤给价。"从之。

己亥 户部议准："署两广总督庆复奏称，粤西向未开炉鼓铸，惟恃滇省解运，今西省厂铜照配试铸，与滇钱无异。如开厂添配搭放兵饷各项，实于民用有济。请将粤西矿铜，留充鼓铸，俟流通后，再停解滇钱，以省运费。"从之。

067 卷165·乾隆七年四月

丁巳 谕军机大臣等："广东巡抚王安国参奏'开采铜矿、挪移仓谷、虚悬帑项'一案，部议系何员给发，令该督核拟题覆。又围基堤工，辗转迁就，靡费帑金一案，部议将帑金作何着落赔补，令该督妥议具题。是承办之鄂弥达等，俟覆到之日，尚应查议，着落赔补。乃王安国既经查明参奏，何难分别核拟。自去年至今，历时已久，尚未覆到，其中必有情节，或受人嘱托，或代鄂弥达等开脱，抑或因案情确凿，虽有意照拂，不能为之周旋，碍难题覆，故作延缓之计。可寄信庆复，令其逐一详查明确，据实奏闻。"寻奏："查铜矿一事，系前督臣鄂弥达、马尔泰题准动项垫给。马尔泰任内接办发银，因办理不妥，以致官商视为畏途，经王安国奏请停止。臣以事因督抚迁延所致，请将各厂支过银两，即于原给发之督抚名下追赔。又围基工程一事，先据鄂弥达奏用条石层砌，嗣因工钜费繁，减省迁就，改用石块，是以与原奏不符。未经据实陈奏，咎实难辞，自应分别查参着落。王安国原奏时，未分晰细查，今委司道等官亲勘，往覆定议。稽延时日，实未受人嘱托代鄂弥达等开脱。"得旨："所奏俱悉。"

戊午 贵州总督兼管巡抚张广泗覆奏："署督臣张允随原奏威宁州属铜川河铜厂，可期旺发，今开采一载，总因矿砂淡薄，报获无多。又原奏大定府属乐贡里杓底地方，产有水银，可期旺发，今开采九月，苗引全无，厂民星散。其遵义府属抵水厂，虽有矿砂，亦甚微细，数月不效。惟婺川县属之大岩山，试采有效，现亦照引鉴取。并修文县属红、白二厂，较前产稍多，均可望有旺机。臣复查威宁州之兄姑地方，出有水银、朱砂，现在饬令试采。至署督臣奏开思州府属之桑平、盐井坳二处，并非盐井，并遵义府属之盐井沟、盐井坡二处，凿深五十余丈，尝无咸味，似属无益，仍令不必停工，冀可得盐以济民食。"得旨："无益之事不可为，有益之事不可止，酌中为之，若分彼此之见则非矣。"

068 卷166·乾隆七年五月

丁卯 （户部）又议准："贵州总督兼管巡抚张广泗奏称，黔省之格得、八地，及铜川河等厂均产铜斤，较购运滇铜，实多节省，亟应上紧开挖。况铜川河厂，经原署督张允随奏明山形厚大，可期发旺，不但足敷黔局之用。应令该督转饬厂员，加意调剂，务使旺盛，以供鼓铸。"从之。

辛未 户部议准："直隶总督高斌疏称，滇省解京铜斤，向来长运官抵通，交铜务监督秤收转运，即回滇报销，另有委官在通，守掣批回。今既令长运官管解进局，抵通时，又经坐粮厅点验，派经纪转运，所有铜务监督及云南委官，应并裁彻。"从之。

069 卷167·乾隆七年五月

庚辰 （户部）又议准："贵州总督兼管巡抚张广泗疏称，铜厂之旺衰，视民力之多寡。现据铜川河铜矿各户，因工本不敷，停炉甚众。请暂照格得、八地二厂例，一九抽课，俟将来矿砂大旺，再照二八抽收。"从之。

丁亥 署云南总督张允随奏报："金江上游，自小江口双龙滩至金沙厂河口滩，计大小五十余滩，内有最险、次险、小险各滩，现已开修工竣，今冬可运铜斤。其下游自利远滩至新开滩一带工程六百四十六里，应开修者共六十二滩，估需银十余万两。俟今冬水落兴工，一律完整。"得旨："已有旨命汝等亲往勘工，汝三人会面时，将此奏与尹继善、新柱看，和衷再酌，奏闻可也。"

070 卷171·乾隆七年七月

丙子 江西巡抚陈宏谋奏请截留滇铜，以供鼓铸，并禁止私钱。得旨："滇省铜斤，运京鼓铸，关系辇下钱法，甚为紧要，从无外省截留之例。但念江西钱文太少，钱价太昂，较他省为甚，只得为权宜之计。况目下户、工二部现有余铜，足供鼓铸，着照陈宏谋所请，应解户、工二部滇铜，截留五十五万五千斤，以济该省之用。该省陆续赴滇采买，仍着解京补项，他省不得援以为例。余着该部妥议具奏。"寻议："据陈宏谋奏，江西久未开铸，民间俱用小广钱，又搀搭剪边、鹅眼、砂板等钱，奸徒贪利私铸，到处囤贩，惟有亟开鼓铸，制钱日充，私钱可以禁止。拟先行出示晓谕，定以三月之限，令将一应私铸钱尽数缴官，给价收买，搀搭鼓铸。至小广钱，乃旧铸之钱，铜质原好，行用已久，仍听照常行使。而新钱广行之后，止将小广钱量为减价，不得与大制钱相等，则新旧大小，原可兼用。应如所请。"从之。

071 卷174·乾隆七年九月

戊午 户部议准："云南巡抚张允随疏称，运铜船只，若用头号大船，尽量装载，未免转掉不灵，十损二三。查有夹鱵秃尾中船，较大船平稳，八分装载，可以无虞。应令各运官，会同地方官雇募运官水手，不得夹带米石货物。"从之。

072 卷176·乾隆七年十月

己亥 户部议准："云南巡抚张允随奏称，滇省解运京铜，威宁、永宁二处铜店，各设收发官一员，应请每员月给养廉银一百两。至正运官，每员月给养廉杂费银八十两；协运官，每员月给养廉杂费银四十五两。"从之。

庚子 户部议覆广西巡抚杨锡绂条奏鼓铸事宜：

"一、每年铸钱，约用铜二十三万余斤。现在开采之回头山、将军山、响水厂三处，约可抽买十二万斤，其不敷，应收买客铜，每百斤给银十三两八钱。但客铜多寡，难以悬定。今临桂、永福、恭城等处，报有铜矿，俟试采有效，即题报抽课，停买客铜。其黑铅，惟禄泓等厂颇高，计每年抽课四万余千斤。应请自乾隆七年起，每年拨一万五千斤留省供铸，余仍运至南宁，作各标、镇、协、营弹铅。如有余，仍变解充饷。至现开各厂，并无白铅，应于百色等处，收买运省。又贺县、南丹二处，虽有锡矿，但锡质低潮，课亦无多，应请采买点锡。"查该省收买厂铜，每百斤原给价银六两八钱及八两三钱不等，今收买客铜，给价银十三两八钱，殊属浮多。其系由何处贩买？实需工本脚价若干？并令查明酌减报部，余应如所请行。

"一、回头山所出铜矿，除揭炼课余铜外，有地脚炉渣，犹可镕炼出铜，向来每百斤官给银八两三钱，商人因不敷工费，弃置不炼。今确估工本银十三两，再加运省脚价银四钱，应仍令其镕炼。其将军山、响水厂如有炉渣，一并查办。"查八两三钱之价，先经题定，已敷各厂工本，今炉渣炼出铜斤，自应照例抽课，并照定价画一办理。

"一、铜、铅、锡一百斤，共铸钱十三千三百文，除炉头匠工钱及炭价外，净得钱十一千二百九十文，计每钱一千，工本不出九钱以外。应请酌拨七年地丁银四万五千两，以为工本，于将来盈余钱内归还。"查炭价即在工料之内，未便重开，应令将所铸钱文，暨给发工料钱文，查明据实造报。

"一、钱局房屋，须近水次及宽敞地方，今择于省城文昌门外，临河地面，酌盖钱局一座，取名广源局。计头门三间、二门三间、大堂三间、铜库四间、铅锡库三间、钱库四间、炭库十间、东西炉房各五十间、砌炉二十二座、铁匠房三间、官房三间、书办房二间、巡拦房二间、炉神庙三间、土地庙一间。"应如所请建造。

"一、需用器具什物，炉头匠作，力难自备，请先于工本银内垫给，于伊等火工钱内扣还，至鼓铸事关重大，须委令按察使总理。"亦应如所请。

从之。

073 卷177·乾隆七年十月

乙卯 （山东巡抚晏斯盛）又奏："临清关所征之铜补、商补二项，系于正补外加增，并非原额则例所有，亦无题准增收之案，请长远革除，以苏商困。"得旨："俟汝至京时，与部臣面议。"

074 卷178·乾隆七年十一月

己巳 户部议准："闽浙总督那苏图、巡抚刘于义奏称，闽省接济鼓铸，应收买商铜三万二千四百余斤，计价银五千六百七十三两零；至配铸，尚需白铅二万六千九百余斤，应照前次委员赴楚采买，计价银及水脚银一千六百一十二两零。均请在乾隆六年地丁银内动给。"从之。

075 卷180·乾隆七年十二月

丙戌 吏部议覆："云南巡抚为张允随奏称'滇省解运京铜，咸宁、永宁二处铜店，委员收发，其长运各官，自滇至永，计程二十三站，酌定运官自滇起程，限二十三日到永，如沿途逗遛逾限，即行咨参，其处分统听部议'等语，应如所请，将各运官照在京衙门行查事件之例，违限一日至十日者，罚俸一个月；十日以上者三个月；二十日以上者六个月；三十日以上者一年。如果中途患病及阻滞等情，俱令该员呈明，该地方官出具印结，于参案内声明，以凭免议。"从之。

庚子 户部议覆："四川巡抚硕色奏称'滇省运铜，应通饬运官，在重庆府地方，协同该管官雇募坚固船只，装载只以八分为率，不许过重。如人役附搭客货者，严究处。若运官图利私装，即揭参。设遇风信不顺，江水暴涨，令暂停候，不得贪程冒险'，均应如所请，并将停候日期，报部查核，倘借端逗遛，即据实查参。并转饬地方文武官弁，凡遇滇铜到境，务拨干练兵役，督同水手人等，防护赶运，如有疏虞，即将失防职名查参。并将无籍游民、冒充船户揽载铜斤之徒，严行禁止。"从之。

076 卷181 · 乾隆七年十二月

壬子 大学士等议奏："云南金沙江通川工程，据钦差都统新柱疏称'滇南僻处极边，不通舟楫，民无盖藏，米价腾贵。蒙谕旨，命开通川河道，以期有备无患。臣等亲往江干相度，其金沙江下游地方，自乌蒙改流设镇，滇省每年赴川采买兵粮，均由江路沿流运送。其黄草坪至金沙厂六十里河道，为商贾贩运米盐旧路，内有大汉漕等滩，水势险急。冬春之际，商贾虽有行走，而起载多艰。今应细加勘估，将可以施工之处，酌量修理，以利舟楫。其上游，自金沙厂至滥田坝一十二滩，现在陆续开修，但双佛滩等处，石巨工艰，纵加疏凿，下水仍属堪虞，是以改修陆路两站，以避一十五滩之险。今张允随拟冬春之际，先修上游未竣各工，俟来秋再专修下游等语，复据署督张允随绘进金沙江全图，并疏称上游除滥田坝等八滩已完工外，尚有已修未竣之小溜筒、濯云二滩，及未修之对平等七滩，俱应今冬疏凿，约计明春水长以前可竣。至臣先议发铜二十四万斤试运之处，应于小江口、双龙潭至石州滩一百七十里内，安设䑸船十五只，每船约可运铜万斤，即于十二月起，先行装载，陆续运赴石州滩。其改为陆运之地，俱应建店房、铜房、马棚共十五间。金沙厂河口，应建铜房十五间。已估计建盖，并雇募驮脚，以资接运'等语。查金沙江上下游，既可次第开修，应即兴工，并先行试运铜斤，以定将来每年应运之实数。所需工费，统令工竣核实报销。"从之。

077 卷185 · 乾隆八年二月

丁未 户部议准："前任湖广总督孙嘉淦疏称，郴州、桂阳州矿厂铜铅夹杂，地非苗猺，尚可开烧。抽得税额，并收买商铜，于鼓铸、国帑，均有裨益。"从之。

辛亥 （户部）又议覆贵州总督兼管巡抚张广泗疏奏《黔省办解京局铅斤事宜》：

"一、应解宝泉、宝源两局黑白铅斤，请分上下两运，依限解交。于当年十月起解者，于次年三月到部；于当年四月起解者，于九月到部；解员逾限，照例题参。"应如所请。

"一、莲花、砂朱等厂，矿砂既薄，食物俱昂，炉民无利可图。人散炉停，出铅日少。请将每斤一分有零原价，定为一分五厘。一面收买，一面发运。"应暂如所请，如遇产旺铅多，即据实酌减。

"一、黔省加运铅斤，由威宁发运者二十余万，运脚维艰。请照滇省题请，运铜百斤，每站给运脚一钱二分有零之数，一例给发。"查滇抚张允随所题，经部咨行令确查，尚未题覆，今应令张广泗一并会议具题，再议。

"一、莲花、砂朱二厂铅斤，均由威宁一路雇运，因滇铜拥挤，必须陆续起解。额设人役，不敷稽查，每有脚户偷窃等弊，今请于威宁所属之威家湾，并毕节、永宁二属，共设书役十三名，逐站注单递交，其工食于水脚节省项下动支。"应如所请。

"一、黔省起运，俱于重庆雇觅大船，载至汉口更换，每有坏船之患。请照运铜之例，制备麻绳浮杠，以备沉溺标记。"应如所请。其绳杠价银若干，如沿途无用，将来作何报销之处，均未详晰声明，仍令查明报部。

"一、黔省办运京铅，系沿途雇募船只，每多勒掯耽延等弊，请令各地方官协同雇给，责成行户具结承保。"应如所请。

至请"将他省黑、白铅斤，题请分解"，查广西产铅，已题定留供本省鼓铸，湖南铅矿开采多寡尚难预定。所有京局需铅，应仍令张广泗照数采办，依限解部。

从之。

甲寅 署云南总督印务云南巡抚张允随奏："安南境内匪贼节次情形。上年十一月十九日，据广南营参将胡大勇报，安南猛发贼首兵者列，纠洪水贼余襄，攻劫安边，牡丹土官翁卿约者良土官，将地方归顺交江。又结猛发铜厂匪贼郎袍、桂皮山野贼农廷结、杨元福、陆玉明、陆保等，至牡丹合为一处，计四五千人。在者良造木城数座，联络驻扎，谋攻念台。念台土官翁贯，求救于保乐州，以保乐兵一千击郎袍，败还。三岐督镇官策应，为洪水沙贼阻不能前。据开化镇游击丁世功等报，交阯土目翁钦、翁贵、黄滚寿等，击败安边沙贼，扎营于赌咒河，隔岸土目郑分声言南谜老岩猛人等寨，原系安南地方。今来剿贼，臣闻报饬属晓谕，土目翁钦慑服，毁营而去。本年正月，据广南营参将胡大勇报，牡丹者良叛目阮兼泽、翁卿，结贼郎袍、周文显，聚众数千，扎营于吉安溯。保乐土官翁督及念台土官翁贯，各带夷兵共四千名，扎营于勾麻，为者良贼战败，贼复分兵破果箧、弄高二寨。郎袍复过保乐营，截其运道，保乐兵却走。黎京差督阵官调高平、牧马先锋官闭士仪等，合兵八千讨贼，督阵官旋阵亡，念台破。交江王矣扬扎念台，招安原管地，复往安边与翁贵战。翁贵袭安北府，原据安北之黎忠君退屯漫停。外此有八宝、东弓、漫布、泰番、鼎礁、大同、猛萨各贼首兵二三千人，清化邵郡公、扶竜德世子黎维襁，带兵三千余，抵山南府。安南国内，惟山西、山南、山北、海洋四郡，服黎京辖；其清化、广化二郡，为旧世子黎维襁所据；安广、易安二郡，为阮氏子孙所据；谅山、太原二郡，为茹姓所据；兴化、宣光二郡，为交江所据；地分土荒，督令官调集乡兵，俱以乏食逃亡。臣令文武等于通交要隘，严加防范。"得旨："所奏俱悉，时时探信以闻，然惟慎我边防为要耳。"

078 卷186 · 乾隆八年三月

辛酉 户部议覆："云南巡抚张允随疏称'历年办运京铜，核余剩银一百六万一千五十九两零，除抵乾隆八年工本银八十四五万两外，余银无几，不敷甲子年办解之用，请照例拨给'等语。该省办铜工本，每年只需银八十四万两，应照实用之数补拨，未便仍旧拨银一百万两。其甲子年工本，即照此例行。"从之。

079 卷187 · 乾隆八年三月

庚辰 谕军机大臣等："前巡抚晏斯盛奏称，临清关有铜补、商补一项，系雍正六年已经革除。因免征米粮石头，委管关员照旧征收，奏请豁免。而户部以铜补、商补二料，乃雍正六年以前，向有征收，归额起解。即六年以后，亦名革实存，并非今日始征之项议，以毋庸请免。彼此驳诘，至于再三。朕复命大学士会同该部议奏，亦复申前议。朕因部中查系应征之项，而晏斯盛平日又不免沽名之习，是以允照部议。但朕之蠲免米税，原以加惠商民，此项究竟应征、应免，必有确实情形。可密传谕喀尔吉善，令其虚公悉心详查议奏。"

080 卷188·乾隆八年四月

乙未 刑部议准："闽浙总督那苏图奏称，私铸制钱，已有定例，私造铅钱，律无正条。请照国初私铸铜钱原律：为首及匠人，拟绞监候；为从及知情买使者，各减一等；里长知而不首者，杖一百；不知者不坐。"得旨："依议即行。"

081 卷189·乾隆八年四月

甲辰 户部议覆："云南巡抚张允随疏称'滇省办运京铜，自乾隆五年以后，八运并作四运，正运官只府佐州县一员，不能兼顾。请将正协运官，合为一运，委府佐或州县一员为正运，杂职一员为协运'，应如所请。至加运铜斤，亦应照额铜之例，将四运并为二运，每运亦委二员领运。"从之。

082 卷191·乾隆八年闰四月

壬午 （署云南总督张允随）又奏报："开通金江上游各滩，工程垂竣，试运京铜，并无险阻。"得旨："所奏俱悉，若能常行无阻，诚善举也。"

083 卷192·乾隆八年五月

庚寅 （大学士等）又议准："署云南总督张允随奏称，开化一府，悬处极边，界连外域，外控安南、内制土夷，实为要郡。其原筑土城，日就单薄。近年安南国内难相仍，乱靡有定。三岐、安北、宣光、乾塘、洪水、保乐、安边一带，已为贼巢。此数处距开化边界，远者二三百里，近者百里、数十里不等，原设额兵二千四百名，七汛安兵一千一十八名，存城一千三百八十二名。自安南有事，增设卡塘，共四十七处，所需守卡兵丁，俱于存城内抽拨，城中兵力既单，复无坚城可恃，殊非慎重边疆之意。请易置砖城，添置雉堞、城楼、炮台等项，以资捍卫。所需工费，即于铜息项内动支。"从之。

084 卷193·乾隆八年五月

己亥 谕山东临清关：向征铜补、商补，相沿已久，报部则统名之为船料。前抚臣岳濬改为计石上税，而将铜补、商补，归入石头征解，是名革而实存也。今朕既降旨蠲免各省米粮之税，此项亦应一体邀恩，概行豁免。着该部即行文山东巡抚知之。"

085 卷195·乾隆八年六月

己巳 户部议准："广东布政使托庸疏称粤东铜铅矿厂，请招商开采，核计商费工本，酌量抽收，余铜照时价每斤一钱七分五厘，交官收买。其铜铅矿内，间杂金银各砂，应照滇黔例，分别抽课充饷。"从之。

086 卷197·乾隆八年七月

庚戌 户部议覆："广西巡抚杨锡绂奏称'山斗冈铜铅矿厂，酌定抽取支销事宜'，应如所请。将山斗冈厂民所获余铜，照回头山例，每百斤给价八两三钱零，收买供铸，商民所获余铅，听其自行变卖归本。所出银两，每两暂抽正课一钱五分，俟出产旺盛，即照定例三七收纳，仍将收买余铜，给过价银，及抽收各项税课，造入各矿厂岁底奏销册内，送部查核。至密陀僧一项，应令该抚照例一体抽收撒散，留贮备用。其所设官役，该抚既称现开铅垄三口、铜垄一口，共设炉房二座，原议设厂官一员、书记一名、巡役七名，并无浮多，应准。"从之。

庚戌 福州将军兼管闽海关事务新柱奏："海关每年额征正课，六万六千余两，系按季解交藩库收存，其铜斤脚价及盈余正耗，约计每年一十七八万余两，系年底解赴户部。而海关衙门，从未设库，又无专管官吏，前监督准泰曾将两月一解之税，交藩库寄贮，至年底委员给批，由司库解部。请照此办理。"得旨："览。"

087 卷201·乾隆八年九月

己酉 云南总督兼管巡抚事务张允随奏："昭通、东川两府，收成歉薄，米价昂贵。现于铜息项下动银二万两，发驻扎四川永宁转运京铜之同知。于川东一带买米一万石，于明春水长前运回滇省。以多半运至永善县之黄草坪，以少半运至大关盐井渡转运，以备平粜。其回空船，又可试运京铜。臣以新疆重地，未便拘泥停止采买之例，是以一面动项赴买，一面奏明。"得旨："甚是之举。知道了。"

088 卷204·乾隆八年十一月

乙酉 谕："兵饷有搭放钱文之例，江南省于乾隆六年设局鼓铸，仅设炉十二座，铸出之钱不敷搭放兵饷。又核计成本，每银一两铸出钱八百九十六文，是以题明每银一两，止折给饷钱八百八十文，余钱一十六文，充作钱局公费及运送饷钱之水脚等项。经部议覆，搭放兵饷，暂照八八折发，俟将来铜、铅减价，钱价渐平，再行酌增钱数，或照旧制每钱一千文，作银一两搭放等语。朕思兵丁所得月饷，仅足以敷食用，若搭放钱文，又行扣除，则所得减少。朕心轸念，特颁谕旨，将江南省搭放饷银，自乾隆甲子年为始仍照定例，每银一两给钱一千文，其钱局公费运钱水脚，准动公项报销，不敷成本，照例准其销算。至现在鼓铸各省，如有折扣搭给者，亦一体加恩，照江南之例给发。"

戊子 谕军机大臣等："制钱乃民间日用必需之物，近来各处钱文短少，价值昂贵，民间甚为不便。有言江、广等省，现在鼓铸，若山东、山西等数省，亦开局鼓铸，则钱文充裕，价值可平。此说不知可行与否？该省若开鼓铸，铜斤取于何处？尔等可寄信与各省督抚，令其酌量本地情形，悉心筹画，定议具奏。"

089 卷204·乾隆八年十一月

甲午 兵部等部议覆："川陕总督庆复疏称，遵旨详议四川提督郑文焕请于阜和营改设游击等员，又甘肃凉庄道杨秘请将泸宁营移入冕宁县城，并添裁弁兵各事宜。查泸宁营在冕宁县西北，山路直通瓜剌，并非人迹不通。地虽僻处，遇有缓急，实可以资声援。且儿斯遗孽，户口渐多，又紫古剌开设铜厂，均资弹压，未便将泸宁营移驻。……均应如所请。"从之。

090 卷206·乾隆八年十二月

辛亥 户部议覆:"广西布政使唐绥祖疏称,粤西恭城县回头山铜矿,向例于二八抽课外,余铜官为收买,每百斤给价八两三钱。现在峇口日深,取砂工费,已加数倍。商人以不敷工本,观望不前,砂课日绌。请照收买客铜、渣铜之数,每百斤给价十三两四钱。又怀集县将军山、河池州响水厂,向止给价六两八钱,亦属不敷该处开采,较回头山稍易,请照回头山旧例以八两三钱收买。查回头山采矿商本不敷,自应量加,惟十三两四钱未免浮多,应照滇省厂价,每百斤九两二钱;其将军山厂、响水厂,准照回头山旧例支给。"从之。

091 卷207·乾隆八年十二月

辛未 (户部)又议覆:"云南总督张允随疏称'滇省大理府自雍正五年停止鼓铸,十余年来,迤西一带钱少,兵民零星交易不便。该地产有铜矿,应请设法开采。设炉十五座,每年需铜二十八万余斤,即以所出之铜供铸。不敷,再将迤东各厂铜斤添拨。铅锡等项,于各厂运往,统计每清钱一千文,约需工本六钱有零,每年可铸出钱六万余串,照例搭放兵饷,所需局房,旧地已改考棚,并择地建盖',应如所请。"从之。

092 卷209·乾隆九年正月

戊申 (闽浙总督那苏图)又奏:"闽省鼓铸钱文,现在需铜。今有遭风商船,愿将自本洋铜,抽卖一半,以资鼓铸,请按数给值,以恤难商。"得旨:"着照所请行。咨部知之。"

093 卷210·乾隆九年二月

甲戌 户部议覆:"云南总督兼管巡抚张允随疏称'昭通、东川二府,新辟夷疆,产谷无多。上年雨水稍多,收成歉薄。兼因地产银铜,商民辐辏,民食殊艰。请于铜息项下,动银二万两,至川东采买米谷,转运平粜',应如所请。"得旨:"依议速行。"

戊寅 山西巡抚阿里衮奏:"晋省自雍正四年至乾隆元年,收买铜器、小钱六十八万九千五百余斤,尽数鼓铸。后有商人王廷煜开采铜矿,仅获铜九百四十余斤。现在开局鼓铸,并无存贮铜斤。"得旨:"晋省殷实商人尚多,惟有令其承办洋铜,以供鼓铸,为可行之事耳。此意已于汝兄处有旨。汝再行酌量。"

094 卷212·乾隆九年三月

戊子 谕:"近来各省钱价,日加昂贵,民间日用不便。朕时时留心筹画,曾谕山东、山西等省巡抚,于该省开局鼓铸,以济民用。铜斤取于何处,令该抚悉心妥议具奏。今据阿里衮奏称'山西购觅铜斤,惟有招选殷实商人,采买洋铜之一法。现有平阳府洪洞县监生刘光晟家道殷实,呈称世受国恩,心切报效,情愿领办洋铜,以资鼓铸,少尽犬马微劳'等语,阿里衮既称刘光晟情愿承买洋铜,办公效力,着即准其承办。其如何给与铜斤价值,及一切运费等项之处,着该部详悉定议具奏。"

095 卷213 · 乾隆九年三月

丁未 云南总督兼管巡抚事张允随奏："上年昭通、东川两府，秋成歉薄，已动拨铜息银二万两，买川米一万五百石，运卖平粜。再通查各属，如有民食不敷之处，分别借给籽种，以助春耕。其应行平粜者，即详请平粜。"得旨："是此滇省最要之事，加意为之。"

096 卷214 · 乾隆九年四月

戊午 大学士鄂尔泰等议覆："升任湖广总督阿尔赛奏称'湖北鼓铸用金钗厂铜，成色低潮，请不必照京局配用黑铅，应将买备汉口客铜试铸，每百斤用金钗厂铜三十一斤，汉口铜十九斤，除去黑铅，用白铅四十八斤、点锡二斤'等语。查湖北所用铜，本非京局用滇省汤丹厂净铜可比，若必照加黑铅，恐钱文黑暗，应如所请，增白铅配铸，仍可杜绝私销。至所称金钗厂铜低潮，配以汉口铜鼓铸，又因客铜无几，不敷应用，请截留滇铜十万斤配铸，即于范毓馪解楚铜内，令先拨运十万斤解京还项。查滇省运京额铜，原未可轻议截留，但本年正月内户部议奏范毓馪办运洋铜案内，于乙丑年为始，每年以二十五万斤分运湖北，今事在急需，请截留十万斤，仍于应解湖北铜内还项，是属有抵之项，不须另行采买。亦应如所请。"从之。

097 卷215 · 乾隆九年四月

庚午 （户部）又议覆："闽浙总督那苏图等奏'请将范毓馪办回滇铜，量匀二十万斤，运闽添铸'。查该省自乾隆六年十月开铸以来，采买滇省囊、金钗二厂铜，并商人办回洋铜，共六十万余斤。按四炉核计，每年需十五万九千八百余斤，除已册报供铸外，应存铜三十余万斤，足敷两年之用，所请未便议行。至台湾兵饷钱，俱由省城鼓铸运往，今钱价既贵，自应酌量加炉鼓铸，以平钱价，应令该督作速报部。仍行令或饬经管海口各员，于商人自本办回洋铜，动项收买，抑或咨商云督，酌买滇铜接济。"从之。

丁丑 督理淮关税务倭赫奏报稽查官民船只，征收贷课，验放饷银、硝、铜，并河工料物各情形。得旨："所奏俱悉。酌中为之。"

丁丑 （署广东巡抚广州将军策楞）又奏："粤省番禺等三十州县，俱有产矿山场，大概铅砂多于铜砂，微有金银夹杂。粤东地处滨海，民间生计窘迫，非无小补，又可供本地鼓铸。惟查从前矿厂规条，委员经理定以二八抽课，另收余铜，以供养廉。诚恐未开厂以前，先已那动帑项，既开以后，所收不敷公用。而抽收太多，有亏商本，仍前随采随停，转致与民无济。计惟令本地有司，督同商人，先行试采，其作何抽课，应否设立厂员，俟办理就绪，酌量题奏。"得旨："所奏俱悉。"

丁丑 云南总督张允随奏："滇省每年运京正耗铜六百三十余万斤，本省临、东以及黔省鼓铸，共需铜八百余万斤，惟赖各厂旺盛，始能无误。近年汤丹等厂产铜较少，因思于附近金江地方，预觅旺厂，先行试采。嗣据东、昭二府，报称金江北岸大山顶、阿坝租地方，产有矿苗，当饬煎样，与汤丹厂成色无异。随给工本银三千两，煎揭蟹壳铜，除抽课外，余铜每斤给价六分收买，自乾隆八年十二月十五日起至九年正月十三日止，共收过四万五千余斤。兹又发工本银一万两，以便接续开采。查阿坝租甫经开厂一月，即获四万余斤，且离金沙江小江口铜房不远，较汤丹水运尤便。再大理府地方，前经奏请设炉开铸，岁需铜二十余万斤。因滇省旺厂，皆在迤东，若由迤东运往，未免多糜脚价。兹得迤西丽江府产有旺矿，试采颇多。又查顺宁府打盹山厂，前因知府张珠经理不善，未能旺盛，今另委员设法调剂，较前大旺。二厂铜斤，尽可敷大理鼓铸之用。"得旨："甚善之举。知道了。"

098 卷216 · 乾隆九年五月

戊寅 户部议覆："湖北巡抚晏斯盛疏称'楚省备铸铜铅，赴滇采买，较之自川赴滇道路，实有远近险易之别。原议盘费，府佐月给银十八两，随带家人、书役五名，人日给银五分；杂职，月给银十二两，随带家人、书役三名，人日给银五分；均难核减'。查委员盘费，只应按往返日多寡计算，不应按月加增，且川楚二省，同一采买，未便多寡互异，应令照川省之例支给。至钱局后楼，改为铜铅贮库，所有估修工料，现已移咨工部查核。"从之。

丙戌 谕军机大臣等："前据部选藁城县知县高峜，呈请自备工本，开采矿厂一事，户部议令发与喀尔吉善查议。朕思此事于地方甚有关系，必不可行，可寄信前去，即停止，并不必声张。"直隶总督高斌寻奏："前准户部密行藁城县知县高峜，请自备工本，于峄、滕、费，及淄、沂、平阴、泰安等山，开采银、铜、铅矿。臣查山左开矿之说，闻明嘉、万间，到处开采，积岁无获，官民重困。至我朝康熙五十八年，巡抚李树德奏请开济、兖、青、登四府矿场，以佐军需，圣祖仁皇帝恐其扰民，差部员六人前往，试看无益，即停止。盖开采矿砂，向惟行于滇粤边省，若山左、中原内地，从未举行。而沂、镇、泰安，山属岱岳，费、滕、峄县，地近孔林，更属不宜。且开凿之处，官役兵弁，必有不能不扰民之势，若致开掘民间庐墓，更易滋怨，况利之所在，易集奸匪，争斗之衅必生。更可惧者，去冬彗星所指，金称在齐鲁之方，今开矿适当其地，是于事则无利而有害，于地方则甚不宜，于舆情则甚不愿，若必俟试行无益，而后中止，万一有奉行不妥之处，将为盛德之累。"得旨："所奏甚是，朕竟为舒赫德所欺。有旨谕喀尔吉善停止矣。"

099 卷218 · 乾隆九年六月

庚戌 山西巡抚阿里衮奏："户部咨开刘光晟运办洋铜，议照范毓馪办运西安、保定陆路定价，每百斤价脚银十四两之例。询明该商，自备资本，出洋采办，俟回时给价，抑或先行量给价脚，于就近藩库内拨发。臣即传询该商，据称自备资本买铜五十万斤，照例定限一年，运回交局。其价脚银两，俟回时具领。"奏入，报闻。

100 卷219 · 乾隆九年六月

己巳 江西道监察御史卫廷璞奏："臣见两广总督马尔泰等议覆布政使托庸奏请粤东开矿一折，'查明广州等府报出铜铅，及夹杂金银砂等矿，共二百余处'，又称'山场在丛山叠嶂、人迹罕到之区，现在招商试采'等语。夫以二百余处之山场，一时并采，臣窃以为未尽善也，盖开采必视乎商力。粤东僻处天末，土著之殷富者，通省不过数家，至外来流寓，如洋行、盐行虽有数千家，而殷富者亦不过数家，余皆那移补苴、虚张声势，非如两淮、山右之拥巨资者，虽经小亏折而无损也。更有一种无藉之徒，典卖现在之产，希图未然之益，合什伯小分为一大股，官验则有银、兴工则有银，一或失利，坑陷多人，荡产破家，势所必有。请饬下督抚，将各府州属矿山，各择一二处先行试采，果有成效，方渐次举行。是有利则异时之利甚长，无益则目前之害尚小也。且粤东山海交错，形势异于他省，米价亦复腾贵，虽据称以本地之土人应本地之力作，米价似不致贵，然现在山场二百余处，将来续开者又不知数十百处，安得如许无业之人，以供其用？其附近邻省者，势必潜入山场，商方藉其力，谁肯驱之使去，则米价未必不因此致贵也？诚莫如先行试采数处，徐观后效，使各矿聚集之人，亦可以少分其势。"奏入。谕军机大臣等："此折抄录寄与马尔泰、策楞，令其议奏。"

癸酉 户部议覆："浙江巡抚常安疏称'浙省钱价甚昂，滇省新矿甚旺，请敕部行文滇省，准令浙省购铜六十万斤，以裕鼓铸'，应如所请。"从之。

乙亥 署广西巡抚托庸参奏："……又宾州知州阮维璋，前任布政司经历时，唐绥祖任为腹心，委管恭城县回头山铜厂，以商民欠积之私铜，不得出关，巧立首卖名色，俱令卖与厂员转卖，每百斤解缴充公羡余银一两，是以阮维璋每百斤私得盈余银二三四两不等，管厂一年，私卖铜四十余万斤，婪赃一万余两。唐绥祖凡有喜庆之事，阮维璋俱有厚馈，有打造金器、银匠为证。又河池州南丹银锡厂，唐绥祖并不照例另行委员，即委该州知州朱红兼管，以致恣意舞弊，每年抽收课银五千余两，每两于库戥外加收二钱六分，又将商人纹银，概作九三折算，填入印簿，计每两浮收银八九分一钱不等。又南丹厂留余井窦甚多，各商不时试采纳课，朱红将试采课银，尽行肥己，唐绥祖亦难免通同情弊。"得旨："此人实系一聪明小有才情之人，不谓其操守敢于不谨也。即其折奏收买铜斤一事，朕已不能无疑，部议亦不准，仍令督、抚查办。此一节，汝亦应留心。"

乙亥 云南总督张允随奏报："金沙江下游原勘应开修者六十四滩，除锁山一滩，已于乾隆七年春间试修时完竣，并苦竹、乾溪二滩尚未兴修外，自乾隆八年十一月开工至九年四月止，共开修过六十一滩。内异石、大雾基、大锡圈、大猫、大汉漕等最险五处工程，开至五分。柯虎口、象鼻头滩、象鼻二滩、沙河、黑铁关、大猓子、大虎跳、小虎跳、溜橦、特衣、冬瓜、木孔、凹崖、三腔、新开等十五险滩，开至六分。上石板、黄草、乾田坝、金锁关、焦石崖、小猓子、中石板、米贴、梨园、窝洛、鼓澦、乌鸦、小雾基、水崖、大狮子口、小狮子口、硝厂、硫磺、三堆石、磨盘石、那此（比）渡、平亭子、豆沙溪、贵担子、猪肚、石门坎、小锡圈、长崖坊、沟洞子、桧溪、四方石、羊角、枣核、摆定、小汉漕、大芭蕉、小芭蕉、杉木、严王牖、叶滩、锣锅耳，次险四十一滩，开至四五六七八分不等。所有碍船巨石，先令夫匠伐木堆积，用火烧毁，再用锤凿劈打，已十去八九。又应开两岸悬崖纤路一万数百丈，内已完工者八千四百九十八丈，其陡险之处，皆于石罅插木搭架，工匠用藤缠腰，悬空铲凿，悉已开通路径。从前上水船只，日行不过一二十里，自开成纤路，凿去碍船巨石，上水日行三四十里。至奉檄试运京铜，查河口以下，百里之内，接连异石、柯郎、虎口、象鼻头滩、二滩五大滩，历来挽运兵粮船只，止到黄草坪而止。此五滩原未通运，自兴修以来，当将运到川米船只，雇募至河口铜房，每只装铜二千五百斤，共发运铜十万五千斤，俱安稳无虑。"得旨："所奏俱悉。统计此工，所费若何，作何筹办，并目今获效与将来如何有益之处，详缮简明折奏来。"

101 卷220 · 乾隆九年七月

甲申 户部议覆："广东按察使张嗣昌奏称'粤东需钱甚广，每库纹银一两，换钱七百余文至八百一二十文不等，且薄小破烂，杂以前代古钱。盖因钱少价昂，相沿行用。查粤东存留局铜，现有九万六千余斤，且与滇省金钗、者囊两厂，相距不远，尚可采买一二十万斤。至需用配合之点铜、黑、白铅，俱本省出产，采办亦易。仰恳开炉鼓铸济用'，应如所请，令该督抚将现贮局铜，配搭铅锡，先行开铸。至滇省两厂，有无余剩铜斤，应咨该省督臣酌办。"得旨："依议速行。"

乙酉 户部议覆："两广总督马尔泰、署广东巡抚策楞条陈'粤东开采矿厂，召商抽课各事宜'：

'一、据广州府属番禺等县，报铜矿十二、铅矿二十二、铜铅矿砂三。韶州府属曲江等县，报铜矿五、铅矿二十七、铜铅矿砂三。惠州府属博罗等县，报铜矿十六、铅矿十、铅矿兼有银砂者五。潮州府属海阳等县，报铜矿六、铅矿七、铜铅矿砂十五，又铜铅矿砂杂有金银砂者十四。肇庆府属鹤山等县，报铜矿二、铅矿五，又铜铅矿砂九、金矿九。罗定州属西宁县，报铜铅矿砂五。连州及连山县，报铜铅矿十七、铜矿一。嘉应州及长乐等县，报铜矿四、铅矿六。现勘明于田庐无碍，即召商试采。第每铜百斤，实需工本十二两有奇，若照洋铜每斤一钱四分五厘，交官收买，除百斤内抽课二十斤外，工费不敷。'应如所请，饬该督定议报部。

'一、铜矿原本无银，间杂银屑，为数甚微，现酌议何等以上抽课、何等以下免抽。'应如所请，俟确查定议。其余铜铅仍照例二八抽课。

'一、定例每县召一总商，承充开采，听其自召副商协助。一县中有矿山数十处，远隔不相连者，每山许召一商。倘资本无多，听其伙充承办。'应如所请。如矿少砂微，并令居民开采抽课，一并按季、按月汇报。

'一、每山设一山总，每陇设一陇长，约束稽查。每工丁十人，设一甲长管领。应募者，取保互结。'亦应如所请，饬该管官严行防范。"

从之。

102 卷 221 · 乾隆九年七月

戊戌 （户部）又覆："云南总督张允随奏称'滇黔两省，办理京铜，皆由滇省之威宁州转运。嗣经将东川至永宁道路开修，两路分运铜斤，每年四百四十余万斤，后又加运一百八十九万斤。威宁一路，实运三百一十六万余斤，加以办运黔省黑、白铅四百七十余万斤，雇运艰难，日见迟误。请于板蚌、百色一路，官买牛马，设站分运。并将黔省月亮岩铅斤，停止炉民私销，概归官买，全由贵阳运至京局，再于水次相离不远处，查有铅矿，即行采买解京，庶东、威两路，可免壅挤'，应如所请，将月亮岩铅斤，概归官买，全由贵阳转运，以分东、威铜铅并运之劳。再查现开金沙江将滇省铜斤，改由水运，每年可省陆运之半，则威宁及昭通两路余出马匹，办运自见敷裕。又据滇黔两省督抚请增脚价，每站一钱二分九厘零，则该处马匹，亦可雇募敷用。至请板蚌百色一路安设台站，需费浩繁，且广南烟瘴最盛，夫役牛马，恐致倒毙，未便准行。自后如有迟误，应将威宁、永宁及委驻承运各员参处经过之地，该员亦协同雇募船马，迟延者一例查参。"得旨："是。依议行。"

103 卷 222 · 乾隆九年八月

癸丑 大学士鄂尔泰等议覆："御史李清芳奏称'钱法一事，鼓铸全赖铜斤，粤东前年开采，官价定以每斤一钱，后因商人工本不敷而止。现广东、福建俱开炉鼓铸，而铜斤皆从滇省运至，所费不资。倘因时制宜，令其工本敷裕，则楚粤近地所产，省费何啻数倍'，应如所请量加，俾商人踊跃赴公，官铜自无匮乏。至折内称'每铜百斤，输纳正课二十斤外，一半官买，一半听商自卖，则民用有资，私毁之弊自绝'。查民间铜斤果多，自不肯犯法私毁，况现在原不禁商售卖。所奏应无庸议。"从之。

104 卷225·乾隆九年九月

癸卯 （川陕总督公庆复）又会同陕西巡抚陈宏谋奏："查陕省河山四塞，舟楫鲜通，钱文流通甚少，价日昂贵，惟当开采铜斤，鼓铸接济。兹有宝玉堂、王家梁、竹林洞、铜洞坡、青子沟五处，验有铜信，现有商民等情愿自出工本，先行采试。并闻华阴县属之华阳川产有铅矿，应请一并开采，以供搭配鼓铸。"得旨："若不滋扰而可多得铜斤，自是好事，总须妥协为之。"

癸卯 两广总督那苏图奏报到粤日期，并请训谕。得旨："汝在闽省，诸事尚属合宜，惟稍有因循之意，以致与周学健不合，则汝之短处耳。此后改此微失，以成全璧，则朕之所望者也。至两粤开采一事，颇为目下急务，盖不开采，铜斤何由得裕？而办理少有不妥，诸弊丛生，有利什而害百者，不可不加之意也。"

癸卯 （两广总督那苏图）又奏："据暹罗国头目沙大库呈称'从前暹邦需用铜器，因无匠作，特采买本地红铜，装载进广，觅匠制造。嗣因铜器例禁出洋，未蒙许载回国。伏恳俯准给还'等情。查定例，铜器不许出口，原指贩运内地铜斤出洋者而言，暹罗自行买备，进口倩工制造，与兴贩不同，请降旨恩准给还。"得旨："所见是，然亦无庸特降谕旨，即称汝奏闻，转传朕旨给与可也。"

癸卯 云南总督兼管巡抚事务张允随奏："金沙江上下两游，共一千三百余里，应开凿大小八十三滩。其中最险之蜈蚣岭等一十五滩，改修旱路。下游计六十四滩，又开修那比渡至副官村南岸一带旱路。工程业经过半，各滩凡遇中洪汹涌，不能行舟者，筑坝逼水，将滩石烧煅，凿出船路，以避中流之险。次险者，亦将水面水底碍船巨石凿去，于两岸绝壁上凿出高低纤路一万余丈。又将横木滩至新开滩，陆路千余里，蒙茸陡绝之区，开路建桥，以便行旅。查金沙江自古不通舟楫，自乾隆七年上游开通，川楚商船赴金沙厂以上地方贸易者渐多。现试运铜斤至河口滩者，四十三万三千余斤，转运至黄草坪者十万二千三百余斤。下游告竣，即可运至泸州，直达京局。就目下情形计算，每年可运铜百余万斤，较陆运之费，可省十之二三。并将来川省商民闻风贩运，盐米流通，民食亦可资接济。"得旨："所奏俱悉。若果实如所言，自是美举。"

105 卷226·乾隆九年十月

壬子 大学士鄂尔泰等奏："京师近年以来，钱价昂贵，实由耗散多端，若不官为查禁，设法疏通，则弊端难杜，钱亦无由充裕。谨据现在情形，公同酌议八条：

一、京城内外镕铜打造铜器铺户，宜官为稽查。查京城内外八旗三营地方，现有镕铜大局六处、铜铺四百三十二座，内货卖已成铜器不设炉铺户六十八座外，设炉铺户三百六十四座。逐日镕化打造，京城废铜器无几。崇文门过税之铜，每年仅三百万斤，断不敷打造之用，势必出于销钱。应将炉座铺户，于京城内外八旗三营地方，现在查出官房三十六处，计七百九十一间，即令伊等搬住开设，镕铜打造。其所住房，免纳官租一年，以为搬移之费，一年后照例纳租。所有官房内开设各铺户，交步军统领等衙门派拨官弁稽查，将每日进铺铜斤若干，并镕化打造、出铺铜斤若干，逐日验明。如出数浮多，即行禀报根究。

一、京城各当铺，宜酌量借给资本银，收钱发市流转。查京城内外，官民大小当铺共六七百座，钱文出入最多。现在平减钱价，各当铺如得官借资本，收钱上市发卖，在当铺既多添资本，而在市逐日又多添钱文发卖，两有裨益。应将京城各当铺，无论官民，每大当资本丰厚，应派给银三千两，听其营运。将所领银两，存留作本，每一日交制钱二十四串，军送官局，上市发卖，每制钱一串，加钱十文为局费，其卖出银，仍交各当铺收回作本。至于小当，资本原有多寡不等，有情愿借银者，准赴局具呈，查明现有架本，酌量借给。所缴钱文，并卖钱易回银两，俱照大当一例办理。再借给大小当铺资本，约银五六十万两，核算每日可收钱数千串，须设公局收贮，派员经理。查有正阳门外布巷官房一所，地安门外鼓楼东官房一所，应作为钱局。至收钱、发银、造册、文票俱用顺天府治中印信为凭。其局内书算人等，令管局官挑补。所有市上原卖钱文，每制钱一串内少腰串钱二文，以为局内官役饭食纸张等项之用。俟一年后，如果钱价平减，将该管钱局官交部议叙，倘有侵克亏那，据实查参。

一、官米局卖米钱文，不必存贮局内。查八旗、内务府设米局二十七处，于乾隆三年三月议准每局各给银二千五百两作本，收买米石，并给糙米二千石平粜，其收买、粜卖出入银钱，向系各该旗、内务府办理。再本年发给八旗、内务府及五城各厂平粜米，俱系将卖米钱，三日一次，赴市易银交部，各在案。今现在议卖官钱，应令八旗、内务府将卖米钱不必存贮局内。二十七局，分为三班，于三日内每日将九局卖米钱，轮流上市易银，仍交各该局收贮。其五城各厂卖米钱，亦毋庸存贮厂内，仍照旧三日一次，将钱上市易银，交纳户部。所有二项上市钱，均应派出管理官钱之员，一体发卖。

一、京城各当铺，现在积钱，宜酌钱数送局，一并发市。查京城当铺六七百座，每于秋冬之际，存贮钱最多。此项虽系各当铺营运之资本，以济小民一时之缓急，但堆积过多，未能流通，转于民用不便。现在钱价昂贵，议开官钱局平价。而开设之始，钱尚不能充裕。在各当铺，时当冬令，正值闲贮之际，应将京城内外大小当铺，无论官民，每大当一，彻出制钱三百串；小当一，彻出制钱一百串；俱自行运送官局，交局员发卖，陆续易银给还。如运局钱卖将及半，各当铺陆续运送补足。倘小当一时不能如数，令将一百串之数，陆续送足交局。如已经领借官局资本，前项钱免交。

一、钱市经纪，宜归并一处，官为稽查，以杜抬价。查钱市向设经纪十二名，各铺户有高抬钱价者，责成经纪严谕平减，不许垄断。但该经纪等散居各处，早晚时价，难归画一，向无专员约束，或与钱铺通同勒索。查正阳门外为商贾云集之地，应令经纪等聚集一处，每日上市，招集买卖铺户商人，遵照官定市价，公平交易，以杜私买私卖之弊。

一、京城客粮店，收买杂粮，宜禁止行使钱文。查京城九门七市，每遇秋成，外来各种粮食，俱系车马载运，投店卖钱，即用车马运回，成千累万，断不能日用行使。或有不肖奸商，在彼收买贩卖，或乡僻之民，收积藏收。应请九门七市杂粮店，俱用银收买杂粮。

一、京城钱文，宜严禁出京兴贩。查国宝本贵流通，但京城都会之地，各省经营贸易，络绎往来，奸商将钱装载出京，于价贵处兴贩射利。再闽广商船，由海洋直达天津，回空时概用钱文压载，运至本地货卖。又各省漕船回空，亦多载钱文，兴贩获利。京局所铸之钱，岂能供外省各处之用？此等兴贩流弊，不得不严查防范。应请嗣后出京客商，除携盘费钱外，不许将制钱马驮车载出京。

一、近京地方囤钱，宜严行查禁。查近京直隶所属各村庄镇集，每多富户，将粮草货物卖钱去串，堆积一室，以防盗窃，此等乡愚，只图一己蓄积，遂致钱文不能流通，向来原有明禁，恐日久懈弛，应行文直隶总督转饬各该州县，示谕乡农富户，不许囤钱至一百串以上。

臣等伏思京城钱贵之由，大约不出八条之内，但举行之初，不便于图利之奸民，未免滋物议浮言，而于亿万兵民之日用，大有利益。现既派员经理，若不专委大臣督办，恐无统率。查钱粮乃户部所司，稽查禁约乃步军统领专责。一切铺户商民则府尹所属，应请专交兼管户部事务尚书公讷亲、户部尚书海望、步军统领舒赫德，并令顺天府府尹蒋炳协同办理。"从之。

106 卷 227 · 乾隆九年十月

癸酉 两广总督那苏图等奏："承准廷寄御史卫廷璞、欧堪善条奏二件，请停缓开采矿山，奉旨交臣等定议。臣抵任后即与臣策楞详查案卷，并备询属员，博采舆论。窃惟粤东矿厂，自康熙三十八九年以来，议开、议停已非一次。臣等身膺重寄，何敢好大喜功，创此无益之举，苐敷政有体，当衡其轻重缓急，补偏救弊，而归于至当。若两御史所奏，虽因息事宁人起见，而臣等仰承下问，不敢不据实上陈。查粤省山海交错，五方杂处，兵民商贾，在在需用钱文，鼓铸一事，万难缓待。而铜斤之产于东洋者，江、浙等省纷纷购买，尚虑亏缺。其产于滇南者，额解京局及供应本处与川黔等省鼓铸，岂能源源接济。今粤东现有矿厂，弃而不取，非计之得也。议者谓矿厂一开，奸良莫辨，海寇黎猺，劫垄踞山，事属可虑。伏惟久道化成，数十年来，鲸鲵绝迹，必无意外之虑，即如云南夷猓杂处，粤西苗獞交错，频年开矿，并未滋事。惟在司事文武，弹压有方，便可杜绝。况粤东山多田少，民人虽有胼胝之能，苦无耕作之地，与其飘流海外，作奸为盗，何如入山佣趁，使俯仰无忧。是开采非特为鼓铸计，兼可为抚养贫民计也。若云本省米谷有限，丁众食指浩繁，查产米地方，远则江楚，近则粤西，皆一帆可达，购邻省之米，养本省之人，有何食贵之虑。臣等随时调剂，断不使粤民向隅。如台臣所云因开矿而米价即贵也，似宜将现在报出铜铅各矿，先行试采，自广州、肇庆二府起，由近至远，以少及多，砂旺即开，砂弱即止，其衰旺缘由，及应开、应停作何抽课之处，容试采之后，陆续奏闻。至金银二矿，民多竞趋，恐其先金银而后铜铅，转于鼓铸有碍，应请停止，照旧封闭。其余各项事宜，悉照户部议定章程办理，毋庸更改。"得旨："大学士会同该部议奏。"

癸酉 署广东巡抚广州将军策楞奏："承准廷寄御史卫廷璞、欧堪善条奏二件，请停缓开采矿山，奉旨交臣定议。查粤省人稠境窄，赖此产矿山场，乃天地自然之利，如果经理得宜，于民生殊非小补，且现议设炉鼓铸，铜斤不敷，与其远购邻封，何如近取本地。惟是金银并采，或启纷争之渐，自应将铜铅等矿，先为试行，将来拣选砂旺山场开采，其金银矿仍概行停止。督臣那苏图到任后，与之详加商酌，意见相同。其余吏治官方，民情土俗，并水师营汛之疲玩，盐务商欠之混淆，亦一一告知，不敢以事非本任，遂为诿卸。"得旨："好。汝二人和衷办理，以期地方日有起色，庶政以次毕举，将来吏治民安，海疆宁谧，方慰朕怀也。"

107 卷 229·乾隆九年十一月

癸卯 云南总督张允随奏："请开修川省接壤滇境之罗星渡河一道，可以直达川江，分运威宁铜斤，每年计节省陆路运脚银二千九百六十两零，照例借项动支，约二年所省脚价，即可归款，不特铜运得济，滇民往来，亦有裨益。"得旨："既称有益，妥酌为之。"

108 卷 230·乾隆九年十二月

乙巳 刑部议覆："署福建按察使王廷诤奏称'乾隆八年定例，私造铅钱，照私铸铜钱原律，为首及匠人拟绞监候，为从及知情买使者各减一等'。但私铸铅钱，多寡不同，其纠党广铸，至百十余千，勾通贩卖者，固应照例问拟。其愚民贫无聊赖，仅以铁瓢镕化些须铅斤，造钱数千文及三五百文者，概拟缳首，似觉情轻法重，请量予末减。查绞犯减等，罪止拟流，恐私造铅钱之奸民，恃例禁稍宽，觊法渔利，势无底止，私铸定例内，原有分别法无可贷，情有可原之文。其法无可贷者，照例立决，情有可原者，请旨发遣。如果镕铅造钱不及十千者，即照情有可原之例，于疏内声明请旨，无庸另立科条，其为从及知情行使者，依次递减。"从之。

109 卷 231·乾隆九年十二月

庚申 云南总督张允随奏："大关境内，盐井渡通川河道，与金沙江相为表里。经奏请借动陆运铜脚开修，凡阅三载，业已工程完竣。铜运坦行，商货骈集，克收成效。所有用过工费银六千七百八十五两，即将水运京铜，省出脚价归款，并酌定岁修银三百两，亦于节省项下支销。至承办官员，大关同知，今升丽江府知府樊好仁等，皆能实心出力，合并声明。"得旨："此事卿担当妥办之处，实可嘉悦。若如所言，永收利赖之益，则甚美而又尽善矣。至在工官员，勤劳可嘉，有旨议叙。"寻谕："据云南总督张允随奏称'关修盐井渡通川河道，工程已经告竣，铜运坦行，所有承办此案工程之大关同知今升丽江府知府樊好仁、协同监修之镇雄州吏目缪之琳、大关游击今升奇、兵营参将萧得功、昭通镇把总杨英、陈玉，皆能实心出力'等语，樊好仁等在工效力，勤劳可嘉，俱着交部议叙。"

癸亥 大学士等："议覆两广总督那苏图等奏请'粤东开采铜铅，以裨鼓铸。先于广、肇二府近处矿厂试采，俟有成效，再行定议，渐次举行。至金银二矿，原与鼓铸无涉，仍旧封闭'，应如所请。"从之。

110 卷 232·乾隆十年正月

辛巳 命直省筹鼓铸。谕军机大臣等："近年以来，京师钱价增长，民用不便，朕深为廑念，多方筹画，谕廷臣悉心计议，务得善策以平价值。上冬伊等议得数条，试行于京师，数月以来，钱渐减，似有微效，民间称便。至于外省钱价昂贵，比比皆然。尔等可将京师所议各款内，摘取数条，密寄外省有鼓铸地方之督抚，令其密为商酌，能仿照而行，以便民用否。外省与京师，情形不同，自有难于一例之处。但钱文源源鼓铸，自应日积日多，足敷民用。乃价值日渐增长，恐私销或亦不免。夫销毁制钱之弊，最为难查，若将零星设炉之小铺，照京师之例，令其归并，派官稽查，以杜毁钱造器之弊，事属易行。又如该省既开鼓铸，其搭放兵饷余钱，并青黄不接之际，平粜官米钱文，照京师之例，发出官卖，以平市价，此亦似乎可行。总之，外省情形京师不能悉知，该督抚身在地方，自能因时措置，如可仿照而行，即密商办理，具折奏闻。若难于筹办，亦将不能仿照之处，据实陈奏，不必勉强，或致累民。"寻，江苏巡抚陈大受奏："《京师钱法六条》：

一、设立镕铜官局，稽查销毁。查省城铜铺，四散开设，必使聚于官局，不特无地可容，兼恐稽查不得其人，反滋扰累。至销毁之弊，应通饬文武员弁，实力稽察。

一、官米局钱文，不必存贮。查历年平粜钱，俱即发市易银，现在奉行，毋庸更议。

一、归并钱市经纪，稽查高抬钱价。查兑钱虽有经纪名色，出入悉照时价，不能意为高下，毋庸仿照。

一、粜买杂粮，禁止行使钱文。查乾隆六年，业经部议，行令民间，自数两以上，毋得专用钱文，应再饬地方官谆切晓谕。

一、严禁奸民兴贩。查江苏钱价各处相仿，加以运脚，利息甚微，实无兴贩。惟于出洋船只，照盘查食米之例，一体严查。

一、禁止囤积居奇。查各属富户，多系存银。其铺户之钱，随收随发，亦无囤积之事，并可毋庸查禁。"

得旨："所见颇是。即京师所办，现即有捍格难行处也。"

浙江巡抚常安奏："浙省向无镕铜大局、卖米官局，亦无钱市经纪、大宗杂粮，似难仿照京师。然销毁不可不防，则令各州县，再行设法稽查；兴贩不可不杜，则令沿海各商，毋得多运出境；囤积不可不禁，则令大小交易，止许两数用钱；以及平粜钱，限三日发换；资厚铺户，零星兑收，庶几因地制宜，以期有济。"得旨："所奏俱悉。"

福建巡抚周学健奏："《京师钱法六条》，不能画一仿照，自宜推广变通：

一、铜铺零星赁屋开张，未便移聚一处，但恐炉具现成，暗将制钱私毁。应饬各州县，查明境内铜作坊若干、铜铺若干、内设炉者若干，开报姓名，取具不敢销毁，遵依连环甘结，有犯，许地邻保甲首报。仍派典巡、千把不时密查。

一、平粜时应饬各厂员，将所卖钱，五日一报，令该府县随时换换，至钱粮自一钱以下，例得折钱，亦令随收随发，于旬报折内，开数备查；再，晋江、惠安二县场内，所收长价，并官商所卖盐价，除各项公用外，及各县商人逐日所卖盐价，俱交铺户兑换，每十日将换出钱数，附晴雨折内通报。

一、钱市经纪，向未设立，但铺户奸良不一，应饬各州县查明该处钱庄若干、钱铺若干造册，即令派查铜铺委员，稽查有无抬价。

一、市镇米麦成石、布帛成疋以上，及民间田房交易、客账收放、典当出入成两以上者，概不准用钱。

一、闽省环出阻海，挑运维艰，有无兴贩，应咨管关将军、水师提督，严饬员弁，实力稽查。

一、囤积钱多，价即踊贵，应照部议，富户毋得贮至五十串以上，典铺亦不得过三百串，取具甘结备查。"

得旨："惟在因时制宜行之而已。法制禁令，岂能尽天下之情哉！"

湖北巡抚晏斯盛奏："《京师钱法六条》，除归并经纪，碍难仿设。粜买杂粮，早经酌奏，兴贩囤积，再行申禁，均毋庸议外：

一、铜铺四散开设，既未便议移官局，销毁自所不免。应照京师例，派佐杂武弁，督兵役常川查禁，责十家互相稽察，并令各铺将出入数目，逐日登记，按月呈报。

一、向来州县，多将平粜钱，存俟秋成买谷，应令随收随发。即于厂旁设局，令商民持银兑换。"

得旨："总在汝等妥酌行之。语云救荒无善政，朕于钱法，亦云如此。"

湖南巡抚蒋溥奏："《京师钱法六条》，除立市归并经纪、用银收买杂粮，均难仿照外：

一、铜铺本微，易于私销取利，自应派员督查。但铺面俱在一处，出入有限，不须搬入官房，逐日稽察。

一、米厂平粜钱，令三日一次，减价收银，旬终将出入数目册报。

一、客商携带盘费，不得过十串以外，水路取船行甘结、陆路取骡马行甘结备案。

一、湖南人民，大抵贮银，尚恐地方辽阔，未及周知，应通饬各属有积钱至百串以上者，易银存贮。至湖南设炉五座，每年出钱，仅敷放饷。现在刨试各处铜矿，俟开采有效，可以添炉三座，将所铸之钱，作为余钱，设局官卖，益使泉货流通。"

得旨："有治人，无治法，即京师现行之法，亦不过补偏救弊，非经久可行之事也。"

川陕总督庆复奏："陕甘地处西陲，情形与他省更异，《京师钱法六条》有可仿照者：

一、铜器由外省制就买运，惟小炉铜匠，率皆收买废铜镕化，应责成保甲邻佑，稽查有无销毁。

一、平粜钱，甘省向或贮库，应与陕省一体随时发换。

一、囤积向干明禁，应令地方官晓谕乡民，如贮钱至百串以上，一经发觉，按律治罪。有不能仿照者。

一、钱铺皆系小本经营，就地贸易，声息相通，不能抬价，设立经纪，反开垄断。

一、市集零星粜卖，需钱者多，概令用银。乡愚于戥头银色，每有未识，买户转得欺哄，应从民便。

一、陕省现在停铸，钱价日昂。甘省向用旧存制钱，亦在本地流通，并无兴贩，毋庸议禁。"

得旨："有治人，无治法，即京城之法，朕亦不谓之十分合宜，仍不过补偏救弊而已。"

四川巡抚纪山奏："钱法首在流通，应令地方官将平粜钱，随时兑换，核实造报；以及客商带钱，不得过三十串以外，乡民贮钱，不得至一百串以上；均系仿照京师之例。至铜铺铸造稀少，且红铜市价较贱，不须销毁。钱铺买卖零星，俱对客成交。市集粜买杂粮，仅升斗使钱，自应悉仍其旧。"得旨："所奏俱悉。"

署广东巡抚广州将军策楞奏："粤东行使钱文，向有三项：一各省所铸大制钱，名曰青钱；一从前所铸康熙小制钱，名曰广钱，又曰红钱；一前代年号古钱，名曰黑钱。近年粤东停铸，他省运至者少，是以大制钱不可多得。而红、黑二钱，充溢市上，质轻价重，一经入炉，得不偿失。销毁之弊、不禁自除。他若民间兑换银钱，无须另设经纪，商贩粜卖粮食，亦无大宗交易，各从其便。惟流通平粜钱文，查禁兴贩囤积，自宜仿京师例举行。"得旨："今制钱之所以日贵者，以行使之处甚广也。粤东既有各色钱文行使，朕意不若听从民便可耳。若必定以法令，使之尽使制钱，反有捍格难行之处。即京师筹尽钱法，亦可谓不遗余力，而总无善策。况外省乎！"

111 卷235·乾隆十年二月

壬申 （湖南巡抚蒋溥）又奏："郴、桂二州铜矿，出产未能充裕。现于隔远苗疆内地，委员刨采铜锡。"得旨："此等事须详酌妥为之，断不可图近利而忘远忧也。"

壬申 四川巡抚纪山奏滇省开凿川属罗星渡河道，以济铜运。得旨："应无分别彼此，助彼为之。"

112 卷236·乾隆十年三月

己卯 户部议覆："四川布政使李如兰奏预筹边地仓储。查雅州府属为西藏孔道，现有瞻对夷人滋事，应将楚省解贮谷价一万两，分发雅安、荥经二县，买补缺额之谷，仍各增买五千石。清溪一县溢额无多，亦准买三千石。如价银不敷，于盐、茶耗羡内垫支。又川西之茂州，川南之会理州盐源、冕宁二县、越巂一卫，番苗相率就食，兼开采铜矿，商民需米孔殷，亦应将楚省借拨谷价内，除归还雅安、荥经、清溪三县所支库项外，先尽该州县卫酌量买贮。"得旨："依议速行。"

甲申 兵部侍郎步军统领舒赫德、顺天府府尹蒋炳奏："京师钱文，自各门严查后，价值渐平，而近京州县，钱价顿长。总因各省粮艘将次抵通，闽广洋船将次抵津，及一切停泊船只，乘时南下，奸民囤积贩卖之所致。请特降谕旨，令仓场侍郎严饬坐粮厅，将回空粮船，实力稽查；直隶总督严饬沿河文武官员，将官民船只，悉心查察；天津关监督将过关船内严搜；漕运总督于直隶山东交界之菜园地方，严饬游击，与私盐一体严查；天津道府将洋船卖货得钱压载回空之例停止，令其用银交易；并饬沿河地方官，申谕各铺户，无得将大宗钱文，售给船户。"得旨："着照所请行。钱文一事，有称广为开采者，有称严禁盗销者，有称禁用铜器者，更有称多则用银、少则用钱者，其论不一。即京师现在议定章程，稽查办理，亦不过补偏救弊之一端，终非正本清源之至计。朕思五金皆以利民，鼓铸钱文，原以代白金而广运用，即如购买什物器用，其价值之多寡，原以银为定准，初不在钱价之低昂。今不探其本，惟以钱为适用，其应用银者，皆以钱代。而趋利之徒，又复巧诈百出，使钱价高昂以为得计。是轻重倒置，不揣其本，而惟末是务也。不但商民情形如此，即官员办公，亦有沿习时弊者。如直隶兴修水利城工，坐粮厅赴东采买布疋，所领帑金数万，皆欲易钱运往。其他官项，大率类此。夫所领帑项，原系银两，即报销亦以银数核算，自应以银给发，何必兑换钱文应用。若以领银之人，得受钱文为便，不知所发银两，即少至分厘，亦可按数分予，与行使钱文何异？况未必至分厘乎！向来浙江地方，有分厘皆用银者，何尝见其不便？嗣后官发银两之处，除工部应发钱文者，仍用钱文外，其他支领银两，俱即以银给发，不得复易钱文；至民间日用，亦当以银为重。其如何酌定条款，剀切晓谕，使商民共知之处，着原议之大臣及现在办理钱法之大臣，详议具奏。"

113 卷239·乾隆十年四月

庚申 （工部等）又议覆："贵州总督张广泗疏称'黔省威宁、大定等府州县，崇山峻岭，不通舟楫，所产铜铅，陆运维艰，合之滇省运京铜，每年千余万斤，皆取道于威宁、毕节，驮马短少，趱运不前。查有大定府毕节县属之赤水河，下接遵义府仁怀县属之猿猱地方，若将此河开凿通舟，即可顺流直达四川、重庆水次。委员勘估，水程五百余里，计应开修大小六十八滩，约需银四万七千余两。此河开通，每年可省脚价银一万三四千两，以三年余之节省，即可抵补开河工费。再黔省食盐，例销川引，若开修赤水河，盐船亦可通行，盐价立见平减。大定、威宁等处，即偶遇丰歉不齐，川米可以运济。实为黔省无穷之利'，应如所奏办理。"从之。

114 卷241·乾隆十年五月

辛丑 凤阳关监督普福奏："凤阳关税务，船料应照例征收。其续增之铜斤脚价，并计石之小贩，因非船料名目，未便擅征，呈报户部在案。旋经议覆，除计石小贩，应准宽免，其随船料之铜斤水脚等银，令照数赔补。合计免过加五铜斤、四六脚价等项银两，共三十四万五百八十一两零。此项实免在商，丝毫未敢染指。今以内务府贫乏微员，令赔三十余万免项，战栗惊惶，毫无所措，惟有陈情豁免已耳。"得旨："汝错免在前，可也，又复粉饰沽名于后，并欲全免，不可也。此所以应追赔耳。今始知战栗耶？所奏不准行。"

辛丑 云南总督张允随奏："滇省开浚金沙江通川河道，乘春水涸，将极险、次险各滩，分别逐加铲凿，其夹岸峭壁，凿出纤路。自乾隆八年十一月兴工至十年四月告成，现在川省商船赴金沙厂贸易者约三百余号，即顾募此项船只装运京铜，除经过上游之滥田坝、小溜筒，及下游之沙河、象鼻、大汉漕等滩，分半盘剥，余皆原载直行，毫无阻滞。"得旨："所奏俱悉，亦赖卿担任实心，而且条理井然，故得成功也。览奏曷胜嘉悦！"

115 卷242·乾隆十年六月

壬寅 户部议准："四川巡抚纪山疏称，煎烂白铜，必需红铜有余，方可点拨。建昌红铜各厂，因油米昂贵，夫役寥寥。迤北矿厂，上年四月水淹，出铜较减，每月所获，尚不足川省鼓铸之数，焉有余铜点化白铜？请将黎溪白铜厂暂行封闭。"

癸卯 大学士等议奏："据江西抚臣塞楞额奏称，该省铸钱所需铜铅，请行云贵两省代筹接济，但两省每年办解京局铜铅，为数甚多，且本省及四川等处需用，此外有无余剩可供别省之处，应令云贵督臣通盘核算，有余，即将江西每年额需铜铅，定议卖给。至两省议定分卖后，价银如何解还，铜铅如何发运，应令该抚自行咨商办理。"得旨："依议即行。"

庚戌 户部议覆："前署广东巡抚策楞疏称'粤东鼓铸钱文，部议令将现贮局铜，照例配搭铅、锡，先行开铸。其滇省有无余铜，可否通融卖给之处，并令咨商办理。嗣准云督张允随咨覆，节省者囊、金钗二厂铜斤，以资粤东鼓铸。所有粤东开炉鼓铸青钱所需铜铅锡，应照京局配搭，并照云、贵、湖广、粤西等省加耗，先设炉六座，每百斤于正耗九斤之外，再加补色耗八斤。粤东现贮局铜九万六千三百九十一斤零，系抽收正课及收买余铜之项，每百斤作价一十四两。至白铅、黑铅、点锡，照部价时价核算，每正耗铜铅锡共一百九斤，该价银九两九钱七分零。除耗不算外，每铸钱一千，需成本银八钱五分二厘零。照例每钱一千文作银一两，除扣还成本，尚获盈余银一钱四分七厘零。再，所需色耗，援照汤丹厂铜之例加给，毋庸作价。查现贮局铜每百斤，原给商价银十两，今留为鼓铸，每百斤银十四两，是每百斤盈余银四两。所有色耗八斤，统于此项扣出抵款。于乾隆九年分地丁项内，拨鼓铸工本银五万两，于司库收贮。其钱局，查有裁缺观风使衙署，改为宝广局，添盖炉座，所需工料银，统于乾隆九年分田房税羡内动支。至需用器具什物，先于工本银内，借给工匠制造，于应得工钱内扣还。责成布政使为总理、粮驿道为协理，再委府佐一员为监铸、杂职一员为巡查，设书办小书四名，所需薪水工食一切杂用，均于余息钱内动支'。臣部查粤东鼓铸，应给炉匠工料钱，应按该省食物时价支给，未便照别省支销，余皆应如前署抚所请。"从之。

116 卷243 · 乾隆十年六月

戊辰 又谕："据云南总督张允随奏称'开修罗星渡河道工程，业已告峻（竣），铜舟毫无阻碍，所有承办此案之粮储道宫尔劝、鲁甸通判金文宗、镇雄参将龙有印、云南同知徐柄、威信州州判许肇坤、试用州判席椿、镇雄营千总戴君锡、把总李恺，皆能实心出力'等语。宫尔劝等，在工效力，勤劳可嘉，着交部议叙。

戊辰 谕军机大臣等："从前滇省奏闻浚开金沙上下两游江工，及接壤川省之罗星渡河道，原以接济民食、分运铜斤。今各处工程，先后告竣，民间米粮，自可流通。至于铜斤运费，据该督等奏称，金沙江惟自十一月至三月、五个月之内，可以办运。其罗星渡，每年可以分运威宁铜斤一半等语。不知此二处，每年可以办运铜斤若干，其运脚可以较前节省若干，并当日开修费用，约计几年可以抵补？尔等可寄信询问之。"

庚午 两江总督尹继善等奏覆："京师所议钱法各款，外省可否仿照办理，令督抚分别陈奏。查江省民间需用铜器甚少，省城内外，设炉打造铺户，大小止三十六家。其他州县，更属寥寥。查察销毁制钱之弊甚易，可毋庸归并铜铺。且本省钱文不多，每岁青黄不接时，出粜常平仓谷，所收钱俱照时价，随发铺户，易银贮库，并无聚积一处久贮者，亦毋庸议。至设立经纪，官为稽查，江省原无钱行名目，亦未设经纪，民间称便。前因钱价昂贵，令各铺户交易，五钱以上者用银，其不及者，银钱听用。日逐所收钱文，听钱铺易去兑换，不许滥挂钱幌，久经通饬遵行。又粮店收买杂粮，禁止使钱，查省会粮食行铺收买杂粮向系用银，取其赴他处置货轻便，外邑亦然。第恐乡愚不识银色，或竟用钱，亦所不免，业经饬属出示严禁。又严禁兴贩囤积，江省地居腹内，洋船不通，且东西南路均隔山，往来系用竹舆手车，搬运不易，各处价值低昂，所差无几，扣算运费，并无厚利，商民断不肯为此无益之举。虽本境铺户，贸易多用钱文，然朝入暮出，势难囤积，均可毋庸查禁。惟是毁钱之弊，难保必无，应责成文武员弁督率兵役，协同保甲，留心查察。有私毁者，按律治罪。且现奉部议，禁止兴贩囤积，及杂粮等店，多用钱文，加以本省源源鼓铸，钱价可望平减，民用亦便。"得旨："此事固宜详察妥办，然迟至今始行覆奏，可见汝有怠心矣。慎之。"

117 卷244 · 乾隆十年七月

庚辰 （户部）又议准："四川巡抚纪山会同川陕总督公庆复疏称开采铜矿事宜：

一、乐山县属之老洞沟、宜宾县属之梅子凹，出产铜矿，均应开采，请各委佐杂干员管理厂务，其一切发价、运铜等事，即交各县就近经管。

一、报采各商，土着流寓不一，应令地方官查验殷实良商，取结保送。所有抽收课耗铜斤，照建昌厂之例办理。一矿厂夫匠众多，应设头目分隶，更择干练者一二人为商总，稽查私铜漏税诸弊。

一、厂员公廨，请于盐羡银内动支修建，至月费向分三等议给。今铜矿新开，上中下一时难定，请暂照中厂之例，酌给月费银二十两。

一、厂商奸良不一，炉灶私卖，弊所不免，应令厂官责成巡役稽查。"
从之。

癸未 户部议准："署广西巡抚托庸疏称，粤西各处铜厂，因官买余铜过多，商人未能获利，以致开采寥寥，鼓铸不敷。请将各厂所出铜，止以三分抽课，余铜七分，听商自卖。俾得踊跃开采，课铜亦可充裕。"从之。

118 卷245 · 乾隆十年七月

己亥 贵州总督兼管巡抚事张广泗奏："前经奉旨钞寄京师所议《钱法六条》，令臣等酌量可以仿行之处，密商办理。查黔省情形与京师不同，臣悉心妥议，除并无打造铜铺、官米局厂、钱市经纪、杂粮客店、及富户囤积等弊，均无凭仿照外，惟黔地界连川楚粤西，商贾络绎，而各处钱价俱昂，恐客商因此贩钱射利，以致本处钱价增长。应照京师严禁兴贩钱文之例，饬令关隘税口，查有载钱出境者，照例治罪。又大学士等议'嗣后官员办公，支领帑项银，即以银给发，不得复易钱文，至民间日用，除零星买卖许用钱文外，余俱用银交易'，臣亦接到部咨，转令地方官遵照施行。"得旨："此事奏覆殊觉迟缓。至于办理，惟在因时制宜。"

119 卷246 · 乾隆十年八月

乙巳 署湖广总督鄂弥达奏："楚北开炉鼓铸，先经采办滇铜三十一万八千五百五十余斤，嗣因铜色低潮，奏请截留京铜十万斤，与滇铜搭配鼓铸，俟范毓馪所办洋铜到楚，再行调剂办理。现今截留之铜配筹已完，而洋铜尚未运到，万难停炉以待。查原办滇铜除陆续配铸外，尚存十二万四千二百二十余斤，请以滇铜六二、红铜三八配用，即动项酌买红铜，解局供铸。"得旨："该部知道。"

120 卷248 · 乾隆十年九月

壬午 户部议准："贵州总督兼管巡抚事张广泗疏称，湖南郴、桂二厂，每年所出铅，除该省鼓铸外，尚余商铅，请照湖南布政使长柱原议，自乾隆十年为始，每年在郴、桂二厂，收买白铅十万斤、黑铅二十万斤运京。其黔省上下两运，每次减办白铅五万斤、黑铅十万斤，俾威宁一路，既得从容办理，而余出驮脚亦可雇给滇省运铜。"从之。

121 卷251·乾隆十年十月

辛酉 （户部）又议覆："湖南巡抚杨锡绂奏称'办运铜铅木植物料、拨运米石、采办碾运兵粮、平粜买补各项价脚，及赈济银米等款，均请照各省工程例，定限报销'，应如所请。动项无多者，办竣日，限两月造册详报，上司亦限两月核转题咨；动项繁多者，均各限三月。其采买难易之处，即于请动银款案内声明。州县离省，远近不一，准扣除程限。有行查隔省及交代等事故，该督查明，分别题咨展限，报销时将起限满限声明。至工程报销，虽向有定限，亦应于题咨内声明。"从之。

丁卯 署广西巡抚托庸覆奏："本年二月，奉准抄示京城现行钱法，命斟酌可否遵行，谨就粤西情形条议：

一、打铜铺户，搬入官房镕造。查粤西民情朴实，鲜用铜器，且现开采铜矿，铺户有铜可买，无藉销毁制钱铸造。

一、官局卖米钱文，不必存贮局内。查粤西并未设有官局，即偶需平粜，亦银钱兼收。收钱，即随时易银存贮，秋收买谷还仓，并无将钱存贮之处。

一、钱市经纪，宜归并一处，官为稽查。粤西并无钱市，亦未设有经纪，不过盐、米、杂货各店，兼换钱文。若设经纪，于民转多不便。

一、客粮店收买杂粮，禁止使钱。粤西铺户收买俱系用银，乡民肩挑来城者，卖钱有限，无庸查禁。

一、钱文宜严禁出境。粤西陆联滇、黔，水通湖南、广东。滇省产铜、鼓铸甲于天下，黔省毗连滇省，湖广亦开铸多年，自足民用。往来粤西者，除带盘费钱，照京师例禁止。惟广东需钱甚广，现始开铸，民用未敷，势难概禁。请酌定赴广客船，大船许带钱二十串、中船十五串、小船八串，俟该省开铸，足敷民用，一体禁止。

一、囤积钱文，宜加严禁。粤西贫民居多，即殷实之家，亦惟将所收米谷等物，易钱资用。囤积之弊，惟铺户不免，应照京城例，晓谕铺户，无许囤积至百串以上。违者，照违制例治罪，钱入官。"

得旨："此事不应如此迟延办理，可行不可行，直陈何妨，观望何为耶？戒之！戒之！"

122 卷253·乾隆十年十一月

丁酉 （广东巡抚准泰）又奏："广东省本年七月开铸以来，存铜仅七万余斤，赴滇采办之铜，又须省贮高铜数万斤配搭。粤省虽开铜矿，尚难悬拟，请将夷商哟口闲口时载到红铜一万九千七百十八斤，免其输税，照闽省官买洋铜例，每百斤给价十七两，收买配铸。"得旨："知道了。"

123 卷254·乾隆十年十二月

癸卯 谕内阁："从前广西收买余铜，每百斤给价八两三钱。前任巡抚杨锡绂、布政使唐绥祖，因商人工本不敷，加价至十三两。后经部议，令照滇省厂价，每百斤九两二钱支给。朕闻该省铜价，每百斤实需银十三两，部议之数，仍属不敷。其杨锡绂任内加价银两，既无侵蚀情弊，着准其核销。可传谕该部知之。"

辛亥 （户部）又议准："云南总督兼管巡抚事张允随疏称，办运本年京铜工本不敷，请将收存江、浙二省采买铅铜工本银，全数借用，俟部拨铜本到日归还。"从之。

124 卷258·乾隆十一年二月

戊申 四川巡抚纪山议覆："布政使李如兰奏称'前抚臣宪德饬令同城兵饷等项搭钱二成，今请将同城满、汉兵饷搭放一成'等语。查宪德原奏设炉一十五座，嗣因滇铜不敷，止开八炉，岁铸钱除支给工料等项外，尚不敷搭配一成之数。今自乾隆七年，设炉一十五座，铸钱已多，同城满、汉兵饷，应如该布政使所奏，搭放一成。又奏称'各镇、协、营饷无论远近，每银一百两，搭钱八千文，其运费动支公项'等语。查各镇、协、营情形互异。如夔协、巫山、梁万、忠州各营，向因赴省领饷维艰，题请于夔关就近支领，今又以搭钱为未便，即应毋庸搭放。此外无论营、汛远近，均请如该布政使所奏，概以每百两搭钱八千文；如有支钱回营，仍称未便者，即仅搭以在省需用钱数，以顺兵情。至运费一节，查领银一两搭钱一千，较之市兑长银几及二钱，应请即以所长之银定为运费。其公项为修整军装所必需，未便动支。又奏称'炉铸钱文，除搭放兵饷外，余请留为修补炉座房屋、酌给囚粮、并零星工程之用。各官养廉，应毋庸搭给'等语。查从前设炉铸钱，宪德原议养廉与兵饷并搭，经部覆准，今应仍照原议，酌量配搭，其修补炉座等费，请划出一千串，已属敷用。"均下部议行。

125 卷259·乾隆十一年二月

壬戌 户部议覆："四川巡抚纪山疏称'覆查沙沟、紫古唎二铜厂矿内，夹产银星，采炼维艰，与全出金银者不同，已委员试验，详计实亏商本，难以照《会典》四六之例抽课，请照前议，以二八抽收，用纾商力'，应如所请。"从之。

乙丑 谕军机大臣等："据李锡秦奏，托庸办理铜斤，回护原议，差役搜拿藏匿私铜，每五日无获，将该役重责。……李锡秦系该省按察司，奏其巡抚偏刻之处，未必属虚。究系属员，不便即降谕旨，可密谕策楞，将单内情由，秉公确查，具折速奏。"

126 卷260·乾隆十一年三月

戊辰 谕军机大臣等："凤阳关监督普福，应追免过铜斤水脚加舱剥船等银一案，伊奏请将伊在京房产交官，并请回京。朕已降旨加恩宽限十年，令其还项。此案因普福有意市恩于前，又复多方掩饰于后，自应如数追赔，以还官项。已于伊折内批谕矣，尔等可传谕普福，伊现在监督任内，令其于养廉内酌量十分节省，一年可交还几何，定数交尔等转奏。"

戊辰 户部议准："署广西巡抚托庸疏称鼓铸青钱，所需铜斤、点锡等项，应遵题定之额配搭。所需耗铜，照依汤丹厂铜之例，每百斤补色八斤，核算加结，汇入各厂加耗项下动支。再粤西客铜，俱从滇南贩来，各商铜本需资，应照时价，每斤给银一钱三分，与原议收买余铜十三两之价相符，应照数动给。"从之。

127 卷263·乾隆十一年闰三月

戊午 谕军机大臣等："前因凤阳关监督普福误免铜斤水脚等银，部议着令赔补，经朕传谕宽限，令伊于养廉内节省还项。今据普福奏称'今岁征收盈余数目，比较七年以前，更多十数万两，通融弥补着赔之项，不需三年可以清完'等语，甚属乖谬。伊不知感朕宽宥之恩，而尚敢为是谬妄之语，是自取罪也。况查伊管关以来，盈余并未加多，且有缺额之年，伊不过借免过米豆之税以充数而已。即此，可见其于关税未必全无隐匿。伊若如此设心，必至办理不妥，重获罪谴，将来亦断不能逃朕之洞鉴也。着传谕严行申饬之。"

壬戌 户部议覆："署广西巡抚托庸奏称'粤西开炉以来，铜斤每不能接济。臣前请三分抽课，七分听商自卖，仍于商本不敷。今试办八月，不能有济。恳将商办铜斤，仍照加二收课，余每百斤给价银十六两二钱收买'等语。查粤西开采铜斤，前据该署抚奏请三分抽课，余铜听商自卖，原冀铜斤充裕，今既无裨益，应如所奏，仍照例加二抽课，余铜官买供铸。至收买余铜，从前每百斤，只给价银六两八钱。原任布政使唐绥祖奏请加价，臣部议将军山响水等厂，每百斤给银八两三钱，回头山厂每百斤给银九两二钱，已属加增。今遽请加至十六两二钱，与前定价悬殊，应令该署抚另行确核妥议，具题到日再议。"得旨："依议。此案从前托庸奏称'唐绥祖收买客铜及地脚渣铜之请，不过借此名色多获价银起见，并非果有其事。其收买铜斤增价十三两有零之处，应行停止，请将二八抽课之例，量加一成，作为三七抽课，余铜听商自卖，商民自必争先认采，课铜日增，可得源源鼓铸'等语，朕交大学士等面询杨锡绂，据称将来铜厂果旺，每年出铜七八十万，或二百万斤，方可抽课二三十万斤。若如数年以来，抽课不及十万斤，则于官铜转绌，朕交部一并定议。部议谓照三七抽课，恐不敷鼓铸之用，应令该署抚妥议具题。嗣据托庸议称'商人趋利如鹜，有利可图，孰不踊跃从事，请将三七抽课之处，试行一年再定'，今则奏称'三分抽课，七分听商自卖，于商本不敷，已试办八月，不能有济，仍应加二抽课，并请加增至十六两二钱，方敷收买之价'等语。此案经朕往返致询，托庸坚执己见，以为事属可行，今试行八月，不能有效，仍请照前办理，不但与唐绥祖所请之意相同，而价值更为增多。此又何说？可见托庸彼时，不过因参劾唐绥祖之后，有意将此事更张，以显唐绥祖之过耳。朕又闻得粤西办理此事，自托庸奏准以来，各处搜查民间藏铜，定限比役，甚为扰累。而伊奏折中，并不自知办理未善，引过任咎，巧于回护，掩饰前非。着将托庸交部察议具奏。"

壬戌 谕军机大臣等："托庸办理铜斤一案，因预存私意，以致种种不妥，而折内奏请照旧例办理，又不引咎自责，巧为回护。朕已降旨，将伊交部察议。如此办理不公，多方掩饰，其于国帑，必有滥用之处。着传谕总督策楞，令其详加查察。如有不应动支而擅行糜费者，即据实指参，令其倍偿。"

128 卷264·乾隆十一年四月

己卯 吏部议奏："署广西巡抚托庸于鼓铸铜斤一事，从前奏请三七抽课，屡经奉旨询问，以为事属可行，及至试行八月，不能有效，复请照前办理，而价值更为增多，始则有意更张。继又回护己短，巧为掩饰，全无大臣之体，殊属溺职，应照例革职。"得旨："托庸着革职。广西巡抚员缺，着布政使鄂昌署理，布政使员缺，着按察使李锡秦署理，按察使员缺着湖南驿盐道钟昭署理。"

129 卷265·乾隆十一年四月

甲申 又谕："据张广泗奏称'黔省钱局及采买铜斤，内有运铅秤头及钱局公费，可以节省，余铅可以获息，每年可得二万余金，以为通省开河修城之用'等语。黔省开局鼓铸，以及采运铜斤历年已久，并未奏报节省。着讷亲于家信内，将原折抄录，寄与爱必达，令其将从前何以并未奏闻，至今始行陈奏，有无情弊之处。"查明具奏。

130 卷267·乾隆十一年五月

甲寅 谕大学士讷亲："前据阿里衮奏'太原府属之交城等处，勘明铜、铅等矿，俱与民间田舍邱墓，毫无妨碍。现令殷实矿商，雇夫开挖。查明附近里民，连环具结，一切外来游手，不得混杂其中。俟试采半年之后，果有成效，另行具题'等语。朕以开矿固属便民，而滋扰则不可，已于伊折内批谕矣。但开矿一事，非本地有业之民所愿，惟游手无赖之徒，藉此获利。聚集多人，往往易致滋事，尔可将此等情形，传谕阿里衮知悉，令其遴委干员，严加约束，并令其时刻留心，善为经理，勿致丝毫滋扰。再段士英等采办穆纳山木植一案，历久未结，昨已寄谕阿里衮，令其速行查办。在该部以事关钱粮，砍运价值数目，未能明晰。屡次驳查，往返驳诘，木植堆积岁久，日渐朽烂，终于钱粮无益。尔可一并传谕阿里衮知之。"

131 卷268·乾隆十一年六月

癸酉 又谕："据张广泗奏称'开修赤水河一道，所有用过银三万八千余两，系于黔省铅斤脚价内二年补足。其滇省铜运脚价，每年可节省若干，应听滇省查办'等语，可传旨询问张允随，滇省铜斤由赤水河运送，较之从前陆运，每年脚价可节省若干之处。令其查明具奏。"

132 卷269·乾隆十一年六月

甲午 云南总督兼管巡抚事张允随奏报："滇省新开金沙江、盐井渡、罗星渡三处通川河道，所有京铜运道，俱可改陆从水。现据督理铜运之迤东道宋寿图等禀报，三处水运抵泸京铜共计六百五十万三千五百余斤，行走甚为顺利。至昭通向苦米贵，自江工告竣，米价平减，民食亦裕。"得旨："如此水运，较先前陆运，每年节省几何，缮简明折奏闻。"

133 卷271·乾隆十一年七月

癸亥 （户部）又议覆："两广总督策楞、署广西巡抚鄂昌奏称'粤西铜厂，开采年久，陇路深远，挖取维艰，工费实繁。若照原定二八抽课外，每余铜百斤给价八两三钱及九两二钱之数收买，实在不敷。应请即遵谕旨所定十三两之价，作为定价收买，俟将来矿旺铜裕，即行据实核减。又商人出铜百斤，除抽课外，余铜八十斤，每百斤给价十三两，核计只该价银十两零四钱，商民实无余利，请将余铜官买一半，其一半给商自卖，获有余利，庶踊跃开采'，应如所请。"从之。

134 卷 275 · 乾隆十一年九月

戊午 工部议覆："云南总督兼巡抚事张允随奏称'金沙江两岸向无道路，间有小径，亦属险仄异常，应请修治宽平，不独行旅负贩可免跋涉崎岖，即铜锡商船，上下往来，亦易保护稽查'等语，应如所请。"从之。

135 卷 279 · 乾隆十一年十一月

己酉 （户部）又议准："两广总督策楞、署广西巡抚鄂昌奏称，粤西铜厂，不敷鼓铸，请于滇铜厂内，每年拨十五万斤。至运费，每百斤多一两有余，成本无亏，鼓铸有益。"得旨："依议。但滇粤道路辽远，往返咨查，稽延时日，未免有妨鼓铸。着令该督策楞等，一面先行办理，一面将运脚确数，报部核销。"

136 卷 283 · 乾隆十二年正月

庚申 湖南巡抚杨锡绂奏："查湖南协解云南本年分铜本银二十三万两，委辰州通判王敷贲等管解。至常德府属龙阳县途次，被夫役偷去一鞘。现据该县申报，解员王敷贲将所失鞘银，如数赔足，臣当即飞饬该县，悬赏选补，上紧严拿，毋使漏网。在事文武各员，不知小心护解，实由臣率属缉匪不能尽职之故，不胜惶悚！"得旨："知道了。岂惟此事，汝诸凡皆觉好名姑息，至于所严者，又琐碎可以不严之事。以后当恒以为戒。"

137 卷 287 · 乾隆十二年三月

辛亥 户部议准："湖广总督塞楞额奏称，上年湖北因铜斤不敷鼓铸，经前督臣鄂弥达奏准，暂改铸八分重之小钱搭放兵饷。今查小钱与大钱同价，私销、私铸二弊相因而起，应仍遵定制，改铸大钱，并采买汉镇客铜，添炉鼓铸，将搭放余剩钱文，设局照市价酌减出售，银归原项。所需铜价，照定价支给报销。其市用京垫小钱，定为每千文易银一两，放饷所用八分重之小钱，照成本计算。每银一两，给钱一千二百四十六文。又远安县三宝山地方产铜，试采有效，应亲查确实，酌定章程，请旨办理。"得旨："依议速行。"

己未 云南总督兼管巡抚事张允随奏："滇省汤丹、大小（水）、碌碌三厂产铜渐少，臣再三筹虑，惟有乘三厂尚足供用之时，于附近东、昭两府躧觅矿苗，招徕开采。现已试采数处，每年约得百余万斤，将来日渐丰旺，即可以盈补绌。"得旨："览奏俱悉。"又批："此所为先事之良图，经邦之远猷，封疆大臣，可谓无忝。欣悦嘉许之外，无可批谕也。"

138 卷 288 · 乾隆十二年四月

戊辰 又谕："据杨锡绂奏'辰州同知杨统正因徇隐矿商易经世侵隐铜铅，恐有通同婪贿情弊，题参革审。今审讯止系失于查察，原无徇庇、受贿情事，将来定案似可不入秋审'等语。朕前降旨，将官员侵盗钱粮题参各案，速行审结，入于今年秋审案内，原因近来侵贪之员，比比皆是，或由水懦之失，用彰惩贪之意。今杨统正如徇庇得赃属实，即应审结，入于秋审案内。如止系失察，尚无受贿情事，自应将实情叙入本内，按律定拟。或因奉旨之后，理应奏明，即当指实陈奏。乃杨锡绂以似可不入秋审试探朕意，伊意在从宽而又不肯明言。若朕以为不可宽，则将德归于己，怨归于上，其居心尚可问乎？昔人称尧曰'宥之三'、皋陶曰'杀之三'，又曰'予曰辟尔惟勿辟，予曰宥尔惟勿宥，惟厥中'，杨锡绂系读书之人，岂不知此？今乃为此观望之语，秉公执法之臣，当如是乎？杨锡绂既不可信，焉知现在审理此案，非故为宽纵，以冀开脱杨统正之罪耶？杨锡绂平素专以沽名邀誉，取悦于众，朕已屡经训饬，今此陈奏，又复取巧，可见积习难以悛改，故明示朕意，令各督抚知朕明允本怀。杨锡绂着该部严察议奏。"

139 卷293·乾隆十二年六月

丁亥 谕军机大臣等："据杨锡绂奏称'每年额办桅、杉二木，委员有轻价勒买、夹带逗遛等弊，现在委员亲查，至沿途逗遛，请照粮船、铜船之例，咨会沿途督抚，饬行地方官催趱出境。如有逗遛，据实揭报'等语。运木虽非重大之事，杨锡绂能设法稽查，留心及此，甚属妥协。若地方紧要事件，俱照此查办，自于公事有济。但当遵照原奏，实力奉行，不可以敷陈了事，徒托诸空言。尔等可传谕杨锡绂知之。"

140 卷297·乾隆十二年八月

丙子 谕军机大臣等："据署广西巡抚鄂昌奏称'桂林府属义宁县龙胜以内之独车地方，与湖南绥宁县连界，该处有耙冲岭，坐落楚地，铜矿甚旺，应行开采'等语。朕思开采一事，虽有益于鼓铸，每易于滋事。而界接苗疆，办理尤宜慎重。今所奏绥宁一带，即系苗猺地方，必悉心详查，彻始彻终，细加筹酌，将来开采之后，万无一失，方可举行。若于苗疆稍有未便，断不可因目前之微利启将来之患端，不如慎之于始，照常封闭，以杜聚集奸匪之渐。可将此折，抄寄湖南巡抚杨锡绂，令其加意查察。将应否开采之处，据实奏闻。"

141 卷299·乾隆十二年九月

甲寅 谕："据山西巡抚准泰奏称'晋省办铜鼓铸，尚须白铅、点锡，应委员赴楚采买，一时不得其人，请饬发参革河东道周绍儒出资前赴采买，效力赎罪'等语。周绍儒阘茸无能，贻误地方，现在照例治罪。既据准泰保奏，着照所请，将周绍儒发往晋省，办理铅斤，以赎前愆。"

丁巳 两广总督策楞、署广西巡抚鄂昌奏："粤西购买滇铜，已运到十五万斤，请先添炉二座，与原炉十座，一同开铸，铸出钱搭放兵饷。"得旨："好。知道了。"

142 卷305·乾隆十二年十二月

丁丑 （军机大臣等）又议覆："湖南巡抚杨锡绂覆奏'广西巡抚鄂昌请开采绥宁县

耙冲岭铜矿一折，据称出矿山既不宽，刨验铜砂，又属低下。且深处苗穴，于田亩民食，俱有所碍'，应如所请，毋庸开采。"从之。

乙酉 贵州布政使恒文奏："黔省多产铅矿，而矿厂转运铜铅，余利甚多。前督臣张广泗任内，向系上下通融，私相授受，并未奏明充公。迨闻爱必达授贵州藩司之信，始将铜铅各厂余息，奏充开河修城之用。惟是黔省正供无多，公费有限，张广泗凡遇各项公用，不惜重费，多系捐资给发，其实所用，即此项之余息也。张广泗在黔多年，一切苗疆吏治民生，料理整顿，日有起色。诚如圣谕，张广泗在黔，过少功多，已在圣明洞鉴中矣。"得旨："此系至公之论。目今既定章程，则前此之事，可不必论矣。"

143 卷 306 · 乾隆十三年正月

壬辰 又谕："从前楚省沉失铜斤之池玉、袁金城、陈述虞、崔锡四案，俱经该抚结报题咨请豁，该部屡行驳查，事历数年，悬案未结。今思池玉等沉失地方，既据该抚等称，实在三峡之内，若再往返驳诘，该员等不无羁累，情殊可悯，着加恩准其豁免。但铜斤体质甚重，即遭风沉溺，亦不过在沙石之间，非比他物易于漂流散失，若实力打捞，断无不可复得之理。此四案如免其赔补，又不予以处分，则将来解员等，必致益滋捏饰等弊。池玉等着交部议处。"

144 卷 308 · 乾隆十三年二月

乙丑 谕军机大臣等："贵州节省铜铅余息，每年约可获银二万余两。乾隆十一年，据总督张广泗奏明，留充本省开河修城之用，经军机大臣覆准在案。此项银两，原不始于今日。黔省僻在边远，大概经费不敷，遇有地方公务，想来多于此内捐给，是以从前未经报出，此亦该省通融办理之处。朕思地方公项，止有此数，盈于此者绌于彼，今既将铜铅余息奏明归公，一切公用，势必别无所出。黔省为苗疆要地，修茸赏号等事，在所不废。如此办理，不知将来遇有地方公事，尚可不致妨碍否？张广泗奏明之后，现在作何筹办？可传谕孙绍武，令其查明覆奏，于伊奏事之便寄去。"

145 卷 309 · 乾隆十三年二月

甲申 云贵总督张允随、云南巡抚图尔炳阿奏："滇省新开之大雪山铜厂，自路径开通之后，厂民云集，嵯洞多获大矿，月可办铜六七八万斤不等，较上年春夏，已加倍有余，岁可出铜百万斤，日见旺盛。又多那一厂，矿苗深厚，月出铜五六七万斤。"得旨："欣悦览之，此皆卿调剂有方也。"

146 卷 311 · 乾隆十三年三月

癸丑 （贵州按察使介锡周）又奏米贵之由："黔省崇山峻岭，不通舟车，土瘠民贫，夷多汉少。既无搬运商贩，亦未接济邻封。本地小贩，不过肩挑背负，并无囤积垄断诸弊。丰则米贱，歉则米贵，自必然之理。而黔省山田，处处皆是，向来不至大荒。如水潦，则低洼淹没而高阜悉得沾足，常有七八分收成；岁旱，则高阜乾枯，而低洼反获倍收；秋成亦三四五分，所以黔中民苗，从无逃散之事。如因仓储采买致妨民食，黔省节年买补，早足原额，各处积贮米谷，已有一百二十余万，每年尚有支放余米三万六千余石。惟古州等处新疆暨荔波一县，制兵月粮，每年采买屯苗米一万三千余石，各府州县，则每年俱将余米平粜，不用买补。偶或平粜过多，照数按年采买，亦不致民间所出半入仓庾。再如户口繁滋，黔省地方辽廓，土旷人稀，亦与南北省人稠地窄相殊，是皆非黔省米贵之所以然也。臣于雍正四年，初莅黔省，彼时京斗米一石不过四钱五分及五钱有零。省会暨冲衢各郡邑，人烟疏散，铺店无几，士庶一切酬酢，率皆质朴。偏远乡曲，从无酒肆。自雍正五六年以来，新自四川割归遵义一府五属、湖南割归开泰青溪五县、广西割归永丰、荔波各州县，兼以开辟古州等处新疆，添设文武弁兵，驻镇其地，幅帧日广，加以银、铜、黑白铅厂，上下游十有余处，每厂约聚万人、数千人不等。游民日聚，现今省会及各郡县，铺店稠密，货物堆积，商贾日集。又如士庶一切冠婚丧祭，争趋繁华，风俗日奢。且新疆大村小寨，暨各处僻乡，酿酒日多，是皆川、粤、江、楚各省之人，趋黔如鹜，并非土着民苗。现今丰收之年，亦须七八九钱一石，岁歉即至一两一二钱至二两不等，此黔省米贵之原委也。计惟有崇俭禁奢，清查酒肆，通都郡邑，官为定数，新疆村寨，一概禁止。尤在劝开垦、惩奸民、兴水利，以开其源。缘黔省虽节年首报开垦，而山坡箐林尚多荒土，每有外来游民往赴力垦。无奈地棍即思攘夺，或压为佃户，或踞为本业，以致开垦无成，游民隐忍而去。而水源低下之地，或应筑坝以壅之；水源隔远之处，或应开渠以引之；小民工本无资，多致困守瘠土。更或水源须过他姓之山，更隶隔县之界，豪强出而争占，则群力废返。应饬令地方官，凡遇报垦荒山，务即亲履勘明，给照为业。其无力引水之田，则照例官借工本，限年完项，分别升科。土棍豪强，严加惩处。如此则地无遗利，家有余粟矣。"得旨："知道了。恐亦有捍格难行之处也。"

147 卷313·乾隆十三年四月

己卯 户部议准："署广西巡抚鄂昌疏称，阳朔县属石灰窑厂出产铜砂，先经开采，去年入秋以来，无砂可采，应行封闭。"从之。

148 卷317·乾隆十三年六月

庚辰 户部议覆："四川巡抚纪山汇题进剿金酋筹办军务事宜：

……

一、京颁大炮十位，运送之员，分别给添备行装银，并锣锅帐房及出口盐粮。又九节炮十位，分拨各路，留一在省，照式制造。

……

一、颁发九节炮，尚不敷用，照式赶造十位。

一、现铸大、小炮子，七万六千六百余颗，铁炭匠工并背夫，照例给银。又军营所需铜、铁，分行蒲江、邛州等处买解。

一、自滇来川炮匠，时值严寒，请添给路费银。又赴营修理道路之石匠、木匠，各给安家银……

均应如所议办理。"

得旨："依议速行。"

壬午 云贵总督张允随奏："金沙江各滩，上年因水长停工，臣于九月间令司道雇募工匠，于水落时兴工。江水自正月中旬后渐消，凡各滩水底，碍船巨石俱露。至二三两月，较常年涸至丈余，凡碍船之石，无不錾凿。自上年十二月开工至本年四月，工俱告竣。于二月底开船运铜，至四月中，共运过铜三十二万二千余斤，安稳无虞。自蜈蚣岭至双佛一带险滩，尽皆开通。"得旨："览奏俱悉。卿督率有方，成千古未成之钜工，甚可嘉也！"

149 卷320 · 乾隆十三年闰七月

乙卯 户部议覆："山西巡抚准泰疏称'晋省铸钱，委冀宁道率同太原府通判经理，安炉十座，每座日镕净铜、铅、锡九十一斤，铸钱一十二串一百三十三文。除工料外，实交钱十串三百四十五文。每炉给铜、铅、点锡三百斤为底火，铸竣归项。拨书役一名、快役五名，铸交开销各项，由经管通判造报，派佐杂一员在局监视'，应如所请。"从之。

150 卷321 · 乾隆十三年闰七月

己巳 又谕曰："李渭奏'请截留运京滇铜，设局开炉鼓铸，以平钱价'一折，朕未经批发，可交与刘统勋、阿里衮密议具奏。近年以来，各省钱价昂贵，不独东省为然。据奏纹银一两，换大制钱七百余文，与现在京师钱价，亦约略相同。乃遽请截留铜斤，此事之断不可行者。即如漕粮间有截留，必地方需米孔亟，势不得已，亦属权宜之事。至铜斤，关系京局鼓铸，何得轻议截留？钱文乃民生日用所必需，固应亟为筹办，但屡经办理，迄无成效，再四思维，未得善处之术，即如从前大学士讷亲等会议平减之法，章程井井，非不极费经营，此刘统勋、阿里衮之所知，究之钱价未见其减，此迩年已试之效也，况市价时增时减，本无一定。若年谷顺成，百物充裕，自可渐次平减。即欲开炉鼓铸，方于东省有益，亦当另为设法，或委员赴浙采买洋铜，或往滇省产铜处所，另筹买运。至运京之铜，断无截留外省之理。朕意，于钱文一事非不欲办，实办之而无可办，转不若听其自然。今李渭既为此奏，或刘统勋、阿里衮等别有所见，可传谕刘统勋、阿里衮就东省现在钱价情形，应需鼓铸与否，应如何办理之处，熟筹妥议，具折奏覆，务须十分慎密，即幕宾等亦宜防其漏泄。盖此事一时未必即有良法，而一为张扬，则市侩居奇，民情惶惑，未睹其效，先滋弊端，甚有关系。一并传谕刘统勋、阿里衮等知之。"寻奏："山东钱贵，在于去岁冬底今岁春初，目下不起不落。李渭所奏，于理于事，均不可行。若办洋铜则时日难期，办滇铜则挽运需费。至收买废铜，则又已行而无效者。况东省今岁乃恩免钱粮之年，农民以粟易钱，不须换银交官，钱商无由多敛。且梨、栗、枣、柿，花实盛茂，贾贩之来收果品者，其钱俱散在乡间，连岁赈济银两至数百万，而钱无从增益，所以冬春间钱价骤长。今大赈已完，新粮入市，果实充斥，官未开征，计钱价不致再昂，暂缓不至病民误事。"得旨："知道了，告之准泰可也。"

151 卷322 · 乾隆十三年八月

癸巳 又谕军机大臣等："贵州铜铅余息一案，乾隆十一年总督张广泗奏折经军机大臣议复，准其留充公用。朕以黔省乃苗疆重地，此项银两既已归公，恐将来遇有公事，办理或致妨碍，因传谕孙绍武令其查奏。今据爱必达奏称'铜、铅余息每年共两万余两，自十一年张广泗奏明以后，始有厂局羡余名目，其未奏归公以前每年并无定数，亦无按据，而余铅息银则系十一年始行奏请，实非旧有之款。黔省现在地方公事，有额支银两、田租课税及奏明之厂局羡余，酌剂办理尚可不至拮据'等语。黔省一应公用，既有各项银两堪以敷给，自可如爱必达所奏办理。但铜铅息银一项，自爱必达补授藩司，详悉查核，张广泗恐其发露，始行奏请归公。目下既经查明，各项公费已有动支之款，则从前未经奏明之时此项银两归于何处？即或张广泗另有因公动用之事，亦岂全无支销数目？外省钱粮事件常有隐伏之弊，司事者恐有后虑，辄抽灭文卷以掩其迹，令人无可稽核。积习相沿，匪伊朝夕。可传谕爱必达，令将此事前后收支缘由数目，留心密查，据实奏闻，朕亦不过欲悉此事之梗概，不必过于张扬，急为综核，稍露形迹也。"

152 卷 323 · 乾隆十三年八月

辛亥 山东巡抚阿里衮覆奏："米贵由于生齿日众，逐末遂多，凡布帛、丝棉之属，靡不加昂，而钱价昂贵，尤与米谷相表里。农民粜米，银少钱多，商铺收粮，以钱价合银计算。康熙年间，每银一两易钱一千，少亦九百余文，今止易七百余文，是米价已暗加二三钱，况价值本增，故益觉顿长难落。至于仓贮，每年采买，与赈数比较，有绌无盈，是以各省定额，买足者寥寥。则仓米仍多散在民间，未可归咎积贮。惟是官买与民买不同，体质必期乾洁，斗斛务求丰盈，且谷价早晚不同，报销未便低昂。取办一时，以致牙行争先长价，补救之方：……一、钱法宜变通。钱法与铜斤为子母，铜价平，则钱应加重；铜价贵，则钱应减轻。今钱一文重一钱二分，每钱一千重七斤八两，以现今钱价计算，约值银一两三钱有余，每斤值银一钱七分有奇，若销造器皿，粗重者值银二钱四五分，细巧者倍之。各省所出矿铜，仅敷鼓铸。江浙二省，商办洋铜，供铸外所余无几。而民间铜器日增，铜价益昂，奸民毁钱制器，是以铸局加添，而钱不充裕。请将钱文再减轻二分，每年余铜不少，钱价渐减，亦与米价不无裨益。此外如兴水利、劝树畜、崇节俭、谨盖藏，禁止晒麴、烧锅偷漏出洋、多栽烟叶等项，章程具在，惟在实力奉行。"得旨："候汇议。"

153 卷 324 · 乾隆十三年九月

壬子 又谕："金沙江亘古未经浚导，今平险为夷，通流直达，不独铜运攸资，兼且缓急有备，于边地民生，深有利益。工钜役重，成千古之大功，不可不为文纪事，垂之久远。其发源何地、经流所历郡邑几何、起讫计若干里、险峻者几处、经始以迄竣工为时几何、创议始于何人、前后经理督率之大吏几人、在工效力人员几何、统用夫役若干人、费帑若干两，着总督张允随一一明晰开具清单，以备采择载入碑记中。"

癸亥 谕军机大臣等："据按察使吴士端具奏'浙省钱价昂贵，请增添炉座，购买铜斤'一折。钱文为民生日用所必需，吴士端在浙言浙，或该省炉座实须增添，铜斤不难就近购买。着传谕巡抚方观承详察地方情形，如商铜除交官领价外，所有余铜犹可供局采办，及民间废铜器具，官可设厂收买，听其自行交易，并无妨碍。而官局成本，合之平兑价值，又可通融补苴，总不出一两之数，即应酌量办理，以平市价，以惠闾阎。着将吴士端原折钞发，令方观承酌其可行与否，定议奏闻。此等事件，最宜秘密，即如京师钱文一事，甫交大臣筹办，尚未定议，而外间已有浮论，遂致市侩居奇，钱价转加昂贵。方观承于此事，尤宜加意斟酌，慎密办理，毋致洩漏。"

154 卷 325 · 乾隆十三年九月

辛巳 云南巡抚图尔炳阿奏："开凿金沙江、罗星渡二处工费，臣前所奏约需十一年方可抵款，今因金沙江水运铜额加增，除已抵补开修工费外，再加六年节省运脚，即可清款。"报闻。

155 卷 326 · 乾隆十三年十月

乙未 工部等部议准："闽浙总督喀尔吉善等奏称，闽省营伍需用铅，向系往楚采办，今楚省铅价倍昂，官价不敷，查南洋回棹商船，向有黑铅运厦发卖，请照官价抽买四万五千余斤，以供岁需。倘遇闽省配铸洋铜，需用黑铅之年，亦一并向商抽买。"从之。

156 卷 329 · 乾隆十三年十一月

辛未 户部议准："原任四川巡抚纪山奏称，乐山县之老洞沟、宜宾县之梅子岰二处铜厂，深僻难挖，商贩不通，食物昂贵，采炼费本过多，请每铜百斤给价十两。"从之。

157 卷 332 · 乾隆十四年正月

甲子 又谕："据福建巡抚潘思榘奏称'制钱攸关民用，各省开炉鼓铸，期于泉布流通，源源利赖，乃不法铺户，竟敢剪边易换，奸商越省兴贩至八九十千之多。现据闽县、侯官、长汀三县，拿获奸贩郑梅梅等，并起有剪边钱文及器具碎铜等项，饬发司府严审定拟'等语。制钱为民生日用所必需，奸棍营私射利，敢将钱质剪锉偷贩外省，以致钱文日少，钱价益昂，殊属不法。闽广既有此弊，他省或不能无。着传谕各督抚，令其转饬各属员留心稽察，如有前项弊端，立即查拿究处，以示惩警。事关钱法，定例綦严，毋得视为具文，虚应故事，亦不得任听胥役藉端滋扰。"

158 卷 334 · 乾隆十四年二月

丙戌 谕军机大臣等："金川小丑，僻处穷荒，迥非吴逆三藩及噶尔丹等可比。上年劳师动众，实为不值。彻兵之举，自今思之，益信其万无可易。经略大学士遵旨还朝，所有应办事宜，必已一一妥协料理。朕偶忆及军营所铸二千余斤铜炮，彻师之后，既未便委之番境，而崇山峻岭，运回亦觉艰难，不若镕取铜斤，载归省城，以供鼓铸，搭放兵饷。纵稍损成铸工本，而化无用为有用，亦计之得者。其自京运往之冲天九节诸炮，皆国家利器，皇祖时所造，贮之禁中，即成都省会，亦不可存留，自当从后从容运回京城，少糜脚费，亦所不惜。此外炮位，俱应收贮总督衙门。其余一切军装器械，经略大学士行期迅速，无暇兼顾，着交总督逐一留心检点。"

159 卷335·乾隆十四年二月

庚子 谕:"各省轮年查阅营伍,例应由京特派大臣前往,间有即令该省总督查阅者,朕思总督虽统辖戎政、简稽军实是其专责,而整饬营伍之道,必须不时查核,方有实效。或遇钦差大臣,于该省道路相近,令其就便往查,似觉更多裨益。上届云南、贵州、湖广营伍,已交该省总督办理,今尚书舒赫德现驻成都,俟军需稽核已有就绪,着即驰驿前往。查阅贵州、云南营伍军装,回程取道楚省,查阅湖南、湖北各营,由河南还京复命。再云南所开金沙江水道,工费浩繁,经该部议驳,究于运铜事宜,是否有益,着舒赫德于查阅营伍之便,并行履勘。湖广总督新柱,从前曾经奉差勘阅,于该处形势源委,尚为详悉,亦着驰驿前往,会同履勘。其湖广总督印务,着兵部尚书瑚宝前往署理,即由西安起程,速行赴任。"

庚子 谕军机大臣等:"金沙江工程一事,其有无全行开通,及于运铜事宜有无裨益之处,现差尚书舒赫德、楚督新柱前往会同履勘。图尔炳阿身任封疆,于所辖工程,更为明晰,在工属员,是否粉饰侵渔,亦易周知,且非本任经办之事,无庸回护。着将此案实在情形,逐一查访,不可因系督臣经手,有心偏向;亦不可故为避嫌,有所隐讳;更不可揣摩观望,过于吹求;惟秉公持正,据实详悉,密行陈奏。该抚之居心,亦即此可见。慎之!"

160 卷336·乾隆十四年三月

戊午 刑部等部议覆:"福建巡抚潘思榘疏称民人赖脍私造铅钱,除攃和行使,各轻罪不论外,应照私铸为首例,拟斩决。"得旨:"刑部议覆此案,与昨所题湖南罗朝伦一案,同系私铸,而一拟斩决,一拟斩候。虽私铸例内,原有铜、铅、砂壳之分,但条例既殊,援引反难画一,议法者转得高下其手,以出入人之生死。若以为斩决之例过重,因增出砂壳一条,则既同一私铸,何不归并斩候,以从轻比。朕意私销之罪,应重于私铸,而外省题到案件,多属私铸,并未见有拿获私销之案,可见私销较难查拿。而私铸之人,未必不即系私销之人,地方官办理私铸之案,从不究及私销,殊非禁遏奸匪之道。嗣后私销应照私铸之例,一体研鞠查禁。其作何另行妥办定议之处,着九卿详悉定议具奏。"

161 卷337·乾隆十四年三月

丙寅 谕军机大臣等:"据策楞等奏'自军营运回之锣锅帐房等件,各省兵丁,竟有带往使用,以致缺少。又镕化之废铜,背数尚符,斤两亦觉缺少,夫役众多,难于究诘。现在逐一清查,凡有亏缺,请于臣二人暨原委总兵哈攀龙等名下分赔归款'等语。此项锣锅帐房及镕化废铜,如系穷番窃取,犹可云人数众多,难于查考。至绿旗兵丁,则系国家豢养之人,其姓名既有册籍可稽,该管将弁何难逐队觉察。况此等兵丁,用之攻碉杀贼,则怯懦无能,用之转运军装,则肆行偷窃,此风尤不可长。可传谕策楞等,令其实力清理。若系分派绿旗兵丁夹带回营之项,则伊等俱有管领将弁,但须逐一挨查,自必水落石出。如果无可究诘,即照策楞等所奏,按数分赔。再,此等运回之锣锅帐房,均系动帑制造,今军务既竣，别无需用，将来收贮日久，转致朽坏，应及时变价归款。其作何办理之处，令策楞妥协筹办奏闻，一并传谕知之。"寻奏："自金川用兵，动项制造锅帐，其帐房按给官兵，例不缴回。惟上年应付京兵，去来不过数月，未便援照不缴。当即查追确估，饬属分领，立限承变归款。锣锅久用损坏，除遗失分赔外，若照废铜变卖，可惜。应同军营销毁炮位，发钱局存铸。"从之。

庚午 谕军机大臣等："据云贵总督张允随奏'金沙江用过夫役帑金各数清单，内称共给过银一十九万三千四百余两，除将水运铜斤、节省过运脚银五万二千六百余两抵补外，再加六年节省运脚，即可全抵原款'等主（语）。诚如该督所奏，则历年节省运脚，除抵补用过工费外，向后所有节省之项，于国家经费实有裨益，但不知盘驳诸费曾否开除，并有无岁修工程。其江岸绵长，若每岁加工修护，所费应用几何？须将盘驳、岁修等用，一切开划清楚，再有余剩，方为实在节省。着将清单钞寄新柱，令其带往，与舒赫德公同阅看，将此处一并详悉查明，遵照前旨，不可听其浮冒，亦不可有意苛求。秉公据实，妥协查办。"

162 卷 338 · 乾隆十四年四月

辛卯 谕曰："户部督理钱法侍郎三和等参奏云南运铜委员吴兴远、周梾，短少正耗铜共五万七千余斤，请交该抚究审勒追。向来运解官物委员，一离本省，辄任意稽迟，或捏报守冻阻风，或假称疾病损失，多方迁延，以遂营私。邻省督抚，又以无与己事，漫不关心。及至亏缺，徒事追赔。非仅运铜一事为然，朕意运解官物，其大者如饷、鞘、铜、铅之类，该督抚自应于委员起程之初，即分咨沿途各督抚，转饬地方官，无分水陆按站催趱。即实系事故耽延，亦当有所稽考。如有盗卖亏欠等弊，立即查究。其如何斟酌定例之处，着该部议悉议奏。吴兴远、周梾此次短少铜斤，较别案为数更多，显有情弊，均着革职，交刑部审拟具奏。其委解不慎之各上司，并取职名查参。"

163 卷 339 · 乾隆十四年四月

丁酉 刑部议覆："福建巡抚潘思榘题赖脍私铸钱文一案，请嗣后拿获各犯，不论砂壳、铜钱，为首及匠人，俱拟斩候；为从及知情买使者，俱发遣为奴；如受些微雇值，及停工后利其价贱买使，并房主、邻佑、总甲、十家长知而不举者，俱照为从减一等杖一百，徒三年；其房主人等并不知情，但失于查察，俱杖一百；或将空房误借匪徒，未经首捕，非受贿容隐者，仍照不知情科断，该上司及地方官均交部分别议处。至私销之犯，情罪较私铸尤重，嗣后应将为首者拟斩决，家产入官。惟私销者形踪诡密，稽察较难，应令地方官设法密查，有能拿获者，交部议叙，如失于觉察，与该上司均交部分别议处；至房主、邻佑、总甲人等知情受贿，代为隐匿者，照为从例治罪；如并未分肥，不行首告者，减一等杖一百，流三千里；如并未知情，止失察者，俱杖一百，其首捕审实者，官给赏银五十两。再，拿获私铸到案，应先严究曾否私销，倘得确实，即照私销从重治罪。现在赖脍之案，即依此例办理。"从之。

丙午 又谕："金沙江一事，现差尚书舒赫德、总督新柱查勘，尚未覆奏。但朕看来金江巨石层滩，湍流奔激，铜沉船损，难收利济之功。即所称节省运费，亦大概有名无实。该督张允随身当其任，于建议开工之始，不能确见其难成，预为力阻，致历年糜费帑项，咎所难辞。然自大学士鄂尔泰首倡其说，而庆复在川力为赞成，又复奉旨交办，该督欲以独力挽回中止，此大臣持正不挠之风节，难以责之该督者。该督在滇年久，尚属干练，将来即查出工程未能实有裨益，亦不忍遽加重遣。今日见该督奏折，未免有畏葸观望之意，可传谕该督，令其安心守职，绥辑苗疆，事事实力报效，以副朕施恩宥过之意。朕办理庶务，一秉大公，功过各不相掩，误由众人者，必不令一人独蒙其责，该督谅必允服。若因此而置诸事于不理，贻误封疆，是自速其咎也。"

丙午 又谕："金沙江一事，近据图尔炳阿奏到，其所指情形，尚不无回护。然所称滩险难行，铜沉船损，终归无益之处，已属显然。大概山川形势，天险非人力可施，亦犹金川碉楼奇峻，欲以兵威所至，划而平之，徒劳何补，此是一定之理。沙江工役，将来查勘确实，亦不出此。但其事始末，朕知之甚悉，盖其初不始于张允随，倡其说者大学士鄂尔泰，率先赞之者庆复，而朕亦因铜运艰难，诸臣备陈开江之利，期于一劳永逸，降旨交办，令勿畏难中阻。张允随身临其地，若果见为无益，自当抗议力争，以为不可，然此乃大臣秉正不挠之节。张允随承望风旨，依违迁就，咎所难辞，但尚属人情所不免。今大学士鄂尔泰物故已久，朕眷旧加恩，保全终始，岂肯因此事而追斥前愆，罚及后嗣。即张允随虽系承办总任之员，将来查出工程不实，亦不必革职查产，只须令伊及在工人员，如宋寿图等照数着赔，便可完结。盖伊在滇数载，办事尚属妥协，且一时未得更代之人，姑令在任弥补，较易为力。而从前工程糜费帑金，终于毁废，如楚省舵杆洲之类，亦不一而足，固非贻误军国，罪不容逭者可比。朕办理诸务，一本大公至正，已另旨传谕张允随，伊亦必中心允服。图尔炳阿折，着寄舒赫德、新柱令其知悉。舒赫德自川省奏报起程之后，许久未见奏折，途次佳否？节物数种寄赐。新柱亦已起程，未知何时至叙州会合同行？遇便奏闻。"

丙午 云南巡抚图尔炳阿奏："滇省加运京铜，前经升任抚臣张允随等议给陆运脚价，嗣承运各官，以铜斤交接，须赁房收贮，添役稽查，无项可动，因于每百斤外加运五斤，即以此项节省脚价，供应各项之费，解贮粮道库，应用报明给发。即盐井、罗星两渡，并金江水路各运，亦有此节省之项。第思此项节省，与其暗留外用，不如明定章程。查滇省从前各铜厂，除收正课外，每百斤又抽充公铜五斤，变价济用。奏明将每年动用数目，造册报销，今此项加运节省银两，亦应照五斤充公铜之例，仍留运铜公用，每年报部查销。如余，听部拨用。报闻。"下部知之。

丁未 云贵总督张允随覆奏："金江疏凿以来川省商船，可直抵上游之滥田坝等处，惟江路一千三百余里，每年冬春额运铜斤，需船四百五十二只。若俱从川省泸州包空雇募，千里溯洄，恐误严限，因于上下游安设站船二百七十只，往回济运，较之远雇川船，力省而运速。至商船回空，仍雇令装铜，由滥田坝直达泸州。长站兼运，并非专恃站船。"报闻。

164 卷 341 · 乾隆十四年五月

乙丑 户部议奏："酌定铜运各款：

一、铜斤亏缺宜分赔。查《采办洋铜例》，内载'铜斤报解后，即分咨沿途催偿，设有盗卖等弊，解官按律究拟，着落追赔，委解各上司分赔'等语。请嗣后如沿途盗卖，解官名下不能追赔，亦照例着落委解不慎各上司分赔，并严加议处。

一、运解宜定限期。查自永宁至汉口限四个月，已属宽裕。汉口抵通五个月，系照漕船例。惟在汉口、仪征换船、换篓停留日期，例报地方官转详咨部扣除。运官藉词稽延，嗣后汉口限四十日、仪征二十，统核自永抵通，定限十一个月，如逾一月以上，照例查参，领解官革职，委解上司降三级留任。至守风守水，定限已宽，不准扣算。再，每运正、协二员，倘沿途有沉溺打捞等事，即令一员前运，如逾限，亦不准扣算。

一、加运宜遴员领解。每年四正运，委府佐州县一员、佐杂一员，二加运但委佐杂二员。嗣后，正加运俱委府佐州县一员为正运官、佐杂一员为协运官。

一、办解铅锡，与运铜事同一例，应均照例办理。至运送饷鞘，经由陆路，与运铜不同，按站拨送，定例綦严。应再行令各督抚，饬属详慎稽查，违误，照例参究。"

从之。

壬申 户部议覆："云贵总督张允随等疏称'筹酌铜运限期脚价'并'增减吏役'各事宜：

一、滇省每年办运铜斤，改由盐井渡、罗星渡水运泸州。其奎乡一路，仍运永宁，每处发运一百五十八万二千八百六十斤，限三个月运交完楚。长运官前赴永宁、泸州领运，统限九个月到京。

一、东、昭一路铜斤，一半由东川至盐井渡，陆程十二站半，由威宁至罗星渡陆程十站，请照东、昭例，每百斤每站支给脚价银一钱二分九厘零。

一、威宁既运铜一半，其委员虽常川驻扎，应于原支养廉内减银四十两，书记一名照旧。至泸州牧发金江、盐井渡等处铜斤，仍系永宁委员兼管，应照旧支给养廉，并书记一名、搬夫八名。

一、东川铜斤，半由盐井渡转运，半由白布夏过合租江，至奎乡、镇雄转运。请于牛栏江酌留渡船水手四名，合租江添设渡船水手四名。又五眼洞、娱彩河两处水手，应各减半，五眼洞酌留四名，娱彩河酌留二名。至永宁天生桥地方，系镇雄一带军道，应仍设巡役二名；其镇南桥脉阃塘，原设巡役，均应裁。

一、盐井、罗星两渡新开河道，两旁瀑布溪流，夏秋盛涨，沙石冲落，并陆路桥梁马道，每多坍塌。应于节省项内留银三百两，作岁修之用，令昭通府大关同知经理。

一、铜斤运抵泸州，仍照例每百斤于长运官杂费项下，支销所需绳篓银。

均应如所题办理。"从之。

癸酉 又谕："刑部议奏参革云南解铜官吴兴远等亏缺铜斤一案。该解官等始以漫不经心致铜斤沈失侵损，追捞获才及得半，辄以全获报部。复于沿途将铜斤辗转售卖，玩视官物，一至于此。即此一案，亏铜七万有余，其他侵蚀之案，更不知凡几！向来劣员侵渔之习，大率类是，该上司或明知而姑听之，俾得任意欺朦，酿成积弊。但已往之事，姑不必问。此案，该督抚不能慎选贤员，办理不善，着传旨申饬。其所有侵亏铜斤银两，部议该管上司按股分赔，着即速勒限完缴，以资鼓铸。仍将如何分赔抵补之处，具折奏闻。嗣后运铜事宜，务须加意慎重。其沿途经过，各省督抚，朕已传谕令其将委员守风、守冻，及有无事故之处奏闻。至铜铅船只，于云贵本省起运，何日出境，亦着该督抚随时折奏。如仍蹈前辙，滥行差委，致有前项情弊，惟该督抚是问。"寻，总督张允随、巡抚图尔炳阿奏："此案亏短铜斤，应照山西、河南等省分赔侵亏钱粮成案，作十股分赔，所有专管铜务之升任粮储道宫尔劝，应分赔五股，臣图尔炳阿赔三股，臣张允随赔二股，各出价赴厂采买带解。报闻。"

甲戌 谕军机大臣等："云贵运送铜铅一事，办理日久，诸弊丛生。经朕于营私亏缺之委员，严加惩处，并令该部详议定例，沿途督抚，自当实力遵办。但向来铜铅运京，原有定限，委员往往逾违。及至抵京交部，又复挂欠累累。总由委员捏报事故，所至停滞，以便作弊。而各该省督抚以事不关己，虽有催趱之例，不过以行文查报了事，遂致劣员任意朦混，肆无忌惮，不思铜铅有资鼓铸，本属公事。凡运送船只，由该省起程，于何日出境之处，已传谕云贵督抚奏报，其沿途经过各省分，督抚大吏均有地方之责。云贵督抚既鞭长莫及，而各该督抚复视同膜外，殊非急公之道。嗣后，铜铅船只过境、出境日期，及委员到境有无事故，并守风、守冻缘由，俱应详查明确，随时具折奏闻，一面饬属督催，毋令仍蹈前辙。至运送官物，其小者仍照常办理。他如饷鞘、木植之类，悉宜留心查催，不得任其迟滞，致滋弊端。着一并传谕各督抚知之。"

165 卷342·乾隆十四年六月

庚寅 又谕："据雅尔哈善奏'河道总督顾琮前在总漕任内，除岁支廉俸外，又借欠淮府及江苏二粮道公项银一万一千七百八十五两，至今拖延未还'等语。……寻奏："查前直隶河臣朱藻任内，堵闭永定河开口工程，动银二万七千余两，臣接任后，于报销时，经部驳令工员分赔。臣仍具疏请销，奉旨着赔。是以在总漕任内，奏借公项，每年还银一千两。又有苏抚任内分赔铜斤，总漕任内赔米之项，种种糊涂。"得旨："览。汝不但糊涂，而且愚而好自用。"

166 卷343·乾隆十四年六月

庚子 谕："据舒赫德、新柱查奏'金沙江工程，自新开滩以上至黄草坪，尚属有益。其余上游四十余滩，实系难行。张允随附会粉饰，请交部严加察议。其用过工费银八万余两，应令原办之人赔补，张允随赔缴六分，承办各员分赔四分'。再据该抚图尔炳阿奏称'该省承办各员，以工程浩繁，势必核减，于上游各员，扣留银二千七八百两，下游各员，留贮一万六千余两，以备报部核减完缴之用。应将扣贮之司道等员，及批准之大员，交该抚查明交部察议'等语。金沙江工程，原因铜运艰难，期于一劳永逸。先经原任大学士鄂尔泰倡议，而张允随附和陈请开凿。今上游四十余滩，既不能化险为平，且蜈蚣岭十五滩，已议停止，而张允随又复奏请开浚，以至妄费多金。张允随之固执回护，自应严行议处。所有帑项，着落赔补。但下游各滩，尚足以资铜运。计历年积省脚费五万二千余两，虽系下游节省较多，但总系张允随承办者，亦非全无裨益，尚有可原。着从宽姑免议处，其上游糜费八万余金，更加恩准将下游节省银两抵补，其不足者，照所议着张允随及承办各员四六分赔。至于工程报销，自应据实具报，乃预备核减，扣贮抵补，似此舞弊玩公，不可不加严惩，谅该督等亦无辞可辩也。此项扣贮银两，着追入官。其详请之司道等，及批准之上司，着查明交部严察议处。图尔炳阿身为巡抚，一任伊等朦胧作弊，及朕问彼始行奏出，亦属不合，一并严察议奏。"

庚子 钦差户部尚书舒赫德奏："履勘金沙江工程，上游之蜈蚣岭至下游黄草坪，滩溜最险，此数百里隔截，自然天险，无取流通。而蜈蚣岭最险一十五处，尚不能尽废陆运，且老滩栉比，铜运实难。嗣后请将铜由厂陆运到黄草坪上船，直运至新开滩平水，以抵泸州为便。"又称："蜈蚣岭以上巧家营对面，前经滇督招出木欺古二十一寨地方，现安汛兵百名、巡检一员。今既不由此路运铜，应将原设官弁彻回。川省有似此安设者，亦令一体查彻。惟每岁运铜时，于黄草坪一带营汛内，酌抽汛兵，安塘数处照管。其自黄草坪至那比渡百里之间，应于铜船行时，令普安营酌拨弁兵巡防，俱停运彻退。又滇铜水陆两运，驼马、船只均就永宁、叙州等处雇觅，奸民领价逃匿，追捕无从，滇员未免掣肘。请敕四川所属叙、永等处地方官员，于关系运铜一事，并受云南督抚节制。"奏入，下军机大臣会部速议行。

167 卷344·乾隆十四年七月

壬子 户部议覆："云南巡抚图尔炳阿奏称'滇省办运京铜，运官应支养廉，除在原定正限内抵通者准全支外，至守风、守水、守冻等日，养廉减半，杂费仍按月全支'等语。查守冻期内养廉，应令沿途督抚查无逗遛别情，准减半支给，杂费一体减半。其守风、守水日期，例俱不准扣算。所请支给一半养廉之处，毋庸议。又称'沿途用过水脚银，令川楚等省督抚饬各地方官，将运官所雇船只水脚各费，据实查确，登簿盖印。扶同浮开，事发一并查参'等语，亦应如所奏行。"得旨："依议。"

168 卷345·乾隆十四年七月

癸亥 又谕曰："策楞、岳钟琪所奏'金川案内带伤官兵，分别等次，逐一按名阅验改正。除通饬各镇协营一体遵照，秉公查照，务期无滥无遗，并分咨陕、甘、云、贵各督臣，仿照川省等次，造册出结'等语。金川此番用兵，川省绿旗士卒，不但不能奋勇克敌，其退怯疲惫贻误之处，川兵实职其咎。即其临阵受伤，亦并非争先出力，不避矢石之谓，本不应分等赏恤。且遗失锅帐、铜斤，肆行攘窃，虽尚有外省官兵，而川兵为数居多，其情尤为可恶，是则川兵应罚不应赏也。但金川向化，大军克奏肤功，川兵均在奏凯之列，一体录功，正如雨露之施，荑稗、嘉禾同时沾被，于事理方为完备。然该督等应寓教诫于赏恤之中，核其冒滥，严行甄别，而向来绿旗阘冗之习，务宜力为整顿，嗣后应作何甄别训练、振作士习，严饬戎行之处，传谕该督提等，令其实心妥办，以肃营伍。"

丙寅 又谕曰："张允随奏称'现在该省办铜各厂，较之乾隆十年、十一、十二等年，多获铜二百余万斤'等语。滇省所产铜斤，上供京局鼓铸，下资各省采买，出产旺盛，固属有益。但天地生财，止有此数，今增至二百万斤，未免过多。若辗转加增，或因开采太过，易致涸竭，不若留其有余，使得常盈不匮，宽裕接济，庶为可久。将此传谕该督知之。"

169 卷347·乾隆十四年八月

乙未 大学士等议准："广西巡抚舒辂奏添铸钱各事宜：

一、原议每炉铸正铜、铅、锡六百斤为一卯，今增添搭配，每炉以正铜、铅、锡一千斤为一卯，每月三卯，设炉二十座，每年可铸钱九万六千串。请将原减八炉，照旧开设，同现开之十二炉，共二十炉，即可敷铸。

一、添铸所需白铅，委员前赴常德，截买黔铅。除去运汉水脚、镕化火工，每百斤定价银三两四钱八分一厘零，运回供铸，据实报销。

一、铸出钱请照向例搭放俸饷钱六万二千串，并除岁需工料局费钱一万三千六百八十串外，余存钱二万三百十八千零，照湖北之例，于钱价昂贵时，随宜酌办，以平市价。"

从之。

170 卷348·乾隆十四年九月

丙午 封闭广西怀集县将军山银铅铜厂，从巡抚舒辂请也。

171 卷353·乾隆十四年十一月

甲戌 云南巡抚图尔炳阿奏："接奉谕旨以'闽省现有不法铺户，将制钱剪边易换，奸商越省兴贩，闽省既有此弊，他省或不能无'，令传谕各督抚查察。臣查滇省产铜，省、临、东、大等处，俱设局鼓铸，市价较他省尤贱。倘被奸商铺户，勾通囤积，贱买贵售，恐贩运私毁等弊，由此而起，已于上年饬令各属盘查，嗣据各处申报，委无前项弊端。盖缘滇南跬步皆山，不通舟缉，驼运脚价甚昂，获利有限，是以私贩绝少。今复饬司道等密查，实无剪锉私贩等弊。"得旨："滇省实无此弊，汝所奏似属实力奉行朕旨，而实可以不必。且朕转恐汝于别旨，亦不过如此虚言实力奉行而已。"

172 卷354·乾隆十四年十二月

丁亥 谕军机大臣等："四川总督策楞奏'川省铜矿、铅矿，应行开采。现据王柔呈详，信其必有成效'等语。开采一事，本天地之自然以资鼓铸，于民生原有裨益，虽聚集人众，其滋事之处，不可不防。亦在奉行之善，自不难于稽查弹压。滇省行之既久，其明征也。向来督抚遇事不敢担承，若此等便民之处，每以不可轻举为词，其实不过图省后虑，便于因循，全不以地方为切要之务。今策楞此奏能实力担当，洵属可嘉。但审时度务，川省尚应少待。目今金川甫平，宜于休息，咽噜为害，须划根株，且西藏亦当预为留心经理防范。应俟诸事停妥，一二年后再议举行。至开厂之事，妥办务在得人。虽据策楞奏称王柔熟谙矿务，办事实心，可资任使。但王柔为人，朕所素知，不免矜才喜事，尚欠诚实，未必尽属可信。将来若令专办，恐难胜任，须更拣贤能办理，方克有济。俟应办之时，再行奏闻，此时不过预为指示，可传谕策楞知之。"

173 卷356·乾隆十五年正月

己酉 军机大臣等奏："大学士张允随前奏'滇省厂铜，较前多获二百余万斤，请拨银办贮。经传旨询问，今覆称请仍照原议拨银一百万两，可多办铜一百余万斤'等语。查每年增铜至一百余万之多，恐采取太过，有伤铜苗。应毋庸议。"得旨："是。"

174 卷357·乾隆十五年正月

辛未 又谕曰："贵州巡抚爱必达所奏'该省赤水河工程，动过银一万七千余两。查自乾隆十一年试运至今，统计节省铅运脚价一万四百余两。但原议二年抵补，迄今仅有此数，应着令原办之人赔补。张广泗应赔缴六分，无可着追，请着落历任巡抚、司道，并协理各员代赔。将孙绍武等名下应赔分数，勒限开单进呈'。爱必达此奏，必因金沙江上游无益工程，曾着落原办督臣等分赔，是以如此办理。不思金沙江工费浩繁，上游各滩，虚靡无益，自属应行着赔。然所有节省铜运银两，尚令扣抵补项。赤水河非金沙江可比，现在节省运脚银，即不能全抵，而将来转运数年，亦即可抵完，何得概令着赔？况外省督抚于地方工程偶有兴作，后来不能即收其效者，不一而足，此端一开，必且有意搜求，概着赔补，殊非政体。爱必达着饬行。折并发。"

175 卷360·乾隆十五年三月

甲辰 两江总督署江苏巡抚黄廷桂奏："前准部咨，南巡跸路，量增铸钱备用。查江省车驾经临之处，共二十三州县，道路绵长，需钱自广。宝苏局存钱不敷，应再暂加八卯应用，其工料价值，向系给钱，今应按时价给银；又可节有存钱，分发经临各州县，设局官卖，流通平价，有余，留搭下年兵饷。计现存现运铜铅锡，足敷添铸。至此项所添八卯，原为南巡暂时需用，仍于辛未年即停。报闻。"

丙午 户部议覆："升任云贵总督张允随奏《新定滇省改运京铜事宜》：

一、自黄草坪水运至泸州，需船四百五十二只，事繁费重，请自黄草坪至新滩，另设站船一百二十只，每船水手四。自新滩至泸州，平水三站，另雇大船接运。如黄草坪有货船米船之便，可长运至泸，较站船又省。当饬属随时酌办。

一、自东川运至黄草坪，请于金沙江沿途各站贮铜内，酌量抵拨，毋用尽由东川起运，以省脚力。

一、自东川陆运永宁，原议以金沙江试运铜抵补，今查沿江各站及运存泸州贮铜，已敷永宁四年陆运之额，请即以此项拨解京局，暂停永宁陆运。

一、黄草坪、盐井渡两路，请责成东川府为承运；至鲁甸，昭通府为接运；半至盐井渡，半至黄草坪，分交大关同知、永善县为转运，副官村县丞为协运，各分别月给养廉。

一、向例自东、寻运至永宁，准百斤内耗半斤。今由黄草坪转运泸州，请定耗铜如例。

一、自黄草坪以至泸州，遇沉溺，请照川江之例，勘实具结题豁。

一、改由黄草坪上船，应抽拨弁兵巡防照管，共安塘几处、派兵几名，行昭通镇府查议。自黄草坪至那比渡，应令普安营拨兵巡防，其酌派彻退之处，移川省查办，一并报部。

一、黄草坪各站，请于分运接运之处，建屋堆贮，各酌设书记铜夫。

查所奏各条内，惟沈铜请豁一节，黄草坪至泸州水程不过五百余里，且系新开滩河，站船递运，非川江大河可比，未便援照题豁。余均应如所请。"

从之。

176 卷 362 · 乾隆十五年四月

丙戌 户部议准:"四川总督策楞疏称'金沙江水运京铜,改由黄草坪'各事宜:

一、金沙江水势汹涌,自叙、泸一带赴黄草坪,系逆流而上,趱行需时。应用船若干,须委员预雇。倘黄草坪有船可雇,或可就近打造,临时酌办。

一、金沙江护运京铜,向于川省异石滩、象鼻岭、大雾基、锅圈崖等处,分设四塘,每塘拨兵五名催饟。今既将上游蜈蚣岭等改为陆运,除大雾基、锅圈崖二塘,仍照旧设,其异石滩、象鼻岭二塘兵应彻回,于黄草坪对岸之臭水河安设。其自那比渡上至雾基滩、下至虎跳等处,陡崖绝壁,兵无可栖,应令沿江汛弁,督率目兵,于就近水次查催。

一、运铜经过地方,自永宁至巫山,则永宁道所辖之叙永厅、泸州、永宁、纳溪、合江等州县,川东道所辖之重庆府、江津、巴县、长寿、涪州、忠州、丰都、夔州府、万县、云阳、奉节、巫山等州县;自黄草坪至泸州,则永宁道所辖之叙州府、雷波卫、黄螂所、屏山、宜宾、南溪等县;俱应受云南节制,以重责成。"

从之。

177 卷 363 · 乾隆十五年四月

庚寅 户部议准:"调任云南巡抚图尔炳阿奏称,嗣后江、浙等省采买滇铜,均令该布政使给发印簿,饬令委员将沿途所用脚费银两,会同各地方官雇夫,登填印簿。俟运竣日,造册报销。倘有浮开情弊,及地方官不加确查盖印者参处。"从之。

178 卷 365 · 乾隆十五年五月

辛未 是月,闽浙总督喀尔吉善、署浙江巡抚永贵议覆:"御史陆秩奏'明春圣驾南巡,钱米价昂,议就现在炉座加铸,并截留十五年分漕米各十万石,酌备平粜'等语。查浙省乾隆十三年条奏添铸平价案内,经军机大臣议准,广买余铜以资全铸,是以上年至今,抽买局贮商铜,及买运滇铜共一百四十余万斤,甚为充裕,现在加卯赶铸。计至明春照例铸放兵饷外,约计新旧积存余钱十万余串,尽可为赏赉充售之用。其炉座现已敷用,无庸再添。……"得旨:"览奏俱悉。"

179 卷 367 · 乾隆十五年六月

丁酉 户部等部议覆:"调任云南巡抚图尔炳阿奏称'滇省省城、临安、东川、大理现在分设四局,铸钱搭放附近兵饷及驿堡夫役工食等项,甚属充裕。惟曲靖、开化、广南三镇营相距遥远,不能一体搭放,兵民未免向隅。查广西府城乃适中之地,而广罗协驻扎同城,若于广西府设鉴一十五座,每年铸钱六万余串,曲靖、开化、广罗、广南镇标协营兵饷,照银七钱三之例,每正钱一千文外,加息钱二百文,作银一两,按季搭放,每年除工本外,约获余息七千余雨。再查广西府从前铸运京钱,俱有成规,今所需铜铅锡及价值运脚,仍照前办理。炉房器具等项,拆旧补新,毋庸动项',应如该抚所请。至铸局事务,如何委员总理巡察,及应用工料,铸出本息钱文,易银还项各事宜,应令新抚岳濬确查具题。"从之。

180 卷 373 · 乾隆十五年九月

乙卯 又谕军机大臣等："各省督抚大吏，于铜铅到境，既经接护催趱，即将日期具折奏闻，此系循例常行事件，原无可详悉筹办之处。或遇船只到境，每次先后不齐，尚可陆续分折具奏，今据瑚宝同时奏到云、贵等省运船到境日期，本属一事，乃分为四折，重复琐碎，于事理全未谙晓，成何政体？着传旨申饬。"

己巳 户部议覆："四川总督策楞奏称'滇黔运京铜铅，每有沉溺，请定打捞限期'，应如所奏。嗣后如有沉失，酌留协运之员，或运员亲属家人，会同该地方文武员弁，勒限一年打捞。限满无获，及捞不足数，运员赔补。所沉铜铅，听自行打捞，报明照厂价收买，不许私售。至'运船头舵、水手，责成地方官雇募，并立定处分之处'，亦应如所奏，遇铜铅到境，即协同运员，雇觅有身家船户，并熟练头舵水手。倘因所雇不妥，致有沉溺，将该地方官，照官员解送匠役，不将良工解送，以不谙之人塞责者，罚俸六个月之例议处。如实系风水骤发，非人力可施者，免议。再，一年限内，运员如有升迁事故，仍留在川打捞，俟事竣，分别赴任回籍。该地方文武官，照漕船失风例处分外，仍于限内停其升转，协同打捞。获过半者，免议。限满无获，或不及半，罚俸一年。至运员于满后赔补，应照江海挽运漂流米谷例，革职，限一年赔完，开复。逾年赔完，免罪，不准开复。二年不完，照律治罪严追。"从之。

181 卷 374 · 乾隆十五年十月

辛巳 谕曰："刑部将德明侵用色得礼所匿阿炳安银两一案，照侵贪之例，以情实另案奏请正法。朕去年降旨，将庚午、辛未两年侵贪官犯另案具题者，原虑贪官知将免勾，必且益逞，故特严其令，所以儆贪风而申国宪也。至德明此案，系侵用阿炳安之弟色得礼寄顿银两，此不过无耻之徒，乘机乾没，拟以绞候，已足蔽辜，与身为侵贪犯法者大相迳庭。今使阿炳安而在，诚应照此例处决，至其亲弟，罪名已难与同科。今乃将受伊弟所寄匿之德明，援据另题之例，是何意见？总之，该部并不详审案情，惟谬为从严，自立无过之地，纵有未当，朕必为改正。如此，则法司明刑之谓何？即如周棨，身为职官，行同贼盗，捏报沉溺铜斤，盗卖至于累万，此而不置之重典，何以示惩？实应情实，请旨正法可也，乃该部转入于缓于之内，此不过谓非侵贪耳。天下之律，岂能概天下之情哉？使一犯而有一例以待之，则刑部亦易为耳。朕于政务权衡，一秉公正，乃诸臣总不知善体朕意，而惟工揣摩，究之揣摩终归纰缪，是可笑亦可悯也！着将该堂官交部严察议处，其本掷还另议。"寻议："德明应入于门岁缓决册内，周棨仍未满限，请仍暂准缓决。"从之。

182 卷 375 · 乾隆十五年十月

甲午 封闭贵州威远州格得八地铜矿，从前任巡抚爱必达请也。

183 卷 376 · 乾隆十五年十一月

乙巳 又谕曰："湖北巡抚唐绥祖奏称'滇省本年二运京铜，于湖北东湖县地方遭风，沉溺铜九万斤。委员蔡理经将现铜起运后，地方官全数捞获，现贮县库，应俟滇省后运铜船过楚搭解，但滇员来楚无期，恳将此项铜斤，借给湖北接济鼓铸，来春采买滇铜回日，即行照数归还"等语。滇铜关系京局鼓铸，原不容轻议截留借用，唐绥祖所奏乃沉溺铜斤，该地方官设法捞获贮库。滇省后运委员未到，奏称借用，尚属可行。着照所请，后不为例。"

184 卷377·乾隆十五年十一月

己巳 江西巡抚阿思哈奏："先因钱价昂贵，经前抚臣陈宏谋奏请开炉鼓铸，设炉四座，嗣复奏请添炉四座。现在钱价渐平，局贮滇铜，止可配至来年夏月，请仍照原议，设炉四座。报闻。"

185 卷383·乾隆十六年二月

乙酉 户部议准："四川总督策楞疏称梅子凹铜厂产铜衰薄，应封闭。"从之。

186 卷386·乾隆十六年四月

庚午 云南巡抚爱必达奏："滇省铜厂，惟汤丹、大水、碌碌三处最旺，向系管理铜务粮储道在省遥制，仅委杂职一员，同该道幕友家人赴厂经理，诸弊丛生，致多厂欠。请嗣后各委现任同知、通判，或试用丞倅等官往驻，办理发银收铜一切事务，月给养廉银三十两。"报闻。

187 卷387·乾隆十六年四月

癸未 又谕："户部所议铜铅交局赢余之处，奏称'滇省办运铜斤，每百斤给有余铜三斤，以备折耗添秤之用。额铜交足外，余剩令其尽数交局，余铅亦应照此，令其尽数交局'等语。铅斤昨于刑部折内已降谕旨，看来从前成例似是而非，办理亦有名无实。解局铜铅，既有定额，不足者责令赔补，则赢余者即当听其售卖，盖赢余已在正额之外，即不得谓之官物，如应尽解尽收，则从前竟可不必定以额数矣。足额已可完公，又谁肯尽交余数，徒有尽交之名而余铜未尝不留存私售。朕办理庶务，惟期行实政而去虚名，铜铅交局，一遵定额，正额交足，所有余剩铜铅，应听其售卖，以济京师民用，未尝不可。但官解之余，而私售漏税，则不可行，而且启弊，惟令据实纳税，隐匿者治以漏税之罪足矣。此折着发还另议。"寻，议奏："嗣后领运各员交局后，将实存赢余数目，报明户工二部，行崇文门监督，按照经过各关应交税课，通盘核算，照例纳税。如以多报少，即照漏税律治罪。再查铜铅抵通、抵湾，即照汉口、仪征换船篓之例，限两个月，全数交局，如遇阴雨泥泞，或铜铅并到，车脚难觅，令转运之通州坐粮厅张湾巡检，据实报明。逾限捏饰，将解员及转运之员，一并议处。"从之。

188 卷388·乾隆十六年五月

戊申 谕曰："阿里衮、鄂容安查审唐绥祖原参各款，审无得赃分肥情事，惟任听炉头私买铜铅添铸，实属违例故纵，议以革职。严瑞龙余罪皆轻，惟轻出重入一款，入己赃至四千八百两，议以斩监候。若论按律问拟，亦只可如此归结，而殊未得此案办理之正法也。盖永兴、严瑞龙等，参奏唐绥祖折内，有娄索邱鉴赃银数至钜万一款，情罪最为重大，乃系此案关键。朕以唐绥祖身为巡抚，如果婪取属实，即使立行正法，亦所应得。今阅唐绥祖供词，既称毫无影响，而严瑞龙亦供系唐绥祖授意陶士偲向邱鉴派捐。夫派捐与婪取大相径庭，是严瑞龙已与原参矛盾。使初参时，本无此种贪纵重情，朕亦岂有即将唐绥祖革职拿问，并查封家产之理？今既审无实据，则严瑞之怂恿永兴，驾词诬捏，永兴之轻信严瑞龙，率入弹章之处，按律自应分别反坐。总因唐绥祖生平居心巧诈，器量不能容人，严瑞龙意恐为其所制，而适值永兴之易被其愚，是以多方怂动，成此大案。至唐绥祖多支养廉之处，更无足深罪，即严瑞龙侵用余平一项，亦系各省藩司，相沿陋习，况伊在任多年，所积数止于此，是其操持尚知谨慎。以此定其罪案，反使彼得以有辞。即永兴于送京银两，既查明未经收受，其因家眷回京，收取司道银两，在永兴系内廷行走之人，固不应有此，然因丧事而赆赠，外省亦所不免。朕惟惩狼藉，亦虑鱼无，着该部将旨内情节，分别定拟永兴、严瑞龙罪状奏闻。唐绥祖婪索属虚，失察之罪本轻，所有原封家产，着查明给还，来京候旨，酌量加恩录用。朕办理庶务，一秉大公，有罪者法在必行，无罪者自当昭雪，从无丝毫成见于其间也，将此晓谕中外知之。"

189 卷 389 · 乾隆十六年五月

癸丑 谕军机大臣等："据尹继善奏称'川省乐山县老洞沟铜厂，自清厘之后，每年可获铜六七十万斤'等语。所办甚为妥协。向来京外鼓铸，洋铜而外惟仰给滇铜，艰于采运，诚令多得数处旺厂，广资接济，地方穷民，亦得藉以佣工觅食，于民生大有裨益。若谓川省向有啯噜子为地方之患，恐开采铜厂，或致滋事，不知此等匪徒，即不开厂，任其流荡失业，尤易为匪，惟在经理有方，善为弹压，不致生事滋扰。俾铜斤充裕，鼓铸有资，将来钱价亦可渐平。此折已交该部速议，可传谕尹继善，令其加意经理。将来策楞回任，亦告知之。"

壬戌 户部议覆："陕甘总督行川陕总督事尹继善等疏称'陕省向因铜稀钱贵，领运川钱三万一千二百余串搭充兵饷，每串工本银一两零，若改拨川铜二十五万斤运陕，加以铅锡，可铸钱四万八千余串，每串工本银九钱零，较之协陕钱数，多一万六千余串。请自乾隆壬申年正月，川省停铸陕钱，改拨陕铜二十五万斤。先于乾隆十六年，饬令川省厂员备贮，以待陕员赴领'等语，事属可行，应如所奏办理。至陕省领运川铜，由厂运嘉定，由嘉定至陕省，水陆脚费，令川省布政使给发印簿，据实登填，运竣报销。及员役往返盘费、陕省添设炉座配用铅锡、添搭兵饷各事宜，应令该督会同陕抚作速妥议。具题到日再议。"得旨："依议行。"

190 卷 391 · 乾隆十六年闰五月

戊子 谕曰："硕色等奏至办理宫尔劝一案，甚属舛缪，前此传谕，令其严行查办者，因督等奏宫尔劝先于出署之日暗行寄顿。夫藩臬大员，而怀狡诈鬼蜮伎俩，则其侵欺属实矣，是以有'即加刑讯，亦不足惜'之谕。并非谓无论实与不实，即当夹讯也。宫尔劝如果在厂多收铜斤，婪索肥己，则有厂内岁入，可以彻底清查，而其囊箧亦必甚丰。如不过沿袭陋规及家人私收加秤，则所渔利甚微，与郭振仪案等耳。今据供只收归公养廉、路耗铜斤，俱已报解充公，而其任所原籍资产，仅止此数。已大概可知，何用加之夹讯乎？且奏内称严加刑讯，又称刑讯再三，茹刑不承，徒办成刻酷之形。意谓奉旨刑讯，无论虚实，不敢不加之三木。究之外省办事，只应虚名，虽满纸张皇，焉知非以套夹塞责。转使无知之辈，谓将布政使用刑严讯，乃因查追家产，滋传闻窃议之端。硕色等如此办理，甚属不知轻重。着严行申饬。此案宫尔劝究属有无入己，着再秉公详晰分别，另行定拟具奏。"

乙未 云南布政使彭家屏奏覆："臣调任云南，留心查看，滇省财赋之重，专归铜盐，而弊端之甚，亦全在铜盐。数十年来，上司属员，连为一气，政体官方，半坏于此。所有历年闲款，臣现在彻底综核，分别销追，呈督抚确核具题。其余一切，俟料理有绪，再行奏闻。"得旨："一切酌中为之，作弊固不可，苛察亦不必。"

191 卷392 · 乾隆十六年六月

甲辰 大学士等议覆："云南巡抚爱必达疏称'滇省东、寻两路，共有逾折铜二十余万，现在勒限清交，请嗣后沿途逾折铜，每百斤以八两为率，准照厂价六两缴买。令本员运泸岸收，如过此数，每百斤令缴银九两二钱，折给脚费'等语。伏思定例，陆运每百斤，止准折耗八两，此外稍加，即亏正额。若折至八两，所亏正额实多。查解部京铜，定价每百斤九两二钱，从前既有逾折铜，即应照依定价，按年追赔，何得积至二十余万尚未追缴？且请遽更成例，殊属未协。应令嗣后如有逾折铜，无论八两内外，均以每百斤九两二钱之价赔缴，无庸扣给脚费。并将前欠亦照此例，勒限报部。"从之。

192 卷394 · 乾隆十六年七月

庚午 军机大臣等议奏："臣等遵旨将民间禁用铜器一事，与总督尹继善悉心酌议。窃思制钱日用所需，欲钱法流通，市价平减，必先使铜无耗。民间贩铜有限，用器无穷，其出于私毁明甚。今请铜器之现在民间者，仍听民用，不必收买，以致抑勒交官之弊，惟此后毋许复造。铜器铺及工匠等，悉令改业。已成器者，定限变卖。至未经成器及民间废铜，愿缴者，州县设局，就铜之高低，定价之多寡，随到随收。第从前但禁黄铜，奸匠将诸铜搀和染色，制钱仍可销毁，且红铜加以倭铜，即成黄铜，弊端未绝。并请无论黄、红、白铜，概禁制器。"从之。

193 卷395 · 乾隆十六年七月

乙酉 （户部）又议覆："贵州巡抚开泰奏称'黔省威宁州属勺录地方，产有铜矿，业经查明，并无妨碍田园，请募民开采'，应如所请，照例九一抽课，余铜每百斤给价八两收买，其办事人役工食。即于铜课项下支给。"从之。

194 卷396 · 乾隆十六年八月

乙未 户部议覆："云贵总督硕色奏称'滇省驻防木欺古二十一寨弁兵，业经部议，以不由此路运铜，准全数彻回。其原存木欺古汛，米三百石有奇，请借给巧家等寨农民，秋成还款。再，弁兵既彻，其二十一寨夷民，并无专员弹压，请就近归巧家营经历专管，会泽县兼管，东川营府统辖。仍令每寨各举素所信服者一人，立为头目，管束夷众，如有外境夷猓滋扰，即令各头目，协力堵御，一切案件，经历就近验明，移县办理。各寨年纳条银莜折，亦令头目赴经历衙门完纳。再，官兵既彻，汉人未便仍留夷地，请责成经历严查，如有疏纵，参处。其附近之阿都等处土司，俱系川省会理、西昌等州县所辖，务饬夷民，各安本业，不得越境启衅’，均应如所请。”从之。

195 卷397·乾隆十六年八月

甲寅 户部议覆："云贵总督硕色奏称'滇省每年办解京铜六百三十三万一千四百余斤，向来寻甸、东川两路分运。东川府应运三百十六万五千七百余斤，由东川陆运至昭通，计马程五站半，需脚价银二万二千余两，雇募民马二万余驮，实属艰难，既虑迟延，复多赔累，不若安设牛站为便，并改由东川鲁租硝厂河、马鹿沟、大布戛以抵昭通，计程二百九十里，马行止四站半，但须于牛栏江建大桥一，硝厂河、腊溪河各建小桥一，沿途修平道路，车可遄行，并节省一站脚费。应以四十里设一站，共分七站，每站安牛八十只、车八十辆，约计十个月半，可运铜三百十五万斤，较前脚价，每年节省五千六百余两'，应如所请。其节省银贮库，为办铜工本。修路建桥、买牛制车银一万三百余两，先以旧设脚价垫发。工竣，即以每年所省归补。"从之。

壬戌 户部遵旨议覆："四川总督策楞奏称'滇黔办运铜铅，川江水急滩险，大船转运不灵，向用夹艎秃尾中船，恐满载太重，每船约载七八万斤，以八分为度。若改用小船，所载不及此数，而船多雇觅维艰，必致违限，不如照旧为便'，应如所议，仍用夹艎秃尾中船，运员不得减少船只，额外装载，并私带货物，经过地方，有司实力稽查。"从之。

196 卷398·乾隆十六年九月

甲子 又谕曰："两广总督陈大受奏称'滇省委员永北府知事张彦珩来粤买兑盐斤起运，于上年八月，本年三月，连报遭风漂没。至五月内，又于百色城外，捏报被烧。当即查验，并无盐斤被烧踪迹，随盘诘船户，据供烧系空船，盐斤已同运官沿途卖去，应听滇省题参究拟'等语。各省委员，运办盐斤、铜铅等项，皆公事所需，上关帑项，其间中途盗卖，种种弊窦，皆所不免。向来各省督抚，因非本省属员，无纠参之责，而委员亦自恃隔属上司，不行稽查，遂肆行侵盗捏饰，即如张彦珩之任意私卖，屡次捏报，希图侵混。若必俟移咨滇省题参，则此等贪茨劣员，益无忌惮。督抚虽有分地，其运官既已入境，即伊境内之事。如果有盗卖捏报情弊，一经查明确实，无论隔属邻省员弁，即应严参究审。其如何立定章程，严密稽查之处，该部定议具奏。"寻议："委员采办盐铜铅，领解日将盐包、铜铅斤数，一面申报原委督抚，一面申报沿途督抚，入某境，即报地方官查验，出境时，该地方官具印结，申报该管上司，并知会接境，一体查验。如在境盗卖，及捏报遭风失火，该地方官申报本省督抚参究，不得诿之原委督抚。其经过地方员弁，俱照粮船谎报漂失，汛地文武各官，不亲确勘例，革职。再，地方官申报，而督抚不参奏者，照不揭报劣员例，降级调用。倘地方官借端勒掯，致出境稽迟，督抚亦应查办，该管上司照例处分。"从之。

197 卷400·乾隆十六年十月

甲辰 又谕曰："四川总督策楞奏'川省开采矿厂，须大员专理，请将川北道周琬与建昌道仓德对调。周琬已升授云南按察使，现据该员以母老独子，呈请仍留道任，恳以升衔调建昌道，加铜政衔，专司厂务'等语。四川按察使鄂乐舜升任员缺，已有旨令宋寿图补授。宋寿图尚在滇省，着即补授云南按察使，周琬着调补四川按察使，兼理厂务。"

198 卷 401 · 乾隆十六年十月

壬戌 户部议准："云南巡抚爱必达奏称，滇省运铜水脚银，抵汉口、仪征支用，向由他省解滇，往返滋费。请令协拨铜本各省，将水脚银自汉口至仪征一万四百三十四两，拨湖北武昌司库，自仪征至通州一万六千二百六两，拨江南仪征县库，运员到彼支领。"从之。

199 卷 403 · 乾隆十六年十一月

己卯 户部议覆："调任陕西巡抚陈宏谋议奏添炉鼓铸、采买川铜各事宜：

一、由川省乐山县老洞沟厂买铜二十五万斤，价银二万二千五百两，应照领运川钱例，委官一员、跟役六名运办，其口食及脚费并于地丁银内动支，俟铸钱易银归款，一增炉十座，应添书办、巡役各二名，并增给外，巡官口食，一新旧炉共二十座，每年销铜铅点锡七十七万一千五百八十斤，铸钱九万三千六百一十八串三百零，除支销口食杂费外，存钱八万六十六串三百零。前经奏准，旧炉所铸，于钱贵时出售平价，新炉所铸，搭放在城八旗九营兵饷，但核算尚不足一成之数，请将新旧炉钱通融搭放。向因各兵岁暮费繁，预支来年正月之饷，今请于正月增支一成，合计放钱六万八千一百六十九串四百文，余照市价减售。

一、新炉十座，应添建炉房、钱库，制备器具，所需银于司库借给。本年十月朔，加炉开铸，于应领工料内分四季扣还。

均应如所请。"

从之。

200 卷 404 · 乾隆十六年十二月

己亥 户部议覆："云南巡抚爱必达疏称'滇黔二省运京铜铅，路经川江险隘，遇风覆溺，请照川督所奏，限一年捞获。如不在险隘，限满不获，令正运员赔三分之二，协运赔三分之一，按已完、未完，分别参处。若实系遇险并无私带，打捞不能足数，应令该地方官确查出结，该督抚题豁'，应如所请。但京局鼓铸铜铅，不容缺额，豁免之项，仍令该抚照数补解。"从之。

201 卷 407 · 乾隆十七年正月

癸未 又谕军机大臣等："漕运总督瑚宝奏报铜船入汛出汛日期一折，内称'云南委员黄有德、沈良遇领解乾隆十六年正耗铜九十四万余斤，行至归州叱滩雷门洞、宜昌府黄颡洞等处，损船二只，共沉溺铜十五万一千余斤'等语。向来各省委解铜船，中途沉溺，有实系遇险遭风者，亦有不肖劣员沿途盗卖捏报者。此次黄有德等沉溺铜斤至十五万余之多，其中似不无情弊。着传谕硕色，令其严行确查，毋任该委员等任意侵盗，以饱私囊。

至沿途各督抚虽系隔省，但船只既在境内，即与有查察之责。前经该部定议通饬在案，嗣后务宜实力稽查，以杜积弊，不得但据委员禀报之词入奏，视为奉行故事而已。着各督抚奏事之便，一并传谕知之。"

丁亥 又谕："据湖北巡抚恒文奏称'上年十二月三十日夜，汉口江岸有江西客民网子船失火，时西南风大作，顺风延烧蕲州卫头帮粮船七只，云南贵州运京、运楚铜铅等船三十五只，又大小盐船十一只，所有被烧粮船，例应按出厂年分，着落旗丁赔造买补，运员打捞铜铅，需用银两，应据各该员呈请之数，暂行挪借，移咨滇黔二省，解楚还项，失防各官，另行查明报参'等语。粮运铜铅，于运次延烧沉溺，或因有心舞弊，或因疏忽失事，是以定有分别着赔参处之例，以重典守。此次船只既经该抚目击，实因风烈致毁，非特抢救不及，亦且退避不能，是非寻常失火所可并论，所有被烧粮船，着即官为修造，免其赔补。至各运员借项，着该抚即于楚省耗羡项下，赏给报销，免其还项，但须查明动用确数，核实支给，毋致转有冒滥。其被烧逃救人口，已据该抚查明，酌量抚恤安插。其失防各官，仍照例查参。"

202 卷408·乾隆十七年二月

甲辰 又谕曰："阿思哈奏晋省鼓铸停炉缘由一折，虽据称'现在所铸钱文，可敷三四年搭放兵饷接济之用，不致一时缺乏'等语，但钱文为民间日用必需，晋省现在开炉鼓铸，虽刘光晟捐办铜斤已经用完，自宜即行设法采办，源源接铸，以资民用。若遽将炉座停歇，工匠彻散，不独钱价渐昂，于间阎生计无益，即如阿思哈所奏'现在商酌复铸，将来设局开炉'，未免又多一番糜费。晋省殷实之户多于他省，或动官项，俾其领价承办，陆续运局应用，则所铸钱文充裕，兵饷得以应期搭放，市价自必日就平减。其应如何定以官价，遴选殷实之人，具领承办之处，着传谕阿思哈，令其速行办理。"

203 卷409·乾隆十七年二月

己酉 谕："据四川总督策楞折奏'老硐沟铜厂采买余铜，自乾隆十四年以后，请仍照从前题定十两之价给发'等语。该处铜厂，自乾隆十三年以前采买余铜，原定价值九两，续经该督查明，工本实有不敷，题请增给。部议令仍照建昌之例，画一给价，原系照例办理。但念该厂让铜既已革除，工费不无拮据，着照该督所请，乾隆十四年以后，抽买余铜，准以十两之价给发。其从前已领价银，免其追缴，以示恤商之意。"

204 卷414·乾隆十七年五月

甲子 户部议覆："云南巡抚爱必达奏称'滇省岁需官兵俸饷银九十万余两，除支本省地丁商税外，尚少二三十万，而存贮银不过五十万余，每俟他省拨协。查本省产铜旺盛，积年所存，供京省鼓铸外，尚有一千八九百万斤，铅锡亦皆土产。现汤丹、大水、碌碌等厂地，一届开课之期，钱价顿贵，厂民受亏。请于附近各厂之东川府，除旧炉二十座外，添设五十座，每年需工本银十万六千八百两零，共铸出本息钱二十二万四千余串，除去物料、工食之费，余钱搭放铜铅价脚等用，每银一两，照兵饷例，给钱一千二百文，除还工本外，每年可获息银四万三千余两。所需工本，于积存铜锡银内借动，约二年半归还，嗣后以息作本',应如所请,增铸钱文搭放,易银以资备贮。"从之。

205 卷 417·乾隆十七年六月

戊午 山西巡抚阿思哈奏:"遵旨筹办晋省鼓铸铜斤,惟有招商承办之法。臣广行召募,据本省商民呈称,情愿出资垫办。购买后,分作五年运到,按年领价。其官价,请照乾隆九年刘光晟采买洋铜例,每百斤给脚价银十四两,但恐该商垫用过多,或致办运迟误,并请按每年应办之数,先给脚价三分之一,余俟头运铜斤交足我给。"报闻。

206 卷 418·乾隆十七年七月

辛未 又谕:"据陈宏谋奏称'云贵铜铅银锡等厂,工作贸易,多系江楚之人。向闻犯罪脱逃者,往往窜入藏匿。马朝柱籍隶楚省,壤址毗连,设或窜匿各厂,乡民类聚,殊难辨识。请敕云贵总督严密稽查'等语。此奏似有所见,马朝柱身为逆首,自知罪大恶极,本地难容,潜窜邻省各厂,希冀偷生,亦情之所必有。着传谕硕色、爱必达、开泰,令将马朝柱年貌,详悉开列,督率厂员严密查察,妥协办理。毋俾首恶得以容隐,致有漏网。"

207 卷 421·乾隆十七年八月

丁巳 是月,江西巡抚鄂昌奏:"江省铸钱原设十炉,嗣因库钱充裕,而滇铜又不能接继,是以前抚臣阿思哈奏减四座,今库钱短少,除搭放兵饷外,民间兑换不敷,采买滇铜已到,计现存洋滇二铜足资配铸,请仍添四炉,共以十炉鼓铸。"报闻。

208 卷 423·乾隆十七年九月

丁亥 署湖南巡抚范时绥奏:"钱弊多由私销,请改轻钱文,使私销者无所得利,其弊自绝。再,各省铜厂采炼铜斤,除解局供铸外,余铜请听商民交易。庶铜多价贱,私销不禁自止。"得旨:"此事实无良策,且待缓图。"

丁亥 贵州威宁镇总兵官牛射方奏:"威宁僻处黔边,西北界云南之昭通、镇雄,东北界四川之永宁、赤水,并所辖毕赤、水城二营皆系崇山密箐,兼多铜铅诸厂,恐有匪徒窜处,现饬各营弁兵加意搜查,并修补军装甲械等项。"得旨:"是时时勉力为之。"

209 卷 434·乾隆十八年三月

癸亥 户部议覆:"前任四川总督策楞条奏开采铅厂事宜:

一、冕宁县沙鸡铅厂与紫古唎铜厂相近,其抽收课耗,稽查透漏,约束商匠,令紫古唎厂员就近兼管。至发价收买等事,亦令建昌厂总理经管。

一、外来客商,本地殷实良民,均由地方官查验工本,并所采地名,指界注照,庶无占混。

一、煎出净铅一百斤,应抽课铅二十斤,收耗铅四斤八两,余全归官买,同课耗铅解局供铸。其铅内罩出银星,亦照例每银一两,抽课二钱,收耗四分五厘,余给商。

一、官买余铅,应照长宁厂收买黑铅之例,每百斤给价一两六钱。

一、解铅脚费,应照运铜例支给,仍由该总理具批赍局交兑。

一、煎获银铅，抽收课耗，巡查登记，应照建昌铜厂之例。厂员设书记二名、巡役六名、课长一名。

一、总理及兼管厂员，已有铜厂月费敷用，惟往来盘费纸笔等项，不无所需，应请每月各给杂费银二两。书记、巡役、课长，月给公费如额。

一、夫匠中，每十名择一老成勤慎者立为头目。凡钱债口角，听其调处。惟贼、赌、私铸、假银、行凶等事，责令本商禀究。更选干练者一二名，立为商总，稽查各商一切私铅漏课等弊。仍于出入要隘，设卡巡防。

一、煎炉前一日，该商协同巡役赴官领票。每煎一炉，即将所获银铅若干，填注印簿。至应抽课耗及官买余铅，俱令商交厂员公廨，照数给价。

一、开厂后，商民采获若干，抽课耗若干，给价收买若干，厂员按月通报，季底总理造册送司核请汇题。

一、建盖房屋，应令司库扣存项下，动支一百两。

一、买铅应发现价，但铅厂每次请领，不过二三千两。若令专差赴省，未免糜费，应俟领铜之便，随请铅价。其运铅赴厂需用驮脚等项，亦照建昌向请铜价之例议给。

均应如所请。"

从之。

210 卷 435 · 乾隆十八年三月

癸未 户部议覆："云贵总督硕色疏称'金江两岸悬崖峭壁，水势汹涌。自黄草坪过大汉漕，险滩栉比，运船一经漂没，实难打捞。查办运京铜，经历川江、黄河等处，其沉溺非人力所能施者，原有豁免之例，金江险倍川江，请照例一体豁免'，应如所请。"从之。

癸未 （户部）又议覆："贵州巡抚开泰疏称'大定府属威宁州山多地寒，米谷稀少，近年生齿日繁，铜铅各厂，人夫丛集，食者益众，兵丁领支折色自行买食。每值青黄不接，或阴雨绵连，兵民争籴往往悬釜待炊，应为设法筹备。威宁镇标折色兵粮，请改拨本色支给，所有应支本色及遇闰加支，每年应添拨不敷米三千一十二石七斗五升。除威宁州按年于邻封附近州县采买一千石外，请将平远州之时丰、岁稔、崇信三里，额征余米七百七十四石九斗，拨赴水城厅仓；毕节县额征余米七百九十九石五斗，及备支毕赤营粮米一十一石四斗六升，拨黑章汛；均令威宁州接收运贮。又于大定府属之悦服里，拨额征秋粮米四百二十六石八斗九升，贮威宁仓，以抵镇兵不敷之数。至毕赤营兵丁遇闰应需加支月粮一百九十五石，即于大定府属之仁育里应征秋粮，按年照数拨还。其大定府改拨威宁、毕节两处米，请于黔西州额征余米，按年照数拨还府仓，以补应支额数。又威宁州及黑章汛地方，应建仓廒四间'，均应如所请。"从之。

211 卷 436 · 乾隆十八年四月

戊子 又谕："向来各省督抚于属员亏空之案，但以察出劾奏，遂卸己责，其帑项之有无着落，并不即为查办。及至审明具题，起限着追，而狡诈之徒，早已多方寄顿，咨行原籍，动辄逾年，不过以家产尽绝一语，照例结覆。纵使着落上司分赔完项，而本人转得置身事外，殊非国家惩贪之意。即如刑部现办原任云龙州知州张璇，应追盈余盐课，题请豁免一案，张璇于乾隆十年因堕误盐斤，题参革审，十一年病故，直至十二年五月始行审结，通计侵挪认赔铜本、薪本、盐课等项，至有二万七千余两之多。而查其原籍资产，不及百分之一。所有侵挪正项，既已于各上司按股分赔，其应赔余课延至七八年之后，又以无力请豁。在张璇物故已久，家产实属全无，自亦无可另办。然使于参革之时，即能严行查追，必可不至于此，且亦安知非张璇于发审之后，知其亏空国帑，数至累万，必干重辟，而自戕其躯命乎？督抚简任封疆，有澄清吏治之责，使此等劣员，既逃显戮，复邀豁免，何足以示儆戒。现在侵贪各案，俱照定例办理，承审限期，又经特降谕旨酌定，各督抚等谅亦不致故蹈前辙，可于伊等奏事之便，再为通行传谕。嗣后遇有此等案件，务上紧实力查办，倘仍拖延岁月，终归无着，惟以分赔豁免为了事，朕必于该督抚是问。"

212 卷437·乾隆十八年四月

庚戌 户部议覆："署湖南巡抚范时绥等疏称酌议郴、桂二州矿厂章程：

一、厂务饬该管知州监督，道员总理。一切抽课起运起销，委佐贰等官经理，以一年期满更替。

一、矿厂设有委员，应添建厂房，于抽收砂课项下动支，报部核销。

一、各厂砂课，并实贮之铜铅锡，由该委员监收支放，一年期满，听该管道员盘查册报。

一、各矿派员专管，仍令该管道员给连三印票，一客贩收执，一在厂备案，一解司稽核。其砂课并铜铅锡登放各簿，亦钤道印。

一、铜铅锡砂色，责令委员严督商人，于估砂时，据实分别高下，照例抽课造报。

一、焦源河口，添设卡一、卡员一，所有卡房，并官役薪费，统于增建厂房案内造报核销。

应如所请。"

从之。

213 卷454·乾隆十九年正月

辛未 又谕："据黄廷桂奏称'川省产铜旺盛，积存甚多，请复设旧炉增铸'一折，已交部速议矣。此项铜斤，与其积久堆存，诚不如增炉鼓铸，以利民用，但所利仅在川省。近来京师钱价，较前虽觉渐平，若更增铸钱文，其用益溥。着传谕黄廷桂令其详悉筹酌，如解铜来京，于运脚不致糜费，可于此项积存铜内酌量拨解，运送京局，以供加铸之用。是否可行，据实即行奏闻。"

戊寅 户部议准："吏部尚书管四川总督事黄廷桂奏，川省宝川局原设炉三十座，嗣裁七座，现在存局铜已至一百四十余万。建昌所属迤北、沙沟、紫古唎等厂，未运铜尚有八十余万。并建昌、乐山等厂产铜日多，每年不下百十余万，各厂铅亦旺盛，请将旧炉七座照旧复设，以增鼓铸，搭放兵饷俸工。多余钱文，酌中定价，设局出易。"从之。

214 卷461·乾隆十九年四月

辛丑 谕："户部议驳爱必达等题请增给汤丹等厂铜价一折，自属按例。但该处铜厂，开采日久，硐深矿薄，食物昂贵。该督抚等题请增价，亦系目击情形，随宜筹办。着加恩照请增之数，给与一半。余厂不得援以为例。"

甲辰 户部议准："四川总督黄廷桂奏，各厂现余铜百四十万斤，请分七运解京。"从之。

己酉 谕军机大臣等："滇黔等省委员押运京局铜铅，所过之处，前令该督抚随时奏报，自应加意查察。但不肖员役，往往乘机盗卖，饰词捏报沉溺，不特外江巨浸，即内河曲港时时有之，地方官未能详勘，固已不免售其诡计。即使沉溺属实，而铜铅采自矿厂，长途转运，所费甚多，一旦付之水滨，岂不可惜！着传谕该督抚等，务行严饬委员，小心赍运。并督饬经过汛地文武各员，留心查察，毋任盗卖谎报。其有在内河沉溺，必使委员守候打捞足数，不可听其诡饰。至江湖波涛险恶之区，该督抚或先期酌派员弁，预为防护抢救，免致疏虞，尤为妥协。"

215 卷 462 · 乾隆十九年闰四月

庚申 湖广总督开泰、湖南巡抚范时绶条奏宝南局添炉鼓铸各事宜：

一、添铸五炉，应照乾隆七年题定铜铅锡斤两配用。

一、原设五炉，今添五炉，岁共需正耗铜一十九万六千余斤，遇闰加增铜一万六千余斤，请将郴、桂两厂所产铜，除抽税外，余铜照部定价，动支地丁银收买。又岁需白铅一十六万余斤，遇闰加增一万三千余斤。除郴厂照旧收买税余供用外，应令桂厂委员，亦于税余白铅内照部定价，请领地丁银收买。至运局水脚银，均照例于砂税内动支报销。铸出钱文，搭放兵饷及发局兑易，俱扣除成本，归还司库原款。

一、宝南局自开铸以来，配用点锡，系动项采买，并郴、桂等处创试存局税锡四万余斤搭用，皆照每百斤脚价银一十六两二钱合计成本。查前项锡将次用完，今有存局郴州柿竹园锡矿所抽税锡，应请动用。查税锡每斤价银一钱五分七厘，水陆脚费银一厘九毫零，应照每斤价脚银一钱五分八厘零，合计成本造报。

一、设炉十座，共岁需黑铅二万五千四百余斤，遇闰加增二千余斤，应将郴、桂两厂抽税黑铅，除领解颜料，并搭解京铅外，尽数解局备用。

一、添设五炉，应照前议均摊，安设三炉，尚有二炉，须添盖房屋六间。又铜铅库房，现止大堂东西各一间，不敷堆贮，应添建库房三间。

一、定例每铸铜铅锡百斤，给工料钱一千六百二十九文，请照例办理。惟炉匠关系紧要，应饬局员遴选充役。

一、鼓铸器用繁多，工匠无力措置，请照例动项代置，仍于各匠应得火工钱内扣还归款一、添设五炉，铸钱增倍。请按每饷银一两，搭钱一百文，除本年搭放兵饷外，余钱俟积有成数，发局兑易。再查局内旧存滇铜一十万斤，耗铜四百九十五斤十两，贮久难免锈蚀，请先行配用。查此项铜，原准滇省来咨，每百斤计价银一十一两。自寻甸运永宁，脚银二千一百七十三两三钱二分零，共价脚银一万三千七百一十三两三钱零。又自永宁委员接运回楚，水脚等银四百三十两七钱六分零，今请配搭供铸，应照原定每斤价银一钱一分，脚银三分一厘零，核算成本报销。

下部议行。

216 卷 472 · 乾隆十九年九月

丁丑 户部等部议："吏部尚书管四川总督黄廷桂题覆乐山县老洞沟厂开采拨运京局事宜：

一、解运京铜一百四十万斤，于滇铜过川时，分七次带运，其存局铜即供川局鼓铸。

一、解运京铜，即在将买余铜项下拨运，所加耗余铜，在抽课耗铜核给。

一、办运京铜，自老洞沟厂至重庆，所需竹筐水脚及差役饭食等项，照例支给。

一、自重庆运交京局，水脚夫价等项银，照滇省运铜例支给。

一、运铜应解坐粮厅车脚剥载银，照滇省动给各等语。

应如所请。至运铜杂费，该督请照滇省运京之例支给，未免浮多，应照滇省带运江西截留铜之例开销。"

从之。

217 卷 475 · 乾隆十九年十月

辛未 谕军机大臣等："定长奏，黔省铜厂一案已将管理威宁州属铜川、勺录两厂，前署知州解韬抽多报少，售商舞弊，及接任知州海米纳罔知厘剔，踵弊因循，参劾究审，而另折中乃隐跃其词，称'当年张广泗原题，以收买余铜不敷厂民工本，现饬设法。其所谓设法者，无非令其售商获利，侵隐透漏，情弊其来已久'等语。如此则从前历任各员，俱所不免，解韬等不过因循陋习，而遽归重于该二员参劾治罪，未免偏枯，转致冤抑。若该二厂自开采以来，即系解韬一人经理，或通同炉头，私相售卖，从前并无此弊，实系始于解韬，而接任踵而行之，则蔑法玩公，又必当重治二员之罪矣。着传谕定长，令其查明实在情节，秉公详悉奏闻。至此事如何，定案时，仍行明白回奏。"寻奏："威宁铜斤通商，起于乾隆十二年，知州谢国史、李肖先任内。十五年，署州姚文光公然出示给票，但从前出铜有限，私卖尚少。自解韬到任，又开有新哈喇河子厂，矿砂颇旺，乃官铜日减，偷漏数倍于前。又私收铜锐，并每秤多收秤头铜二斤。海米纳接任为日虽浅，亦踵积弊。俟提齐案犯研审，并根究累任知州，如何任其偷漏之处，奏明办理。"得旨："览奏俱悉。"

乙亥 调任安徽巡抚卫哲治奏："前奉谕旨，以滇黔等省运京铜铅过境，波涛险恶处，派员预防。查铜铅船行安境，由长江南岸顺流而下，系安、池、太三府属。险恶处，则有贵池县之栏杆矶、太子矶，铜陵县之洋山矶等处。请嗣后船入境时，派该三府同知专司防护，如同知出差，即派通判至沿江营汛，应饬安庆游兵、奇兵等营，酌派守备，或千总各一员，协同丞倅办理。倘猝遇风暴及险矶，带同沿江救生船保护抢救。"得旨："如所议行。"

乙亥 湖北巡抚张若震奏："湖北宝武局鼓铸，配用洋、滇、汉铜。近年洋铜缺少，汉铜价值昂贵，川省产铜颇旺，价值平减，应酌买川铜。既有节省，而程途较近。"得旨："如所议行。"

218 卷 477 · 乾隆十九年十一月

甲辰 湖南巡抚胡宝瑔奏："郴、桂二州铜铅各厂，向系专员董理，一年期满更替。

但矿务繁多，骤易生手，弊窦滋生，请先期选派新员，令赴厂与旧员协办，俟熟悉一切，然后届期接替，免致交代疏漏。"得旨："览奏俱悉。"

219 卷 481 · 乾隆二十年正月

甲辰 云南布政使觉罗纳世通奏："滇省办差需人，调补缺少，请将运铜已竣之候选试用人员，曾经委署丞倅州县等缺，通计在一年以上无贻误者，无论何项缺出，令督抚奏署。"得旨："汝方到任，即为此沽名之举，甚非有福之人所为。即果有此情节，亦应禀之督抚，听其斟酌，而即请部议，有是唐突冒昧之理乎？戒之！器小易盈，已见一斑。"

220 卷 485 · 乾隆二十年三月

庚子 云贵总督硕色、云南巡抚爱必达奏："滇省产铜，向惟东川府属之汤丹、大水、碌碌三厂最旺，武定府属之多那厂次之。近来汤丹等大厂，硐深矿薄，多那亦产矿日少，查有多那厂附近之老保山，产矿颇旺，月办铜四万余斤至五万余斤不等。又汤丹之聚宝山，新开长兴硐，日可煎铜六百余斤，九龙箐之开库硐，日可煎铜千余斤。又碌碌厂之竹箐老硐侧另开新硐，矿沙成分颇佳，均应作为子厂。"得旨："好。"

221 卷 487 · 乾隆二十年四月

癸酉 谕曰："硕色等奏'宫尔劝名下应追银数，原籍及任所资财，足敷抵补，其余银两及东省现存资产，请令变价，解交内务府查收'等语。硕色等所见甚小，宫尔劝久任藩司大员，办理铜厂，侵隐滋弊，是以查产抵扣，以为营私不职者戒。今经审明，追赔之项，俱已扣清归款，此外所余，若查无可恶情罪，自应给还本人。即使情罪可恶，不应给还，亦止当留充地方公用。该省从前吴尚贤，以内地奸民，越境招摇，勾引渔利，所得财产，应行入官，宫尔劝自系地方官，与此绝不相类。该督等何得因有成案，遂不论轻重，一例率请变价交内务府，殊属错谬。着严行申饬。"

癸酉 吏部尚书仍管四川总督黄廷桂奏："川省各府城垣颓圮者多，地方官力不能修，又无正项可动。据藩司明德禀称湖北江岸城工，取资于铸钱余息，似可仿照。查川省向设炉三十座，止敷搭放俸饷，如再加炉三十座，每年所铸钱，除归还成本，约可得息银六万两，藉以修葺城垣，不数年间，可期一律重新。其加炉所需铜铅，臣已逐细筹画，无虑不足。"得旨："有益地方之事，详悉为之可也。"

癸酉 云贵总督硕色、云南巡抚爱必达会奏："滇省铸钱，每千约成本银五钱五六分，现省局存钱八万余串，不为疏通，则积压成本银约四万余两，且每年愈积愈多，大妨民用。查滇省向例，银七钱三，搭放兵饷。乾隆十四年，因省、临二局积余钱过多，经臣等奏请加添二成改为银五钱五，今前项虽已放完，而省局又有积存。请仍照前加添二成搭放。"从之。

222 卷 489 · 乾隆二十年五月

壬寅 （吏部尚书仍管四川总督）黄廷桂又奏："川省铜铅各厂，向例旧厂，系藩司兼管，其新厂由臬司总理。查前任臬司周琬经管各厂有年，情形熟悉。今升授藩司，原管厂务应移交臬司公泰,但一易生手,办理恐未合宜。且钱局事件,系藩司专政,而铜铅有关鼓铸,事本相连,请将新厂统令周琬一手通办。至建昌一路厂地,距省遥远,耳目难周,请委宁远府知府就近兼管。"得旨:"如所议行。"

壬寅 (吏部尚书仍管四川总督)又奏:"建昌会理州属黎溪铜厂,坐落深山,商贩收买甚少,而厂商本少力微,未能远运求售,每致工本无出,停采待变。查重庆为水陆通衢,请于该处设立铜店,将厂商煎获白铜,核其工本,量给微利,官为收买,转运重庆,招商出售。俟行之渐久,或外商赴厂贩买,或厂商自行运售,仍听其便。"得旨:"知道了。告之开泰,令其妥办。此不过因地制宜,一时权宜,不必见之章疏。"

223 卷491·乾隆二十年六月

壬申 大学士仍管四川总督黄廷桂奏:"川省开采铜铅,收买脚价,向在杂税项下动支,仅足敷用。现又新开甲子夸、蔑丝罗等厂,约于杂税外须拨添银二万两。查有盐茶耗羡及截旷养廉二项下,可以借支,铸钱易回成本后,即可归款。"下部知之。

224 卷495·乾隆二十年八月

己巳 户部议准:"大学士管四川总督黄廷桂疏称天全州属大川铜厂,碛深矿薄,应封闭。"从之。

辛未 福建巡抚钟音奏:"闽省钱价未平,民用未裕。查州县征收钱粮,户民赍钱交官者居半,积至数千贯,发牙铺典商易银,是官署囤钱、商铺贩钱,何能平价?臣饬属不许违例收钱,其一钱以下应收制钱,令三日内分给钱桌,平价易银。再,南台、闽安二处,商船出口,逾例夹带,向系随时酌量惩治,未经分晰奏定专条。近据藩臬两司核议,夹带额外钱十千以上,照违令律,笞五十;二十千以上,照铜钱下海律,杖一百,钱一半入官;五十千以上,加枷号一个月,钱全数入官。"得旨:"妥协为之,勿因去弊而反滋弊也。"

225 卷496·乾隆二十年九月

癸酉 户部议覆:"大学士管四川总督黄廷桂疏称,盐源县蔑丝罗铜厂,矿砂旺盛,应准开采。"从之。

226 卷497·乾隆二十年九月

己丑 户部议覆:"大学士管四川总督黄廷桂疏称,会理州黎溪白铜厂,出矿旺盛,应准开采。"从之。

甲午 户部议覆:"云南巡抚爱必达奏称'滇省运铜,应照黔省运铅例,沿途船只,专责运员随时办理,无庸会同地方官逐节换船。其稽查催趱事宜,仍遵往例',应如所请。"从之。

227 卷500·乾隆二十年十一月

壬午 云贵总督爱必达、署云南巡抚郭一裕奏:"滇省东川府承运昭通一路京铜,设七站。查大水塘站泉涸,傍岭路冲刷,现于附近硝厂河,修道移站。"报闻。

228 卷506 · 乾隆二十一年二月

戊申 谕军机大臣等："陈宏谋奏报云南委员徐兆骐、刘观佩、陈麒等解运铜铅入境出境三折，本属循例奏报之案，但事同一类，时日亦相距不远，尽可并折汇奏，以省烦渎，乃分为三折，前幅皆援引前降谕旨，是但据委员详报，一任幕宾沿袭故套，敷衍凑折，该抚并未详加阅看，亦足见其全不留心矣。着将此传谕知之。"

229 卷511 · 乾隆二十一年四月

丁卯 四川总督开泰奏："会理州属黎溪厂，每年可得白铜二十余万斤，重庆地方，每年只销二三万斤。前督臣黄廷桂议令官为收买，原为接济商本起见，应请先于司库借支银一万两，交该知州收买，每次以一万斤为率，委员运赴重庆，交该知府承领，随宜变价，俟商力从容即停。"得旨："如所议行。"

230 卷515 · 乾隆二十一年六月

丙辰 谕军机大臣等："从前传谕各省督抚，令将铜铅船只过境，有无事故之处，随时具折奏闻。乃各督抚不过将守风、守冻，有无逗遛之处，循例奏报，而沿途或有盗卖铜铅等弊，未能实力查察。及至交官短少，则往往挂批，俟下届补解。稽延拖欠，动逾岁月。其遭风沉溺，或以少报多，虚捏取结诸弊，皆所不免。是则经过地方之督抚，以隔省委员，漫不经心所致也。现据拿获解官家人，于未交局前盗卖铜斤一案。通州密迩京师，尚有觊法犯科者，则他省途次，更难谓其必无矣。况解官余铜、余铅，原许其售卖以济民间之用，至沿途射利透漏，致启亏缺之渐，则断乎不可！着再传谕各省督抚，嗣后铜铅过境，务须严密稽查，毋得视为具文，玩忽从事。可通行寄谕知之。"

231 卷523 · 乾隆二十一年闰九月

庚申 谕："朕明春巡幸江浙，所有供宿顿次，皆出自帑项，丝毫不以累民。第扈从官兵，以及外省接驾人等，辐辏云集，经过地方，钱米价值，恐一时或致腾踊。着将运京铜铅，两省各截留十万斤，添炉鼓铸，减价发卖；并将该二省应运本年漕运，各截留五万石，减价平粜，以裕民间食用。该督抚，其各饬属员实心经理，毋使吏胥滋弊，务俾均沾实惠。该部即遵谕行。"

232 卷525 · 乾隆二十一年十月

己丑 谕军机大臣等："据吉庆奏'船户偷盗铜斤，每迁延停泊于无人之处，偷抛水中，扬帆而去，别遣小舟潜捞起卖。盗卖过多，恐致败露，故将船板凿破，作为沉溺，以掩其迹'等语。看来此等情弊，在所不免，从前屡降谕旨，遇铜铅过境，令各督抚实力查察，毋任偷漏。而该督抚等，惟以入境出境、遭风停泊日期奏闻，未有能将偷卖弊窦察拿者。船户沿途盗卖，必有该处牙行铺户，串通购买，始得速售。地方官果能留心访查，何难力除积弊。着再传谕铜铅经过之直省督抚，责成护送员弁，加意防范，严密稽查。仍于奏报时，将吉庆折内所指情弊，据实声明，不得以具文了事。可通行传谕知之。"

癸巳 江苏巡抚庄有恭奏："宝苏局现存局钱，较上届已属有余，无庸加铸。所有奉旨截留江省铜铅十万斤，应仍运京，以济户工局铸。"得旨："如所请行。"

233 卷527·乾隆二十一年十一月

癸丑 直隶总督方观承奏："云南铜船，在天津关口遭风沉溺铜十万二千五百斤，查系船漏被沈，铜包并无遗失。现捞获八万五千八百斤，饬将数目逐一登记，如溢原报之数，即系夹带私铜，报明入官；若捞获已完，适符所报之数，即不许船户人等，再于原处私捞；嗣后俱照此办理，则借沉溺为偷漏之计者，无所施其狡狯。"报闻。

234 卷535·乾隆二十二年三月

己未 又谕："据钟音奏称'苏商夏履端往洋办铜，遭风飘至闽省，其所带铜斤，请照商人高山辉前案照例给价'等语。上年浙商高山辉铜船抵闽，情愿运局收买，曾准该抚所奏。此不过偶然遭风飘至，是以降旨允行。今苏商夏履端复蹈此辙，其中必有情弊。洋船收口，于闽近而于苏远，水脚之费，相去悬殊，若一概给以江苏官价，商人趋利若骛，将来闽铜云集，洋船赴苏者少，势必铜价渐昂，适以滋弊。着传谕喀尔吉善，将此项收买铜斤，另为查办，嗣后苏商运铜到闽，应作何定价，方免流弊之处，着详悉妥酌办理，可一并传谕知之。"

辛酉 云南巡抚郭一裕奏："汤丹、大碌等铜厂，向系六月开收春季铜斤，至次年五月底，截数造报，以本年之铜，作上年之数。办理既未妥协，钱粮亦多牵混。今届乾隆二十一年分奏销，请截至十二月底止，俱归当年案内。其二十二年以后，即自正月起，截至十二月底止，定为年清年款之例。"得旨："好。"

235 卷539·乾隆二十二年五月

己未 户部议覆："湖北巡抚卢焯疏称'湖北鼓铸，除洋、汉、滇三铜总配，每百斤加色耗一斤，毋庸另议外，请汉、滇二铜配铸，每百斤加耗二斤；纯用滇铜，每百斤加耗四斤'，应如所请。嗣后买回滇铜，每百斤酌加色耗三斤，给委员运回，照现定加耗鼓铸，余剩耗铜，作正报销。"从之。

236 卷549·乾隆二十二年十月

丙戌 又谕："前据硕色奏'辰沅靖道黄凝道，到任三年，诸事毫无整顿，难胜监司之任'，今该员来京引见，看来年力未衰，或为人未必可信则有之，尚非不堪驱策之员。且引见时面询，据称到省见该督时，该督好言劝慰，并无申饬之语。黄凝道是否在任废弛，抑或别有劣迹，着传谕该督据实奏闻，不可有意瞻徇，亦不得稍存回护之见。"寻奏："辰沅靖道所辖地方，多系苗疆要地，黄凝道于兴除利弊，从无禀陈一件。询其属员贤否、苗地情形，俱茫然无知。臣曾面加申饬，并无好言劝慰。又该道所辖之绥宁县把冲地方，出产铜沙，居民呈请开采，前抚臣陈宏谋饬该道查勘，竟不留心慎重，议准开采。嗣因有伤田禾，经臣查明，严加封禁。似此平庸粗率，实难胜任。"报闻。

237 卷 551 · 乾隆二十二年十一月

丙辰 又谕:"湖南靖州属耙冲地方,产有铜矿,陈宏谋任巡抚时,曾与辰沅靖道黄凝道议令招商试采,旋即封禁。昨已据该抚将商人采出交官铜斤,交钱局鼓铸,奏到允行矣。耙冲地方,本系苗疆,自以安静为是。陈宏谋等既令试采,旋复封禁,是否从前试采之举,不无冒昧草率。富勒浑于此事,想当留心,可即查明据实奏闻。"

238 卷 553 · 乾隆二十二年十二月

丁亥 (云南巡抚刘藻)又奏:"滇省铜厂之大者,莫过于汤丹、大碌,近因硐深炭远,油米昂贵,采办渐艰,蒙恩两次加增价值,厂民之积困稍苏。而细察情形,尚有应行调剂之处。缘每岁京外需铜约一千一二百万,而各厂所出不过千万,京铜虽无缺误,此外恒苦不敷,此铜斤之应行筹画也。又汤丹、大碌两厂,历系先银后铜,上季放出之银,下季收铜还项。人众则奸良不一,岁久则尾欠难免,积少成多,遂成厂累,此帑项之应行清理也。今铜斤既须尽力多办,而预放之工本,奏销之未完,又须陆续归清,偿旧图新,究难宽裕。查大碌一厂,积疲较汤丹为甚,现选干员前往,彻底清理。于厂民之急公者鼓励之,疲玩者革除之,放银收铜,丝丝入扣,勿使再增新欠。更宜广觅新嵺,多开子厂,以为储盈补缺之计。至油米等项,厂民不能于贱时购买,每有抬价欠之累。今宜责成厂员,多多为储备,照贱价发领,以纾其力,则厂民踊跃攻采,办铜自必加多。铜多则余息日增,旧欠日减。总期调剂有法,国帑无亏。"得旨:"好。知道了。汝竟解事,孰谓徒埋头读书者耶!"

239 卷 558 · 乾隆二十三年三月

戊戌 大学士等议覆:"刑部尚书鄂弥达等奏称'私铸铜钱,定例拟斩监候,但所犯数目情节不一,各省定案,情实、缓决每多参差。请嗣后私铸十千以上,并不及十千而私铸多次者,均入情实;不及十千及铸未成中止者,各督抚列入缓决,自因情尚可原,但照常监禁,安坐图圄。转无以昭炯戒,请照新定情重军流人犯发巴里坤等处种地例,改发种地',应如所请,令该部行文各省督抚,一体办理。"从之。

240 卷 562 · 乾隆二十三年五月

戊戌 署理湖北巡抚庄有恭奏:"据云南抚臣刘藻咨称'滇省岁办京铜,向分正加六运,每遇川江盛涨,碍难违限,多至沉失。经户部议,以川江水急,惟在五六月间,欲将二运分摊前后五运,以为避险之计。经滇省议称正运铜斤,系沿途雇船,加运之铜,系拨船递运,若将正运派加,未免参差互歧,请将四正运并为三运,两加运合为一运,每岁七月开头运,九月开二运,十一月开三运,次年二月开加运,一切换船等事,可以次第办理等语。查四、五两月,不特川江盛涨,即楚北归州一带亦皆难行,但每岁汉口换船,系两湖公应。兹据各司道会议,湖北原存站船五十八只,湖南站船二十四只,从前滇省加运京铜,头运到楚,例拨湖北船十二只、湖南船十只,二运止派湖北船二十只,轮流应付。今两运加铜合为一运,其两运站船亦应并为一运,计拨湖北船三十二只、南省船十只,足敷接运。倘遇船只拆造之年,若照往例兴修,未免有误,请定于正月具题,二月完工,庶可接运。又滇铜两运合一,运员酌减,止派正协三员,楚省委员不过照料,亦须南北二省各派一员,足敷照料',均如所议。"从之。

241 乾隆二十三年七月

辛丑 谕军机大臣等:"据雅尔哈善奏'此次所带炮位不能攻城,如由内地解送军营,路远不便。请谕黄廷桂解送匠役铜铁照金川例,即于军营铸造大炮二位'等语。此奏尚属可行,着传谕黄廷桂,令将匠役铜铁等项解交雅尔哈善等铸造,凉州不必再铸。其已成者,仍着即速解往。将此一并传谕雅尔哈善知之。"

242 卷572·乾隆二十三年十月

辛酉 户部议准户科给事中黄登贤奏请改定额赋征销例款各条:

一、征款名目,宜归画一。今河南、山东等省,所开花绒、黄丹、明矾、槐花、芝麻、光粉、黑铅、红铜、黄熟铜,并各药料等项,久经折征,仍列多条,徒滋繁冗;至宗禄、唐府、瑞府,及匠班等名,并陕西之秦府王驸马勋田,直隶之膳人、膳军、常兑、操赏等名,皆沿明时陋例;应俱删除。

……

从之。

243 卷575·乾隆二十三年十一月

壬子 云南巡抚刘藻奏:"广西府局每岁铸钱六万七千三百三十余串,遇闰加增,除支销外,岁有余剩。乾隆十六年至二十二年存钱一十一万九百六十二串,应易银归款。查大铜厂例支工本银甚多,其运铜至广西府局回脚,应令带钱至厂,以钱一千二百作银一两,支放工本,扣银解司库归款。"从之。

244 卷577·乾隆二十三年十二月

甲戌 谕军机大臣等:"塔永宁奏称'五台山显通寺被火,延烧七十余间,现令地方官督同寺僧从长计议,妥协办理'等语。该寺系台怀古刹,自应即为修理,但该处寺僧平日惟拥厚资,不知修葺殿宇,又不留心防护,致延烧房屋如此之多。此项工程,即应令该寺僧人自行如式修造,地方官仍应督率稽查。倘寺僧力果不足,酌拨该省公项银两以为伙助。再该寺向有铜殿一座,折内未经声明,如并未被焚及小有损伤,不过略为修补,自应仍复旧观;若已经毁坏,难施工作,则不如即将此项铜斤变价,以给工程之用,不必更造铜殿,尤为妥协。将此传谕塔永宁知之。"寻奏:"铜殿并未毁损,该寺栋宇高大,又在万山中,修复工料,约需五六千金,寺僧资产,尽数充用,只三千余金,应拨公项伙助。"报闻。

245 卷580·乾隆二十四年二月

戊午 谕军机大臣等:"甘省连年承办军需,钱价未免昂贵,西安鼓铸炉座无多,从前已屡次协拨,现存无几。四川为产铜之区,添炉鼓铸,钱文必多,若由水路运至略阳转送甘省，即增添运费，较之甘省现在钱价，尚当减省。着传谕开泰查明该省存局余钱，尽其所得，拨出数万串，委员陆续运至略阳，交陕省委员转运甘肃一带，视钱文之多寡，酌定成数，搭放兵饷。以每银一两折钱八百文为率，如有赢余，即设局减价兑换，并计其兑换银数报部，于拨解甘省协饷时，照数扣除改拨川省抵饷，以省往返运送之烦。并传谕明德知之。"寻据开泰覆奏：'以钱八百文折银一两，每串计可多出二百文，足敷陆路运费。至川铸钱文，除搭放兵饷及发交地方官出易外，局存有限，钱价本不甚昂，应将出易之钱暂停，并将搭放饷钱，暂借数月拨运，不致久需时日。"得旨："妥协办理可也。"

246 卷 581 · 乾隆二十四年二月

庚辰 云贵总督爱必达等奏："据大碌厂民于附近大铜厂之路南州大兴山，踹得旺矿，成分甚高。自二十三年三月开采，至本年二月，即获铜斤百一十余万。嵽矿情形，尚在大铜厂上，近年办铜不敷济运，从前积铜添补将尽，得引接济，于京外鼓铸有裨。"得旨："嘉奖。"

247 卷 583 · 乾隆二十四年三月

己酉 云南巡抚刘藻奏："滇省粮储道，督理通省粮铜诸务，每年收放银两不下百万，又时有巡查铜厂水利等事，不能常川在库稽查，止凭库吏经手，非慎重之道。查道库设在二堂右，颇为严密，毋庸特设库官。惟收放钱粮须专员经理，查按察使经历职任尚简，衙门距道署不远，可兼管粮道库务，遇收放期，令监司弹兑。请另铸印信以昭信守。"得旨："如所议行。"

248 卷 593 · 乾隆二十四年七月

庚午 定边将军兆惠等奏："臣等抚定喀什噶尔等二城，凡投顺者俱行免罪。又查出各城迁来回众二千五百余户，俱送往阿克苏，以备屯田。谨陈喀什噶尔设官、定职、征粮、铸钱及驻兵分防各事宜：

......

一、每年贡赋数目。查回人一帕特玛准官石四石五斗，一噶勒布尔准五斗，一察喇克准官秤十斤一腾格，准制钱五十文，值银一两。噶尔丹策零时，定额每年纳钱六万七千腾格，此内有种地之鄂尔托什人等，纳粮四万八百九十八帕特玛、棉花一千四百六十三察喇克、红花三百六十五察喇克，共折钱二万一千余腾格。又克色克、绰克巴什人等，纳钱二万六千腾格，商贾牧养人等，纳钱二万腾格，皆以本色折纳。此外又有商人金铜税、园户果税。边界贸易回人征税十分之一，外来贸易之人征二十分之一。每岁俱未能如数交纳，臣等酌量减赋，岁征粮四千帕特玛、钱六千腾格，棉花红花照旧输纳，作为一年赋税，俟将来驻兵与否，再行酌交。粮石、银两、金十两、葡萄千斤，解交内府，其余零星杂税，概行蠲免。惟贸易税课，仍旧办理。

......

一、回部钱文应行改铸。查回钱俱红铜鼓铸，计重二钱，一面铸准噶尔台吉之名，一面铸回字，因所产铜少，每以新钱一文易旧钱二文，销毁更铸。今虽未便全收改铸，现有铸炮铜七千余斤，请先铸钱五十余万文，换回旧钱另铸。或照内地制钱，每一文重一钱二分，或即照回钱体质，一面铸乾隆通宝汉字，一面铸叶尔羌清文及回字，并呈样请旨酌定。

……

谕军机大臣等："兆惠等抚定喀什噶尔城，以办理事宜具奏，俱着照所请行……"

249 卷595·乾隆二十四年八月

乙巳 又谕曰："陈宏谋奏请拨铜加铸一折，经户部议驳，已降旨依议。但部覆内只将运京铜斤不便截留一语，笼统指驳。而于该抚原奏未明之处，转未详加剖悉。如原折内称'辛未年截留铜十万斤，因局有余钱，未曾添铸'，是辛未即使添铸，所留亦不过十万斤，何以此次请至五十万乎？江省鼓铸钱文，从前每年搭放兵饷外既有余钱，而此数年间，何以并无积存余钱？且现据请留铜数至五十万斤，岂辛未年所有余钱，足抵如许之多，而现在又何至竟无余钱可抵？该抚原折内本属含糊，不过多多益善，博人感颂之为耳。着传谕陈宏谋，令其将该省额铸钱文每年除搭放兵饷外，余钱若干，并因何前赢后绌，应行截铜，究竟实需若干，各缘由，逐一详查具奏。"

250 卷597·乾隆二十四年九月

丁丑 湖南巡抚马钤奏："宝南局现存余钱二万串，遵旨委员解甘济用。查宝南局炉二十座，余铜甚多，铅锡亦广，若将每炉加卯鼓铸，一年可另得钱八万四千余串，陆续解甘，似有裨益。"得旨："甚好。如此方见急公，勉为之。"

251 卷599·乾隆二十四年十月

乙未 谕："据陈宏谋奏请截拨京铜五十万斤，加铸备用一折，部臣以未经分晰声明，业经议驳。但念钱法关系闾阎日用，前请五十万之数，原属过多，若酌量增铜，加卯鼓铸，于地方亦属有益。着加恩酌半给拨二十五万斤，俾官钱流通，以裕民用。该部即遵谕行。"

丙午 四川布政使吴士端奏："乐山县旧铜厂，日久产薄，附近新礃开采商人，多因资本不继，数月后即停采。他商顶开，原商辄阻挠，至股商不前，坐弃地利。请嗣后无力停歇者，以三月为期，原商不准复开，听厂员募股商顶挖，挠阻滋衅者杖八十，枷号一月，递籍收管。"报闻。

252 卷602·乾隆二十四年十二月

辛巳 参赞大臣舒赫德等奏酌定和阗六城赋税：

……

一、采金三百户，每年照旧例交金六十两，一交纳腾格钱文。因六城生计未裕，暂定为一万二千腾格，俟三年后酌量加增。以四千充官兵三百员名盐菜之需，以七千七百分赡各城伯克及誊经支用，余三百，流转备用。

……

一、和阗难得铜铅，向俱藉叶尔羌等处钱文行使，现在咨取内地匠役在叶尔羌鼓铸，俟铸出时，酌量拨解。

得旨："如所请行。"

253 卷606·乾隆二十五年二月

己丑 户部议准："云南巡抚刘藻疏称，宁台山铜厂，硐路深远，需费较多，加增价值，办铜始能充裕。请照日见汛厂例，每毛铜每百斤，实给价银五两一钱五分。"从之。

254 卷607·乾隆二十五年二月

乙巳 云南巡抚刘藻议覆："原任布政使傅靖奏称运铜各员，回滇报销，原令一月内造册申报粮道，但未定有逾限参处之例，不免任意稽延。应于正协运官回省日，勒限一月申报；如迟，参处至粮道覆核移司亦应定限一月；如有逾延，统于报销册内声明，听部议处。"报闻。

255 卷611·乾隆二十五年四月

庚子 云贵总督爱必达等奏："滇省汤丹、大碌等铜厂，采办工本不敷。前经奏准，将东川钱局，每炉每旬加铸半卯，以所获息银，为该厂加价之用。今计老厂及各子厂，年办铜斤不下一千一百余万。东局加铸之息，尚不敷添价之用。可否将省城、临安二局，亦照东局，每炉每旬加铸半卯，其铸本即于铜本项下借支。再查大碌、大兴新厂，出铜丰旺，发价采办时，即可以省、临二局所铸之钱搭放，将该新厂铜本，按数扣银归还铸款。"得旨："如所议行。"

256 卷612·乾隆二十五年五月

壬子 军机大臣议奏："陕甘总督杨应琚奏称'叶尔羌旧制钱以普尔五十枚为一腾格，作银一两，回民岁贡，兵丁月饷，以此为准。后市钱稍广，经舒赫德等奏请每银一两以七十文为定。现在市钱日益平减，至以钱百抵银一两并一百零十文不等。官兵月领钱数十文，不抵应关饷银之用，既无可加增，又不便议令回民增钱上纳。请将现铸之钱，重如其旧，惟较旧样微薄而加广，于钱面添铸回子字一分二字，以钱百作银一两，铸出新钱，即散为现驻官兵月饷。所有回民岁贡，亦照此为则'。查钱法之低昂，由于市值之多寡聚散为权衡，时增时减，本无定准，在内地尚不能强绳以官法，节制以定价，况在回部地方。鼓铸伊始，收旧铸新，广为流通，则钱价日就平减，亦属物情自然。此时只宜酌市值之贵贱，以定出纳之准，若必拘以一文抵银一分、百文作银一两，则该处白金，本属稀少。现在白银一两，已换至一百零五文至十文不等，焉知将来不再加平减，则官兵等支领百文之钱，仍不抵其应关饷银之用。况钱式早经颁定，又复减薄分数，于钱上铸明定值，强制回众以不得增减，微特势所难行，转致更张成例。该督杨应琚业回甘肃，请交舒赫德酌量市值情形，随时妥协办理，所有该督请改定之处，毋庸议。至所称阿克苏每年有贡纳铜斤，库车亦有产铜之山，应令该处回民量力输纳，即于应征贡赋内扣抵，以资鼓铸，事属可行，应一并令舒赫德查明妥议具奏。"得旨："依议速行。"

癸丑 山西巡抚鄂弼奏："晋省局鼓铸钱文，计每岁需铜二十万斤，向系各商领价办运，散赴各省采办。查上届铜商所运将完，兹据布政使详称，有殷商愿领承办，每年运铜二十万斤，以五年为限，共运一百万斤。其运脚照例每百斤给银一十四两，于封贮两淮协饷银内，每运先发三分之一，交足再找给三分之二。每万斤带余铜千斤，以备折耗。"得旨："如所议行。"

257 卷 615·乾隆二十五年六月

壬寅 贵州巡抚周人骥奏："黔省鼓铸，向系采买滇铜，因本省咸宁州属铜产足敷鼓铸，是以停买。近勾录厂山空封闭，各属新厂，矿产微薄，恐将来不敷鼓铸。除现在仍用黔铜及积存局铜项下抵补缺额外，请自来年为始，每岁酌买滇铜四十余万斤，即可敷用。其铜价运费，俟铸出局钱归款。再黔省新河运铅，现在源源无滞，新报之都匀厂产铅甚旺，数月间已积至百万，即饬趱运赴楚，以备各省采买。"报闻。

258 卷 624·乾隆二十五年十一月

癸卯 谕军机大臣等："舒赫德奏'阿克苏等城出产红铜。现据该伯克等恳请设炉铸钱，流通行使，并乞照叶尔羌之例，范为阿克苏字样。至工役器具，皆所必需，业经行文该督办送器具。其工役等若于叶尔羌分拨，恐彼此俱不敷用，仍请于内地另行派拨'等语。钱文为回民日用所必需，自应照叶尔羌例一体鼓铸。着传谕杨应琚即查照上年之例，速行妥办，派员送往。"

259 卷 630·乾隆二十六年二月

丙子 兵部议准："山东兖州镇总兵素保奏称，各省运京银铜铅等项，沿途需兵护送，请令本省督抚，除照例填给兵票外，即于咨行前途各省文内，声明应派兵丁数目，以便转饬金派押解。"从之。

260 卷 635·乾隆二十六年四月

庚寅 谕军机大臣等："据高晋奏'云南委员唐思等解运京铜，于清河县地方沉溺八万七千斤，经协运委员马昌业雇募水夫，共捞获正耗铜八万八百六十余斤，其未获铜斤，照例回滇赔补'等语。铜船偶遭沉溺，地方官自应协同委员，督率夫役打捞净尽，方为实心办事之道。此项沉溺之铜，既已捞获八万有余，则此七千余斤，何以化为乌有，难保无夫役乘机偷窃之弊。况委员雇募之夫，呼应既已不灵，当其打捞时，安知不留铜水底，谎报捞完，俟铜船开行之后，逐渐捞出售卖。不然，或系解员船户等，已经沿途盗卖，借词捞失，以少报多，亦未可定。种种弊端，皆情理所有，惟在地方官悉心查办。如果夫役偷窃，固当设法严惩，即解员盗卖，亦应根究着实。若以赔补有例，即据申报了事，设或夫役有弊，何以服解员之心乎！从前吉庆陈奏稽察解员铜船船户一条，朕所降谕旨，最为明晰，若督抚仅如此办理，是又属虚应故事之具文矣。此项未获铜斤，是否夫役偷匿，抑或解员盗卖，着该督详细查明具奏。将此传谕高晋知之。"

261 卷 636·乾隆二十六年五月

己亥 吏部议准："署安徽巡抚常钧奏'请嗣后铜铅船入境，或有沿途偷盗、谎报沉溺等弊，一经发觉，将该地方官及派委员弁，照失察盗卖漕粮例议处：一起，罚俸六个月，二起，罚俸一年，三起，降一级留任，四五起以上，降一级调用；知情故纵，参革审究；委员不亲往稽查，混差书役，捏结搪塞者，照徇庇例，降三级调用；一年内如能获盗卖铜铅人犯，亦照拿获盗卖漕粮例议叙。"从之。

壬子 谕军机大臣等："爱必达等奏'滇省铜厂，自加价采办后，多获余息'一折。据称，二十五年，青龙等厂共办过铜一百余万斤，计多获息银二万九千余两，但此项铜斤，是否全数发卖，抑系将现存之铜，统计核算息银，共有此数？其汤丹、大碌等各厂，二十四、五两年，办铜二千六百余万，共得额课息银五十余万两，此内除去额课及起运协拨各项铜斤外，实在多余铜若干，并该督所称清完厂欠，究系作何归补，是否于二十四、五两年内，全数清完？折内尚未明晰。着传谕刘藻，令其一并详查具奏。"寻奏："查原定铜价，每百斤给银四两，自乾隆二十五年后，两次增至六两，厂民工本渐裕，足资采办，获铜加倍，计铜一百万斤有零，该价银九万二千余两，计除给过厂民原价及厂费脚价银共六万二千五百余两外，该余息银二万九千余两，并非发卖获息也。至汤丹、大碌等厂，二十四、五两年来，实余铜二百四十万有零，得额课银二万一千六百五十余两。至各厂旧欠自增价后，厂力渐舒，已于乾隆二十二、三、四、五等年，将积欠银十一万余两，陆续追完。"报闻。

262 卷 638 · 乾隆二十六年六月

己卯 户部条奏铜运事宜：

一、滇铜每年正加四运，每运委派同知、通判、知州、知县等二员，均分起运，不必委用佐杂为协运。仍遵奏准起程日期，先后开船依限抵通。

一、装铜上船时，请饬该省督抚，即设木牌，填注铜斤数目、船身入水尺寸，并令沿途督抚严饬地方官，查照木牌填注数目，实力稽察，以杜减载多装，夹带货物等弊。并照催漕之例，不许停泊，其有守风守水之处，总以三五日为准，不得过期。

一、各厂积存铜渣，令炉头随时淘洗，所得铜斤，于每年年底奏明，即于次年附卯添铸钱文，解部搭放兵饷，无庸积存各厂。

一、运员自滇黔运京，途远费多，起程时，该抚只将水脚杂费及一半养廉银核给，不敷所用，虽有余剩铜铅，除交崇文门税课外，所剩无多。向例铜铅船，沿途所过各关，该监督查明船身丈尺、铜铅斤数，填注盖印，给运员收执，到京后，所有沿途经过各关应征税项，一并赴崇文门交纳，以致归途无资。请嗣后各员余剩铜铅，除交崇文门本关税课外，其应讷沿途各关税银，俟运员差旋，在于藩库应领一半养廉银项下，照数扣存，汇搭解部，免致运员拮据。

一、搭放兵饷，宜令户工二局炉头分放。查户部宝泉局铸钱原以搭放兵饷，工部宝源局铸钱则专为给发工价。嗣因工部钱给工价外，尚余二十万串，奏交户部搭放兵饷，令宝泉局炉头，往工部代放，以一局兼两局饷钱，往往顾此失彼。请嗣后八旗兵饷，除户部应收数目、金银库票传宝泉局炉头解放外，其工部应放钱，令其自领金银库票传宝源局炉头，赴节慎库自行放给。

从之。

263 卷 645 · 乾隆二十六年九月

乙丑 贵州灾抚周人骥奏:"黔省鼓铸,采买滇铜,定例大兴、金钗二厂,高低对搭。而金钗厂铜色低薄,难以配铸,若令滇省全拨高铜,势又不能。查川省近年铜厂甚旺,商贾多贩入黔省威宁一带售卖,应就近采买,价脚不增而铜质纯净。试买一年,再行接办。"得旨:"照所议行。"

264 卷 647 · 乾隆二十六年十月

己丑 又谕曰:"冯钤奏该省'加卯鼓铸,钱文充裕,请酌分于衡州、常德二府,暨长沙府属之湘湘县,设局易换。每钱一串,易银一两一钱六分'一折。钱文既多,钱价自平,民用实为便利,但前此加卯,原为兴修城垣而设,今既减价,其于成本有无亏缺?或尚有余利,足敷城垣工程之用与否?且现今市值,较乾隆十一年渐减,通核鼓铸成本余息尚有若干,该抚现筹分发别属易价,该处钱法,谅已流通。或将湖南所有余钱,就便从粮艘搭运至京,是否尚可平减市价,以资利用?亦裒多益寡之一法。着传谕冯钤,令其详悉酌筹,一并具奏,若不能行,不必勉强。"寻奏:"楚南地属苗疆,原估应修城垣,再迟坍颓愈甚。如以鼓铸余息合铜价砂税,修益阳等十八处城工,足资兴筑。若将余钱全数运京,既多耗费,而余息较少。工竣需期,应留本省出易,充修城之用。"得旨:"允行。"

265 卷 651 · 乾隆二十六年十二月

癸巳 军机大臣等议准:"乌什办事副都统永庆疏称,乌什每年应供阿克苏鼓铸铜斤,地不产铜,须派人往拜城刨挖,道远妨农,应请轮派。"从之。

甲午 广西巡抚熊学鹏奏:"邻省采办铜铅经过,例不奏报,请嗣后各省督抚,照运京铜铅,遇有事故奏闻外,其并无疏失事故,仍于岁底,将某省采解若干斤并委员出入境期汇奏。"得旨:"具见留心。"

266 卷 652 · 乾隆二十七年正月

丙午 谕军机大臣等:"据熊学鹏奏'邻省办运铜铅经过地方,请照运京铜铅之例一体稽查,随时具奏'一折。向来各省于运京铜铅经过,已降旨令将该境内有无偷漏盗卖情弊,查明具奏。至邻省铜铅经过,事同一例,历来并不奏闻,办理原未画一。嗣后凡遇邻省采办铜铅经过,饬各州县一体实力稽查。如有偷盗沉溺情弊,随时具折专奏。若查明并无事故者,只令于岁底将某省办运铜铅若干并入境出境日期,汇齐折奏。各该督抚其留心饬查妥办,毋得视为具文。着于各督抚奏事之便,传谕知之。"

267 卷 653 · 乾隆二十七年正月

庚戌 谕军机大臣等、海明等:"据阿克苏阿奇木色提巴勒氏等呈称'现在采铜回人一百户、伯克二员,不敷差遣,请添设伯克一员。回人二百户,每年交铜二千八百三十余斤'等语。着照所奏办理。至采铜回人,所有应交官粮,准其豁免。俟鼓铸既足,停止采铜时,再行按户征收,不必分派回人等代为完纳。"

癸酉 又谕曰："达桑阿奏'玉古尔、库尔勒之伯克等，因阿克苏采铜伯克等加倍交纳铜斤，情愿增派采铜回人四十名'等语。阿克苏地广，需用钱文处多，因允该伯克等所请。添派采铜人户，玉古尔较阿克苏甚小，若多采铜斤，恐滋纷扰，可不必添派。"

268 卷658·乾隆二十七年四月

辛未 谕军机大臣等："永贵等奏称'回部鼓铸钱文，仍须采矿，方足应用。现派员役率领回人三十名，在硕尔布拉克等处试采，得铜颇量。复添派回人，裹带口粮，前往采办'等语。昨据达桑阿请多采铜斤，曾谕以恐累回人，不必添派。今永贵之意与达桑阿相同。回部新铸钱文尚多，采铜原非急需，着暂缓办理。"

戊寅 谕军机大臣等："永贵、海明、和其衷等奏称'阿克苏所添采铜回人，因豁免伊等应交粮石，呈乞代奏谢恩'，又称'各城回人等添采铜斤，以四年为限'等语。采办铜斤，原以裕官兵回人之用，自当从容办理。惟就现在所得之铜，源源鼓铸，即稍有迟滞，亦无甚关系，何必添派回人，勒定年限。昨谕达桑阿等不必添采铜斤，永贵似尚未奉到，故如此陈奏。至永贵等所奏回众佥称情愿连年添采铜斤之处，大臣等面询回人，伊等焉敢以不愿为词。即谓回人爱重新钱，亦事之所有，但既非铸钱赏给伊等，且仍收其普尔，又令其采铜为鼓铸之资，谓皆出于本愿，恐未必尽然。凡事当权其轻重缓急，不可张皇欲速。着传谕永贵等知之。"

269 卷660·乾隆二十七年五月

甲辰 谕曰："苏昌等奏'嘆咭唎（案：英吉利，英国）夷商啪咥等，以丝斤禁止出洋，夷货艰于成造，吁恳代奏，酌量准其配买，情词迫切'一折。前因出洋丝斤过多，内地市值翔踊，是以申明限制，俾裕官民织纤。然自禁止出洋以来，并未见丝斤价平，亦犹朕施恩特免米豆税，而米豆仍然价踊也。此盖由于生齿日繁，物件不得不贵。有司恪守成规，不敢通融调剂，致远夷生计无资，亦堪轸念。着照该督等所请，循照东洋办铜商船搭配绸缎之例，每船准其配买土丝五千斤、二蚕湖丝三千斤，以示加惠外洋至意。其头蚕湖丝及绸绫缎疋，仍禁止如旧，不得影射取戾。"

270 卷663·乾隆二十七年闰五月

戊寅 参赞大臣阿桂奏："上年臣驻兵塔尔巴哈台，查勘设卡地方，拟自辉迈拉呼至爱呼斯、招摩多，自阿勒坦额默勒至伊犁河岸十七处，立木为记；对伊犁河四处，垒石为记。今春派护军统领伊勒图等前往安设讫。又据厄鲁特等告称，特穆尔里克有准噶尔所理大铜炮及炮子，臣委护军统领伊勒图等前往办理。据报掘得大铜炮四、冲天炮筒八、大小炮子万余，陆续运回，收贮备用，俟塔尔巴哈台驻兵时，再将所立木石记号之处，酌量设卡。"报闻。

271 卷665·乾隆二十七年六月

庚申 湖南巡抚冯钤奏："前经奏准，宝南局加铸钱，以余息充修益阳等十八处城工之用，近因矿厂开采年久，铜苗未能全旺，局内余铜，仅敷本年加铸，来年只供正卯及拨协北省之用。若因加卯，又向别省采买，再加运费，则余息无几。计二十六年加铸起至本年底，可得鼓铸余息银七万四千余两，加司库原存铜价砂税等银，共有银十三万二千余两，以之充修安仁、耒阳等十二处城垣，并茶陵等三处护城堤岸，已足敷用。惟益阳、攸县、平江三处城工，需费无出，但俱在腹地，尚可稍缓修理。请将癸未年加卯暂行停止，每年正铸钱文，除搭放兵饷外，尚得余息八千余两，连每年所收铜价砂税银一万四五千两，积至四年，即可将益阳等三处城垣陆续修整。"从之。

272 卷687 · 乾隆二十八年五月

庚辰 户部议准："两广总督李侍尧、广西巡抚冯钤等疏称，苍梧县金鸡头山厂，产铜旺盛，请募商采办。铜百斤抽课二十斤，余铜一半商售归本，一半官为收买。"从之。

273 卷696 · 乾隆二十八年十月

丙申 封闭四川平武县天台山铜矿，从前任总督开泰请也。

274 卷697 · 乾隆二十八年十月

癸未 云贵总督吴达善奏："滇省汤丹、碌碌厂采铜，上年奏准每百斤加银四钱。该二厂每年办铜六七百万，约需加价银二万六七十两，于本年加卯铸息内支给外，即将前年存积余银四万两，逐渐添补。查自乾隆二十七年十月奉文加价起，至本年八月止，未满一年，共办获铜七百二十余万斤，是将来加卯年息及前年存积余录心，不敷加价之需。请于东川新旧二局炉内，本年冬季，每旬每炉，加铸半卯，仍于铜本内借支铸本，铸出钱文，照例以一千二百文作银一两，扣解道库。除归还借款及支销经费外，计一季可获息银一万一千九百余两，以备来年加价之需，将来每年冬季应否加铸，届期随宜办理。"从之。

275 卷699 · 乾隆二十八年十一月

壬午 （四川总督阿尔泰）又奏："川江绵亘数千里，地险水急，或顽石横亘中流，或石笋林立水底，凡商客及云贵运解铜铅，江楚拨运官米船只，每磕帮擦底，动辄覆溺。查冬月水落，滩石率多显露，饬沿江各属将境内险滩查明，或应开宽、或应凿底，设法筹办，乘水落石出时，顾雇夫匠将险滩怪石逐加锤凿起除。士民闻风超事，现在有方兴工者、有将次完工者。又饬各属将急公绅士办工较多者详请奖励，牧令办有成效者，并准记功。"得旨："嘉奖"。

壬午 云南巡抚署贵州巡抚刘藻奏："黔省鼓铸铜斤向系威宁州承办，嗣因移局加铸，每年采买滇铜四十余万斤。又因滇省金钗厂铜成分稍低，适川省商铜正旺，奏准采买川铜，现在川铜来黔日少，价益加昂，恐不能如数买足，请仍照旧例采买滇铜。"报闻。

276 卷704 · 乾隆二十九年二月

庚寅 户部议覆："两广总督苏昌等奏称'粤省本港商船出洋，请照外洋夷商之例，准其配带丝斤'等语。查夷商配带丝斤，系出特恩，非商贩所得援照，应酌量准其配带出洋易铜，以资内地鼓铸。至如何立法办理，令该督等详细议奏。"从之。

277 卷 705 · 乾隆二十九年二月

丁未 户部奏："量铜船运京，遇有封闸、封峡、起剥等事，例限不在扣算之内，而其情实所时有。请嗣后令该督抚查明取结咨部，准其扣除。至守风守水，旧例均未议及，或遇风信陡发、水势暴涨，必令冒险前进，于运铜所关甚重，亦请令该督抚确查咨部扣算。再滇铜运抵北河，起剥换船，时所不免，势须分次递进，不能全帮抵通，但自头剥抵通后，全数运竣，向未定有限期。请嗣后责运员上紧剥运，如间遇粮船拥挤，或水浅阻滞，令运员先将实情报明地方官，加结报部，准其展限一月至两月不等，逾限照例题参。"从之。

278 卷 708 · 乾隆二十九年四月

丙戌 军机大臣等议准："两江总督尹继善、闽浙总督杨廷璋、两广总督苏昌等，奏请弛丝斤出洋之禁。江苏省贩铜官商船只，每只许配二三蚕糙丝一千二百斤，按照绸缎旧额斤数抵扣；各属出洋商船，携带糙丝准以三百斤为限；闽浙出洋商船，每船配土丝一千斤、二蚕糙丝一千斤；粤省外洋商船二十三只，除定例准带八千斤外，每船再行加带粗丝二千斤；其头蚕湖丝缎疋，仍照旧禁止。"从之。

279 卷 714 · 乾隆二十九年七月

辛酉 谕军机大臣等："滇省铜厂事务，向系巡抚专管，刘藻经理有年，一切留心董率，今虽升任总督，而常钧现在甫经调任，所有厂务，仍着刘藻会同该抚悉心督办。将此传谕知之。"

280 卷 715 · 乾隆二十九年七月

己卯 工部议准："河南巡抚阿思哈奏覆'河内县李封等村六窑，出产铜核甚旺，可炼硫磺，供营汛地方之用'，应准开采。"从之。

281 卷 725 · 乾隆二十九年十二月

戊戌 吏部等部议覆："云贵总督刘藻奏称'滇省汤丹、大碌两铜厂，坐落东川府属会泽县境内，比岁以来产铜日旺，厂众益增。两厂不下二三万人，争端易起，案件渐多。虽有丞倅二员，分驻厂中，刑名非其所辖，呼应不灵，移县查办，延误堪虞。查东川府壤接川黔，地方辽阔，向无府佐。澄江府地居腹奥，原设通判，与知府同城，并无承办要件，实系闲员应裁。改设东川府汤丹通判一员，办理两厂刑名，拟定字样，铸给关防。汤丹厂原有公所，将澄江通判旧署估变，量为增修。书吏快役，拨归听用，俸廉工食，照额支领。该通判既理刑名，应建监狱一座，汤丹厂并无城垣，未便久稽重犯，俟审定日，仍发会泽县监禁，以昭慎重'，应如所请。"从之。

282 卷 728 · 乾隆三十年二月

己卯 刑部议覆："江西布政使张逢尧奏称'铜铅私铸各犯，请不分钱数多寡，但铸造已成，为首及匠人概拟斩绞；其钱数不及十千减等例，删除'。查《私铸定例》，钱不及十千者，免死减等发遣。概拟斩绞，情未平允，应将该布政使所奏，毋庸议。惟此等人犯，向发云、贵、两广等省，该处均产铜铅，恐萌故智，请嗣后改发黑龙江等处，给披甲人为奴。"从之。

283 卷 729 · 乾隆三十年二月

乙巳 云贵总督刘藻等奏："滇省汤丹、大碌等厂，加铜价后，每年办铜加多，嗣因积存余息，不敷添价之用，于东川新旧两局，冬季三个月，每旬加铸半卯。近来汤丹、大碌等厂，日见丰旺，东川加卯，仍不敷用，应于东川二局，自三十年春季二月为始，按旬再各加半卯。同汤丹、大碌两厂炉户，每季多办铜八万六千七百余斤，于铜本内借支铸本，铸出钱文，照例扣解司库。"得旨："如所议行。"

284 卷 731 · 乾隆三十年闰二月

庚午 （户部）又议准："广西巡抚冯钤疏称，粤西庆远府属河池州响水厂铜矿，开挖有年，地力渐薄，委员查勘，近年产铜衰，应封闭。"从之。

285 卷 732 · 乾隆三十年三月

戊寅 户部议准："云贵总督刘藻疏称，东川新局五十炉，每年应支炒铜工费。前因正铸内，已全年支给，题明将加卯项下炒费节省。今正铸减半，将加卯抵补，所有炒费，应按年核增。"从之。

286 卷 737 · 乾隆三十年五月

庚子 户部议准："直隶总督方观承疏称，候选员外郎范清济接办铜斤，自三十年为始，每年办解保定铜二十五万斤，较前多运铜五万斤，适符一炉之数。请将前减二炉内，仍添设一炉，应配铅锡，一并委员采买。所有局内员役公费工食，俱照依五炉之数增给办公。"从之。

287 卷 739 · 乾隆三十年六月

辛酉 谕军机大臣等："昨李因培奏盘获究出水摸杨龙等偷窃铜斤一折，已降旨该督抚，令其尽法惩治矣。因念铜铅船只经涉江河，遇有沉溺等事，必需雇觅水摸打捞，乃此辈或乘机于水底倒翻铜包，仅抽取碎块搪塞，甚或凿通船孔，将偷窃铜斤，悬络水底，夜间移放浅滩，以便私卖。现据访，获买铜价银至八百余两之多，伙党朋谋，久成积蠹，殊属可恶。其已经发觉者，固当严行惩处，而将来通彻查办，尤不可稍存姑息。盖此等水摸，以打捞铜铅为业，所得不过雇价，岂能分润余铜？若有装载私卖之事，其为偷窃，不问可知，踪迹尤易为根究，地方官俱应悉心查缉，以绝根株。湖北既有此恶匪，则上游之四川、湖南，下游之江西、江南各省，皆系沿江毗连，为铜铅船只经过之处，安知不有此种匪徒，商谋偷窃等弊？着传谕各该督抚，严饬地方员弁，所在设法躧缉，毋得稍有疏纵。再，运河一带，所过铜铅船只，向来俱经奏报，亦间有沉溺打捞之事，其中藏奸积弊，亦复不少，并着一体通行查究，务使奸匪肃清，以神挽运。将此一并传谕知之。"

288 卷 749 · 乾隆三十年十一月

辛丑 是月，湖北巡抚调任湖南巡抚李因培奏："滇省铜船至湖北境，自宜昌府属巴东县万流塘起，至东湖县止，江流湍急，峡滩鳞列，遇有铜铅沉溺，铜包随浪旋流，急雇钩手，尚可取获，若沉入江底乱石内，水摸难施。江陵县一带，江阔水平，又无乱石，水摸易于为力，但伊等潜谋分润，积弊已久，应设法防范。请饬沿江州县，遇铜铅沉失，即一面赴勘，一面代雇水摸，并委捕巡一员，带兵役前往，协同运员家丁，督率防范。倘有私卖，即严拿治罪，如别经发觉，将该员查参。"得旨："此应实力妥办者，毋论弊窦丛生，即实系沉没，亦觉物力可惜也，南省亦应有类此者，一体留心可也。"

辛丑 云贵总督刘藻、云南巡抚常钧等奏："各省常平仓贮缺额，例以收捐监谷补足。查滇省通都大邑，及有铜铅矿厂，聚集多人之处，米价常昂，青黄不接时，必需减价多粜仓谷，秋成亦复价昂，艰于买补，加以捐监人少，仓储多缺。偏僻州县，人少米贱，春间无须多粜，秋成易于买补，报捐之谷，陈陈相因，有红朽之虞。现通融酌办，凡米贵处应补缺额，拨附近州县盈余监谷抵补，所存价银，解司库归监谷原款，合运脚核计，较谷贵处买补之，价尚减；且监谷粜价，多有盈余，即以此项银支销运费。"得旨："甚妥。"

289 卷 751 · 乾隆三十年十二月

庚午 云贵总督刘藻、云南巡抚常钧等奏："莽匪屡扰普洱边境，调兵剿捕，需费繁多，请加炉鼓铸，于三十一年正月起，省局添炉五座，加铸十卯，通计可得本息钱三万一千一百余串，除杂费外，实得钱二万五千四百余串，以一串二百作银一两，共作银二万一千一百余两，除铜铅锡工本银外，实获余息银八千三百余两，以备防边之用。"报闻。

290 卷 755 · 乾隆三十一年二月

丁卯 （军机大臣等）又议准："库车办事大臣鄂宝奏，库车、沙雅尔二城回人应交铜斤，向例轮年派采，往往托故推诿，请嗣后不必轮办。每年库车派四十名，沙雅尔派二十名，免其应纳官粮，专令常川采办，酌给钱文，以为置备衣服、修理采铜器具之用；并拨给驴只，库车八、沙雅尔四，令其驮载铜斤。"从之。

291 卷 757 · 乾隆三十一年三月

庚寅 谕军机大臣等："户部议覆宋邦绥酌定办运铜斤一折，内将该抚所请广西省每年委办滇铜，往回统限十八个月之处议驳，已照部议行矣。广西与云南地壤相接，即因铜斤装载沉重，行走需时，亦不过两三月程途，且每年解员，往返至十五六月已属过迟，该抚何得转请定限至十八个月之久？可见宋邦绥于此等事全未留心核计，惟欲意存宽缓，殊属非是。着传旨申饬，并令该抚确按实在情形，另行悉心定议具奏，将此传谕知之。"寻奏："广西每年额办滇铜，连补色共四十六万余斤，数多，分八起发运。计云南剥隘地方起运，自百色至梧州府系下水，自梧州至桂林府省城系上水，共计程限七个月二十一日。倘遇船只不敷雇用，及水涸难行、水涨不能赶运，准报明地方官，勘明结报咨部；如无故逗遛者，查参。庶运员不敢稽延，铜斤得以接济。"下部议行。

292 卷 759・乾隆三十一年四月

戊辰 山西巡抚彰宝奏:"晋省宝晋局,向设炉六座,铸钱尚少。每年解贮司库钱,除搭放兵饷外,余钱夏冬设厂出易,照时价每千减银五分,以济民用。嗣添铜加铸,搭放兵饷外,余钱更多,均设厂平卖。是给兵钱少,而与民易者多。且小民需用不过零换,设厂期迫,富商猾吏乘机囤积,贫民沾惠仍少。请将满汉兵,除搭放三分钱文外,其应领月饷银,概照出易民间之价,由司支给钱文,即将应领饷银扣存归库,余钱仍设厂换给民间。"得旨允行。

293 卷 764・乾隆三十一年七月

壬申 大学士管云贵总督杨应琚奏:"滇省矿厂甚多,各处聚集砂丁人等,不下数十万,每省流寓之人,闻风来至,以至米价日昂。请嗣后示以限制,将旧有之老厂子厂,存留开采,只许在厂之周围四十里以内开挖礁碙,其四十里以外,不准再开,庶客户、课长、砂丁人等,不致日渐加增。再,现在滇省各厂,每年约可办获铜一千二三百万斤,内解赴京局及本省鼓铸,并外省采买滇铜,共约需一千二百余万斤,所余不过数十万斤,若外省尽数加买,势必入不敷出。请将各省采买滇铜,除乾隆十九年奏定之额,仍听按年买运外,如有请预买一运,以及加买,并借买数十万斤之处,概不准行。又旧厂既有界限,将来开采年久,难保无衰歇之处,更应留有余以补不足。查省城、临安、东川新旧各局,除正铸之外,又经奏准加铸,将余息银两,为汤丹、大碌等厂加添铜价,及永顺、普洱防边之用,共岁需铜一百七十余万斤。今滇省正铸之卯,尽足敷搭放兵饷,接济民用,其加价一项,应即在外省采买滇铜盈余银两内拨用。本省加铸各项,亦可酌量停止。请将永顺等处防边经费所有加铸之卯及东川新局加铸一项,仍行酌留,其余各局加铸,概行停止。即以所余之铜,留备将来不足之用。"得旨:"如所议行。"

294 卷 767・乾隆三十一年八月

壬戌 户部议准:"直隶总督方观承奏称,采办鼓铸铜铅,酌定限期。洋船铜斤进口,令江苏巡抚起限,统计苏州至保定交局,请限三个月十八日。委办铅锡,自该省至汉口及运回保定,共限七个月二十八日。如无故逾限一月以上,将领解官革职,戴罪管解,完日开复。"从之。

295 卷 771・乾隆三十一年十月

乙卯 户部议覆:"署两广总督杨廷璋等奏称'奉准部议,酌定采办铜铅限期。查广东委员,运盐至云南,办铜回广东,前请统限二十个月,以八个月运盐、十二个月运铜,今仍照定限办理。至采买白铅,原定限四个月,今改限一百日',应如所请。"从之。

乙丑 户部议覆:"江苏巡抚明德奏称'奉准部议,酌定采办铜铅限期。请嗣后委员领银,自江苏至云南省城,定限一百八十二日。及领运铜斤,自广西全州以下至苏州,应行九十六日'等语,应如所请。至委员自云南领铜,运至剥隘地方,酌定限期之处,听云贵总督定议外,其自剥隘至百色,百色至全州,先据湖北巡抚定限九十四日,应令该抚遵照办理。至该省委员，在湖北采买铅锡，运回苏州，亦应如所奏，定限四十日。其自该省领银至湖北，亦如之。"从之。

296 卷 772 · 乾隆三十一年十一月

丙子 户部议覆："广西巡抚宋邦绥奏称'奉准部议，酌定采办铜铅限期：自省城至梧州府，限十二日；梧州府至百色，限六十五日；百色至云南剥隘，限七日；剥隘至云南省城；限二十一日。领运铜斤，自百色至梧州府，限三十九日，换船雇载，展限十日；梧州府至省城，限二十一日'等语，应如所奏。至'委员自云南领铜，运至剥隘地方，酌定限期'之处，应听云贵总督定议外，又自剥隘运铜至百色，前经湖北省定限三十五日，今该省定限五十六日，殊觉太宽，应查照湖北定限办理。"从之。

297 卷 774 · 乾隆三十一年十二月

庚子 户部议覆："大学士管云贵总督杨应琚等奏称'各省办运滇铜，委员解银到滇，向例随到随收，不出三日。或现有存厂铜，即可指拨，或现存无几，约计将来某厂可以办给，预行办拨，总不出半月以内。仍请照旧办理，毋庸另立限期。至领给铜斤，如所拨俱系现铜，即可全数给领。若该厂铜数不敷，须就各子厂协拨，即须守候。委员在厂领铜，弹兑查收，并觅雇脚户，催趱牛马，均须时日，不能克定限期，应俟领足铜斤之日，催令陆续发运，即由该厂报明限期。至向来义都、金钗两厂，办供外省采买，应就该两厂至剥隘道里，核计程限。查义都厂铜，俱系该厂运至省城，即在省店发给。自省城至剥隘，用牛马运，按站应限四十日，惟所雇牛马不能常运，须往返轮流，应加展四十日；沿途或有阻滞，再宽限十日；统计九十日可运铜十万斤至剥隘水次。如办运至二三四十万者，每十万加展三十日。金钗厂铜，在蒙自县给发。自蒙自县至剥隘，均系牛运，按站应限三十四日，又轮流转运，加展三十四日；沿途或有阻滞，再宽限七日；统计七十五日可运铜十万斤至剥隘水次。如办至二三四十万者，每十万加展二十五日。至铜数较多，两官分运者，各照该厂程限，分别扣算。如铜数减少，一官总运者，两厂分领，仍各照额定限，准其分扣。再，驮铜牛马俱雇自四乡，如遇农忙瘴盛，即无牛马雇运，难以按程趱进，令委员及地方官查报南督抚，咨明该省，准其停运展限'，均应如所请。"从之。

298 卷 779 · 乾隆三十二年二月

甲子 陕西巡抚明山奏："西安宝陕局因乾隆三十年改办滇铜，不能如期接济，经前抚臣奏准，每炉每月减铸铜五百斤，以一年为率。今已减铸一年有余，但局内现存铜，如照旧发炉配铸，仍属不敷，续办铜斤到需时日。查存局余钱，除应拨甘省外，尚足敷搭放兵饷，应请再行减铸一年，统俟滇铜运到，即令照旧增铸。"报闻。

299 卷 780 · 乾隆三十二年三月

乙丑 又谕曰："杨应琚办理缅匪一事，种种错谬，不能复胜此任，已降旨令其回京入阁办事，其云贵总督员缺，令明瑞补授，前往永昌接办军务。明瑞此行，专为进剿缅匪，调度军营，一切机宜，并令其奋励将士，鼓勇奏功，是其专责。至于地方应办之刑名、钱谷、铜厂等事，断难兼顾，鄂宁以巡抚驻扎省城，一切皆当实心承办，并不必关白督臣。即稽察属员侵渔贪劣诸事，亦不责之明瑞。设有徇庇疏容，惟于鄂宁是问，鄂宁断不可稍存畛域，虑有越俎之嫌。即明瑞亦断不至心存见小，疑鄂宁有侵揽事权之意。朕当于其陛辞时，面为谕及也。可将此详谕该抚知之。"

300 卷 793 · 乾隆三十二年八月

甲申 又谕："户部奏'鄂宝咨请停运汉口铅斤，不如暂停京局半年铅运'一折，该部通融酌办，所奏甚是，已依议行矣。鄂宝于停运铅斤之事何以不行奏闻，遽尔咨部，已属不合。且黔省接送京兵，采办马匹不过暂时筹办，原可计日就竣，何致张皇竭蹶若此？即如滇省亦有运解铜斤，并未闻其因承办军需，难于兼顾，黔省何转以此藉口，声张咨部耶！鄂宝着传旨申饬。"

丁亥 谕军机大臣等："户部议驳方观承奏'宝直局各匠工食钱文，易银给发，请将淘洗余铜加给炉头添补工食'一折。朕初阅之，以为该督所奏与高恒等奏办宝泉局情形相同，其事似属可行，而该部辄行议驳，或系英廉因与方观承向日芥蒂，有意苛求，不准所请。及细阅折内称'各省鼓铸，与京局情形不同，其工价原经题明，核给钱文每年亦系开造钱数报销，该督所称易银给发之处，部中无案可稽'等语，是该部议驳，系照定例办理，确有根据，方观承何以将向系核给钱文之项，照京局易银之例为此陈请？着传谕该督，将户部指驳情节确实覆奏。朕办理庶务，总欲得切当实据，从不肯稍存疑义，此方观承所素知也。户部折并钞寄阅看。"寻奏："查前督臣高斌具题开铸原案，内称各匠工食请照京局例给发，并前督臣那苏图以保定开铸一切略与京城相仿，应俱照京局办理，经户部议准，支给报销在案。但查京局令炉头将钱易银给发，所以防夹带之弊，保局炉座无多，稽察易周，本无需易银给发，而炉头转复自行易银者，缘保局炉匠雇自京师，而保定钱价又常贱于京师，故各匠援就京局发银之例，皆不肯领钱炉头。因匠役人众，势难强雇，而彼时以钱易银，所赔尚属无几，遂尔允从，日久不能复改。此保局密迩京师，难与他省一例之情形也。因系炉头自行易银给发，非由官办，岁底报销，仍照官给炉头钱数开造，是以并无另有奏报之案。至京局炉头易银不敷之项，已蒙加恩，将淘汰余铜变价赏给，数至盈万。臣请将宝直局每年淘汰余铜，照京局例，赏给炉头添补工食。"报闻。

301 卷 799 · 乾隆三十二年十一月

庚申 四川总督阿尔泰奏："赴滇兵马，经由宁远府属，地势崎岖，前饬各处修造桥道，查验俱极稳固。该地山多田少，臣将近水旱地，令其设法改种稻田。其山角隙地，垦种杂粮。不能布种处所，令种茶椒桑麻。该处系属苗疆，城垣最要，查勘新修物料，坚实可久。再，雅州所属铜铅厂，频年不敷鼓铸，臣相度情形，恐有透漏，遴委丞倅等员监察，并于运铜出山路口，设卡盘查，复将经过府县仓库钱粮查验，均无亏挪情弊。"得旨："览奏俱悉。卿亦年老矣，如此往来奔走，曾劳苦否！"

302 卷 803 · 乾隆三十三年正月

庚戌 谕军机大臣等："明瑞等现在进攻缅匪，节据奏报该处寨栅，俱用湿木排列，人力骤难摧陷，因思攻坚之策，莫如用炮，所向无不溃裂。现在军行所带，谅不过子母等炮，其力量未必能如大炮之得济，此外未知曾否带有别项炮位，足资应用。至内地所有威远大神等炮，斤两重大，山路崎岖，长途驮载，自属匪易。但滇省产铜，素为充裕，若能预将物料运赴适中之地，如木邦及铁壁、虎踞关等处，选调工匠，就近铸造，以备军营之用，其势较为便利。但从木邦等处运往军前，仍须酌量沿途情形，务俾便捷利行，方可迅速集事。着将此传谕鄂宁悉心经理，并即与明瑞等彼此知会，妥协商推，一面趱办，一面奏闻。"

303 卷 804 · 乾隆三十三年二月

乙丑 谕军机大臣等："滇省办运铜斤，以供各省鼓铸，所关甚为紧要。上年冬闲，户部因鄂宁咨'现在办理军需，牛马不能赴厂应用，油米炭到厂亦少，以致办铜短缩，未能如数应付委员采买，请令各省自行筹画'等语。户部以各省赴滇采运供铸，未便贻误卯期，议令将本年应运京铜，暂行缓解一半，拨给各省，以资鼓铸，仍令多方设法调剂，照旧办买供用，当即照议允行。今阅明山奏'陕省第五运铜斤，业经委员领项赴滇购买'一折，因思各省采办滇铜，例有程限，必得源源接济，方能无误开炉。今滇省军务，未能即竣，夫马米粮，尚须筹画。但鼓铸钱文，关系民间日用，未便因军需紧急，而视铜斤为末务。若不即为熟筹妥办，则采买之员，势必守候耽延，致各省钱局，不能接铸流通，所系非浅。鄂宁现在永昌综理军务，自难分身兼顾，但该处铜厂，尚有总办道员，开采铜斤乃其专责，自当随时筹画，以裕泉流。即或牛马稍缺，亦当设法通融。或米炭短少价昂，并不妨奏明暂增定值，小民见有利可趋，自必踊跃从事，一切断不至于掣肘。俟大功告成之后，仍可按照旧定章程。如此，则筹饷、办铜，原可两不相碍。着传谕鄂宁，严饬委办道员，妥协经理，毋稍稽误。"

丙寅 又谕："前经降旨令明瑞回至木邦，即来京面受机宜，再行前往办理进剿事务。计明瑞起身时，阿里衮亦已到滇，所有云贵总督印务即着阿里衮暂行署理，留驻永昌。鄂宁可将现办军营诸事交代，暂回省城，将地方应办事件，悉心料理，即如采买鼓铸铜斤之类，及一切吏治民务，皆需该抚亲行酌办，不能远驻永昌，分身兼顾。俟明瑞自京回滇，将届进兵之期，鄂宁再行前驻永昌，照料一切。至伊此时虽回省城专办巡抚之事，而军行所需办理诸务，仍系鄂宁分内之责，不特阿里衮暂署时，不可膜视。即明瑞回滇后，一切仍当鄂宁力任，不容稍诿也。至鄂宁简任巡抚未久，此次办理军营诸事，尚属妥协，以后务期益加奋勉，以副委任，将此谕令鄂宁并明瑞、阿里衮知之。总之尔三人合为一人，方于事有济。"

辛未 谕："前据方观承奏'宝直局淘洗余铜，请照京局之例，变价赏给'等因，经户部以各省鼓铸工价，原题给钱，并无以银给发之案议驳。今念保局开铸之初，原即与京局相同，且炉匠雇自京师，而目下钱价又为较贱，其但愿领银不肯领钱，亦应情理所应有。着加恩将宝直局所有淘洗余铜，准照京局之例，一体变价赏给炉匠，俾得宽裕办公，以示体恤。"

304 卷 807 · 乾隆三十三年三月

丁巳 护理山西巡抚布政使富明安奏："宝晋局积年存贮补色秤头余铜六万四千二百

余斤、铅银七百九十余斤，铜多而铅锡少，不敷配搭，是以未经筹办。现在采买正案鼓铸铅锡，陆续运局，请将前项积存铜斤，除动本案积存铅锡七百余斤外，其不敷铅锡六万三千四百余斤，即于正案铅锡项下借动，按卯搭铸。应补铅锡，俟下次委员采买时，照数搭还。俾余铜不致久贮，钱文益觉充裕。"得旨："如所议行。"

丁巳 升任云南巡抚鄂宁奏："滇省开采铜厂，经前督臣杨应琚奏准，只许在旧厂周围四十里内开挖礦硐，其四十里外，不准再开，以节耗米浮费。查旧有老厂子厂，近年因硐老矿微，铜斤较前大减，若非多开新厂，趱办添补，实不足敷拨用。且新开子厂，仍系素识苗引之民，移旧厂丁夫，往彼开挖，即或另有招募，亦不过衰厂之砂丁，闻有新开旺厂，舍彼趋此。是虽多开一厂，而厂民并未加增。前督臣杨应琚以为因此耗米，原未筹画确实。请仍循旧例，无论离厂远近，均听开采，不必拘定四十里以内之限制。"得旨："如所议行。"

305 卷 809 · 乾隆三十三年四月

癸酉 云贵总督暂管巡抚鄂宁奏："滇省旧铜厂，硐深矿薄，其新开子厂甚少，更兼办理军务之际，牛马不敷，油、米、炭等杂项，到厂价昂费倍，厂民竭蹶。请每铜百斤增价银六钱，以舒厂力，俟大功告成之后，仍照旧定章程办理。"得旨："着照所请行。"

306 卷 812 · 乾隆三十三年六月

壬戌 谕军机大臣等："据阿尔泰奏到《九节铜炮图说》，按所开炮身、炮子均较京城炮位加重，着传谕阿尔泰于川省现存铜炮十尊内，先将四尊运往永昌，交与阿里衮预行演试。其炮子一项，据阿尔泰单开，计重三斤以上，并未分晰铜铁。而京城所有炮子，纯铁者仅重一斤八两，其铜包铅子，虽大小一样，而分两重至二斤八两。若川省三斤以上炮子，原系纯铁，则依铜包铅法制造，分两自可更重。况滇省铜铅素多，制用自必甚易。着阿里衮于收到炮位后，择地做架木城，将两种炮子演放，试看铜包铅子是否得力，并此项炮位果否宜于攻打木城之处，即行明晰奏闻，再将川省余炮，应送应停，酌量办理。"寻，阿尔泰奏："遵旨将川省九节铜炮拨出四尊，配炮子四十个，委员妥解。至炮子重三斤以上，俱系纯铁制就。"报闻。

307 卷 814 · 乾隆三十三年七月

庚寅 又谕："据明德奏'云南粮储道罗源浩总理铜厂，于各厂铜斤，多有透漏，并不加意严查。且于积欠铜本，又不实力着追，甚属昏庸不职。其借补东川府汤丹通判程之章，废弛铜务，均请革职'等语。罗源浩着革职，交与该督抚等，将折内情节，据实详悉究审。程之章亦着革职，其有无经手情弊，该督抚等一并究明查办。"

壬辰 谕军机大臣等："据明德奏'云南粮储道罗源浩总理铜厂，于各厂铜斤多有透漏，并不加意严查，又前此积欠铜本七万六千余两，并不实力着追，实属昏庸不职'等语，已降旨革职交与该督抚等查究矣。罗源浩一人，朕知之最深。伊前任浙省道员，朕于南巡时，因湖南省京员甚少，将伊补授京堂。乃召见奏对之次，伊并不踊跃感恩，转有瞻惧外任之意，是以令其复补道缺。乃伊惟知图得养廉，仍不实心供职，铜厂系其专司督办之事，既不能严查透漏铜斤，而厂内工本，又不上紧清厘，因循玩忽，居心卑鄙，深为溺职负恩。着传谕该督抚等，如罗源浩于此案内，果审有染指亏空之事，自应严行治罪；即使本身尚无侵渔，而所发工本银两炉户等不能交官还款之项，一并着落罗源浩名下勒令按数赔偿，以示惩创。倘伊一时未能清缴，即着留于该省严追，不得令其回籍，转得脱身事外。将此详悉传谕阿里衮、明德知之。"

308 卷815·乾隆三十三年七月

丙午 户部议覆："淮安关监督方体浴奏称'向例贡物，及官办铜、锡、纸张、竹、木等项，过关俱不报税。今贡物定报税新例，此项官物，是否照旧办理？再，铜船过关，将余铜填给印花，归崇文门统报，贡物可否仿照此例'等语。贡物报税，系杜借贡品名色，夹带私货之弊。若官办物件，动项采办，自无庸纳税。至余铜，必俟铜赴局交足后，始有确数，是以各关填给印花，归崇文门统报。若贡物应逐件查验，未便照铜斤过关之例。"从之。

309 卷817·乾隆三十三年八月

己卯 豁免云南运铜因风沉溺铜，四万三千八百八十九斤。

310 卷818·乾隆三十三年九月

庚寅 谕军机大臣等："阿里衮等奏'拿获收买边外野人货物之左国兴，解赴腾越正法枭示'一折，所办甚是，已于折内批示矣。边外野人，既向与左国兴熟识，今复至伊家易换货物，自必谈及该处情形。或假托贸易之名向左国兴探听内地信息，亦未可定。阿里衮等既将该犯拿至永昌亲审，自应讯明此等情节，再行正法。不知阿里衮等，当时曾否究问及此，有无确切供词。至此次野人，虽在腾越边外，或系内地土司所属，或竟系缅匪界内之人，或系中间猓夷两无统辖，并着阿里衮等查明附折详悉奏闻。再据称腾越州和顺乡一带民人，向在缅酋地方贸易者甚多，今左国兴既有与野人私换之事，其余恐尚有类此者，亦当详加查察，毋使稍有疏纵。至于内地民人，固当严其偷越边境，以防漏洩风声。并当禁其私带贼匪需用之物，出外贸易。若边外野人潜至内地，或可藉以探问彼中消息，但民间私售既违禁例，且恐彼此交通，妄为传布。或可听野人携货入边，官为收买，除牛、马、铜、铁、硝、磺等项，恐资贼用者，不准换给外，其余绸布各件，无关紧要之物，按值与之交易，或可联络其情，藉以访其虚实，似亦筹画边防之一法。但此事甚有关系，不可不慎重办理。着传谕阿里衮等，确按该处现在情形，详细商酌，是否行之有益，不致别有流弊之处，妥协密筹，据实定议覆奏。"寻奏："前拿获易换野人绵花之左国兴，曾经研讯，实系关外野人，并非缅匪假贸易前来探信。至野人，另是一种，非内地土司所属，亦非缅匪之人。其腾越州和顺乡一带民人，自严禁私贩后，实无赴缅贸易者。再，野人与缅匪不通，即准其入关贸易，亦不能得彼中消息，转恐缅匪令摆夷假冒野人，进关探信。"报闻。

乙未 协办大学士公副将军署云贵总督阿里衮、云南巡抚明德奏："滇省铜厂三十余处，向系粮道专管，布政司无稽核之责；金银铅厂二十九处，又系布政司专管，本地道府概不得过问；均属未协。请将各处金银铜铅厂，如系州县管理者，责成本地知府专管，本道稽查；如系府厅管理者，责成本道专管；统归布政司总理。至粮道既不管铜厂，事务太简，查驿盐道管驿站盐务，政事颇繁，请将驿盐道所辖之云南、武定二府，改归粮道管理，所有该道等应换印信，咨部换给。"得旨："如所议行。"

丙申 谕军机大臣等："据阿里衮等奏'请责成该管道府专管厂务及统归布政司总理'一折，已批如议行矣。至原参'粮储道罗源浩总理铜厂，于铜斤多有透漏及未追责欠铜本至七万六千余两'一折，已降旨革职查究，并令将应行交官还款之项，着落罗源浩名下，勒令按数赔偿，以示惩创。今复据阿里衮等奏'各厂有弊、无弊漫无证据，甚至奸商侵蚀工本以致乏费停采，穷民失业，帑项虚悬'等语，此皆从前办理不善所致。罗源浩固罪无可宽，而刘藻在滇最久，鄂宁莅任年余，均有督办铜厂之责，何以并未查明及早劾参妥办，以致厂务废弛、国帑虚悬。所有罗源浩应行追缴之项，倘将来不能如数赔偿，即着刘藻家属及鄂宁名下照数分赔，以清帑项。"寻奏："罗源浩等实系办理不善，尚无染指情事，其积欠银，议令罗源浩分赔一半，各厂员分赔一半，倘实不能如数，再着落刘藻家属及鄂宁名下分赔。"报闻。

311 卷823·乾隆三十三年十一月

庚子 谕军机大臣等："闻江南、江西等省，民间行用制钱内，多有搀入翦边小钱者，虽经地方官查禁，其风总未能止息。此等匪徒敢将制钱私自翦边销毁，殊干法纪，虽间有查出治罪者，不过民间零星使用。究之伊等所翦钱边碎铜，非另铸私钱，即改造器皿，售卖时必有踪迹可寻。若即将零铜镕化总卖，亦必有铜铺向其收买。市井细民，安得盈千累百之铜，其形迹更易于推究。若于此严密访拿，方为正本清源之道。着传谕高晋、彰宝、冯钤、吴绍诗等，即督饬所属，实力上紧缉拿，务将窝主及售卖店家，严行追讯，使奸徒无从潜匿，以杜根株，毋得仅以具文塞责。"

312 卷824·乾隆三十三年十二月

丙辰 又谕曰："明德查奏罗源浩应赔铜厂银两一折，内称'即系银内全完，仍不准其开复，程之章等各员如于一年完项，照例开复，而另片内又称均俟交赔完日，方准回籍'等语，显系该抚意存姑息，急欲为伊等开脱，所办非是。罗源浩为人，朕所素知，前于浙省道员任内，曾经加恩补授京堂，乃召见奏对，意并不知感激，惟欲贪恋外职养廉。及将伊复用道员，一味恋栈因循，竟不实心任事，以致铜厂废弛日甚，任听属员透漏作弊，甚致铜本有亏，亦不上紧厘剔。其溺职负恩，初非寻常失察。应赔官项之人，可比前经降旨甚明。是论罗源浩之情罪，即将应赔之项，按限全缴，尚当交部治罪，以示惩儆，岂徒不准开复，遂足蔽辜。但此时伊若自知余罪无可解免，则应交官赔项，势必怠玩不前，是以暂且停其交议，传谕该抚看其完项情形，如不甚踊跃，即将伊监禁，着追事毕时，再行奏请治罪。至程之章等均系专司铜务之人，任意滥放亏帑，亦有应得之罪，如拖延不完，并着监追，俟伊等交完官项之日，一并具奏请旨。着将此详谕明德知之。"

313 卷 826 · 乾隆三十四年正月

乙未 又谕："户部折奏'滇省上年额解京铜，据该督咨请展限，现在户工二局，核计本年鼓铸余铜，为数无几。请行令该督，将上年头运第二起，二运一二起铜斤，务于年底赶运到京；其三运加运铜斤，务于明年二三月到京；方可无误。仍请饬令将三十四年应运京铜，务遵定限，委员起程解京，毋再延缓'等语，已依议行矣。铜斤关系鼓铸，自应依限解运，未便稍有迟误。明德昨岁在京时，曾以办运铜斤一事，谕令实力妥筹，一切惟彼是问。今虽已擢任总督，而办铜始终是其专责，且喀宁阿初任巡抚，承办亦未能谙习。着传谕该督，此事仍专交伊督办，务照该部程限，依次催趱运京，毋得以新抚有人，稍存推诿之见……"

314 卷 827 · 乾隆三十四年正月

丁未 护理四川总督布政使海明奏："川省原存九节铜炮十位，上年解滇四位。今遵旨将现存六位随带纯铁炮子，照上届按站拨夫接运例，于正月初十日委解，迅赴永昌。"得旨："览。"

癸丑 云贵总督明德覆奏："题拨己丑年铜本，系因藩司详禀辗转驳查，以致迟延。"得旨："览。"又批："此皆外省恶习，既知应请拨，何以不即行具题？况汝已误铜运，惟咨部而不奏？此后若再迟误，或思咨部了事，必不汝恕矣。"

315 卷 829 · 乾隆三十四年二月

己巳 云贵总督明德覆奏："运京铜斤，向由东川各厂，陆运至金沙江下船，至四川泸州收存，委员始行领运。其自东川运至泸州，均系地方官经理，各有脚户承揽，久沾其利。近虽马骡较少，食物较昂，该运户照常挽送无误，毋庸议增脚价。"报闻。

庚午 谕军机大臣等："据明德覆奏'运解京铜迟误，并历年短少缘由'一折，办理甚属迟缓，已于折内批示矣。滇省铜斤关系京局鼓铸，最为紧要，自应按运催督，毋任稍有稽延。况该督明德，前已有旨责令专办，自当加紧妥协筹画。乃上年既将请拨铜本之数，迟滞具题，而于应运铜斤，复请展限，且不据实具奏，仅以咨部了事，尚得谓非意存推诿乎？今虽以原任道员罗源浩详委迟误为辞，殊不知委解之员，即有钱粮交代，亦应按期催饬，何至任其迁延时日，久羁误运？至滇省产铜素裕，因何自乾隆三十一年以来，渐次短少，遂成亏缺。现在虽称本年得铜约可一千余万斤，而前此历年层层缺额，办理不善者何故？典司贻误者何人？并不详悉根查，据实具奏。明德前任甘肃，与黄廷桂同在一处，朕因其办理诸务，颇能仿佛，是以历加委任。今所办各事，竟不能实心尽力，一味渐染外省积习，岂朕倚任该督之本意耶！明德着传谕申饬，并着将此时作何催运及从前办铜短少各情由，一一详悉覆奏。"

癸未 是月，江苏巡抚彰宝奏："续获蔫边私铸各犯，现在审办。查铜器铺户，俱有商办洋铜可买，尚无收买碎铜情弊。"得旨："此语盖为开脱私销而设，如此妇人之仁，岂能剔弊除奸。"

316 卷831·乾隆三十四年三月

壬寅 又谕曰："明德覆奏'办运京铜缺少，迟误缘由'一折，内称'查明缺少铜斤各厂委官及抚臣、粮道，接卸年月摊赔'，另奏夹片内亦称'现于另折内奏请，着落分赔'等语。及细检明德今日奏到各折，并无另奏铜斤之事，殊可诧异，岂封发时遗漏装入，抑欲以此等空言蒙混了事耶？明德向来尚属细致，何顿然昏愦若此？可见其办理诸事明，全不实心提策。着将此饬谕知之。"

317 卷832·乾隆三十四年四月

己未 经略大学士公傅恒奏："三月二十四日已抵云南，询问缅匪情形，专恃木栅抗拒我师，向来用寻常枪炮攻取，无济于事。臣访闻茂隆厂一带，有善造大炮之人，将来进兵时，兵弁各带铜铁一斤，遇攻栅时，随地暗铸大炮，出其不意，自可立破贼寨。用过后，仍可镕化携带。"批："果破一二大寨，亦自如破竹之势，贼望风而散矣。"

318 卷833·乾隆三十四年四月

壬申 （经略大学士公傅恒、副将军公阿里衮、副将军阿桂等）又会奏敬陈军营事宜：

……

一、火药铅弹，照兵丁应得分数给与，每致遗失，今酌于应得之数十给二三。其余专员运送，随时接济，向来用竹篓、木箱装贮，遇雨辄漏，且易抛散，今酌改用牛皮袋。

一、弓箭非绿营所长，此次毋庸佩带，箭枝转可匀给索伦备用。绿营兵，饬令多带鸟枪、藤牌、刀矛。又思短兵相接，用斧亦可，而攻斫木栅，尤为得力，现饬制三斤重斧，酌量配带。

一、现觅善铸大炮工匠先造炮模，并带铜铁随时铸造应用。又多带劈山五子各大炮，均能打远适用。至乌机等炮，徒费扛抬不济实用，俱不运带。至绿营鸟枪，大半堂空口薄，只食子药三钱，演时多在平时，临阵下击火，未发而子已落。现按提水枪法，令枪子与枪口吻合，间有小者将黄土树叶探塞，并新造食子药四钱鸟枪，分给演习。

……

得旨："览奏欣慰。阿里衮、阿桂岂肯如此用心！"

庚辰 豁免云南运解乾隆三十一年分，第三运第二起遭风沉失铜五万八千八百斤有奇。

319 卷836·乾隆三十四年六月

壬戌 谕军机大臣等："滇省办理军需，计前后已拨解帑银一千三百余万。历年动用若干，未据核算。现在将届进剿，兵饷银两，最关紧要，自当宽为预备。着传谕傅恒，即行查明现存银数，是否宽余，如尚须酌量增添，即速行具奏，以便早为拨运。将来大兵凯旋后，即或用有留余，原可存贮藩库，以备节年拨给该省兵饷及铜本之需。将此传谕知之。"

320 卷 837 · 乾隆三十四年六月

戊辰 又谕："前因浙江等省搀用儇薄小钱，传谕各督抚实力查禁，近闻各处民间仍前行使，此风并未止息，而苏州地面为尤甚，可见督抚等奉到谕旨，不过多张告示一时塞责，官民均视为具文。其于正本清源之道，究未悉心筹画也。在小民彼此交易钱文，原难一一加之搜剔，其钱行铺户，乃钱所汇集之处，理应设法查办。若将所有小钱，竟行勒令交官，致伊等资本有亏，转恐利计锥力之徒，巧为藏匿。如照小钱分量，折中定价，按数收买，其法最为两便。但闻胥吏人等从中舞弊，或有将交官之钱，仍行夹杂使用。自图余利者，似此积蠹相沿，奸弊何由整剔，嗣后凡给价交官之钱，在省城现有铸局者，莫若即令交到之日，立即令其入炉镕化，即各属州县亦令于公署，设立铜炉。当时如法倾销，倘不肖书吏尚有潜为隐匿存留者，该管厂员及州县等，即当查明，治以官法，有通同徇隐者，督抚即行参处。如此，庶小钱可以净尽，而闾阎亦不致滋扰。其私铸、私剪及窝顿贩卖之人，仍应加紧访拿治罪，不得因专办镕钱一节，转致稍有懈弛。仍将各省现在行使小钱情形有无止息之处，据实具折奏闻。"

壬申 经略大学士公傅恒等奏："铸炮工匠，现已熟悉，本月初五日制得大炮一位，用铜二千余斤，中安大铁子一，重十六两，群子十余，各重二两。竖立木栅，约三里外安炮施放，炮子直冲木栅，复进散山石，入土五六尺。若将模子略放，即三千斤重炮，亦属易办。查铸炮先分节做成泥坯模子，临时将模子对缝埋入土坑，然后灌入铜斤，阅三时炮身可就，土坯必竣自干，不可火烘。又中间所用铁杆亦须预造，用时将官员兵役分带铜斤立时镕化，即可成铸。炮身热退约须二日，掘取土坑以及钻打火门，统不过四五日，即可对敌施放。无论木寨砖城，无不应手立破。"得旨："欣慰览之。"

甲戌 谕军机大臣等："户部议驳明德奏分赔铜斤一折，已依议行矣。此项分拨各省铜斤，原在应运京铜数内截留，自应按照原议，分作二年补解京局。乃明德折内，并未将截留铜斤，作何补运之处，详晰声明，已属含混。至原拨铜斤，既给自汤丹厂，即应照汤丹厂每百斤六两四钱之价，定数追赔，何以转照青龙等厂，每百斤五两一钱有零者定价，致短赔银至二万七千四百余两之多，显系为属员等避重就轻，尤属非是。明德近来办事，顿不如前，朕屡加训饬，冀其悛改，何以办理此案，尚深染外省恶习，颟顸错谬若此！明德着传旨严行申饬，仍照部驳情节，另行妥议速奏，并谕傅恒知之。"

321 卷 838 · 乾隆三十四年七月

癸未 谕："据明德奏'广西府五嶍通判马生龙，委管威宁铜店，亏缺应存运脚银一万四千两零，请革职严究定拟'等语。马生龙管理铜店，亏缺银两至如许之多，殊属不法，着革职，交与明德，即提拿案内经手家人书役，一并严审究追，定拟具奏。"

322 卷840·乾隆三十四年八月

庚戌谕："前据明德查奏'滇省缺额铜斤，定价分赔'一折，将汤丹、大碌二厂之铜，照青龙等厂中价分赔，又不将截留京铜分年带运之处，详悉声明。经部议指驳，因即饬谕明德，令其查明覆奏。今据奏称'去年一年所产之铜仅敷鼓铸，是以未经带运'等语，尚在情理之内。即前折未经声叙，亦可宽恕。至汤丹、大碌与青龙等厂价值，多寡悬殊，乃从前率据该司开送中价，遽行入奏。经朕传旨询问，明德亦更无可置辩，自认从前办理错谬。明德着交部议处。其另单所开历任分赔银数，仍着该部详核着追。"

庚戌 谕军机大臣等："据明德覆奏'本年不能带运补解京铜，及汤丹等厂分赔铜斤，率照青龙等厂定价短少缘由'一折，已于折内批示，并交部议处矣。明德仅据该司所议之价，不加详核，遽行列奏，咎固难辞。而该司以汤丹、大碌二厂应赔之铜，辄照青龙等厂等价，以致数目短少，显有瞻顾历任上司及祖徇同官属员之意。该司究系何人，未据将姓名列入，殊未明晰。或尚系宫兆麟任内之事，或系钱度到任后所办，抑系署任之员定议办理，着传谕明德，即速查明，据实覆奏。"

323 卷842·乾隆三十四年九月

甲申 谕："前因明德覆奏汤丹等厂分赔铜斤率，据该司议详，照青龙等厂定价，以致大小悬殊，甚属错谬，业将明德交部议处，并令查明定议之该司，系何人任内之事，据实覆奏。今据明德奏到'此案查报应赔数目，系现任布政使钱度办理'等语。钱度经朕擢任封疆，屡获罪戾，仅降补云南布政使，已属格外加恩，乃不知实力报效，于应赔铜斤定价一事，并不据实查办，仍敢瞻顾情面，避重就轻，其取巧沽名之恶习，尚不知改，不可不明示惩儆。伊现有经手承办军需之事，若将伊罢斥治罪，转得卸责偷安，但伊系屡经革职留任之员，即再予以革任注册，伊仍视为固然，罔识愧畏。钱度着革去顶带，仍留云南布政使之任，以观后效，倘若不力为悛改，必将伊重治其罪。嗣后屡经革任宽免之员，有似钱度之居心巧伪，市惠徇情者，遇有应严加议处之案，即照钱度此例行。"

庚寅 又谕："据良卿参奏，承办铜铅之威宁州知州刘标发运铅斤，短缺百数十万，挨查多无着落，而已领脚价、应办省局铜斤，又复托词稽缓，抗不解交，显有侵欺支饰情弊。刘标着革职拿问，交与该抚严行审究，务得实情，定拟具奏。"

庚寅 谕军机大臣等："据良卿参奏'威宁州知州刘标办运铅斤缺少之数，并无着落，而已领脚价承办省局铜斤，又复托词延缓，显有侵亏抵饰'一折，已降旨将刘标革职拿问，交该抚严审究拟矣。黔省办运铅斤，屡经迟缓误期，皆由良卿不实力督办所致。今因节次饬查，始将属员侵欺等弊，查参塞责，可见该抚平日于鼓铸要务，全不留心整顿，殊属非是。良卿着传旨严行申饬。至刘标一案，现交该抚严审，务须彻底根究，讯得确情，毋使稍有遁饰。若该抚尚欲存心袒护，曲为劣员开脱，断难逃朕洞鉴，必将良卿重治其罪。着将此谕令知之。"

324 卷 843 · 乾隆三十四年九月

戊申 两江总督高晋奏："江苏现买废钱八十万斤，须制钱七万六千余串，宝苏局积存卯钱不敷支发。查宝苏局应买商铜二十万斤，需价三万五千两，若以铜本银两分发各属，自行易钱收买，即以解到废铜按卯加铸，将来即以铸出之钱，按每两九百七十文给商，事称两便。"得旨："所办好，此事颇可嘉。"

325 卷 844 · 乾隆三十四年十月

壬子 又谕："据良卿奏'审讯革职威宁州知州刘标，亏缺铜本脚价银四万八千三百九十余两外，约计少铅七百余万斤，核缺工本脚价银十余万两。所有专管铅务之粮驿道永泰，亲临知府马元烈，请革职究审，并恳简派大臣来黔会审'等语。永泰、马元烈均着革职，派内阁学士富察善驰驿前往，会同该抚一并详查，严审究拟具奏。良卿在任四载，属员承办铜铅，亏缺如此之多，漫无觉察，所司何事？着交部严加议处。刘标欠项若不能完，即着良卿等三人分赔。"

壬子 谕军机大臣等："据良卿奏'参革威宁州知州刘标，亏缺铜本脚价银四万八千三百九十余两外，约计少铅七百余万斤，缺工本脚价银十余万两'等语。刘标经管厂务，亏缺铜铅工本脚价银至十余万两之多，恣意侵渔，实出情理之外。现已派内阁学士富察善前往会同该抚严审究拟。着传谕杨廷璋即速派委妥员，前往该犯原籍大城县地方，将伊家产严密查封，毋任稍有隐匿寄顿。其任所资财，并着良卿一并查封。"

癸丑 户部奏："云南解铜官李整笏短少铜斤一案，讯据该员供称'因碎铜五千六百余斤，并装坐船，遇风沉溺后未及开报，至换船起剥，零块亦多脱落'等情，应交沿途各督抚，查报核办。"得旨："此项短少铜斤，据该解员称'因碎铜包篓恐有遗失，并装坐船，行至大峰朱滩，遇风沉溺，未敢将多装之数开报'等语，似属实情。但此外尚短铜六千余斤，称系沿途抛散，安知非其长随家人等，见该员迂拙，不能照料，途中乘间窃偷，亦势所必至。今该员既有应得处分，而其家人转员得脱然事外，于情理亦未平允。着将该解员随带家人等，俱交刑部详悉研讯有无盗卖舞弊确情，据实具奏。李整笏交部质讯。余依议。"

丙辰 谕："据富明安奏'兵部覆准范宜宾条奏东省运河煞坝期内，裁减水夫工食'一案。查该省水夫向系长养在驿，每日仅得工食银二分七厘，若裁去四月工食，每日仅得银一分八厘零，穷民口食不敷，势必散逸。遇有要差，临时雇觅，倍多糜费。且煞坝实在日期，每年不过两月余，而铜铅守冻船只，均须拨役看守，非因煞坝而虚费钱粮，请照旧存留'等语。所奏是。东省水夫工食难于裁减，该抚既将实在情形入告，自毋庸琐屑裁扣，使穷民口食拮据，转致贻误公事。所有德州等十四处水驿人夫工食，毋庸扣减之处，着照该抚所请行。"

壬戌 又谕："据户部议准文绶奏'滇省低铜未到，暂配黑铅鼓铸'一折，已依议行矣。陕省委员赴滇采办铜斤，滇省自应上紧赶办给发，以资该省鼓铸之用，何以阅时三载，始据自滇领运？办理殊属延缓。且自陕赴滇，运铜往返程期，先经户部议准四百八十余日，即在滇守候，亦何至迟逾一年零六月有余？陕省因何竟不按限行催？滇省因何不知早行拨给？均难辞咎。着传谕文绶、明德，即将迟误缘由，查明覆奏。至折内称滇省咨报该委员本年七月内领铜，因瘴盛，于十月起运，更不成语，已交军机大臣，将此语删节发钞。滇省即有瘴气，不过边外地方，若运铜所经，皆系腹内地面，安得以瘴盛为辞？此乃委员等因逾限已久，藉词支饰，该抚何得辄为听信，据以咨报，殊属不知事体！嗣后办理内地事务，不得以有瘴托词展限。将此一并传谕知之。"寻，陕西巡抚文绶奏："查滇省厂铜不敷，现有贵州、广西等省，采办在陕省之先，挨次拨给，故至稽迟。但各省办买滇铜，陕西最远，嗣后应咨商云南巡抚，通计地方远近，先行拨发。"报闻。

癸亥 谕军机大臣等："威宁州知州刘标亏缺铜本铅运等项银十余万两，经良卿参奏，已将刘标及该管道府永泰、马元烈革职，派内阁学士富察善，前往会同良卿查审。昨户部奏'据粮驿道永泰揭报刘标亏空缘由，并揭臬司高积营私觊法各款内，有与良卿干涉之处'，则良卿不便令其会审，此事亦非富察善一人所能查办者矣。复派侍郎钱维城前往会同吴达善赴黔查审，但思钱维城虽系驰驿，行期究未能迅速。而黔省此案，所关甚大，不但臬司应解任质审，即良卿诸事模棱，亦不便令其仍任封疆。且恐伊等串通一气，若更耽延时日，益恐扶同滋弊。现已降旨，将黔省两司另行补授，驰驿前往。着传谕吴达善，即将总督印务及所署荆州将军印，俱交梁国治暂行兼署。此旨一到，该督即日起身驰驿兼程前往，一到黔省，即将各案紧要关键，速即讯究确信。如良卿、高积等有应革审者，一面奏闻、一面革职拘禁，毋任稍有腾挪掩饰及疏虞自戕等事。俟钱维城到黔，并会同富察善逐案秉公详晰严审，务令水落石出，以惩积弊。所有永泰原揭，着钞寄吴达善阅看。本日良卿奏到查出刘标实在亏缺银数一折，看来亦未可尽信。并着钞寄吴达善等，一并查办。……"

326 卷 845 · 乾隆三十四年十月

己巳 谕军机大臣等："高晋奏采办滇铜一折，只知循照旧例，于现在情事殊未允协。江省向来原用洋铜鼓铸，历任抚臣虽曾节次奏买滇铜配用，原因洋铜间有不敷，一时调剂之计。今滇省所产铜斤供应京局及各省采办为数甚多，所余并不能宽裕。在他省离海遥远者，不得不取给滇铜。若江南及浙、闽、两广等省，通洋甚便，自应随宜经画，何必远涉云南，多需时日？今据该省所奏，三十一年委员至今未到，又复拘泥三年一次委员之例，徒致往返周章，接济岂能应手？且不知前此三年未经运到时，江省钱局配铸又系何支应？是其言已未免自相矛盾。着传谕该督，令其通盘筹核，将采办洋铜一事悉心经理，酌剂得宜，不必沿习兼买滇铜旧例，致鼓铸转有贻误。仍将妥议筹办之处，据实奏闻。"寻奏："查宝苏局本年第十六卯以前，系兼用洋、滇二铜配铸，计成本每百斤需银十两四钱零。若专用洋铜，需银十两九钱零，未免过费。江省现存收买废钱两百余万斤，付局配铸，成本较省，合之现在起运滇铜及每年商铜，足供七年之用。滇铜现可停办，加办洋铜亦可缓数年，后再行筹议。"得旨："好，知道了。"又批："此何须虑，一二年后，滇铜自易致矣。"

庚午 谕军机大臣等："昨据高晋奏委员采办滇铜一折，以该省向来原用洋铜鼓铸，后因间有不敷，兼用滇铜配局，乃系一时调剂之计，现在滇省铜斤除运京局及各省采办外，所余之数不能甚充，况兼远赴滇省采买，往返逾时，缓不及事。已降旨高晋，令其随宜酌办，不当拘泥成例。今思各省钱局，如果离海遥远，不能够办洋铜者，即仰资滇省之铜，自属正理。至如浙江、福建俱系滨海之区，何以亦复兼办滇铜？甚至宝福局每年所用洋铜，仅止三万余斤，而滇铜转有十四万余之多。江西亦因距江南不远，采用洋铜，何亦兼购滇铜三分之一？其参配并用之故，殊不可解。又如广东亦在沿海地面，通洋最便，该省未定盐铜互易之利（案：当"例"字之误），从前是否亦用洋铜？其毗连之广西一省，运自广东海道亦不费力，又何以全用滇铜？其中酌盈剂虚，自当因时制宜，不得以向例如此，惟是依样葫芦，而置远近难易于不问。着传谕该省督抚，即将该省现在鼓铸情形，并如何酌量变通，俾采购不劳跋涉，钱局无误卯期，而滇省亦免纷烦供应之处，详悉妥议，据实核奏。"

丙子 谕军机大臣等："据明德奏'审讯马生龙亏缺铜店运脚银两，问拟斩决'一折。初以该犯亏缺帑项，数至累万，照《侵盗律》问拟，自属情罪相当，已批该部核拟速奏。及细阅供单，则马生龙第称办理不善，亏空累万，明德亦并不详加诘究，遽尔定案，岂成信谳？如果马生龙并非侵蚀入己，而所称脚户逃亡、重价购马诸事，尽有确据，则该犯不过庸劣无能，办理不善。辄因其亏数过多，立置重辟，不但无以服其心，朕亦有所不忍。乃伊所供各情节俱系游辞支饰，自当逐一根究，务使证据分明，则案情轻重自可立办。明德何竟不加严鞫，遽凭一面之词，率为迁就，思欲颟顸了事乎？如供内称'因办理夫差，兵马短少，随招徕脚户，预发运脚，渐有逃亡无着'等语，雇觅脚户，自有乡约、保正等经手承办，即所发运脚亦必有承领之人，何难拘传讯问？今将何年月日雇夫若干、发价若干两之处，各为详晰指出，其虚实自不能掩。且脚户既得有运脚，则糊口有资，何至受值后转行窜逸，并至尽数逃亡？皆理之所不可信，明德何以全不加以研求？至所称重价购买马匹及雇夫馁养之处，更无难立为剖析。马生龙亏帑至一万四千余两，则够马又得几何，亦当问其每马需价若干，实买多少，买自何人之手，并雇夫馁养需费若干？一一开数核算，自必水落石出。乃轻信其马多倒毙一语，又不究其倒毙实在几何，遽以为够马开销之据，有是理乎？即所云铜店费用较多之语，尤为易于核实。乃于此等紧要关键不问，仅就其虚浮无据之词，率定爰书。明德久任封疆，所办审案不少，曾见有如此模糊影响，遂得谓之准情断狱乎？至以长随童升，不行禀阻，拟以杖责，更属可笑。童升系马生龙委令管理铜店之人，若其中果有通同侵蚀情弊，即应审明计赃定罪，如实并无染指，即系案内无干之人，并可无庸坐罪。且长随与家人童仆无异，其分不过供给使令，并非胥吏等职司案牍，遇本官有事不合例之处，尚可责其未能禀阻。今明德乃以此责之长随，则是州县在外，竟当受长随钤制，可以惟所指挥，其为悖理更甚！明德何竟颠倒若此乎？看来明德近来，竟属昏瞆荒唐，于事理全然不晓，此案非伊所能审办。着将明德原折并供单，钞寄彰宝，令其逐一详加审究，务得实情，另行定拟具奏。"

丙子 又谕曰："明德奏'审明亏缺碌碌厂铜斤之参革知州邹永绥，按律问拟斩候'一折，初以折内亏缺情节不过如此，已批交该部议奏。及阅邹永绥供单，内有所少之铜，实是该员多报之铜，此语已非情理所有。月报铜斤多寡，自有确数，该员身司铜务，岂有自行浮开数目，以致日后查出短少之理？人虽至愚，亦不应出此。又称铜本银两存贮在库，丝毫无亏，其言尤不足信。安知非该员一闻盘查之信，设法弥补，巧为掩覆地步？如此疑窦种种，明德并不彻底研讯，竟行录取浮供，希冀颟顸了事，可见明德一味模棱昏愦，竟已无所用心，此案亦难望其审明完结。着将明德原折并供单一并交与彰宝，秉公究审，定拟具奏。"

戊寅 护理广西巡抚布政使淑宝奏："粤西采办滇铜，己丑、庚寅两运尚需守候，现在局铸须早筹画。查官钱壅积已六万余串，除发各属换销小钱外，尚剩三万余串，应将乾隆三十五年配搭俸工及出易等钱停铸，即以壅积之钱补数，可减炉七座，余十三座只需滇铜三十九万一千余斤。计各员陆续运到，乾隆三十六年仍可复铸全炉，本年应委辛卯运员并请停止。"得旨："似属可行。"

327 卷 846 · 乾隆三十四年十一月

癸未 谕军机大臣等："据户部奏，参革威宁州知州刘标，差人赴部呈控铜厂赔累及各上司勒索缘由，并呈出用印底簿一件，内方世俊在任勒索之数多至六千余两，殊堪骇异。刘标所控，虽系情急一面之词，但簿内俱有款证可据，似不尽由该犯之畏罪反噬。方世俊简任巡抚以来，看其办事，尚属认真，平日为人，亦颇谨饬，是以由黔调任楚南。不意其勒索属员，狼藉若此，且公然直索金银，毫无顾忌，实出情理之外。观音保于前月二十五日自直隶起程，此时将入楚境，着于接奉此旨之日，即趱程前赴湖南，署理巡抚印务，即传谕方世俊令其解任，并面加询问，察其词色形迹如何，即行具折覆奏。一面将方世俊任所资财严密查封，一面将方世俊派人严加看守，解往贵州质审，毋致稍有疏虞。所有刘标底簿内开方世俊勒索一款，并抄寄观音保阅看。若方世俊神色坦然，似实无其事，则不必查其任所资财，但令解任，令人带赴黔省质对可也。"

癸未 又谕："户部奏'据革职知州刘标，遣人赴部控告铜厂赔累，及各上司历年勒索底簿'一折，所开俱有款证可指，似非尽由刘标之畏罪反噬。而其中方世俊需索多至六千余两，且有径索金银之事，殊堪骇异。现已传旨观音保，即将方世俊解任，就近诘讯后解往贵州质审。着将原呈及印簿，交吴达善等，即行按款严加究讯，务使水落石出。此时且不必令方世俊闻知，俟将证佐人等，审有确据，即一面奏请将方世俊革职拟罪。其韩极、图默慎或应解任候讯，或即应革职究审，并着吴达善等就查出情形，参奏办理。所有贵州布政使印务，着吴达善酌量委员暂署，附折奏闻。仍将各案现在如何查审，及曾否得有确情之处，即行据实速奏。"

328 卷 847 · 乾隆三十四年十一月

庚子 谕："据吴达善等奏'查审威宁州知州刘标亏缺铜本铅运，及永泰揭报高积等勒索刘标一案，请将按察使高积等革职审拟'等语。高积、图默慎、韩极俱着革职，交与吴达善等，严审定拟具奏。方世俊亦着解任，押解黔省，听候质审。"

庚子 又谕："据吴达善等审拟革职知州刘标亏空铜斤一案，据刘标供出'方世俊婪索金银等物，请旨将方世俊解任解黔，并伊侄孙方四、家人李四一并拿解质讯'等语。前于刘标遣人赴部控告时，已传谕三宝等将方世俊传讯，交观音保解往黔省对质，并令吴达善等，并案严审矣。今阅吴达善所奏，其时尚未奉到前旨，而核之案内情节，方世俊娄索各款已似非刘标虚捏，所有伊侄孙方四、家人李四俱系案内应讯之人。着传谕三宝，密速查拿，遴委妥员解赴滇省审讯。仍饬中途加意防范，毋得少有疏虞。"

庚子 又谕："据吴达善等奏'查审刘标亏缺铜本，及永泰呈揭高积、良卿需索贪娄一案，业据高积等一一供认，并究出前任方世俊亦有索取金银等事，请旨解黔质审'等语，已降旨将高积等革职，交该督等严审定拟矣。至方世俊在任种种娄索金银等物，前据刘标呈揭，尤堪骇异，业已传谕观音保，驰赴湖南，将方世俊解往贵州质审，此时当早已解到。吴达善等务须严行鞫讯，毋得稍有遁情。其方世俊之家人李四及伊侄孙方四，俱有索取银两之事，自应一体究追，现已传谕三宝，迅速拿解黔省，并案审办。且恐方四等先已回南，谕令高晋在伊原籍，一并查拿。至永泰、马元烈俱系刘标本管道府，岂有转无交结馈送之事？或刘标因方世俊等迹近勒索，故举首以泄其忿，而于永泰等平时结纳往来，冀其弥缝回护，故册内有意开除。且安知其印册，非事发后倒提年月所办？现经该督等集犯严审，自无难得其实情，但刘标亏缺至十余万两，今据所开各上司勒索之项，即尽皆审实，亦仅一万九千余两，尚不及五分之一。其因何亏缺如许之多，务须严切确讯，令将亏缺之项，逐一供出，俱指明切实着落，毋任丝毫遁饰。"

329 卷848 · 乾隆三十四年十二月

庚戌 刑部等部议覆："御史胡翘元奏称'解运京铜，请令该督抚于已得实缺者选派，不许滥委试用人员'等语。查滇省正加四运铜，定例派正印等官，分八起领解，需用多员，若拘定久任之人，恐致不敷。臣等酌议，于现任各官外，其试用人员，已署州县者准委，分发初到者，不得滥派。至解送官犯，惟择现任员弁押解，不准差委试用效力等员。"从之。

乙卯 谕军机大臣等："据吴达善等奏'查审刘标亏缺铜斤及永泰揭报高积'各款，已于折内批示。良卿与高积交密往还，并令幕宾通同勾结，肆意侵渔，实出情理之外，不料良卿竟敢如此！督抚与藩臬至于上下一气，串通结纳，任意营私，将何事不可为？此则甚有关系，不可不审明，从重治罪，毋令稍有遁饰。至永泰、马元烈，为刘标本管上司，岂有馈送遍及抚司，而道府转无交结之事？切不可听其一面供词，致令狡展。该督等务悉心严究，俾底里尽露，以成信谳。其普安州知州陈昶，于承审吴国治一案，勒取悔状，显有回护情弊，已降旨将陈昶革职，交该督等严行审讯定拟。此案原被告，既确有其人，而被诬之许文衡等又曾经州民吴国治等控告，必非尽系虚诬。而从前良卿等即委该州会同查办，致有抑勒回护之处，均须彻底查办，以示惩儆。至于民人呈词，散于夹入军台包袱内达御，实属可恶，即所控审讯属实，亦应另案查明，重治其罪。将此一并传谕知之。"

330 卷849 · 乾隆三十四年十二月

壬申 军机大臣等会议："大学士陈宏谋奏请停办洋铜一折。查洋商每年承办铜九十八万余斤，合之岁产滇铜，分解京局各省以供鼓铸，若将洋铜全行停办，分拨必致不敷。其所虑商人居奇之说，尚系当日情形，现在各商承办，俱无缺误，自可毋庸另议。至奏称

'厂夫系食力之民，必须预发工本，以资采办'等语，应如所请。仍令该抚饬所属铜厂，责成课长出结，按期交纳，逾限勒追，如有亏缺，令该管厂员及课长分赔。"从之。

壬申 （军机大臣等）又议："调任泊江巡抚永德奏覆筹议浙局停办滇铜一折，查滇省各厂，每年产铜一千三百余万斤，供应京局及各省配铸共需铜一千二百余万斤，原属有余。向因经理不善，积成亏欠，现在奉旨整饬，自不致有误采买。该抚因一时铜运未到，遽请停办，并于搭放一成兵饷内，减半放给，顿改铸额，有碍钱法。至所称'洋商四分民铜，扣缴二分'等语，查各商听留四分民铜，前经户部奏准，令其于此项铜内，分年兑交代完欠项，该商所余无几，未便再令扣缴。均无庸议。"从之。

壬申 户部议覆："两江总督高晋等奏称'民商李豫来等情愿出洋加办铜斤，酌派江南、浙江、江西三省配铸，现可停办滇铜'等语。查官商办铜，每百斤价银十三两，民商每百斤十七两五钱，今李豫来愿领官商范清济退出船只，必不能照官价供办，转致增价糜帑。至所称'于原办商船四分民铜内，扣缴一分'之处，查本年十月，该督咨商臣部，据称'令洋商增办铜斤，不能于四分余铜内办运，请照市价加增买解'，经臣部议驳。是该督于此项民铜，前称实难再买，今复欲扣缴一分，殊属自相矛盾，其事必有难行，应毋庸议。惟查该省现有收买小钱二百二十余万斤，应令付局抵铸，足供七年之用，滇铜暂可缓办。"从之。

壬申 （户部）又议覆："闽浙总督崔应阶奏称'闽省附近西洋处所均不产铜，其东洋日本一带，闽商港路未熟，不能前往购买。宝福局鼓铸铜斤，仍须照旧例赴滇办运'，应如所请。"从之。

癸酉 谕军机大臣等："昨据永德奏请浙省停办滇铜，而大学士陈宏谋又有请停洋铜之奏，二说俱未允协，已经军机大臣会同户部议驳矣。至陈宏谋奏预发工价一节，意欲援为历来铜厂亏缺解免，所见非是。但虑及该督抚等或有惩于前事，不肯照常预发，则办铜必须周章，自为近理，已据议覆允行矣。云贵两省办理铜铅，节年多有亏短迟误之处，皆由经管大员等经理不善。如滇省道员罗源浩并不力为清理，以致积欠累累，是以将伊革职追赔治罪。又有黔省之知州刘标，甚至从中侵蚀，并有该上司需索分肥之事，现在革审究治。经此番惩创之后，督抚等当董率司道及专管之员，力为整顿，勿令复蹈前辙，自可使积弊一清。至厂夫采办铜铅，若不预给工价，一切皆无所资，势难责其垫办。设或该督抚等存畏首畏尾之见，虑及日后干连赔累，不肯照前预发，所谓因噎废食，于铜务实属有碍。着传谕该督抚，嗣后应给工价时，仍行预发，但须按期追亏完缴，以清年款，毋任属员拖延。至向来迟缓之故，亦由厂员督饬不前，乃往往藉口于雇觅夫马艰难，及米食灯油不能充裕，多方委卸，其意未免以为近年承办军需不能兼顾。铜铅缺误，其来已久，前此未办军务之时，又将何辞以解？着该督抚等，悉心妥协筹办，务令各项供用无乏，俾铜铅皆得源源接运，以济京局及各省鼓铸。如仍奉行不力，稍有稽延亏少，惟承管之督抚司道是问。将此切谕知之。"

癸酉 又谕曰："永德奏浙局铜斤一折，交军机大臣会同该部议奏，所驳甚是，已降旨依议矣。浙省钱局需铜，向系滇洋并办，以一成钱搭放兵饷，相沿已久。昨因滇省运铜稍迟，恐不能如期供铸，谕令将能否添办洋铜，以省滇运之处，悉力筹议。该抚既知洋铜之难以添购，即应就实在情形，据实筹画奏闻，乃欲于洋商四分民铜内扣缴二分，以济鼓铸，所增既属无多，遽请停办滇铜，减半放饷，是于铜务钱法，均觉有碍，殊为不晓事体。永德着传旨申饬。该抚现已调任江苏，江省事务殷繁，较浙省尤为难办。伊如此糊涂冒昧，率是以往，恐剧要之任，非所能胜，深为彼虑之。新任藩司萨载，在苏年久，人亦明白能事；臬司吴坛，平日谙谙名；二人皆可相助为理。永德遇有一切事务，当与两司悉心讲论，妥协经理，庶不致贻误地方。设自逞臆见，不能虚衷集益，致公事稍有舛误，则是不能承受朕恩矣。并将此详切传谕知之。"

癸酉 又谕："各省委员赴滇采办铜斤，往来俱有定限。乃各委员多有托故稽迟，不遵程限者，如浙省王鍨，业经领运起程，迟至二年有余，尚未回浙，在途何故逗遛，自应查明办理。向来京局运解铜铅，各员自滇省开运，及经过省分，入境出境日期，皆令各督抚随时查报，是以不敢迟延。而各省采办之员，恃无稽核，往往任意濡滞，旷日玩公，实于鼓铸有碍。嗣后此等人员，在滇领运开行，即着该督抚具奏；其何时领回本省，有无逾限，亦令该督抚查核奏闻。至沿途出入省境期程，并照京局解员之例，一体具奏。如有无故停留贻误者，即行指名参究。将此传谕采办滇铜及滇运经由各省督抚知之。"

癸酉 又谕："据吴达善等奏，审讯刘标亏缺铜斤铅本一案，究出良卿、方世俊各情节，实出意想之外，良卿前经降旨革任，方世俊现亦降旨革职，交吴达善等严行审究矣。此案良卿在黔，历任藩抚，明知刘标亏帑数逾钜万，并不早为参劾，直见事不可掩，作为访闻举发，已属有意纵容，乃于刘标私自出借官帑一万八百余两，竟不据实究追，且将其已追出银六千七十余两批令留抵，私填公项，不行列入查封款内，是其知情故纵，始终隐饰，乃良卿罪案之尤着者。至方世俊身任巡抚，因刘标求开矿厂，辄敢收受银两，其为贪法婪赃，较之所得玉器朝珠等项，情罪更为重大。吴达善等，应即将所有各款确情，速行定拟具奏。至良卿本属旗员，例应解京治罪，而方世俊以封疆大吏，败检贪婪，至于如此，亦应解交刑部办理。吴达善等，于审讯定案后，一面奏闻，一面派委妥员，将伊二人锁解赴京，并饬解员沿途小心防范，毋令乘间自戕。其高积等各犯案，仍即速审明，按律定拟。至折内所称'刘标胞侄刘煨等，先行迂道带回行装，希图隐匿'等语，现已传谕杨廷璋就近查拿审办，其经管帐目之刘飞熊，亦已降旨革去职衔。着该督等，即行并案查办，毋令稍有狡遁。"

癸酉 又谕："据吴达善等查审刘标亏缺铜本及隐漏家产一折，内称'刘标有胞侄刘煨，携带妻妾，并刘标女婿梁遇隆、亲戚张国威等于五月内不由毕节行走，迂道云南镇雄，岔至四川一带回家，带有行装十七八驮'等语。刘标居心阴阴，自知亏缺已多，势将败露，故先令伊侄多带资财，绕道回籍，希图隐匿寄顿，实情事所必有。然前据该督查封刘标原籍资财，止有伊侄刘坦熊一人经管，而所有田房地亩，仅值银四百余两。讯据刘坦熊供称'刘标到任以后，音信不通，亦无银钱寄回'，并称'有弟刘义，现在山东依亲觅食'等语，情节本属可疑，查封刘标家产，系十月间事，距刘煨在滇起程，已阅五月，岂有尚未抵家之理？且刘坦熊原供，诡将刘煨之名，改称刘义，并捏称觅食山东，是其诳词支饰，已属显然。着传谕杨廷璋，即将刘坦熊严拿到案，讯究刘煨等实在下落，密速飞拿严究。伊等带回骡驮等项，逐一追出，勿任其丝毫影射。再，刘坦熊既狡诈若此，其产业必不止此数，恐此外隐匿寄顿，尚复不少，并着该督切实访查，严加鞫讯，毋使稍有遁饰。"

戊寅 两广总督李侍尧等覆奏："臣等遵查粤省现在鼓铸情形，自乾隆三十二年以后，并无洋铜到省。询据夷商，俱称西洋向不产铜，惟嗹哒（案：荷兰）国与日本邻近，间或以货易铜转运内地，因近年价昂，不能贩售。查洋铜每百斤，从前定价十七两，滇铜到粤，买价运脚共十三两有零，核计成本，自以滇铜配铸为宜。况滇省岁需粤盐二百余万斤，粤省采办滇铜，不过十五万斤，委员顺带甚便。应仍循照旧例办理。"报闻。

331 卷850·乾隆三十五年正月

己丑 户部议覆："两江总督高晋等奏称'收买小钱二百余万斤，抵凑鼓铸，足敷七年'，应令该督等，按每年应用数付局，如将来收买有赢，即迟数年，委员赴滇办铜亦可，听其因时制宜，妥协筹办。"从之。

332 卷852·乾隆三十五年二月

庚申 又谕："贵州省刘标亏空铜铅价本至二十余万之多，自来侵亏帑项犯案，从未有若此之甚者。乃巡抚良卿明知故纵，授意弥补，并冀为移局铸钱，通融掩覆。及经部驳，自知事必败露，始以一参塞责。经朕察见其中隐弊，特派大臣前往查审，其事始水落石出，并究出良卿负恩徇纵之罪，及与高积交通骫法诸弊，并方世俊、永泰等勒索营私各款迹。黔省吏治狼藉至此，实出情理之外，已降旨将伊等严加治罪，以示创惩。朕临御以来，整饬官方，谆谆训诫，于诸臣功罪，无不秉公核定，悉视其人之自取，其有身获过愆，而事或因公者，无不为之原情矜宥。若其犯出有心，孽由自作，一经败露，亦未尝不执法示儆。从前如和其衷、李因培等获罪重大，并于本案按律抵法，俾众人共知炯戒。为督抚大吏者，苟有人心，亦当洗心涤虑，畏国宪而保身家，何意尚有冥顽不灵，天良尽丧，如良卿等者！伊等身为大员，岂下贱无耻之徒可比，乃加以殊恩而不知感，示以显罚而不知惧，及至贯盈恶极，万无可原，方为之援定律以正罪。在此辈丧心踰行，自速重诛，固由天网恢而不漏，然亦何至覆辙相寻，敕罚而不足以止辟，尚得谓朕之执法过严乎？仰惟皇考雍正十三年中，内外诸臣，莫不以廉法自持，断无有此等纵恣妄为之事，何以一至朕躬，虽竭力振作，而下愚不移者，仍复荡检踰闲，悍然罔知畏忌，一至斯极耶！言及此，朕实不胜愤懑！且不胜抱惭！且科道为朝廷耳目之官，于大吏等有簠簋不饬，蠹国剥民之事，皆当随时举劾，知无不言。乃刘标在任多年，亏空积至如许，且以衰年瞀目之人，该上司姑容恋栈，外间岂竟毫无见闻？而自刘标经管铜务以来，岂无一二黔省之人曾任科道者？更不得诿为询访所不及。何此案未经发觉以前，并未有一人劾奏其事者？言官职司纠察，若惟知掎摭细故，毛举渎奏，或见通行一事，从而推广其端，或因特降一旨，从为引伸其说，于政治全无裨益，而置此等侵亏败检大案于不问，国家亦安用此委蛇缄默之言官为耶？若将历年来籍隶黔省之科道，治以旷官之罪，亦所应得。但恐议处一二人，而遇事生风之辈，转藉此谓台谏得操本省大员之短长，或从而夤缘交结，致启缙绅把持公事之渐，久且酿成党援恶习，是以朕不为耳。但科道等于如此侵欺罔上大案漠不关心，甘以寒蝉自处，经朕举出指示，能不各怀愧恧乎？

着将此旨传集各科道，通行申饬，并宣谕中外知之。"

壬戌 谕军机大臣等："昨以刘标亏空一案，为从来侵帑营私者之所未有，而巡抚良卿等复有明知故纵、授意弥补，并为移局铸钱，通融掩覆各情节，特令吴达善等，前往会同查办。今虽将良卿骪法夤索徇纵之罪，一一究出，明正典刑，至刘标以经理厂务之员，积年亏缺，何至遽有二十八万余两之多？即其所揭上司勒索诸款尽数开出，核计不满二万，其任所原籍，查出资财，亦并不及十分之一二，则平日侵亏乾没之项，究竟归于何处？若云以帑银填办铜铅，何以存运铜铅，又有亏缺？其为预行设法布置，隐匿寄顿，更无疑义。不然，上司勒索之款，伊尚先存地步，造册压印，种种狡狯若此，岂其经营肥橐之资，转不悉心经画，逞其诡技，肯令事败之日，遽尔和盘托出乎？此尤案内紧要关键，不可不彻底根究。着传谕吴达善等，将刘标父子严加刑审，实力穷诘，务令其于亏缺之数，逐一指出，实有着落，毋任少有游移支饰。总之亏项不清，无论此时难于完结，即使稍为含糊迁就，而事过之后，无知之徒，转得藉词那补公项，代为抱屈。此何等重大案件，朕肯稍为草率了事耶？至大学士傅恒前奏，所称刘标亏缺帑项，应着落容隐此等劣员之历任上司赔缴，实系一定之理。黔省同系云贵总督所辖，前此吴达善在滇不为不久，讵竟毫无闻见，何不早为参劾，而任其渔渔狼籍若此？岂吴达善以身在滇省，遂置黔省于不问，则又何贵于总督兼辖乎？着吴达善据实回奏，并谕钱维城、富察善、喀宁阿知之。"寻，吴达善奏："臣在云贵总督及署贵州巡抚任内，刘标亏短帑项，未能查出，应请旨交部严加议处。"得旨："该部严察议奏。"

333 卷853·乾隆三十五年二月

丁丑 豁免云南遇风沉没运京铜四万九千八十七斤。

334 卷857·乾隆三十五年四月

甲戌 谕军机大臣等："户部议驳彰宝奏请停止各省采买滇铜及令各委员暂行回任一折，所议甚是，已依议行矣。各省鼓铸，原为搭放兵饷之用，迩年钱价平减，实由官钱广铸流通。所有采办滇铜省分，相沿已久，岂得遽行停止，致使供铸无资？而委员等在滇守候多时，一旦令其束手而归，不特往返徒滋耗费，且使市侩奸商，闻知此信，以为滇铜缺少，势必藉口居奇，顿昂钱价，于钱法甚有关系。况滇省前此多开子厂，颇有成效，自封禁后，遂致获铜无多。今彰宝既请添开子厂新厂，则将来采铜，自必日增，何转至虞其不足？即就现在情形而计，亦当如部臣通盘筹画，何得仅为滇省鳃鳃过虑，而致各省鼓铸于不问？岂封疆大臣为国实心经画之道？至滇省铜局，本系巡抚专责，明德起身时，曾面谕其实力整理，且该抚现回云南省城，自当就近妥办，酌定章程。彰宝因系总督兼辖，筹及地方要务，原为分所应为，但现驻永昌，于铜厂未能亲历，即有酌办事宜，亦当与明德札商会奏。或彼此所见不合，并不妨于折内声明，乃不令明德与闻，所奏又不协事理，殊不可解。彰宝平时尚属晓事，何以近日顿不如前！即如询问哈国兴去冬在老官屯传述缅匪语言，有无粉饰及缅匪索取土司，彼时如何答覆等情节，并非难办之事，乃自奏闻缅匪差人递书折后，几及二十日，总未提及一字，实不解是何意见！直至四月二十七日，始据将询问哈国兴之处覆奏，已属迟缓。且折内所称，接到哈国兴回信日期系三月二十八日，乃又迟半月，始行入告，而奏函仅用四百里递发，全不知事理轻重！且所给老官屯头目檄藁，又不严正饬责，显有畏缩之意。是彰宝竟已另换肺肠，实可骇异！已于折内严切批饬。看来缅匪种种狡诈，甚为可恶，迹其索取土司一节，已露不复畏惧内地情形，而彰宝懵然不以为意。不知边夷性情狡猾，一切机宜，皆当随时酌量。若该督将伊等举动消息，纤悉必以上闻，朕尚可遥为筹度。今彰宝如此居心，竟渐染外省虚伪恶习，将来匪众设有蠢动，必将匿不上闻，而又不能示以创惩，复致如前此之养痈贻患，浸渐蚕食土司，侵扰内地，皆所不免，或竟阑入腾越、永昌地面，尚复成何事体？彰宝彼时，岂尚能掩讳乎？且杨应琚等覆辙具在，恐彰宝不能当此重戾，实为彼虑之。彰宝着传旨严行申饬。此等关系边情事件，阿桂现在留驻滇省，理应时刻留心。今彰宝既将檄文稿札商阿桂，阿桂自当协同妥酌，不应仅以柔软言词，率为谕覆。且应筹及缅匪敢向内地索人，其狂悖端倪已露，当思所以预防之道，详悉奏闻。即彰宝所询哈国兴之语，是否伊去岁在彼目击情形，亦当据实具奏，乃竟置若罔闻，既不会衔，又不专奏，是诚何心？阿桂在滇，遇有地方公务如铜斤等项，自不便越俎干与，至边境事宜，本其专责，即以军机大臣而论，亦分当与闻。况伊现带副将军印，更属无可推诿。设或缅匪有滋扰边境之事，应就近调兵者，尚当与彰宝同办，乃竟以有关边夷要务，视为彰宝独肩之事，不复过问，并不发一奏函，殊非朕留彼在滇协筹妥办之意。岂竟安坐省城，静候缅匪回文，遂为毕事回京可乎？阿桂大不是，太无良心矣！着传旨申饬并着明白回奏。"

甲戌 署云贵总督彰宝奏："老官屯缅目布拉诺尔塔，禀恳放还木邦蛮暮各土司，臣飞札询问哈国兴曾否许给。据哈国兴覆到，上年缅酋乞降时，送字往谕，各头目禀称木邦蛮暮土司隔远，不敢求还，惟求将猛拱土司赏给。彼时同各领队大臣，并无赏还土司之语。臣即与阿桂酌写檄文饬驳，送往老官屯。檄藁恭呈御览。"得旨："如此要务，所奏甚迟，系属何心。且檄文亦不严正，明系尔畏缅大矣，若再加以讳饰，将来成何事体？前辙具在，朕甚为尔忧之。此事以四百里驰奏，而不中理之铜务，反以五百里，是何缘故？岂尔更换肺肠耶？"

335 卷 860 · 乾隆三十五年闰五月

己酉 吏部等部议准："署云南巡抚明德疏称，请裁东川府汤丹通判，该厂铜务，委员专司，刑名归会泽县管理。"从之。

336 卷 864 · 乾隆三十五年七月

丁未 谕曰："明德奏'滇省暂加铜斤价值，请稍缓停止'一折，经户部议驳。铜斤加价，本因滇省办理军务，牛马未免缺少，是以设法通融。今军务告竣，自应仍旧，但该抚既称各厂物价昂贵，势不能骤然复旧，自属实在情形。着加恩准其暂行展限。仍着彰宝、明德留心体察，俟铜厂物价平减时，即行奏明停止。"

丁未 户部议覆："署云南巡抚明德奏称'各省采买铜斤，应俟厂员具报，足敷称发，委员到厂之日起限，援照四川泸州铜店兑发京铜之例，限五十日。如买铜十万斤，限以七日兑足。数多者，照此递加'等语，应如所奏。仍令转饬厂员，于兑足铜斤之日，取具委员实收日期，申报详咨。倘厂员不即依限称发，令解员据实揭参。如解员领足铜斤，无故延挨，亦令厂员揭报，分别参处，仍将兑领日期，报部查核。又奏称'嗣后先尽陕西委员兑领，其余择紧要省分给发'，亦应如所请行。至'以高铜抵拨低铜，每百斤应补价银二两'，臣等就采买各省成本核计，除广东以铜易盐，不便抵拨外，其江苏、江西、湖北、广西等省，加以补给高铜价值，余息有余，均可通融抵办。至浙江省鼓铸余息，本属无多，福建省尚不敷工本，此二省，均应照旧搭办低铜，仍令该抚于金钗厂附近地方，广觅子厂，设法开采，俟裕足之日，仍照高低配搭之例，以供各省鼓铸。"得旨："依议速行。"

337 卷 866 · 乾隆三十五年八月

辛巳 户部议准："原任云南巡抚明德奏称，云南钱价，每银一两易钱一千一二百文，市价已属太贱。向于六府设炉一百十六座，岁用铜二百三十余万斤，实属过多。应将东川各设炉二十五座，大理、广西各设炉十五座，临安、顺宁各设炉八座，暂为裁减，岁可省铜一百四十五万余斤。再，陕西岁需铜三十五万斤，今办至四十万斤，应将增办之数裁减；广西办铜四十六万斤、贵州办铜四十八万斤，湖北汉口为商铜聚集之所，今岁办滇铜五十万斤；均属过当，此四省可酌减铜五六十万斤。滇省现开子厂岁获铜一千万余斤，除供京铜及本省外，可得余铜三百万斤。一二年间，外省委员，均可挨次领运。"从之。

338 卷 871 · 乾隆三十五年十月

己亥 谕军机大臣等："昨召见直隶按察使王显绪，奏及'伊曾任云南广南府知府，素知该处沙侬杂处，易滋事端，又为江西各省采办滇铜经行站路，稽察难周。旧设土同知一员，藉有知府管理约束，若将知府裁改同知，与土同知官阶相等，易生衰玩，应仍留知府，方合弹压机宜'等语，所言似为近理。前此原以滇省改设流官时，知府员缺太多，甚且有名为一府，并无州县隶属者，是以谕令经略大臣同该督等确核地方事宜，酌量裁改。虽经廷臣会议允行，但朕于该处实在情形，无由深悉，其应裁应留之处，原不少存成见。今王显绪既有广南府知府未便裁去之奏，着传谕彰宝确查该地人情土俗，其知府一缺应否仍留，悉心详度，定议奏闻，不得稍有回护。着于彰宝折报之便，谕令知之，并将询问王显绪奏片，寄令阅看。"

339 卷 876 · 乾隆三十六年正月

戊申 户部等部议覆署云南巡抚诺穆亲奏调剂铜厂事宜：

一、汤丹、大碌二厂，办供京铜，前抚臣刘藻奏准，预放一季工本，每百斤扣收余铜五斤。近年，厂员恐收铜未能全完，不敢将工本陆续预发，厂民致多拮据。请嗣后酌准预发两月工本，每百斤扣收余铜六斤，计三年内扣清预发之项，下月仍照上月办铜数目给发'等语。查各厂产铜无定，遇出铜较少仍如数扣收，即形竭蹶，厂民转得藉口拖延，应令该抚通盘筹画，另行具题。

一、厂员新旧交代，有前任预发工本，新任多不肯接受承催，而炉户从中射利，弊窦丛生，请嗣后责令新任一体催办，仍如本任例，核其已、未完各数，照盐课分别议作议处。

一、滇省多产铜之处，地方官报开新厂，向无奖励，未免任意迁延。请嗣后于报开新厂内，有每年获铜二十万斤以上者，纪录一次；三十万斤以上者，纪录二次；四十万斤以上者，纪录三次；五十万斤以上者，加一级；八十万斤以上者，准奏请升用。如开厂年久无效，查明实系厂员玩忽，随时参处。

一、厂员散在各属，离省遥远，惟该管道府耳目易周，请嗣后责成考核，去留改委，听其详办。均应如所请。

从之。

己酉 谕军机大臣等："户部等部会议诺穆亲调剂铜厂事宜各条，已依议行矣。朕览此内预发工本，扣缴余铜一款，从前刘藻办理时，系预放一季工本银两，每铜百斤，每月扣收余铜五斤。所借多而所扣少，厂民自觉宽裕，所以能如期完缴。今诺穆亲止请预放两月，而每月扣至六斤，是借项较前既少，而扣数转多，厂民沾利无几，岂所乐从？且分限仅有三年，又较刘藻前此所定五年、十年之期加迫，恐承领各户，此时即存畏难之见，或致观望不前；而日后藉口迁延，更所不免；办理未为妥协。钱粮出入，固宜慎重，而铜务关系鼓铸，尤在始事之调剂得宜，方可行之永久。着传谕彰宝会同诺穆亲，就各厂实在情形，另行详酌妥议具奏。"寻奏："查从前预借一季工本，因银数较多，宽其年限，然年限太久，转易生玩。今预借两月工本，并无利息，炉民已多沾惠。惟每百斤带扣六斤，诚恐力有不继，即勒限三年，亦觉为期过迫，请将预借之数仍以两月为止，于每百斤带扣五斤，约四年内可以扣完。"下部议行。

乙卯 谕军机大臣等："据彰宝覆奏威宁州亏缺铜铅饷储一案，是否实系刘标任内，旧欠未完，抑系王葆元等自有侵挪之处，捏词卸罪，均须彻底清查，分别定案。着传谕李湖，于到黔后，即将此案详细查究，务得确情，据实具奏。"

340 卷 879·乾隆三十六年二月

丁酉 又谕："据阿桂等查办罗源浩呈诉赔办铜斤各款奏到一折，已批交在京军机大臣会同该部议奏。其查办程之章等一折，亦着一并会议。前因罗源浩等呈辨，恐其中或有屈抑，是以令阿桂、彰宝详晰查办，以定其是否应赔。今阿桂等所奏，既历指罗源浩呈诉各款之不实，而于应赔之项，则又请着落汪大镛名下追还，是阿桂等不论事理之是非，惟计调停完案，殊未允协。此项银两，如果系汪大镛滥放，自当向其照例追缴，不应令罗源浩代赔过多。即明德从前办理未当，不妨明斥其非。伊身已故，岂能复加之罪，何必复为瞻徇依违。若罗源浩实属例所应赔，又不宜复向汪大镛是问。设虑欠项悬宕，责令代为赔抵，何以服汪大镛之心？朕办理庶务，一秉至公，从不肯令人有丝毫委屈，岂可不分曲直如阿桂之模棱了事耶！部中例案俱在，无难核办，其孰是孰非，大学士刘统勋曾经审办此案，于前后情节知之甚悉，着即行详悉查明，会同妥议。至程之章、孙焯一案，阿桂等所议追赔划抵之处，亦意在帑不虚悬，于案情未为分晰，并着查明一并妥议具奏。将此传谕知之。"

341 卷 881·乾隆三十六年三月

戊午 豁四川云阳、奉节二县地方沉滩贵州委员宫绮岫、季华钟运铅各七万斤。

庚午 是月，两江总督高晋、署江苏巡抚萨载奏："宝苏局鼓铸，定额每年十六炉二十八卯，铸制钱九万五千三百三十七串有奇。计节年存剩及小钱改铸钱文，现在存局各项余钱共三十七万二千八百八十四串零。按岁支兵饷七万六千余串之数，将敷五年支放。如仍开十六炉铸二十八卯，恐局钱愈积愈多，久必霉锈。请援从前减炉之例，于辛卯年起暂减为八炉十卯。计现存铜铅点锡，除工料折耗，岁可铸制钱三万四千余串，计岁支兵饷，不敷四万二千余串，即以小钱改铸钱凑放，仍敷九年之用，并可余存洋、滇铜二百一万八千余斤。通彻计算，于铸务实有裨益。"得旨："如所议行。咨部知之。"高晋、萨载又奏："自乾隆三十四年六月，奉旨收买小钱，至今原限、展限并满。原议限外呈缴者不准给价，不缴者究处，但如江宁、苏州、扬州等处，商贾辐辏，每岁端阳、中秋、年终三节，用钱盈千累万，市民断难立时拣剔；而外来商贾，乘机搀杂，势所不免；恐因停止收买，爱惜蝇头，不肯自首，多方藏匿，日久仍难净尽。请于端阳、中秋节后，定限一月，年节后定限两月，凡铺户剔出小钱，仍准给价收买，限外查出治罪。"得旨："且如此行二年，看有弊无弊，再行详悉直陈议奏。"

342 卷 882·乾隆三十六年四月

癸酉 谕军机大臣等："据三宝奏酌筹收买厂铜一折。内称'该省厂例，每铜百斤，准以一分通商，该商等每得一分铜百斤，可卖银十四五两。今拟照黔省办运滇铜，每百斤价脚十四两之数，扣出运省脚价，实发商课人等银十二两三钱八分零，尽数收买配铸。不惟课铜可增，而钱局亦可获息'等语。朕初以其筹办铜务，业已批交部议，及细加覆阅，所奏殊未妥协。向来商人售卖一分铜斤，每百斤可得银十四五两，籍以通融贴补。今欲将余铜尽数收买，且扣除脚价，仅得银十二两三钱零，较之从前获价短少，商贩不能宽裕。商人既无余利可沾，谁肯急公踊跃，又安望厂务之日有起色？况铜斤为民间器具所需，倘市中需用无资，势必滋私销之弊，是商铜不可不留其有余，乃理之显而易明者。至以钱局获息为词，所见尤属非是。各省设局鼓铸，原以供搭放兵饷之用，而国宝流通，即藉此裕商便民，所关綦重。黔省兵额，不为甚多，每年所支饷钱有限，若此时办铜，稍觉费力，则酌量足供兵饷外，并不妨将炉座暂为停减，以资调剂。若斤斤计较余息，岂国家经理泉府之本意？成何政体乎！昨萨载奏请酌减炉卯，筹办颇为得宜，业经批示允行。李湖前在江苏藩司任内，自必与知其事，着即传谕该抚将三宝所奏，另行悉心筹酌，妥议具奏。三宝折无庸交议，并寄李湖阅看。"

343 卷 885·乾隆三十六年五月

庚申 又谕："据桂林等奏'滇省派员知州德敏，领运京铜七十余万零行至四川云阳县磁庄滩及湖北归州新滩、湖南巴陵县下反嘴等处，三次沉铜至三十九万二千余斤'等语。解运铜斤，中途猝遇滩除风暴，人力难施致遭运溺，亦属情理所有。然或一次事出不虞，尚非意料所及，何至接连三次，处处如出一辙？且沉铜如许之多，其中保无沿途盗卖亏缺，捏词掩饰情弊？不可不彻底根究。着传谕各该督抚等，各就该省沉溺处所详细访查，有无弊混情由，据实专折奏闻，毋得稍存瞻徇。"寻，富明安等奏："德敏领运京铜，上年十二月初九日行至云阳县磁庄滩，遇风船碰石梁，将第一号铜船沉溺，除陆续捞获，未获铜三万六千三百余斤，委无盗卖亏缺捏报情弊。于本年正月十八日，行抵新滩，一号铜船遇风，折断头招，将船打至天平石，沉铜四万二千斤，已捞获一万八百斤零，并无沿途盗卖捏饰。于正月二十七日，在岳州府反嘴地方遭风，沉铜三十万七千八百七十余斤，捞获一十五万七千四百余斤。查德敏在四川、湖北两次遭风，心甚着急，适至该地，系荆口下流洞庭湖上游，江面四十余里，猝遇暴风，不能停泊，臣屡经委员稽查，均无弊混。"报闻。

344 卷886·乾隆三十六年六月

乙亥 户部议覆："安徽巡抚裴宗锡奏称'云南省运京铜，所需水脚银两，例系委员在本省及汉口、仪征等处，三次支领。中途遇有沉溺，需用捞费，即在该地方库贮杂项钱粮项下借给，取具该地方印结，报部核销，于该运员应得养廉水脚银内，如数扣缴归款。至湖南、贵州、广东三省，运京铅锡及各省采买铜铅，所需水脚银两，委员在本省全领，中途遇有沉溺，需用捞费，委员自行给发，并不借支库项。请嗣后照京铜之例，于库项一体借给，仍移咨该员照数扣解还款'，应如所请。至办运铜铅，遇有沉失，运员报明时，地方官立即会同查勘，具结呈报。如有捏报，即报该上司将运员奏参，倘扶同徇隐，发觉后，所费银两分赔，仍一并严参治罪。"从之。

345 卷892·乾隆三十六年九月

戊戌 又谕曰："阿尔泰题报'盐源县铜厂，核销铜铅厂费'一本，贴黄内将双抬字样少写一字，疏忽太甚。题本经朕披览，奏进时理宜详慎检校，其寻常字句脱误，已属粗心，况系双抬之处，尤不可不倍加敬谨。该督虽在明正地界办理小金川之事，但具题时尚未进兵，不得以军务倥偬藉口。且贴黄字数无多，亦不应全不寓目，该督平日系小心谨慎之人，何率意粗略若此！阿尔泰着传旨严行申饬。"

346 卷893·乾隆三十六年九月

庚申 吏部议准："前署云贵总督德福等奏称，滇省土富州分驻佐杂，查有普厅塘地方，系土富州要路，为运铜必经之所，请将广南府经历移驻，催趱铜运，稽查村寨。酌增民壮六名，以供役使。铸给广南府分防普厅塘经历印。"从之。

347 卷894·乾隆三十六年十月

庚午 谕："刑部将秋朝审情实各犯，情罪重大者，照例摘叙事由，请旨正法，缮折具奏。朕详加阅看，官犯内如王钲、余子良俱系将铅斤工力银两扣克入己；段宏深于铜斤运费，自行动用；均属侵蚀官项。……以上七犯于法俱难宽贷，均着照刑部所拟，即行正法。……至罗源浩、陈昌元、程之章、孙焯，承管铜厂，办理不善，以致积欠无着，赔项又不能依限清完，罪所应得；念其究未入己，且本年又系停勾，不妨缓至来年秋审，再为核办，俱仍着牢固监候。……秋谳大典，敕罚所关，其中情罪重大者，自不宜因停勾之年久稽显戮，若稍有一线可延，仍为宽其时日。朕综理庶狱，惟期明慎，不但罪之轻生，视其自取，即办之缓急，亦一准于平。将此并谕中外知之。"

辛未 谕军机大臣等："前据李湖查奏黔省新兵军机一折。拨补出师兵丁遗失之项，为数过多，其间恐有弊混，因交温福、彰宝查明覆奏。今据奏称'详查领兵镇将等呈报档案，细加察核，其损失破烂属实，尚无浮多弊混之处'等语，并将所报各案，开单呈览。兵丁调派出师，官给军械备用，理应随身携带，回营呈缴。今黔兵先后调赴滇省出师者一万五千名，而损失鸟枪至五千余杆、腰刀至一万余把。及大举彻兵后，携归者亦多残缺不全。其中或系阵亡者，器仗原难免于委弃，若本人既已回营，则原给军机，自应带还，即或间有损缺亦何至遗失过多？且如帐房一项，布幅不能经久，每日交卸绷牵，自易破烂，即弓箭雨淋多日，翎䔀胶脱，理亦宜然，至锣锅乃熟铜打造，鸟枪腰刀，系炼铁制成，质性俱坚，何至过于毁坏？此皆带兵将领等不能约束兵丁，听其随意沿途抛弃，致缺少如许之多。殊觉不成事体，此次姑免深究，准其照数核销，至滇省沿边现在派兵防守，将来亦尚须办理袭击之举，所有官给军械，自应令管兵之人，随时查点，毋任毁弃。如兵丁到伍，而军器无存，即当着落赔补。若将领不能留心察核，仍致有托故损失之事，惟该将领等是问。彰宝身任总督，董率乃其专责，倘不为先事训戒，致令复蹈前辙，亦难辞咎。将此传谕彰宝，并遇便谕令温福知之。"

348 卷895 · 乾隆三十六年十月

丙申 谕军机大臣等："据钟音等奏'审讯苏省铜商李豫来等控告闽商游中一等，顶冒越贩各情节，均属子虚'，又称'闽商采办，并无定数，苏商办铜，年有定额，诚恐将来或有短少，苏商得以藉口，请嗣后闽省不必采购洋铜'等语，所议亦属允协，已批交该部议奏矣。但据钟音等折内奏称'查讯闽商赴倭采买，并无阻难，亦非于苏商额办数内匀给'，是闽省采办铜行，似与苏商无碍，因何该商等得有藉口之处？着传谕萨载，查明覆奏。"

349 卷896 · 乾隆三十六年十月

癸卯 谕曰："罗源浩名下应赔银两，虽经陆续全完，但已在一年限外，且伊尚有应追分赔办运铜斤、脚价银，及摊赔马生龙亏空运脚银两项，俱未完交，着再予限一年。俟其依限完缴后，该部奏闻请旨。"

己酉 谕军机大臣等："近来各省督抚因采办滇铜，购运每羁时日，纷纷奏请停炉减铸，固就该省情形为一时权宜之计，经户部议覆，均已准行。第思钱法贵于流通，近日钱价顿平，自由铸钱日多之故。今各省皆请减炉座，此后官铸钱文，即不能如前充裕，设市侩探知其故，故难免于藉口居奇，复增钱价，于钱法甚有关系，不可不预为筹画。着传谕各省督抚，其已经酌减炉座省分，暂照原议办理，不必重事纷更。倘或将本钱价稍昂，局铜宽裕，仍应随时酌量，以复旧规。其未经议减各省，务须通盘筹计，期使钱值常平。如有必不得已筹及减炉者，亦只可于续添炉座内，暂为通融酌减，并须核局存余钱，足敷递年支放，方为妥善。不得概请停炉减卯，致碍钱源。着于各督抚奏事之便，传谕知之。"

350 卷897·乾隆三十六年十一月

癸亥 礼部议准："署云南巡抚诺穆亲奏称，滇省现任同知、通判、知州、知县内，每年办运京铜，往返奉差在外者，约二十四员；其余或非科目出身，或文理荒疏，不敷选充同考官；请略为变通，遇乡试先尽科目出身州县调取，如有不敷，将暂行委署正印科目出身候补人员，准令一体考充内帘。……"从之。

351 卷899·乾隆三十六年十二月

戊子 谕军机大臣等："户部议复萨载查奏闽商采办洋铜有碍苏商确情一折，已依议准行矣。此案前据钟音奏，系苏商一面之词，事隔远洋，难以定其虚实，因令萨载确讯复奏。今据查讯，苏商每年发船十三只，如有增船越贩，即将官办额铜压入次年，下番必致缺额等语，似属实情。看来倭人每年配供内地商人采买铜斤，只肯售给一定额数，彼盈则此绌，势属必然。今既停止闽商采办，苏商自更无可藉口。且苏商所办洋铜亦以供内地官民之用，原可无分畛域，毋庸复为深究。至所称闽人林承和发去一船，倭地列入寅字十一番，是否领照出洋，抑系违禁越贩，其运回铜斤有无官为收买，并未据闽省查明咨部，不可不彻底根查，使买回之铜不致影射私售。着钟音即行据实确查，办理具奏，将此传谕知之。"

壬辰 署云贵总督彰宝奏："署抚臣诺穆亲拘谨太过，每日专心案牍，犹似力有未逮，即司道谒见，亦无开诚咨询、和衷筹议之处。滇省边疆非腹地可比，且办理军需以后，民甫休息，州县迭更，钱粮正宜清厘、铜盐务亦需调剂。诺穆亲到任，未离省城，于地方利弊情形，上下扞格。臣复不能常往省城，遇事商酌。"得旨："此奏是，酌定有旨。"

352 卷900·乾隆三十七年正月

乙巳 谕军机大臣等："昨据彰宝奏'诺穆亲为人，识见才具，不能展布开拓，每日惟专心于案牍簿书。到任后从未一离省城，即兵制营伍，亦未校阅'等语，所奏甚是，尚嫌其入告已迟。诺穆亲本一拘谨之人，前为司道时尚能黾勉供职，及令署理巡抚，屡形竭蹶，其才具自难胜封疆重寄，现已令其来京陛见。李湖向来办事，颇能认真，自擢任黔抚以来，经理诸务，更属妥协。滇省地处边圉，巡抚一席，较黔省尤为紧要，已有旨着李湖前往署理，其贵州巡抚印务，令图思德暂护。李湖接奉谕旨后，可即前赴滇省，诸凡加意整饬，至如该省营制，当积习委靡之后，尤宜时加整顿。昨已降旨，令巡抚将督提各标，代为巡查考核。李湖到任后，即遵旨妥协办理，勿拘牵成例，少存畛域之见。其铜厂、盐井，尤滇省要务，更当实力调剂清厘。李湖务益加奋勉，副朕委任至意。着将此传谕知之。"

353 卷 902 · 乾隆三十七年二月

壬申 谕军机大臣等："诺穆亲奏滇省铜厂有应行查办之事，已派侍郎袁守侗驰驿前往云南，会同该署抚李湖秉公查审。据奏到单内，有'布政使钱度第三子起程，及藩幕叶姓行二回浙'之语，二人系案内应行质讯之人，着萨载、富勒浑即于各原籍密行查明，迅委妥员，押赴滇省质审，仍行具折覆奏。将此由四百里谕令知之。"

癸酉 谕军机大臣等："户部奏，据原任山东平度州知州钱鸣萃'呈控苏州额商杨裕和之子杨宏孚等，构伙欺隐洋铜，数逾百余万斤，请敕交江苏查办'一折。该商等每年按额发船办铜，官买所余，听其自售，后即减去二船，而交官仍依定额斤数，此系积年遵行之事，该商等计图赢余，原属情所必有，但何至每年增办九十余万及一百余万斤之多？阅钱鸣萃呈内称'铜铅皆收浙省乍浦海口，均有报案可凭'，该商如果欺隐多铜，进口时自不能掩饰。该口各年，并有簿籍可稽，一经提取核对，其真伪无难立辨。所有此案情节，已有旨交高晋、萨载，会同富勒浑查办，着再传谕该督抚等即行秉公确核，彻底清查明确，具折覆奏。"

354 卷 906 · 乾隆三十七年四月

丙子 谕军机大臣等："前据彰宝奏'诺穆亲在滇抚任内一载有余，拘谨太过，办理日形竭蹶'等语，因令诺穆亲来京，将彰宝原折与之阅看，复令军机大臣传旨询问，诺穆亲亦自认才识拘泥，不能称职。诺穆亲本一硁硁自守，局面狭小之人，自简任滇抚以来，于地方公务全无整饬，即如该省铜盐二事，最关紧要，乃节年堕缺，并不及早清厘。前据奏，各州县盐斤，堕运堕销，直至将离任时，始以一奏塞责。今日据李湖奏，辛卯年应运铜斤，尚未兑足，其添拨预备之项，亦以程站未定，办运不前。此皆诺穆亲因循贻误所致。李湖向来办事认真，是以擢用巡抚，近复将伊调任云南，李湖务须实力整顿，于盐课铜斤，尤当悉心调剂，毋使再有迟误。若亦如诺穆亲之专办日行事件，而置铜盐积弊及一切要务于不问，则负朕委任期望之意。着将此传谕知之，并将彰宝奏诺穆亲原折，抄寄阅看。"

355 卷 907 · 乾隆三十七年四月

丁亥 谕军机大臣等："据袁守侗等奏审拟钱度婪索多赃一案，所讯情节，尚多不实不尽，欲图草率了事，甚属非是。钱度赃私累累，实出意料之外，不可不彻底严究。袁守侗等只就江西截封银二万九千余两之数，遂据钱度所供克扣铜本平余及勒派属员售价数目，迁就附合，希图完事，不知其江宁原籍，复据高晋等于其书房地窖内，起出银二万七千两，并寄顿金二千两，合计不下五六万两，此二项又从何来？可见该侍郎等所讯，及钱度所供，均不足成信谳，而赃据实在，断不能巧为掩饰。钱度若仍茹供不吐，是自索刑求，该侍郎等，若稍瞻徇面情，亦自贻伊戚。着传谕袁守侗等，另行严讯确供，据实覆奏。至钱度身为藩司，且屡次获罪，经朕格外宥原，理应洁清自励，乃于给发办铜工本等项本余，匿不报出，扣充私囊，又将玉玩等物勒派属员，婪索重价，即此，已属罪不容诛。乃该侍郎等，不就此二款情节从重定罪，转以上年所办金玉器件价值，何处购买、何处打造为讯，首列问条，伊等将此为能问事乎？抑别有意见乎？上年恭逢圣母万寿，各省藩臬，职分原不当贡祝，业已通谕饬禁，嗣因福建藩司钱琦代母进贡，曾酌留香锦一二事，然因其列有金器，即降旨申饬，并因督抚中有以金器为贡者，亦明降谕旨，严切申禁，乃中外所共知。至钱度上年亦因其代母恭进，准留如意藏香等五件，以备慈览，余俱发还。其贡单见在，收存之件，有圈可考，并着发去令伊等阅看。不知该侍郎等，沾沾以此为首务，是诚何心？着袁守侗、彰宝、李湖，明白回奏。至钱度克扣铜本平余，勒属售买物件，多至数万，不能掩众人耳目，彰宝、诺穆亲身为督抚，均有统辖稽查之责，岂容诿为不知？况彰宝与钱度，又同在永昌，朝夕共事，何至漫无闻见？似此肆行贪黩，封疆大吏，竟置之不问，所谓整饬官方者何在？已有旨令诺穆亲自议其罪，并着彰宝明白回奏。钱度负恩贪黩，实为近年来未见之事，自当速正刑章，以申国法而儆官邪。然赃款甚多，不可不逐一严鞫，令皆水落石出，不得任其丝毫支饰。但此等重大案情，恐外间不肯尽心研究，该侍郎等或果据实勘问，案无遁情，抑或意存赡徇颟顸，率皆不能逃朕之洞览。前已降旨令该侍郎等，于讯明定案后，即将钱度父子分别管押解京。着袁守侗等迅速详细，严讯明确。仍遵前旨，派委妥员押解送京，仍饬沿途加意防范，如或稍有疏虞，致令畏罪自戕，恐伊等不能任此咎也。将此由六百里传谕知之。"寻，袁守侗等奏："钱度在滇省两任藩司，其贪婪劣迹，久未败露，兹因厂员告发，臣等正在按款根究。旋经江西省截封银二万九千余两，当即悉心究讯，讵钱度将此项银即系扣克，平余勒卖货物等项供吐，再三严鞫，终无异词，臣等遂据供冒昧定拟。及四月十一日拜折后，二十三日接准两江督臣高晋咨会，于钱度书室地窖内，起出银二万七千两并寄顿金二千两，实不料钱度苍滑狡饰如此。臣等拘泥初供，牵连录叙，实属不知轻重，愧悔无及。"得旨："袁守侗、李湖皆新进，或不谙事体，彰宝罪无辞，着各议奏罚来。"

丁亥 又谕："前据海明奏，查获钱度家人王寿携带银二万九千余两，为数甚多。因思钱度在滇，尚有应赔之项，何以不行交纳，曾经谕令李湖查数具奏。今据奏称'钱度名下应赔银两，尚未完银一万三千五百五十九两零'等语。此项关系滇黔两省铜铅军需正项，自宜按数各归本款，所有江西省截抄钱度银两，前已有旨令海明解交内务府。今钱度在滇，既有未完赔项，着传谕海明即于江西查获项内，照数截归款项，并行移咨滇省知照，俟便搭解以清款项，其余仍照例解内务府查收。将此并谕李湖知之。李湖折并钞寄海明阅看。"

356 卷908·乾隆三十七年五月

甲辰 谕："滇省各铜厂，前因马骡短少，柴米价昂，每铜百斤准其暂加价银六钱，俟军务竣后停止。嗣后加恩展限一二年。今念该省频岁虽获有秋，而米粮柴炭等价值，仍未即能平灭，着再加恩展限二年，俾各资本宽余，踊跃开采，庶于铜务有裨，而厂民亦得资充裕。该抚仍留心体察，俟厂地物价一平，即行奏明停止。该部即遵谕行。"

357 卷911·乾隆三十七年六月

庚辰 （户部）又议准："广西巡抚觉罗永德疏称'恭城县属回头山、山斗冈二厂，先据调任巡抚陈辉祖以该二厂年久沙尽，题请封闭，其附近之茅塘、石口子垄及潭江铜砂子垄，仍留采办。兹查石口厂，每炼毛铜百斤需砂六百五十斤，镕净铜五十五斤；潭江垄，每炼毛铜百斤需砂六百斤，镕净铜七十斤；统计二厂镕净铜百斤，核资本银一钱三分零。每铜百斤，抽课二十斤，余铜照例官买一半，每百斤给价十三两，其余一半，听商运卖归本，将抽获二分课铜并收买一半余铜，照例加耗解供鼓铸。至运价自厂至省，每百斤水陆给银四钱，请照例支销，再各厂工费，除潭江垄应归入包蛋厂开销，俟查明定议。至石口厂巡拦、书记及恭城县经管厂务，每年请酌给一半公费银三十两'等语，臣部查与回头山等厂成例，均属相符，应如所题办理。"从之。

 癸巳 户部议覆："湖北巡抚陈辉祖奏称'川江入陕（案：当为峡之误），由巴东归州至东湖县，四百余里内，滩势甚险，近年铜铅船只，沉溺不一，非用小艇全数起剥，难以避害。查每运滇铜七十余万，应剥十分之四，例准销银八十八万两，若每运再加一百三十余两，即可全剥。黔省铅斤，亦即仿此项增费，援照东川、寻甸等陆运铜百斤搭运五斤之例，节省脚费以充剥项'等语。查湖北省新滩、空舱峡等处，俱有名险滩，若铜铅船每运全行起剥，不过增费一百三十余金，所全实大，应如所奏办理。但请增剥费援照东川、寻甸例，每百斤加添数斤，固属通融之道，第近年铜铅各厂，所出未旺，请敕下云贵抚臣，妥协筹备，倘不敷加添，应另法措办。"从之。

 癸巳 陕西巡抚勒尔谨奏："西安宝陕局，现在黑铅六万一千五百余斤。从前陕局制钱，系高铜、白铅、点锡、黑铅配用，嗣因高铜稀少，委员采买金钗低铜，以高七低三配铸，此项黑铅，即无所用。若以之改造铅丸，于军务殊为有益。再，旧存火药，动拨无存，虽各属尚有捐备火药，但阅久火性减退，必须加料修制，始堪适用。现俱调解来省，分别试验，一面采办硝磺，赶紧制办以备军需。"得旨嘉奖。

358 卷912·乾隆三十七年七月

 丙申 户部议覆："调任广西巡抚陈辉祖奏称'各省岁运滇铜，每百斤例带余铜一斤，请嗣后委员运回本省，兑足额铜后，将余铜归官给价，免其补税'。查委员所带余铜，系在滇酌给，备补正项亏折，如果沿途折耗，添补无存，原可无庸置议，倘有存余，亦属官项。应饬江西、湖北、广东、广西、福建等五省各督抚，嗣后照浙江、江苏、陕西等三省将余铜尽数交局并不发价之例，一律办理。"从之。

 丙午 户部议覆："云南巡抚李湖奏称'黔省赴滇采买铜斤，查汤丹、大碌等厂专供京局，其余各厂供本省鼓铸及外省采买。第小厂每年只出铜数千斤至三五万斤不等，惟金钗一厂，可获铜一百数十万斤。缘成色稍低，每百斤加耗二十三斤，又补余铜一斤，例与高铜配给各省领运，黔省亦应一体办理。或铸钱色黯，可仿福建、广西等省，用白铅配铸，钱文一律光润，无庸另议提炼'，应如所奏。再称'运铜脚费，自厂至省，归滇报销，自滇至黔，归黔报销'，亦应如所奏。再，滇省铜厂散处，其中远厂，应于何处截算分销，近厂不经省城者，或可无庸在滇给费，应令该抚饬司查办。"从之。

359 卷917·乾隆三十七年九月

 甲寅 湖南巡抚梁国治奏："常宁县属大腴山、白泥塘等处铜铅矿厂，砂苗已尽，难以开采，应请封闭。"从之。

360 卷919·乾隆三十七年十月

庚辰 又谕曰："李湖奏耗羡充公银两一折，殊未明晰。该省地丁正数本少，其额征耗羡银数，每年只三万四千余两。该抚以耗羡等项字样总叙，竟似耗羡有三十九万余两之多，细阅之，则由折内将公件商税、牙帖、铜息各款，未经分别清数，率行笼统开报，以致眉目不清。着传谕李湖，嗣后奏报各款实数时，务将款项逐一叙列简明清单，附折具奏。再，该省地丁正项，向系留存本省备用，今此等杂项银两，每年支销有限，积存渐多，作何备贮稽查，不致日久滋弊之处，并着查明覆奏。"

361 卷920·乾隆三十七年十一月

壬辰 谕军机大臣等："据钟音等奏'由安南发船赴倭贩铜之闽人林承和，查历年出入海口船号，并无其人。并通省各州县检查烟户册，亦无其名'等语。闽商赴洋载铜回闽，如果官为购存，则以内地之铜，仍供内地之用，虽暂占苏商额数，亦属无妨。前降谕旨甚明，若林承和在东洋买铜，并非进口，是指买内地之铜，转售为外洋他处之用，于事甚有关系，自不得不彻底根查。今钟音等奏'细查闽省，并无其人'，竟似毫无踪影，则前此萨载所称苏商供出之林承和，在东洋买铜一节，言之凿凿，又系何凭？此事自当仍问之江苏，不必更询之闽省。但彼此各执一词，亦非在外所能核结。着传谕萨载，即查当日在苏供出林承和之事，实系何人，速行讯取确供。及伊在东洋所见林承和实雇用何人船只，并列入寅字十一番，是何实据？一面奏闻，一面将应讯之人解京，交该部详悉确讯，务期水落石出，无致丝毫影射。并将此谕令钟音等知之。"寻，萨载奏："据供出林承和之龚继胜等供'闽人林承和船只，实于三十五年七月到倭，伊等在倭人馆中，未与林承和识面，其船只曾经望见，实系内地式样。其雇用林泰来船号，并从安南发船，均得自倭人通事熊文藏之口'，复查浙省乍浦海口所报铜铅进口番数，寅字十一番，实系林承和。现将应行质审之人一并解京备讯。"报闻。

362 卷921·乾隆三十七年十一月

丁未 副都统舒常奏："金川逆酋将被留兵丁杨会先放回，投递书禀。据供'在西路南山水卡进攻被掠，金川头目告称，官兵攻我，未识大皇帝知与不知，如必欲攻我，我不得不防备。又闻贼寨中有内地兵丁八九十人。至所见守达尔图山梁之头目通事，即在西路被掠时所见之二人'等语。军营无识番字者，已将逆酋原禀驳交阿桂处译奏，并将杨会先送达乌备讯。再，现在定期进兵，山险碉坚，必须用炮轰击，屡经劄催铜斤炮匠，尚无音信。……"

丁未 又谕曰："舒常一路所需铜斤炮匠，着传谕文绶，迅速赶办，选派妥员，克期解往，一面奏闻，此等事乃文绶专责，何竟任催罔应，如再有迟延，致误进剿，恐文绶不能当其罪也。"

363 卷 293 · 乾隆三十七年十二月

戊子 又谕："昨以蒙古阿拉善王游牧之哈布塔海哈拉山等处地方，有民人偷刨金砂，持械逞凶之事，曾传谕勒尔谨将此等越境滋事奸徒，严行分讯，从重治罪，不得稍存姑息。适阿拉善王罗布藏多尔济，因年班到京，以此询及。据称'此地因出产金砂，常有民人越界偷挖，屡次驱逐，不能止息，恐人众滋事，今情愿将此地交出，听地方官永行封禁，庶不致再生事端'等语。蒙古游牧山场，因有出产金砂，奸民牟利竞赴，什伯成群，甚至持械逞强，此风原不可长，但该处既有金矿发现，乃因此而遂荒弃其山，亦未免因噎废食。即如各处产铜地面，一经开采，未尝不聚多人，特因官为经理，易于弹压稽查，自可不致别生事衅。况金银等矿，乃地产精华，自无不行发露之理。开采一事，原因天地自然之利，为之加意节宣，特在人之善为妥协办理耳。已令罗布藏多尔济于回伊游牧时，路过甘肃省城，将此情节面告勒尔谨，即会同罗布藏多尔济前往查勘，详细商酌。如该地出产金砂，果属盛旺，既可官为募民开采，仍彼此妥议，立定规条。勒尔谨派出地方明干大员一人，罗布藏多尔济亦派出属下之妥干章京一人，在彼经理，仍照矿厂之例，官为抽课，而所抽下之课项，并不妨照八沟之例，酌赏该王子三分之一。如此立法调剂，奸民既得餍其嗜利之心，攘窃竞斗之风，转可不禁自止，于事颇为两便。如该地产砂本属无多，不值开采，即可如罗布藏多尔济所奏，听其将山场交出，官为永行封禁。勒尔谨务同该王子和衷确查，妥议具奏。此旨暂存，俟罗布藏多尔济起程时，令其带往，面交勒尔谨阅看办理。"

364 卷 924 · 乾隆三十八年正月

丁酉 又谕："据安泰等奏'今年乌什采挖红铜兵丁三百名，俱各奋勉出力，除交正项铜斤外，多交铜五千四百斤，请将官员、兵丁议叙赏赉'等语，着照所请，官员等交部议叙，兵丁等赏给一月盐菜银两。"

365 卷 925 · 乾隆三十八年正月

丙午 谕军机大臣等："据温福奏'察看功噶尔拉形势，必须先用大炮轰摧，而所调炮位仅运到四号炮二尊，其炮局铜斤、物料尚未运来'等语。现在攻剿功噶尔拉贼碉，首藉炮力，而大炮艰于运送，必须将铜料速运，俾得赶铸应用。刘秉恬已擢授总督，且近驻美诺，都催更为便捷。着传谕该督，即将应办铸炮铜斤、物料，派委干员沿途上紧查趱，迅速运送，毋稍刻迟，以便克期集事。并据温福奏，大兵进攻功噶尔拉必须备有十日半月裹带之粮，而各站人夫未能全到，一日所运粮石，仅足资一日支放。现与文绶面商，于驻防后路各卡兵内，酌量抽发，凑以军营长夫、余丁，尽所得兵夫令赴美诺背运米石济用。而文绶亦奏称'美诺及旧存沃克什等处军粮共二万三千余石，续到之粮源源相继，抽拨及雇备人夫亦俱陆续到站。其自美诺至牛厂三站，一、二日内亦可安设齐备，现与将军温福熟商，通融办理。至副将军阿桂一路之粮，亦现由美诺设法酌量协济。仍饬李世杰将卡了等站存米，赶运应用，并饬令新开木坪一路加紧趱运，俟饷道通行，即令由西路转运'等语。今大兵分路进剿，所需粮饷关系紧要，此皆刘秉恬专责，着该督速即妥协筹画，将人夫、粮石，酌办齐全，加紧趱运，使两路皆得宽裕接济，以利军行。仍将筹运铜粮各事宜，讯即覆奏。温福折着抄寄阅看，文绥折亦即令交查办。其内地应行筹措续运粮石，并着富勒浑留心，饬属赶办。将此由六百里加紧发往，一并谕令知之。"寻，刘秉恬奏："木坪粮已运到四百余石，其绰斯、甲布军粮由打箭炉一路长运，甚不足恃，已改由党坝滚运，至炮位已铸成，食子十六斤之大炮一尊，攻击贼碉，甚为得力。需用铜斤、物料，若俟内地调取，势必迟误，已饬军需局多办数分，运送三路军营。美诺等处存炮十九位，遇移营时，路险难运，拟分别存贮镕化以便取用。其当噶尔拉绰斯、甲布两路炮位，亦拟照办。我兵日进日远，计功噶尔拉，每站需夫六百余名，当噶尔拉每站需夫四百余名。去岁于原设各站内抽拨不少，此处又无多余蛮夫可雇。军需局去腊雇夫七千又续雇三四千，现到站者二千，已节次飞催，并札知督臣富勒浑一体严饬速进。"得旨："诸凡皆妥。"

366 卷 927 · 乾隆三十八年二月

壬午 谕军机大臣等："据钟音奏按察司照磨刘玉泉领运滇铜回闽一折，已批交部议矣。但折内称'该员有滇自厂运至剥隘，逾限十月，经滇抚查参，部议革职，俟管解完日开复。其自剥隘运回闽省，虽逾限三月，并非无故逗遛'，并声明'刘玉泉已于甄别案内勒休'等语，不免自相矛盾。该员领运铜斤，所有耽延逾限情节，该督即应就事劾参，今乃称其在途停留，俱属有因，似欲为之开脱，何以甫经回任，即行甄别？若以该员实不便姑容恋栈，其为老病可知。人之年齿就衰，必以渐而至，其距派差时不过两年，断非自今日始露龙钟之态。夫采买滇铜至二十余万斤之多，所关非小，自宜于丞倅等官中遴其强干者派赴领运，而专择一衰迈微末之员，委以重任乎？其故实不可晓。朕日理庶政，遇事有情理所不能通者，虽细务亦不肯稍为忽略，钟音平日办事，尚知认真，何此奏含糊若此？着传谕钟音，令将实在情由，即行明白回奏。"寻奏："按察司照磨刘玉泉，系乾隆三十一年，前督臣苏昌派同兴化府通判杨峻业押运滇铜，杨峻业另案降调，刘玉泉领运自剥隘至闽，逾限三个月有奇，实系雨雪风信阻滞，并非无故逗遛。至该员现届六年甄别再满之期，差竣回省，患病不堪供职。臣未敢以其远差甫回，稍事姑容。惟折内未经声叙明晰，上烦饬询，殊深惶悚。"报闻。

戊子 豁免云南沉溺铜一万六千五百斤。

367 卷 928 · 乾隆三十八年三月

甲辰 又谕曰："温福奏'现在军营积雪，高阜处尚二三尺'，似此冰雪凝寒，自难急于着力，官兵遇有杀贼攻碉之事，原当勇往向前，若于冻滑中冒险而行，转属无益而有捐。且温福等现在带兵之人，俱非懦怯不前者，断不虑其托故迁延，倘冒昧轻举，致士卒稍有挫碍，实觉不值。而将军及诸大员，尤不宜履险径行，所关甚钜。今已时届春深，日就和暖，雪既少而冻亦渐消，约计闰月以后，人力即易于施展。温福等惟当蓄锐待时，以期制胜，又何必急急于此日耶！至贼众所恃，惟知踞险，此外更无他技。今各路进剿，务在捣其巢穴，谅贼番必不能久抗，即或未能灭此朝食，亦不过时日稍延。温福等当深体朕意，更无庸虑及军中用度之不足也。至需用大炮一事，若美诺所存，可以运往，固属甚便。倘或路险不能，亦勿勉强，顷已谕令温福、刘秉恬会商妥办。如竟商有可运之法，则沿途当派得力将领，带兵防护，切不可仅委文员，率夫搬运。刘秉恬于此一节，尤宜加意，毋稍疏虞。至于炮之炸裂，究系火候功夫不到，盖铜料必须镕炼净纯，不使稍存砂眼，方能匀整得用。即铸造时，每位多费数日炼铜之功，虽缓而可以经久，胜于急就之另烦冶铸多矣。"

368 卷 930·乾隆三十八年闰三月

戊辰 谕军机大臣等："李湖奏本年正月分粮价，永昌府属豆价，每仓石至四两五钱零。永昌自停办军务以来，已历三载，现在留驻防兵无几，所需豆石谅亦有限，何以豆价仍然昂贵，每石至四两五钱之多？又单内各府属米麦等价，如云南府属白米，自一两三钱至一两九钱五分，普洱府属小麦，自九钱七分至一两一钱，相去尚不甚悬，其余即有倍加者。而大理府属米价，竟自七钱五分至三两二钱一分，小麦，五钱八分至二两九钱四分，增长至四五倍有余。同系一项粮食，何至价值低昂若是？况去岁滇省收成，一律丰稔，更不应贵贱悬殊。看来此等粮价，该抚并未核实，不过旧式相沿率据州县呈报，虚应故事。上年因徐绩奏报粮价，以三十年前之贵贱，分为等则，依样套写全不足凭，曾降旨通谕各省，毋得蹈袭积年陋习，徒以刻板具文塞责。今李湖此折，仍未免故辙相循。李湖平日尚属留心民事者，何漫不经意若此？着传谕该抚，将永昌豆价因何至今昂贵，及各府属米麦等价，因何贵贱悬殊数倍之处，详悉据实覆奏。嗣后仍须留心确核开报，毋再率略干咎。"寻奏："查永昌统辖四属，惟保山、永平两县，间种南豆，缘土性未宜，从前餧养军需骠马，改用料米。三十五年以后秋防马匹，俱照军需餧养之例，日给料米三升，并未用豆，上年又值丰收，而保山、永平开报豆价，较米尤贵，显属造报不实。现已饬查，至大理府属之云龙、浪穹，山多田少，并与盐井铜厂毗连，价值易长。赵州土瘠户繁，民食全资贩运，市米稍短，价即倍增。又楚雄府属之广通、大姚，昭通府属之恩安、大关、鲁甸、永善等处，非厂地错邻，即兵民环处，指多食贵，势所必然。其同属价平之处，或因负戴崎岖，或因路遥费重，运济艰难，是以米不出境。以上各府州属，粮价贵贱，似难画一。再，滇省粮价，向由州县按旬径报，并未责成本管上司汇转，是否确实无从核正，今蒙谕指，饬现在严查，逐一更正，不敢稍有回护。"报闻。

戊辰 又谕曰："彰宝等'请将汤丹、碌碌等四厂欠项，在于应领工本内，每铜百斤扣银五钱等因'一折，经户部议驳，已如所议行矣。该督抚因炉户、厂丁等积欠较多，欲为筹一善后之计，俾得稍纾其力，宽裕办铜，其意未尝不善。但前据该督抚议定，各厂户每办铜百斤扣收五斤，以抵预放工本，核计每银百两已扣五两，又领银百两扣平一两，以抵无着欠项，尚且谓其无力攻采；今复每铜百斤扣银五钱，合计每百两又扣银七两五钱。所扣愈多，则所得愈少，办铜更为拮据。而扣所得之数完应追之项，何异剜肉补疮！旧欠虽完，新欠又积，适启炉户苟且迁延之病，久之并恐于铜务有碍。况该督抚既经厘定章程，设法整顿，此后所放工本，自可不至拖欠，何如将各厂积年旧欠，稍宽其期，或即将前项扣平银两，陆续弥补。或于此外，另筹善法归还，俱无不可，何必为此移新掩旧之下策乎？再，前岁滇省请开新厂，曾准照黔省以余铜一分，听厂户等自售，伊有利可图，办公得济，既已试行年余，成效若何？再此各厂之旁，亦俱有子厂可开，若查明堪供煎采，令厂户等添采矿铜，则利益更饶，办铜必更宽裕，又何虞旧欠之不能清额乎？着传谕彰宝、李湖即速悉心熟筹，另行妥议具奏。"

369 卷 931 · 乾隆三十八年闰三月

己卯 谕军机大臣等："丰昇额等奏进攻日旁，又据阿桂等奏分攻纳围、纳扎木，杀贼各情形。此两路将领弁兵，俱甚奋勇出力，俟攻得险要，一并交部议叙。其两路官兵内有阵亡及受伤者，并着查明，照例咨部赏恤。又丰昇额奏新铸之炮，同日忽俱炸裂，皆由铜质不净之故，已传谕刘秉恬等妥办矣。军营所需大炮甚为紧要，铜斤一到即行赶铸应用，自不肯多延时日。但铸炮期于经久，而购办铜斤，原难求其十分纯净。若镕炼不到，屡次炸裂，不能应手，则又莫如略宽其期，精炼妥铸，以资永远利用，俗语所谓'担迟不担错'也。此后铸造炮位，应令工匠等细加试验，如实系足色净铜，即行入炉成造，若其中带有铅沙，及将裂炮另铸者，务宜淘炼极净，再为镕铸，毋止图速成，不计工候，又致另烦炉冶，转多周折稽延。再，丰昇额奏炮位轮流轰击，各放十余炮，即俱炸裂，而阿桂亦称大炮轰击过多，又经裂损。是炮之屡炸，未必非施放太急，不复察其冷热得宜所致，即如鸟枪连放数次后，枪筒即热，须待稍冷续放，方为妥利。炮体较枪身数百倍之大，热更久而冷更难，若急于装药，不令消停，以火力逼热铜，难保其不燥烈旁出，此亦自然之理。各路军营用炮时，皆不可不加审慎……"

辛巳 谕军机大臣等："铸炮铜斤关系最为紧要，自应购备净铜，以资利用，即铜色不能一律，亦当淘炼极净，再行解往，于于造炮有益。今丰昇额军营铸成之炮，屡经炸裂，皆由内地运送铜斤未纯所致。承办之员，实难辞咎。着传谕刘秉恬、富勒浑，确查此项铜斤，系自何员承办，据实参奏。现在丰昇额军营另铸炮位，需铜甚急，着刘秉恬、富勒浑饬属购办纯净足色铜斤，迅速解送应用。其温福、阿桂两路，并着该督等一体办理，毋得稍有贻误。"

370 卷 933 · 乾隆三十八年四月

戊申 谕军机大臣等："前据申保等奏'南漕船内，有脱帮一二日并多至五日者，曾降旨令嘉谟查明迟误缘由参奏，并将天津巡漕御史张光宪交部议处。旋据张光宪奏称，各帮脱空缘由，俱在未入直境以前，系与直省交错之武城头望郑家口及恩县朱家圈等之河道，间有淤浅，致粮船停泊起剥'等语。是其咎又不专在张光宪而在郎图。复经降旨，令郎图将因何不上紧催趱，又不及早查参之处，明白回奏。今日郎图奏到两折，一系奏明漕船并无延缓及东省雨旸麦收情形，一系奏报铜铅船只起数及铅船失风耽延缘由。而于徐州江北等帮脱空一节，并未提及，殊不可解。且据折内称'东省运河，今岁水势旺盛，河漕平稳，粮船随到随行，往来督催，俱各衔尾前进，并无迟延逾限'等语，果尔，更不应有脱帮数日之事。巡查山东漕务，乃郎图专责，何漫不经心若此！郎图着传旨申饬，并传谕该御史将漕船在东境因何脱误缘由，及此次折内并未奏及之处，一并据实明白回奏。"

371 卷 935 · 乾隆三十八年五月

甲申 封闭广西恭城县属回头山、山斗冈二场铜铅厂，从护巡抚布政使淑宝请也。

372 卷 937 · 乾隆三十八年六月

丁巳 署云贵总督彰宝奏："云龙州之大功山、平彝县之香冲、禄劝县之狮子山、大姚县之力苏箐，矿砂丰旺，试采煎炼，睇色俱高，均可设立新厂，遴委专员，驻扎山场，专司攻采。酌发工本银三四万两，分贮厂所，其炉户办获铜斤，仍照九渡箐等新厂，以一分通商例办理。其印委各官出力者，亦照例议叙。"得旨嘉奖。

373 卷 938 · 乾隆三十八年七月

甲子 谕："据彰宝等筹议汤丹等四厂清厘积欠一折，事属可行。前因该督抚等请将汤丹等厂欠项，在于应领工本内，每百斤扣银五钱，经户部议驳，因谕彰宝等另筹妥议具奏。今据称，新旧各厂出产，通盘核算，无虑额铜缺少，请以余铜一分，听厂民通商自售。仍将多办铜斤，官为收买，于东川加卯带铸。既可将余息弥补积欠，而月给工本，多放钱文，以供厂用，于炉民生计，益得宽纾，自属调剂之善法，均着照所请行。该督抚务饬各厂员悉心经理妥办，并令该道府等实力稽查，毋任影射滋弊。其官局加卯带铸事宜，仍着彰宝等详悉妥议具奏。"

374 卷 944 · 乾隆三十八年十月

丙戌 谕军机大臣等："据李湖奏'省局息钱，存积过多，现在钱价渐昂，酌请出易，以平市价等因'一折，所办殊久（案：当为欠之误）明妥。该省既多积余息钱，久贮易致贯朽，自应出易流通，但据称'钱价渐昂，库平纹银一两易钱一千二百文'等语，甚不合理。每钱一千作银一两，其价值之低昂皆在千文以内，核计此乃天下通行常例。即以京城钱价而论，从前银一两换钱八百文内外，自属价昂，近年以来每两可得钱九百数十文，即为最平减之价，然亦未有多至千文者。滇省虽系产铜之区，其钱价岂能相悬过甚？今每两易钱多至一千二百文，尚称价昂，则其贱价，又当得钱几何，始为平价？该抚既未声明，辄议将息钱出易平价，必如何然后谓之平乎？若以每年存积息钱太多，虑及壅滞，滇省现在产铜，不为甚旺，未能悉敷各省采买之用，何如约计所余息钱数目，酌减炉卯，节省铜斤，以供他省鼓铸之用乎？李湖向来办事，颇知认真，而于此事，调济尚未尽能合宜。着传谕彰宝，会同该抚另行悉心妥办具奏。"寻："彰宝、李湖奏，滇省产铜之地工本既轻，钱价与他省亦异。从前大理、顺宁等府，开炉广铸，钱文充足，其最平时，每两易钱一千三百文，乾隆三十一年来，裁彻新局，每两止一千一百数十，小民向市换易，未免视为稍昂。前臣李湖奏请之数，未将原委声明，实为疏漏。至本省钱局设炉二十五座，每炉每年三十六卯，每卯铸本息钱一百二十余串，今以每年余息钱二万六千余串计算，议每炉减去八卯，通减二百卯，少铸钱二万四千九百余串，可节省铜十万余斤，以供他省凑拨之用。其现在所存息钱二十一万五千余串，除分年搭放兵饷外，余听民间换易，易出之银拨充铜本。"得旨："如所议行。下部知之。"

375 卷945·乾隆三十八年十月

乙卯 湖北巡抚陈辉祖奏："归州新滩剥运铜铅,定例虽在冬春,但江流涨落不齐,势难拘定月分。请于秋末春仲,责令该州协同分驻新滩之州判查勘,酌定应停应剥起止日期,庶剥费均归核实。"得旨："好。自应如是办理。"

376 卷946·乾隆三十八年十一月

丙辰 谕军机大臣等："户部议驳李湖题请协拨邻省铜本一折,已依议行矣。先据该抚奏,滇省积存银款过多,请尽数入拨,朕以其款项未为明晰,谕令详查另议。旋据李湖分别款项,并请于原存封贮银五十余万两外,再酌留四十余万以足百万之数,归入封贮项下备用,其余均请入拨。复经部议,该省封贮备用银两,为数已属充盈,未便复行加增。所有藩库各年杂项银两,议令以甲午为始,将每年应需兵饷铜本,即在库存项下拨用,余剩银两按年造册报部抵拨。是该省甲午年所属应需铜本,即应照议于库贮银内动支。如或实有不能动拨情形,亦当据实声叙,乃李湖既不查照部议,又不将原案提及只字,辄尔因循旧例,题请邻省协拨,殊属舛谬。况现在滇省并不用兵,无需筹用多贮,而川省军务未竣,正资各省协拨,李湖岂尚不知?何转以本省应动之项存留不用,仍请协拨邻省乎?李湖向来办事,颇知认真,体会何近日愦愦若是,岂身为巡抚,遂尔志得意满?又以滇省地在辽远,朕耳目难周,遂思颟顸率混耶?李湖着传旨申饬,仍着明白回奏。"

377 卷949·乾隆三十八年十二月

辛丑 户部等部奏："铜运攸关铸务,理宜严定限期。查运员任锡绂、陈希泽、黄斌等,报守冻与抵通,或同时而阻行互异,或一运而咨报各殊,且一人所运之铜,或两地守冻,其中显有情弊。请饬直隶总督查奏。"得旨："依议。该运员任锡绂等均在九月初抵津,今冬天气较往年和暖,彼时北河未冻,如果上紧起剥趱运,即可尽数抵通,何至迟延日久,始以守冻为词?且任锡绂存四铜斤,既于十月初十日,在途冻阻,何以陈希泽起六铜斤,又能于二十日,申报抵通。再,黄斌头剥于九月二十六日,已报抵通,而该督又咨称冻阻,种种情节不符。其是否该运员托故逗遛,地方官徇情捏报,着该督周元理逐一严查明白回奏。至铜运船只,既抵天津一带,距京已近,铜斤非米粮可比,即值冻河之候,原可改从陆运,皆因运员等恃有守冻之例,遂尔藉词迁延。嗣后,铜运抵津后,概不准开报守冻,如遇冻河,即令其陆运进京,则支吾守冻之弊不除而自绝。着为例。"

庚戌 谕："据绰克托等奏称'本年采挖红铜兵丁三百名,除应交正额外,多得铜斤五千八百五十斤,请将官员议叙,兵丁等赏给盐菜银两'等语。着照所请,官员等交部议叙,兵丁等各赏给一月盐菜银两。"

辛亥 谕："前因户部题驳李湖题请协拨邻省铜本一折,并不查照部议,将库存之项拨用,又不将原奏提及,辄循旧例题请协拨,舛谬殊甚,因传旨饬令明白回奏。今据覆奏'于本年三月已接准部文行司。八月内,据藩司王太岳详请题拨铜本,未经照案声叙,误请邻省协拨。臣当时亦竟遗忘，未能查驳更正，实属糊涂，请敕部严加议处'等语。李湖于藩司误请协拨，并不详查驳正，率行具题，自难辞咎。至王太岳，身为藩司，乃于部饬应拨之项竟尔遗忘舛误，殊属非是。李湖、王太岳俱着交部严加议处。"

辛亥 谕军机大臣等："据李湖覆奏题请邻省协拨铜本一折，已有旨将李湖、王太岳交部严加议处矣。藩司系钱粮总汇，该抚既称该落司未经查照部议声叙，误请协拨，即应将王太岳附折参处，乃并不参奏，仅止自行引咎，不免意存袒护，殊属不合。李湖着传旨申饬。"

378 卷 952 · 乾隆三十九年二月

乙未 谕军机大臣等："今早闻李湖由驿四百里递到奏函，朕以彰宝正在患病，恐李湖因其病剧驰奏，甚为着急。及折阅，乃系覆奏'审办溃兵，并请简知府、报获铜数，及地方情形'各折，不但不当用四百里速递，即寻常三百里邮符，亦不应用。向来各省督抚，遇地方紧要公事，迫不可缓，及关系两司以上大员开缺者，方准由驿驰达，否则俱应专差赍进。今李湖以此等奏牍辄发驿递，只图吝惜小费，殊属不知大体。且朕与大臣谊关休戚，不特如彰宝之倚任正殷，抱疴未愈，日为廑念难置。即李湖在巡抚中，平日尚能办事，亦深加爱惜，恐其稍有疾病，李湖转不知仰体朕怀耶！李湖着传旨申饬。"

379 卷 954 · 乾隆三十九年三月

戊午 户部议准："署湖广总督湖北巡抚陈辉祖奏称，施南府属咸丰、宣恩、来凤三县，铜槽五十余处，现获积砂，炼有净铜，足资鼓铸。查与田园庐墓无碍，应请招商试采。又督采伊始，请将武昌知府姚棻调补施南，并将原任知县等留办矿厂。"从之。

壬戌 户部议准："两广总督李侍尧奏称，粤东宝广局，岁需铜十五万五千五百余斤，向系滇粤两省盐铜互易。嗣因滇省产铜不旺，采买维艰，奏准以收买古钱，镕铜九十一万七千余斤，通融鼓铸。惟此项铜止供四年六个月之需，自丙申年五月以后，仍需滇铜接济。查滇省新开各子厂，近复旺盛，请仍照《盐铜互易章程》，即于本年委员预行办运。"从之。

380 卷 956 · 乾隆三十九年四月

己丑 盛京将军弘晌、副都统额尔德蒙额奏："盛京旧有铜铁大小炮七十九、鸟枪一千三百三十八、炮子六千八百，分贮臣等衙门。其中因潮湿锈朽者，炮三十九、炮子一千八百、鸟枪，俱不堪用。查盛京工程需用铜铁，俱动正项采买，请将此项锈朽枪炮等销化备用。"得旨嘉奖。

381 卷 958 · 乾隆三十九年五月

庚申 又谕："本月户刑二部，议驳图思德奏'分赔炉户厂欠银两，不应节外重摊，徒致有名无实，令该抚通盘核计，酌筹办理'一折，所议是，已依议行矣。此项厂欠银至七万八千五百余两之多，当日预领工本时，自必实有其人，何至尽归无着。且各厂炉户，数甚纷烦，谅不能挨户遍给，其中必有承总之人，或什或百，分匀经管。自当择身家殷实者承充，何至尽归乌有？即如内地办理工程锅伙之类，皆有匠头，夫总经手支发钱粮，岂有铜厂炉户，竟全无责成，而令乌合之众，赴厂自领之理？在当日承办之员，办理不善，固属咎无可辞，而接任承追各员，并不实力严查，率以炉户逃亡无着为辞，致追项久悬不结。此皆存具文了事之心，因循不振，殊非核实办公之道。着传谕图思德，确查此项炉欠，原领共若干户，其籍贯住址，如何着落，并查当日作何承领，及有无经管承领之人，逐一彻底清查，据实奏覆。至查明后，应如何着追完项之处，并着妥议具奏。"

382 卷 959·乾隆三十九年五月

辛巳 谕军机大臣等："毕沅奏宁羌州地方试采铜矿一折，已经该部议覆准行。陕省即产有铜矿，如果跴探得实，开采有方，足资本省配铸，可省赴滇脚价，自属甚便。但矿厂初开，经理殊为不易，其砂线之是否旺盛，能否源源济用，必须确切跴访，真知灼见，方可举行。周居安等呈请一面之词，恐难全信，即覆勘有因，亦不宜轻率从事。必须先为试办，且勿遽涉声张，俟试采数月后，果系矿砂旺产，供用有余，于以裨公务而利民生，自为一举两得，即应经久议开。虽前人未曾办及，而地不爱宝，因时而出，亦富厘所常有。如甘肃之采炼金沙，行之有效，未尝不善。若其原呈之处，不过偶露铜苗，一经试采，即不能应手而得，仍归有名无实，则工作繁费，恐致徒劳，而矿徒群集，易聚难散，皆不得不慎之于始。倘试采无效，亦不妨奏明停止，断不可稍有回护。再，其地为入川孔道，且境属汉中，毗连楚省，山硐容易藏奸，即使铜厂果开，其查察亦宜尽力，况现在军务尚未全竣，一切厘核之法，更宜加倍周详。即将来凯旋以后，其于川省咽匪之混入者，尤当加意稽防，如能化莠为良，固属好事，否则不可容留滋蔓。此皆开矿时之必当先事熟筹者。所谓'有治人，无治法'，惟在该抚董率该道府切实措施，功过皆令有所专责，则承办者自不敢玩忽因循。毕沅自简用封疆以来，办事颇为认真，尚堪倚任。此等地方公事，固不可过于顾虑，坐失自然之利，亦不得急于求效，致昧未然之防。毕沅当善体朕意，实心妥办，仍将试采后，是否可以长行之处，据实覆奏。将此传谕知之。"

383 卷 960·乾隆三十九年六月

癸巳 军机大臣等议覆："江苏巡抚萨载奏动支耗羡折内，开有添办红铜七千三百余斤一款，谕令查核。查制造器皿，向以洋铜质净，较胜滇铜，是以遇有应办之件，俱取洋铜供用。乾隆二十八年，颜料库以各省额解红铜不敷支用，奏请行令江苏等省，每年添办七千斤。核计每年所解，余支用开除外，现在尚存四万三千三百余斤。又户部宝泉局，从前亦存有洋铜，供造办等处领用。乾隆三十四年，因库存无多，奏明交江苏巡抚，于年例额解外，添办二十万斤，节年支销所余，亦尚存有十四万八千余斤。查滇铜虽不及洋铜质净，而炼至十分足色，亦不甚相悬，粗重器皿，原可即以滇铜陶炼成造，纵镕化稍有折耗，亦可照色加补，较之采买价值，尚多节省。今户局及颜料库二处，既贮有十余万斤，足供各处支用，请嗣后将江苏等省额办铜斤一并停止，如遇需用时，令造办等处核明，非洋铜不可即支取洋铜，其余概用滇铜炼造。俟该两处铜斤将次用完，再行奏请办运。"从之。

丁酉 豁免云南乾隆三十五年第三运沉溺铜十六万三千九百六十斤有奇。

384 卷 961 · 乾隆三十九年六月

丁未 豁免云南乾隆三十五年第二运二起沉溺铜一十五万四百五十斤有奇。

385 卷 965 · 乾隆三十九年八月

丙午 谕军机大臣等："据图思德奏'彰宝移交案内有永昌府属采买谷石及边防用费逾额，又派修旧存箭枝，均未妥协等因'一折，所奏甚是……又永昌边防经费既经彰宝酌定，每年需费五六万金，何以军需局册造，自乾隆三十五年以来，每年有用至二十余万及十余万不等。军需日有专项，其铜厂公本，借支养廉采买谷石等项，自应各归各款，何得与军需牵混，溢于奏定之数？军需局承办俱系何人，因何如此办理，亦着图思德查明参奏。仍令将款项划清报销，如有朦混侵亏，即查参重治其罪。……"

386 卷 975 · 乾隆四十年正月

甲戌 又谕："据阿桂等奏到'攻克康萨尔山梁，占获碉寨木城石卡，并痛歼贼番情形'一折。据称'贼番于康萨尔守御不遗余力，因于本月十二日，分派将弁，带兵夤夜前进。拽开拦木，拔起鹿角，跃过重濠，抛掷火弹，贼人抵死距守，官兵一呼涌上，直登碉顶，杀死碉内外各贼，并将地窖石板踏塌，压毙多贼。随将地穴填塞，继又分两翼冲下，连夺大碉石卡木城。至山脊两旁，见系密箐，黑夜难以进攻，连夜拿栅，运炮轰摧。连日各兵勇气倍增，四面环攻，贼人无路可逃，俱从悬崖跳下，跌毙者又复甚众。所有山沟内水碉寨落，一齐抢占。三日内，共攻克大碉十座、木城四座、大石卡二十座、寨落七处，活拿二贼，歼毙二百余贼，夺获铜铁炮二尊，刀矛、鸟枪、毛毯、糌粑甚多。再，此处系进攻噶尔丹寺及噶朗噶、勒乌围正路，现在察看情形，于两三日内攻取勒吉尔博，以期迅抵贼巢'等语。此次将弁兵丁，夺卡歼贼，勇往出力，甚属可嘉，所有出众超群之将领，经将军等另折保奏者，业经分别加恩，赏给巴图鲁名号，及超擢升等赏翎，以示鼓励。其在事出力兵丁，并着查明，各赏一月钱粮。"

387 卷 976 · 乾隆四十年二月

癸巳 又谕曰："李湖前在直隶道府任内，办事颇属认真，朕特加赏识。彼时直隶大员，如方观承、周元理于实力办公之外，尚各兼办差务，惟李湖在直，则专留心地方吏治，似不以办差为急务，而其受朕鉴赏转在此也，是以加恩擢用，自应倍加奋勉，以副委任。乃自简任滇抚以来，诸事远逊于前，即如筹办铜斤、酌拨铜款等案，屡经户部指驳，其不能实心任事可知。虽节次传旨申饬，念其尚属因公错误，暂为姑容。今彰宝于保山县王锡取用什物等项，计银至四万余两之多，李湖同在滇省，岂竟漫无闻见，乃隐忍缄默，从无一字奏及，其心尚可问耶？各督抚在任，如有贪婪劣迹，固不能掩两司耳目，然朕亦不肯以此事责之两司。若督抚同在一省，则彼此皆当互相稽察。今彰宝在滇，狼籍若此，李湖不据实劾奏，实难辞咎，吏部议以革任，自属分所应得。李湖着革任，带布政使衔，自备资斧，前往四川军营，会同鄂宝等办理军需奏销事务，以观后效。其云南巡抚员缺，着李瀚补授。所遗江西布政使员缺，着杨魁调补。安徽布政使员缺，着李质颖补授。其巡视两淮盐政，着伊龄阿去。淮关监督事务，着寅著管理。"

388 卷 977 · 乾隆四十年二月

己亥 豁四川奉节县地方沉溺云南委员孙枝桂运铜六万八千斤。

389 卷 979 · 乾隆四十年三月

甲子 豁四川忠州地方沉溺云南委员王曾厚运铜三万五千余斤。

庚午 户部议准："侍郎金简奏称，滇省运解京铜，自泸抵通，统限十一个月，程限本宽，运员往往任意迟延，托名沿途守风守闸，取有地方官印结，可以扣算日期不致有干处分。请嗣后自泸州至仪征，责成督抚，委守备以上武员，沿路催趱，如遇守风守水，会同地方官具结申报；自仪征以北，俱系内河，责成巡漕御史督催，如有守闸起剥日期，亦不准扣除。至头运，例限八月，自泸开行，冻河以前，尽可抵通，与二、三、四运在后者不同，如在山东、天津守冻者，应令自出脚费陆运交局，并照逾限之例，分别议处。"从之。

390 卷 983 · 乾隆四十年五月

乙亥 督理粮饷前任四川总督刘秉恬奏："四月二十八日，西路军营牌传各站催调裹带面斤，随令揪砥粮员，在附近各店收买，即日买得面八千斤，并三松坪粮员禀报共采买二千余斤，合计一万余斤，于二十八九两日运往。又据维州运到五千斤，一并发往西路军营，嗣后再有运到之面，臣已饬知各粮员，酌量分运，务期两路裹带，均无缺乏。至军营需用铜斤，查日尔拉之山脚站，原有存铜一千五百斤，当经发往，并查揪砥有存铜一万八千七百余斤，即于此内先拨出一万斤，发运前进。再，军营既需铜制炮，自必需铁铸子，查朴头站存有生铁十余万斤，现已饬知各粮员，每日搭运四五千斤以资接济。"得旨嘉奖。

391 卷 984 · 乾隆四十年六月

甲申 户部议准："闽浙总督钟音疏称，宝福局铸钱需铜六十万斤，请委员往滇省采买。"从之。

戊子 又谕："据巡漕御史邱日荣奏'滇省运员张绶佩委运铜斤抵津，理应于起剥后，迅速北上，乃该员因乏运费，任意稽延，除一面移会地方官查照办理外，应请敕下直隶总督、仓场侍郎细加盘验，逐一查明具奏'等语。着照所请，令周元理、富察善等派委明干大员，详查张绶佩在津剥运稽迟缘由，并前领水脚银两，是否因公实用，其所运铜斤，有无亏缺，即行据实查办具奏。并谕邱日荣知之。"寻奏："查云南委员张绶佩领运乾隆癸巳年二运一起，正铜七十二万斤，余铜一万六千三百斤，于六月十九日全数运抵通州，当经盘验，正铜无缺，仅少余铜一千五百余斤。面询该员，据称系沿途搬运起剥、磕碰零星折耗，似属实情。又查该员于云南、湖北、江南三处，共领得水脚银六千四百八十二两四钱，为沿途船户支领之用，又领有杂费银九百五十八两，为置备筐篓绳索、夫工犒赏等用。至途中起剥、守冻等费，俱应运员垫用，差竣旋滇补领。该员垫银一千五百余两，俱有所在地方官印结为据，运抵天津，无资可垫，在津竭力设措，始得开行。查该员自泸开帮，迄今抵通，其实历行程，尚在定例十一个月之内，亦未逾限，是该员并无情弊，请交户部查核。"下部知之。

392 卷987 · 乾隆四十年七月

庚午 谕军机大臣等："据管理钱法侍郎金简等奏请饬催京局铜铅一折，若照常依议发行，该督抚等接奉后，仍未必经意，尚恐有名无实。运京铜铅一事，朕曾屡降谕旨，令该督抚等实力妥办，无许迟延，兼令沿途督抚，实力催趱，并令将入境出境日期随时具奏。迩年以来，滇省督抚于起运开帮，未尝不如期奏报，各省督抚于铜铅过境，亦未尝不照例奏闻，而各运船只，违限如故，皆由各督抚视为具文，不实心办理所致。而其弊，大率藉守风守水为由，任意稽延，习而不觉。在本省督抚委运，既不派明干之员，且一经起程，即藉以卸责。其在川省泸店装运，每不免耽延之处，又以事非专责，亦听其稽迟。至于沿途督抚，遇有运官到境，虽查报出入日期，总以非其统辖之员，不肯认真催督，及开报守风守水日期，又多拘于向来之例，不肯切实稽查。铜铅违限之故，大概不离此数者。试思江湖即有大风，多不过三日四日，或为水阻，亦何至半月经旬，督抚等岂可率意徇情，致令藉端违限乎？着严切传谕各该督抚，嗣后领运铜铅之事，各宜加意经理，仍将遵照此旨办理缘由，各据实奏闻。此次传谕之后，若委员庸劣致误运限者，惟滇省督抚是问。若泸店耽延致逾定期者，惟川督是问。若仍照前妄报守风守水，听其任意逗遛者，在何省违限，即惟该省督抚是问。该部嗣后遇铜铅到局，均照此核计，如或迟逾程限，即据实参奏，将此传谕各该督抚，并令户工二部堂官知之。"

癸酉 户部议覆："署云贵总督图思德咨称'各省委员采买滇铜，自行赴厂领运，厂地远近多寡不一，或一员而领数厂之铜，辗转挽运，以致逐厂分扣限期，殊非省费速运之道。请将出铜较少之大美、香树坡、马龙寨等厂，令厂员将铜雇运省城，交云南府接收转发。其程站最远之得胜、白羊、日见汛等厂，令厂员将铜递行运交大理府收存转发，各省委员领运，各按铜数，总扣限期，毋须逐厂分扣。至义都、青龙两处，厂铜较多，及下游铜厂程站较近，易于雇运者，仍令各省委员赴厂自行领运。所需运费，上游，自厂至省归滇报销，下游、归各省报销'等语。应如所咨，并饬令各厂员先期运往存贮，如各省委员已到，该处无铜可兑，即将办运迟误之厂员查参，并将各委员守候盘费着赔。至铜多路近各厂，外省委员自行赴领者，仍令该地方官协同雇募，催趱起程。"从之。

393 卷989 · 乾隆四十年八月

戊戌 谕军机大臣等："据毕沅奏'宝陕局鼓铸，应采办第十运滇铜，共估需银五万三千余两，派委典史李尚志赴滇领运'等语，所办未妥。采运滇铜，事关鼓铸，且动用脚价至五万三千余两，为数甚多，岂可仅委典史微员专司其事。此等微末之员管办多金，难保其不垂涎染指，或竟于途中侵盗、浪费、花销，皆所不免，迨事后发觉，即将该员正法严追，已属无补。毕沅何计不及此？着传谕毕沅，即再派一同知、知县之类前往共办，嗣后凡采办滇铜，必须遴派明干知县，或能事之同知、通判前往，并须择其身家殷实者充当此差，方为妥协。杂职中，即有勤慎明白，堪任差委著（案：当为"者"之误），亦只可令派出之丞倅、知县带往，以供奔走查催之役，断不可专派簿尉微员领办，致滋贻误。设差委非人，沿途或有侵蚀亏缺等事，惟派委之该督抚藩司是问？仍将此谕令办铜各督抚一体遵办，并谕户工二部堂官知悉。"

甲辰 户部等部奏："云贵办运铜铅，需员实多，两省额设州县不敷差委。查现行川运例，捐纳知县不准分发。然当此需人之际，当稍为变通，请将捐纳知县准其加捐，分发云贵二省，委运铜铅。如运完无误，遇有该省应归月选知县，无论何项出缺俱准题补，不必拘定年限，并免其试署。至试俸仍照旧例。"从之。

394 卷991·乾隆四十年九月

辛酉 户部议覆："陕西巡抚毕沅疏称'宝陕局鼓铸应采办铅锡，共估需价值运费银一万八千六百余两，派委典史陆象拱赴楚领办'。查各省采买铜铅等项，或委州县，或委佐杂，向来办理原未画一，但银数既多，微员恐致贻误。应请旨饬令该抚于丞倅、州县中，派员前往，并请嗣后采买动项，数至一万两以上者，皆于丞倅、州县中选委办理。"得旨："依议速行。"

庚午 吏部等部议覆："户部侍郎高朴奏称'捐纳知县，向有准捐分发之条，惟此次川运例不准，请仍旧准其报捐'，应如所奏，惟人数不得过多，大省分发十二人、中省十人、小省八人。再，候补知县，向例准过班加捐分发，今川运例亦不准，应一体准其报捐。又本年八月新例，以云贵铜铅需员解运，议将捐纳知县，准其加捐，分发云贵二省，今既各省准捐，前议自无庸另办。惟是该二省解运铜铅需员较多，若照小省应发人数而计，恐不敷委用，应请云南分发二十员、贵州分发十二员，令报捐人员通行签掣，其掣得云贵者，到省时，无庸拘定一年之限，该督抚即酌量题署实缺，令其承运铜铅。如办理无误，回任时，即题请实授，亦不拘年限。"从之。

甲戌 湖北巡抚陈辉祖奏："滇铜黔铅，运京车脚银，俱系拨存通永道库，俟至张家湾核发。其滇铜，自汉口以下水脚银，系拨贮于湖北、江宁两藩库，俟船到汉口、仪征给领。惟黔员水脚，向系在黔全领，似未画一，请嗣后黔省运铅，自汉口至张家湾水脚银，亦如滇省运铜办理。"报闻。

395 卷993·乾隆四十年十月

庚寅 谕军机大臣等："据龙承祖奏'伊族侄龙凤祥于上年运铜来京，曾寄交银五百八十两，为凑补捐复之用。嗣因补放江苏按察使后，将原银转交通州知州龙舜琴收存。今龙凤祥既有未清铜斤之案，此项银两，应请敕顺天府行文该州龙舜琴，提解户部贮库'等语，所奏甚是，已交顺天府就近办理矣。至运员龙凤祥因捏报捞获铜斤一案，经户部参奏，并请行文滇省及江西原籍，确查该员踪迹，迎提根究。旋据海成奏'准咨已经两月，该员并未回籍，现在沿途查截'等语。龙凤祥系滇省试用知县，自应回滇候补，或因已经降调，亦应回江西原籍，不应在他处逗留。此案尚非大罪，亦不至有中途逃避之事。着传谕沿途各督抚，即速饬属严查龙凤祥下落，派员押解来京，交户部查讯确核具奏。将此由四百里谕令知之。"

396 卷 995 · 乾隆四十年闰十月

癸亥 署四川总督文绶奏："滇黔二省，办运京局铜铅，攸关鼓铸，自应实力催趱。查滇铜自泸店领兑开行，由重庆换船，至四川巫山县出境，例限九十五日。黔铅自永宁运至渝局，镕化换载，至四川巫山县出境，例限六个月零十五日。历来运船，虽俱依限具报护送，然每多逾限，不能迅速巡行。推原其故，大率藉守风守水为由，地方各官，不能切实催趱所致，若不严立章程，终恐有名无实。应请严定例限，守风不得过四日，守水不得过八日。倘间遇江水异涨，有实在不能依八日之限冒险开行者，令该道府大员，察验实在情形，出具印结报查，庶不似从前任意捏混。如运员无故逗留，地方官弁徇情代为捏饰，随时严参议处，庶几各有责成，不敢任意稽缓。"得旨："知道了。实力妥行，毋为空言。"

丁卯 河东河道总督姚立德奏："东省运河本年轮届大挑，除下河厅属卫河，长流迅驶，不能煞坝兴挑，所有淤浅段落，前面系用船捞浚，仍照例办理外。查闸河以内，运河厅属南旺、济宁等处，地处上游，汶、泗之水，首先入运。捕河厅属长河，汶水北行，为沙赵二水所顶；上河厅属临清一带塘河，系汶水入卫尾闾，汶水出闸，有卫水相抵，虽均不免停淤，而按土计夫，额用夫工，尚有节省。惟泇河厅属之彭口塘河，以及八闸内大泛口等处，本年伏秋汛内，山水屡次涨发，挟带泥沙，停积较厚，必须挑挖深通，以待来春重运。核其应挑土方、额募人夫，不敷办理，臣通盘筹画，衰多益寡，即以运、捕、上三厅节省之夫，添给泇河，尚系土浮于夫，酌加添募，需费无多，即于该厅抢修项内动给妥办，毋须另请钱粮。现在分派人夫，令将挑河器具备齐，用资力作，并将铜铅差民等船，严催飞挽，清理河道，以便堵筑南旺大坝。"得旨："览奏俱悉。"

397 卷 996 · 乾隆四十年十一月

丁丑 又谕："据刘秉恬奏'川省办理军需，钱粮奏销，甚关紧要，现在省局司道，各有本任应办之事，未能专心经理，以致节次催趱，仍多延搁。查有湖北安襄郧道浦霖，系户部司员出身，办事颇能留心认真，请令来川帮同钱鋆等办理。并令该道，将平日所知属员及书吏内，各拣派数人，带同帮办。又云南镇雄州知州白秀，办事细致，亦请令来川帮办，并请各以本任之官，在川办事'等语。所奏甚是，浦霖着即拣派应带员役，由湖北驰驿前赴四川。白秀解铜来京现已事竣，着驰驿前往川省会同军需局道，上紧查办军需报销事务。至浦霖、白秀仍着各以本任之官，赴川办事，其员缺，着该抚委员暂署。如该员等果能实心出力，着有劳绩，仍着出具考语。"送部引见。

庚辰 谕："户部覆议图思德等奏'威宁州知州刘标亏空铜铅工本案内，摊赔未完银两，照滇省议摊未完军需之例，请在黔省养廉内公摊，统限十年清缴'等语，固属照例筹办，但此项亏欠应赔银两，皆前任各上司等不能实力体察所致，并非接任各员本分应赔之项。且贵州通省养廉有限，若摊扣过多，未免不足以资办公，着加恩展作二十年扣缴，俾得从容归款。"

398 卷997·乾隆四十年十一月

癸卯 是月，吏部奏："定例滇省解运京铜，自泸州领运，限九个月抵通，换船换篓，限六十日，统计限十一个月。如逾限一月以上者，领解官革职，戴罪管解，委解上司，降三级留任，沿途催趱官员，照《催趱不力例》议处。悉按所过境内，违限日期多寡，分别罚俸降调革职。又《例》载'各省委员赴云南等省采办铜锡铅斤，有无故迟延逾限一月以上者，领解官革职，戴罪管解，完日开复各'等语。窃思运京铜斤，关系户工二局鼓铸，固应上紧趱运，严定处分。而外省派赴滇、黔诸省采办铜斤等项，亦均关紧要，若同属逾限一月以上，一则议以革职，一则例准开复，未免轻重悬殊。再，逾限之期，例文统言一月以上，而凡不及一月，并两月以上至半年者，多寡不等，亦不应漫无区别。且运京铅锡，与铜斤事同一例，原例内专言铜斤，不及铅锡，立法亦未详备。今臣等悉心酌议，嗣后各省运京铜锡铅斤，除一切章程仍遵旧例办理，如正限之外，逾限不及一月者降一级留任，委解上司照例罚俸一年；逾限一月以上者，降一级调用；两月以上者，降二级调用；三月以上者，降三级调用；四月以上者，降四级调用；五月以上者，革职；委解上司仍各降三级留任。其各省派赴滇黔等处采办铜锡铅斤，如于采买完竣起运之后，沿途无故迟延，逾限不及一月者，照旧例免议；一月以上者，罚俸一年；两月以上者，降一级留任；三月以上者，降一级调用；四月以上者，降二级调用；五月以上者，降三级调用；至半年以上者，革职。再，查运京铜铅有无违限，向俱于抵通后统行合计，应请嗣后运京铜铅等项过境，如有无故迟延，不在例准扣限之内者，各督抚按照运员所迟月日，将催趱不力之各地方官职名咨部，俟该运员抵通后，移咨户工二部确核。除运员逾违统限，例应议处者，沿途地方官，仍各按所过境内，逾限日期多寡，分别罚俸降调革职外，至运员并未逾违统限，例得免议者，其中途所过省分，有逾程限，该地方官催趱不力，仍各予以处分。应令该督抚，将铜铅船只入境所过州县，各程限日期，逐一分晰核算，咨明户工二部存案，遇有违限，咨参到部。如原限应行四日，而行至五日以上者，专催官罚俸一年，督催官罚俸半年；应行四日而行至六日以上者，专催官降一级留任，督催官罚俸一年；应行四日而行至八日以上者，专催官降二级留任，督催官罚俸二年；应行四日而行至九日以上者，专催官降三级留任，督催官、降一级留任；其余多寡程限不同，皆照此例核算。至已过州县所违之程限，如入境后能为趱出者，该地方官应酌予纪录一次；其有能上紧催趱，于未届正限之先即已出境者，亦准予纪录一次，以示鼓励。如此详悉定例，分别劝惩，则运员及沿途地方官，各知赶紧趱运，自不敢迁延从事。"从之。

399 卷999·乾隆四十年十二月

辛未 军机大臣议覆："督理粮饷吏部右侍郎刘秉恬奏称'僜拉促浸地面添驻营汛，揆之地势情形，不外美诺、底木达、大板昭、勒乌围、噶喇依等数处。查日耳现存粮二万石，除酌留凯旋兵粮外，俱应取道沃日、明郭宗，尽数运赴美诺，以备各处支食。撒拉、大板昭存贮之米，除酌留外，应由乌尔当一路，拨运底木达等处。勒乌围一带余存之米，应由沿河分运噶喇依等处，其南路协运木池之米，已运赴觉木交，如觉木交尚有存贮，亦赶运扎乌古等处，庶皆可就近酌拨。又楸砥一路，自汶川至沙坝，每站先酌存米四五百石，以为凯旋兵夫口粮，如有余剩，一概运往撒拉。其草坡一路，自桃关至木耳，每站亦先存米五六百石，以备兵夫口粮，如有余剩，一概运往美诺。又查西路现设药局，指日攻克噶喇依，所得必更有增添，应将临时余存之火药、火绳、枪子等项，照营制大小，酌量兵数，派拨分贮。又查各路军营铸成铜炮，将来凯旋后，临时酌留数位，分存各营汛，余俱饬令镕销，无论在营在途，全数运交省局鼓铸。又查各路军营打出炮子及存用生铁，不下数百万斤，不便听其散而无稽，应将附近美诺一带者，交美诺等处营汛收存。附近噶喇依、勒乌围一带者，查照道路远近，运交各该营汛收存，将来屯田农具所需，即可取资于此'，均应如所请。"得旨："依议速行。"

400 卷 1000 · 乾隆四十一年正月

丙子 军机大臣议准："署四川总督文绶奏筹备凯旋各事宜：……一、军需火药、铅弹现饬在省制造者，毋庸起解，已运未出口者应截留补维州、茂州、青云等营缺额。出口者，咨刘秉恬、富勒浑等，就近截留拨贮。其铁斤、铜斤已运在途者，俱交地方官截收……"从之。

401 卷 1002 · 乾隆四十一年二月

乙卯 户部议准："云南巡抚裴宗锡疏称，发古、万象等厂，兼办箐口、革浪河、茨营山等处铜斤，采获渐多，无从堆贮，请于发古厂建盖官房十二间，万象厂建盖官房十间。"从之。

402 卷 1005 · 乾隆四十一年三月

辛丑 署云贵总督觉罗图思德奏："铜厂旧欠久悬，先后亦须截清，以免挪掩之弊。盐课盈余，亦有堕欠，必须亲自巡查。"得旨："自应实力妥办，毋为虚言。"

丙申 户部议覆："四川总督文绶疏称'拨解西藏饷银，请于司库支发'，应如所题。至称'派委邻水县典史平震世管解前往'，查上年采铜案内，奉旨不准簿尉微员领办，今此项饷银，多至六万两，亦未便以微员贻误。嗣后应核银数多寡，即照京饷例，遴员押解。"从之。

403 卷 1007 · 乾隆四十一年四月

壬戌 谕军机大臣等："户部议覆海成筹办滇铜一折，已依议行矣。江西宝昌钱局，前因专用洋铜，价值过昂，酌用大兴厂铜酌铸，原期均匀牵算，本息无亏。嗣因该省积铜甚多，户部议令数年之后，即行购办，以期接济，自应遵照办理，何以直至滇铜配用将竣，始议采办？是该抚办理此事，实属迟缓。其因何不早筹办缘由，着海成即行查明，据实明白回奏。"

404 卷 1010 · 乾隆四十一年六月

丙午 又谕:"据绰克托奏称'将阿克苏、赛哩木、拜城回丁,共查出二千六百十八户。现据禀称,情愿将初定官租与旧住回人,均摊交纳,并可略增。请将阿克苏回人交纳粮石,毋庸折交红铜,另将红铜作为加增之项,每年令其解送伊犁等处'等语。从前雅德等具奏'喀什噶尔回子生齿日繁,请移住伊犁,令其耕种交租',朕以其所办妥协,降旨允行,并传谕各回城,有似此者,一体办理,特因该回人等生计起见,并非令其多纳官租也。今绰克托等查出阿克苏、赛哩木、拜城回人余丁,但当将初定之租,令其与旧住回众等均摊交纳,若复加增,令其交纳红铜,转非朕抚恤回人之意。着传谕绰克托,此项查出之回丁,只令照纳官租,不必另交红铜;其应解送伊犁之铜,仍照旧办理。并着绰克托传谕阿奇木伯克鄂斯满、密尔普拉特、阿布都尔满等知之。"

辛亥 增定《解运铜铅开行迟延处分》。吏部议奏:"铜铅各运,定例二、八月开行,各运员自滇黔赴泸州、重庆,以及开行抵通,俱有例限及迟延处分。而未开行以前,该员恃无限例,竟有迟逾数月者,自应增定处分,以重责成。请嗣后,将委员在泸州、重庆耽延不按限开行者,逾限不及一月,降一级留任,上司罚俸一年;逾限一月,降一级调用;两月以上,降二级调用;三月以上,降三级调用;四月以上,降四级调用;五月以上,革职;上司各降三级留任。"从之。

405 卷 1011 · 乾隆四十一年六月

己巳 谕军机大臣等:"据迈拉逊参奏'司员科灵阿等于钱法衙门题销宝源局用过铜锡铅斤一案,数目不符。该司员等既经查出,并不回堂,私行付查该局,以致钱法衙门,将以自行具奏,显有瞻徇情弊,请将承办司员科灵阿等交部严加议处'等语。此案在迈拉逊,因该司员等既经查出数目舛错,不即回堂,先行付查,疑有情弊,是以具折参奏。但董诰亦系工部堂官,非不应与闻之人,今因该司付局行查,董诰即闻而自行检举,设或该司官回堂,又何能独令董诰不知乎?若其事不过如此,不足为异。抑或另有别情,至稽璜、德成之不同列衔,或以向例如此,毋庸参奏,或有偏向董诰之处,并着留京王大臣询明覆奏。迈拉逊折着钞寄阅看。"

406 卷 1012 · 乾隆四十一年七月

壬午 又谕:"据图思德奏'贵州委员永从县县丞刘集禧采买滇铜,因脚户杜厚培亏缺,押令将闽省铜斤抵兑,以致杜厚培自刎身死,请将刘集禧革职审究'等语。刘集禧着革职,交该督与案内有名人犯,一并严审究追,定拟具奏。"谕军机大臣曰:"据图思德奏,已降旨将刘集禧革职,交该督严审究拟矣。人虽在滇省,而事则黔省之事,裴宗锡何未奏闻?刘集禧前已呈报,于二月初十日,全数扫帮,运出滇境。何以四月二十三日,刘集禧尚在滇省逗留未回?其所解铜斤,曾否报入黔境?有无陆续运到?该抚于该员禀报后,曾否行催?此项铜斤,现在有无亏缺情弊?并着裴宗锡详晰查明,据实覆奏。"寻奏:"刘集禧承运滇铜三十六万六千三百四十斤,据报二月初十日扫帮运出滇境。因与脚户核算运脚,以致耽延，所解铜斤，臣于该员禀报运入黔境后，均经随时行催，陆续运到，现已全数收局，并无亏缺。除原参之案，听督臣审断外，请敕部将臣议处，以儆疏忽。"下部议。

407 卷 1019 · 乾隆四十一年十月

戊午 吏部奏："铜船过境，催趱不力，以致逾限之山东临清州知州奉旨以知府用李涛等，请分别降革。"得旨："铜铅船只过境，地方官催趱不力，以致逾限，处分固所应得。但州县各官，俱有应办地方事务，如因命盗相验等案，迅速前往，不能亲身督催者，亦属事所常有。若概予实降实革，未免太重。嗣后运京铜锡铅斤，运员违逾统限，沿途催趱不力之地方官，应议降调者，改为降级留任；应议革职者，改为革职留任。此案议以降调之李涛等，即照此旨行。至例应降革各员，业经加恩从宽留任，其降留罚俸处分，应如何递减之处，仍着该部定议具奏。"寻议："嗣后铜铅过境逾限，其专催督、催各员，罚俸处分，仍照旧例办理。其应降调者，改为降留，革职者改为革职留任。"从之。

408 卷 1025 · 乾隆四十二年正月

乙酉 谕军机大臣等："据图思德奏'闻得鲁蕴在阿瓦办贡，将苏尔相、多朝相接往阿瓦，要同杨重英俱从天马关送还内地，并欲亲自到关，叩恳纳贡'等语。果尔，即可就此完局。但受降诸事，必得重臣经理，而善后事宜，均关紧要，亦非图思德所能办。已降旨派阿桂前往云南，经理其事。所有云贵总督员缺，将李侍尧调补矣。阿桂日内即起程，驰驿赴云南，行程甚速。李侍尧接奉此旨后，亦即束装，驰驿迅往云南，其两广总督印务，即着李质颖暂行署理。阿桂及李侍尧未到云南之前，缅匪或另有文禀，或得鲁蕴亲自到关，图思德务须相机妥办，谕以大皇帝现差协办大学士阿公到后，即可定局。至前谕有得鲁蕴如亲自到关，谕令亲身进京朝见之语，系就彼时情形而言，今缅匪既情愿还人纳贡，即可完局，又无庸令该头目进京，致使怀疑生畏。图思德又不可拘泥前旨，致有舛误。至此时图思德如有奏折，已谕令阿桂沿途遇见，即行拆阅，如有应办紧要机宜，即一面奏闻，一面行知图思德遵照。图思德务须妥协为之，俟李侍尧到滇交代后，再赴贵州巡抚之任。云贵总督，现在办理此事，为最要之缺，各省总督老成有识，能办大事，实无出李侍尧之右者，是以将伊调补。李侍尧到滇，将诸事妥为经理，至开关通市以后，所有内地民人出口，定数稽查，及严禁沿边百姓，不许前往茂隆厂生理诸事，已详悉面谕阿桂。李侍尧先见阿桂时，即可问明，一切妥商为之。既定章程，阿桂即可回京，而实力永久查办，则惟李侍尧是赖。杨景素接奉此旨，将印务交国泰护理，即起程来京请训，再赴新任。至裴宗锡前在滇抚任内，办理铜厂盐务诸事，最为尽心，是以将伊调任。裴宗锡俟图思德到黔后，即赴云南新任，诸事仍须妥协办理。所有云、贵、广东，俱着由六百里加紧发往，山东由四百里发往。"

409 卷 1028 · 乾隆四十二年三月

辛未 谕军机大臣曰："户部奏'滇省运京年额京铜，开行迟延，节经行查，始终以泸店并无底铜一语抵塞。请将管厂各员，并专辖之司道，以及从前奏报不实之督抚职名，查明议处，并请饬交新任督抚，悉心详筹妥议，务使泸店多备底铜，俾各运开行例限，永无贻误'一折，已依议行矣。铜斤鼓铸攸关，最为紧要，自应依限赶运，如果铜厂缺少，亦应据实声明，预为筹办。乃管厂各员，既不能办铜足额，专辖之司道，亦不上紧督催，据实详报，直至各运逾限，节次行催。该抚并未实力查核，设法调剂足额，徒以纸上空言，希图塞责，殊属非是。图思德着传旨申饬，令其明白回奏，此后如何筹办足额，并多备底铜，以期赶赴例限之处，着传谕李侍尧、裴宗锡悉心详筹妥议，据实具奏。"

甲戌 谕军机大臣等："据图思德奏'自乾隆三十二三等年，办铜短缩，已不敷额运之数。又将泸店底铜，拨给外省，办理益形拮据。恳将领运京铜，展至次年正月开帮，七月扫帮，俾厂期宽展，得以从容办理，不致再有贻误'等语。滇省铜运，前据户部奏'额运京铜，开行延缓，请将管厂各员，并专辖之司道，以及从前奏报不实之督抚，查明议处'，当经依议允行，并传旨申饬图思德，令其明白回奏，并令李侍尧、裴宗锡妥议具奏矣。今图思德复以泸店并无底铜，另请展限，此折若批交部议，该部必按例议驳，于筹办铜务全局，不能实有裨益。今李侍尧已赴新任，阿桂亦在滇省，两人皆能办事之人。着即传谕，令其会同悉心通盘筹画，将此后如何采办足额，筹备底铜充裕，以期赶赴例限，不致厂运各员再有短少迟延之处，悉心妥议，据实具奏。再，图思德前所奏得鲁蕴等遣缅目孟干等来关之事，今又隔数日，节盖等有无来信，亦即据实速奏。况钦差前往之事，亦有关系，何以结局，着将此由六百里传谕阿桂、李侍尧知之。其图思德所奏铜运一折，并着钞寄阅看。"

410 卷 1030·乾隆四十二年四月

戊戌 （阿桂、李侍尧）又奏："张凤街一带兵彻回避瘴，并令弁目等，不与缅夷稍通言语，会办铜盐事竣，臣阿桂即回京。"得旨："知道了。该部知道。"

411 卷 1034·乾隆四十二年六月

癸卯 又谕曰："阿桂已于五月二十二日，自永昌起程，与李侍尧沿途商办铜务。此时想已自省城起身，所有饬令缅匪送还杨重英及奉表纳贡各事宜，李侍尧自能酌量妥办……"报闻。

412 卷 1035·乾隆四十二年六月

甲寅 户部议准："署云南巡抚图思德疏称，保山局增炉四座，每年铸存钱一万四千余串，请以钱一串二百文作银一两，对半搭放兵饷等项，即以易回银，还铜锡铅工本。"从之。

壬戌 户部议："滇省运铜铅各员，在途病故，如系江南仪征县以南，该督抚飞咨本省，另委丞倅接办；如在仪征以北，即由沿途督抚遣员接运，不必再咨原省。"从之。

413 卷 1038·乾隆四十二年八月

庚子 又谕："刑部奏审拟通州船户梁天成盗卖漕米一案。据称'案内起意偷卖之刘胜，及伙同商谋之张士雄、薛天福，俱审匿未获，现在行文直隶总督等一体查拿'等语。刘胜等以剥船船户，胆敢乘漕米起剥，起意商同凿漏船底，偷盗米石，情节甚为可恶，均应严拿务获，尽法惩治，未便因循致令匪徒免脱漏网。况天津、通州一带，为水陆冲途，每年漕运铜铅，络绎停挽，迩来屡有偷窃之案，不可不严行究办，以惩奸宄而靖地方。着传谕周元理，即将此案要犯刘胜等董率各属，设法蹑缉，务俱速行就获，审明严办，并饬地方文武，毋得视为具文，致使要犯远扬，久稽显戮。至天津、通州沿河各处，该督仍饬各属，不时留心稽察，毋使宵小潜踪，滋生事端。"

414 卷1041 · 乾隆四十二年九月

壬辰　大学士管云贵总督李侍尧、云南巡抚裴宗锡等奏："请嗣后铜厂厂务，悉归地方官经管，即繁剧地方，离厂较远，正印官不能照料，亦宜改委州县丞倅等官经理。各厂现委杂职，概行彻退，酌量地方远近，厂分大小，分派各府厅州县及试用正印人员，接手承办，实力采煎。如果办铜宽裕，奏请议叙，倘有短缺，即行参处。"得旨嘉奖。

415 卷1044 · 乾隆四十二年十一月

乙亥　兵部奏："各省遇铜铅船只到境，该督抚派游击、都司、守备押送，即应令与文职地方官一体催趱。请嗣后铜铅逾限，即移咨经过省分，将催趱不力之押送各员职名送部，各按逾限月日，照《文职专催地方官分别议处例》查议。"从之。

416 卷1045 · 乾隆四十二年十一月

辛卯　豁云南冬瓜滩沉溺云南委员李发源运铜二万二千斤，并予淹毙船户水手十二名恤赏如例。

417 卷1046 · 乾隆四十二年十二月

己亥　谕曰："李侍尧等参奏'前署宁台厂员之会泽县知县卫竟成，私扣脚价，短发铜斤，甚至将承运铜五万，捏报脚户赵映奎盗卖三十万之多，希图索诈侵渔，实出情理之外。又署蒙化厅经历武定州吏目胡炎，因向举人饶湛借银不遂，挟嫌押令代脚户赵映奎完银，辄以毁署抗官，诬人重罪，尤属狡诈不堪。请旨一并革审'等语。知县卫竟成、吏目胡炎俱着革职，交该督等提集案内人证，严审究拟具奏。"

己亥　谕军机大臣等："本日据李侍尧等参奏'前署宁台厂员卫竟成私扣脚价，短发铜斤，并捏报脚户盗卖，希图索诈。又署蒙化厅经历胡炎，因向举人饶湛借银不遂，挟嫌押令代脚户赵映奎完银，饶湛不依，遂诬以肆骂毁署，捏详渎忿。请旨一并革审'一折，已有旨谕部矣。胡炎以职官勒借所部银两，已干例禁，复挟借银不遂之嫌，既令饶湛代毫不相涉之脚户完银，因其不依，又以毁署抗官诬报，自当按例究拟。但饶湛身为举人，应知理法，果有屈抑，亦当俟上司提讯时自行辩诉。胡炎虽卑鄙究系职官，乃当胡炎亲自往拉，辄与扭结，且吏役以伊系举人，不敢向拿。此风亦不可长，亦当示以惩儆，使绅衿不敢恃符抗上。着传谕李侍尧等，于审结此案时，将饶湛亦予以应得之罪。"

418 卷1047·乾隆四十二年十二月

壬子 谿湖北巴东县地方沉溺云南省委员孙新吉运铜六万七千二百七十六斤。

419 卷1051·乾隆四十三年二月

戊申 吏部议奏："大学士管云贵总督李侍尧、云南巡抚裴宗锡，奏请酌定《铜厂议叙议处条例》。查滇省大小各厂，原定有按月勒交之数，请嗣后缺额限三月内补足，其不能补足者，月计分数查参；如欠不及一分者，罚俸六个月；一分以上者，罚俸一年；二分三分者，降一级留任；四分五分者，降一级调用；六分以上者，以次递降；至八分以上者革职。其余额外多获者，亦按分数议叙。如多获一分以上者纪录一次，亦以次递加；至四分以上者，加一级；五分以上者；以次倍之。着为例。"从之。

庚戌 谿云南省金江沉溺之署云南永善县知县李发源运铜三万三千斤。

420 卷1052·乾隆四十三年三月

癸亥 谕军机大臣等："本日，户部奏驳瑺龄查覆从前举报更换疲商之富户情形一折，所驳甚是，已依议行矣。朕于折内各情节详加披阅，如所称原任知府裴志濂，业已具有本人情愿充商甘结送部，因何复行赴部呈控？又杜楫、李希纲、侯希武等亦系三万余两，与裴志濂家资相同，乃称并非殷实，不能充商，则地方官于举报开除之间，似有任意轩轾之情。又郭愈博家资二万余两，现任湖南知府与裴志濂事同一辙，乃该员任所尚未奉查出结，而地方官先称伊有借欠他姓二万余两，代请邀免。又如该盐政所称各乏商举报富户时，或因田地广厚，或因房屋华美，及曾经捐职办铜，向有富名者始行开列。是各户富名，久为众所共知，地方官何由决其并非殷实。且举报后仅止一年，而遽指为或系先富后贫，或系祖业凋零，尤属强为之辞各等语，其情节实属可疑，朕俱一一为之折出。看来此事，皆由地方官于所属富民之查覆开除，未免意存偏徇，曲为开脱。即或州县官不敢公然受贿，而吏胥等藉端肥橐，朦报本官，有司复不能认真查办，为所欺蔽，致前后情节参差。种种弊病，皆所不免。以本地富民承办本地盐课，分所当然。即因河东盐务，非两淮各处可比，亦止获利稍微。且近经借帑修浚盐池，产盐已旺，更不至多有赔累。乃伊等皆乐于办铜，而惮于办盐，尤非情理。此皆地方官以盐务非其切已，意分轸域，不肯实力查办所致。在巴延三则不可如此存心也。着传谕巴延三，照户部指驳情由，切实核办，详悉覆奏，勿再听凭地方官高下其手，致乖平允干咎。户部折着钞寄，并照朕折角处，折令阅看。"寻奏："裴志濂本系殷实，其赴部呈控，不过吝惜推诿，现已情甘赴运接充。至杜楫、李希纲、侯希武家道，较裴志濂不及十分之五，委难充商。至所举富户，一年后遽指为先富后贫者，以此次本系乏商举报，未经地方官确查，迨详悉询访，实有本人物故，而家久分析者，亦有乏商未举，而尚堪接充者。此次乏商，只以急思更替，未暇细检，业委雁平道方应清逐一亲查，尚无徇隐贿饰情事。又部驳'举报裴桂一家，何以地方官称并无其人'，查晋省土音，桂国相同，所举本系裴忠国，误开裴桂。又部驳'郭愈博家资既厚，现任湖南知府，何以地方官未据该员任所出结，辄称有借欠'，查该员家资借项，俱已关查有案。又部驳

'送到各结，其声明家资数目及本人邻族甘结，何以俱各参差'，查晋省人多系出外贸易，具结本难画一，且系各该州县举报，详略亦自不同。诚恐往返驳换，耽延滋扰，是以将原结送部，并非别有情弊。"下部知之。

421 卷 1053 · 乾隆四十三年三月

庚寅 是月，湖南巡抚陈辉祖奏："宝武局于乾隆三十七年以前，因修城建堤需项，节经加铸充用，嗣因滇铜减买，递压卯期，复暂停加铸。查该局额炉二十座，今专办正铸，请减留十炉，归并办理。至其配用铅斤，向系黑白各半，而铸钱未能如式，并请全用白铅。其所余黑铅，楚省现有应补军需铅弹，即以此拨买补额，均有裨益。"下部知之。

422 卷 1062 · 乾隆四十三年七月

乙未 又谕曰："郑大进奏报陕省铜铅过境被水情形一折，所奏殊未明晰。荆紫关下，及史家店等处，既捞获沉溺铜船四只，且获铜六十抬，何以并无船户水手？是否溺毙？理应叙明。至白亭地方，查获铜八十一抬，尖角地方，查获铜八十七抬，据称，亦无船户水手，并不言有无沉溺之船，更不可晓。该抚既据淅川县禀报，即应确查因何并无船户水手及有铜无船之故，明白声叙入奏，并应挨查此数项沉溺之铜，系何员领运，于何处被水冲溺，运员何往，其船户水手有无下落？移咨陕省查明办理。乃仅将捞获之铜，付便员崔象豫管解，余皆置之不问。郑大进何不晓事若此！着传谕郑大进，即速详悉查明，据实覆奏，毋再含糊塞责。"寻奏："查据淅川县报称，史家店、白亭等地方，捞获铜斤，均系商南县冲下头二帮内船铜，并无船户水手。适运员崔象豫亲押四帮铜船到淅川，随将捞获铜斤，交收解陕。"报闻。

423 卷 1063 · 乾隆四十三年七月

庚戌 谕军机大臣等："滇省办运铜斤，事关鼓铸，不可不从长筹画。上年经李侍尧等会议，奏请酌减少炉座各条，经该部议覆准行。今年李侍尧陛见在京，曾将铜厂每年所获，不敷应用情形奏及，亦无善策。近裴宗锡又因额短运迟，急筹调剂，具折陈奏，已交部核议，然亦不过补偏救弊之计，未必果有益也。在滇省产铜，岁逾千万斤，本不为少，第因生齿日繁，需钱日众，自京局以至各省，逐渐加炉加卯，致铜额日渐增多，每岁所需，几倍于昔。相沿既久，自难轻议改弦。该省现在广开子厂，另觅新礴。如果铜苗旺盛，采获渐丰，可供各省之用，固属美事，万一仍不充裕，自难为无米之炊。与其贻误于将来，莫若预筹于先事。因思减炉减卯，自属撙节铜斤之一法，但京局及诸大省，市阛殷庶，钱文宜广流通，倘或议及减炉，恐钱价加昂，有碍民用，自不便轻事更张。若边远省份，量为减省，尚不至有病民之处。至如滇省，因钱多价贱，每银一两，可易制钱一千一百余文，搭放饷钱，兵丁颇以为苦。或竟从滇省先行减炉，次及贵州、广西诸小省，期于每岁铜斤供应无缺，得免采办竭蹶，则是通盘筹计，实该省之急务也。若因滇省铸钱余息，抵补从前厂欠，不肯议减，是又不然。余息抵欠，本非正办，且不值以公中之有余，抵积欠之不足，虽新旧厂欠，为数较多，亦当核实清厘，分别办理。如原领之厂户尚存，及厂户虽无，而原经手支放之员尚在者，自当勒限追缴；若原领之厂户逃亡无着，自不应累及现在之厂户代赔。且厂户挪新补救，仍归欠缺，即原支放之员，产绝人亡，亦不应累及后任之员代补，甚至令各属摊赔，坐扣养廉，转至藉口婪索，更于吏治有关。着李侍尧详悉确查，旧欠有着者若干，即行勒限追缴；其无着者若干，据实奏闻，朕不难加恩宽免；第当令此后年清年款，勿再使逋欠误公，方为正本清源之道。李侍尧素能办事，而又非沽名市惠之人，此事可担当办得。着将减炉、厂欠二节，悉心筹画，据实具奏，候朕酌量定夺，勿稍涉游移，致日后棘手难措。李侍尧自能善体朕意也，将此传谕知之，仍即由驿覆奏。"寻奏："滇省各厂产铜，扣去一分通商，实止九百数十万斤，仅可资京局及本省鼓铸应用，而于各省采买，缺数甚多，自应先从本省及贵州、广西等省酌减炉座，计每年可省铜一百一二十万斤，俟采获渐丰，再奏明复额。至厂欠工本，多至累万，现饬藩司确查在官在民，据实严办。"得旨："该部议奏。"

424 卷1064·乾隆四十三年八月

辛酉 豁云南沉溺乾隆三十五年分解京铜九万六千五百斤有奇。

戊辰 豁云南沉溺乾隆三十八年分解京铜八万八千七百斤有奇。

425 卷1070·乾隆四十三年十一月

戊子 谕军机大臣等："据周元理奏'剥运京铜之船户张明安在香河县狼二窝地方，凿漏船只，偷盗铜斤脱逃'一折。该犯敢于凿船，窃盗官铜，潜行逃窜，情罪甚为可恶。该督务须饬属，迅速严密查拿务获，从重治罪，毋稍稽延疏懈，致令远扬漏网。至该犯所窃之铜，至三千六百余斤，且系凿漏船底，断非一时即能偷运。自系沉于河底，暗为记认，俟事后陆续捞取。并着周元理即派干员，于凿船相近处所，细心察探打捞，勿留为贼匪潜匿。将此传谕知之，并令将查办情形，即行覆奏。"

辛丑 又谕曰："周元理奏云南委员陈朝书运铜被窃一案，先经缉获正犯来彬、丁三二名，现据署天津府知府朱澜禀称，又拿获正犯张五到案。查此案正犯三名，业俱拿获，讯系来彬起意，质证相符。又续获卖船之阎明、拉纤之丁六等，饬解来省严审等语。此案偷铜正犯，该地方官俱能迅速拿获，办理颇好。着交该督查明，记功一次，以示鼓励。其获犯之差役人等，亦着查明，量加奖赏。并令该督，即将此案各犯，速行严审定拟，仍将未获从犯一并拿获，并所窃铜斤，全行起获具奏。"

426 卷1071·乾隆四十三年十一月

庚戌 又谕："户部议覆李侍尧等奏'滇省裁减炉座，撙节铜斤'，并'查明各铜厂炉欠，分别着赔'二折，已依议行矣。滇省铜斤，关系甚大。近年来因所产不敷所用，督抚等纷纷条奏，无非挖肉补疮之见，迁就因循，迄无善策。该部议覆，亦未实有定见，不过依样葫芦，年复一年，积疲日甚，长此安穷？朕洞悉其情，若非改弦更张，断难行之久远。今年李侍尧来京，以其素能办事，又非沽名市惠之人，可以担当办理，是以谕令悉心筹画，据实覆奏，候朕酌量定夺，勿稍游移，复至日后棘手。此实朕正本清源之至意也。

今李侍尧等于减炉一项，未能将各省岁需铜实系若干，筹酌减炉匀凑，俾此后各省采买之铜，每岁总无亏短，自应查照部议，妥协筹办，以期永远遵行。至厂欠一项，朕前旨原令查明旧欠有着者，即勒限追缴，其无着者若干，据实奏闻，朕不难加恩宽免。原欲将旧案核实清理，使将来新案，年清年款，不复丝毫欠缺，以杜挪抵弥缝之弊，计无逾于此者。今李侍尧等所奏，仍未能善体朕意。如将有着、无着之项，概令摊赔，仍不脱从前陋习。试问承追以来，已完若干，是名为追赔，不过纸上空谈，有名无实，又复何裨于事？若牵涉现任之员，即按限略完，更不免挪新掩旧，将见旧欠未净，新欠又增，积弊伊于何底？至令现在之上司等摊赔，尤未平允。即如彰宝、钱度久已查抄家产，无可着追，若将二人名下应赔之项，又摊派现任之李侍尧、裴宗锡名下代赔，伊等何辜，为其代完赔项？于事理亦未允协，其余皆可类推。若此次查办，仍不能彻底清厘，截然不紊，则李侍尧不得谓之能办事矣。着传谕李侍尧等，将旧有厂欠之项，详悉核查，其有着者若干，即将炉户勒追，如逾限不交，查明家产抵补；未完之项，即于经手原放之员名下着追，无论现任在籍，亦俱勒限追缴，如不能完，即将家资田产，查封抵补。庶不敢迟回观望，其从前实系无着之项，查明若干，即据实开单奏明，候朕核定，降旨豁免。此后新案，务须年清年款，毋许丝毫拖欠，如仍前牵混，该督抚即行查参，若稍瞻徇袒庇，惟该督抚是问，即着赔亦所应当。朕此次清厘，专在剔除积弊，即或应免无着之项稍多，亦所不惜。李侍尧不得存帑项为重之心，畏首畏尾，复涉含糊，致负朕谆切训谕之意也。将此由六百里传谕知之。户部原折并发，仍着即行妥议，由驿覆奏。”

427 卷 1072 · 乾隆四十三年十二月

丁巳 豁免遭风沉溺之云南省运京铜五万一千五百四十斤有奇。

戊辰 广西巡抚吴虎炳奏：“粤西宝桂钱局，设炉十六座，现应采办己亥铜斤。据滇抚咨称，本年截数后，无铜可拨，将来移咨赴买，约四十五年夏季方到，局铜不敷配铸，请暂减三炉，以十三炉鼓铸。滇铜充裕后，再行奏复。”下部知之。

428 卷 1076 · 乾隆四十四年二月

丁巳 又谕：“据三宝等奏‘拿获偷捞官铜之匪徒，审拟具奏’一折，已批交三法司核拟速奏矣。据称‘云南押运铜斤，委员张大本在武昌县属大江遭风，打至对岸白露矶，沉铜九万余斤。一面移县雇人打捞，因距城遥远，协同护送武员，会拨兵役保甲看守。夜间被匪船先后踵至，偷捞铜斤，旋经兵役鸣锣放枪，贼匪竟声喊抗拒，捞铜而去。因雨夜，莫追’等语，殊不成事。既有护送武员，会拨兵役保甲看守，何至贼匪至偷捞！事前既不能严防，临时又不能擒捕，转以雨夜为词，其护送武员之无能及兵役保甲等之有名无实，已可概见，自当各予严惩。乃该督等仅将现获各犯拟罪，而于护送武员及兵役保甲等，均未议及，殊属非是。着传谕三宝等，即将护送武员，查明参奏，其兵役保甲，并查明责革示儆。其未获各犯，并严饬该地方官，速行躧缉务获，定拟具奏，毋任一名漏网。

戊午 又谕曰：“户部议覆李侍尧等奏‘滇省裁减炉座，撙节铜斤’，并‘查明各铜厂炉欠，将可否邀免之处请旨'二折。所有厂欠未完无着银八万四千三百余两，又厂欠经放之员产尽而上司亦无可着追银三万三千九百六十四两零，又销过铜价厂欠在十分之一以内银十八万二千九百九十七两零，俱着加恩豁免。余依议行。此次查办之后，期于彻底清厘，使将来新案，年清年款，不许复有丝毫拖欠。该督抚务须董饬属员，实力整顿，一切那抵弥缝之弊，严行杜绝，如敢仍蹈前辙，除将厂员及该管之道府等，严行治罪外，惟该督抚是问。"

429 卷 1077 · 乾隆四十四年二月

癸酉 伊犁将军伊勒图等奏："伊犁铸钱，每岁由南路各回城办铜配铸，搭放兵饷。嗣因乌什库存停运叶尔羌铜，并喀什噶尔旧存铜先后运到，奏明加铸。复因加铸铜尽，奏明委员赴哈尔海图地方试采，现计获铜九千一百余斤，请每岁拨一千五百斤交宝伊局加铸。"报闻。

430 卷 1078 · 乾隆四十四年三月

己亥 又谕："本日文绶奏到折内，所有云南等省办运铜铅船只过境，共分四折。此次船只出入境汛，沿途接护催趱，不过按例奏报之事，不拘几起，只须汇总一折声叙；即或各省并至，亦只须另列清单。今文绶分作四折具奏，殊属烦琐，该督久任封疆，不应如此拘泥。着传谕文绶，嗣后凡遇奏报事件，并宜酌量并叙，以归简易。"

431 卷 1079 · 乾隆四十四年三月

甲寅 谕军机大臣等："户部议覆李侍尧等奏请停止滇铜逾折之例一折，自应如此办理，已依议行矣。铜斤非米麦可比，途中运送，本不应有折耗，且日久渐多，自系不肖之员，盗卖贵价，而以贱价买补，其弊实所不免。可见滇省铜政之病，非但产铜短少，前此各督抚等实有办理不善之处。今李侍尧既将逾折一项奏请永行停止，此外或尚有相类者，务须留心体察，剔除积弊。前因李侍尧等核实覆奏，业将无着欠项，降旨加恩宽免。将来铜务，自当日有起色。李侍尧等益当实力整饬，令此后办铜，务须年清年款，严饬厂员等，毋蹈从前故辙；如有弊混侵亏情弊，立即严参治罪，毋稍徇纵。将此由四百里传谕李侍尧、裴宗锡知之。"

432 卷 1080 · 乾隆四十四年四月

戊午 又谕："前经降旨，令杨魁于宝苏局现在洋铜内动拨十万斤，作速解京以供应用。嗣据该抚奏称'业经动拨，委员起解，于本年正月十六日自苏起程'，何以至今尚未到京？着传谕杨魁即行檄催该委员上紧督运，解京备用，毋稍迟缓。并着传谕山东、直隶督抚，饬令沿途催趱，迅速赶运，毋许逗留迟误。"

433 卷 1081 · 乾隆四十四年四月

甲戌 仓场侍郎雅德、蒋赐棨奏："江苏办运洋铜，例由张湾雇觅车辆送京，计运铜十万斤，应用车五十六辆。一时雇觅难齐，若改用船运，较为迅速。请嗣后改车用船，所有脚价，除抵张湾以前，听该员自行办理外，其所张湾运局，仍照运铜事例报销。"报闻。

癸未 吏部议准："湖南巡抚李湖等疏称，直隶郴州一缺，向系部选，该州壤接广东，为滇黔川楚等省赴粤孔道，本境有铜铅煤锡等矿，所辖永兴、宜章、兴宁、桂阳、桂东五县，悉称难治。请照府属州县兼三兼四要缺例，改由在外题补。再，宝庆府理猺同知一缺，向因苗顽未靖，移驻弹压，定为苗疆要缺，在外题补。所则苗猺无多，与内地人民无异，请删去苗疆字样，改归部选。"从之。

434 卷 1083·乾隆四十四年五月

壬子 大学士管云贵总督李侍尧、云南巡抚裴宗锡奏："滇省檄饬各局员，按照所裁炉座拆毁。查从前凡遇裁局停炉，于所存房屋，从未议变价。窃思炉座既裁，炉房仍存，不特空闲无用，兼恐匠役人等潜匿私铸，请一并拆变。俟将来厂旺铜多，再行撙节估建，即以变价添用。"得旨嘉奖。

435 卷 1087·乾隆四十四年七月

壬寅 谕军机大臣等："据户部议'滇省承运铜斤，每多逾限，请交该督抚设法调剂'一折，已依议行矣。又据夹片奏称'京局本年实存、现收，共铜二百六十万余斤，以每月铸铜三十余万斤核算，计可铸至明年二月。又有四十二年三运及加运三起，一并计算，又可敷至六月。至六月以后之铸务，便觉棘手。请敕交该督抚详悉筹画，另行具奏'等语。京局鼓铸最关紧要，自应按限开行，衔尾续至，方无贻误。所有乾隆四十三年头运两起京铜，照大学士公阿桂等奏展之限，应于上年十月起运，何以该督等折内称，现今尚未开行？逾限已将十月，迟延殊甚。倘至明年六月以前，此项铜斤未能抵京，局中无铜鼓铸，尚复成何事体！李侍尧曾任户部堂官，孙士毅亦由户部司员出身，铜务素所熟悉，若不悉心筹画，致误鼓铸，恐伊等不能当其咎也。着传谕李侍尧等，速将上年头运两起京铜，即设法上紧趱运，务于明年五月内，抵京供铸，不得仍照寻常期限，致误铸务。至沿途加紧催趱之处，另降谕旨传知铜船经行之各督抚，一并实力督催，勿稍稽缓。若此项铜斤，稍违所谕之期，致误铸务，惟李侍尧等是问。将此由六百里谕令知之，仍将如何筹画趱办及何日开行之处，迅速由驿覆奏。户部奏片，并发寄阅看。"

壬寅 又谕："据户部奏滇省解运京铜，节年迟误，所有乾隆四十三年头运两起，应于上年十月开帮者，至今未报开行，实属迟缓。此项铜斤，急需供铸，不便稽延。已传谕李侍尧等，设法上紧趱运，令其于明年五月内抵京，非向年运铜期限可比。着传谕铜船经过之各省督抚，即行预饬各属，如此项滇铜到境，即上紧设法，或添雇小船剥载，或多备纤夫挽送，昼夜严催，衔尾前进，务于明年五月以前，全数到局，毋得视为泛常。解运倘有稽延，惟迟误之该省督抚是问。将此由六百里传谕各督抚知之。"

壬寅 又谕："滇省承运铜斤迟误各员，非寻常稽延解运可比，虽据该督等将运员景椿、雷鼎浩参奏革职，但滇省解运京铜，该委员等几视为畏途。若迟误限期，仅予革职，劣员等或拚弃一官，图免重累，转得脱身事外，而将来仍可冀幸捐复，殊不足以示儆。着传谕户部堂官，将此项误运劣员，另行定议具奏，于革职之外，拟以发往新疆效力。庶将来承办之员，知所儆戒，不敢贻误。并谕令李侍尧等知之。"

甲辰 户部奏："滇省运解四十二年三运二起、加运三起铜船，在途迟滞，请并饬沿途督抚，设法严催。"谕军机大臣等："此项铜斤，着交沿途各督抚，严饬地方文武员弁，上紧设法催趱，并遴派干员于交界地面，协同运官，接递赶运。所有三运二起、加运一起铜船，务于今年九月、十月运抵通州。其加运二起铜船，亦着上紧严催，务于今冬运至天津，来岁春融抵通，陆续交局。倘有稽延，惟迟误之该督抚是问。仍即各具折速奏。"

436 卷1088·乾隆四十四年八月

丁巳 谕军机大臣等："据恒瑞等奏'西藏各庙熬茶大锅及塔上成造飞檐，均需铜斤，照依乾隆二十三年、三十八年之例，派人给与路票，前往云南中甸地方，采买废铜一万三千斤。行文总督李侍尧，据覆称，现在中甸地方并无废铜，且各废铜斤缺少，严禁私卖，未便令西藏采买，致藉端偷漏。所有来人，不便令其入境'等语。李侍尧所办未免过当。西藏需用铜斤，告之驻藏大臣，查照向例行文滇省，并给与所派之人路引，赴滇采买，事属可行。且从前既经买过两次，今所买不过一万余斤，为数有限，又系废铜，并无关碍。李侍尧即因查禁私铜起见，止须严饬地方官，实力稽查，毋使偷漏官铜。若伊等从商人购买，不但废铜在所不禁，即商人等以余铜转售，亦无庸遏禁。至其价之轻重，地方官并不必过问，倘来人因索价过重，不成交易而回，亦可听之。乃李侍尧将藏内原文驳回，又不准其来人入境，一如待外国，非我所属之例，殊属不成事体。况达赖喇嘛、班禅额尔德尼向来恭敬，若将赴滇买铜缘由，告恳恒瑞等先行奏闻，朕必降旨，准将官铜卖给，以示体恤。李侍尧办事素称明练，何竟见不及此。且该督即欲如此办理，亦应据实入奏，何以未奏及，殊不类平日所为。着传谕李侍尧即遵照妥办，并即详悉覆奏。将此由五百里传谕知之。"

乙丑 谕军机大臣等："据李湖奏'接奉催运铜斤谕旨。查滇省应运乾隆四十三年分京铜，本年四五月内，先后接准滇省来咨，头运一起委员姚州知州黄韶音，已于四十三年十二月二十日，自滇起程；二起委员嵩峨县知县邵滋，于四十四年二月初五日，自滇起程。该委员等到泸之后，受兑装载，开帮启行，迄今并无日期咨会'等语。该委员等于上年十二月、本年二月陆续自滇起程，距今已踰半载，何以尚未报在泸州受兑开行，殊属延玩。向来铜船过境，各地方官虽有催趱之责，往往视为具文，并不实力董促，是以运员得以沿途逗留，本属非是。此次铜运尤关紧要，更不宜稍有稽延。昨据图思德等覆奏'现于峡内预雇小船，俟铜船一到，即为起剥。其汉口换船，亦令地方官预为觅定，随到随令过载开行，不使其复拘四十日旧限。并酌派都司游击一员，又添委丞倅一员，逐程查督，俟铜船出境，方许回销，以专责成'等语，所办亦是，但仅派丞倅职分尚轻，不足以资整饬。着派吴之黼于汉口一带，往来严催，俟铜船全出楚境，再行回任。其臬司印务，着该督等另行派员，奏闻署理。其余各省督抚，并当一体留心，核实办理，务使铜船迅速抵京备用。将此由六百里一并谕令知之。"

437 卷 1089 · 乾隆四十四年八月

壬申 谕军机大臣等："据李侍尧等覆奏筹办运京铜斤一折。据称'戊戌头运一起，核计程限，明年五月以前，定可抵京。其头运二起铜斤，已檄迤东道白玠亲赴威宁一带，加紧查催。据禀，现在途次铜斤，络绎赴泸，约敷数起秤运。开帮当在七八月，约计明年六月以前，应可抵京'等语，所办可谓用心之极，已于折内批示矣。该督等派委妥员，于宁台厂试办长运，已有成效，现又百计筹画，委员踏勘新礦，期于集少成多，以弥前堕而趱后限，实属详悉周到，惟在实力行之。使此后各运铜船，如期速进，源源接济，以供京局鼓铸，方为妥善。至戊戌两运京铜，现已于泸州开帮，着传谕沿途各督抚即行预饬各属，遇铜船到境，即遵照前旨，各派大员，统率稽查，预雇船只，以备拨运换船之用。总须上紧催趱，不得仅照寻常期限。其东省闸河以内，五月前正当粮艘重运之时，应令总漕、总河预定章程，令铜船与粮船分起相间过闸，勿令铜船守候稽时，务使此两运铜船迅速衔尾前进，于明年五月以前全数抵通，以供鼓铸。倘有稽延，惟迟误之该督抚是问。又据称'铜斤之弊患在走私，风闻汉口商铜，聚集甚多，实为滇省走私之据。而泸州水路，系官铜正运，恐奸商巧侩，即乘此串混夹带，一水运至汉口售卖，更为捷径。现令藩司于通商铜斤，给以连三印票，以凭查验，如无印票，即系私铜。请饬湖广督抚，验明连三印票，方准售卖，如或不符及无印票，应严究来历惩治'等语，所奏甚是。着传谕图思德、郑大进照滇省所给连三印票，实力稽查，以杜奸弊，毋得以事属邻省，视同膜外，不为切实整理，致干咎戾。并将作何查办情形，迅速覆奏。李侍尧折并着钞寄阅看。此旨着由五百里传谕知之。仍各将铜船过境及筹办情形，随时迅速具奏。"

癸酉 谕军机大臣等："昨因滇省戊戌两运京铜限于五月以前全数抵通，计入闸河以内，正当粮艘重运之时，谕令总漕、总河预定章程，使铜船与粮船分起相间过闸，毋致守候稽时矣。因思明岁春间，朕南巡江浙，自直隶厂登舟，以及回銮，俱由水程，恐总河、总漕，及沿途各督抚狃于旧例，预将河道肃清，令船只预于支河汊港回避，以待御舟经过，始准放行。殊可不必。朕巡幸所至，原以省方问俗，一切均须有便于民，不但铜船运紧，粮艘亦不宜迟断，不可令其回避守候致稽程限。即估舶民船，亦不必令其远避。凡御舫所经，舟楫往来，听从其便，但须于经过时令各船贴岸一边，顺排停泊，过后即可放行。总不可因南巡跸除河道无论闸内闸外，均若无其事者然，方为妥善。着谕总河、总漕，及沿途各督抚，深体朕意，妥为办理。将此由四百里传谕知之。"

甲戌 谕军机大臣等："前据户部奏'京局现存京铜可铸至明年二月，又有四十二年三运及加运三起一并计算，又可敷至六月。至六月以后之铸务，更觉棘手。请交该督抚详悉筹议'，当即传谕李侍尧筹画趱办，并谕沿途各督抚设法严催，于明年五月以前，全数抵通。又据金简等奏'乾隆四十二年三运二起、加运两起京铜，在途行走迟滞，恐致稽误'，亦已谕令沿途各督抚上紧催趱。昨据李侍尧等覆奏'戊戌头运一起铜船已于本年五月开行，核计程限，明年五月以前定可抵京。其头运二起铜斤，在泸开帮当在七八月，约计明年六月以前亦可抵京'等语，复又传谕沿途督抚，预为筹备，勿使稍稽，自可无虞迟误。至丁酉年三运二起京铜，已于五月中出江苏境；加运一起，于六月初过安徽境；加运二起，于六月中旬出湖北境；节据各督抚奏到，计算日期，约可于本年九月、十月抵通。本日又据杨景素奏'丁酉年二运二起京铜，于七月初一日，全数运抵通坝'，是铜斤现已源源到局，可供鼓铸，似不应复有不敷接济，更须鳃鳃过虑之处。着传谕金简等详悉查明，现在陆续运到铜斤，约可用至何时，是否不虞贻误，即行据实覆奏。"寻，金简等奏："通计实存、现收铜斤，及在途未到之丁酉年三运二起、加运三起，据沿途督抚奏，本年九十月抵通，足敷至明年六月。今又据李侍尧覆奏'戊戌年头运三起，约计明年五六月以前可到'，果如期而至，六月后铸务，自可接济无误。"报闻。

乙亥 谕军机大臣等："据李侍尧奏，戊戌年头运京铜船只于本年五月二十一日，在泸州全数兑足开帮一折，已批交该部矣。戊戌年头运两起京铜，即照从前奏展之限，应于上年十月起运，今至本年五月，头运一起铜斤始于泸州全数开帮，其头运二起，昨据该督奏称开帮尚在七八月，核计逾限已将十月，迟延殊甚。虽该督等已将承运逾期各员参奏治罪，然业已稽迟，现惟设法董催，方可冀无误。此后务须派委妥员，上紧趱办，年清年限，俾各运铜船，如期迅进，源源接济，以供京局鼓铸，如再延迟逾限，惟该督抚是问。将此谕令知之。"

438 卷1090·乾隆四十四年九月

丁亥 谕军机大臣等："本日文绶奏'查催滇铜头运，全数开帮，并现在趱运缘由'一折，由五百里驰递，而李湖奏'督催铜运'及'欧阳铨已经广西拿解'之折，亦由四百里驰递，殊属非是。此等事件，朕特降谕旨，交该督抚迅速查办，是以由驿封发。至该督抚接奉谕旨，如果有应行请旨速办之事，自当由驿驰奏。今文绶、李湖所奏，皆系俟铜斤到境，方行办理，即具折差人赍进，亦不为迟。何必纷纷由驿驰递，致扰邮政耶。文绶久任封疆，即李湖亦非初任巡抚，何不晓事若此！俱着传旨申饬，并着传谕各督抚，嗣后凡遇覆奏事件，除询问晴雨情形及交查新正展赈借种等事，并地方要务，谕令由几百里覆奏者，方准由驿驰递，余概不许率意滥动驿马。将此遇各督抚奏事之便，传谕知之。"

乙未 又谕："据图思德等奏'接奉谕旨查办汉口私铜，随密委盐道张廷化率同府厅，逐细详查汉口商铜，现存五万四千余。并提各行户研讯，据称，近年以来川陕二省，运到商铜约十五六万斤，除发卖外，现在存铜，实系川陕二省商铜，并非滇省贩至'。此语不实，川陕安得有许多铜出卖？是楚省大小官员同以买汉铜为难，故为此言耳。伊等又称'滇省既定三连印票，请敕川陕二省仿照办理'等语，所奏未为妥协。商人运贩滇铜，如果有走私之弊，自当拿重惩，若过于设法严防，恐商人畏避，裹足不前，汉铜必日形其绌。非但于该省采买有碍，但恐商铜短少，民间购买不敷，势必致有私销之弊，于钱法大有关系，不可不通盘筹画。图思德等所请川陕二省，仿照滇省三连印票之法，断不可行。朕意即滇省亦可毋庸急办，李侍尧等但须严饬所属实力稽查，如有逾额走私之事，立即拿究，其余通商之铜仍从其便，务令贸易相安、公私俱益，方为妥善。至图思德等所称汉口之铜买自川陕而非由滇省，恐未必然。陕省虽新开铜厂，于本省供用，尚属不敷，安得复有余铜供商买运？而川省亦非产铜之所，商人又何从多购？且李侍尧前奏，原因滇铜之走私日甚，汉口现在铜多，因设为三连印票稽核，若非访有确据，必不肯率定章程，况滇省现有一分通商之铜，听其流通利用。今乃云滇铜久未至楚，则此项通商铜斤，又复何往？图思德等此奏，不过因郑大进曾奏停买汉口之铜，仍买滇铜，属员等未免迎合回护。又恐采买汉口铜斤，价值或有赔累，是以竟云汉口无铜。此事朕不值差人驰往查核，第以理度之，断未必然。铜斤鼓铸攸关，乃国家大计，不特滇省产铜之处应行筹画，即各省督抚亦当视其丰啬实情，从长计较，不可稍存畛域之见。若各图一省之利，而不顾全局，尚得谓之公忠体国之大臣乎？况图思德曾任滇省督抚，该省铜务，尤所深知，更不应存隔膜之见。着传谕图思德等悉心妥办，并令李侍尧等详悉熟筹，务使官铜商贩，两无窒碍。将此由五百里谕令知之。"

439 卷1091・乾隆四十四年九月

丁酉 又谕："昨据图思德等奏'近年汉口运到商铜约十五六万斤，均买自川陕二省，并非滇省贩至。现在存铜计五万余斤'等语，所言不实。川陕二省，安得有许多铜斤供商贩运，而滇省现有一分余铜通商，又岂能舍汉口而他往？且李侍尧前奏以汉口铜多，足为走私之据。言之凿凿，因而设法稽查，自系探访确实入奏，必非妄语。今图思德等乃以汉口之铜买自川陕，久不由滇省贩运，趋避之意显然。盖因郑大进曾有停买汉口商铜，仍买滇铜之奏，欲为回护，实属非是。郑大进前奏，名为每年少得铸息二千余两，其实因购买汉口商铜，价值较昂，承办之员，恐有赔累，不肯担当，而又不肯明言其故，遂请停购商铜，仍欲赴滇买用，止图为楚省办铜数员卸责，并不知为滇省铜斤盈缩大局而计，实属大谬。如汉口定价稍有不敷，何妨据实奏明，量为增给。若使畏难不办，遂欲诿卸邻封，是其视滇省铜斤之能否供用，竟如视秦越人之肥瘠。封疆大臣，岂宜出此！郑大进心存畛域，而罔顾铜务大计，所见已小。至图思德曾为云南督抚，岂不知汉口之走漏滇铜？乃既至楚省，即不复为滇铜通盘筹画，亦与郑大进扶同入奏。图思德平日办事尚属诚实，不应漫无主持若此。图思德、郑大进，并着传旨申饬。至图思德等前奏川陕二省之铜，亦欲照滇省设立三连印票之法，断不可行，已降旨谕令停止，即滇省三连印票，亦宜缓办。铜斤除鼓铸官用外，原有余铜通商，立法最善。盖铜斤为百姓器用所必需，听商贾流通贸易，以便闾阎，方为有利无弊，若持之过严，商人无利可图，不复营运，致民间无铜供用，势必又生私销之弊。是欲禁走私，而转导奸民之销毁，虽立法甚严，私销者处斩，然获者百之一二耳，非计之得也。朕以为欲杜走私，止须滇省严饬厂员，实力查察，有犯必惩，毋庸另立科条，徒滋流弊。并着传谕李侍尧等，再行悉心筹核具奏。此旨着由五百里一并谕令知之。仍着图思德等，即行据实覆奏。"寻，图思德、郑大进奏："查滇铜系紫板蟹壳形式，川陕铜俱平面圆饼，今验各行户所存，实无紫板蟹壳等形。据称近年滇省产铜渐少，通商之铜，或在本省、或在中途即售，到汉绝少，并非讳匿。"旁批："未必。盖自行户以至大小官吏，皆欲讳此。尔等伎俩，朕岂不知！"又奏："臣郑大进前奏宝武局需用滇铜，请仍赴滇采买，因近年到汉铜斤，除供山西及本省钱局外，存留民用者甚少，遂尔冒昧呈奏，容将本省鼓铸所需，并汉口现有铜斤，通盘筹议。"又批："若甚无法，亦只可略减所增炉座耳。"

己酉 谕："前因文绶覆奏查催滇铜开帮一折，由五百里驿递，李湖奏督催铜运及截解广西殴阳铨二折，亦由四百里驰递，均属非是。当经传谕各省督抚非遇地方要务，及应请旨速办之事，不得擅动驿马。今日图思德等奏滇铜头运第一起船只入境日期，由驿驰奏，已觉无谓，而黄模因缉获逃兵，解省审办，亦由四百里驰递，更属不晓事体。黄模着传旨申饬。两人所奏皆属寻常案件，止应差人赍进，岂可纷纷滥用邮传！着再明白通谕各督抚转行例得具折之各衙门，嗣后奏折除地方紧要事件，应即请旨速办，及询问晴雨情形，并交查新正展赈、借种等事，谕令由驿覆奏者，方准酌量轻重缓急，由几百里驰递，其余概不许滥动驿马，违者照例议处。"

庚戌 云南按察使徐嗣曾奏谢调任恩，并请陛见。得旨："不必来。"又批："办铜一事尤宜上紧督催。勉之。与总督看。"

440 卷 1094·乾隆四十四年十一月

己丑 又谕："据李侍尧等奏'云南迤南道汤雄业，因前在东川府任内失察属员婪赃，部议降一级调用，现在捐复原官。该员在滇年久，于铜运事宜，最为熟悉，请仍留于该省委办铜务'等语。着照所请，汤雄业准其留于云南，遇有相当缺出，补用。该部知道。"

441 卷 1103·乾隆四十五年三月

丁酉 谕军机大臣等："本日郝硕奏事各折。其第一折内，有据饶九道、额尔登布禀称等语，朕始阅之，以为必有地方紧要事件，详加披阅，则系护送接递滇省运京铜斤过境及赴局兑收缘由。一事而分三折，已属过于拘泥，且前折内，并未将何项铜斤先为声叙，俾披览之下一目了然。郝硕久任巡抚，何不晓事若此！传旨申饬。"

癸卯 吏部等部奏："外省人员，因公到京，以患病告请回籍者，向例准其回籍，始行咨查，但从中不无规避情弊。请由部饬令在京司坊官，看验患病属实，其员缺即行铨选，仍令在京等候；行查任所，平日居官尚好，并无未清事件、规避情弊，然后准其回籍。若系解运银两、铜铅、木植等项，事隶户工两部者，并查实无亏缺，然后行查任所，再准回籍。"得旨："此议是，依议。"

442 卷 1104·乾隆四十五年四月

壬戌 谕曰："福康安授为云贵总督，刘秉恬授为云南巡抚，已明降谕旨矣。舒常现署督篆，颜希深现署滇省抚篆，总俟福康安、刘秉恬到滇接印，伊二人始可离滇。若因该处督抚，均已补放有人，伊等视为五日京兆，仅为看守印信之计，诸事不认真办理，则大不可。即如滇省铜务，最关紧要，近年调剂始渐有起色。着传谕舒常、颜希深，务须实力整顿，俾更较胜上年，方为妥协。若福康安到后，查出铜务或有废弛滋弊之处，朕惟舒常、颜希深是问。"

443 卷 1106·乾隆四十五年五月

戊子 又谕："滇省采办铜斤，近年以来屡形竭蹶，节经降旨，该督抚等设法调剂实力筹画，终无成效。兹据和珅面奏'滇省铜斤，官价轻而私价重，小民趋利，往往有偷漏走私，地方官虽设法严禁，无如滇地山多路僻，耳目难周，私铜仍多偷漏，所以京铜缺少。向来定例，九成交官、一成通商，不若令将官运之铜全数交完后，听其将所乘铜斤，尽数交易，不必拘定一成。或商民知利之所在，竞相趋赴，丁多铜集，京运不致仍前缺乏'等语。铜斤为百姓器用所必需，所以除鼓铸官用外，准其一成通商。但滇省各厂开采日久，硐老山深，所费工本较多，定价不敷，商人无利可图，势必裹足不前，办理益形竭蹶。若许其将开采官铜，全数交完外不拘一成之例，听商贾流通贸易，间阎既多利便，势必竞相趋赴，百计筹画，攒凑资本，踹勘新碛，铜厂可期日旺，此亦调剂之一法。其是否可行，能使此后各运铜斤如数全完，源源接济，以供京外各局鼓铸，方为妥善。着传谕福康安等悉心筹核，是否可以永远无弊，据实具奏。再，前据和珅等查奏'滇省私钱盛行，每百不盈一掬，半系铅砂挽杂。官铜缺少，由私铸盛行，而私铸盛行，皆由官局钱文薄小'，并将该省所行私钱，另包进呈。昨和珅至行在复命，复经面询情形，据奏请设法查办整顿等语。滇省各局设有炉座，每年所铸比之他省为数较多，现在正当整饬铜务，清厘钱法之际，岂宜私铸混行？况有私铸，必有私销制钱改铸私钱者，更不可不加意查察。其私铸之细小钱文，急宜收毁，将官局制钱，按照江广各省，从前收买小钱成例，与民间公平收兑，改铸大钱。但思滇省官局，现在所铸钱文，其分两自不及京局钱文之重，而以之收买小钱，原亦不必拘泥每串七斤半重之成例，应即以此种局钱，收买小钱。俟小钱收买将次净尽时，再照定例加足分两，鼓铸官钱。如此逐渐收缴，如平粜仓粮，渐次减价之例办理，庶钱法渐有起色，于铜务有益。仍将现在如何设法办理之处，详悉覆奏。将此由五百里传谕知之。"

444 卷1108 · 乾隆四十五年六月

戊申 谕军机大臣曰："国泰奏'据云南委员弥勒县知县朱士鳌领运乾隆四十三年二运二起京铜七十余万斤，于本年四月十七日，过山东境交与直隶，接催北上'等语。此项铜斤系四十三年二运正项，乃至今年四月始过山东，已压迟二年之久。其三运、四运，更不知何时方能解到。滇省现当整饬铜务之时，着传谕福康安等，即上紧设法调剂，务使泸店先有存贮底铜，委员领运迅速起解；即目下底铜存贮尚少，亦应陆续催趱，运往泸店；将来渐次宽余，即可于次年冬底，将上年各运应解之铜，扫数运到京局。庶望日有起色，勿再仍前稽缓，致铜运迟至两年之久，尚未到局，有误鼓铸。将此由四百里发往，并谕刘秉恬知之。仍各将如何设法筹办，以期充裕之处，先行据实覆奏。"

庚戌 浙江巡抚李质颖奏："日本国难番、汉昭禄等十三人，载麦出洋粜卖，遇风折裂桅舵，于去年十一月内漂至闽省霞浦县星澳口。经福建抚臣咨送到浙，现已附铜商范清济等船，资送回国。"报闻。

445 卷1109 · 乾隆四十五年六月

戊辰 谕军机大臣等："前因滇省采办铜斤，近年屡形竭蹶，曾降旨传谕福康安等，将商人开采官铜，全数交完后，其所剩铜斤，听商贾流通贸易之处，熟筹具奏，此时谅已接奉矣。本日复据舒常等奏'该省行用钱文薄小，盖由奸民开炉私铸，私铜易售，官铜益难如额，现饬地方官查拿治罪'等语，已于折内批示。着传谕福康安等酌量该处情形，妥协筹办，如有奸徒私铸贩卖，务须实力查拿，从重治罪。又据奏'除省城钱局，亲赴盘察，其余责成各道，就近稽查'等语。各省鼓铸钱文，炉座俱安设省城，惟滇省则各府俱有炉座，此即私铸弊源。炉座散安各府，稽查本难周密，且私铸必有私销，诸弊易于丛生，何如照各省之例，将滇省各府所有炉座，俱归省城办理，稽查较易。是否可行，着福康安等悉心筹酌，妥议具奏，务使积弊永除，铜政有裨。舒常等折，着抄寄阅看。"

446 卷 1110 · 乾隆四十五年七月

己卯 又谕："昨据福康安奏到滇省铜盐等务大概情形之折，因令刑部堂官发交李侍尧阅看，讯其何以办理如此错谬。今据讯称'云南铜斤，缘官价不敷成本，商丁多有偷漏，兼有私铸，以致办理竭蹶。采访舆论，总以加价始可办理。当经悉心筹画，若动项加增，则私商亦必增价。是私商散之各处，零星就卖，民间不觉增价之昂，奸商仍可获利，而于帑项徒至虚糜，究与铜政无益'等语。福康安现在滇省整饬铜务，着将李侍尧所供情节，钞寄阅看，令其留心经理，俾一切张弛，务于铜政实有裨益。将此谕令知之。

447 卷 1112 · 乾隆四十五年八月

甲寅 谕曰："富勒浑等奏'滇省运铜知州李治，管运铜船十二只，在东湖县地方，经巡防兵弁于船内起获私盐八百十七包，讯系船头蔡大玉所买，其为贩私无疑，当批饬严讯。运员李治前既漫无觉察，及经盘获，始称移县查办，殊属巧诈，显有知情故纵情弊，请将李治革职严审'等语。贩运私盐，例有明条，且以运铜官船装载贩私，尤干例禁，此风断不可长。况贩运至三万余斤之多，自非一时所能私买，何至运员毫无觉察，及湖北弁役等盘获后，始行移县查办，其为知情故纵，分肥入己，情弊显然，尤不可不彻底审究。李治着革职拿问，交该督等提集案内有名人犯，一并严审定拟，毋使稍有支饰；其能盘查之文武员弁，着酌予议叙。至所称铜铅船只自带食盐，应请定例每船许带四十斤之处，并着该部议奏。"寻议："铜铅船只，向例只准装载八分，原取其运行便捷。若每船准带食盐四十斤，恐不肖官员及船户家人等，藉此影射多带，势必迟误铸务。该督所请准带食盐之处，应毋庸议。仍令各该运员，沿途严查船户家人，毋许多买。并令产盐处所，及地方文武各官，遇此等船只到境，不时稽查，如有前项夹带情弊，别经发觉，除将运员船户参究外，其管理盐务及地方文武各官，照失察漕船夹带之例，分别议处。"从之。

448 卷 1115 · 乾隆四十五年九月

丁酉 谕："前以督抚等呈进贡物，渐觉踵事增华，屡经宣谕饬禁，不啻至再至三。本年万寿节前，即虑及王公大臣及外省督抚等，不能仰体朕怀，购备多品，以伸庆祝，因复降旨通行晓谕，以期黜华崇实。乃诸臣等仍不免有夸多斗靡之习，但朕七旬庆节，非常年可比，且因其远道诚殷，不得不酌留数件，其余概行发还，并有谕奏事处不准接递者。诸臣等，谅亦共见共闻，知朕意之所在矣。夫内外大臣，果心存忠爱，惟当实心任事，为国家抒荩宣猷，岂藉贡献以为报效？在督抚等，各就地方所产土物，如荔枝、茶叶之类，呈备赏赉，尚属任土作贡，乃竞以金玉铜磁，纷纷罗列，朕实厌之。即如珐琅一种，必需铜制造而成，耗费铜斤亦日甚，目下钱价渐昂，安知非此项无益之费所致？且进献不已，各督抚中甚或有藉词巧取，以为婪索之端，则流弊何所底止？其所关于吏治民生甚大，尤不可不力为防禁。嗣后除各省应进土贡，及各盐政、关差、织造等例有官项采办物件外，其内而王公大臣，外而督抚，毋得再有呈进。如谓祝厘伸悃，上下联情，俟将来朕八旬万寿，尚可俯从，其常时一概不得再有烦渎。诸臣其共励寅清，各勤职业，毋更存进奉见长之念。将此通谕中外知之。"

449 卷 1119 · 乾隆四十五年十一月

己亥 谕军机大臣等："军机大臣会同户部议驳申保'请于伊犁等处，照南路乌什之例，行使普尔钱文之处，毋庸议'一折，所驳是，已依议行矣。伊犁鼓铸清钱，回部则沿用普尔，原以顺俗从宜，各因其便。如果叶尔羌、喀什噶尔二城，库贮普尔壅积，一时难以疏通，何妨暂行停铸，将年获铜斤，解送伊犁，俾该处多铸，以期流通。乃申保转欲使伊犁等处，亦从回俗改用普尔，无论一以当十、多寡悬殊，兵民未便且亦不成事体。申保于此事，并未通盘筹画，而徒张皇其词，以图见长，殊属非是。申保着传旨申饬。其折内称叶尔羌、喀什噶尔为叶、喀二城，乃书吏省文恶习最为可厌，早屡有旨，申保岂不知之？已令军机大臣改正矣，并将此谕令知之。"

450 卷 1123 · 乾隆四十六年正月

庚子 伊犁将军伊勒图奏："前准部咨，乌什普尔壅积，应行停减，将年获铜斤解赴伊犁鼓铸制钱。查添炉配铸点锡，向由内地调取，黑铅系本处采挖，伊犁每年约获铅万余斤。请将乌什普尔停铸二千七百串，计铜二万二千余斤，应配黑铅九千余斤，于每年采挖之数，自可有盈无绌。至添盖炉房、调拨匠役，均俟会同绰克托商办。"报闻。

451 卷 1125 · 乾隆四十六年二月

癸酉 云南布政使江兰奏："滇省铜厂，近因额短运迟，遴员躧勘山场，督率开采。惟滇民资本微薄，司事者恐日后赔累，吝于发本，匠夫朝集暮散，致少成效。现饬委员查核，如锤凿器具及日用薪米，有力难自办者，即令随时禀报，酌给工本接济。"得旨："好，知道了。"

452 卷 1126 · 乾隆四十六年三月

丁丑 谕："据福康安等奏'己亥运正加八起京铜，前经奏明，务于四十五年内扫数开帮，今加运二起正耗等铜九十四万九百余斤，已经运员张廷泰收清，即于十二月二十八日在泸开帮。并饬将庚子头运一起赶运齐足，定于正月开帮'等语，所办甚好。滇省京铜历任各督抚，一任厂员耽延玩误，毫无经画，以致历年积压，今福康安等到滇未久，已将己亥运全数办竣，将来即可趱复原限，可见督抚等于地方公事，尽一分心力即有一分功效。福康安、刘秉恬俱着交部议叙，其承办各员着福康安等查明覆奏，交部一体议叙。"

丁丑 谕军机大臣等："据福康安等奏'己亥加运二起正耗京铜，已于上年十二月二十八日在泸扫数开帮，并饬将庚子头运一起赶运齐足，定于正月开帮'等语，所办甚好，已明降谕旨，将福康安、刘秉恬交部议叙，并令查明承办各员，一体议叙矣。滇省运京铜斤，历经递压，屡多迟误，李侍尧在滇年久，竟不能督办有效。伊历任封疆数十余年，素称老成能事，而福康安则尚系年轻初任，朕方以李侍尧所能办之事，福康安尚有不能，断无福康安能办，而李侍尧转不能办理者。今福康安到滇未及一载，即已将应运京铜扫数全清，可见李侍尧在滇时，志得意满竟不认真公务，专以妄自尊大，婪索营私，以致不能实力整顿，所谓有欲则不能刚也。伊系受恩最重之人，何竟全无天良若此！着留京办事王大臣至刑部，将朕此旨传谕李侍尧，并将福康安等原折发阅，看伊如何登答之处，即行据实覆奏。"

453 卷一千一百二十七·乾隆四十六年三月

癸卯 云贵总督福康安、云南巡抚刘秉恬奏："前准部咨，派委管厂各员办铜缺额至三月以后，不能补交者，即行彻回另委。惟查从前定额，原就一年所获，按月画分，计盈绌以定考成。而一年中，夏秋雨水礐硐淹漫，采凿较难，又或厂衰铜绌，另觅新礐，尤非旦夕可以集事。若以月额不敷，令于一二月内补足，为期太促，且滇省大小四十余厂，练才难得，实无多员改委。请嗣后厂员缺额三月，未能补交者，查系水浸厂衰，并非办理不善而缺，数亦止一二分者，仍令留厂，统限一年缴足；如不能补交即彻回，入于考成册内开参；倘实系该员懈废，又不及时赶补，仍照新例，即行参处。"得旨："如所议行。"

454 卷1131·乾隆四十六年五月

庚子 封闭陕西定羌州、略阳县新旧两铜厂，从署陕西巡抚毕沅请也。

455 卷1132·乾隆四十六年闰五月

癸卯 军机大臣议奏："大学士公阿桂奏称'各省营房、墩台、木楼等项，每年是否必需岁修，抑系相沿旧例，指项开销，交部行查'。现据陆续奏到，除直隶、湖北、山东、福建、四川、湖南、浙江、广东、甘肃九省，并无岁修报销之例，及山西一省，不定保固年限外，其江苏、安徽、江西、陕西、河南、云南、广西、贵州八省，或于耗羡铜息项下动支，或于公费养廉项内扣存，或于充公闲款及余租变价、租息银内拨给，历经报部核销在案。请仍令各该省，遇有修理之时，按照保固年限，动款支给，勘明葺治，并令地方官随时查察，以期经久。"报闻。

456 卷1133·乾隆四十六年闰五月

庚申 军机大臣奏："先经臣等议驳调任乌什参赞大臣申保奏'请伊犁改用普尔钱文，令将乌什所铸普尔铜斤，解往伊犁，能否改铸清钱之处'查奏。兹据新任参赞大臣绰克托奏称'乌什岁获铜斤，悉筹普尔，尚不敷用。若停炉不铸，将铜运往伊犁，必至钱缺价昂，官民不便。且普尔以一当十，每百值银一两，若改铸清钱，需八百文作银一两，亦觉糜费',应如所奏。乌什普尔钱文,照旧铸造,毋庸将铜运往伊犁改铸。"从之。

457 卷1135·乾隆四十六年六月

癸巳 又谕:"据福康安等奏'乾隆四十五年分,滇省新旧大小各厂,通共办获铜一千一百二十七万余斤零,核查各厂年额,应办铜一千九十五万余斤,已多办铜三十一万余斤',又奏'将庚子第二运第一起趱运在途,其后五起亦已办竣发运'各等语。滇省铜斤旺产,各厂采获复有盈余,自系该督等实力办理,整顿得宜所致。各矿产铜,年产年获,于每岁应办之数,稍有盈余,足供转输,较前已有起色。至于天地自然之利,要当留其有余,为每年采获之地,不可专务目前,尽力搜获,以致办理太过,将来采挖,转有盈绌不齐之处。着将此传谕知之。"

458 卷1136·乾隆四十六年七月

戊申 谕军机大臣等:"据福康安等奏'陕省采买十一运铜斤,已于二月十五日扫帮出境,其第十二运铜斤,遵旨拨定狮子山等厂。一面飞咨毕沅,作速委员赴滇交兑'等语。前因毕沅奏'陕省铜斤需用紧要,是以传谕福康安等催令迅速趱办。今据奏十一运铜斤,业已扫帮出境,即非滇省所能催促。自应毕沅委员在途赶紧趱运,以供陕省鼓铸。着传谕毕沅,即催令委员,加紧趱运毋迟。其十二运铜斤,既经滇省拨定,亦着毕沅,即速委员赴滇交兑。速行运回应用。"

459 卷1137·乾隆四十六年七月

庚申 又谕:"据巴延三等奏'接暹罗国郑昭具禀求贡,词意颇为恭顺,惟请给执照,前往厦门、宁波等处伙贩,未敢擅便。至所称贡外之贡,与例不符,及备送礼部、督抚各衙门礼物,并馈送行商,及请将余货发行变价以作盘费,概发原船带回。求买铜器,例禁出洋,不敢率行奏请。并拟檄稿谕饬'一折,已于折内批示矣。外国输忱献纳,自应准其朝贡,以示怀柔,俟该国贡使赍到贡物表文时,巴延三等派委妥员,伴送来京呈进后,再降谕旨。其备送各衙门礼物,有乖体制。求买铜器,例禁出洋,自应饬驳。至所请欲往厦门、宁波伙贩,并欲令行商代觅伙长,往贩日本之处,该国在外洋与各国通商交易,其贩至内地如广东等处贸易,原所不禁;至贩往闽浙别省及往贩日本,令行商代觅伙长,则断乎不可。该督等所拟檄稿,驳饬尚未周到,现令军机大臣另行改定发往。谕以:'本部堂接阅来禀,据称遥邦历代供贡,自遭缅匪之后,绍裔无人,以致贡疏。兹群吏众庶推尔为长,依例备贡恭进等因,具见小心恭顺,出自至诚。本部堂已据情代奏,如蒙大皇帝鉴尔悃忱,加恩格外,准尔入贡,俟本部堂差员伴送尔国陪臣,敬赍入都朝觐。至另禀外备苏木象牙等物,为贡外之贡。天朝抚绥万国,一应朝贡多寡,均有定制,岂容任意加增,难以代奏。至致送礼部、督抚各衙门礼物,甚至馈及行商,并求准买铜器千余个、先放空船归国等语,更属琐鄙不知事体。天朝纲纪肃清,大法小廉,内外臣工,岂有私行收受尔国物件之理?铜斤例禁出洋,更不便准尔采买。若本部堂据情代奏,转滋尔忘分妄干之咎。用是明白晓谕,将贡外之贡及呈送各衙门礼物,发交原船带回。又尔禀后附请给照载货,前往厦门、宁波等处，并欲令行商代觅伙长，往贩日本等语，尤属不知礼体。尔等在外洋，与日本各国贩卖交易，原所不禁。若欲请官为给照及令行商觅伙，往贩日本，则断乎不可，本部堂亦不敢代为具奏。至尔国所请余货在广发行变价一节，此向来交易之常，应听尔等自行觅商售卖，亦不必官为经理。至所称余货变价，以作来使盘缠等语，向来各国陪臣进贡，入境之后，一切往来费用，天朝自有例给口粮，无庸卖货支应。尔国甫求入贡，辄以贸易牟利细事禀请准行，甚非表尔效命归诚之意。本部堂念尔远在外夷，不谙礼法，亦不加责备，是以剀切晓谕，此后务宜益励敬恭，恪守臣节，毋得轻有干渎'。交巴延三照此檄知。至该国在广贩卖货物，若亦令原船带回，未免徒劳往返，无利可得，殊非体恤远人之意。此项货物，似应听其在广私行交易，亦不必官为经理。再，该国僻处遐方，何以知厦门、宁波等处可以伙贩，及行商觅伙往贩日本？查阅禀内开载商船，澄海、新会县各字号，俱系内地，此必系船户等怂恿该国，冀图伙贩牟利，不可不严行查饬。着巴延三等即委干员，将该船户等传询缘由，严行戒饬，据实覆奏。"寻奏："查询船户，据称，该国贡船十一只、外洋船二只，余皆粤省商船。缘暹罗例准通商，内有船户常赴该国贸易，故将浙闽宁波、厦门告知。实系愚民不知例禁，贪获雇值，并无勾引合伙情事。臣已严加戒饬。"报闻。

460 卷1138·乾隆四十六年八月

壬午 又谕："福康安在云贵总督任内，办理铜盐诸务，颇能尽心出力，是以将伊简调川省，委办啯匪一案。福康安即亲往该处，督率文武各属，分头搜捕，剿除净尽，毋使一名漏网，致滋遗孽。……"寻奏："臣于二十四日，接奉谕旨，即于二十五日将云贵总督印务移交抚臣刘秉恬署理，当日驰驿起程。"得旨："览奏俱悉。"

461 卷1141·乾隆四十六年九月

己未 调任四川总督福康安奏："贵州差务无多，佐杂缺少，现在分发及四川改发州同以下至未入流等官六十三员，类皆投闲省会。云南佐杂一百四十余缺，更有躧查矿厂，稽催铜运等差，试用者仅五十一员，与黔省情形迥异。请于贵州试用人员内改拨十三员来滇，听候差委。"得旨："允行，下部知之。"

丙寅 豁湖北东湖县大峰珠滩沉溺云南委员丽江县知县游永年运铜二万五千一百一十斤有奇。

462 卷1143·乾隆四十六年十月

庚寅 吏部议覆："云贵总督福康安等奏请'将滇省办铜出力厂员，知县曹湛，赏给同知衔，知州萧文言，赏给知府衔'，查该员均有降调处分，应毋庸议。"得旨："吏部议覆福康安等奏请将办理厂务最为出力之曹湛、萧文言二员，不准加衔一本，系属照例议驳。但念滇省铜务，关系紧要，近年福康安督率办理，稍有起色。庚子铜运业已扫帮，辛丑京铜，亦渐可趱复旧限。是即该督等督率厂员实力办理之效。兹既据奏称该员等任事勇往，获铜丰旺，自应量加奖励，并非因福康安陈奏，破格施恩。况福康安现已调任四川，尤当令各厂员知所感奋，所有曹湛、萧文言俱着照该督等所请，分别加衔。其曹湛一员，并准其以同知酌量补用，俟接办有人，再行送部引见。"

463 卷 1144 · 乾隆四十六年十一月

甲辰 谕军机大臣等："……至滇黔地处边陲，兼以铜盐诸务，均关紧要，富纲抵任后，若再不实力整顿，痛改前非，仍前玩愒，则是咎由自取。文绶之前车具在，朕必重治其罪，不能复为曲贷矣。将此由五百里谕令知之。"

464 卷 1149 · 乾隆四十七年正月

丁卯 山西巡抚调任安徽巡抚谭尚忠奏："晋省宝晋局，积存补秤余铜较多，正项铅锡不敷配铸，请将余铜借配铅锡，搭铸钱文，归于正项配放兵饷，庶余铜不致久贮。"报闻。

465 卷 1151 · 乾隆四十七年二月

丁酉 署云南巡抚刘秉恬奏："滇省岁办铜斤，攸关京、外鼓铸，请于老厂附近之区，另开子厂，以裕其源，并严禁私铸，以节其流，庶无虞耗竭。"得旨："是。持之以久，实力为之。"

466 卷 1152 · 乾隆四十七年三月

辛亥 乌什办事大臣绰克托、阿克苏办事大臣法灵阿奏："本年十月甘肃凉州兵丁五年期满，应行更换；宁夏、固原兵丁，亦于明年正月期满；若俱行更换，恐新到兵丁，于屯田鼓铸及采铜等事，一切生疏，未免掣肘。请将明年应换之宁夏、固原兵丁，再留一年，以资办公。"得旨允行。

467 卷 1159 · 乾隆四十七年六月

甲午 云贵总督富纲等奏："滇省办铜，半由寻甸州转运至黔省威宁州，嗣因寻甸与威宁隔远，经前署督臣图思德奏请，自宣威至威宁七站，改归宣威州承运，然仍多阻滞。其故由于牛马车辆，半资沾益、平彝二州县，雇募既难，寻、宣分运，又多一次秤盘，而宣威至威宁，山路险峻，是以转形竭蹶。臣与抚臣刘秉恬悉心筹酌，莫若改归曲靖府承运，则生产牛马、车辆之沾益、平彝二州县，俱隶该府管辖，呼应较灵。随令曲靖府知府龙舜琴先行试办，现在辛丑铜斤，业经全数扫帮，嗣后寻、宣二州分运至威宁之铜，请改归曲靖府一手承运。"报闻。

468 卷 1162 · 乾隆四十七年八月

辛未 四川总督福康安奏："宝川局从前增设新炉，铸钱出易，每岁约余息银六万余两，留为修城之用，嗣因产铜短绌，奏请暂停。臣现在严督厂员采挖，务期旺盛，其旧增炉座，仍当随时酌量，渐复原卯鼓铸，俾余息充盈，遇有城工需用，无虞缺乏。"从之。

469 卷 1164·乾隆四十七年九月

戊申 谕军机大臣等："前刑部进呈四川省秋审人犯招册,九卿从缓决改入情实者十四起。朕详加阅看……福康安于覆谳时,不能细心推求,自有不合。福康安前任滇督,整饬铜盐诸务,经理妥协,及调任四川,查办咽匪,亦属认真。今审办秋审,援拟失当,皆因该督于刑名事件,素未谙习,且无熟练能事之臬司伙助所致。着传谕福康安,此后遇一切案件,务宜悉心推鞫,详慎定拟,以副朕谆切训勉之至意。"

470 卷 1165·乾隆四十七年九月

丁巳 又谕："刑部进呈山东省秋审黄册,从缓决改入情实者二十一起,所改均属允当。……前因四川秋审从缓决改入情实者十四起,即将该督福康安交部议处。福康安向在御前行走,因军营出力用为将军,即在总督任内亦系办理铜盐、咽匪认真,其于刑名,原非素习。若明兴历任同知、府、道多年,升授抚藩,案件自应熟练,乃所办如此率忽,非寻常失出者可比。该抚明兴,着严行申饬,仍与承办之按察使一并交部严加议处。"

471 卷 1172·乾隆四十八年正月

壬寅 谕军机大臣等："据内务府议覆长芦盐政征瑞奏'请选派能事妥商王世荣等代范清济办运各事宜'一折,虽就所奏情形逐条核覆,朕思范清济承办长芦盐务,并采办洋铜,原令其彼此通融,以盐务余息接济铜斤,互为调剂。若专办铜斤,不办盐务,是办盐之商人,得沾余润,而办铜者更形竭蹶,未免苦乐不均,殊非酌盈剂虚之道。征瑞因范清济不善经理盐务,获息无多,选派能事妥商十人,并先行垫借银三十万两代办盐务,此事在商人等自所乐从。设选派商人,专为范清济代办铜斤,即一体借给银三十万两,亦未必有人肯为接办,此一定之情理也。今范清济既不能办理盐务,另选他商代办,而其每年苏局所办铜斤,仍着伊侄范柴照旧承办。是伊既无盐务余息,可以通融调剂,而所发铜费银八万两,前赴外洋接济铜船,其往返需时,不能周转,亦属实在情形。铜斤关六省鼓铸,倘有迟误,所系匪轻,不可不妥为筹画。着传谕征瑞,或即交代办盐务之商人并办铜务,或另行设法调剂之处,悉心熟筹妥议,务使铜盐两事,互相接济,永无贻误,方为妥善。将此谕令知之。所有内务府原折及范清济原呈,一并发交阅看。"

甲辰 云贵总督富纲奏："云南省城南关外新城铺、三市街、教场坝等处,路达三迤,五方错处,向派城守营千总带兵弹压。又迤西铜店,距该道驻扎较远,向派通判代查,诸多未便。应请将云南府通判移驻南关,专司督捕,就近管理铜店,并铸给关防。再,该处向有卡房,嗣经裁彻,现仍添设四处,拨兵防守。至该通判原办硝局事务,势难兼顾,应改归水利同知,会同城守营参将经理。"下部知之。

丙子 谕军机大臣等："征瑞覆奏'饬令代范清济营运盐务之商,一并代办铜斤,两事自当互为通融,俾商人一手经理,得以从容办运',应如征瑞所奏,即令现在选派之能事妥商办理。但十人太多,未免彼此观望,可选一二人,一面办理盐务,即一面代运铜斤。如何,仍着征瑞严饬该商等悉心经理,嗣后如再以运本缺乏为词,致铜盐废弛贻误,则惟征瑞是问。至征瑞从前奏请,每年需给发铜本银八万两,今范清济又在内务府呈称第一年办发铜船,需银十五六万两,其中多寡悬殊,因何浮开呈请之处,谕令军机大臣,就近传询伊子外,着将此谕令征瑞知之。"

472 卷1175·乾隆四十八年二月

丁丑 谕军机大臣等:"据征瑞覆奏筹办铜盐一折,已批交该衙门议奏矣。内称'范清济自办理铜盐二十年之久,尚拖欠官项银一百二三十万两,且将范毓馪河东旧有盐池产业,变抵二十余万两外,实在抵销无几。查范清济系范毓馪之侄,私心乐于官项不清,辗转藉延,据其盐产。其子范李经管引地,克扣自肥,积有厚资。今铜盐诸务,既已透卸他人办理,岂可听营私误公之人,脱然事外?请将上年欠课银十一万二千余两,除引店存钱扣抵外,其余着落范李完纳'等语。范清济办运铜盐以来,拖欠官项累累,该盐政极力催追,始终悬宕,不能依限完交,今不得已另觅妥商,代为承办。而伊子范李经管一切,克扣自肥,殊属贪利误公。且从前范毓馪盐池产业,尽为范清济变抵官项,而现在范清济父子,转得坐拥厚资,脱然事外,不足以昭情理之平。仍恐范清济不肯归还范毓馪原产,藉端延宕。着传谕农起,即查明范清济原籍自置产业,共有若干,除勒限拨还从前范毓馪原产外,其余量其资本,酌令议罚若干,以为赔缴前欠之用。仍着农起悉心查明定夺具奏。所有征瑞原折,着钞寄农起阅看。将此由四百里发往,并谕征瑞知之。"

壬午 谕军机大臣等:"据总管内务府大臣议覆长芦盐政征瑞奏'选派商人王世荣接办范清济铜务'一折,已依议行矣。据称'苏局存铜,并已发洋船,未经办回之铜,尽属官物。恐范清济因接办有人,私将现有之铜,盗卖隐匿。新商甫经接手,船只尚未开洋,则本年应解六省额铜,必致贻误'等语。该商存局铜斤,关系六省鼓铸,现在选商代办,新旧接手,恐其中隐匿偷漏之弊,在所不免。着传谕闵鹗元,就近严行查封,勿使丝毫走漏。所有苏州办铜官局,并出洋船只及应需一切什物,并饬令范清济全行交代新商王世荣接收,以资办运。仍将查办情形,分缮清单,据实覆奏。"

473 卷1176·乾隆四十八年三月

丁酉 谕军机大臣等:"据富纲等奏省城宝云局请仍归臬司兼管一折,自当照所请行,准令臬司管理,以专责成。至折内称'乾隆四十五年春间,经前任督抚臣以臬司职任刑名,兼管驿站,且恐家人书役夹带营私,奏准将宝云局改归云南府知府办理'等语。该省钱局鼓铸,虽系前任督臣李侍尧等奏准改归云南府知府办理,但是年查办该省私铸钱文,系福康安、刘秉恬任内之事,何以覆奏折内,并未将改归知府管理未便之处,详悉声叙。而此次折内,又未声明从前筹议疏漏,并现在不敢回护前奏,稍为因循。着传谕刘秉恬,令其据实覆奏。又折内称'铜铅到迟不及应卯,及加紧严催赶办,时形掣肘,若不及早更正,将来必致误卯堕铸'等语。该省铜斤,经福康安在云贵总督任内极力整顿,催趱办理,颇有成效。现在各局鼓铸,源源接济,不致如前办理周章。今富纲等欲酌改管理钱局人员,自是可行之事,但辄称催趱掣肘,恐致误卯堕铸,明系为运铜之员,预存开脱地步,将来又致误运,此断断不可。如日后有铜斤堕运等事,则惟富纲、刘秉恬是问。着将此由四百里传谕知之。”

474 卷 1178·乾隆四十八年四月

壬申 谕军机大臣等：“本日富纲、刘秉恬各有四百里驰奏之折，朕意两人或有互相揭奏及患病情事，急为披阅，则俱系覆奏铜厂无误情形。此事前因伊等折内声叙未明，且有将来恐致误卯堕铸等语，是以降旨申谕富纲、刘秉恬，于接到时自当联衔覆奏。岂有同驻省城，共办一事，各自由驿驰奏之理？看来伊二人竟是各怀私见，不能和衷办公，于地方公务，大有关系。富纲、刘秉恬俱着传旨严行申饬。”

475 卷 1181·乾隆四十八年五月

丁未 谕军机大臣等：“据福崧奏‘查明范清济在浙铜斤货物，苏州商局俱有底帐。现咨江省确核，并严催新商，克期出洋，赶运铜斤，以供鼓铸’等语。范清济乏本误运，其名下铜斤货物，自应详细查明，俾无遗漏。着交闵鹗元、征瑞，逐一核办。福崧折并着钞寄阅看。将此传谕闵鹗元等，并谕令福崧知之。”

476 卷 1183·乾隆四十八年六月

丁亥 谕曰：“富纲等奏报壬寅京铜，全数依限扫帮一折，所办好，已于折内批示矣。滇省额运京铜，关系紧要，此次壬寅正运加运六起京铜，富纲、刘秉恬严饬各厂，上紧赶办，派委文武大员，分路督催，于本年三月，全数扫帮，为期尤早，办理甚属妥速。富纲、刘秉恬着交部议叙。所有在事办铜各员，并着该督抚查明具奏。交部一并议叙。”

477 卷 1184·乾隆四十八年七月

庚寅 谕军机大臣等：“据征瑞会同刘峨等奏‘查明范清济产业，将从前范毓馪京中、张家口旧有之产，仍照原交范清济册籍掣回，交与范毓馪嫡派长孙范重棨收管。其余凡范清济父子自置私产，及盐店铜局，尚有积存货本，一并解交内务府充公等因’一折，已批交该衙门议奏矣。至折内所称‘范清济情愿于查封产业之外，罚银八万两，设措交纳’之语，此处殊不实。范清济所管范毓馪产业，既已归还范毓馪之孙范重棨，其自置产业及盐店铜局各项，又俱经查封入官，则此认罚银八万两，又从何而来？即使众商帮凑，亦必范清济父子平日或有寄存各商之项，今或代为缴出。若竟出自众商之力，则范清济历年亏欠官项，何不闻一人相助耶？此事始系征瑞，因范清济亏缺官项甚多，奏请查办。今折内称一切产业，已经官为查封，实在并无欺隐，乃忽又有银八万两，为之奏请交纳，其故殊不可解。着传谕征瑞，据实覆奏，毋得稍为回护。俟奏到时，再交该衙门一并核议。将此并谕刘峨等知之。”寻，征瑞奏：“范清济亏欠官项，因其年迈，伊子不谙经营，引地多为他人渔利，今众商伙，见伊父子产业查封，帮凑银八万两，陆续交范清济赎罪，请限四年交纳。虽非范清济己资，究属伊名下情愿认缴之项，并无寄顿隐匿。”报闻。

478 卷 1186 · 乾隆四十八年八月

丁卯 又谕："据闵鹗元奏'苏州官商承办洋铜，除每年额解六省官铜五十一万余斤外，其多余之铜，俱令一律缴官，俟年清年款之后，仍准该商变卖余铜'等语。此项铜斤，前因范清济办理不善，压欠甚多，是以余铜不准其自行变卖。今新商王世荣代为接办，若能实力经理，赶紧转运，所有从前压欠之项，原可陆续带交。况该商王世荣系接办之人，若俟积欠全完，始准其变卖余铜，该商不能少沾余利，未免偏枯。嗣后除每年额运正项铜斤交清，并酌量分年带交积欠若干外，其余铜斤，即准其照旧变卖，以纾商力。"

479 卷 1189 · 乾隆四十八年九月

丙午 又谕："据管理宝泉局侍郎诺穆亲等参奏'云南省赵州知州彭焕解运京铜，共短少铜二万二千余斤'一折。据称'该运员心地糊涂，应对茫无头绪，恐有侵亏盗卖情弊。请将彭焕革职，交刑部审讯，其短少铜斤，行文云南巡抚，照例补解。并将该督抚及详委不慎之各上司，交部分别议处'等语。朕当面问之福康安，称该员实系平庸。滇省运京铜斤，事关鼓铸，该督抚自应遴委明干妥员，小心领解，方可不致贻误。乃富纲等率将此等庸劣之员，滥行派委，以致短少铜数至二万二千余斤之多。除将该督抚等交部分别议处外，富纲、刘秉恬着传旨申饬。其赵州知州彭焕着革职，交刑部审讯办理。余俱照该侍郎等所请行。"

480 卷 1190 · 乾隆四十八年十月

壬戌 又谕："本日李奉翰奏滇省委员运京铜斤，在江宁地方有遭风沉溺之事，已另降谕旨，交该督等饬属再行上紧实力寻捞矣。又据福康安面奏'滇黔运京铜铅，向例在重庆府另行打造船只，雇备水手，装载开行，至交卸铜斤后，又将船只拆卸变价，前在川省、滇省任内时，曾经查询。但该委员等拘泥成例，多称装运铜铅，必将船身板片加厚，是以须另行打造。川省运装货物，大船颇多坚实可用，嗣后只须挑用坚实货船，按照市价雇用，毋庸制造。复行委员往查，再行具奏间，其时适届卸任，未知此项船只，现在作何办理。请交李世杰酌定具奏'等语。福康安所奏，颇切中事理。制造船只运送铜铅，既多糜费，而水手又临时雇备，不特人与船不相习，且沿途碰磕损伤，俱与伊等漠不相关。其各省屡报沉溺铜铅之故，安知不由于此？若谓装运铜铅，必须船身坚固，则民间贩载货物之大船，岂皆胶舟而不可用？而所装之货，又岂俱系柔细质轻者耶？即一船不敷装载，何妨多雇数船，以资浮送。但福康安在任时，曾经办有头绪，李世杰接任后，是否委员查办，何以并未奏及？着传谕李世杰详悉查明酌核迅速具奏。"

壬戌 又谕曰："李奏翰奏滇省运解京铜出境入境一折，内称'云南委员骆炜领运正耗余铜，及带解运官马心绥，至四川江津县沉溺，捞获铜七千三百余斤，运至江宁上元县地方，遭风坏船，沉铜九万斤'等语。云南运解京铜，事关鼓铸，委员等自宜小心运送，即遭风暴坏船，亦应尽力打捞，务期全获。今四川江津县地方沉溺铜斤，除捞铜七千三百余斤外，其余沉失铜斤，曾否续有捞获？至委员骆炜所解铜斤，于江宁地方沉溺至九万余斤之多，现在捞获若干？有无毁损？着李世杰、萨载严饬地方官，再行多觅人夫，设法打捞。务须实力督办，庶多获一斤，即获一斤之用。将此传谕李世杰、萨载，并谕李奉翰知之。"

庚午 谕："刑部审讯云南省委员赵州知州彭焕短少铜斤，问拟杖徒，并将所短数目及脚价银两，在伊任所原籍勒追归款一折。滇省运京铜斤，关系鼓铸，该督等自应遴选明干历练之员，身家殷实者，委其领运，庶管解不致贻误，即间有亏短，亦可照数着落赔偿。今滇省委员彭焕甫经到任，才具又属平庸，即令领解京铜，以致一路不能照料周妥，沉失天生利用之物，岂不可惜？是此事实由该督等滥行派委所致，所有短缺铜数，及脚价银两，即着富纲、刘秉恬照数分赔，以示惩儆。彭焕着免其赔补，余依议。"

481 卷1192 · 乾隆四十八年十一月

辛卯 谕军机大臣曰："李世杰覆奏滇黔运京铜铅船只一折。内称'据川东道沈清任详称，重庆大船，实系揽头造就受雇，并非运员自造船只，致多糜费。请嗣后每船以七万斤为率，接到滇省运铜来咨，计用船若干只，行知江北同知雇备。如有中途失事，将揽头枷示重惩，永远不许承揽别载'等语。李世杰此奏，止据该道沈清任所禀情形，酌立规条，至该道禀详，或仅系具文塞责，未必实力详查，熟筹办理。滇黔运京铜船，关系京局鼓铸，一到川省，即系该省应办要件，自应视为己事妥协办理，总以官物为重，不可存此疆彼界之见。今据该督所奏，严饬揽头小心运送，如有中途沉失等事，交地方官追出原领工价，并永远不许承载，亦系补偏救毙之法。即如所奏办理，但着落江北同知承办船只，丞倅微员，究恐呼应不灵，未能经理妥协。此项船只，既系沈清任查禀，伊又系本道，嗣后川省运铜各船，即着交沈清任率属实力妥办，以专责成。如果料理妥协，必将该道叙功，倘仍前经理不善，亦惟该道是问。将此谕令李世杰知之。"

482 卷1195 · 乾隆四十八年十二月

癸酉 谕军机大臣等："据和珅奏'天津商人王凤起于乾隆四十三年领买户部三库绸布绒麻等项，原估价银十八万九千二百余两，业经户部限满，除交过银五万两，尚未完缴银十三万九千二百余两。据王凤起之子王世荣呈请，将自置直隶、河南两省所属引地盐窝六处，抵交未完官项变价银两'等语。该商应交银两，逾限不交，本应将伊产业抵缴治罪，但念其领货后猝被水灾，报明有案，且现在王世荣接办范清济铜务尚知奋勉，着加恩免其抵缴。所有未完银两，分作八年，令征瑞督饬该商，按年带交银一万七千四百余两，陆续搭解广储司归款。倘仍前迟延拖欠，不但将其引地盐窝入官，并将王世荣加倍治罪。将此传谕征瑞知之。"

483 卷1199 · 乾隆四十九年二月

甲戌 户部议覆："四川总督李世杰奏称'铜铅到川应需船只，遵旨交沈清任率属妥办。惟查重庆以上雇船之事，沈清任止能于所辖之重庆地方照料。其自永宁至泸州，泸州至重庆，皆永宁道专管，应责令该道，督同各该地方官代为雇备，并用谙练舵水管驾。如有疏虞，即将船户、舵水，追价枷示'，应如所奏。再查铜铅经过汉口、仪征两处，向系运员自行换船装运，亦应照此办理。请饬下湖北、江苏巡抚，饬属妥办。"从之。

484 卷 1203 · 乾隆四十九年闰三月

癸未 军机大臣议覆："四川总督李世杰奏'川省铜矿，现查西昌县金马厂、冕宁县金牛厂、会理州金狮厂，产铜旺盛，请派员管理，以专责成。其沙沟厂、紫古唎厂、蓰丝罗厂年久山空，应行封闭，并令删去旧厂名色，免滋牵混影射之弊。至获铜转解，责成道、府、厅员查催稽察，仍归省局考核。铜斤经过之处，于雅安县地方，添卡巡查。宁远府属各厂产铜，自本年正月为始，尽数解交府局，不得停留。每年获铜铸钱存息数目，造册报销，务使年清年款'，皆为慎重铜务起见，应如所请。至该督所奏现在各厂僻在山谷，有必须本境地方官专办者，毋庸另行委员之处，虽属因时制宜，但未将某厂应属本任、某厂应用委员，分晰声叙，应俟该督具奏到日再议。"从之。

485 卷 1208 · 乾隆四十九年六月

庚寅 谕："户部会同福康安议覆云贵总督富纲等查明通省厂欠一折，请于各厂员炉户名下，分别追赔，自系照例办理。第念滇省采办铜斤，不得不预发工本，以资接济。炉户等系无业贫民，逋欠自所不免。从前李侍尧任内，查明实在厂欠确数奏请办理，曾特降恩旨，豁免银三十万余两。今据富纲等奏四十三年以后，各厂亏欠五十余万两，系实欠在民，并非官为影射，自属实在情形。且该省办运铜斤，自辛丑赶运以来，每年依限扫帮，办理尚为妥速。所有此次无着厂欠银三十九万余两，着加恩竟予豁免。其有着银十二万余两，着照所请，于各领户名下，照例着追。"

486 卷 1210 · 乾隆四十九年七月

丙辰 兵部议覆："喀喇沙尔办事大臣福禄条奏'派设卡座、驻扎官兵、稽查铅厂'各事宜：

一、库穆什阿哈玛产铅之山，设卡三座，每卡驻扎外委把总一员、兵三名，以资巡查。

一、近厂地方驻扎外委把总一员、兵五名。以上所需官兵由城守营备差官兵内酌派。

一、原具呈采铅商民内，委课长一名、帮办课长一名，遇铅厂斗殴等事，会同外委把总管束办理。应行呈办事件，呈报该处办事大臣办理。

一、招募民夫齐全后，即于挖铅商民内，择人老成去得者，每五十名拣派头目一名，以资弹压。

一、民人刨获铅斤，由课长查明数目，呈报办事大臣，给票带往别城售卖。如查出无票私铅，应比照《盗掘铜锡等矿砂计赃准窃盗》论，将铅斤估值定罪。

一、铅厂应办一切事件，责成办理粮饷司员，每季将收过税银数目，造册报印务处查明，咨户部查核。仍令该大臣，岁底查明添裁人数、收过税银，汇总奏销。

均应如所请。"

从之。

戊辰 豁免遭风沉溺之浙江委员石永福运回云南铜四万九千五百斤有奇。

487 卷1213·乾隆四十九年八月

癸卯 又谕:"工部钱法堂奏'宝源局鼓铸钱文,自乾隆四十四年以来,因滇省解京铜质低潮,每月于应发额铜之外,多发铜斤,交炉头鼓铸。现在统核铜数,实耗折铜十二万九千八百余斤,折价银一万六千五百余两,请着落历任监督及各炉头分别着赔。其现存夹杂铁沙铜块五十余万斤,逐一查验,成色如有不足之数,着落云南历任承办各员赔补'等语。京铜关系鼓铸,铜斤搭配,丝毫俱有额例。乃因历年多发铜斤,以致铜数折耗,自系该监督等办理不善所致,所有此次折耗价银一万六千五百余两,即着于历任监督及各炉头名下赔补。其现存夹杂铁沙铜块五十余万斤,俟查明成色,核计亏数若干,着落云南承办各员名下赔补。至工部管理钱法堂事务堂官,自四十四年以来,已易数任,所有现存夹杂铁沙铜块五十余万斤,镕炼工本,并着核明,即令历任之钱法堂堂官赔补。"

癸卯 谕军机大臣等:"据伊龄阿奏'据宝源局监督恩庆等禀称,自乾隆四十四年以来,云南解京铜质低潮,不敷配铸。每月于应发炉头额铜之外,多发铜斤搭配,日积月累,竟有八十余万斤之数,统计折耗铜十二万九千八百余斤。请着落分赔,并将现存夹杂铁沙铜块五十余万斤逐一查验,实在有铜若干,其余不足之数,着落云南历年承办各员赔补'等语。前经户工两部,以滇省解到铜斤不足成色,将积年所存余铜搭放鼓铸,并屡次行文该省督抚,令饬承办各员,务将铜斤煎炼足色,解京以供配铸。兹伊龄阿奏'宝源局自四十四年以来,每月于额铜之外,多发铜斤,搭配铅锡合铸,现在统核铜数,已耗折十二万九千八百余斤',总因该省运到铜斤成色低潮,不敷配铸所致,如此年复一年,将来伊于何底。且工部铜斤,业经核有耗折,其户部积存历年余铜,亦属无几,若仍复因循迁就,势必有妨鼓铸。滇省自四十四年以后,各厂采办铜斤,甫能复卯。且节据富纲等奏,该处硐老山深,不能一律煎炼精纯。此次姑着加恩,免其治罪,但京炉鼓铸,如此掣肘,必须设法筹办,方可不误钱法。着传谕富纲、刘秉恬,即严饬各厂办铜官员,于采办铜京时,必须加工煎炼,倾足向来例定成色,方许运赴泸店解京,如仍有煎不足色,搀杂铁沙充额,到京后,一经户工两部查验参奏,朕必将富纲、刘秉恬及办铜各员治罪。该督等勿谓铜斤复卯,便可塞责,竟不复督饬厂员,加意煎炼也。至该省产铜地方,或果系山深硐老,不能一律采办高铜,即着该督等估验亏短成色若干,照依部额,每万斤酌加耗铜若干,点交运员,一并解京验兑,并于奏报京铜开帮折内声明,此系朕代为酌筹之一法。若铜色果能纯净,即无须另议加耗也。富纲等务详悉熟筹,即将如何办理之处,具折覆奏。工部钱法堂原折,着发交阅看。"

488 卷1125·乾隆五十年二月

癸卯 谕军机大臣等:"据图萨布奏'局存低铜不敷,请暂用高铜配铸'一折。据称'核之成本,尚属有盈无绌',该省鼓铸既全用高铜,加配铅锡,仍属低铜,亦无不可。成本亏与不亏,何足计较?但铜质既高,则奸民镕化售买,得利必多,保毋启私销之弊乎?毕沅久任陕西巡抚,于该省局务情形,自所深悉。着传谕该抚,即将图萨布所奏,果否属实，行之有无滋弊之处，据实覆奏。将此传谕毕沅，并谕图萨布知之。"

489 卷1226 · 乾隆五十年三月

癸亥 河南巡抚毕沅遵旨覆奏："臣前在陕抚任内，查得宝陕局向定鼓铸章程，每铜百斤用高铜七分、低铜三分，复配白铅九十六斤、点锡四斤，其低铜三分，应加耗铜六斤十四两有零，此向来办理定例。今据图萨布奏称'滇省低铜未到，请暂行全用高铜，以期不误鼓铸'，查从前滇省所办低铜不敷应用，曾经通融办理，暂用高铜配搭铅锡，以免停炉歇卯之虞。此项钱文，名为全用高铜，而每百斤加配铅锡百斤，则仍属低铜。且纯用高铜，省去低铜加耗之数，折实比较，成本相去无多，即使奸民希图私销，核算亦无甚便宜，可免滋生弊窦，但此不过一时权宜办法。查第十三运滇铜，目下计程，抵省不远，将来到局，自应仍照高七低三鼓铸，以符旧例。"报闻。

490 卷1234 · 乾隆五十年七月

癸丑 云贵总督富纲等奏："滇铜年额递增，运费较多。岁拨铜本银八十五万两，不敷支放，请自五十一年为始，加拨一十五万两。并嗣后丙年京铜工本，滇省于甲年具题，部中即行核拨，务于乙年夏季到滇，以省借垫。"下部议行。

491 卷1236 · 乾隆五十年八月

己卯 又谕："前据何裕城奏请将丁忧知县王垂纪留办西安城工一折，已批所奏不可行，并谕该抚即饬该员回籍守制。昨又据富纲奏，请以丁忧云州知州宋昌玲接办宁台厂务，亦批不必，令另选合例之员具奏矣。夺情起复非所以教孝敦伦，古人惟于军旅之事偶一行之。若地方遇有不靖，如撒拉尔逆回等事，军务紧要，其承办军需之各州县设遇丁忧，该督抚自不妨奏请，权令在任守制。至城工、厂铜，非军务各比，有何必须一人始终经理，而为此破例之举？设遇其人病故，又将如何？岂必待起死回生，而后可不致乏员办事耶？大抵该督抚之为此奏，非徇情市恩，即系该员干求请托，并非专为地方政务起见，徒令此等在任守制之员坐拥廉俸，恋职忘亲，转藉王事羁留，不得稍尽人子之礼，资为口实，于官方政化俱有关系。着通饬各省督抚，嗣后非遇军务，不得以丁忧人员奏请留任。著为令。"

492 卷1238 · 乾隆五十年九月

辛亥 又谕曰："征瑞奏请备造剥船以济盐漕一折。据称'南漕入北河后，剥运船只，向系官为封雇，未免守候需时。且船只短少，商盐亦艰于挽运，颇形掣肘。兹众商请借帑备造剥船一千余只，以济剥运。嗣后不致封雇民船，于商人运盐甚便'等语，所办甚是。向来南粮入北河后，俱系官为雇船剥运，而粮船未到以前，封剥之船，即须先期预备，自不无守候之累。且船只既经封剥，于商盐挽运实属有妨，自应设法调剂，以期盐漕两有裨益。今将此项剥船另行备造，则南粮一抵北河，即可随到随剥。不独便于转运，而民船得免官封、商引无虞壅滞，即该旗丁等既有害船剥运，较用封雇民船，更可节省浮费。且南粮未到之先，及漕粮运竣以后，该船户仍可揽载营生，以资贴补。是备造此项船只，于商民及军卫各丁均资利赖，自应如该盐政所奏办理。至船只成造之后，着刘峨分交沿河州县承管，遇有铜铅及奉天、河南麦豆等项，应需剥运，皆可随时应用。并着该督严饬地方官，此后不得再行封雇民船，致滋扰累。该督及该盐政，仍随时稽查，如有借端累民者，即行据实参奏，以副朕恤丁爱民至意。"

辛亥 谕军机大臣等："据征瑞奏'据长芦商人呈请捐银三十万两，备造剥船一千余只，已明降谕旨，即着征瑞，开明丈尺数目，知照特成额、吴垣、舒常，令该督抚等于湖广、江西二省遴派妥员，各赶造五百余只，以供剥运。惟明岁新漕头二进前抵北河，即需剥船备用，约计彼时湖广、江西成造之船，恐未必即能运到。并着特成额等将此项船只赶紧成造，先得一半或三分之一，于明年二三月前，即派员送到直省应用，免致临时又须雇用民船。其余一半，仍饬迅速赶办，于该二省漕艘开行时，随帮前抵北河，庶不致迟误。至成造此船，每船一只，计用银三百两上下，工价已属宽裕。特成额等应行严饬承办各员，务将所用工料切实造办，期于坚固经久，不致易于损坏。至该船户除空闲揽载，得有余资，足敷养赡应用外，其剥运漕粮、铜铅等项时，应如何酌给船户水手工食，及逐年修舱之处，并着刘峨会同征瑞，一并另行妥议具奏。将此传谕特成额等，并谕毓奇知之。"

甲寅 豁贵州沉溺乾隆三十九、四十等年运京铜六万二千二百斤有奇。

丁巳 豁云南沉溺乾隆四十四年分运京铜六万六千斤有奇。

493 卷 1239 · 乾隆五十年九月

壬申 豁云南沉溺乾隆四十六年分运京铜四万四千四百斤有奇。

494 卷 1241 · 乾隆五十年十月

庚子 谕军机大臣等："前据征瑞奏请备造剥船一事，已交江西、湖广二省赶紧成造，分别运送直省。其剥运漕粮、铜铅、麦豆等项时，船户水手工食，及逐年修舱之处，早经降旨，令刘峨会同征瑞，详悉妥议，何以至今尚未据该督等议奏？向来漕船水手俱系官给工食，至此项剥船，起运漕粮及铜铅、麦豆等项，既例有贴费，空闲时，又准揽载营生，尽可得有余资，用资养赡、黏修，自无须照漕船水手之例，官为发给。再，此项船只成造，送到直省之后，应交该地方官小心经管，其如何分派管束，应需剥运时如何分别派拨之处，着传谕刘峨，即会同征瑞，酌量情形，并将一切章程，迅速妥议具奏。"

丙午 调任陕西巡抚何裕城奏："陕西省城，设有军器局，存贮炮位枪刀等项，年久多有损坏。臣派员清厘，分作可用、可修，及不堪用三项，即以不堪用项内之铜铁变价作为修补之费。"得旨："好，知道了。"

495 卷 1242 · 乾隆五十年十一月

己酉 军机大臣等议覆："直隶总督刘峨等会议备造剥船事宜：

一、剥船一千二百只交沿河州县，召募船户，于空闲时准其揽载营生，剥漕期近，不许远行。

一、各船编列字号，以示区别，不得揽载出境，仍知照山东临清关，到时即令起卸，毋许南下。

一、剥船原为济运，倘南漕与铜铅等项，同时需剥，以一千一百号专剥漕粮，一百号分剥铜铅。

一、漕运既有剥船，一切民船，不许封雇。一、船户、舵工、水手人等，平时即以水脚为工食，其剥运漕粮，自杨村至通州，除给饭米一石二斗外，向例脚价六千文减半发给，余一千文为岁修，二千文给还旗丁。

一、岁修每船油艎银五两，三年小修银二十两，即于扣存剥价动用。

一、剥船到坝后，限三日兑收，即令回空轮运。

一、剥船责成船户照管，以期经久，至十年排造时，即在直隶艎修，分三年折造。

均应如所请。"

从之。

496 卷 1249 · 乾隆五十一年二月

癸巳 谕军机大臣曰："富纲奏覆勘腾越州城工一折。据称'现已檄委藩司谭尚忠前往，将应添工段及从前原估已未修各工，一并详加覆勘，另行照例核办'等语。腾越州城，界在极边，既因年久坍塌臌裂，自应修葺……至各省仓库钱粮，尤关紧要……再，滇省办运京铜，数年以来，俱已依限开帮，尚无贻误。该督等亦当加意督办，实力催趱，毋得日久疏懈，复至迟延积压，有误期限，则获咎滋重。将此一并传谕知之。"

497 卷 1250 · 乾隆五十一年三月

庚戌 谕军机大臣等："据福崧奏筹备柴塘岁修经费一折，称'每年柴工，应需修费，未便再动正项钱粮，请将生息银五十万两，分借苏局铜商，及令浙商承领，按年缴本息银两。又据浙商请捐银三十万两，分年缴纳，归还借帑，以后辗转借发，永为柴塘岁修之用'等语，所奏殊属不成事体……若果如福崧等所筹，则是不必建此石塘，当日何不如此批谕执奏，以为不可行，徒多费乎？且现在浙省仓库亏缺，迄今并未弥补全完，是该抚所奏岁修经费之事，总难凭信矣。此事即着交曹文埴等，于查办亏空之便，亲赴该处，会同地方官，详晰履勘，将从前石塘是否当建，及柴塘坦水，如何又须添建岁修，并福崧另折所奏，石料厚薄配搭成砌，是否可行之处，一并据实覆奏，毋得稍存回护。曹文埴等皆系晓事之人，必能仰体朕意也。将此朱批，曹文埴等携与福崧看后，即由驿发往富勒浑看，并令其明白回奏。"

498 卷 1252 · 乾隆五十一年四月

丁亥 户部议准："调任四川总督李世杰疏称，盐源县属甲子夸、豹子沟、月花楼铜铅等厂，近年产铜无几，抽收干铜课银，不敷供支，该处要隘有巡役十二名，足可盘查，请将原设外委一员、兵十名裁彻。"从之。

499 卷1253·乾隆五十一年四月

丙申 又谕:"据明兴奏'云南委运京铜之保山县知县潘钰,行抵武城县地方,在船病故,随发给护牌,檄饬试用知县马衍宗,驰往接运'等语。铜铅起运,鼓铸攸关,设遇运员在途病故,其家人跟役等,往往乘机舞弊,以致亏缺正额,不能如数兑交。全在沿途督抚,迅速派员接运,俾得稽查管押,方免疏虞。嗣后,各省地方如遇解运铜铅委员在境病故,俱着照明兴所办,即行派拨兵役小心防范,并饬委妥员,星往接运,沿途催趱,照料赴京交兑,不致有家人跟役偷卖亏缺等弊,方为妥善。将此通谕知之。"

500 卷1254·乾隆五十一年五月

丙辰 谕军机大臣等:"据富纲等奏遴员督办宁台厂务,及富纲奏滇黔两省春收丰稔情形二折。富纲前在福建巡抚任内,办理地方事务未见认真,及擢用总督以后,办事亦复懦弱,经朕屡加训饬,尚知奋勉。近年趱办铜斤,皆能依限开帮,并无贻误。刘秉恬历任巡抚,其初到云南,声名甚属平常,近闻伊能遵朕教诲,痛自改悔,无似前声名平常之事,而于办理铜盐诸政,亦能迅速妥协。督抚大吏,身任封疆,总应洁己奉公,实心办事,期于无忝厥职。该督等果能事事留心,改过从善,岂惟伊等之福,且亦朕之福也。似此方能长荷朕恩,而朕亦实不愿伊等有舛法营私之事。近因富勒浑家人殷士俊等,有招摇婪索等事,查抄该犯家产资财竟至数万,若非富勒浑知情纵容,家人等断不敢恣意婪贿若此。现已降旨革职,解赴浙省,交阿桂归案审办。可见天理昭彰,督抚等一有昧良玩法情事,无不立即败露,朕亦不能为之曲加宽贷。富纲等务须慎之又慎,即以富勒浑为前车之鉴。盖刘秉恬应慎之在己、持之以久,而富纲尤应慎在家人,以富勒浑为戒,不负朕教诲成全,谆谆诰诫之至意。所有本日朱批富纲等折,亦着伊二人同看。将此由五百里谕令知之。"

501 卷1255·乾隆五十一年五月

壬申 贵州巡抚李庆菜奏:"黔省钱局鼓铸,因从前铜铅阻滞,递压卯额,积至四五年之久。现在所铸之钱,尚系四十六年分卯额,请照四川、湖北之例,将宝黔局现在造报之四十五年分卯钱,作为四十九年正额,其四十五、六、七、八等年欠卯,无庸补铸,以后年清年款,庶不致再有滞压。"下部知之。

502 卷1259·乾隆五十一年七月

丁巳 谕:"据刘秉恬奏'审拟曲靖府南宁县武生尹在奇,在平彝县中箐地方被贼抢夺财物,并殴伤挑夫孙起珑'一案,已批交三法司核拟速奏矣。细阅折内情节,尹在奇货物被李小六等抢夺之后,各犯由南小路奔逸,而尹在奇等误从北路跟追,遂诬指毛奉仪、贾朝相、赵有保为正贼。彼此不服,扭结呈控。经曲靖府知府巴尼珲催铜旋郡,集犯审讯,因贾朝相、赵有保坚不承认,各加刑责,随俱诬服。该府复因催铜公出,檄发署沾益州知州戴书绅收审。亦照原审情由,录供通详。赵有保、贾朝相受杖伤重,先后身故,复经审讯别案,究出正贼,按律定拟,请将未能审出诬告实情之前任曲靖府知府巴尼珲交部严加议处。填报不实，瞻顾上司之前署沽益州知州戴书绅革职。所拟殊觉有意轩轾。巴尼珲于属邑抢夺重案，并不虚心审理，究出诬告情由，辄拷讯致死无辜二命，虽决责如法，究系原审之员。其咎较之依样具详、瞻顾上司之知州戴书绅较重。该抚即或因该员催铜公出，尚属有因，亦当与戴书绅处分相同，方为平允。何得意存开脱，转将原审从轻，有是理乎？即如朕办理富勒浑一案，雅德徇隐面欺，通那银两，情节虽为可恶，然将来定案时，其罪岂能转重于犯案之富勒浑耶？刘秉恬等审办此案，殊失允当，着交部分别议处。"

503 卷 1260 · 乾隆五十一年闰七月

辛巳 又谕："据孙士毅奏'暹罗国长郑华遣使进贡请封，俟八月中旬，委员伴送赴京。其所禀恳恩欲在粤东置办铜甲二千，领回本国，防御缅匪一节，殊属不知分量，拟檄稿驳饬'等语，所见甚是，自当如此办理。兵丁御敌，自古皆用铁甲，从未闻有铜甲之名。盖铜质本脆，枪箭易入，不能如铁性之坚，何以该国欲于粤东置备铜甲？自系该国须用铜斤，因例禁出洋，是以捏称备御缅匪须用铜斤，以掩其迹，尤属非分干求。现已令军机大臣，将该督所拟檄稿，添改发往，该督即可遵照檄谕传示。"檄曰："两广总督孙士毅檄谕暹罗国长：接阅该国长来禀遣使进贡，恳请封号等因，现委员伴送来使，恭赍表文方物，由驿入都，藉副远悃。至称与缅匪成敌，欲在广东置备铜甲二千，殊属非是。天朝功令森严，铜斤例禁出洋。查乾隆四十六年，尔父国长存日，曾请买铜盘、铜炉等物，前任督抚以事属违例，未经代奏。今请办铜甲，更非寻常器用可比！国长甫经袭职，尚未得受封号，宜事事小心以邀恩眷，不应忘分越请，上渎圣聪。且从古及今俱用铁甲，该国长岂不知铜质之脆，不如铁性之坚，难资抵御。明系尔国缺少铜斤，托言置备铜甲，冀邀恩允，尤属非是。本部堂职任封圻，惟知恪遵成宪，何敢违例代奏，致干愆戾。用是明白檄知，嗣后国长，其益励恪恭，承受天朝恩宠。"

504 卷 1266 · 乾隆五十一年十月

癸卯 谕军机大臣等："据毓奇奏各省领运铜船过境一折。内称'云南委员杨有祐、李达等，领运乾隆乙巳年三运一、二起京铜，行至巴东、宜都等县地方，沉溺未获铜斤颇多'等语。各省领运京铜，沿途沉溺，固不能保其必无。但此次沉溺京铜多至八九万斤，而捞获者仅数千至一万余斤不等，自系地方官不能督饬丁役水手，实力捞获，而奸民等又复从中图利，将沉溺铜斤诡称捞获无多，俟委员过境后，潜行捞取，私自售卖，俱未可定。此等奸民伎俩，在委员呼应不灵，无从杜其弊窦。且领运限期有定，不能在境坐候捞获，以致奸民等得行其诈。全在各该督抚实心实力，严饬各该州县督率夫役，上紧探捞，庶沉溺铜斤，或可多获，委员亦不致多有赔累。着传谕沿途各督抚，凡遇铜船过境时，加意护送。如有沉溺铜斤，并责成地方官严行督饬人夫，竭力捞获，毋任奸民藉端渔利，方为妥善。"

505 卷 1267 · 乾隆五十一年十月

庚午 是月，直隶总督刘峨奏："铜船沉溺，地方官不加意督捞，易为奸民渔利。直隶运河，无江湖险滩，偶遭风暴船沉，不难捞获全数。现饬该管道，于过境时派兵防护，遇沉，贵州县亲督人夫捞获。"得旨："外省恶习不止此，尔等全不实心整饬，朕亦无如之何，但就其甚者惩一警百耳。"

506 卷1270·乾隆五十一年十二月

甲寅 又谕："据巴延三奏'陕省宝陕局鼓铸钱文需用铜斤，请敕下滇省督抚查照向例，赶办酌拨，以便委员赴领'等语。此项铜斤，向系滇省豫为拨定，咨陕赴领，道路遥远，亟须鼓铸，未便稽迟。着传谕富纲等，即将陕省应买第十五运铜斤，查照向额数目，于近省各厂拨定，迅即咨会陕省，一俟委员到日，即行兑领运回，以资鼓铸。"

507 卷1278·乾隆五十二年四月

壬子 豁免云南委员黄韶音沉失铜六万九百四十斤有奇。

508 卷1282·乾隆五十二年六月

戊申 谕军机大臣等："据富纲等奏'暂请停办粤盐，更定堕销迟误处分'一折，已批交该部议奏矣。折内称'滇省委员办铜，赴粤领盐，视粤省委员办盐，来滇易铜，多需时日。滇员一次铜易之盐未到，粤员两次易铜之盐已来，递年积压，现在粤盐已存有七百二十万余斤，已敷三年行销之用，请暂停三年，俟积盐销竣，铜本归清，再行奏请，并更定堕销处分'等语。滇粤两省，铜盐互易，自应年清年款，方不致积压堕销。今粤省易铜之盐先后拥至，积存七百余万斤，自系滇省办铜未能依限迅速，而运到之盐各属又不能赶紧行销，以致陈陈相因，愈积愈多。且粤盐不能行销，则民间将食淡乎？抑更有私盐乎？今既已挨年叠压，不得不亟为疏通，所有暂停运盐及更定堕销处分，自应听候部议。但粤省以盐易铜，行之已久，现在地方官销售盐斤，何以迟误积压，并致课项悬宕？且粤省运到之盐，即不能依限报销，间有存积，亦应于积存之盐，约计逾年，即奏明设法办理，何以积至七百余万斤，足敷三年行销之用，始行奏请停运？此等情节，富纲等折内，牵引烦絮，总未详晰声叙。着传谕富纲等，将粤盐积压，是否因滇省办铜迟延，及地方官何以行销延缓，并该督等何以不及早设法筹办之处，一并查明，据实覆奏。"

509 卷1287·乾隆五十二年八月

壬戌 工部议准："云南巡抚谭尚忠疏称'滇省领运京铜委员骆炜，因在江南上元县遭风，沉失铜九万斤，打捞一年无获，照例请豁'，应如所请。"从之。

510 卷1289·乾隆五十二年九月

甲申 封闭甘肃西和县中山嘴铜矿，从署陕甘总督勒保请也。

511 卷1291·乾隆五十二年十月

乙卯 湖北巡抚姜晟奏："宝武局每年鼓铸额铜，经前抚臣郑大进奏请，于知府内每年酌委四五员，领价采办交局。窃思各府分领承买，檄催往返，头绪纷繁，即倩人赴汉置办，亦不免侵挪糜费等弊。查铜价银两，向系盐法道库给发，请即饬该道购办，责令汉阳县稽查。如有行户抬价居奇，即行究治。"得旨："有治人，无治法，实力行之可也。"

丙辰 谕军机大臣等："本日户部议覆富纲等奏'粤盐递年积压情形，并请将停运三年，应获羡余，着落分赔'一折，已依议行矣。但滇省本有产盐之地，何以又需粤东之盐运滇接济。从前既经铜盐互易，办理多年，何以复迟误积压，并致课项悬宕？且粤东运到之盐，与滇省本地产盐，向系如何分销？粤东之盐运到后，即不能依限报销，间有存积，又何至积存七百余万斤之多？保无该省私盐充斥，以致官盐堕积，疏销阻滞？粤东运到盐斤既多堕积，则滇省之盐，亦必有滞销之事。况停运三年，民间食盐恐不无缺乏，又将如何办理？着传谕富纲等，将该省既产盐斤，何以又向粤东以铜盐互易，及历年何以积压甚多，并停运后，该处食盐作何筹办及有无私盐充斥之处，分别查明据实具奏，毋得稍存讳饰。"

壬戌 谕军机大臣曰："徐嗣曾奏'台湾自用兵以来，车运军装夫脚，并给发义勇口粮，在在需用钱文，以致钱价昂贵。恐将来逐渐增昂，于民用官需均有滞碍。请敕下浙江、江苏抚臣，每省各借钱十余万串解闽'等语。闽省剿捕事宜，一切运送军装夫价，以及给发口粮，需用钱文较多，以致钱价昂贵，自应从邻省拨济，以平市价。但江浙两省，现在钱价是否平减，局铜是否敷用？若因协拨闽省，以致该二省钱价增昂，局铜不敷，亦多未便。着传谕李世杰、闵鹗元、琅玕即行妥为筹酌，如该二省照数协拨，而本处钱局铜斤尚能宽裕，足敷鼓铸流通，市价不致增昂，固属甚善，自应即各备钱十余万串，解闽以备应用。如该二省钱文，实有不能照数协拨之处，或酌量减半拨济，亦无不可。李世杰、闵鹗元、琅玕，宜就江浙两省现在情形通盘筹画，妥酌办理，所有协拨钱文，即着附搭米船，一并拨至上海，转运闽省备用。"

512 卷1293 · 乾隆五十二年十一月

癸未 谕军机大臣等："据谭尚忠'题参前任禄劝县知县檀萃亏缺厂铜，请旨革审，并将督抚司道等交部分别议处'。该省铜务，甫经大加清理，赶复原限，该厂员等自应从此年清年款，毋致再有迟延。乃前任禄劝县知县檀萃，管理厂铜，亏缺铜斤至一万五千余斤之多，以致又不能按限拨运，若似此积压迟延，日复一日，必致复误原限，又须大加整顿。且亏缺至一万五千余斤，必非一两月之事，该管督抚司道等，平日所司何事，不可不严行惩治！除交部分别议处严议外，所有此项亏缺铜斤，如该参员力不能赔，即着该管之督抚分赔一分，两司道府等分赔一分归款。并着该督等，通饬各厂员，务须按限拨运，毋得稍有迟误亏缺，致干严谴。将此谕令知之。"

513 卷1299 · 乾隆五十三年二月

辛酉 豁云南沉溺铜六万三百三十斤有奇。

514 卷1300 · 乾隆五十三年三月

甲戌 豁云南沉溺铜十三万九千九百斤有奇。

515 卷 1301 · 乾隆五十三年三月

庚辰 豁云南沉溺铜五万六千一百斤有奇。

516 卷 1310 · 乾隆五十三年八月

癸巳 又谕:"据苏凌阿等奏'现在杨村起拨之船,因军船连樯北上,蜂挤而来,不敷起拨之用。查有天津备运铜船等船一百只,现无铜铅可运,又查通州后到豫省粮船数帮,雇用民船,卸粮回空,亦可就近雇令起运'等语。前因卫河水浅,惟虑粮船不能抵通,今水势充裕,粮船衔尾而来,该侍郎等又虑船只拥塞排挤,拨船不敷应用。现在天津既有备运铜铅等船可以雇用,而沿途民船亦属便于雇载,亦只可如所奏办理。着传谕该侍郎等,即就近妥办,务俾粮石迅速抵通起卸,毋误回空为要。并谕刘峨知之。"

517 卷 1311 · 乾隆五十三年八月

戊午 贵州巡抚李庆荣奏:"黔省福集、莲花二厂,岁供京楚两运白铅六百余万斤,每年所产,有一百余万斤缺额。自乾隆四十五年始,俱以旧存余铅凑拨,日形支绌。查厂产不旺之故,实缘开采已久,礧峒日深。且挖取时遇山泉,常需雇工淘水,工费更增。而福集厂每铅百斤,价一两四钱,莲花厂价一两五钱。又每百斤抽课二十斤,计炉丁得数,每百斤仅获工本一两一二钱,自难踊跃赴采。请照滇省加增铜价例,每百斤加价三钱,即于解运京铅节省水脚银六万余两内拨补养廉等项外支给。"得旨:"如所请行。该部知道。"

518 卷 1312 · 乾隆五十三年九月

癸酉 豁云南委员署琅盐井提举参革通判林大本沉铜六万七百五十斤有奇,禄劝县参革知县檀萃沉铜六万五千八百斤有奇。

519 卷 1313 · 乾隆五十三年九月

丙戌 又谕:"昨据户工二部管理钱法衙门具奏'宝泉、宝源二局,自乾隆四十九年查办铁砂铜斤后,陆续挑出不堪鼓铸低铜共一百四十余万斤'等语,特命军机大臣带同滇省道员贺长庚眼同煎铸。并询据该监督等称'向例每礧用铜铅锡共二十七斤,铸钱四十枝,每枝钱四十四文,共应得钱一串七百六十文,今将挑出低铜照例配用,宝泉局仅铸得整钱一百五十四文,宝源局仅铸得整钱二百四十文',就两局现在情形而论,其未成钱文之低铜,几至十之八九,何至折耗如许之多?因思京中炉头匠役鼓铸钱文,从中舞弊,势所不免,即监督等亦恐未能尽烛其情伪。但户工二局,自五十年后挑出低铜,积至一百四十余万之多,若遽行着落赔补,在炉头匠役等必以为铜色低潮,而办铜之员,又以为弊在铸局。且委员运到铜斤,如果不堪鼓铸,原准随时驳回,势必彼此互相推诿,不足以折服其心。着传谕富纲、谭尚忠,即派委经理厂务钱局之道府二员,带领本省熟习铸钱匠役四名,驰驿来京,赴户工二局,眼同鼓铸。如所铸钱文,较本局多至几倍,是京中炉头等铸钱积惯舞弊,即当重治其罪。若该省匠役所铸钱数,亦与京中相仿,则是该省铜色本低,历来办铜之员不能辞咎。而运铜至京交收时该侍郎监督等，并不验明是否足色，滥行收兑，亦有应得之咎，自当着落分别赔补，以示惩儆而昭平允。其道府带铜匠，即着速奏。将此由五百里谕令知之。"寻奏："臣等即遴选熟悉厂务迤东道恩庆、永昌府知府宣世涛二员，带铸匠四名，并添带煎匠二名，克日驰驿起程。"得旨："知道了。此一试，两处之弊，皆明白矣。"

520 卷 1320 · 乾隆五十四年正月

庚午 谕军机大臣等："昨巴忠奏'行抵扎什伦布，即向胁噶尔前进，想此时业与鄂辉、成德先后晤见，伊三人会同妥商，藏事自属更易，但我兵彻回之后，尚恐贼匪乘间窃发。着传谕鄂辉、成德，于巴勒布头目唤到时，告以'尔等系边外小番，何胆敢侵扰天朝藏界，如果不用尔等新钱，必系所铸之钱银色低潮，故藏内人不愿使用。试思尔等常在藏内交易，设唐古忒等将丑恶货物，高抬价值，或于银内镕化铜铅，转相售给，尔等亦岂甘承受？……"

521 卷 1321 · 乾隆五十四年正月

戊寅 户部、工部奏："前因滇省铜色低潮，难供鼓铸，请敕该省督抚拣派道府大员，带同炉匠来京煎试。今云南委员迤东道恩庆、永昌府知府宣世涛等带匠来京。"得旨："着派阿桂、和珅、王杰、福长安、董诰、彭元瑞，每日轮流二人，前往钱局，督率该监督及滇省委员等，眼同煎试毕，再行分别办理。"

522 卷 1324 · 乾隆五十四年三月

己巳 湖广总督毕沅奏："荆州万城堤工紧要，应照河工之例，拨派标营弁兵，协同知县佐杂，分汛防守。查荆州水师营，设有守备、千、把专管水操，并护送铜铅等差。请令嗣后兼管堤工，其战守兵二百十三名，移驻堤上，每二里设一卡房，官兵二名防守，守备以下，听荆宜施道节制，并就近归荆州城守营参将兼辖。"得旨："如所议行。"

523 卷 1330 · 乾隆五十四年闰五月

癸巳 谕军机大臣曰："毓奇奏铜船过境一折，内称'云南委员张景熠领运戊申年头起运京铜斤，在东湖、石首二县沉溺未获铜一十四万一千八百五十斤'等语。运京铜斤，事关鼓铸，沿途自应小心运送，毋使稍有沉溺。今云南运解京铜，在东湖、石首二县，沉溺铜至一十四万一千余斤之多，岂不可惜！湖广东湖等处，并非有名险滩，船只即偶有碰损，何至沉溺如许之多？且铜斤沉重，落水不患漂失，即或少有陷失，亦不应全行沉没，多至数万，此必系运员亏缺铜斤，捏称遭风沉溺，或系船户水手偷卖，故将船底凿漏，沉溺铜斤，临时既可得捞摸之费，而事后又可私赴该处，潜取售卖渔利，二者必居一于此。着传谕沿途各督抚严饬所属，嗣后遇有铜铅船只过境，运员申报沉溺者，务须严密查验，毋任稍有捏饰。如查系委员船户等装点舞弊，即据实参奏严办，以示惩儆。所有此项沉溺铜斤，即着湖广总督等饬属查明，是否实在沉溺，抑系委员水手船户捏报之处，据实覆奏，勿任狡饰。"寻，湖广总督毕沅等奏："查东湖县之沾山朱滩，实系三峡中着名险滩。运员张景熠铜船，前在该处陡遇暴风将船碰碎，沉铜七万一千斤。又于石首县之藕池地方，因回溜甚急，风狂势猛，两船对碰，坏船一只，沉铜七万一千斤。并无盗卖捏报，故为凿漏及事后潜取等弊。但打捞尚未及十分之一，据称现因水涨不能兴工，俟水稍退，即饬上紧捞取。"得旨："地方官如不实力，即行参处。今水退，全捞获否？"

庚子 谕军机大臣等："据诺穆亲等奏'云南办运京铜，每年正加八运，计得余铜十数万斤，向给解员领售，现在局中铜斤短少，请将此项余铜，即留局备用'等语。近年以来，京城钱价平贱，于民间甚为便益，今若因局中铜斤稍短，不准售卖余铜，使奸商闻知，希图乘机牟利，必至钱价遽昂。况铜斤为器用所必需，而私销之弊，虽严密查禁，尚所难免。兹复将余铜不准售卖，则民间无处得铜，私销势必日多。且委员等向藉售卖余铜，从中沾润，以为回任盘费。若俱留局备用，将来委员等必不肯运带到京，于途次先行卖去，亦无从查察。试思每年即无沉溺，所剩余铜亦不过十数万斤，历来准令出售，户工二局鼓铸钱文，并未闻因此缺乏。今即添此十数万之铜，官铜亦未必骤臻充裕。诺穆亲等此奏，名为调剂局务起见，而未计及滋弊实多，所谓止知其一，不知其二，断不可行。着将原折发还，并传谕该侍郎等即不动声色，妥为办理，当如无其事者然。即局中短铜之说，亦不可稍有声张，致启市侩居奇之渐。将此谕令知之。"

524 卷 1332 · 乾隆五十四年六月

戊辰 谕曰："惠龄奏'湖北委员李英、汪景苏接运已故委员周方炯、吕日永，领运乾隆四十一并四十九两年鼓铸滇铜回楚，每百斤煎炼实止得净铜七十斤，较部定八三成色折算，每百斤计折耗铜十八斤有零，应着落原办及接运之员分股赔补，于任所、原籍分别咨追'等语，所奏殊属不成事体。铜斤关系鼓铸，何至四十一年应办之铜，至今始运到楚，相隔十余年之久，以致委办各员，相继病故，辗转更易迟延。况委员人等，如果有中途盗卖情弊，不特应行着赔，尚当重治其罪。若无盗卖等事，则伊等因办运官铜在外多年，中途病故已为可悯，复于伊家属名下追赔，殊非正道。且事隔多年，该员等离任已久，原籍亦未必有力能赔，是官项仍至虚悬。该抚此折，不过以奏请追赔，见其认真办理及咨追无着，将来原籍可以家资尽绝，援例豁免。所奏似严，而实非正办，终于姑息而已。该省钱局，既属盐道管理，委员赴滇办铜，守候至十余年之久，因何并不禀催，而历任督抚亦竟置之不问，均难辞咎。所有此项折耗铜斤，业据该抚传讯接运各员，暨原办之员家属，实无盗卖情事，则该员等因奉有远差，中途病故，情尚可悯，即接运各员，现查无弊窦，均无庸着赔，应即令该省历任督抚，暨该管道员分赔七成。至滇省办铜各官，虽因先尽京铜，于各省先往采买铜斤，不能即时办给，其过较楚省为轻，但亦何至迟逾十余年之久，而铜斤又不能照部定成色？且滇省各厂，俱有道府经管，亦难辞咎。并应着落滇省承办铜务厂员及经管之道府，分赔三成，以示惩儆而昭平允。至各省钱局所办铜斤，虽不能如户工二部钱局之年清年款，但不定以限制。似此累岁经年，稽迟守候，致令承办之州县等，于本任事务，转需纷纷委署，不能亲身经理，既非慎重地方之道，并恐滇省官员与委员有所厚薄，可以意为先后，将后到者徇情早给，而先到者反致守候，亦不可不防其弊。自当按省分之远近，以到滇之日为始，酌定年限，如有逾限不将铜斤办给者，即将厂员议处。其铜斤务令照部定成色，不准搀和低潮，倘有不足，准令该委员禀明另换。如此有所责成，庶厂员等不致任意玩延，运员等亦复无可藉口。其如何按照道里定立限期之处，着军机大臣会同该部，详悉妥议具奏。"

525 卷1334·乾隆五十四年七月

乙酉 定《滇省厂员给领铜斤限期》，军机大臣会同户部遵旨议奏："各省委员采办滇铜，自起程及运铜回省，均有定限，惟到滇交价以后，至在滇开行以前，例无明文。请嗣后各省办铜，委员先后到滇者，尽先到之员给发，同时到者，尽远省之员给发。委员一到滇省，即将应办铜斤，指定厂所，何厂拨铜若干斤、应定限若干日、统计何年月日，可兑交委员领运，开单咨部存案。俟奏报开行时，将厂员给领、有无逾限，于折内声叙，户部逐运查核。如厂员逾限不给，照运员在途逾限例议处。兑给铜斤，如有低潮，准该委员禀换。若因换铜误限，亦应将厂员照例议处，若委员并未禀换，至本省验明不足成色，即将委员查参。"从之。

戊子 谕军机大臣等："据刘秉恬奏'云南委员黄澍领运京铜九十四万一千九百余斤，行至四川大湖滩、大黑石滩，暨湖北江陵县马家赛地方，三次遭风沉溺，除捞获外，共计未获铜二十万余斤，该员存费留人在彼打捞，殊非慎重铜运之道。请嗣后铜铅锡船过境，遇有沉溺，即令道府大员驰往确勘，并催令上紧捞获'等语。铜斤沉溺，至二十余万之多，虽经该委员留人在彼，不过有名无实，安能尽数捞获，并恐照料不及，或被人潜行盗取，均未可定。且安知非船户人等串通作弊？尤不可不严查确勘。刘秉恬请派大员往验，所奏尚是。着传谕李世杰、毕沅等，即派道府一员，前赴大湖滩、马家赛等处，督率地方官，多雇熟识水性人夫，务将黄澍所报沉溺铜斤，速行全数捞获。嗣后该督抚等于铜铅锡船过境，遇有禀报沉溺之事，务须照此办理，勿任有捏报盗卖等弊。将此并谕刘秉恬知之。"

526 卷1335·乾隆五十四年七月

辛亥 定《沉溺铜斤每月奏报例》。谕："据陈用敷奏报滇省铜船过境日期一折，内称'云南委员漆炳文领运五十三年三运一起京铜七十六万一千七百九十三斤，在湖北归州沉溺铜七万斤'等语。运京铜斤，事关鼓铸，沿途自应小心运送，今滇省领运之铜，在湖北归州地方，沉溺至七万斤之多，殊属可惜。着传谕毕沅、惠龄，即饬所属查明，务期捞获。并谕沿途各督抚，嗣后遇有铜船过境，沉溺若干，捞获若干，必须每月奏报，以便随时查验，庶督抚等实力督率地方官，认真查办，不致视为具文也。"

527 卷1340·乾隆五十四年十月

癸亥 谕军机大臣等："昨据伍拉纳奏'建宁中营黄华山下，刨获废炮二尊，漳州城守营火药局内，起获大小铁炮二百二十五尊，据该镇道等查，系故明旧炮。又福州、兴化及连江等营，于五十一二等年，报获大小铁炮一十六位，现在分别存留销变'等语。闽省上年濂澳汛曾有失去炮位，究出弁兵等移取旧炮抵换之事，此次所获炮位，安知非从前弁兵等私行窃取，恐被查出，藏埋地中。且围墙山下，何以预知有炮藏埋其中？或另有捏饰情弊，自须确实查明，若皆系前明旧炮，必有镌刻年号可查，况起获至二百数十尊之多。是否皆系铁炮，抑其中间有铜炮，俱未据该督分晰奏明。着传谕伍拉纳，将各该处所获炮位，有无弁兵偷取藏埋等弊，是否皆系前明何代旧炮，及或铜或铁之处，俱着详晰覆奏，以便分别办理。"

528 卷1342·乾隆五十四年十一月

乙酉 谕军机大臣曰："富纲等参奏'前署昭通府事永北同知谢洪恩，预发京铜运脚银四千二百余两，现在饬查无着。该员既违例滥放，又不即时赔补，请将谢洪恩革职严审，并分咨原籍安徽及迁居之湖北、浙江各省查封家产，一体备抵'等语。已将谢洪恩革职，交该督抚严审定拟具奏矣。谢洪恩，向任直隶州县，朕知其不过小有才具，本非实心办事之员。今在滇省，滥发运脚，无着银至四千余两之多，其有无侵挪情弊，必须彻底根究，严行办理。且该员原籍安徽歙县，迁居湖北汉阳，现又移居浙江嘉善，迁徙无定，辗转搬移，安知非因有侵蚀官项恐被发觉，预为隐匿地步。不可不从严查办。着传谕富纲、谭尚忠，将该员任所资财严密查封外，并着陈用敷、惠龄、琅玕于该员原籍寄籍处所家产，一体查封备抵，毋任有丝毫偷漏寄顿情弊。"

529 卷1345·乾隆五十四年十二月

丙子 谕军机大臣曰："秦承恩奏'陕西省局内积存洋滇高铜，为数较多，而现有低铜，不敷配用，请照例暂用高铜，按卯鼓铸'等语。该省局内，现存低铜，不敷鼓铸，而洋、滇高铜，积有一十六万六千余斤，自应通融筹办，俾免停炉歇卯之虞。但该抚只知其一，不知其二。如卯钱全用高铜鼓铸，则成色较高，恐不肖之徒，乘机取利，将此项钱文，多为收积私销，滋生弊端，不可不防其渐。莫若于鼓铸时，将高铜酌量多用铅斤配入，其铸出钱文铜色，与向例高低搭配者一律，是高铜既可不致多费工本，而于私销之弊亦可杜绝，岂不一举两得！除将该抚原折，交该部速议具奏外，将此谕令知之。"

530 卷1351·乾隆五十五年三月

庚子 又谕："据浦霖奏护送铜船过境一折，夹单内称'湖北委员南漳县知县李继孟沿途磕碰铜一千七百五十斤，江苏委员常熟县知县何廷凤沿途磕碰铜四千七百三十五斤'等语，所奏殊不近理。铜斤为质甚坚，镕炼时尚费椎凿，何至如玉器、磁器，不耐磕碰。即使铜板四边浇薄之处，偶有擦损，自在船内，尚可随时检拾归数，即稍有遗失，亦不应多至数千余斤。若铜斤因沿途磕碰，即有损耗，假令各省解送银两，数目短绌，亦可藉称磕碰乎？此必系解铜委员有盗卖遗失情弊，诳报掩饰，所言本不足信。而沿途各省督抚不加体察，即行据禀入奏，甚属漫不经心。所有此项磕碰短少铜斤，即着浦霖照数赔补，遇便搭解。委员李继孟、何廷凤俱着交部严加议处，嗣后如有解铜官员，禀报磕碰数目，督抚中昏愦者遽行转奏，俱照此办理，以示惩儆。"

庚子 （署四川总督孙士毅）又奏："铜铅各厂，如宁远、乐山、荥经、石柱等处，出产渐衰，现委练员经理，并饬各厂员招觅子厂开采。其宝川局每年应易之钱，尚不敷省城一月之用，若将小钱概加禁绝，实多窒碍，应暂准通融。酌定每钱一千重六斤者，作银六钱六分零，五斤左右者作五钱，余小碎者不准行使，仍用局钱收买，易银归款。并分饬各属，严拿私铸。"报闻。

辛丑 谕军机大臣曰："孙士毅奏川省地方情形一折，筹办调剂，均得要领。惟收买小钱一节，折内称'川省有搀和小钱之弊，请定价逐日收买，搭配铜铅，改铸制钱，易银归款。现将破烂小钱，概行收买，其余尚堪行使者，暂准流通。仍酌定易钱数目，商贾无利可图，自不肯携至川中'等语。川省行使小钱，殊干例禁，但相沿日久，若竟全行禁止，未免于边黎生计有关。孙士毅请将破烂小钱一面收买，一面将尚堪行使之钱定以价值，于禁止之中稍寓变通之道，亦只可如此办理。但小钱因私铸而起，若止收买小钱，随收随铸，其弊究未能净绝。且直隶、山东、河南、山西、江南等省，从未闻有夹杂小钱之弊，何以川省积习相沿，皆将破烂小钱搀和行使，自系该省为铜斤聚集之所，奸民射利，于山僻地方私行鼓铸，以致小钱充斥。孙士毅现已饬属访查，着传谕该署督派委妥协员弁，严密查拿，务使私铸净尽，则夹杂小钱之弊，可以不杜自绝。至四川邻省地方，亦恐有奸民等私铸小钱，运往川中，希图获利之事，并着传谕甘肃、陕西、湖北、湖南、云南、贵州督抚，一体严行查禁，实力访拿，毋得视为具文，致坏钱法。"

庚戌 江苏巡抚闵鹗元奏："滇省委运京铜，于清河头坝沉溺船只一号，未经全行捞获，运员病故，应着该处道、府分赔。"批："不如是，地方官更不认真捞获，可惜物力，况所赔亦不多。"又奏："嗣有捞获，即官为给价收存报部。"报闻。

531 卷1353·乾隆五十五年四月

己卯 军机大臣等议覆："伊犁将军保宁奏称'伊犁、乌噜木齐二处为奴罪犯将及二千名，人数众多，不无滋事，请照旧例，择情罪稍轻者，令其采挖铜铁，在厂佣工，踰五年为民，十年准回原籍，予以自新。庶人数不至壅积，边地亦得宁谧'，应如所请，较别项发遣人犯加重，踰十二年，如果奋勉无过，该将军等报部查明，令回原籍。"从之。

庚辰 云贵总督富纲、云南巡抚谭尚忠奏："滇省民间行使小钱，其轮郭完整，字迹尚清者，暂令将二文作局钱一，以便民用。有愿换局钱者，亦按此数收缴，毋拘定限。再，查滇省铜铅各厂，砂丁贪私卖得价，奸民因以盗买私铸，现严饬厂员留心稽查，毋许偷漏。并将厂民应得商铜，酌增价值，官为收买，俾其有利可图，不致暗中走漏。"得旨："似汝等中材，只可如此办理，去其己甚可也。"

532 卷1355·乾隆五十五年五月

己酉 湖广总督毕沅、湖北巡抚惠龄奏防范铜运章程：

一、铜船应责成永宁道，于雇募时验明稳固坚厚，其有现行打造者亦责令监造官查察，毋许偷工减料。

一、向例每船载铜七万斤，多则私带，少则盗卖亏短，应责成江北厅逐一过秤，其船身吃水若干尺寸，并船户头舵姓名，移知接护州县，随时验明。

一、应将宜昌至汉口，一切新旧险滩刊刻一纸，饬巴东县交给运员，传知各船户水手，并令所过州县将险滩名目，标立两岸，俾知趋避。

一、水摸捞费，每获沉铜百斤给工价三钱，请嗣后遇水深四丈以外者，每百斤加银一钱，俾得踊跃从事。

一、铜船沉溺处所，应饬运员亲属及沿江州县丁役严加查察，毋任水摸私放水底，夜间窃取。

得旨："有治人，无治法，以实妥为之。"

533 卷1356·乾隆五十五年六月

庚申 谕曰："姚棻奏稽查鼓铸局钱一折。内称'宝昌局鼓铸正额钱文，尚属如式，惟另铸工料钱文，字画多有模糊，铜质亦甚粗糙，随提炉匠责惩，将此次铸不如式者，尽数发局另铸，所需火工，着落局员赔补'等语。各省设立官局，鼓铸制钱，其轻重厚薄原有部颁一定分两，岂容丝毫偷减草率，致私铸得以乘机搀杂？今江西省局所铸工料钱文，每卯皆有额定数目，与正额制钱随时解验，皆系官为鼓铸，何以斤两多有参差不齐？则正额钱文亦恐不能如式。何裕城久任江西巡抚，未能留心稽查严禁，实难辞咎，着交部议处。江西一省如此，各省钱局亦难保无此弊。前经通谕各督抚禁止私铸私销，实力查办，若此项官局钱文字画模糊，质地粗糙，局员先已滋弊，则私铸亦得藉此影射，于钱法大有关系。姚棻将铸不如式之钱，尽数发局另铸，着落局员赔补，所办甚是。着即通谕各省督抚，务须督率道府局员，认真稽查，并令藩司于解收局钱之时，无论正额工料，按卯亲加提验。如所铸钱文，有偷减铜斤，节省火工，不能遵照部式，以致参差不齐之处，立即发回另铸，并将局员炉匠，参处责惩。俾官钱一律整齐坚实，私铸自无从搀入弊混，行之日久，则私铸私销之弊，更可不禁而自止矣。倘督抚等视为具文，并不随时稽察，使官板制钱不能如式，而私铸仍未能净绝，一经查出，必将该督抚一并治罪，决不宽贷。将此通谕知之。"

534 卷1357·乾隆五十五年六月

丁卯 谕曰："毕沅等奏'黔省委员桐梓县知县吴寿朋领运京铅，该县带有家眷多人，并柴米物件，以致船身加重，于巴东县等处地方，沉溺船只铅斤，请将吴寿朋革职审拟，并着落照数赔缴'等语。运京铅斤，鼓铸攸关，押运委员自应小心谨慎。乃吴寿朋携挈家眷多人，并带有柴米物件，种种累坠，以致连溺船三只，沉铅二十一万斤之多，殊属玩误，迥非遇有险滩风暴失事者可比。吴寿朋着革职，交毕沅等提同船户人等秉公查审。该参员有无盗卖铅斤、捏报沉溺等事，讯明具奏。其沉溺铅斤，并着照数赔缴。至吴寿朋在黔挈眷同行，本省巡抚，何以漫无觉察，亦着查明交部议处。此等押运事务，不过一二年即可差竣，原不必携带家眷，嗣后遇有解运铜铅及因公奉派押解官物等事，俱不准委员等挈眷同行，以昭慎重。"

甲戌 谕军机大臣曰："孙士毅奏'四川总督任内办理未完事宜，移交后任'一折，内有控告官役勒索、科场舞弊、奸徒私铸等案，俱情节较重，必须彻底根究，从严办理。至刑名案件以及各项钱粮奏销，并盐务铜铅，在在皆关紧要。保宁曾任该省总督，一切均所熟谙，此次署任，谅不存五日京兆之见，稍涉模棱。着传谕该署督于孙士毅交代后，诸事实心整顿，妥速办理，时以剔弊厘奸为念，方不负朕委任也。"

戊寅 开采四川马边厅属铜大、雷波厅属分水岭二处铜厂，从调任总督孙士毅请也。

戊寅 陕甘总督勒保奏："甘省地处沿边，不产铜斤，亦未设钱局，所有钱文俱系商人从邻省携至。边民秉性朴拙，遇有小钱，不肯接受，民间本自剔除净尽。现奉旨查办以来，铺户居民，各遵禁令，钱价亦属照常，并无市侩居奇之弊。"得旨："时常留心可也。"

戊寅 云南布政使费淳奏："滇省本年春收丰稔，入夏旸雨应时，禾稻杂粮俱获畅发。至铜务为臣专责，现饬厂运各员督率煎炼，迅速挽运。"得旨："一切据实，毋为虚言。"

535 卷 1358 · 乾隆五十五年七月

丙戌 谕军机大臣曰："孙士毅奏续获铜铅数目一折，内称'滇省委员黄澍、黔省委员胡瀜，在川省境内沉溺铜铅，未获之数较多，核计打捞起至月日，虽已满一年之限，未便因例得豁免，任其委弃'等语。滇黔二省运京铜铅，在川境大湖等滩沉溺，尚有十五万七十余斤未经捞获。若照着名险滩，遇有风涛沉失，打捞一年限满，即请豁免之例，停其捞获，此项沉失铜铅为数甚多，弃之岂不可惜！且秋冬水涸之后，安知水摸等不乘机捞取，并恐舵工、水手通同作弊，遇有险滩，故将船只磕漏，沉溺铜铅，希图事后窃获，亦不可不防其渐。今孙士毅奏请再行展限打捞，所见甚为周到。此事即着交与保宁，严饬重庆府知府赵由坤督率地方官派拨兵役，协同该运员家丁，于沉溺处所小心看守，俟滩水稍退时，将未获铜铅再行多雇水摸，上紧设法打捞，务期多为获取，以归实用，勿得视为具文，致滋偷窃之弊。"

536 卷 1361 · 乾隆五十五年八月

乙亥 又谕曰："朱圭奏'直隶宣化府同知汤垣采买宝直局铅斤，在安徽和州地方陡遇暴风，将一号铅船沉溺，当经该州会同营弁运员，雇募水摸打捞，已经全获'等语。向来各省采买铜铅等船及滇黔等省运京铜铅，中途沉溺打捞无获，或不能如数全获者，俱令各运员等分别着赔，将地方官议处，原以杜偷漏而示惩儆。但打捞不力致铜铅损失，既定有罚赔议处之例，则认真捞获并无缺少者，亦当量予甄叙，俾该员等知所激励，上紧打捞，以期沉溺铜铅，不致终于无获，立法较为平允。嗣后遇有铜铅锡斤等船在途沉溺，该员果能实力设法全数捞获者，着该督抚查明咨部议叙，以示奖励。所有此次全获沉失铅斤之员，即着照此办理。"

537 卷 1363 · 乾隆五十五年九月

乙未 叶尔羌参赞大臣明兴、爱星阿等奏："叶尔羌底台至都齐特十四台，每台马五十匹、车三辆、牛十只，惟喀尔布扎十一台，设马二十匹，并无牛只，且将二十六年所增设车二辆，于二十八年奏请裁汰。今由喀什噶尔前往伊犁，挽运绵布铜斤，俱由喀尔布扎什经过，络绎不绝，请将所裁车二辆仍旧增设。"从之。

538 卷1365·乾隆五十五年十月

丙子 云贵总督兼署云南巡抚富纲奏:"头运二起京铜,于九月二十八日全数兑足,即于是日自泸州开行。咨明沿途督抚,严查催趱,俾迅速抵京。"得旨嘉奖。

539 卷1367·乾隆五十五年十一月

乙巳 伊犁将军暂署四川总督保宁奏:"京铜攸关鼓铸,查有宁洱县知县萧霖领运京铜七十三万六千余斤,两次具报沉溺,现严饬各该处文武设法打捞。设有短少,应令该运员照数着赔,不准豁免。"得旨:"所奏公当之极,即有旨。"

540 卷1368·乾隆五十五年十二月

戊午 谕:"向来滇省办运京铜八起,皆派云南官员领运。自泸州至京,程途甚远,涉历江河,屡换船只,运员等人地生疏,雇觅他省舵工、水手,多非素习,往往防护疏虞,铜船致有沉溺。今费淳奏'请承运京铜,令滇员运至重庆交替,自重庆至汉口、仪征等处,例应换船之所,即由各省选派人员更换递运,令其雇觅妥船,慎选舵水,可免沉溺之虞'等语。户部照该藩司所奏核覆,固属慎重铜务起见。惟是各省水程辽远,自重庆至汉口、自汉口至仪征,再由运河进京,中间相距各数千里,每至交替处所,凡递运委员,不能不盘查秤兑,或因斤秤短少、成色高低,额外需添,或因结报无亏,藉端勒索,递相交卸,则递有稽延,势必辗转长途,逾违程限。是欲杜弊而转致有违限误运之渐,不足以专责成而昭慎重。嗣后自应仍令滇省委员长运到京,庶责有专司,不致互相诿卸。但所历之四川、湖南、湖北、江西、江苏、安徽、山东、直隶地方,皆非滇员本省,如江路经过险滩,河道提溜打闸雇觅人夫,呼应究恐不灵,且遇有沉溺等事,亦恐该员藉端影射,不可不派委大员经理稽查。所有滇铜经过之处,四川着派鄂辉、湖南着派冯光熊、湖北着派福宁、两江着派孙士毅、山东着派惠龄、直隶着派梁肯堂,于铜船到境时,各派勤干或道或府一员,会同滇员照料押运,出境后递相交替。仍通饬各属小心护送。令各该督抚筹定章程,如何督同道府大员及地方官稽查弹压,代雇船只之处,妥议具奏,不得仅以出境入境日期,一奏了事。倘有沉溺短少,惟派出之该督抚是问。嗣后每年滇省奏到铜运开帮时,即照此次办理章程,将沿途各省藩臬大员开单,候朕每省酌派一员经理其事,俾各有专责,毋致推诿,则盗卖短少之弊自可永除。所有户部核覆、费淳陈奏各条,俱毋庸议。"

541 卷1369·乾隆五十五年十二月

甲子 豁免云南解京遭风沉溺铜七万斤。

丙寅 谕曰:"保宁奏'云南委运京铜之宁洱县萧霖,在巴县甘溪口遇风船坏,沉铜六万斤。嗣据该县暨运员上紧打捞,业已全数捞获。行至云阳县庙矶滩后,碰沉铜七万斤。一月之内,两次沉溺,其为漫不经心,已可概见,请将萧霖交部严加议处。沉铜如限满无获,不准豁免'等语,所奏甚为公当。滇员运送京铜最关紧要,不容屡次疏虞。乃该运员萧霖于巴县地方碰沉铜斤,甫经捞获,复有沉溺之事,不惟疏于防范,且恐有铜斤短缺,捏报沉溺情弊。萧霖着交部严加议处，所有沉溺铜斤，除捞获外，余着该员照数赔补，以示惩儆。保宁系伊犁将军暂署总督，并不存五日京兆之见，于此等事件，竟能不避嫌怨严参办理，尚属可嘉，保宁着交部议叙。"

542 卷1370·乾隆五十六年正月

己丑 直隶总督梁肯堂奏筹议护送铜船章程："查铜铅船只，自景州入境至天津，系天津道所辖，自武清至通州，为通永道所辖，驻扎既近，呼应较灵。请嗣后铜铅一入景州，即责令天津道督同向例所派丞、倅、参、游、及地方官护送；至武清地方，交通永道督催，并令天津镇就近弹压照料。"下部知之。

543 卷1371·乾隆五十六年正月

辛丑 两江总督孙士毅奏筹议护送京铜章程："铜船自湖北蕲州地方，即与江西九江府属德化县交界，经安徽之池州、太平，江苏之江宁、扬州、淮安、徐州，方始出境，道里迢遥，江面居其大半。若仅派道府一员押送，耳目难周，且恐非本属，呼应不灵。臣悉心筹议，除江宁巡道本有经理换船之责，江宁府即令该道专查督运，其余责成该管知府各于所辖地方，接替押送。所有楚、黔、粤等省办运京铅点锡，及各省采买铜铅过境亦一体办理，其运自浙、闽等省铜铅，及各省在苏采买洋铜，应由镇江、常州、苏州者，亦责成该府知府押送，均严察妥护，不令任意逗留。如有偷卖沉溺等事，严参罚赔示儆。"得旨："好，实力为之。"

544 卷1372·乾隆五十六年二月

辛亥 山东巡抚惠龄奏："筹议《护送京铜章程》。东省铜船过境，自峄县至德州一千余里，河道绵长，必资大员弹压。查峄县至济宁，俱衮沂曹济道管辖，济宁至德州，系济东泰武临道管辖，请责成该二道，于各所属境接替押送，设法严催。如该道等遇事公出，峄县至济宁，即派运河道，济宁至德州，即派督粮道，务令迅速遄行。如实遇风暴，沉溺铜斤未能全获，亦只令该运员酌留家丁同地方官打捞，俟全获补解，庶免误运。"得旨："实力为之。"

癸丑 又谕曰："富纲奏'铜厂积欠实数，酌筹捐补'一折，内称'乾隆四十九年清查以后，截至五十四年年底止，办获铜七千余万斤，共长支工本银五十二万七千七百余两，俱系实欠在民，并无官亏影射捏报等弊。此内有着银十二万九千三百余两，在原领该炉户名下勒限追完；其无着厂欠银三十九万八千四百余两，请于通省养廉内分年摊捐弥补。再，从前两次清查有着厂欠，尚有未完银十一万九千二百余两，实俱无力完缴，亦应归入通省养廉内，接续摊扣'等语。滇省采办铜斤，不得不预发工本，以资接济，炉户等多系无业贫民，日积月累，通欠自所不免。前于乾隆四十四年、四十九年，查明实在厂欠无着确数，曾降恩旨豁免。今据富纲奏，四十九年以后至五十四年厂欠无着银两，委系近年物价增昂，用费较多，致成积欠，并非厂员侵冒，自属实在情形。且该省办运铜斤，每年依限扫帮，采办尚属妥速，所有此次厂欠，除有着银十二万九千三百余两仍令勒限追完外，其无着银三十九万八千四百余两，着即加恩豁免。至从前两次清查有着厂欠，尚未完银十一万九千二百余两，究系该省催追不力所致，所有此项银两，即着于该督抚、藩司及经管厂务之道府养廉内摊扣完补。"

545 卷1373·乾隆五十六年二月

癸亥 湖北巡抚福宁奏筹议护送京铜事宜："查铜船由湖北巴东入境，黄梅出境，请嗣后铜船将次到楚，即令宜昌府前往迎护；送至宜都，交荆州府接护；至监利县，交湖南委员护送；至湖北嘉鱼县，交武昌府护送；至汉阳、黄州二府，按段转交；由江西出境，即转回迎护续到各起。再令该道就近稽察，其各船停泊必使归于一处，并令地保、塘、汛巡防，危险处所，责令地方官添雇熟谙水手，以资防护。并咨会川省，于重庆换船时，将船只编号，载明船户、水手姓名，及铜斤若干，造册咨楚，以便按船复验，催令出境。仍飞咨江西、安徽、江苏一体盘查，庶免盗卖之弊。"得旨："总之在人不在法，勉为之。"

甲子 谕军机大臣等："户部奏川省各厂出产铜铅，前据李世杰请'照滇省办铜之例，派员专管，三年更换，核其获铜多寡分别劝惩，业经议准遵行在案，嗣届三年限满，节次查催。先后据李世杰、保宁咨称毋庸奖励议，而孙士毅在任时，造送管厂各员获铜数目清册，核计所获多少、盈绌不齐，必须明示劝惩，方足以期厂务振作。请敕下该督仍恪遵原奏办理'等语。川省铜铅各厂，既据李世杰等请照滇省向例，视所获之多寡于三年后分别劝惩，业经定有章程，何以该督等又咨请毋庸奖励议处。其所称三年中获铜较多者，系矿苗偶旺所致，即为数渐少者，因矿砂将竭，硐老山空，并非有意废弛。是否系该处实在情形，孙士毅曾任该省总督，必能知其详细，且该督所造厂员铜数清册，只系比较盈绌，并未如李世杰、保宁等以毋庸优奖议处之处声明，或亦另有所见。究竟川省厂务，能否照滇省之例，计所获之多寡，分别等第，按限核实题奏，以重考成之处，着孙士毅即行覆奏，勿庸代为回护也。将此传谕知之。"

丁卯 谕军机大臣等："昨据陈用敷奏'江西委员高凤翥办运滇铜，行抵广西娄凤塘砧板滩，猝遇狂风，撞破船只，沉失铜五万六千五百余斤，当即捞获五万五千二十斤，尚未获铜一千五百斤，一年限满，打捞无获'等语。此事沉失滇铜，既据捞获五万五千余斤，可见该运员及地方官果能认真设法打捞，断无终于无获之理。督抚遇有铜斤沉溺之事，往往藉词水势溜急，难于打捞，以为诿卸之地，及部中行令赔补，该员等上紧办理，即能捞获，此其明验也。嗣后该抚境内遇有铜运沉失，务须严饬运员及地方官，认真设法打捞，以期全数就获，勿再任其饰词捏报也。将此谕令知之。"

546 卷1374·乾隆五十六年三月

癸未 又谕："据鄂辉奏捞获沉溺铜铅数目，按月具报一折。阅所开单内，委员黄澍，于五十三年五月十八日在大湖滩沉铜七万斤，前后捞获铜共一万五千八百余斤，尚未获铜五万四千一百余斤。此项沉铜系五十三年五月之事，扣至年底已逾两载，捞获者仅一万有余，未获者尚有五万数千斤之多，是该地方官及运员等并未认真设法打捞，已可概见。前据陈用敷奏，广西境内沉铜五万六千余斤，当即捞获五万五千余斤，未获者止一千有零。

可见该员等果能实力打捞，断无终于无获之理。着传谕鄂辉，即将未获各项沉铜，严饬该管地方官及运员等务须设法打捞，期于全获，毋得怠缓从事，任其捏饰也。"

癸未 四川总督鄂辉奏筹议铜运事宜："查滇运铜斤，来川造船运送，经前督臣李世杰奏明交川东道率属妥办，并奏准重庆以上委永宁道查办。装运船只令江北同知经理。请自泸州至重庆，仍委永宁道稽查，自重庆至巫山出境，即交川东道稽查。并令泸州、重庆府、忠州、夔州府，各在本管境内护送。仍严饬江北同知饬揽头选料造船，并募备熟谙舵水，以便依限开行。"得旨："以实为之，毋受属员欺。"

547 卷1375·乾隆五十六年三月

乙未 湖南巡抚冯光熊奏："筹议《护送铜铅章程》。查每年滇黔运京铜铅，俱经过湖南巴陵县境，系岳常澧道及岳州府所辖。岳常澧道驻扎澧州，距岳郡较远，岳州府近在同城，请嗣后准到滇黔知照之文，即饬岳州府驰往界首迎护，督送出境。又南省办运京铅，自省城开行，至湖北嘉鱼县出境，其长沙至巴陵交替，应责成长沙府照料，巴陵至湖北嘉鱼，即令岳州府护送出境，并令该管长宝道、岳常澧道稽查。再，滇黔铜铅，自四川重庆换船开行，若俟地方官具报上司转咨，未免纡迟，现咨明川省，令重庆府于换船开行五日前，即缮传单沿河飞递来楚，以便迎护。又，船只入巴陵县观音洲，经上翻嘴、下翻嘴、荆河脑、白螺矶、杨林矶，在在危险，应照例刊知单，并令多雇熟谙水手，小心保护，以免疏虞。"得旨："行之在人，立法而不实力行之，何益？"

548 卷1377·乾隆五十六年四月

甲戌 （山东巡抚惠龄）又奏："云南委员杨大观铜船遭风，沉铜全行捞获。查铜斤短少，例应赔补，今既全获，可否仰邀议叙，请旨办理。"得旨："有罚无赏，无是理也，咨部议叙。"

549 卷1379·乾隆五十六年五月

壬寅 是月，天津巡漕给事中李翻奏："杨村北河沙埂，空重漕船不能并行，严饬弁兵赶挖通畅。"批："好，勉为之。"又奏："现在铜铅未到，守空剥船可拨，并雇民船足数，重船一到，即可起剥。"得旨嘉奖。

550 卷1381·乾隆五十六年六月

壬戌 户部议准："湖北巡抚福宁疏称，宝武局铸卯积压，应自本年起分作十年，将买存汉、洋铜斤，通融借支带铸，仍将额办滇铜，分年带买。俟铸竣一年卯额，专案造报。岁需滇铜，先一年六月，咨滇省拨厂，限八月内，咨覆楚省。盐铸各员，造报迟延，或限内卸事，违限一月至三月者，照奏销钱粮册结迟延不送例，分别罚俸；四五月者，降一级留任；六月以上，降二级调用；一年以上革职。倘因滇铜未到，不能依限鼓铸造报，随时咨部展限。"从之。

551 卷 1383 · 乾隆五十六年七月

辛丑 又谕曰:"费淳奏'请给价收买商铜,以杜私铸'一折。内称'滇省办铜各厂,除抽课交官外,向有一成二成准令通商之例,商人难保无影射收买,私铸渔利情弊。应官为收买,每年可多获铜一百余万斤,以之添拨各省采买,及铁砂折耗泸店底铜之用'等语。此奏虽似为该省杜绝私铸起见,其实该藩司以各省采买铜斤及泸店底铜,恐有欠缺,故欲将此项商买余铜归官,以作抵补之用。只系一偏之见,未经通盘筹画,所谓知其一不知其二也。铜斤为民间必需之物,不能一日缺少。若将各厂抽课各官所剩余铜,概行禁止商民售卖,则民间所用之铜从何而出?即使厂中稍有偷漏,为数亦属无多,不特铜价因此昂贵,而小民等需用孔亟,必致将官钱私行销毁,改铸铜器,即钱价亦必因之倍增。况现在滇省各厂所产铜斤,尚属旺盛,每年额运各起,俱系依限开帮,并无短绌迟误,即民间钱价亦俱平减,本无庸鳃鳃过虑。若如该藩司所奏,是名为设法调剂,而转使私销益甚,弊窦丛生。况杜绝私铸之弊,惟在地方官实力查禁。今不于此悉心整顿,而以禁止商贾余铜,为正本清源之计,恐防弊而实以滋弊。且使该处商民知有此事,必将铜斤预为抬价居奇,铜价既贵,则钱价自增,于闾阎日用诸多不便,所关非细。民可使由,不可使知,费淳何见不及此耶?此事当再加详酌。富纲、谭尚忠久任滇省,于铜务自所熟习,着伊二人会同悉心妥议,据实奏覆,想该督抚意见亦与朕大略相同也。将此传谕富纲、谭尚忠知之,并将此旨及原折发交在京大学士九卿阅看。

552 卷 1384 · 乾隆五十六年八月

乙巳 四川总督鄂辉条奏铜运事宜:

一、向例装载铜船,每夹鰍船一只,以七万斤为率。但查重庆至宜昌,寸节皆滩,装载过重,转掉欠灵,今拟酌装五万斤,并饬经过地方官,协同运员严查船户,毋许违例夹带私货,仍致笨滞难行。至一入长江,并无滩险,到楚换载,仍以每船七万斤为限。

一、铜铅船只,每年春夏在二、三、四、五等月,秋冬在八、九、十、十一等月,按八个月放行,其六、七、十二、正月,俱停开运。并咨明云贵督抚,饬令运员预为料理,查照月分,按起如期到川领运。

一、川江重载大船,只能顺流而下,不能逆挽上行,是以铜船到川另有包造船只之人,名曰揽头。此等人属江北同知专管,包揽牟利,弊端百出,应饬令江北同知,在各揽头中慎选殷实老成之人,令其承充,取结造册,呈报各衙门备查。一得运京起程之信,于此数人中,挨次派令造船承值,造完日,令江北同知就近察验。如有板薄钉稀,将揽头责处,并饬改造,头舵水手,责令按船配雇。如有疏失,照例追出原领脚价,并枷示河干,不许再行揽载,将船只变价,以充捞费。倘运员到川,或有私用册内无名揽头,混行包揽承载,许江北同知查报核办。

一、各险滩处所,酌募滩师四五名,按所在州县捐给工食,令其常川在滩,专放铜铅船只,如过滩安稳,听运员量加犒赏。如有失事,将该滩师革退,枷示河干。仍令各地方官将应行添设滩师之处,及滩师姓名造册查报。

一、如遇铜铅失事，即雇水摸打捞，于水摸中选诚实一人，点为水摸头，专司督率。如一月内全获，于例给工价外，另赏银五十两；限外十日或半月内全获，以次递减；三月内全获者，毋庸奖赏；倘限内捞获稀少，或逾限不及一半，将水摸头枷责；如捏报偷摸情弊，加倍治罪。

下军机大臣会部议行。

553 卷 1385·乾隆五十六年八月

辛酉 又谕："据镶白旗汉军都统德保参奏'云南省勒休开化府知府刘杰，应赔粤盐余息及铜价等项，接准该抚移咨该旗，着追完款。刘杰并未归旗，叠催七次，仍在外逗留六年之久，欠项虚悬。请令该抚将刘杰并伊子解送来京，交部治罪，并请将该抚一并交部查议'一折。此案刘杰系勒休旗员，其应赔盐铜价银，于五十三年据该抚移咨该旗，着追完款，乃刘杰并不归旗。经该旗叠催七次，于本年五月始据该抚咨称，刘杰因患病甫愈，于三月起程回旗。计该抚初次咨报，迄今又逾数年之久，而前后所报刘杰应赔款项及起程日期，又复不符。刘杰在开化府任内既有应赔盐铜款项，移咨该旗后，即应催令刘杰作速归旗完缴，何以该旗叠催七次，该督等任其在外担延六年之久，尚未回旗，以致久悬帑项？且刘杰久经勒休，其接任之员，又系如何交代？明系该督等有意庇护，藉词逗留。而所报应赔款项及起程日期，何以又复前后不符？着传谕富纲、谭尚忠，详晰查明，据实明白回奏。俟奏到时再降谕旨。其刘杰着该督等，即派员同伊子刘门燮、刘灯等解送来京，交部治罪。刘杰已经起程，尚在中途逗留，即着沿途各督抚查拿，委员解京。"

554 卷 1387·乾隆五十六年九月

庚子 又谕："廓尔喀所铸钱文，向卫藏行使，原为贪图利息起见，后又欲将旧钱停止，专用新钱，每银一两只肯用钱六个，固属贪得无厌。而噶布伦番众人等与彼交易，亦不免图占便宜。彼此惟利是图，各不相下，以致复滋事端。但卫藏地方行使廓尔喀钱文，总缘唐古忒人等向与廓尔喀交易买卖，是以不得不从其便。今该贼匪反覆无常，肆行抢掠，昨已降旨令将在前藏贸易之人概行逐去，即使廓尔喀震慑兵威，恳求纳款，亦断不准其再通贸易。是廓尔喀所铸钱文，卫藏竟可毋须行用。我国家中外一统，同轨同文，官铸制钱，通行无滞，区区藏地何必转用外番币货。况伊将所铸之钱易回银两，又复换铜铸钱，向藏内交易，源源换给，是卫藏银两转被廓尔喀逐渐易换，尤属不成事体。若于内地铸钱运往，程站遥远，口外又多夹坝，运送维艰。莫若于西藏地方，照内地之例安设炉座，拨派官匠，即在彼鼓铸，驻藏大臣督同员役监制经理，自可不虞缺乏。将来剿办事竣，鄂辉当传齐达赖喇嘛、噶布伦等明白宣谕：'以唐古忒人等懦怯无能，又复固执贪利，此次因伊等与廓尔喀换易钱文，纷争滋事，是以大皇帝为保护卫藏，派调大兵前来剿办，俾僧俗番众倚赖安全。所有廓尔喀贸易人等，俱不准其复来交易，永断葛藤。特于藏内鼓铸官钱，令其行用，伊等旧存廓尔喀钱文，概行销作银两，一律使用官钱。伊等当感激大皇帝爱护深恩，敬谨遵行，即可永资乐利。若狃于积习，不知感悟，仍欲与廓尔喀彼此交易，行使所铸钱文，则伊等竟系冥顽不灵，自贻伊戚，必将驻藏大臣一并彻回，任听伊等所为。即使贼匪再来滋扰，亦不复过问矣。'如此明白谕知，该处僧俗番众自当各知醒悟，遵照办理。至鄂辉折内又称'后藏距廓尔喀甚远，粮运乌拉更为掣肘，此时不进兵，断乎不可。若用兵大举，于事亦觉不值'，看来鄂辉不免有仍前畏难，将就了事之见。廓尔喀原属无能，此时鄂辉、成德等，先后带兵前抵该处，贼匪自必闻风窜避，但必须慑以兵威，痛加惩创，俾知慑服，不敢再萌他念，方期一劳永逸。若少存将就了事之意，使彼无所畏惮，大兵彻后，彼必复至边境抢掠，又将作何办理？倘复须调兵进剿，是贼匪转得以逸待劳，反客为主。从来外夷反覆无常，见兵威壮盛即行逃窜，及大兵彻去仍来窥伺，往往疲敝内地。用兵之道，当先发制人。若云道路遥远，粮运维艰，岂有贼匪能来，我兵难往之理？鄂辉等惟当相度机宜，妥为筹办。俟兵力厚集，痛加剿杀，使之闻风胆落，不可先存迁就，致留后患。"

555 卷 1388 · 乾隆五十六年十月

乙巳 又谕："前据镶白旗汉军都统德保参奏云南勒休知府刘杰，久未归旗，拖欠咨追官项，降旨令富纲等严查，将刘杰同伊子刘门燮、刘灯解部治罪。兹据该督抚查奏'刘杰有应赔铜厂银两及另案粤盐余息，于勒休后留滇追缴，久未完解。据称家有产业，尚可回旗变抵。及具报起程日期后，又复屡次藉病延捱，经该督抚派员管押，始行起程。是刘杰在滇，耽延至六年之久，明系有心逗留，不愿回旗，竟思藉患病为辞，久在外省居住，其罪实不可逭。刘杰即着革职，发往伊犁效力赎罪。现在行抵何省地方，即着该省督抚截留，以己力由彼迳行发遣，若再逗留，着该督抚即行拿问，解京正法。伊子刘门燮、刘灯俱着销除旗档，听其为民。所有应赔银两，即交该旗将其家产入官变抵，以清官项。至富纲、谭尚忠，任听留杰在滇省久住，并不早为押令起程，均属不合，着交该部严加议处。"

乙巳 谕军机大臣曰："伍拉纳奏'据延平府知府邓廷辑禀报，头运委员领解饷银，分装船只，行至长铁滩地方，有第七号饷船误碰石梁，击碎船身，沉溺饷银二十鞘。现在设法打捞，已获六鞘，仍饬上紧捞获'等语，此事殊不可信。向来各省运解铜铅船只经行险滩，往往有奏报沉溺，至解运饷鞘，即有疏虞，亦系途中被窃。即如湖南芷江县驿失去鞘银一案，审系更夫串通贼匪偷取，从未闻有饷鞘沉溺之事，其中必有串通偷窃，装点捏报情弊，不可不严行审究。况运送饷鞘，由水路行走，事所常有，若以经历险滩为辞，竟似解运铜铅，具报沉溺，将来必致任意偷窃，纷纷捏报，此端断不可开。着该督抚即将此案亲提，该委员及丁役、家人、船户、水手人等，严加根究，彻底查明。如有串通情弊，据实究办，将该委员参奏治罪，毋任捏饰朦混，致滋宽纵。其未获饷鞘，务须全行起获，倘不能足数，即着查明分别赔补，以杜捏饰之渐。将此传谕知之。"

556 卷 1392 · 乾隆五十六年十二月

辛丑 谕："据富尼善（乌什办事大臣）奏'本年采收红铜，除正额之外，又多交五千四百斤，请将官兵鼓励办理'等语。着照富尼善所奏，将该管游击德海交部议叙，兵丁等各赏给一月盐菜银两。"

丁未 谕军机大臣等："贼匪前在定结屯聚，闻知大兵将到，于十一月初一日夜间奔逸。但聂拉木以外贼匪去路，屡据保泰等奏称，该处一交冬令即大雪封山，是贼匪在定结奔逸后，亦不能窜回巢穴，不过在聂拉木、济咙边界一带，逗留株守。成德此时早抵后藏，鄂辉亦接续可到，所带屯练兵一千名，俱已齐集。鄂辉、成德，正当乘城匪望风奔窜，欲归无路之时，督率兵丁，奋力进剿，大示创惩，立功自效。或贼匪在定结奔逸后，竟退回聂拉木以外，希图窜归巢穴，该处虽冰雪较大，但贼既能行，我亦可往。鄂辉、成德岂宜带兵坐守，不即跟踪追捕耶？又，成德奏'据前藏噶布伦格桑纳木结等，接得由贼境出来之扎萨克喇嘛书信一封，前据保泰等奏'只称噶布伦丹津班珠尔等，被贼拘留。此扎萨克喇嘛，自亦系达赖喇嘛所遣，或与丹津班珠尔同被裹去。着鄂辉、成德查明具奏。至贼匪狡狯性成，中怀叵测，此次扎萨克喇嘛信内，所称差大头人至聂拉木，与噶布伦讲明各安住牧之语，殊不可信。安知非贼匪另有诡谋？又似诓骗丹津班珠尔之计，亦未可定。鄂辉、成德当豫为留心防范，不可令穆克登阿、张芝元轻率前往，与之讲论，致堕贼匪术中。鄂辉等更应慎之又慎。再，此次自廓尔喀回藏之扎萨克喇嘛及随出之喇嘛第巴等，均着鄂辉、成德，略加询问，一面录供具奏，一面将该喇嘛等派委妥员，概行押解送京，以备质讯，更可详询贼情。至成德所奏'请暂铸铜钱，以资兵丁换易行使'，已据成德谕令商上暂为铸造，此系为目前兵丁需用起见，亦只可如此办理。其将来在藏安设炉座，官铸钱文之处，统俟福康安于事竣后，归入善后事宜内办理，非目前急务也。至成德奏'筹办粮饷一事，据称达赖喇嘛，再行备粮数万石'等语，殊可不必。节据孙士毅通筹核算，藏内现在存贮及前后采买，已有粮四万四千余石，尚有牛羊一万余只。今据成德核计，共有七万余石。是藏内粮石，已极宽然，将来支应之外，尽有多余，何必再令达赖喇嘛添派此项余粮，存贮日久，徒致红朽。且采买过多，于达赖喇嘛商上，多有扰累。着速行停止，以示体恤。"

557 卷1398 · 乾隆五十七年三月

辛未 谕军机大臣等："据秦承恩奏'汉中府属略阳县兴隆湾地方，露有铜苗，商民王兆熊等呈请自备资本试采，现已委员亲往该处勘明。将挖出矿砂，如法煎炼，成色与滇省高铜无异，请予限二年试采，如果旺盛，另行题请开采'等语。开采铜矿系天地自然之利，陕省略阳地方，露有铜苗，既据该抚委员勘明该处铜砂旺盛，山深境僻，无碍田庐，自应立限开采，以资鼓铸。但铜厂为利之所在，且该处界连楚蜀，五方杂处，设或派委非人，不但开采无效，转恐无藉游民从中渔利，于事无益。着传谕该抚务须派委妥员，悉心筹办，并慎选人夫，如法开采，务使铜砂日加旺盛，源源不竭，足供采取。仍督率地方官，不时留心稽查，毋使牟利之徒，藉端滋事，方为妥善。"

558 卷1399 · 乾隆五十七年三月

乙未 又谕："据王懿德奏'福建委员，安远寨巡检陆允恭，领银赴滇采办铜斤，与正委员连城县知县杨环，共领银九万三千九百五十余两，计装九十三鞘。现在查对，止装九十鞘，其余银三千九百五十余两，俱系散领携带。又陆允恭于领运正银之外，尚有津贴银一千三十三两，及附带解还滇省银一千两。该员现已丁忧，应交杨环一并查收管解，除未经入鞘之银三千余两，已据杨环接收清楚，其领解津贴及附带之银二千余两，该员不能点交，请将陆允恭革职拿问'一折，已明降谕旨，将该员革职拿问矣。此案领运办铜银两，既据福建原咨，称系九十三鞘，该员止装九十鞘，其余银三千九百余两，并未装鞘，自系冀图取携自便，可以随意那用。现在点交，虽无短少情事，其未经装鞘之处，已属非是。至该员附解之银二千余两，不能如数点交，是其将领运之银任意侵用，以致亏缺，情弊已属显然，不可不严讯着追，以清官项而示惩儆。该员之母寄居滇省病故，该员得信后自即赴滇。着传谕云贵各督抚，即就近截拿提讯，严审实情，定拟具奏。其侵用官项，如不能依数归款，即咨明该员原籍，及任所地方官查明资财，变抵归款。至正委员知县杨环，系领银同解之员，何以于陆允恭，私用官项之处，并无觉察，亦着该督抚等就近查讯。"

戊戌 陕甘总督勒保覆奏："甘省地处沿边，并不出产铜斤，亦未设有钱局，向无私铸私销，但恐小民趋利，由邻省夹带小钱挽杂行使，前经立限收缴，现仍督饬所属，实力稽查。"得旨："持之以久，可也。"

559 卷 1406 · 乾隆五十七年六月

庚辰 豁免云南运京沉失铜四万四千三十斤有奇。

560 卷 1407 · 乾隆五十七年六月

丙申 又谕曰："富纲等奏请敕赐厂神封号一折。近年各厂办获铜斤，较每年额数，多至四百余万，自属山灵呈瑞，理宜列在祀典，锡之封号，用答神庥。着封为'裕源兴宝矿脉龙神'，并着该督抚于厂地相度处所，建设总庙，春秋致祭，并交该部载入祀典。其大小各厂，听其自行立祠，其神牌祠额，即照所定封号，一律缮写。"

561 卷 1409 · 乾隆五十七年七月

乙卯 豁免云南运京沉溺铜六万六千斤有奇。

562 卷 1412 · 乾隆五十七年九月

辛丑 谕军机大臣曰："和琳奏'查办沙玛尔巴家产及依什甲木参物件变价银两，或归军需项下抵销，或入藏库充公备用'等语。沙玛尔巴为此案罪魁，现在抄出资财什物，自当全数归公。其所毁镀金铜像，即按照现令新铸宝藏字样鼓铸钱文，给兵丁通行使用。……"

563 卷 1413 · 乾隆五十七年九月

乙卯 谕军机大臣等："户部议覆陈用敷奏'将所收小钱尽数供铸，停买滇铜'一折，已依议行矣。各省查禁小钱，前经谕令该督抚，于民间呈缴时，量给价值，俾小民不致赔累。今陈用敷奏'自通饬办理以来，百姓踊跃乐从，纷纷呈缴，其所收小钱，足敷配搭改铸，请停买滇铜一年。如此办理，在粤西既得多获余息，免长途领运之劳，而滇省少拨此项铜斤，并可留供他省采买，实为两有裨益。广西系属边省，行之尚有成效，其余各省分呈缴自必更多。何以未据将是否足敷改铸、停买滇铜之处奏及？可见并未实力遵办。着传谕各督抚，即一面仿照广西省办理，一面将收缴小钱共有若干及作何配用，是否足敷鼓铸停买滇铜之处，据实覆奏。"

564 卷1415·乾隆五十七年十月

癸未 豁免遭风沉溺云南运京铜四万九千五百九十斤有奇。

乙未 陕西巡抚秦承恩奏："陕省汉中府略阳县兴隆湾地方露有铜苗，前经奏准试采，当即拣员督率，如法采取。自本年三月起，至九月底止，炼出净铜四万九千余斤，成色与滇铜无异，自应实力开采以资鼓铸。"批："好事。"又称："将来砂旺夫增，必须严禁游民滋事。"又批："是。"

565 卷1417·乾隆五十七年十一月

甲寅 豁免遭风沉溺云南运京铜十一万八千七百七十三斤有奇。

566 卷1418·乾隆五十七年十二月

庚午 又谕曰："福康安等奏'酌定唐古忒番兵训练事宜、藏内鼓铸银钱'各折。所称'新设番兵经费，只须商上给番目钱粮二千六百余两，其余俱系以沙玛尔巴、仲巴资产及丹津班珠尔家缴出之项支给'等语。此项查抄沙玛尔巴、仲巴资产，并丹津班珠尔缴出庄田，自应一律归入达赖喇嘛商上，作为新设番兵经费之用。但廓尔喀与唐古忒滋事之由，皆因前次噶布伦索诺木旺扎尔，于贸易时从中刻扣，私加税银，经廓尔喀呈诉，彼时留保住、庆麟等隐匿不奏，噶布伦索诺木旺扎尔，畏罪服毒身死。虽已降旨将伊扎萨克台吉职衔革去，不准伊子承袭，但其家产尚未查出归入达赖喇嘛商上，该噶布伦系首先起衅之人。若任其子孙坐享丰腴，不足以示惩儆，且其罪重于丹津班珠尔。着福康安等，将索诺木旺扎尔所有家产逐一查明，同沙玛尔巴等田庄资产，一律归入商上。此项财产，只应以公济公，作为新设番兵三千名每年经费之用。其另折奏于察木多等处，抽拨兵六十名，拨调守备二员、把总一员、外委二员，在江孜、定日等处驻劄巡查。所有例给换防之费，原系绿旗官办，仍照例官为支给，不必用其商上之项。再，所定藏内鼓铸银钱章程，亦只可如此办理。藏内既不产铜，所需鼓铸钱文铜斤，仍须向滇省采买。自滇至藏，一路崇山峻岭，购运维艰，自不若仍铸银钱，较为省便。但阅所进钱模，正面铸'乾隆通宝'四字，背面铸'宝藏'二字，俱用唐古忒字模印，并无汉字，与同文规制尚未为协。所铸银钱，其正面用汉字铸'乾隆宝藏'四字，背面用唐古忒字亦铸'乾隆宝藏'四字，以昭同文而符体制，已另行模绘钱式，发去遵办。"

庚午 又议覆："福康安等奏称藏地素不产铜，由内地拨运不免糜费，应照上年奏准，由商上铸造银钱，一律通行。成色纯用纹银，每圆照旧重一钱五分，纹银一两易钱六圆，余银一钱作为鼓铸工本；另铸一钱重银钱一种，每两易换九圆；五分重银钱一种，每两易换十八圆。其巴勒布及商上原铸旧钱低潮，定为每两易换八圆，所有鼓铸工料，令商上经理，仍交驻藏大臣派员督同监造，如有搀杂，将该管噶布伦，及孜绷、孜仲等，与监造之员，一并治罪。应如所请。"从之。

567 卷 1421·乾隆五十八年正月

庚申 户部议准："湖广总督毕沅等疏称，湖北省铸钱岁需采运云南铜二十万斤。现查收买小钱，共镕铜十四万四千三百八十斤，外有委员带买铜六万斤，足供明年正铸，请停买滇铜一年。又宝武局，前因采买滇铜迟滞，递压五十二、三、四等年卯钱，题明分十年带铸，但现在钱多价平，嗣后照正额鼓铸，已足敷用。所有递压卯钱，请停带铸。"从之。

癸亥 贵州巡抚冯光熊奏："黔省大定两局额铸，岁需铜三十五万二百八十九斤，现计收买小钱发局，仅镕净铜三万二千一百五十余斤，不敷额铸，应仍赴滇采运。"报闻。

568 卷 1425·乾隆五十八年三月

甲寅 又谕曰："郭世勋奏请'将呈缴小钱至千文以上者，每斤酌给大钱五十文，仍定以半年之限，尽行缴官'等语。民间呈缴小钱，若不酌给价值，恐愚民贪利见小，私行存留挽用，一时难于净绝。今该抚请将呈缴千文以上者，每斤给与大钱五十文，俾小民不致赔累，自必争先呈缴，所办亦可。但恐奸徒恃有此例，将所给大钱私行镕销，挽和铅锡复铸小钱，赴官缴换，辗转渔利，其弊亦不可不防。又据称'广东历年收缴小钱六万六千余斤，实止镕出净铜三万八千七百余斤，宝广局鼓铸，岁需滇铜十五万斤，所有镕出小钱铜斤，尚不足数'等语。收缴小钱镕化之铜，虽不敷该省鼓铸之用，但既有此三万八千余斤，可以配搭供铸，亦应于下次采买额铜内照数扣抵，岂不减省运脚？何以该抚折内止称现将铜斤存贮在局，而于扣抵额铜、节省运脚之处，并未筹及。着传谕郭世勋，务饬所属于给换大钱后，严查私销。其镕化小钱之铜，即按数扣除抵铸。"

569 卷 1426·乾隆五十八年四月

己巳 谕军机大臣等："本日惠龄奏捞获沉溺铜铅数目一折内，贵州委员朱毓炯、薛清范领运京铅，遇风沉溺，俱经陆续捞获五万三千余斤。而云南委员和费颜所运京铜，于五十七年五月在巫山县地方沉溺，至十一月止捞获铜一百十三斤。此等运京铜铅同系在险滩遇风沉失，而铅斤一项，随时打捞均能捞获过半，其铜斤沉溺，打捞数月仅获铜一百余斤，自因铅斤所值有限，水摸等即于事后偷捞盗卖，亦无可获利，是以多有捞获，转可得受雇值。至铜斤则价值较昂，水摸人等即尽数打捞，亦止能与铅斤一例得受雇值，是以不肯认真捞获，率以无获具报。一俟委员过境，即将水底留存之铜暗自捞起，私相盗卖，可图得价牟利。此等情弊在所不免，何以地方官俱见不及此，着传谕铜铅经过之各省督抚，嗣后凡遇铜铅船只遇险沉溺，务须严饬所属。督率兵役及水摸人等，实力打捞，务将沉失铜铅尽数捞获，毋任水摸等藉词捏报，致有事后偷捞盗卖等弊，以归核实。果若有偷捞盗卖之事，必不出本境，地方官断无不知之理，此皆督抚等不肯实力之故。倘有仍前玩误者即将派委打捞之员，据实参奏，并将偷匿铜铅不肯尽数捞出水摸人等，酌量惩治，以杜弊端。"

570 卷 1427 · 乾隆五十八年四月

辛卯 陕西巡抚秦承恩奏："宝陕局截至本年四月上卯，局存滇铜并本省略阳厂铜暨官商运到洋铜，共一十五万九千余斤，均系高铜，其低铜仅三百九十余斤，按之高七低三定例，不敷配铸。应请自下卯起，照上届于原用铜百斤数内，减用铜二斤，加白铅二斤，搭配鼓铸，俟采办滇铜到陕，仍照高七低三旧例办理。"报闻。

571 卷 1429 · 乾隆五十八年五月

辛酉 是月，湖广总督毕沅、湖北巡抚福宁奏："运京铜铅，首严偷漏，现饬沿江州县遇沉失铅铜之案，其打捞时固应实心查办。如遇委员已去，水涨停工之候，立将水摸遣令回籍。一面委员住宿江干，昼夜巡查，毋任水摸潜匿。俟江水稍退，再行雇募开工打捞。如能多获或全数获起者，除给工价外，再加赏赉。倘故将铜铅存留水底，或搬运他处，潜肆盗卖者，即照偷盗钱粮律，计赃治罪。地方官严参着赔该管道府议处。"得旨："总在尔等实力，外省诈习闻之厌矣。"

572 卷 1431 · 乾隆五十八年六月

丁丑 豁免遭风沉溺云南运京铜二十万七百三十斤有奇。

573 卷 1432 · 乾隆五十八年七月

壬寅 谕军机大臣等："昨据谭尚忠面奏铜厂情形，复令军机大臣详加询问。据称'云南各厂，近年以来产铜丰旺，若不官为收买，恐启炉户等私卖盗铸情弊。且各厂每年丰歉不齐，亦须趁此预为购备，更可源源供运。但正铜额价止有此数，不敷收买额外铜斤之用，曾与富纲、费淳商酌，似应加请工本，以资接济。现在富纲等详细查明，续行具奏'等语。此项加买额外之铜，共若干斤，现在分贮何处，而派拨工本后，设遇厂铜歉产之年，所添银两，不妨作为下年之用。着传谕富纲，即率同藩司通盘核算，据实具奏，以便交部核议。"

574 卷 1433 · 乾隆五十八年七月

戊申 谕军机大臣曰："惠龄奏各州县捞获沉溺铜船数目一折，内称'严饬多雇水摸，设法打捞，务期有获'等语。铜铅质重，沉溺水中，不能漂动，既可打捞，断无不能全获之理，皆由水摸人等，捏称水深溜急，仅捞少许，聊以塞责，俟事过无人看管之时，复潜行捞取盗卖。而地方官及委员人等，因水底无从查考，亦遂任其饰词捏报，以致沉失铜铅往往不能全数捞获，其弊皆由于此。但水摸私获铜铅，必须变卖银钱，此等水摸皆系穷民，若一时遽有铜铅销售，断不能掩人耳目，地方官果留心查察，无难立时究获。止须缉获一二名，根究同伙如何潜匿偷捞情弊，惩一儆百，其弊无难逐渐断绝，于打捞铜铅，自为有裨。着传谕该督，务饬所属及委员人等遵照认真办理。有治人，无治法，毋得视为具文。"

戊申 又谕曰："惠龄奏二月分捞获沉溺铜铅数目一折，内称'铜铅价值悬殊，今据报捞获数目，往往铅多于铜'等语，此非弊而何？铜价比铅贵至数倍，其为水摸人等因铜斤可得重值，故意少捞，以为潜行盗卖地步，情弊更属显然。但此等水摸，其潜行捞取铜斤时不能久伏水中，必须登岸。苟能于滨江一带，严密躧缉，无难人铜并获。况所捞之铜，非向各铺户销售，无由变卖银钱，但地方官仅向铺户查问，亦不能绝其弊端。盖缘此等水摸偷卖之铜，其价自必较贱，铺户方乐为收买，从中渔利，岂肯自行呈首，仍属有名无实。总在地方官平日留心，密为查访，倘遇有屡次持铜到铺户变卖，形迹可疑者，即行拘获究办。若水摸与铺户通同一气，则铺户即属窝家，亦当根究如何潜匿偷捞及代为销卖情弊，惩一儆百，其弊自当逐渐断绝。不思所以杜弊之法，朕岂能向沿江各州县逐加晓谕，耳提面命乎！着将此传谕惠龄，并谕沿江督抚知之。"

庚申 四川总督惠龄奏："前因川省行用钱文挽和夹杂，经前督臣设局收买，实力查缴，钱法渐就肃清。但川省各州县，箐密山深，匪徒易于托足，近年厂铜短绌，难保无奸商透越盗卖，并恐滇省铜船过境，沉溺铜斤，水摸偷窃暗售，为此辈私铸之用。现在严饬各府州文武员弁，于四境要隘处所，分织稽巡，并饬知夔渝两关，严密查拿，务期有犯即获。"报闻。

575 卷 1434·乾隆五十八年八月

戊辰 御书云南东川府铜矿龙神庙扁曰：灵裕九圜。

576 卷 1435·乾隆五十八年八月

丁丑 又谕曰："毕沅覆奏酌筹查禁私铸小钱一折，已于折内详晰批示矣。惟称'又有一种用熟之康熙、雍正钱文，形模略小，铜色带青，市人谓之青钱，流传已久，若一概禁止，恐钱价因此翔贵'等语，所奏实属非是。前因小钱流行，有关鼓铸，是以降旨各省督抚设局收买，复因湖广省收买小钱，为数至三四十万余斤之多，显系奸商见有官局收买，因而私铸私贩，冀图渔利。节经严饬该省督抚，并予限二年，令其实力查禁。原指觔薄小钱而言，并未令其将青铜钱文，一体销毁。况康熙、雍正钱文，系皇祖、皇考年号，岂有查禁之理？何得与应毁小钱，一体列诸章奏。毕沅系读书之人，何不检点若此，着传旨严行申饬。所有湖广私铸私贩之弊，仍着遵照节次谕旨，严饬各属实力奉行，毋得视为具文，以一奏塞责也。"

辛巳 谕军机大臣等："据书麟（两江总督）奏捞获铜斤数目一折，内称'铜船沉溺处所，沙淤八九尺，铜埋沙底，人力难施。往后如溜趋北岸，刷去淤沙，即能用力'等语。所奏殊属不解事理。铜斤沉溺，自应令水摸人等速行刨挖淤沙，实力打捞，岂有坐待刷去淤沙，始行打捞之理。试思黄河淤沙，日积月多，而铜斤体重，沉溺日久，自必深入沙底，愈难施力。该督所奏俟霜降后，水落归槽，刨挖深沟捞取，尚属办理之一法。若待其溜趋北岸，则淤沙刷去，不知何时，又岂能听其久待耶？至所称此次沉溺铜斤，应着落书麟与藩司府县及运员等，按股分赔一节，固属照例办理。但现在正当打捞铜斤之时，若先议及分赔，则该地方官恃有上司及运员赔补，不肯认真打捞，于事转属无益。此时书麟惟当督令随时察探，设法捞取，俟实在捞不足数，再行按股分赔也。将此谕令知之。"

577 卷 1437 · 乾隆五十八年九月

丙午 又谕：“据保宁奏‘新疆应用钢铁铜锡等物，请将禁止出关之处停止，准令贩卖’等语。新疆民人，所有种地应用器具，钢铁铜锡等物，在所必需，既非本地所产，而内地又不准其贩卖，于生计未免有碍。即照所奏，准由内地贩卖。其禁止出关之处，着停止，但不可使哈萨克、布鲁特等外夷转相贸易。着保宁等不时留心稽察，倘有卖给哈萨克、布鲁特等夷之处，即当严行办理。”

丙辰 豁云南运京乾隆五十一年分沉溺铜一万七千七百斤有奇。

丁巳 谕军机大臣等：“户部议覆富纲奏‘添拨工本银两采买余铜’一折，指出逐条俱是，已依议行矣。据富纲奏‘年来铜厂丰旺，除应办额铜之外，多办余铜，借款垫发，已垫给工本银一百余万两’等语。近年铜厂丰旺，固应及时收买，但该省每年额铜应办一千五十九万余斤，而逐年借项采办余铜，又有一千三百四十余万斤。除供各省采买外，其每年解运京铜，只须六百三十三万余斤，是该省积存余铜，已属不少。今又添拨工本一百万两随时采买，又应得余铜一千余万斤。若不随时搭解运京，纵使在滇堆积成山，亦属无用，即便搭解运京，亦觉过多无用处也。且该督奏称‘自乾隆五十一年起至五十七年止，已陆续派拨工本脚费一百余万两，俱于别款暂为借垫。滇省藩库应存地丁等项银两，不过数十万，该省军饷铜本，在在皆需协拨。此项借款，又从何处垫发？从前并未报部，究系借动何款，而自此项派拨银两以后，如何按款归还？若将添拨银两，师还前项动款，又何以为将来收买余铜之用？该督折内，均未分晰声叙。是该督所请借项添买余铜，仍属有名无实，不过为目前挪用之计。又该省局存钱文，现据户部查出，积存一百五万余串，以后每年自必续有存积。似此日积日多，徒滋贯朽，今既欲添买余铜，何以不即将此项存积钱文，动拨应用。即使滇省钱价较贱，不敷添拨之数，而即以报部钱价一千二百文计算，已属抵拨有盈，何以该督亦并未计及？且此项钱文，与其存积局内，何不于各省赴滇采买铜斤时，即将此钱文发给，抵作铜斤，则滇省钱文，既不致积压无用，而各省又可省鼓铸之烦，岂不一举两便！前经户部将此行查各省，俱称运用滇钱，恐于工本有亏，不便配用。此亦系各省因局铸多有盈余，若领用滇钱，不能获利，藉称工本有亏，原不可信。此事前令谭尚忠会同入议，而于此等情节，亦均未能深悉登覆。着富纲、费淳将户部折内指出各条，逐款详晰查明，据实覆奏，再行核办，毋得回护干咎。”

己未 豁云南运京乾隆五十四年分沉溺铜二万七千五百斤。

578 卷 1438 · 乾隆五十八年十月

乙丑 豁云南运京乾隆五十三年分沉溺铜一万七千斤有奇。

辛未 驻藏大臣尚书和琳、副都统衔成德奏：“前藏自改铸乾隆宝藏十足银钱后，于廓尔喀贸易人甚便，惟唐古忒僧俗番民及克什米尔巴勒布商人，并内地汉商兵丁等，愚民无知，不谕银色高低，只较换钱多寡，见新铸一钱五分重银钱，每银一两止换六圆，遂至停积。应请停铸，专铸一钱重及五分重者，每银一两仍旧换九圆、十八圆不等。其捺铜旧钱，虽系一钱五分重者，每两亦止准换九圆。”……得旨：“和琳等奏藏地僧俗番民，不知银色高低，分两轻重，因一钱五分重新钱，所换圆数较少，停积难行。今和琳等将此项银钱停铸，只铸一钱及五分重两种，照原定之数易换，而巴勒布旧钱，亦一例准换九圆，新旧通行、上下称便，所办甚好，可谓留心，自应如此办理……"

579 卷 1439 · 乾隆五十八年十月

丙子 户部议覆："署四川总督惠龄奏'川省近年产铜不旺，已饬管厂各员实心经理，并广躧子厂，随时报验，尚恐不敷鼓铸'，应如所请，饬承办官，遇铜价平减时，酌量买备。"从之。

癸未 谕军机大臣曰："惠龄奏《严查水摸偷捞铜斤酌定章程》一折。据称'向来沉溺铜铅，报获之数，往往铅多铜少，若非水摸人等以铜价较昂，有心隐匿，何至沉铜报获之案，如出一辙'等语。铜铅沉溺，其打捞并无难易之殊，乃向来捞获数目，往往铅多于铜，自因铜铅价值悬殊，水摸等隐匿铜斤，以图盗卖牟利。节次所降谕旨甚明，今惠龄既知有此项情弊，何以报获铜斤仍属寥寥。此等事，总有治人，无治法，惟在该督遵照节次谕旨，督饬所属，遇有铜铅沉溺，实力严查。如有水摸隐匿铜斤及铺户私行售买者，即切实根究，随案严惩，其弊方可逐渐断绝。勿徒以定立章程，一奏了事，仍至有名无实也。除就近谕知福康安外，将此谕令知之。"

580 卷 1440 · 乾隆五十八年十一月

壬寅 豁云南运京乾隆五十三年分沉溺铜六万四千斤有奇。

581 卷 1441 · 乾隆五十八年十一月

丁巳 又谕："据司马騊奏'滇省壬子年运京铜斤第八起，在湖北归州叱滩遭风沉铜五万斤，捞获铜三万五千五百九十余斤，赶运归帮'等语。铜船遭风后，铜斤沉溺江底，不能随波冲去，若果认真捞摸，断无不获之理。乃向来水摸人等隐匿铜斤，希图盗卖牟利，报获之数，往往无多。今第八起运京铜斤，在湖北归州地方沉溺五万斤，捞获只及大半，明系水摸私行隐匿，地方官不能实力稽查所致。着传谕毕沅等，即行切实根查，严禁水摸藏匿偷窃，及串通铺户私卖情弊，以期全数捞获，搭运送京。现在曾否全获，并着遇便据实具奏。"寻奏："先后捞获铜四万四千二百余斤，计未获铜五千七百九十九斤，少十分之一。"得旨："数虽少，在盗卖则多矣。"又奏："现乘水落，严饬督捞。"得旨："以实为之。"

582 卷 1442 · 乾隆五十八年十二月

乙丑 豁云南运京乾隆五十一年分沉溺铜四万六千斤有奇。

583 卷 1443 · 乾隆五十八年十二月

戊子 湖北巡抚惠龄奏："臣由蜀赴楚，察看铜船所经，如嘉定、叙州、重庆、夔州各府属，水已归槽，各州县遵于滩上雇募滩师，帮同驶放。但铜船较重，仍易失事，臣谕令先用小船导引。"得旨："亦一法。"又奏："饬于两岸雇募民夫，持篙杆以资保护，勤者奖赏，不经心者枷责。至楚境宜昌府属，三峡水更迅急，怪石布满江心，亦令各备船夫，兼用导引推拒之法，所过失铜处，有捞夫入水数刻并无所获者，有得一二块者，诚恐乘机盗窃。"得旨："此系必有者。"又奏："臣严谕地方官察访水摸，有犯必惩，再查荆州一带堤工，惟监利县因秋水骤涨，堤塍冲刷，现已赶修。其万城堤工，及杨林洲、黑窑厂、观音寺等处，各石矶堤根均堵筑结实。窖金洲沿堤居民，佥称自蒙恩建此钜工，田庐保固。"得旨："览奏俱悉。"

584 卷 1444 · 乾隆五十九年正月

癸卯 谕军机大臣曰："毕沅奏续获沉溺铜斤数目，及惠龄奏查看川楚沿江水势各折，均已于折内详细批示。铜质沉重，沉溺江底，不至随波冲去，其未能全数捞获者，由水摸人等，将铜斤潜匿水底，希图过后盗卖牟利。节经降旨，令该督抚等留心查察。兹据毕沅奏'已获铜四万四千余斤，未获铜五千七百余斤'，计未获之数虽少，然在盗卖者，有此盈千私铜，获利实多，不可不设法查禁。因思水摸人等偷捞铜斤，必在沿江一带铺户销售，着再传谕该督抚，转饬沿江地方官，密行晓谕该铺户，如有无业贫民而骤持多铜到铺售卖者，即系盗窃之铜无疑，该铺户当即到官呈首。该地方官一面将盗卖之人究明惩治，一面将呈报之铺户优加奖赏。若铺户串通不报，别经发觉，即与盗卖一并分别治罪。如此剀切详谕，劝惩并用，该铺户等尚有身家，又见呈报后可得厚赏，遇有盗卖铜斤之人，自必据实首出，而水摸人等见无销售之路，亦不敢仍前舞弊，此亦杜绝偷盗之一法。惟在该督抚督饬所属，实力奉行，方为妥善。"

585 卷 1445 · 乾隆五十九年正月

乙巳 谕军机大臣曰："孙士毅奏捞获沉溺铜铅数目一折，内称'川省有云南委员和费颜，在巫山县大磨滩、库套子滩共沉铜十万一千七百余斤。大磨滩已获一千七百十二斤，库套子滩无获'等语。铜铅沉溺，自应即时设法打捞，以期尽数捞获。今该委员所解铜斤，沉溺十万一千七百余斤，而捞获之数仅止百分之一，自系该地方官不能督率水摸人等实力打捞，并或任听伊等将铜斤潜匿水底，过后盗卖，以致日久无获。昨因水摸等偷捞铜斤，必在沿江铺户销售，降旨令督抚等务须实力查察，杜绝弊端。今巫山县地方沉铜无获，自必有此等情弊。此系惠龄任内之事，可见该抚于此等事不过视为具文，并未督率地方官认真查办，实属怠玩。惠龄着传旨申饬，仍着孙士毅即严饬所属，赶紧设法打捞，并遵照节降谕旨，严密查察水摸人等，毋任有偷捞盗卖情弊，以期沉铜速行报获，方为妥善。"

586 卷 1446 · 乾隆五十九年二月

己巳 又谕："户部议驳孙士毅奏收缴小钱一折，内称'所发价值及镕化折耗，较之京城及各省定例，均属浮多。且查该省三年以来收买之数，多至一千一百余万斤，必非尽由民间私铸，自系从前该省官吏于鼓铸时，偷减工料，并未如式铸造，以致小钱日积日多'等语，所驳俱是。各省收买小钱数目，自数万斤至数十万斤不等，独川省有一千一百余万斤，虽出产铜铅，易于镕铸，但小民各有本业，必非全以私铸谋生。即零星挑贩，得获锱铢，不过数百文，何至小钱如此充斥？是该省从前官局偷减改小情弊，实所不免，在官既未能杜绝弊源，而徒向民间纷纷收缴，是不清其源而仅遏其流，又安能断绝？况所给价值及镕铸数目，又与定例不符，殊非核实之道。着传谕孙士毅，即遵照部驳，及朕将议折各折角处诸情节，逐款登答，仍严查管局官员，嗣后务须如法铸造，毋得丝毫轻短，并将如何设法查禁之处，据实覆奏。孙士毅乃能事之人，不可因暂署督篆，致涉回护。"

587 卷1450 · 乾隆五十九年四月

辛未 又谕："前因沉溺铜铅捞获甚少，恐水摸等偷匿滋弊，地方官不能实力查察，是以饬令四川、湖广各督抚设法打捞，以杜弊端。兹据孙士毅奏《捞获铜铅筹议章程》一折，内称'库套子险滩，波浪奔腾，水摸不能到底，仅有一人直到水底尽力打捞，获铜一块。该水摸登岸，当时口中流血，昏晕半日始苏'等语，所办殊属非是。铜铅船只遇风覆溺，自应勒限打捞，尽数报获。倘系有名险滩，人力难施，断无逼令水摸委身冒险，轻试不测之理，设竟在江淹毙，是因捞铜之事致令戕生，实属不忍。况现据孙士毅酌议，极险江滩沉铜无获，只准豁免一半，余亦着落运员与地方官分赔，又何必勒令冒险轻试耶？孙士毅办理不合，着传旨申饬。外省督抚于地方事件，非失之不及，即失之太过，办理总不能得当，嗣后该督抚遇有铜铅沉溺，固应实力打捞，如实系险滩难以施力者，自当酌量情形，不必过于勉强，以致水摸有涉险轻生之事。除将孙士毅所奏筹议章程，交部核议具奏外，将此通谕知之。"

588 卷1451 · 乾隆五十九年四月

甲申 谕军机大臣曰："……又该督（梁肯堂）另折奏铜船抵通一折，内称'北河水浅，照例起拨'等语。铜船非漕船可比，现因天旱水浅，重运正需起拨，若复分拨铜船，转恐兼顾不及，该督何不知缓急若此！想总因天久不雨，该督目击情形，过于焦灼，以致所办诸务俱不能权度轻重，朕亦不值加之责备也……"

589 卷1453 · 乾隆五十九年五月

乙巳 又谕："据孙士毅奏运京铜铅出境日期一折，内夹片一件，系该省麦收分数。收成分数关系民食，最为紧要，该督自应专折奏闻，从来并无夹片具奏之理。即欲归简易，亦应以收成分数缮一正折，将铜铅出境夹片具奏。乃该督转将麦收分数用片声叙，殊属轻重倒置。孙士毅由军机司员出身，岂尚不谙此制耶？着传旨申饬。"

590 卷1454 · 乾隆五十九年六月

丁卯 又谕："昨因近日钱价过贱，酌筹调剂，已降旨各督抚，令其酌量情形。今日适据毕沅等奏请停止鼓铸一折，看来各省局钱存积过多，大概皆然。云贵两省，系出产铜铅省分，每年鼓铸陈陈相因，前据富纲奏添拨工本采买余铜一事，经户部查出，该省积存局钱已有一百五万余串，此后又按卯鼓铸，存积之多，自必倍于他省。现在询之谭尚忠，据称'滇省近年每纹银一两，换钱至二千四五百文，钱价实为过贱。若将云南局钱停止鼓铸，实为有裨'等语，可见该省钱价更贱于他省。而小钱充斥，亦惟云贵为甚。前于四十五年，和珅前往云南审案时，即以该省小钱风行，曾经具折参奏，并将行使之破烂小钱呈览。兹又阅十数年，该省钱法之弊，自更不可问。其故总由钱局鼓铸局员，将官钱私行减小，额外私铸小钱，希图赢余。而云贵为出产铜铅之所，取携甚便，更可多铸肥橐。该管上司，亦不免从中分润，是以利于鼓铸，不肯停减。试思户工二局鼓铸钱文，例有侍郎二人专行管理，又有该部各堂随时督察，而钱局监督又系二年更换，所铸钱文尚不无轻减分两等弊，况该省止系督抚派员承办。而所派之员，又系常川管理，并不更换，若再有上下分肥等事，又安能不丛生弊端？且各省鼓铸，所有铜斤俱系由滇采买解往，各有定额，即减小多铸，尚有限制。至云南则本地产铜，厂员皆系属吏，又并不停铸，减卯局员亦何所顾忌，而不任意多铸，希图侵润耶！即如该省既设有省局，而东川又复设局开铸，其每年所放兵饷，又并不搭放钱文，若非有贪图侵润起见，又何必常川鼓铸，以致积压日多，其弊显而易见。姑念事属既往，不加深究，但度量情形，该省两处钱局及贵州钱局竟应俱行停铸，遇有应放钱文之处，局中存钱不少，尽可足敷支放。即使存钱渐次放完，其应放之项，亦可将银改放。如此办理则局钱既不致徒滋拥积，虚糜工价，民间钱文，又不致日贱一日。而局中既停鼓铸，小钱日少，亦不致流行他省。而铜铅积存多余，又可为京师及各省鼓铸之需，实为拔本塞源，一举兼善之道。朕因整理钱法，不惮再三训谕，详悉指示。富纲久任云贵总督，受恩深重，费淳前后两任云南藩司，现又护理巡抚，伊二人从前办理因循，已难辞咎，此时务宜各矢天良，据实查办，以此日剔弊之功，救已往侵欺之罪。若因局铸钱文，可以沾润自便私图，或为属员赢余地步，不顾公事，藉词难以停减，将来钱法日坏，小钱充斥，自必追究来路，则惟该督抚等是问，必当加倍治罪，恐富纲、费淳，不能当其咎也。"

591 卷 1455 · 乾隆五十九年六月

癸酉 谕曰："阿桂等奏请申明例禁，严禁小钱一折，已交步军统领衙门、五城、顺天府一体查禁矣。据称'小钱之弊，节经饬禁，乃现在派人持银至市易钱，亲加检阅，每串内搀用砂板、鹅眼等钱数十文。京城如此，外省不问可知。显系该督抚奉行不力'等语。各省地方小钱充斥，节经降旨通饬查禁，而其弊仍复如故，此其致弊之由。朕细思得之，即如富商大贾资本殷实，即使逼令私铸小钱，伊等顾惜身家，亦断不肯作此违禁之事。不过游惰小民，衣食不给者，于僻静处所，私行设炉镕化，能有几何？其余止系肩挑步贩，为数更少，何至小钱日积月多，甚至流行他省。其故，盖由于各省钱局鼓铸钱文之时，不肖局员，将官钱私行铸小，额外私铸小钱，希图赢余肥橐。该管上司从不顾问，或且不免从中分润，是以利于多铸，从不议及停减。小钱充斥，其弊实由于此。而各省中则以云南、贵州、四川、湖广为尤甚，盖各省鼓铸所需铜铅，俱系由滇黔二省采买运往，而所买铜铅，皆由部中查照各该省应行额铸钱文，核定数目，比较盈绌，不能额外多买多铸。即使各该省局员希图微利，将局钱减小，余出铜斤额外多铸，亦尚限于额铜，不能过滥。至云、贵、四川，本系出产铜铅之地，取携甚便。而湖广汉口地方，为云、贵、四川总汇，奸民杂处，私贩私铸，诸弊丛生，是以小钱公然行用，比之各省，倍为充斥。且户工二局鼓铸钱文，例有侍郎二人专行管理，又有该部各堂官随时督察，钱局监督，更系二年更换，所铸钱文，尚不能弊绝风清，然即使有弊，亦不过稍减分两，较之官铸形模略小，断无砂板、鹅眼等项破烂小钱。若非出于此四省私铸，流行挽和，则此等小钱，又从何而来？况各该省只系司道府等官承办，又系常川管理，安能不弊端百出耶？现惟湖北省经毕沅等奏请停止鼓铸，尚为留心整饬，然仅请停止一二年，尚觉年分较少，看来竟应多停数年，方为有裨。至云南局存钱文一百余万串，省局及东川二处，仍复按卯鼓铸，其每年兵饷，又不搭放钱文，何必陈陈相因，徒滋积压。乾隆四十五年，和珅前往该省审案时，因小钱风行，曾经具折参奏，惜彼时未经即时严办，停止鼓铸，以致积弊相仍，蔓延他省。兹又阅十数年，该省钱法之弊，自更不可问。所有云贵二省钱局鼓铸，竟当永远停止。四川省经孙士毅在彼督率查禁，小钱渐就减少，然近边宁远一带，尚仍沿用小钱，根株未能净绝，是该省鼓铸，亦应永远停止。福康安前在云贵、四川总督任内，未能实力整顿，杜绝弊端，已难辞咎，姑念伊到任未久，旋即调任，是以不复深究。今复任四川总督，务须趁此甫经整顿之后，实力督率，不避嫌怨，留心查办，以期小钱净尽，方为不负任使。若仍前办理因循，以致钱法日坏，小钱仍旧充斥，则惟福康安是问。其余各省督抚，经朕屡加训饬，务宜共矢天良，据实查办。若仍漫不经心，致流弊竟无底止，必将该督抚从重治罪，决不稍为宽贷。但查禁小钱，全在该督抚等实心董率，严密稽查，不得委之官吏胥役，转致藉端扰累。近闻外省繁剧州县，所用衙役，有多至千余名者，内中并非正身，俱系无藉之徒，挂名冒充，希图恐吓乡愚，藉资勒索，于吏治民生，殊有关系。并着该督抚等实力稽查，一体严禁。除额设各役外，其余滥行冒充白役者，概行革逐，倘并不认真办理，以致滋生事端，一经发觉，除该州县从重治罪外，必将该上司一体治罪，恐不能当其咎也。将此通谕知之。"

乙亥 豁免云南运京沉溺铜六万六千九百斤有奇。

己卯 谕军机大臣曰："兰第锡（江南河道总督）奏'铜铅过境，贵州委员领运铅斤，在三草坝地方陡遇暴风，将第一号铅船沉溺，当即打捞全获'等语。铜铅船只遇风沉溺，节经降旨令各督抚严禁水摸人等偷捞私匿情弊，并饬赶紧打捞务获。今该委员铅船因风沉溺，当即赶拨水摸上紧打捞，将沉船全数捞获，自应量为奖赏。着传谕兰第锡，查明此次捞获铅斤之水摸人等，酌量赏给银两以示鼓励。"

592 卷1456·乾隆五十九年七月

癸巳 豁免云南运京乾隆五十二年分沉溺铜一万一千斤。

593 卷1458·乾隆五十九年八月

丁巳 又谕："据兰第锡等奏'高堰山盱地方，于七月初七等日，昼夜暴风，临湖石工多有掣卸，湖水泼过堤顶，庙宇、兵堡、房屋，亦多淋塌。幸石工后土堤坚固，未致掣通过水，所有山盱五坝护埽，虽被掀揭，该厅营委员等竭力抢护，得以保护无虞'等语……又折内称'云南委员张志学领运铜船，在运口停泊，因风撞击，沉溺船八只，计沉铜七十万斤零。随经该管府县，督同赶紧打捞，已获铜六十万二千余斤'等语，所办尚好。该管府县及该委员等，于铜船被风沉溺，即能多雇水摸人夫，上紧打捞，克日多已捞获，尚属奋勉，并着查明咨部议叙。其水摸人等踊跃争先，多有捞获，亦着加倍给赏，以示鼓励。仍令将未获沉铜，上紧督率捞获齐全，毋任隐漏，以副委任。"

庚申 又谕曰："冯光熊奏浙省办铜委员在黔患病 一折。据称'该委员舒泰然领解采买滇铜价银水脚，并带还前运借支滇库等项银两，因患病不能前进，当经派员抽验银鞘，并无短少。其外带盘费银一千两，除沿途支销外，余存银九十八两零'等语，所奏殊属疏略。该委员由浙省派委赴滇采买铜斤，今甫行至贵州，距滇尚远，即使行程已半，乃所带盘费已用去九百余两，只存九十八两零。若使该委员不患病症，则由贵州前赴云南，现存盘费已属不敷，况到滇采买铜斤后，尚须由滇管解回浙，长途费用，又将何所设措？若非该委员沿途花费，冀于到滇后，又向地方官攒凑帮贴，即系伊幕友家人等，乘本官患病，私行侵匿捏报，二者必居一于此。冯光熊于派员查验时，该员不过病不能行，非不能言也，自应将此等情节，向该委员详悉查询。倘该员因病身故，即应向伊幕友家人等切实根究，勿任含混影射，方为核实。乃只以抽验银鞘正项无亏，而于所带盘费，何以止存此数，将来自滇领运回浙，盘费又从何出之处，并未询明具奏？朕一经披阅即行看出，于折内加点，该抚竟未想到？何不留心疏忽若此。着传谕冯光熊，即将指出各情节切实严查，讯明覆奏，毋任稍有隐饰。"

甲子 谕军机大臣曰："户部议覆直隶省减铸卯钱改放银两一折，朕详加披阅，所驳逐条皆是。该督所称'保定、天津二营兵饷，长年以一成搭放，其余各营于冬季以一成搭放。今请每月减铸一卯，将长年搭放之保定、天津二营，停其搭放，仍俟冬季同各营统按一成搭放'一节，虽系酌为调剂，但兵饷改放银两原为钱价过贱，体恤兵丁起见。若钱贵于银，即长年亦应加成搭放，若银贵于钱，即冬季亦应满支银两。现在直省钱价甚贱，即应遵旨以银两满支，又何须仍以一成搭放？况该省每年额铸，除搭放兵饷外，局钱尚有存积，今又改放银两，每炉每月复仅减铸一卯，则局中钱文存积更多。何以不将鼓铸卯期酌量停减，而转欲于各营仍按一成搭放？自系局员于鼓铸之事，不无津润，梁肯堂为伊等预留地步起见。又该省鼓铸，每年由官商办运洋铜二十五万斤，既经减铸卯钱，自应停止采办。若仍将铜铅等项照额办运，不但日积日多，虚掷无用，且运送脚价，徒滋靡费，何以该督并未计及？着梁肯堂即照指驳各情节，据实明白回奏。将此传谕知之。"寻奏："前因多减卯期，恐钱骤昂，因请月减一卯。又因民间岁暮便于用钱，请于冬月以钱一成搭放兵饷，究属筹画未周。遵旨暂停铸卯，俟三年后，酌看钱价办理，冬间兵饷仍满放银两。其采买洋铜铅锡，俱应停办。"报闻。

594 卷1459·乾隆五十九年八月

甲戌 又谕曰："福康安奏拿获传习邪教各犯，提省严讯一折……至福康安前已有旨，令其速赴云南新任。今川省既有此邪教大案，正需督率查办，云南钱法铜务虽关紧要，但积习相沿已非一日，此时富纲已带印交与冯光熊就近署理，福康安自可无庸急于前往。伊现在查办此案，想接奉调任谕旨后未必即行起身，自必在川严切根究，查拿要犯。如续经接奉催令起身谕旨后，业已前赴滇省，于何处接到此旨，即于何处仍行转回川省，将案内各犯审究明白，全行拿获，办理完竣，以期根株净尽，不留余孽，再赴调任。设一时不能审办完竣，即俟和琳到任后，再行交代前往云南，亦无不可。将此由六百里加紧各谕令知之，仍着将案内首要各犯如何设法查拿，及于何日全行就获之处，各行迅速由驿覆奏。"

辛巳 又谕曰："福康安奏'起程前赴重庆查办私铸等案，于内江途次接奉调任云贵谕旨，因此案交涉两省，似须在重庆暂行驻劄，分别审讯，立示惩儆，凡所以为川省杜绝弊源，即所以为黔省肃清奸薮'等语，所见甚是。前因福康安奏拿获传习邪教各犯，辗转传授，牵连数省，有旨交福康安亲身督率，归案办理。今福康安既驻扎重庆，查办私铸案犯，所有邪教一案，川省获犯三十余名、陕省获犯七十余名，共计已有一百余名。谅亦无难办理。着再传谕福康安，即遵照节次谕旨，酌量查办邪教私铸两案，于何处驻扎为便。即驻扎该处，督率办理，俟审究明白，大局完竣，再赴新任。至折内称'于宁远府就近设炉鼓铸，俾官钱一律通行，并借拨库项，俟半年之内将小钱收尽，即行停止'等语。川省小钱充斥，自由从前官局私铸所致，是以早经降旨停止，至收缴小钱一事，业据户部奏请，不准给价，通行各省在案。福康安因宁远一府，山高路远，运脚过多，就近设炉鼓铸，亦不过一时权宜之计。但该处收缴小钱，给价若干，何以能无亏成本？且给价收买，恐私铸更多，福康安前此折内未据声明，已经军机大臣等议请驳查。着交孙士毅，即将所驳之处，详晰查明，据实覆奏，勿任弊混。至滇黔地方，铜盐钱法各务，在在紧要，福康安曾任云贵，一切得以驾轻就熟，是以将伊调补，更何待朕训。福康安惟当在彼实力整饬，以副委任，不必急于请觐，方合朕心也。将此六百里驰谕福康安，并谕孙士毅知之。"

壬午 又谕曰："富纲等覆奏停止鼓铸一折。内称'近年以来，省局铸钱，务使体质坚厚，每千俱足七斤八两。现在存局钱文，较之旧钱迥别，而官局鼓铸，亦并无盈余'等语。云贵为小钱之薮，不特本省小钱充斥，甚至流行他省，其故总由官局私铸，上下肥橐分润。该省从前各属，设炉甚多，无非为属员欲得美缺地步。特因事久不加深问，即富纲将省局改归臬司管理，亦不过为见好臬司起见，殊属可笑。此事非富纲所能办，是以早将福康安调任云贵总督。现在邪教一案，四川、陕西两省，共获犯一百余名，本日又据毕沅奏拿获案犯二十二名。而传教之宋之清、王占魁、韩陇亦乐就获，是此事已无难办理。即桐梓县私铸一案，其首伙想亦不过十余人，秦承恩系属书生，邪教案犯七十余名，尚能全数捕获，况私铸匪犯无多。先经镇道前往搜拿，福康安又亲往督缉，自不难于立时全获。目下云贵钱法关系紧要，着传谕福康安将邪教私铸二案现获之犯，审讯明白具奏，星即驰往云南，将该省钱法，实力整顿，务使弊绝风清，以副委任。所有该省官局，已照富纲、费淳所奏，即饬停止外，至该处钱文，四十五年和珅到滇审案时，曾将该省小钱，由驿进呈，每钱百文，积厚不过一二寸许。计和珅到滇，距今又十有五年，该省钱法敝坏，小钱自必日积日多，所云该省近年并无小钱行使之事，其谁欺乎？况民间私铸，不过于僻静处所设炉镕化，能有几何？即福康安现在访闻桐梓县私铸之案，谅亦不满一二十人，何致云贵二省小钱充斥，甚至流传各省？总缘云贵为出产铜斤之所，取携甚便，而管局官员又视为美缺，相沿私铸，减小官式，上下分肥，以致丛生百弊。盖民间私铸，尚属鼠窃狗偷，而官局私铸，竟系明目张胆，是小钱到处风行，其弊实由于此。现令军机大臣将和珅从前奏到之钱，查出呈览，着福康安于到云南时即将该省鹅眼、沙眼、剪边等样小钱，各取百文，附报送京，互相比较，则该省钱法之坏，无难立见。富纲等自不复以虚词卸责，想福康安受恩深重，亦不肯代为回护也。将此由六百里谕令知之。"

595 卷 1460 · 乾隆五十九年九月

戊子 又谕曰："户部议驳长麟等奏请将铜铅对成搭配鼓铸一折，已依议行矣。各省小钱充斥，总由于局员将官钱私行减小，额外多铸小钱，上下肥囊分润。节经降旨，令各督抚停炉减卯，并严行查禁，以期钱法肃清，俾商民两便。乃长麟等仍虑及复卯开炉，钱价或至低贱，请将铜六铅四搭配鼓铸，而于铸局之弊，并未陈明。该省钱价每银一两易钱一千四百文，是钱价已为极贱，断不致即时增昂，今若加铜减铅，奸民析及锱铢，保无将官局之钱私行销毁，所得之铜，又可从而私铸。是一弊未去，而两弊并生。况该省现在收缴小钱，曾否净尽，并如何查禁之处，又未声叙，殊属疏漏。长麟等着传旨申饬，并着按照部中指驳各情节，逐一妥办。"

596 卷 1461 · 乾隆五十九年九月

辛丑 谕军机大臣等："据苏凌阿等奏沉溺滇铜，全行捞获一折，内称'七月初七日夜，暴风如吼，雨似盆倾，清口头坝地方，水因风激，登时浪头高过坝顶二三尺。正当危险之际，适滇省委员张志学铜船九只，被风刮至坝前，排列坝根，方得抢护平稳'等语。清口头坝地方，因暴风急雨，浪头高过坝顶，若非铜铅贴压，人力难施。是此次清口坝工得以保护平稳，实系铜铅贴护之力。此皆仰赖神庥嘉佑，实深敬感，兹特发去大藏香三十炷，交该督等，分诣诸神祠，敬谨祀谢，用答灵贶。其滇省委员张志学，着赏给大缎二匹，所有全行捞获铜斤之水摸人等，业据该督等加倍奖赏，嗣后自应照此一律办理，以示鼓励。将此传谕知之。"

597 卷 1462 · 乾隆五十九年十月

丙辰 又谕："御史王城奏'宝泉、宝源二局，现已减卯。云、贵、四川、湖广等省，亦停止鼓铸，请暂行停减采挖铜铅，以杜私铸'等语。云、贵、四川等省，现在正需筹办停炉，及私缴小钱各事宜，头绪纷繁。若复封闭矿厂，地方官何暇常川前往查验？且封厂之后，奸民惟利是趋，势必有潜往采挖等事。是所谓封厂，仍属有名无实。况厂徒人数众多，矿厂一经封闭，此等无业贫民，糊口无资，更恐滋生事端。王城所奏，止知其一，不知其二。但该御史既有此奏，着交与云、贵、四川各督抚，将所言是否可采，或应如何在各该厂设法稽查，倍加严密，以防透漏，于厂务更为有益。一并悉心妥议具奏。"

598 卷 1463 · 乾隆五十九年十月

丙子 又谕："据长麟等覆奏遵照部驳停止鼓铸一折。内称'广东省民间行使钱文，民禁严于官禁，不惟私铸小钱不能流通，即新旧官板制钱，亦必分别挑拣。铜质稍有轻糙，即低贱不能行使，是以有加铜之议'等语。各省小钱充斥，总由于局员将官钱私行减小，希图分润，朕早经鉴及此弊，节次降旨令各督抚实力查禁，以期钱法肃清。今长麟等奏'该省民间行使钱文，凡官板制钱，铜质轻糙者，即低贱不能行使'，此非官铸钱小之明证乎？可见各省官局鼓铸，不免私行偷减，而小钱之弊，不在民间而在官局。长麟等欲盖弥彰，竟不肯自行承认，不出朕之所料，但年久之弊，亦不深究耳，各该督抚务须督饬地方官，认真查禁，毋任私铸匪徒潜踪溷迹，尤不可妄听属员捏称钱贵，怂恿开炉，以清钱法而便商民，方为妥善。将来各省官局，如再有偷铸减小情弊，必将该督抚及局员等一并治罪。"

599 卷1464·乾隆五十九年十一月

乙未 谕曰："江兰前因失察曹县盗案，迟久不办，是以降补臬司，又因滇省现有清查钱法等语，为臬司专管，复经调任云南。但念其失察之案，究属因公，且藩臬所管事自有差别，况其同案降调之前任臬司罗煐，业已因办理疏消事宜妥协，加恩赏给按察使衔。而江兰于护理山东巡抚任内，查办灾赈事务，尚为认真，江兰亦着加恩赏给布政使衔，以示奖励。江兰当益加感奋，将地方钱法等事，随同福康安实心整饬，以期诸弊肃清，方为不负委任。倘不知奋勉，稍有懈忽，以致该省铜质仍前低潮，钱法仍前滋弊，必当加倍治罪。"

600 卷1465·乾隆五十九年十一月

丙午 谕军机大臣曰："福康安奏接收督篆一折。前因各省钱价太贱，由于小钱搀杂所致。云贵尤为小钱渊薮，亟须清厘整顿，是以特将福康安调任云贵总督。福康安受恩深重，为朕素所亲信，非寻常督抚可比，到任后自能实力筹办，尽心调剂，以期钱法肃清。昨询据富纲称'滇省现铸钱文，轮廓分两俱如式铸造，并无偷减。局中存钱尚多，可以调验，其省城商民行使钱文，自奉禁之后，亦无小钱搀杂，惟外府山僻地方，乡民或私自留存，不能即是净尽。福康安到后，如果查出局内竟有情弊，愿甘治罪。至各厂现运之铜，质地亦皆纯净'等语。就富纲所称，是该省钱局，竟似现无弊窦，若果如此，许多小钱又自何来？但从前和珅奉差至滇时，曾将该省小钱附报进呈，每百文不盈一掬。着传谕福康安到任后，务须严密稽察，倘该省尚有行使小钱，如从前和珅所进览者，即一面将钱样进呈，一面据实参奏。各省现在小钱，到处公行，甚为可恶，趁此严拿究办，正可惩一儆百，以清积弊。若该处官局及省会，果无行使小钱之事，固属甚善，但必须福康安详细查访，保其实无他弊，方可深信。福康安身荷渥恩，经朕特命前往经理，断不至稍涉回护，代人受过，致负委任也。"

601 卷1466·乾隆五十九年十二月

乙卯 谕军机大臣曰："福康安奏行抵云南省城及查办地方钱法各事宜一折。初阅折内称'钱法之坏，云南较贵州尤甚'，竟似该省钱法，现有弊窦；及阅至后幅，又称'云南地方，所有从前每百不及一二寸之小钱，久已收缴净尽，赴局抽验官铸钱文，斤两已足，轮廓亦甚整齐。省城及附近州县，现一律纯用局铸大钱，但每银一两换钱至二千五百余文，其价实觉太贱'等语；自系福康安甫到云南，尚未及详细遍查，此次所奏，不过大概情形。云南为小钱渊薮，即使目下局铸官钱果无情弊，但前此该省小钱到处公行，此时外府州县所行钱文，亦尚不免私铸搀杂。此等小钱从何而来？民间私铸，不过于隐僻处所暗自倾镕，为数无几。若非从前官局克减牟利，安得小钱如许之多？况该省现在每银一两换钱至二千五百余文，价值太贱，亦由该省为产铜之区，采买便易，管钱官员，每年于额外多铸，以致钱价贱至如此。设非朕降旨停止鼓铸，则该省钱价日贱一日，局铸钱文不能行使，日积日多，伊于何底？钱法为国家货弊，贵在流通，岂可任其壅滞？此事惟在福康安妥定章程，设法调剂，务期银钱两得其平，俾商民两便，通行无阻，方为妥善。至福康安奏'途次多服汤药，颇能见效，精神现已照旧'等语，览奏欣慰，但福康安气体素弱，尚宜爱惜精神，加意调养，以副委任。将此谕令知之。"

602 卷 1468 · 乾隆六十年正月

丙戌 谕曰："苏凌阿自署理两江总督以来，办理事务尚无贻误，但念伊年已八十，两江事务殷繁，精神究恐不能周到。两江总督员缺，着福宁调补。毕沅前因竹溪县邪教夺犯殴差一案，降补山东巡抚，咎在失察，尚非不可原宥之过，着加恩仍补授湖广总督。毕沅当感激朕恩，倍加认真奋勉，以赎前愆。所遗山东巡抚员缺，着玉德补授，其刑部左侍郎员缺，诺穆亲着给都统衔调补。都统而为侍郎者，向所有也。富纲前在云贵总督任内，于铜务钱法未能整顿，其咎较重，姑念其咎止因循无能，尚无别项情弊，所有吏部右侍郎员缺，加恩着富纲降补，仍带革职留任之案。玉德着即驰往山东接印任事，毕沅于交卸抚篆后再赴湖广之任，福宁俟毕沅到楚交代后，即赴两江之任，以便苏凌阿回京供职。朕办理庶务，一秉大公至正，今已八旬有五，日理万几，无微不照，于诸臣功过重轻，黜陟从公，权衡悉当。内外大小臣工，各宜恪共职守，交相儆勉，以期无负朕宥过施恩至意。"

603 卷 1470 · 乾隆六十年二月

辛酉 又谕："前因御史王城奏'现在云、贵、四川、湖广等省停止鼓铸，请暂行停减采挖铜铅，以杜私铸'，特降旨交该督抚等，将所言是否可采，或应如何设法稽查悉心妥议。嗣经孙士毅、姜晟覆奏'四川、湖广两省铜铅各厂，均请照旧开采'，经部议覆准行。今据福康安奏称'滇省采办铜斤，虽京局各省，分别减卯停铸，而年额仍须照旧解运。且厂民寻苗躧获一厂，费本开挖，始能成礅获矿，若封闭停采，即成废硐，将来开挖更为费力。况每厂砂丁不下千计，一旦失业无归，必致流而为匪，甚或潜踪私挖，又图私铸，是杜弊转足启弊'等语。此事王城陈奏时，朕早虑及，现在筹办停炉及收缴小钱各事宜，头绪纷繁，若复封闭矿厂，奸民惟利是趋，势必潜往采挖，仍属有名无实。况厂徒人数众多，一旦失业，更恐滋生事端。王城止知其一，不知其二。今据福康安等奏到各情形，果不出朕之所见，是该御史所奏，于事断不可行。所有滇省各铜厂，自应照旧开采，毋庸封闭，惟当饬各厂员实力整顿，加意稽查，不使稍有短绌透漏。庶诸弊可以肃清，而厂徒亦不至失所，于厂务实有裨益，方为妥善。"

604 卷 1472 · 乾隆六十年闰二月

丁亥 谕："前经降旨，将各省节年民欠普行豁免，令各督抚查明具奏。兹据福康安等奏'滇省钱粮，并无民欠，惟铜厂积年各户，共欠银四十九万七千七百余两'等语。此项铜厂欠款，固不在钱粮民欠之例，但该炉户人等，食力营生，与齐民无异，此次特沛殊恩，将小民积欠，廓然一清，共遂含哺之乐。所有云南铜厂各炉户人等，节年长支欠银四十九万七千七百四两零，亦着加恩一体豁免，以示逾格推恩至意。"

丁亥 谕军机大臣等："据福康安等奏滇省铜厂积欠一折，已降旨加恩全行豁免矣。铜厂工本银两，均关帑项，不容丝毫拖欠，年清年款，乃因此项积欠银两，每逾数年，即藉清查邀恩豁免。历任督抚及管厂各员，恃有恩免常例，遂任听炉户等递年积压，施欠不交，所办实属因循。兹当普免天下积欠，施恩锡庆之时，姑准所请，将厂欠一体豁免。着传谕福康安等，嗣后惟当认真查办，按年清款，倘再仍前拖欠，不能复思藉词宽免也。"

壬辰 谕军机大臣等："据福康安奏'督领官兵于二月二十六日分路进攻，伐木开栅，杀毙贼匪数百，烧毁贼寨二十六座，并搜获粮食万余石。现在筹剿松桃一带贼匪，即行前赴镇筸'等语，览奏欣慰。其筹办一切，甚合机宜，可谓用心之至，着赏给福康安珐琅表一个，及大小荷包奶饼，用昭优眷。阅图内，正大营迤南，报国、哑喇各塘，地势最为险要，现已为官兵攻得。其迤北之松桃、嗅脑一带，尚为贼匪屯聚，道路桥梁，被其烧毁掘断。福康安此时，自应探明路径前进，先将松桃一带贼匪，全行剿除。庶后路廓清，方可安心进剿。前据和琳奏上月底可抵秀山，该处贼匪不少，阅图内秀山与松桃接壤，松桃等处道路未通，和琳自必将秀山一带贼匪剿尽，肃清后路，再赴松桃与福康安并力前进。福康安、和琳当倍加奋勉，以副委任。至贵州军需事宜，系冯光熊一手经理，尚属妥协，已另降旨将该抚即留贵州之任，其云南巡抚员缺，将姚棻调补，着福康安再行酌量。如贵州省城有需大员驻扎，可暂留姚棻在彼。云南原有护抚也，如贵阳省城，别无紧要事件，而云南铜法钱务，需人经理，即一面奏闻，一面令姚棻径赴云南新任。"

605 卷1474·乾隆六十年三月

己未 封闭陕西略阳县兴隆湾铜矿，从陕西巡抚秦承恩请也。

606 卷1477·乾隆六十年四月

己亥 谕："……江兰曾任藩司，前在山东，于曹县盗案久未完结，降补臬司，实为公过。念其现在随同福康安等办理军务，不解劳瘁，实属可嘉，江兰着加恩超补云南巡抚，以示嘉奖。江兰惟当倍加奋勉，于铜务钱法，随同福康安认真整顿，用副委任。"

607 卷1482·乾隆六十年六月

丁巳 又谕："据费淳奏'俟江兰到滇，即将应办事宜，详悉告知，星赴江苏新任'等语。费淳在滇省办理铜务钱法及军需各件，尚为熟谙。江兰系新任巡抚，虽曾任该省藩司，恐不能如费淳之熟悉，着传谕福康安酌量此时该省铜务钱法、军需各件，江兰如果尚能办理妥协，即着费淳先赴新任，若必需熟手经理亦着据实奏闻，暂留费淳在彼，以资整饬。现在费淳即或起程，想离滇省不远，江苏抚篆署理有人，亦可无庸急于前往，即来京陛见亦无甚紧要，惟在福康安酌量情形，应否令赴新任，抑或暂留滇省之处，就近行知费淳，令其遵照。费淳于何处接奉此旨，即在该处等候福康安，行知到日，再定行止。将此传谕福康安，并谕费淳知之。再，近日军营情形若何，速奏来。"

608 卷1483·乾隆六十年七月

戊辰 又谕："据惠龄奏续获沉铜一折，内称'滇省委员胡钟等在湖北境内遭风，沉铜二十四万一千八百七十九斤，节次捞获铜一十六万九百余斤'等语。各省铜铅沉溺，前屡经降旨，令各督抚督率地方官多雇水摸，设法打捞，以期全数捞获。兹虽据惠龄称'现在江水泛涨，难以施工'，但未获铜斤尚有八万余斤之多，安知非水摸人夫，藉称水涨难摸，私自偷捞牟利，亦未可定。该水摸等所偷铜斤，不过在附近市肆私行售卖，无难随时访查。着传谕惠龄，即将此项未获铜斤，饬令地方官于水势略平时，妥速打捞，毋任水摸私行伦获。并着铜铅船只经过省分之各督抚，一体留心上紧打捞，随时访察，勿任稍有偷漏，方为妥善。"

609 卷1484·乾隆六十年八月

丁亥 又谕曰："陈孝昇奏请陛见一折，已于折内批示矣。现在滇省正在办理军需之时，铜务钱法，亦关紧要。巡抚江兰甫经到任，费淳亦已交卸起程，新任藩司熊枚，前因苏州省城乏人，又已留彼署理藩篆，尚未能即赴新任。陈孝昇现署云南藩司，正应留滇办理一切，乃拘泥成例，率行奏请陛见，适足见其语之不诚。除另降谕旨，令福康安酌量于可来时，再行饬知该臬司来京瞻觐外，陈孝昇着传旨申饬。"

610 卷1487·乾隆六十年九月

己巳 谕军机大臣曰："宜兴等奏'云南委员叶道治，押运癸丑年加运二起京铜，除在湖北巴东县遭风沉溺外，已全数交局'等语。查上年十一月内，据汪新奏'该委员在归州地方沉铜五万一千六百七十斤，经该州知州多雇水摸，全数捞获。巴东县地方沉铜五万一千六百七十斤，亦经捞获三千二百三十斤'等语，当经降旨，令将全数捞获之归州知州王钟岳，咨部议叙。其巴东县沉溺未获铜斤，上紧设法打捞，以期速行全获，迄今几及一年。此项沉铜，虽据惠龄奏续获一千三百三十二斤，为数甚属有限。着传谕惠龄，趁此水尽潭清之候，严饬所属多雇人夫，实力打捞，毋任隐匿偷买，方为妥善。"

611 卷1489·乾隆六十年十月

辛丑 谕军机大臣曰："梁肯堂奏'河南、山东二省，及长芦等处收缴小钱，解送直隶，归局镕销。节次镕试，每百斤须镕剔三次，方得铜铅六十斤。而此内砂壳居多，剪边较少，镕销之下，未免铜少铅多'等语。前因小钱充斥，节经降旨，饬令小民呈缴，设法收买，随时镕销，原以杜私铸之弊，并非欲藉镕化小钱，为多得铜斤起见。该省既未能如法镕销，何不即将此项钱文，遇便搭解送京，归局倾销。着该督酌量情形，或遇便由水路解送京局亦无不可，但不必专员解送，如有碍难办理之处，亦不妨据实具奏。至该省现在市集行使，虽均系制钱，惟外来商贾携带钱文，间有小钱搀杂一二，此亦在所不免。惟在该督实力查办，务使小钱一律净尽，不致仍前充斥，久而生懈，方为妥善。"

612 卷 1490·乾隆六十年十一月

辛酉 户部议覆："贵州巡抚冯光熊疏称'威宁州属陈家沟铜厂，向供大定局鼓铸，今已停铸，该厂仍令威宁州采办，俟积有成数，就近拨凑滇铜运京'。查滇铜运京，每运九十四万余斤，今陈家沟厂每年出铜七万斤，积五六年亦不足一运之数，应令该抚照例抽收，按年运贮州库，俟数敷一运，径行题明解京。"从之。

613 卷 1491·乾隆六十年十一月

壬申 谕："昨巡视东城御史，及本日步军统领衙门奏，拿获偷铜贼犯均已交该部严审定拟矣。向来官铜被窃，解员例有处分，而一经到部，该员及管押家丁人等，又须听候传讯。部中胥吏，转得便宜，而解员未免需费畏累。是以偷窃之后，往往私自赔补，不肯即行禀报，以致日久，贼犯无踪，致稽捕获。每次运京铜铅不下数十万斤，分起运送，该解员所带家丁无多，岂能往来照料。嗣后遇有偷窃铜铅之案该，解员务当立时报明，以便交步军统领衙门、五城、顺天府迅速严拿。获犯之后，刑部止须向贼犯严切研鞫定拟，不必传讯该员及家丁人等，以免守候。至铜铅攸关帑项，既有窃失，自应着落解员赔补。其失察处分，尚属可原，并着加恩宽免，以示朕洞悉下情，体恤周详至意。"

614 卷 1494·嘉庆元年四月

癸卯 敕谕："前因各省小钱充斥，由于各省督抚不实心详查，不肖局员等鼓铸时偷减铜斤，将轮廓收小，且以为好缺，用其所私之人，以致奸民因之私铸，弊端百出，是以降旨将有鼓铸省分暂行停止，业将两年。因念各局匠役人等世业其役，停铸日久，伊等未免生计维艰，而滇黔各省照旧开采，并恐铜铅积压过多，致启偷卖营私之弊，不可不量为变通。又上年皇帝率同户工部臣，奏请各省开铸时，乾隆、嘉庆钱文各半分铸，业经允准。今思朕临御六十年，而云南铜厂又值丰旺，遂照数鼓铸。乾隆钱文，各直省流行较多，兹复各半分铸，则新旧钱文搀杂行使，倘局员等仍复减小鼓铸，转致无从稽核。着有鼓铸省分各督抚，于接奉此旨后，即将嘉庆年号钱文，按例全行开铸，并照户工二局颁发钱式，铜六铅四，配搭试铸。户工二局，现系乾隆、嘉庆钱文各半铸造，亦着将乾隆钱文改为二成，嘉庆钱文改为八成鼓铸，使新式钱文广为流通。今当开铸伊始，务须轮廓分明，质地坚实，不得再有偷减、收小等弊，以便商民而清圜法。若此次开铸后，嘉庆钱文内再有未能如式，薄小糙脆者，钱上有各省局名，可以一望而知，非局员舞弊，即系地方官查察不严，致有奸民私铸，必将该督抚及地方官局员等，分别从重治罪。至云贵楚蜀，向为小钱渊薮，尤应实力稽查。倘阳奉阴违，仍前滋弊，一经查出，必将该督抚等加倍治罪，决不姑贷。伊等身任封圻，从前既未能严查小钱，收缴净尽，已属咎无可辞，幸邀格外宽宥，兹当奉行之初，经朕谆谆训诲，若再不缴发天良，认真查办，则是始终不悛，恐不能当此重庚也。将此通谕知之。"

仁宗实录部分

001 卷26·嘉庆三年正月

甲午 是月，两广总督吉庆、广东巡抚陈大文奏："广东省局铸钱，向以粤盐易换滇铜供铸，嗣经停运，奉旨以铜六铅四配铸。惟存局滇铜，炼色不过在八成以上，查省城所卖石碌铜，产于琼州黎地，黎人检挖，售作颜料，余剩沙石，架炉煎炼，每百斤可得铜十五六斤不等。其色十分纯足，若以之铸钱，自必出色。当与司道会商试办，委系坚亮，核计脚费，较之滇铜，尚有节省，于钱法实有裨益。"下部知之。

002 卷41·嘉庆四年三月

戊子 两广总督吉庆奏："广东采挖黎地石碌铜斤，试办一年，额已短缺，且该处滨临洋海，多人煎采，恐致滋生事端，似应亟行停止。其省局鼓铸，仍请运用滇铜。"得旨："所办甚妥，所见极是，仍用滇铜，不必开采。"

003 卷55·嘉庆四年十一月

戊寅 又谕："内外衙门书吏，积惯舞弊，最为恶习。外省各官，遇有题升、调补、议叙、议处、报销各项，并刑名案件，每向部中书吏贿嘱，书吏乘机舞弊，设法撞骗，是其常技。至运京饷、铜、颜料各项解员，尤受其累。自投文以至批回，稍不满欲，多方勒掯，任意需索动至累百盈千，名曰部费，公然敛派，即督抚亦往往明知故纵。至外省督抚藩臬以及州县各衙门，凡应办事件，亦不能不经书吏之手，藉端滋弊，甚至上下勾通均所不免。现当吏治肃清之时，岂容猾吏蠹书，从中播弄。嗣后各省官员，务须正己率属，廉洁自持，严明驭吏，汰除冗散，惩创奸胥，以杜外省书吏之弊。在京各部院堂官，惟当督饬司员等，每事躬亲，熟观例案，实心勤职。倘有积猾吏胥，密访得实，即行严办，以杜在京书吏之弊。倘经此次训谕之后，内外各衙门仍视为具文，尚有前项情弊，别经发觉，或被科道纠参，必将该管各管分别议处，勿谓诰诫之不预也。将此通谕知之。"

004 卷87·嘉庆六年九月

庚子 谕内阁："庆杰等奏查勘铜苗情形一折。前据明安等奏'大兴县民人张士恒等呈称，平泉州属四道沟、云梯沟等处，有铜苗透出，请自备工本开采'等语。朕即知其事不可行，又涉言利，是以未即允准，特降旨令庆杰等查奏。兹据庆杰等奏称'查得云梯沟地方，系喀喇沁王满珠巴咱尔名下山场，旧有洞口四座，系民人窃挖，该处铜苗甚觉微细。又四道沟地方旧有洞口一座，亦系民人窃窍，该处铜苗较旺，但不知能否经久，请令试采'等语。该二处山场久经封禁，现在详悉查勘，亦未见实有可以开采之处，其事断不可行。盖开采俱系无业游民攒凑资本，互相邀集，趋利若鹜。倘已聚集多人，而铜苗渐竭，彼时何以遣散，岂不虑其滋生事端？即或开采获利，而该处地方，与蒙古山场相连，使蒙古等以内地官民专为牟利起见，于国体殊有关系。况现在户工二部鼓铸事宜需用铜斤，照例由滇省起解运京，尽属充裕，本无须另筹开采，何必轻为此举耶！所有平泉州属四道沟、云梯沟等处产铜山场新旧洞口，俱着永远封禁，不准开采，并责成地方官严加查察，毋许再有私行偷觊之事。朕自亲政以来，屡经谕止臣工不准言利，而内外臣工，实心确信朕言者固多，然心存观望犹豫者不少，彼意总以为决不因言利获咎，即蒙议处申饬，圣意总觉能事，后必见好。是直不以朕为贤君，视为好货之主矣！诸臣何苦必欲以此尝试耶！上年胡季堂有奏请在直隶大名地方开设铅厂一折，朕未经批发查勘，即不准行。本年明安先有奏请开采木植之事，此次又率据该商人所请奏开铜矿，谓非言利而何？在商民等无知见小，计及锱铢，而明安即据以入奏，此必轻听属员怂恿而成。明安受恩深重，自不应有冀图沾润情事，然亦不可不防其渐。而该商等具呈恳请时，若非于所属员弁及书吏人等辗转贿求，何能遽将所请之事达于明安，代为奏请？此种情弊，岂能逃朕洞鉴乎？嗣后臣工等惟当洗心涤虑，毋得轻启利端，假公济私，妄行渎奏。将此旨通谕中外知之。"

005 卷91 · 嘉庆六年十一月

癸巳 谕军机大臣等："现在军务即日告蒇，其善后事宜内，惟安插乡勇一事最为紧要，屡次谕令该督抚或酌给叛产绝产，或令充伍食粮，原为伊等预筹生计。但闻叛产一项，为数无多，盖各省匪党，皆系无藉之徒铤而走险，其甘心从贼如庞洪胜之家产饶裕者，宁有几人。至被贼裹胁各村民，其本有田产者，一经散出，自必归家各认己业。且各处尚有散出难民，均须安插。是叛产、绝产，亦岂能遍给无遗？况自贼中投出者即属良民，此等多系无业之徒，若不妥为安抚，仍令流离失所，亦恐滋生事端。因思川、陕、楚地方辽阔，尽有官山，未经开垦荒地，与其为客民占据，何如拨给乡勇，令其自安耕作。此外若有可兴之利，不妨奏明办理。如川省铜、盐等项，或有可以资借谋生，无碍于官而有便于民者，各就该省现在情形，量为措置。至乡勇随同官兵剿贼日久，其中伤病者谅亦不少，现在各省所调官兵，其因伤病未愈及随征日久者，均以次彻归原伍，而乡勇之伤病者转未议及。是官兵之裁彻者多，而乡勇之冗食者不少，殊非核实之道。且有由隔省调派随征者，此时即应先行裁彻，以节糜费。将此传谕知之。"

006 卷96 · 嘉庆七年三月

壬辰 谕内阁："常明奏'请将滇铜归滇省迤东道承运，径交镇雄州接运'一折。向来滇铜系由寻甸州起运，经过黔省威宁州属地方，交镇雄州转运，至四川泸州水次交兑，嗣经改由黔省威宁州接运。今既据奏称该州赴滇省请领运费，往返需时，诸多不便。着照所请，改归滇省迤东道承运，径交镇雄州接运，以昭简易。"

007 卷99 · 嘉庆七年六月

壬子 谕军机大臣等："本日据杨揆奏到'峨眉、雷波两处夷匪滋事，现在筹办缘由'一折，与前日勒保所奏情形相同。但折内只称'该厅县铜铅各厂，多与夷地毗连，此次缘汉夷争界，并有附近厂分贸易民人，在彼影射私垦夷地，因而该匪等生心烧抢'等语，其实在因何起衅，焚抢时曾否伤害民人，及滋事夷众共有若干人，为首者系属何人，仍未详晰声叙。着勒保即遵照前旨，查明据实速奏。至该夷匪等滋扰边界，肆行焚抢，固不可将就了事，但此等徼外猓夷，一经董教增等带兵赴彼，该匪等即已退回卡外，可见尚知畏惧。

即折内所称夷性畏热，恐交秋后复出滋扰，亦尚系悬揣之词。此时丰绅带兵前往，若径行捣其巢穴，恐该处沿边夷种不一，转致惊惶失措。勒保接奉此旨后，当酌量情形，饬知丰绅等相机妥办，如该匪业已退避归巢，丰绅等只须在卡内带兵驻扎，示以声威，谕令将为首之犯自行缚献，究明起衅首犯，正法示众，即可完局。如查系汉民理曲构衅，亦即对众将该犯正法，使该夷等心知畏服，可期日久宁谧。丰绅仍即带兵回至川北一带，办理搜捕余匪事宜。其峨眉、雷波边界，就近交与该协营将领等督兵驻彼弹压，以靖边隅。将此传谕勒保，并谕杨揆知之。"

008 卷 106 · 嘉庆七年十二月

戊申 免云南㑩匪滋扰之丽江府属本年矿厂、盐井、额课铜斤及税秋官庄租米。

009 卷 130 · 嘉庆九年六月

辛未 谕内阁："科道为朝廷耳目之官，责任至重，凡政治利弊攸关。如有真知灼见，自应据实上陈，直言无隐。乃近年各科道等，多有摭拾浮词，毛举细故，封章入告，徒博建白之名，而敷陈毫无实际。且每遇查办事件，率于事后纷纷条奏。即如日前查出户局铜斤亏短一案后，科道等即相率以铜斤章程连篇具奏。此次吏部书吏舞弊压缺一案，业经查办完竣，而昨日御史韩克均始有详校则例之请，已谕令各部院堂官议奏……"

010 卷 131 · 嘉庆九年七月

庚子 谕内阁："本日大学士满汉尚书及原审大臣会同议奏初彭龄等罪名一折……初彭龄平日陈奏各事，除现在所办铜案外，其余亦多非确实……"

011 卷 132 · 嘉庆九年七月

甲辰 又谕："宗人府会同刑部奏'审讯宝泉局亏短铜斤一案，请将监督五灵泰等援照因事在官受财，以不枉法赃，论拟绞监候'一折，所办太觉失之轻纵。此案所短铜斤至七十余万之多，该监督各任所得银两自三百两至一千八百两不等，此等劣员所收之银，即局内短收之铜，岂非通同舞弊耶！总缘童焕曾业已正法，无可质证，该监督遂坚不承认，殊不知五灵泰等即无授意短收之事，而童焕曾节次所送到任节礼等项，累百盈千，伊系下贱经承，安得有如许家资，不时馈送？且伊等果无弊端，又焉用贿赂监督为耶？五灵泰等前此保送监督时，均由各堂官拣选，自因平日办事尚为明白，岂于此项银两，即不问童焕曾从何处得来，径行收受，显系任听书吏等串通舞弊，该监督等佯为不知。如此尚谓之不枉法，必将局内之铜尽行盗去始谓之枉法乎？五灵泰等已经革职，不难加以刑讯，即遐龄、凤麟身系宗室，朕又何难亲行讯问？伊等岂尚敢狡饰不吐，朕特不为已甚耳！但此案所拟罪名，仅照不枉法赃论，实属失出。总因童焕曾死无对证，不肯彻底根究，此乃官官相护恶习，大属非是！五灵泰、遐龄、董成谦、祁韵士、凤麟、丁树本，均着照枉法赃问拟绞监候，入于本年秋审情实，届时再降谕旨。所有审拟此案，轻纵之各堂官，均着交部议处。至历任管理钱法堂之户部侍郎，自嘉庆四年朱士龙一运起，至上年麟瑞一运止，失察该监

238

督等受贿短铜均有应得之咎。着该部详查在任年月外，暂注明收铜次数，开单进呈，候朕定夺，毋庸部臣议处。余俱着照所议行。"

庚戌 谕内阁："前因查办户部宝泉局亏短铜斤一案，自嘉庆四年十月以后，各该监督等均有得赃短铜情事，当经降旨，谕令该部将失察之历任管理钱法堂满汉右侍郎，按照在任年月之久暂，并收运铜斤次数之多寡，分晰开单呈览。兹据该部查明缮写清单具奏，朕阅单内，惟额勒布在任几及三年，收过八运铜斤，共计售卖余铜十四万三千余斤，历任最久，收铜最多。况额勒布本系户部司员，于度支事件最为熟悉，屡经有人密保，称其谙习部务，是以于两年中超用副都统，即授为户部右侍郎，管理钱法堂，并授总管内务府大臣，派管各项差使。额勒布自当随事黾勉实心供职，而于户部事宜，尤宜格外剔除弊端，以期仰副委任。乃于宝泉局监督等，得受赃私短收铜斤，竟尔毫无觉察，任听营私舞弊实属溺职。且额勒布近年办事多舛，即如此次赴豫督办衡家楼善后工程，朕原以其平日召对时一切敷陈，似尚能通晓事体，是以特派前往，伊亦称平日颇讲河工。及至到豫后，所论俱不切实，甚至前次奏开沟放淤一节，既与马慧裕、徐端筹商办理，而折内复称伊未谙河务，岂敢妄议修防，明系意存推诿，预为卸过地步。迨接奉谕旨后，忽用五百里驰奏，致骇听闻。不但行不逮言，而且动多错谬，实难胜卿贰之任。看来额勒布竟系器小易盈，不能承受朕恩，本应即予革职，姑念伊在户部有年，着加恩降补户部郎中。所有衡工河防事务，额勒布既称未谙，无庸管理，着交马慧裕、徐端督办，其随带之户部员外郎定住及那彦宝，带往留交之兵部主事赵麟，即着驰驿回京供职。额勒布此时仍当暂驻豫省，专办河神庙工，如遇有应行奏闻事件，着告知马慧裕、徐端，代为转奏，统俟庙工完竣，自行回京，赴部供职，不准驰驿。其在任一年有余之原任侍郎周兴岱、钱樾，虽亦经收铜四运七运不等，但业于另案降调。初彭龄在任未久，只收一运，并无余铜，且已另案革职，均无庸议。那彦成于署任内曾收铜五运，着降三级从宽留任。禄康署理未久，戴衢亨本任及署任十一个月有零，均曾收铜二运，着降二级从宽留任。其嘉庆四年以后，有曾署理钱法堂之侍郎，未曾验收铜运者，亦有失察之咎，并着该部查明议处具奏。"

甲寅 谕内阁："松筠奏'伊犁采炼铜铅厂夫口食，总须哈什、河南屯田收获小麦二千石，方足一年之需。该屯向系派拨遣犯数十名前往耕种，不但不习耕作，致所收麦石不敷，且因毗连额鲁特游牧，每多偷盗，于屯种有名无实，莫若拨给伊犁种地回子六千户，俾应纳官粮盈余即可养赡家口'等语。着照所请，将哈什、河南遣屯地亩，改拨伊犁种地之六千回户耕种，仍将本年回子借种额鲁特之地，一并拨给。其春稽地方有田二千余亩，亦准回子耕种，每年交纳小麦二千石，以供铜铅厂夫口食。所有拨往种地之遣犯数十名，即着彻回，归厂当差。"

012 卷 133 · 嘉庆九年八月

辛巳 又谕："那彦成、方维甸奏'乡勇郑忠祥、舒洪，首告潜行勾结，谋为不轨之赵恒裕、张希贤等各要犯，密行查拿、全数弋获，审明大概情形'一折。讯据供称'南郑县民人张希贤拜泾阳县民人赵恒裕为师，煽惑谋逆，暗约郑忠祥等在凤沔一带，以开铜厂为名，勾结棍徒并已散乡勇，欲于七月二十四日入汉中府城抢劫。该乡勇郑忠祥、舒洪，佯为应允，乡勇胡沛赚得书信为据，一同投首。当经该督抚等密饬地方文武分投查拿，将张希贤、赵恒裕，及伙犯郑么么、高小二、马文龙等，全数拿获'，所办甚好。汉南一带余氛，久经扫荡净尽，该犯张希贤等辄敢借图开铜厂为名，煽诱勾结，谋为不轨，实属罪大恶极。地方官一闻首报不动声色，按名查拿，不致要犯漏网。现在地方宁谧，民情照常，办理实为妥速，所有查拿匪犯各员，俱当加恩奖励……"

013 卷 134 · 嘉庆九年九月

壬寅 又谕："给事中秦维岳奏'请将户部宝泉局短少铜斤案内革职之运员，由部开缺'一折，所奏是。前此刑部审办此案，以运员朱士龙等十七员，均经给过童焕曾使费，请查明一体革职，并按照所卖余铜勒限赔缴。自应查明册档，将朱士龙等照例开缺，一面行知该员现任省分办理，方为允协。若一概咨交云南，则其中有升任他省者，又必辗转咨查徒稽时日。即如爱绅一员，系原任云南同知，现已升任广东韶州府知府，吏部现有册档可稽，即可查明开缺，径咨广东令其革任。此外升任他省者，亦可照此办理，何必概行知照滇省，以致开缺稽时。所有本案革职运员朱士龙等十七员，着吏部查明现任省分，即行知该督抚一面开缺，一面勒限赔缴。"

014 卷 136 · 嘉庆九年十一月

丁酉 免云南傈匪滋扰之丽江府属回龙厂上年铜课。

015 卷 137 · 嘉庆九年十一月

己酉 谕："内阁、户部等衙门议覆朱桓条奏'京城钱价过昂，请严察积弊，禁止居奇，以便民生等因'一折。国家设局铸钱，原以利用便民，而钱价之昂贵，总不外局中短铸及奸商私毁二端。京城宝泉、宝源二局，按卯兑发铜铅鼓铸，钱数自有定额。该钱法侍郎自应督饬各该监督，厘剔弊窦，实心经理，而奸商私毁之弊，即京师亦所不免。着步军统领衙门严密访拿，以清弊源。至外省设立钱局，按卯鼓铸，何以钱价腾贵，更甚于京师？自由各该督抚及各该地方官不实力督办，或系局中短铸，或有奸徒私毁，以致钱文不能充裕，价值日昂。嗣后各直省督抚，当转饬各地方官一体严察。如查有短铸及私毁情弊，立即查拿惩办，毋得视为具文，以重钱法而利民用，倘各该督抚等不实心筹办，经朕访闻，或别经发觉，惟该督抚是问。"

016 卷 140 · 嘉庆十年二月

庚午 谕内阁："前据禄康等奏'据贵州正安州知州德顺呈称，伊父五灵泰于钱局监督任内，兑收朱士龙一起铜斤，本有挂欠四万四千余斤，其后如何补足及售卖余铜等事，俱系署监督户部员外郎百贵任内之事，与五灵泰无涉。又收受节礼三百两，系问官逼勒画供，定案时刑部堂官并未过堂。伊父无从申诉，被屈不甘，恳请陈奏'等情，并将原呈进呈，当经派令庆桂等会同秉公查审。兹据奏称'查明上年刑部审办此案时，因首先作弊之书吏童焕曾业经正法，无从详究历任监督赃据。率据书吏王蔚堂等所供，铜斤短少由于快收舞弊，遂以各该监督收铜时，查有挂欠，并无余铜售卖者，即为无弊；其并无挂欠，而有余铜售卖者，即系有弊，悬揣定案。至五灵泰任内所收朱士龙一起，实系短少铜四万余斤，报明钱法堂，确有案据。旋即卸事，以后收兑足数，系署监督百贵任内之事。刑部因该革职亦有收受馈送一节，率同董成谦等一律科罪，实属自乱其例。请将五灵泰照监临官员索求，所部财物，计赃准《不枉法论至死减一等》律。又按照一年限内全完，应行免罪例，声请钦定。并将刑部堂司官等，分别革职严议'等语。是刑部办理此案，总因蠹吏童焕曾先已正法，无凭根究赃私，讯办本不确实。其五灵泰收铜一起，报明实有短少，既云有挂欠即无弊，乃与收铜毫无挂欠并有余铜售卖者，科罪漫无区别，何足以服其心？至五灵泰得受书吏馈送银三百两一节，现据讯明刑部承审司员，向其屡次根究赃银数目，五灵泰先后画供承认，并非得自刑求。可见，收受属实。况此等陋规，从前历任监督，亦未必一无沾染。即以五灵泰而论，收受或不止此数，或不及此数，俱未可知，总与短少铜斤本案无涉。惟既经查出，即属有干功令。五灵泰着加恩免罪，发往热河，赏给披甲当差。至凤麟、丁树本、董成谦、遐龄、祁韵士五人，既得受书吏馈送赃私，于蠹吏串通舞弊亏折铜斤之处，岂得诿为不知？伊等所受之银，自即局内短收之铜，情罪本重，是以上年刑部照不枉法赃定拟时，经朕降旨改照枉法赃治罪。嗣该部办理朝审停勾，将凤麟等归入情重案内。朕以该犯等所得赃私，究未讯有实据，始终尚属疑案，当与军机大臣等论及罪疑惟轻之义，未予勾决。今五灵泰业经末减，凤麟等系同案人犯，其情罪既稍觉可疑，且已一律完赃，亦不必令其久系图圄。但较五灵泰之罪，轻重判然，不可不量加区别。凤麟、丁树本、董成谦、遐龄、祁韵士均着加恩免其死罪，发往伊犁充当苦差，以示法外施仁至意。刑部承审司员于五灵泰呈递亲供时，并不详查钱法堂收铜案卷，又未将百贵传讯，实属草率错谬，本应照议革职，但德庄、吉禄等，于讯究五灵泰时，屡经追究赃私，并不以系属旗员，稍存袒护，若遽因此褫职，恐将来承审司员，遇事不肯认真推鞫，殊有关系。贵保、石俊、德庄、吉禄、恒安、盛泰六员，均着从宽改为革职留任，八年无过方准开复。刑部堂官于该司员审办此案草率错谬之处，未经驳查，定案时又不再行过堂录问，咎实难辞。董诰在军机处行走，事务较繁，且上年秋闲扈从热河，旋又典试顺天，此案未经到署覆讯，尚属有因，着加恩改为交部议处，其余办理此案之刑部堂官，着交部查明，严加议处。"

017 卷 144 · 嘉庆十年五月

庚子 又谕："瑚图礼奏滇省运京铜船遭风沉溺情形一折。据称'滇省委员程球领运京铜，在楚省汉阳县新滩邓家口地方陡遇狂风，沉溺铜船十只，并淹毙丁役舵水十二名，沈失铜五十万八千余斤，尚未全数捞获'等语。汉阳县邓家口地方，系属着名险滩。该运员领解铜船，驶至该处江面，猝遇狂风巨浪，沉溺船只，实因人力难施，尚非疏于防护。其丁役、舵水等因迎浪抢救，致被淹毙，情殊可悯。着该抚查明，给予赏恤埋葬银两，所有沉失铜斤，除已捞获三十七万余斤，盘验起运外，其未获沈铜十三万八千余斤，仍着该抚饬属上紧打捞务获，并着官给捞费。至损失船只，及打捞沉铜或有未能足数者，俱加恩免令该员赔偿，以示体恤。"

018 卷147·嘉庆十年七月

壬戌 谕内阁:"吏部奏'浙江粮道穆克登布押运抵通,可否准其引见'一折。向来各省丞、倅等官,如押运漕粮、铜斤等项抵通,有送部引见之例,至江浙等省粮道押运,从前原只至准而止,自无由引见;嗣经定议,令各道员直押抵通,而于引见一节并未议及。因思丞、倅等员押运无误,尚加恩准其引见,况道员职分较大,如果督催趱运,经理妥协,岂有转不令其引见之理。但官员等引见,总须该省督抚出具考语,咨部办理……穆克登布着无庸带领引见。嗣后各省押运道员,均着该督抚照丞、倅押运粮船咨部引见之例,出具考语,给咨送部。如果沿途催趱认真,并无过失,俟到通交粮完竣后,准其由仓场侍郎查明送部引见。"

019 卷157·嘉庆十一年二月

辛巳 谕内阁:"据户部奏'议覆江省不能接运滇铜,请仍循照旧定章程办理'一折。滇省运京铜斤,向系由该省派员解送,嗣据永保奏请分省递运,经楚省奏明照议办理。今江苏省因河工海防,及办理漕务,均关紧要,难以再派运铜,自系实在情形。江省既不能接运,断无只令楚省委员接运之理。看来三省递运一事势属难行。着照部议仍循旧定章程,滇省委员径运进京,以归简易。该抚惟当遴派妥员,将一切应领水脚等项如数给发,毋得丝毫克扣,俾资支发。至该员等由滇起解押运,长途跋涉,经历风涛,苦累情形,朕所素知。将来该委员运送到京后,果能解交足额,并无迟误逾限之处,该部带领引见时,朕必当酌量施恩,加之鼓励。"

020 卷159·嘉庆十一年四月

丙申 又谕:"御史叶绍楏奏筹画滇省运铜事宜一折,所奏不为无见。据称'滇铜每年八运,其中正运六起、加运二起。正运铜斤数目较之加运,本少二十余万斤,请于正运内减去一运,将此运铜七十余万斤,分于正运五起均摊,每运各加十四万余斤,共只八十余万斤,不过添船一二只,照料不患难周,其所减一运之应给运脚等项,全数摊给五起运员分领计摊领项内,可期有余以补不足'等语。此一条,着交滇省督抚悉心妥议,如果可行,即将应如何均摊之处,详议章程具奏。又据奏'滇省派员运铜,试用人员约居其半,此项人员一经委运,铜斤补缺较难,请嗣后运铜各员依限解交足额者,实缺人员于引见后听候谕旨,酌加鼓励。其试用人员于引见后归于吏部月选即用人员内,通掣各省即行铨选,在该员等自无不奋勉承办'等语。此一条,着交吏部详议具奏。"寻,部议:"承运各员内,无论同知、知州、通判、知县,如系实授缘事离任,仍发原省。或起复、赴补、拣发之员,俱归双单月铨选,得缺后卓异应升之案,带于新任,遇有升缺照例升用。如有委用曾经题署,尚未实授,仍赴原省,及初任拣发承运之同知、知州、通判,归双单月各积各缺,与正班人员分缺闲用。其知县一项,归双单月,无论是否积缺,一并积算五缺后选用一人。如系初任分发试用之员,无论何项,均令仍回原省。不论从前到省先后,及应题、应调、应选各缺,俱准补用。得缺后将卓异应升之案,改为加一级。再,黔省运铅与滇省运铜事同一例，请援照办理。"从之。

021 卷 161 · 嘉庆十一年五月

乙亥 又谕："直隶旧设官剥船一千五百只，内以一百只专运铜铅，其一千四百只预备剥运粮石，历年办理无误，何以今年封雇民船，纷纷滋弊？必系官船缺额，始滥用民船充数。即从前奏有官船损坏，未届排造之期，准其雇觅民船济运之例，亦何至官船全行散缺，专籍民船顶补！此项官剥船俱有编列字号，并火烙印模，无难按籍点验。着派瑚素通阿、刘权之前往沿河一带，查勘直隶官剥船，除年满应修不计外，现在实存可资剥运者共有若干只、亏损无着者共计若干只、原系分拨何州县经管、每州县承管若干只、本年添雇民船共若干只、是否溢踰原额、分别由何州县封雇解到、其江广新造剥船能否一律坚固如式、剥运铜铅船一百只是否足数，一并详悉查明据实具奏。"

022 卷 162 · 嘉庆十一年六月

甲申 谕内阁："户部奏'本年滇省头运铜船系于八月开帮，沿途经过省分请各派藩臬一员照料'一折，已于单内派出矣。京运铜铅攸关鼓铸，乾隆年间曾钦奉谕旨，特派藩臬大员经理其事，业经定有章程，系指滇铜而言。其实钱局需用铜铅并重，近年以来，各该省办理拘泥，于滇铜过境之日，尚知照料催趱，而于铅船到境时则不复留意，以致节年京局需用铅斤，多有迟滞，殊于鼓铸有碍。嗣后铜船、铅船沿途经过之处，着责成派出之各该省藩臬等，一体实力催趱，毋得少有延误。"

庚寅 又谕："裘行简奏'云南运铜委员谭明礼在途丁忧，现派员迎往接运，恐盘兑需时，请令丁忧之员随接运之员一同到京，俟交盘清楚再令回籍守制'等语，所奏殊属非是。运解铜铅官员在途丁忧，派员接运，定例将所运铜铅交收清楚，方准回籍守制。如有亏短，接运之员原可据实揭报，责令赔补，于公务私情两无妨碍。今裘行简欲令丁忧运员随船到京，交兑铜铅，是转类于夺情，非所以示体恤。所有丁忧运员谭明礼，着该署督行令接运之员盘验结收清楚后，即饬令回籍守制。"

023 卷 168 · 嘉庆十一年十月

丙子 又谕："勒保覆奏'查明范光晋领运乙丑年上运京铅，在川耽延年余缘由'一折。据称'该员于十年四月内扫帮发运，旋值江水泛涨，例不开运。至八月初间，江水稍退，而该员患病沉重，不能起身，直至十一月初九日始痊愈开行'等语。领运京铅，关系紧要，总应随时催趱，无误京局鼓铸。范光晋铅船，先值江涨不能开运，尚属有因，至患病调理，辄藉辞逗遛至三月之久，实属有心延宕。若云范光晋患病沉重属实，即应禀明另行派员接运，该管永宁道亦当据实禀知该督改委。乃该员自在永宁受兑，以至运出川境，为期一年有余，既未改委，又未上紧严催，均属非是。嗣后铜铅运到川，务令迅速开行，不得任令藉辞延误，倘有实系患病者，如为日无多，尚可俟其病愈，催令起程。若察看病难速愈，应即另行派员接运，以重局务。"

024 卷171·嘉庆十一年十一月

癸亥 户部议准:"云贵总督伯麟等议奏滇铜正运六起、加运二起,请将正运六起改为正运四起分运,每起领运正耗余铜一百十万四千四百五十斤,应支水脚杂费,照所增铜数支给,其节省二运养廉银及滇省公捐八起帮费,俱加给正运、加运六起运员分支。又委员在泸州兑铜,例限一月,今改六正运为四正运,应予限四十日。"从之。

025 卷174·嘉庆十二年二月

丙戌 又谕:"朕恭阅皇考高宗纯皇帝圣训,内载乾隆十四年五月钦奉圣谕以'云贵运送铜铅一事,诸弊丛生,委员往往逾违挂欠,多由捏报事故,所至停滞,以便作弊。而该省督抚以事不关己,不过以行文查报了事,殊非急公之道。嗣后铜铅船只过境、出境日期,及委员到境有无事故,并守风、守冻缘由,俱应详查明确,随时具奏。钦此'。仰见皇考慎重鼓铸,立法周详,各该督抚等自应实力奉行,沿途稽核。近年以来,往往视为具文,以致委员在途任意逗遛,久逾定限,几致有误鼓铸。及到部交卸,又复亏欠累累,捏词支饰。即如本日户部奏滇省委员李度,除沉溺外,短少正铜至五万九百余斤。讯据供称,系沿途起剥盘坝数十次,零星抛散,照料不周所致。试思铜铅船只,沿途果因起剥、盘坝致有损折之事,经过地方官自所知悉,均当申报该省督抚,即当详确查明,随时奏咨,何得视同膜外,任其朦混!除李度一运已另降谕旨,饬令沿途督抚查明核办外,嗣后铜铅船只过境,不特派出之两司均当严行催趱,即各该督抚务当一体随时稽察。如查出委员有无故逗遛、藉词延误以及盗卖等弊,即应据实严参,毋得以行文查报,希图塞责也。"

026 卷187·嘉庆十二年十一月

壬寅 谕内阁:"礼部奏本月初二日,朝鲜国王李玜差官金在洙赍到咨文一角,内称'该国义州商人白大贤、李士楫,潜将米石运至獐子岛地方,与边民朱、张两姓和卖折换违禁各货物,当将白大贤等拿获监禁,并将该地方官革职重究,其违禁之钱文、铜、铁等物如数赍解,现复委弁兵在于该岛轮替诇守各缘由'等语。朝鲜贸易,向有一定年限,在于中江、会宁、庆源等处,岂容商民等私自越疆,违例贩卖?今该国商民白大贤等与边民朱、张二姓,胆敢携带米石铜铁等件,潜在獐子岛彼此贩易,实属大干厉禁。该国王于本处地方官查明获犯之后,审问明晰,监禁请示,并自将地方官重处,一面派员将违禁之物星赍呈缴,复严饬边汛加意巡逻。披阅来文,具彰恭顺。除敕下盛京将军督饬沿边官弁,将朱、张二姓上紧拿获究办,并查明内地疏防官员严行惩处外,所有该国现在解到铜铁等件,着饬所司收贮。其该国拿获之白大贤等五犯,着该国王自行查照定例分别惩治。至该国王恪守藩封,小心服事,今于商民等违禁私贩之事,认真查拿,以清边界,以杜奸宄,忱悃可嘉,着颁赏该国王大缎四匹、玻璃器四件、雕漆器四件、茶叶四瓶,以示恩奖。嗣后,惟当饬知该国沿边官弁,倍谨巡防,严杜私越,以期仰承恩眷勿替。着礼部行文该国王祗遵,其差官即妥行遣回。"

027 卷 188 · 嘉庆十二年十一月

甲子 谕内阁："朕阅《平定三省邪匪方略》，内原任协办大学士湖广总督书麟，前在军营，因见军务历时未竣，心怀焦急，临戎涉险奋不顾身，以致积劳病逝，至今犹为恻然。因命交部旗查明伊身后有无赔项，即行具奏。兹据查奏，该故员前在云贵、湖广总督任内分赔、摊赔各款，除先于伊子吉郎阿伊、侄素纳名下扣缴不计外，尚有未完银二千零五十两。又，本年续据滇省咨追分赔铜价银二款，共银一千四百六十五两。核其款项，均系代赔属员无着亏缺及因公摊赔银两，非本任亏短者可比。所有书麟名下未完赔项，着加恩全行宽免，无庸再于伊子、伊侄名下扣缴，以示朕轸念荩臣，追加恩恤至意。"

028 卷 205 · 嘉庆十三年十二月

庚戌免云南各铜厂旧欠银。

029 卷 208 · 嘉庆十四年三月

戊子 谕军机大臣等："据礼部奏，接据朝鲜国王李玜咨称'上年十一月内，有江苏元和县民人龚凤来等十六人，载篁竹船一只，前往山东。因开洋遇风，漂至该国大静县地方，船只触碎，除优给衣粮，将该民人等送至凤凰城，由盛京将军转发原籍外，其装船铁物计重四千三百余斤，已从优给价'等语。向来铜、铁器，具应行禁止之物，定例不准出境。此次龚凤来等船内所载铁物，是否皆违例之物，该国王咨文并未载明。现已有旨，俟龚凤来等解至原籍后，交巡抚汪日章审讯出洋缘由。此时如甫至盛京一带，即着富俊先行传讯，令其将所带是何铁物、带往何用、朝鲜给价若干，一一据实供出。一面奏闻，一面知照汪日章详悉研究。富俊仍当行文朝鲜国王，以'该国王臣事天朝，最为恭顺。前此嘉庆十二年冬间，曾有内地民人朱、张两姓，将米石及铜钱、铁器等件，与该国商民私相贸易，该国一经盘获，立将违禁各物遵例解京，当经大皇帝施恩赏赉在案。此次内地民人龚凤来等之船，被风漂至该国境内，该国王即优给衣粮，派员由旱路送回内地，办理自属妥协。但龚凤来等所带铁物多至四千三百余斤，恐该民人等或有违禁不法情事，现奉大皇帝谕旨，将来解到时尚须严审。此项铁物，前经该国存留，应即将是何物件详细开单，咨送前来。其该国从优给价之处，亦应将所给价直若干一并开报，以便奏闻核办'。富俊于朝国王咨覆到日，亦即一面奏闻，并知照汪日章向龚凤来等质讯可也。将此谕令知之。"

030 卷 209 · 嘉庆十四年四月

甲午 又谕："御史何学林奏鼓铸宜昭画一一条。据称'京局钱文字画俱不分明，由铅多铜少，缳薄不堪，外省则有缺边漏缝等钱，不能通行垂久，甚或暗减卯数，已发出者复潜归局中，故逐年鼓铸，钱不加多而小钱充斥。现在贵州及湖南之常德、湖北之汉口，以至江省莫不皆然'等语。钱法为国用攸关，原当坚厚明洁，期于通行经久。乃近来京局鼓铸钱文，其轮郭肉好，即有模糊脆薄之弊，无怪外省往往偷减工本，率为缳薄钱文，不堪使用，甚或奸民嗜利私铸小钱搀和行使。种种弊端，难以枚举，自宜申明旧例，加意厘剔。着户工二部及各省督抚力除诸弊。铸局铜铅，照例配搭，毋任偷减，务期大小轻重适均，其市间小钱设法收销，庶国宝流通，私铸自息……"

031 卷216·嘉庆十四年七月

戊子 又谕："戴均元奏查看张家湾康家沟河道情形及通惠河先宜挑淤培筑一折。张家湾旧河应行挑复，固属正论，但现据戴均元亲自测量，张家湾河头，不但愈淤愈厚，坝基难立，计需土方、工料银两，为费不资。而现在时日已迫，即加紧趱办，亦非五六个月不能竣工。转瞬漕运已来，河道未复，船行转致有碍。是目前势不能办，亦只可仍在康家沟行走，再为察看一年，届时酌量定夺。至通惠河为漕白粮及铜铅转运要路，既据戴均元奏，现在河底日淤，堤岸卑薄，恐明春新漕到坝，水势消耗难行，自须赶紧先办。着照所请，将河身应行间段挑挖，以及堤工纤道有须分别修整之处，即于本年全漕运竣之后，奏明派员勘估兴修，勿再迟缓。其应行赔修之工，着即饬承办之员，勒限赔补。"

032 卷217·嘉庆十四年八月

乙未 又谕："薛大烈、菩萨保奏'查获私运铜斤进口之犯中途脱逃'，并'讯出兵丁等有在途伙窃情事，分别参奏办理，自请处分'二折。此项民人路成章所运生铜，多至一千数百余斤，据供系由八沟地方置买，赴京售卖。先须讯明来历，是否八沟地方本有铜矿，该民人等违禁私挖，抑另有别处贩买之路，该处现在有无窝藏店家。着派薛大烈即日前往八沟确查具奏。至副领催图敏、马甲萨尼布押解人犯，中途私开项销，致被脱逃，并因贪图谢礼，伙同偷留铜斤，着先革去副领催、马甲，同车夫兵丁等一应人犯，均着解交刑部审办。其逸犯路成章，除就近饬令热河道缉拿外，着直隶总督，通行饬属严拿务获。防守尉吉勒通阿金差不慎，又不验明铜斤实数，以致兵丁等在途舞弊，殊属不合，着交部议处。菩萨保着交部察议。至绿营把总王大勇金差不慎，已经斥革外，其兼辖都司孙信，亦着咨部照例议处。薛大烈现今随扈行在，所有自请处分，着加恩宽免。"

庚子 谕内阁："薛大烈奏查拿平泉州地方私采铜斤各犯一折。薛大烈昨经派赴八沟查办时，伊因嘉庆六年平泉州四道沟曾出有铜矿，奏请开采未准，恐系该处防禁不严所致，当密委李学周等驰往访查。现将偷觅铜沙之徐振等盘获，且亲往将矿铜查出。薛大烈能于多年旧案，记忆明确，办理不致费手，尚属能事，薛大烈着交部议叙。查拿铜犯之云骑尉李学周、外委陈大荣、史文国，均属出力，着以应升之缺先尽升补。其现获各犯，着解赴热河，交军机大臣会同行在刑部，审拟具奏。逸犯沈平、李禄等，着热河道平泉州严缉务获，归案审办。所有四道沟铜矿，着该地方官出示严禁，并随时巡察，毋任奸民偷挖，致干咎戾。至平泉州麟昌随同弋获案内人犯，虽查办认真，但究系伊所属地方有偷挖铜斤之事，未便即予甄叙，俟审明定案后再行降旨。"

甲寅 谕内阁："户部钱法堂衙门参奏委员转运铜斤违误限期一折。铜斤为鼓铸所需，自应赶紧解运，今滇员刘廷让、李蔼两起铜斤，均于六月二十二、二十六日先后抵通，迄今两月，为时已久。除刘廷让一运，现经该衙门派员陆续催到外，其李蔼一运尚未运局。该二员因何在通日久耽搁，有无别项情弊，着戴均元传提该二员亲加询问。如有沿途盗卖，冀图设法弥补，日久不能足数，以致迁延逾限，即据实严参办理。倘并无别情，即饬令坐粮厅督催该员即日趱运，毋再贻误。"

033 卷 219 · 嘉庆十四年十月

辛丑 谕内阁："刑部奏'将伊犁、乌噜木齐遣徒官犯，并直隶、安徽、湖南、陕甘、两广、贵州等省遣流徒罪官犯，分别开单进呈，将应否减等请旨'一折。朕详核案由……彭祖梁一名，系因铜厂衰竭，不即详请封闭，贻误缺铜……以上十六犯情节较轻，着加恩准其分别减等，其余不准减等……"

034 卷 221 · 嘉庆十四年十一月

甲申 又谕："方维甸奏'洋盗朱渥悔罪乞降，率领伙众三千余人投出，并将船只炮械全数呈缴，请旨办理'一折。朱渍一帮匪船为海洋巨寇，本年朱渍被官兵用炮击毙，伊弟朱渥接管贼船，即心怀悔惧，亟思投首。因候风停泊外洋，今亲身登岸，率众三千三百余人全行投出，并呈缴海船四十二只、铜铁炮八百余门，其余器械全数点收。海洋盗贼，其初本系内地良民，或失业为匪，或被胁入伙，日久自知罪重，不能湔洗自拔。今朱渥真心悔惧，率众投诚，与始终怙恶者不同。朕仰体上天好生之德，念此三千余众，悔罪求生，加恩悉予矜全，准其投首。且洋面早一日除此巨寇，免致为害商民，所全亦复不少。着即照该督所请，查照旧例，分别遣散回籍安插，交地方官查传乡保亲族人等，严加管束。并遍行晓谕伊等，身犯重罪，今准首更生，从此倍当安分。如再犯法，定行加倍治罪。其情愿随同缉捕者，经该督等挑出精壮一百五十余人，同头目四十余人，着准其分派兵船，随同出洋缉捕。所有派拨弁兵，运送炮械，以及雇用船只资遣各费，准其于从前拨往台湾备赏余存银三万八千余两项内动支，报部核销。"

035 卷 237 · 嘉庆十五年十二月

庚寅 免云南铜厂民欠工本银。

036 卷 242 · 嘉庆十六年四月

壬戌 谕内阁："勒保等奏'截留宿州两帮漕船，请将此项漕粮借给回空各帮，来春另购好米搭运交通'一折。宿州两帮漕船，经由洪湖，本年湖水微弱，出口较迟，着照所请……该漕督即遵照督率所属妥速经理，现在重运漕船四月初七日以前，已渡黄七十七帮，在后者仅有十九帮，计二十日以前，当可全数趱渡。该督等并饬催各项铜、铅船只衔尾前进，迅速渡黄。其御黄坝，总遵前旨，务于端阳前堵闭，使黄水并力东行，畅刷海口。御黄坝堵后，运河内有应须修浚之处，并着及早筹办，俾回空船只遄行无滞。"

037 卷 251 · 嘉庆十六年十二月

丙午 谕内阁："桂芳等奏滇铜成色低潮，请旨饬查一折。滇省办运京铜，前经该部奏定，自甲子运为始，在滇镕炼纯净，不得搀杂潮砂充数，并錾凿厂名，以凭稽考。今据户部查明，滇省运员荆烜、楼锡裘、李成礼解到铜斤内，各有铁砂潮铜二三万斤不等。此项低铜系由何厂发运、何员承办，此次该运员等呈出印册内，多有旧铜搭配，曾否报部有案，因何不照议镕煎并錾凿厂名，着伯麟、孙玉庭据实确查明白回奏。如系厂店及领运之员有通同朦混情弊，该管道府稽查不实，着查明将该行议处罚赔之处，一并参奏。"

乙卯 免云南铜厂民欠工本银。

038 卷255 · 嘉庆十七年三月

己亥 又谕："御史嵩安奏'请平铜器价值，以重钱法'一折，所奏不可行。国家铸造钱文，以利民用，如有敢将制钱销毁，或翦错薄小，取铜求利者，律有明条，地方官果能严行查禁，自不致有私镕等弊。若如该御史所奏，将民间所用铜器，官为酌定价值，勿任抬价居奇，以杜奸商私毁制钱取铜牟利之弊。无论民间制造铜器，尚需手工火耗等费，工本悬殊，其价值原不能齐，民间日用器具甚多，岂能一一官为定价？该御史所奏无庸议。"

039 卷257 · 嘉庆十七年五月

己亥 谕内阁："御史杨健奏请饬查铜铅运员捏报沉溺积弊等情一折，所奏是。铜铅为鼓铸攸关，长途运载，理宜加倍慎重。其间远涉江河，风水之险，固所不免。而不肖运员，竟有短带铜斤，或沿途盗卖者，亦捏报沉溺，以掩饰其亏短，不可不严行查办。由滇黔至京经过各省，俱派有藩臬大员专司督催稽核，原为剔除弊端，嗣后铜、铅船只过境，遇有沉溺者，着该地方官报明该省督抚及专司查察之藩臬。如水次去省较近，即令藩臬亲往查勘；其离省较远者，督抚专派道府大员前往查勘。若查有捏报情事，据实详揭，该督抚即将运员严参究办，毋稍轻纵。至铜、铅质体笨重，必须船身坚固，方足以资运载，并着派出之藩臬随时稽查，如有板薄钉稀易致损坏者，查出将承办之员一并揭报参处，并严禁夹带私货，以利遄行。其节年沉溺铜铅应行勒限打捞，及应缴捞费，并着一体核实查催，毋任悬宕。"

040 卷264 · 嘉庆十七年十二月

甲寅 免云南铜厂民欠无着工本银。

癸亥 谕军机大臣等："朕闻江苏宝苏局近日所铸钱文，多搀和沙子，钱质薄脆，掷地即碎。外省设立钱局鼓铸钱文，应遵照定式斤重，以期久远流通。今该省钱质如此薄脆，自系经手官吏、匠役人等克扣铜斤，搀和沙子所致，事关钱法，不可不加以整顿。着百龄、朱理即留心查察，提验该局现铸钱文，如实系薄脆不堪行使，即将局内吏役人等严行审讯，究出弊端，将该管官员据实严参，勿稍回护。再，闻该省所属浒墅、淮、扬、芜湖各关胥役人等，于过往船只，每故意留难，希图勒索。近日，南省各关于应征税额，每多短绌，而往来行旅，仍受稽留之累，其理殊不可解！或该监督等受人欺朦，任听劣幕、长随，恣意舞弊，商贾受其刁难，伊等将所收关税私自分肥，监督不能觉察，国课转致缺额。并着百龄、朱理严查密访，若有前项情弊，即将幕胥等拿究，并将经理不善之员一并参处。将此谕令知之。"

041 卷280 · 嘉庆十八年十二月

丁未 免云南铜厂民欠工本银。

042 卷284 · 嘉庆十九年二月

壬寅 又谕:"向来云南土贡,例进铜炉,浙江岁进嘉炉湖镜,两淮岁进铜火盆,相沿已久,历年所积,宫内存贮者甚多。朕爱惜物力,思以有用之铜斤,庋之无用之地,殊为虚掷。现在钱局官铜未为丰裕,若省此耗费,俾广为流通,于鼓铸不为无益。着传谕该督抚、盐政,此数项铜器,嗣后均无庸呈进,则铸造者少,而地宝胥归利用矣。"

043 卷285 · 嘉庆十九年二月

丁巳 又谕:"据桂芳等奏'户局鼓铸卯额,三月后请按六卯鼓铸,闰月鼓铸四卯,现在计算铜斤,查有上年八月内已抵台庄之壬申年滇铜正运二起,迄今未据报出东境,请旨严催,并将在前各运铜斤一并饬催'等语。滇员徐延倬领运壬申年正运二起铜斤,既已于上年八月行抵台庄,何以至今尚未据报趱出东境?即或运河水浅,亦当设法遄催。现在此运铜斤七月以前即须应用,实属紧要,何得任其迟滞?又壬申年白种岳等四运,前据报在宿迁守冻,此时春融冰泮,亦当催令开行,以期六七月到京,接上鼓铸。着江苏、山东、直隶各督抚,督同派出之两司认真催趱,如敢有意耽延,据实参奏,仍自行议罪具奏。其癸酉年正运四起京铜,或已起程在途,或正赴泸领运,并着各该督抚严饬各地方官,随到随催,毋得藉风水阻滞为名,任意延玩!由四百里通谕知之。"

044 卷290 · 嘉庆十九年五月

乙未 谕军机大臣等:"松筠等奏'镇西府奇台县之大石头产有铜矿,宜禾县之羊圈湾,即都兰哈拉,产有铅矿,请令乌噜木齐粮饷处额外主事凤鸣、提标左营游击祥顺,及升任阜康县知县杨畯、呼图壁巡检马曾裕,督率商民,实心试采,如矿砂旺盛,即行具报抽课'等语。着照松筠等所请,即令凤鸣等督率商民,试行开采。如果矿砂旺盛,能于国课民生两有裨益,即奏立规条,永远遵办。若开采无效,亦即奏明停止,不可回护。将此谕令知之。"

045 卷292 · 嘉庆十九年六月

丁卯 又谕:"户部议驳广厚奏'铜铅不敷额铸,酌减炉座,并免补铸缺卯'一折。湖南省采办供铸铜斤,递年短缺,自嘉庆十五年起,缺铸至一百三十七卯之多。其采买滇铜汉铅,均较他省为近,何至迟延短缺日甚一日?显系厂员等经理不善所致。该抚不督饬所属设法筹补,率请减炉免铸,殊属不合。广厚着传旨申饬,即设法认真整顿,务依定额按卯鼓铸,并将缺卯赶紧筹补,以利国用。余依议。"

046 卷293·嘉庆十九年七月

甲午 谕内阁："前据吴璥等奏预筹转运三进漕粮一折，当交仓场侍郎等会议。续据阮元因限期紧迫，先行筹议，由驿具奏，亦即发交仓场侍郎一并迅速议奏。兹据营麟等奏称'核计剥船全数，除留运铜、铅外，尽数赶赴杨村一带，俟三进各帮入关，即一面在北仓起卸，一面赶紧转剥，并将满号船只亦令载米抵通。其借用豫、东军船运通一条，亦称三进三十六帮，一过津关，无论江、广、豫、东军船，或在北仓截卸，或令剥船寄剥，总使就近回空，不得稍有濡滞。并恐赶办期促，请将回空例限展宽十日'等语。该侍郎等所议，总在计算无误回空。惟借船剥运一事，皆因趱运不及，不得已为此下策。此时山东、直隶运河，水势旺盛，足资浮送。着阮元督饬三进帮船，昼夜趱行，勿令片刻停留，俟到津时察看，必须赶紧回空，即尽数起卸北仓，并用剥船轮复转运，能使南北均无迟误，不致露囤伤米，方为妥善。其首进尾帮及二进帮船抵通后，并着荣麟等速筹运仓，庶早接办后运，毋致积压。"

047 卷295·嘉庆十九年八月

庚辰 谕军机大臣等："据伯麟等奏'睢工现办堵筑事宜，请共缴养廉银一万五千两，解往备用'等语。封疆大吏，禄入丰厚，值国家办公需费之时，情殷捐助，亦属分所当然。但睢工距云南几及万里，该处工费，前据吴璥等通盘筹计，约用银三百八十万两，业经如数筹拨，解往应用。该督抚所缴养廉一万五千两，长途运送，殊于大工无补。伯麟、孙玉庭受朕厚恩，畀以边陲重寄，惟在将地方事务经理得宜，使政肃民安、边疆宁谧，通省仓库钱粮，毫无欠缺，即所以纾忧报效。再，该省铜、盐二事，亦经费之大端，伊等尽心筹办，能使该省鼓铸无缺、盐井额课无亏，亦即于国帑有裨，又何以区区呈缴乎？所有伯麟、孙玉庭请缴廉助工之处，着不准行。设该省地方间遇水旱，有资抚恤，或铜盐诸务，有应需调剂之处，该督抚量力捐办，可以节省帑项，则伊等义切急公，是亦在所不禁也。将此谕令知之。"

048 卷296·嘉庆十九年九月

戊子 又谕："此案已革千总饶国柱，于运员白钟岳督押铜船抵闸时，盛气村斥，不令插档行走，追赴船理恳，又托故不见，以致白钟岳恐误限期，窘迫自缢。情节强横，势同威逼，仅拟杖徒，其罚过轻。饶国柱着重责三十板，发往伊犁效力赎罪。余着照所拟完结。"

049 卷299·嘉庆十九年十一月

辛卯 又谕："那彦成奏'云南运员叶立笙领解京铜船只，行至山东临清地方，因河水浅涩，移会直隶吴桥县备船候剥。追铜船行抵吴桥县境，查问该运员，业已先行，船内只有伊弟并家丁朱姓二人，将铜斤推放河干亦即他往，杳无音信。现经该县派役，将铜船护解前进'等语。运员叶立笙领解铜斤，理应亲身在船督押，乃与伊弟及家人等先后他往无踪，恐有亏缺官铜，畏罪潜逃情事。着那彦成派员查拿叶立笙并伊弟及家人朱姓二人，迅速缉获，解交刑部严行审讯。至此项铜船，业经护解前进，抵通之日，着仓场侍郎派员，先将铜斤逐细盘查有无亏短，据实具奏。"

050 卷303·嘉庆二十年二月

乙亥 谕内阁："给事中黄中杰奏请'复禁铜、收铜旧例以裕钱法'一折，所奏甚属不知政体。国家因时立政，期于便民，自乾隆初年停止铜禁以来已八十年，民间无不称便。而京省各局铜斤，亦并无缺额之虞。昨岁朕曾降旨，停止外省呈进铜炉、火盆，以节糜费而裕鼓铸。酌盈剂虚，道贵适中，至民间日用所需，安能以数十年弛禁之物，一旦设为苛令，察及锱铢。从前永祚、杨怿曾节次奏请禁用铜器，皆经户部议驳，今该给事中复请申严铜禁，并请敕令官民家内所存黄铜器皿，概以三年为限，悉数缴官，如逾限不缴者，查出以违制论罪。此令一出，必至纷纷扰累，胥役讹索，邻里控讦，讼案烦滋，究与钱法奚裨耶？所奏不可行，着无庸议。"

051 卷316·嘉庆二十一年二月

乙卯 免云南铜厂民欠工本银。

052 卷325·嘉庆二十一年十二月

乙丑 免云南铜厂民欠无着工本银。

053 卷331·嘉庆二十二年六月

乙酉 又谕："御史熊犀奏请将滇省岁运京铜改镕大块，以免盗卖等弊一折。京铜关系鼓铸，其运员中途盗卖、船户偷窃、炉头夫役煎炼折耗等弊，自应加意厘剔。惟该省办运，向系篓装小块，若改镕三四十斤大块，其煎炼起运，有无糜费窒碍之处，着交伯麟、李尧栋详查利弊，悉心妥议具奏。"寻议："滇省每年应运京铜七百万斤零，向例铜色八成以上，方准起运，今若改用足色块铜，必须再加镕炼，糜费逾多，且改煎尤须时日，恐误运限，应请仍照旧例办理。"得旨："原不可行，仍照旧例。"

054 卷337·嘉庆二十二年十二月

甲戌 免云南铜厂民欠工本银。

055 卷351·嘉庆二十三年十二月

甲子 免云南铜厂民欠工本银。

乙亥 谕军机大臣等："户部议覆伯麟等奏'滇省厂铜不敷定额，请收买四川商铜接济。由川买铜回滇，须另开山路，添买贮铜房屋，多糜帑项，莫若即令四川本省采办，径行起运，较为便捷。该省子厂每年出铜若干、如何开采转运，请饬四川总督、云南巡抚会议章程具奏'等语。滇省每年应运京铜并本省局铸，以及各省采买官铜，近年均办不足额。今川省西昌县新开子厂，既产铜丰旺，本年已由滇省采买四百万斤，以有余补不足，实于铜务有益。惟一切开采发运，必须妥议章程，方足以资经久。蒋攸铦曾任云南藩司，铜厂情形，素所深悉，着会同伯麟、李尧栋悉心筹画，务当不分畛域，期于国用有裨。如每年能办足四百万斤，固属甚善，即为数稍减，可以行之久远，亦不为无补。其应如何派委官员经理、开采，及酌定价值由何路发运较为省便之处，两省公同核计，详细开单定议具奏。伯麟等亦不得因川省现有子厂可采，不竭力督办滇铜，意存诿卸邻省之见也。将此各谕令知之。"

056 卷355·嘉庆二十四年三月

癸卯 免云南蒙自县属铜厂民欠工本银。

057 卷362·嘉庆二十四年九月

庚申 谕内阁："伯麟等奏'捐升知府之州牧，熟悉铜务，请留滇补用'一折。知州王杕既捐升知府，自应归部铨选，乃该督等辄以该员熟悉铜务虚词，奏请留滇，并声明试看一年后遇有知府缺出，奏请补用。明系因该员选缺需时，特为题补得缺地步。此端一开，若各省纷纷效尤，将捐升人员率藉审案办工为词，奏留本省补用，适开便捷之门。所奏着不准行。"

058 卷363·嘉庆二十四年十月

乙卯 谕军机大臣等："程国仁奏筹办明年重运经行事宜一折。本年黄流穿运，回空帮船，现经设法挽过张秋缺口，催趱南下，尚可不误归次。至明春重运北来，该抚既称东坡尚有九年粮船挽渡旧道，较之正河挽纤，工费倍省。西坡本年办有成效，来年亦仍可冀顺行。无论东西两坡，该抚总当预筹万全，不但粮艘乃天庾正供，断不可令其阻滞，即铜铅船只，鼓铸攸关，亦须跟接前进。其商船、民船来往流通，亦不可使有停阻之患。程国仁此时不可预存明年春间大工定可合龙之见，务将运道一一筹备周妥。即或武陟漫口，迟至夏闲藏工，各船只行入东境，总可畅行无阻，方不致临事周章也。将此谕令知之。"

059 卷365·嘉庆二十四年十二月

癸丑 免云南铜厂民欠工本银。

060 卷366·嘉庆二十五年正月

丁丑 谕军机大臣等："据御史王家相奏'近日江省宝苏局所铸官钱，铜少铅多，而以官铜偷铸小样钱，每钱一千不及四斤，民间号为局私。自苏、松至浙江、江西，流通寖广，以致银价日贵，官民商贾胥受其累。其私铸藏匿之地则于局内深挖地窖，上盖煤炭掩人耳目，其搬运之时，则于每日两次放水，买嘱水夫随身带出，其私售之人则附近宝苏局之钱店，接受窝藏，辗转流布。一年之中，惟应解兵饷，不得不铸官钱，此外尽铸小钱。

其火工饭食仍开销公项银两。若藩司到局，则藏匿新铸之小钱，而以旧存备解兵饷之官钱，磨新朦混。宝苏局监督、协理各委员，得受陋规，每开一卯，监督得陋规三百两，协理得陋规二百两，以致炉头益无忌惮。历任藩司未必全无见闻，特以因循姑息，流弊愈深'等语。钱局鼓铸，圜法攸关，岂容官局铸私，致商民胥受其累？陈桂生接奉此旨，即日亲赴宝苏局，严密查验该局有无私挖地窖，并搜查有无私铸小钱。一经查出弊窦，即将该藩司及监督、协理各委员，据实严参，并究明得受陋规起自何年。务须大破情面，秉公查办，不可稍涉瞻徇。一面将钱局事宜认真整顿，遴选廉能素着之员赴局监理，按卯鼓铸，将新铸钱文照例当堂称兑，验收贮库。如有偷减工料者，立即严惩以除积弊。将此谕令知之。"

己卯 谕内阁："向来护送外国贡使来京之文武官员，及委解铜铅木植之运官，皆由该部带领引见。应递折请训者，于述旨后再行请训。因思文职知府以上，武职总兵来京者，例准递折请训，嗣后此项护送官及解员，除文职同知以下、武职副将以下，仍由该部带领引见外，其文职知府以上及武职总兵，俱令于事竣时自行递折请训，不必先行引见，以省繁文。其道、府内有升补后未经引见者，仍照例先由该部带领引见。此次广东护送暹罗国贡使来京之廉州府知府何天衢，即着毋庸引见，饬令该员自行递折请训。"

061 卷 370 · 嘉庆二十五年五月

甲子 谕内阁："御史杨胜达奏'请禁州县滥行采买，及民间私用小钱'一折。直省州县仓储穀石，如需赈恤散放缺额，准其详明买补以足原数。乃地方官往往藉买补为名，派买折价、朘削民膏，以肥己橐，大为闾阎之害。着各督抚严行查禁，如有不行详明，自私采买，及详少买多，擅在本境勒派折收者，立即严参究办，以儆贪墨。至民间行使小钱，湖广、江、浙等省为甚，其弊由于铜船沿途盗卖铜斤，且山水奥区，易藏私铸。并着各该省督抚实力稽查，遇有铜船过境，派员催令趱行，无使逗遛，致有私售之暇。其有具报沉溺者，并确加查核，是否实系遭风失事，有无以少报多情弊。倘查有捏饰，立将运员严参惩办，并于各州县隐僻地方，严查私铸局场，一经拿获，按律重惩，则其源既绝，自其流渐息矣。"

宣宗实录部分

001 卷11·嘉庆二十五年十二月

戊戌 又谕："成格奏查办摊捐各款并清厘司库垫项一折。据称'晋省摊捐款项繁多，检查旧案，统计每年摊捐银八万二千余两，至遇事派捐各款，不在常捐之内。并有借项垫发之款，陆续催解。各属尚欠垫款银十九万四千余两，现在责令按限完缴。至每年常捐银八万二千余两，除采办高锡、铅斤及各款删减外，每年止存常捐银六万余两，办公较为宽裕，仍令照常捐办'等语。晋省司库捐垫各款，既据该抚清厘催解，立限清款，其常捐数内，据另折奏将铜斤帮价，津贴采买铅斤，已依议允行。其停办高锡一折，已批交该部议奏。余着交该抚将应删减各款，酌定章程，务使各州县养廉不致多有摊扣，于办公仍无贻误，方臻妥善。将此谕令知之。"

002 卷12·道光元年正月

庚午 免云南各铜厂民欠无着工本银。

003 卷13·道光元年二月

己酉 免云南委员遭风沉溺运铜五万二千五百斤。

004 卷14·道光元年三月

丁巳 谕内阁："毓岱奏'湖北宝武局缺铸卯钱，请免补铸'一折，着照所请。湖北省嘉庆二十二年三卯一尾卯，及二十三、四、五等三年卯额，缺铸钱文，俱准其停免补铸。其现在买运嘉庆二十二、三两年铜斤，即作为道光元、二两年正铸之用，以归核实。"

005 卷19·道光元年六月

丙戌 谕内阁："方受畴奏'直隶宝直局缺铸卯钱，请免补铸'一折。直隶宝直局鼓铸卯钱，自嘉庆十七年以后，叠有缺铸，因节次停炉，不能赶符原限。着照所请，将十七年七卯并一尾卯，及十八年至二十五年卯额钱文，俱免其补铸。其现在领运嘉庆二十一二两年铜斤，即作道光元二两年正铸之用，以归核实。该部知道。"

006 卷20·道光元年六月

戊戌 谕内阁："前据方受畴奏'直隶宝直局卯钱，节次停炉缺额，恳将嘉庆十七年七卯并一尾卯，至二十五年卯额钱文，俱免补铸。其现在领运嘉庆二十一二两年铜斤，即作道光元二两年正铸之用'。兹据户部查明，该省自嘉庆十年至二十五年，均系按年鼓铸题销，并无缺误，嘉庆十年以前，节次停铸日期，均于报销案内扣除，并未声请加卯补铸。其嘉庆十七年以后运回铜斤，作何动用，未据分晰声叙，种种含混。着方受畴督同藩司屠之申，按照指驳情节，逐一详细确查，将因何舛错之处，据实明白回奏。"寻奏："宝直局奏销旧例，连闰扣足十二个月作为一年，奏销一次，蝉联接算，所以嘉庆二十五年题销，尚系十七年卯额。盖缘卯额年分，必以十二月为限，而题销则有应除停炉日期及余出闰月之别，并非当年题销之月日，即系当年鼓铸之月日也。至动用铜斤，自嘉庆元年开铸以后，至二十年止，共用铜五百八十八万余斤，尚余铜十二万零，现在陆续配铸。所存二十一二两年铜斤，足供道光元二两年鼓铸之用，是以请免补十七年以后缺额，即从元年另起卯额报销，以免牵混。下部知之。"

壬寅 谕军机大臣等："英和等奏拿获贩卖小钱之王七等。讯据供称'浙江嘉兴县五金桥地方，居民张庭兰家中设炉私铸小钱，每小钱一串，卖官铸制钱二百五十文。王七等向其买出，由粮船携带来京辗转售卖'等语。私铸铜钱，大干例禁，着帅承瀛即饬该地方官，将私铸之张庭兰速行拿获，并查起炉座钱文，审讯明确，按律定拟具奏。将此谕令知之。"

007 卷21 · 道光元年七月

癸丑 免云南夷匪滋扰之永北、大姚二厅县旧欠银米，及邻近之武定、元谋、禄劝、太和、云南、赵、云龙、浪穹、宾川、邓川、楚雄、姚、定远、南安、镇南、广通、丽江、鹤庆、维西、蒙化、富民、罗次、昆明、安宁、禄丰二十五厅、州、县旧欠银十分之五。呈贡、昆阳、嵩明、宜良、晋宁、沾益、马龙、陆凉、宣威、寻甸、南宁、通海、嶍峨、建水、河阳、路南、新兴、江川、广西、弥勒、师宗、恩安、永善、鲁甸、大关、会泽、巧家、剑川、中甸、景东、顺宁、云、猛缅、新平三十四厅州、县、旧欠银十分之三，并永北厅应办额铜。

008 卷27 · 道光元年十二月

癸卯 又谕："魏元煜奏'宝苏局缺铸卯钱，请免鼓铸'一折，着照所请。江苏省嘉庆二十四五两年，卯额缺铸钱文，俱准其停免补铸。其现在存贮铜铅，即作为道光二三年正铸之用，以归核实。

009 卷29 · 道光二年二月

乙酉 免云南铜厂民欠无着工本银。

010 卷30 · 道光二年二月

壬辰 谕内阁："户部奏'例应追赔银米，请旨饬催'一折。各直省在官人役，遇有亏短钱粮，向无查抄之例，转得任意侵挪。现据该部查明，漕运、仓务、铜务各项，尚有应追银三十六万六千一百余两、米豆二万五千四百余石，均应在炉户、船户、花户、商人各名下着追。乃迟至数年及一二十年，节次咨追，未经完缴；并有按年咨参者，该管官员因处分较轻，屡催阁应，殊属玩延。着各督抚府尹仓场盐政，严饬所属，自文到之日起，统限六个月，责成该管藩司粮道及仓场府尹盐政等，认真督催，依限完缴。如再有迟逾，即将承追督催各员，严参议处。"

011 卷 33·道光二年四月

乙巳 又谕:"韩克均奏'佐杂微员,撝拾旧案,挟制干求,请旨革职'一折。昭通府经历姚从龙委解案证到省,无故逗留。因任内有催趱京铜重务,屡经该抚饬催回任,辄敢撝拾已结旧案,饰词具禀,并以保荐应升之言,妄行求请,希图挟制。此风断不可长,姚从龙着即革职,以肃功令。该部知道。"又批:"此等刁恶之人,固宜即予斥革。嗣后遇事,汝亦须详慎小心,无为属员所侮,致伤政体。"

012 卷 35·道光二年五月

丙子 修云南运铜桥道,从巡抚韩克均请也。

013 卷 37·道光二年六月

戊申 谕军机大臣等:"前据庆保等奏'闽省摊捐各款,酌拟请删请留'一折,当交户部查核具奏。兹据户部奏称'摊扣军需养廉,该督原奏未将摊扣银两,划清归款与不归款之分;其未解并已解银两,亦未将缘何未解、缘何动用情节,逐一声明。其从前剿捕蔡逆案内,钱折银两,核与原报不符'等语。着该督等按款查明报部,至未扣银一百九十九万余两,并着确查。如系应行归款之项,即照旧摊扣,若系闲款不在支销之内,即行奏明请豁,以省滋累。至钱局加买耗铜价值等项,系该省奏明自行捐廉归款之款,自不应作正开销。且前项应捐银两,迄今十有余年,因何尚有未捐银四万五千余两?着该督等查明每年摊扣若干,按年册报,以凭查核。又缉匪垫用银两,关税项下生息存款拨抵一款,自二十年以后,未据该省报销,并着该督等据实声覆,报部核办。将此谕令知之。"

014 卷 46·道光二年十二月

辛丑 又谕:"糜奇瑜奏'黔局无铜济铸,请暂停搭放俸饷等项钱文,并免兵役补扣铸息'一折。黔省贵阳、大定两府,设炉鼓铸,为搭放官兵俸饷、养廉、役食之用,向例余出铸息银两,拨充本省公用。嗣因滇铜短绌,奏明暂停鼓铸,除文武俸、廉全发银两,酌扣铸息拨用外,其兵饷役食,概给银两,免扣余息,共未扣息银三万七百余两,俟滇铜运到,分年接流添铸,加搭扣回。兹据糜奇瑜查明'委员领运回黔,供铸需时,应支道光三年春季兵饷,无钱搭放',自系实在情形。着照所请,该省文武员弁明岁额给俸廉,仍着全发银两,计算搭钱应出铸息,每百两扣留银一两五钱二分,存库报拨,以符定额。至兵饷役食应搭钱文,着照数全给银两,无庸核扣铸息,用示体恤。近年滇省产铜未旺,黔省炉座暂停,无从抽取余息,所有历届未扣息银,愈积愈多,势难归补。着准其自道光三年春季起,滇铜未到以前,支放兵饷役食,未经搭钱之余息,免其补扣;并嘉庆二十三四等年,未扣兵役息银,一律裁免;此后该省钱局报销,应即年清年款,仍俟滇铜运到,铸出钱文,照例搭放,报部查核;其贵阳、大定两局炉房器具,即饬令该管知府加谨封贮,无许偷漏私铸。该部知道。"

015 卷 47 · 道光二年十二月

丁卯 又谕："孙玉庭等奏'仪征河道捐费未齐，请先借款赶办'一折。仪征为淮南引盐汇集之地，屯船由江都县属之三汊河等处运行，从前俱系商人急公捐办，未动充公之款，嗣因商力疲乏，久未兴挑，以致三汊河及子盐河五闸一带淤浅，几成平陆。而沙漫洲江口，涨出沙滩一片，口内复涨起沙坝一道，横亘河心，屯船改由江面荒洲掣捆，大船移泊老河泾地方，即铜、漕各船，亦皆改道由长江直下，而内河一带居民，不能引水灌溉。近来瓜洲转江之鱼尾一带淤浅，不能抵洲掣捆，待潮起拨，浮费愈增。兹据该督等勘明，该处内外河道，为通江达淮要津，于水利田畴，民生商运，实有关系。现在积淤已甚，若俟捐费齐全，始行挑办，商民愈困，自系实在情形。着照所请，准其于江皖各藩库，借拨银二十四万两，先行赶办；该督等派委谙练人员，督商核实兴办，仍令按引捐带，陆续解还藩库，限至道光六年，全数归清，毋庸报销。"

016 卷 49 · 道光三年二月

丙午 免云南铜厂民欠无着工本银。

017 卷 50 · 道光三年三月

甲戌 谕内阁："户部奏请'敕各直省力节经费，不得例外请支'等语。国家出纳，岁有常经，所入银数，果能全行征解，即除岁出之数，本有盈余。兹据该部按近三年比较，开单呈览，综计岁入，每年多有缺少，实缘定额应支之款，势不能减，其无定额者，又复任意加增，似此纷纷陈请，将来遇有要需，必致无从筹拨。嗣后，着各直省督抚率同该藩司实力钩稽，不得任意动垫，尤不得违例格外请支。至于地丁各款，全完省分甚少，皆因不肖官员以完作欠，惟在地方大吏，认真考核督催，力除积弊。此外盐务如何畅销，引课、关税如何定额无亏，以及铜铅如何不致短绌，均令各该管上司，力矢公忠，劝惩严明，以收实效，总期澄源截流，撙节糜费，初非与官民言利也。"

018 卷 52 · 道光三年五月

己巳 谕军机大臣等："御史龚绶奏请查禁私铜以裕鼓铸一折，所奏是。铜斤为钱法所关，必须认真整顿，近来滇铜渐形短绌，各省采办不及。本年贵州、湖北先后奏请暂停鼓铸，固由物产丰歉有时，亦由私铜充斥，积弊未除之故。如该御史所奏'滇省奸商盘踞各厂，铸铜为锣锅，转发各处行销，每件重三四十斤，形质粗具，谓之锣锅铜。铸器之外又铸小钱搀杂使用，各衙门胥役，多与勾通，地方官欲查拿私钱，铺户徒受其累。而奸宄之徒，从无一人获案，自系该省实在情形，不可不严行查禁。着明山等随时严密稽查，通饬文武员弁严缉私铜。尤在遴委明干厂员，令其平日留心访察，俾奸商咸知敛戢。私铜渐息，则官铜自裕，于各省采办，可期无误。明山等如能尽心认真查办，俾积年私铸之弊消除，方为不负委任。该御史折，着发给阅看，将此谕令知之。"

乙未 谕内阁："绵岫等奏'参疏防被窃之该班防御，请解任提讯'一折，览奏甚属惊异。陵寝重地，理宜昼夜看守传筹，用昭敬慎，岂可有踰垣窃盗之事。本月二十日，裕陵东西琉璃门，头停后坡檐瓦上，竟失去镀金铜帽钉四十个，该班之官员兵丁人等，不知所司何事，甚属可恶。所有是夜该班之防御栋柱、石柱即着革职审讯。其披甲人十名，亦俱着革退，归案严审。绵岫等鞫讯数日，尚未得有端倪，其平日漫不经心，已可概见。着即派委干员，上紧躧缉，并饬石门理事通判、遵化州知州、马兰镇营弁等，一体勒限严缉，设法查拿正贼务获，按律定拟具奏，毋许一名漏网。若日久不得正贼，徒累无辜，绵岫等恐不能当此重咎。所失铜帽钉多件，一时不能销毁，售卖必有其地，踪迹亦易摻寻，不可专在是夜，该班之官兵人等内磨炼也。其失察各员，除总管世倬患病告假，毋庸议外，该管翼长阿尔京阿着交兵部严加议处。绵岫、永康、嵩年，俱着交宗人府、吏部分别议处，以示惩儆。"

019 卷53·道光三年六月

丙午 又谕："绵岫等奏讯究正贼无踪一折。裕陵琉璃门头停檐瓦上失去镀金铜帽钉四十个，当即谕令绵岫等严拿正贼审办。今事越旬余，尚未得有正贼并赃物踪迹，殊属延玩之至。陵寝重地，岂容有此踰垣盗窃之事。着派英和前往，会同绵岫等提集应讯人等，切实根究，迅速严拿正贼务获，审明按律定拟具奏。英和接奉此旨，过一二日，即可起身前去，毋庸下园请安。"

丙午 守护东陵贝子绵岫等奏："查获销除旗档等犯，私居圈内，请将该管官议处。"得旨："此案曾经犯窃之长奎、荣喜二犯，系由圈内查获，该犯等既已销除旗档，例不应复居圈内。其失察之该管官员，着交部查取职名，照例议处。所有失去铜帽钉四十个，即着绵岫等如式赔造补安。嵩年系本管内务府大臣，且马兰镇各营均归管辖，既不能严饬所属，慎密防守于无事之时，一经盗窃，又不能究出赃贼，而销除旗档者，任其溷迹在内居住，毫无觉察，责无旁贷，甚属无能。着先行降为三品顶带，仍责令迅速讯究正贼，以观后效。"

020 卷54·道光三年七月

乙亥 又谕："绵岫等奏究获窃铜帽钉正贼一折。此案据前次拿获之荣喜供出主唆，与傻李及不识姓名三人，商同偷窃，傻李携赃至京卖钱，并于克兴额店内，摻出埋藏铜帽钉二十个，店伙深州人张廷无故逃避。着绵岫等上紧缉拿，并着步军统领、顺天府、五城、直隶总督将逸贼一体迅速查拿务获，毋令一名漏网。"

戊寅 谕内阁："户部奏'滇省借拨泸店底铜，该抚恐误各省鼓铸，一面咨部，一面陆续借兑起运，现已照数买补，于贮备京运铜斤无亏，请准其暂行借拨'等语。云南省泸店底铜，系专为京运而设，经该部核计存贮并无亏短，此次暂准借拨，不得援以为例。着韩克均将嗣后各厂应办年额京铜，及本省局铸，各省采买铜斤，严饬厂员，按年设法办足，务于京运、采买、两无贻误；倘各厂员并不实力采办，将来复有借动底铜情事，即行从严参办，以重京运而肃铜政。"

戊寅 又谕："明山奏'体察滇省地方情形，分别办理'一折。前据御史尹佩棻奏滇省应办事件，降旨令明山体察情形，兹据该督酌议分别妥办。朕详加披阅，内管束烟瘴军犯一条，'发滇安置各犯，陆续增添，稽查不周，该犯等故态复萌，不免有窃盗窝匪'等事，自应责成专兼各官，严加管束，如敢再犯，即加等问拟；倘该管官约束不严，及犯事后不据实详办，着即分别参处。其严禁鸦片烟一条，'迤西迤东一带，将罂粟花熬为鸦片，最为风俗之害'，该御史原奏并有'文武衙门幕友、官亲、武弁、兵丁亦食此烟'等语，着该督抚严饬该管文武，在关津隘口留心查缉，并令地方官实力稽查；如本省私种罂粟花采熬鸦片及开设烟馆，即严拿究办，不得假手书役，致滋索扰；其买食鸦片，无论官幕营弁兵役，一经拿获，照例惩办；至地方官拿获，量予鼓励，不行查拿，酌加处分，并着吏、兵二部妥议具奏；其福建、浙江、江南、广东各海口，查船包税等弊，着各该省督抚严行查禁，以净根株。其安插流民一条，滇省开化、广南地方，外来民人，已有客长稽查，并编查保甲，自未便冒事驱逐，惟良莠不齐，着各地方官督饬客长乡约认真编查，犯案照例惩办；如有应行递籍之人，无论有无家口，仍行递籍管束，所垦地亩，已成片段，着即酌量升科；倘续来流民，并无营业，及不安本分者，不得容留，即行驱逐，以靖地方；其安平居住苗民，散处沿边，着即分设头人，各将苗民另编户册，分别管束，并令附近乡约，留心查察，倘犯法为匪，即行究治；仍着该管上司巡历，随时抚辑，以昭周密。其查禁私铅一条，滇省河口地方，贩卖之铅，系通商白铅，例准行销，非铜、铁、黑铅可比；该处与交阯久经通关，且交阯内附，恭顺有素，自应仍准售给交商，抵换棉花、布匹等物，以示怀柔；惟于通市之中，仍予以限制，着每年以十万斤为率，由安平同知于河口地方查验放行；如格外夹带，以及出入违禁货物，即行拿究；地方文武官弁，敢于疏纵，分别严参，并着责成厂员，随时认真查办。该督惟当行之以实，持之以久，以期绥靖闾阎，永安边圉，方为不负委任。"

021 卷55 · 道光三年七月

癸巳 山西巡抚邱树棠奏："采铁例价运脚不敷，请以商捐铜本生息银两津贴。"得旨允行。

丙申 又谕："嵩年奏续获理藏铜帽钉正贼一折。此案张廷系窃铜帽钉正贼，经嵩年派委营弁在深州缉获，所办甚好。除线目人等，着嵩年自行酌赏外，所有左营外委把总王永及前次拿获陈黑子之外委把总李赞亨，缉捕均属勤能，俱着加恩以应升之缺升用，以示鼓励；张廷着即迅速解交刑部，归案审讯；其逸犯傻李、杜常贵，仍着严缉务获，解部审办，毋任远扬漏网。"

022 卷56 · 道光三年八月

壬寅 步军统领衙门奏拿获偷窃裕陵琉璃门铜帽钉正贼杜常贵。得旨："杜常贵着交刑部归案审讯。蓝翎千总兼番子头目孙起凤拿获要犯，缉捕出力，着赏给小卷缎一匹，由广储司发给，以示鼓励。"

023 卷57·道光三年八月

甲寅 湖广总督李鸿宾等奏:"湖北宝武局鼓铸钱文,滇铜未能运回,亟须预筹接济。请就近采买商铜供铸,嗣后仍按年委员赴滇办运。"得旨:"依议办理。"

乙丑 谕内阁:"前据绵岫、永康将嵩年列款奏参,当经谕令英和、汤金钊前往查办。兹据查明具奏,除原参删改谕旨一款,系朱笔添出十五字,自是行文遗漏,遵旨毋庸议外,其原参忽视大典一款,八月初十日,嵩年系在马兰镇万寿宫带班行礼,其未会同绵岫等在承办事务衙门行礼之处,已先期令郎中庆玉等告知,并无不合。又原参身获罪尤,怠忽不前一款,嵩年因所管各项工程较多,均须亲往监看,未能按期赴署画稿,其应办事件,并未延搁,实无怠玩确据。又原参更改旧章,冀图回护一款,嵩年所发堂谕,系专谕所管内关防、绿营两项官兵,各查各地,与原定章程并不相背,何得谓为更改旧章?惟铜帽钉被窃一案,绵岫等七次具奏,嵩年两次未经会衔,实属疏漏,嵩年着交部议处。至绵岫等所参嵩年各款,如果属实,嵩年应得何罪,现在英和等查明各款全虚,毫无指实,且措词亦多过当,自应治以应得之咎。绵岫、永康,俱着交宗人府严加议处。"

024 卷58·道光三年九月

丁卯 谕内阁:"刑部奏'裕陵琉璃门被窃铜帽钉,审明定拟'一折。此案陈黑子等辄敢于陵寝重地,肆行偷窃,实属胆大藐法。陈黑子、杜常贵二犯,俱着斩立决。吴牛子一犯,听纠同窃,在外看人,并未随同进内,情稍可原,着改为斩监候。

丁卯 又谕:"绵岫等于裕陵琉璃门被窃铜帽钉,失于查察,非寻常疏忽可比。绵岫、永康着照宗人府所议,各降三级,折罚世职俸九半年,毋庸查级议抵。嵩年系马兰镇总兵,兼总管内务府大臣,疏于防范,其咎尤重,本应革职,姑念其查拿案内人犯尚属迅速,无一漏网,着降为主事,在万年吉地工程上效力。前暂行革职之翼长阿尔京阿,着赏给该处领催。

025 卷65·道光四年二月

庚子 免云南铜厂民欠无着工本银。

辛酉 又谕:"赵慎畛等奏请暂停鼓铸一折。闽省宝福局鼓铸钱文,系为搭放兵饷之用。据该督等查明,现在市价银贵于钱,局铸成本,折耗甚多。其各州、厅、县捐款津贴,需用铜铅运费,办理亦多掣肘。且兵丁等领饷后,以钱易银,核计每两短钱二百余文,殊形支绌,自应量为调剂。着照所请,自道光四年夏季起,将局铸暂行停止,其应搭兵饷亦自夏季起,停搭饷钱,统以银两全支;所有局内现存钱文,并本届委员所办,及旧存铜铅,均着存贮局内;该督等察看情形,如钱价稍贵,即行奏明开铸;各营兵饷,仍照旧例搭放。该部知道。"

026 卷66·道光四年三月

庚午 谕内阁:"户部奏,查明积余铜本,截至嘉庆十六年底止,所存银两,将应抵不应抵各款，分晰开单具奏，着该督抚先行按照单开各款，遴委妥员，迅速清厘，以重帑项。并着嗣后将每年正加六运，所有一切价脚等项银两，即照该年实发之数入册开除，预为题报。如各员名下，尚有应行找领追缴之款，俟该部核定之日，随时入于各年总运奏销案内分别收除。其二十三年以后，应行题销各案，即遵照此次奏定章程，勒限造报，趱符年限。至该省办存局铸及各省采买铜斤，原抵积余铜本银四十九万二千余两，应将售获价银，按数仍归原款。该督等屡请免扣，并于道光二年咨部案内，复将归公养廉、厂课、余息等项牵并计入，并不截清款目。又原抵《考成册》造存银两，前准其于拨给铜本时，照数免扣。现查截至道光二年止，实存银四十六万五千余两，较前次准留之数，已盈余银二十二万余两，不得概行免扣。又该省追存金钗厂抵款银四千二百余两，亦应一并扣拨。前项铜本积存各款，先经该部奏准于题拨乙酉年铜本案内，先行酌提银二十二万五千余两，其余银两，着该督等确实查明，按年匀扣。滇省铜本自乙亥年起，每年除扣银四万两，计按年拨银九十六万两，其十七、十八、十九等年，每年尚拨银一百万两，按照每年余银之数，应存银十二万余两，并着该督等按年核查，将盈余实存银数，一体报部扣拨，以昭核实。"

027 卷 69 · 道光四年六月

己酉 谕内阁："明山等奏'铜厂积年删减未报油、米、炭本等欠，请分别追赔'一折。滇省各厂向系预发工本，历年厂欠，叠将有着、无着银两，分别豁免追赔。兹据奏称'造报厂欠外，尚有借放油、米、炭本等欠，自嘉庆二十年至道光二年，共积至十余万两。虽系循照厂例借放，但不搏节支发，随时查扣，致成钜欠。经手厂员既属办理不善，该管各上司，未能早为督饬追收，亦难卸责。着即查照从前滇省清查积欠四六分赔之案，分别追赔。所有前管汤丹厂员福珠理，经放未完银七万二千七百余两，前管凤凰坡厂员李端元，经放炉欠等款未完银二万六千六百余两，均属年久无可着追，即着该厂员赔银六成，各上司分赔四成。除各上司应赔四成银两，另行查明在任督管年月追赔外，其厂员福珠理，应赔六成银四万三千六百余两，着予限五年，李端元应赔六成银一万五千九百余两，着予限三年，均勒令分年完缴；倘限满不完，即行分别开参追办。至前管汤丹厂员杨镐，经放未完银三万七千七百四十余两，前管宁台厂员王栻，经放未完银三万七千一百余两，内均有道光二年之款，尚属可追，着再予限二年，令接任各厂员，代为追收；倘限满有无着之项，查明实数，亦即按四六分赔，将该厂员应赔六成银两，按照多寡，另行分限追缴。该员杨镐现补临安府同知，着先行送部引见，俟回滇限满，核其完欠若干，再行分别办理。王栻业升刑部员外郎，因铜未运竣，奏明开缺，现在经放银两，既令接任代追，铜斤亦将次运清，着运竣后，即饬令赴部候补，如限满有无着之款，咨部追缴。嗣后各厂按年查办炉欠，该督等饬属认真稽核，其有实应调剂接济厂民之项，概令随时追收，以重帑项。至汤丹等厂，既有历年积欠，其余各厂，亦着该督等认真稽查，有无悬欠，另行核办。该部知道。"

028 卷 70 · 道光四年七月

丙寅 又谕："苏成额奏'添派好铁，例价运脚不敷，请动款津贴'一折。山西省添派好铁二十万斤，除例准支销正价运脚外，计不敷银共一万二千六百一十四两零。若派令各州县摊捐分办，恐藉词赔累，致滋科派之弊。着照所请，准其援照成案，即在商捐铜本生息项下动用，以资津贴。张师诚到任后，即委员赶紧办造，解部交纳。余着照所奏办理。该部知道。"

029 卷74·道光四年十月

丙子 谕内阁："嵩孚奏'鼓铸缺额，请减搭兵饷，并加买滇铜'一折。湖南省宝南钱局，前因缺额过多，奏准减炉五座，免其补铸缺卯，并减买滇铜四万斤。自更定章程以后，委员赴滇采买，既未能克期运回，本省桂阳州厂铜斤，又因年久砂碣，近复缺铸六十八卯，恐致支放不敷。经该抚体察情形，议请调剂。该省局钱，除搭放兵饷之外，别无支用，各营领饷，每年例应搭放七成钱，三万一千余串。现在局钱无多，而市钱价贱，兵饷每钱一千作银一两，按照市价得钱较少，兵情亦不愿多搭。着照所请，自道光五年春季起，各营饷钱减为二成搭放，所减五成钱文，即作为六七等年兵饷之用，尚余钱一万一千余串，留为贮备之需。俾兵丁可获余资，局钱亦无虞短绌。如将来钱价增长，该抚仍随时妥筹，奏明办理。至该省前因接署乏人，未经按年委员赴滇采买，嗣后着逐年接续委办，俾得源源接济。本年运回嘉庆二十五年分滇铜，即先行补铸缺卯，后运之铜，以次接续鼓铸，按年递行报销。惟移后补前，未能年清年额，仍着该抚设法筹办。其买运滇铜，现既需铜补卯，着自此次委员陈宸书办运铜斤起，每运加买铜四万斤，仍符旧额二十万斤之数，以供鼓铸，俟补足缺额，再行奏明停止。仍将该省桂阳州厂应办之铜，责成厂员设法调剂，尽收解局，并广觅子垄，实力采买，不得再有短少。所有嘉庆二十五年以后，该厂员历年短解局铜，着该抚严饬追解，如有藉词延宕，即行严参，务期铜数充盈，毋致卯额再有短缺。该部知道。"

壬午 谕内阁："嵩孚奏'查明局铜折耗，钱款久悬，请分别追赔归补'一折。湖南宝南钱局，近因鼓铸缺额，业经降旨，准其减搭兵饷，并加买滇铜，以资补铸。兹复据该抚奏称'从前委员已故知县陶发源赴滇买运嘉庆十一二年铜斤，铜色低潮，至折耗十万三千八百四十余斤，适该员另案参革回籍，无可赔补。经前任藩司朱绍曾、盐道图勒斌，转据管局之长沙县知县赵文在，以折耗铜数，按钱计算，应铸钱一万三千八百四十五串有零，详准以钱一串折银一两，定限两年，由各属捐廉，归齐补铸。嗣因捐项解交未清，尚未发给补额，历年报销，亦未据实开造。现在查明鼓铸钱文，例应铜、铅配搭，前项折耗铜斤，将铅斤加入并计，除去工料钱文，实应铸正饷并牌串钱二万一千二百五十六串有零。前此酌筹归补时，仅以铜斤扣算，以致计数短少，殊属错误，自应另筹追补'，着照所请，准将每年应给炉匠工料钱五千八百六十四串零，按照市价，每钱一千折给库平银九钱，按年扣回钱文，以归应铸正饷及牌串钱实数，计共需银一万九千一百三十两零。除前议公捐银一万三千八百四十余两，并前项应配未用存局铅九万五千八百余斤，按照例定价脚，值银四千一百四十九两零，俟将来赴滇买铅，即将此项抵作应买之数，提出价银，同公捐之项，合计银一万七千九百八十余两，尚短银一千一百三十余两。即着按数分作五成，在于原议错误之局员名下，分赔三成，率行转详之藩司、盐道名下分赔二成，均勒限半年完缴归款，毋任稍延。至前议公捐银款内，已解存司库银九千一百六十余两，即按每年炉匠应支公料，陆续发交局员办理；其未完银四千六百七十余两，业据列入积欠摊捐案内，奏明立限追补，一俟追收齐全，即行按年给发。嗣后钱局报销，仍饬局员，务令据实开造，不得仍前含混。该部知道。"

030 卷 75 · 道光四年十一月

壬辰 谕内阁："户部奏'滇省请豁铜务军需案内，各官应赔银两，前经奏准豁免之外，尚有未免银七万九千一百二十九两零。据该省造册送部，经部分别准驳，并将各员未完银两，开单呈览。此内分赔、罚赔，并借支捞费，共银一万四千六百七十三两零'。既据户部查明，均系从前限内造报之款，俱着准其豁免。此外除已豁、已缴，并由工部驳查等款，共银三千二百四十余两外，其余未完银六万一千二百余两，或系余铜关税，不在准免之列；或定案报部，在恩诏以后；或报销案内，本有应找银两可扣，因将应找之项预期给领，以致悬欠未完；仍着该抚照数着追完缴，以重帑项。"

031 卷 78 · 道光五年正月

丙午 修云南镇雄州运铜桥道，从巡抚韩克均请也。

癸丑 免云南铜厂民欠无着工本银。

032 卷 81 · 道光五年四月

辛巳 又谕："苏明阿奏请更定额铸年分一折。黔省贵阳、大定二府炉座，前因滇厂产铜不旺，积压迟运，以致累年停炉。兹据该抚查明，现在存局铜斤，仅敷本年额铸，并无补买之铜，势难加卯鼓铸，恳请删除停炉年分，核实办理。着照所请，准其将贵阳、大定二局，收存嘉庆二十四年铜铅，作为道光五年正额供铸，俟采办嘉庆二十五年滇铜运到，即为道光六年正额供铸，此后年卯依次接算，俾年款相符，毋得再有积压。该部知道。"

033 卷 83 · 道光五年六月

戊辰 又谕："户部奏'宝泉局库贮铜斤，为鼓铸要需，所有在途铜船，请饬该督抚设法趱运'等语。京运滇铜，攸关鼓铸，现在江南一带河道淤浅，铜运船只，恐不免沿途阻滞。着琦善等即饬经过地方文武员弁，相机催趱，迅速前进，务令将抵境铜船，设法运京，依限交纳，无误要需，并于运员出境之日，随时报部查核。"

034 卷 87 · 道光五年八月

壬申 大学士云贵总督长龄等奏："据户部咨称'滇省额解京铜，每年正运四起、加运二起，拟将丙戌年加运二起暂行裁减，俟丁亥年仍按旧额办解'等因。查各厂炉民，历系照额领本，核计人工，招丁采办。今丙戌年拟减额铜三分之一，办铜既少，工本亦应减发，炉民需用砂丁，即须随时减撤。而次年即仍须照额攻采，诚恐砂丁减撤之后，一时招集为难，于厂务不无窒碍。惟有将丙戌年减办两运京铜，分于本年、来年两起减办，庶与每年原额不甚悬殊，砂丁不致遽形失业，即丁亥年各厂趱复原额时，亦可免办理掣肘。"从之。

035 卷88·道光五年九月

壬辰 谕内阁："琦善奏'请将运京铜铅，盘坝换船，接运赴通'一折。滇省癸未年加运一、二起，正运四起，暨甲申年正运一、二、三起京铜，及黔省本年下运两起京铅各船，业已行抵江境。因黄水抬高，湖水未足，难以启放御黄坝，原船不能抵通，请将铜铅全数起剥，一律盘坝换船接运。此内正运六起，俱由江宁藩库领过水脚银两，以为造船及雇觅水手之用。其加运两起，亦由江宁盐巡道循例拨用官舫，给过水手工食等银。现经换载，不用原船，所有剥船水脚银两，较运铜例价，计正运六起，每起约增水脚银一千数百两；加运两起，所雇民船，每起约增水脚银一千余两；该督恳请筹款借给。着照所请。将剥船水脚及起剥不敷经费，均按核定银数，先于河库就近垫发，即令赶紧雇船接运，无任稽延。该督即饬江宁藩司将河库垫发银两，照数拨还归款，准其报部作正开销，俟剥运完竣，由该督将实用银数咨部查核。其正运各员原领银两，除自仪征抵浦，例准报销运脚及守候工食等项外，所有应变船只、应追工食，俱令各运员留属变追。俟本员差竣，回至江宁，先将变追之银，缴抵原领之款，如有不敷，并与借给起剥经费，均咨明滇黔各本省，分别追拨解还。至江宁盐巡道发给工食，本不由运员经手，除自仪征装运官舫至浦，空重往还及沿途守候工食，照例报销外，其余由该道在各水手应领工食项下，扣还归款。此后续到江南铜、铅船只，应如何由浦运通，着该督随时察核办理。该部知道。"

壬辰 又谕："琦善等奏'浙江等省滞漕，全数盘运完竣，即饬长运抵通'一折。浙江、安徽及江、广各帮漕粮，前此滞留御黄坝以南者，共一百九十余万石，经琦善等设法盘运，现已全数剥竣，长运抵通，所办甚好。惟天津北河至通州一带，节节均有古浅新淤，转瞬节交冬令，水落归槽，恐致浅阻。着蒋攸铦即饬所属，先期多备剥船，排列河干守候，遇有浅阻，相机起剥，俾得迅速抵通。其铜铅船只，现亦经琦善等盘运北上，如行抵天津一带，有应须起剥之处，亦着该督随时饬属、相机办理，以利储蓄而资鼓铸。"

036 卷89·道光五年九月

壬寅 又谕："琦善奏'剥运铜铅船只，请免报税'一折。滇黔等省运京铜铅，并湖南省办运铅斤，因御黄坝难以启放，原船不能抵通。该督现将剥运漕粮回空船只装载接运，船户未免滋累。加恩着照所请，运京铜铅各船，应纳宿迁、临清、天津等关船料税银，免其完纳。该部知道。"

037 卷91·道光五年十一月

丁亥 又谕："御史熊遇泰奏请严禁销毁制钱、铜斤一折。国家钱法，原期足用阜民，私铸私销，例禁綦严，而私销之弊，较私铸为尤甚。近来京师及各省地方，尚有以私铸查拿破案者，而私销奸徒，从未缉获惩办。如该御史所奏，'奸民暗毁制钱，打造铜器，如炭炉一件，自数十斤至百余斤不等，皆以黄铜为之。又有以制钱装入烟煤锅内，煎熬成水，而化绿色颜料者；有以制钱藏入地窖，盐醋浸烂而成颜料者。是一钱不得一钱之用，徒为奸民射利之资'，所言深中时弊。每年钱局按卯鼓铸，而钱不加多，钱价日渐增昂，其弊实由于此。从前康熙、雍正年间，屡颁成例，除军器、乐器及民间必用之盆、镜、刀、环等件，在五斤以下者，准其造制，此外一应大小器皿，概不得擅用黄铜，原所以杜私销而裕鼓铸。今则例禁久弛，流弊滋甚。且现值滇南厂铜采运不易，岂可以流通之国宝任其消耗？着通谕步军统领、顺天府、五城及直省督抚等，务将私销之犯设法查拿究办，毋稍懈弛！其军民人等应用器具，除现用已成铜器不议外，嗣后制造黄铜器皿，务照成例概行严禁。如有违禁射利之徒，即行查拿惩治，并饬胥役不得藉端滋扰，以杜奸私而维钱法。"

壬寅 谕内阁："前据御史熊遇泰奏请严禁销毁制钱、铜斤，当经通谕各衙门，严拿私销人犯，并将违禁射利制造铜器之徒，查拿惩治。兹据户部查明，倾销制钱一千，仅剩铜四斤有零，成造器皿，须火耗、人工，详细核算，所得不偿所费。至禁铜旧例，原因从前滇铜未旺，是以申令綦严。自乾隆年间，滇铜增至六百余万斤，并准运员将余铜纳税出售，通商便民；加以云南、四川等省厂铜，除抽课外，商人按成售卖，京师市肆收买者，为数不少；是街市铜器，并非出自私销。此时若再行申禁，逐户挨查，事涉琐屑。其制造铜绿，所用亦复无几。纷纷查办，更多滋扰。着通谕步军统领及顺天府、五城，暨各直省督抚，除匪徒私销、私铸仍行认真惩办外，其制造器皿，仍听民间自便，无庸概行查禁，以资阜用而免扰累。"

038 卷94·道光六年正月

辛丑 予云南运铜淹毙知县吕梦飞恤荫如例。

039 卷95·道光六年二月

戊午 晚云南铜厂民欠无着工本银。

040 卷97·道光六年四月

癸丑 谕内阁："赵慎畛等奏铜盐疲滞情形一折。滇省铜斤，攸关京外鼓铸，近因各厂攻采年久，出铜短绌，泸店底铜，借兑将尽。其四川乌坡厂，亦不丰旺，以致办铜疲滞。现在丙戌年暂行减运两起，惟自丁亥年起，仍照旧额，自应预为筹办，庶免临时贻误。着照所请，将滇省旧有各厂，选派干练熟习之员经管，上紧采办。并饬各属广觅子厂，具报开采，如有成效，准其领银接济，办铜扣销。仍严禁私贩、私铸，有犯必惩。倘该员办理懈弛，随时分别撤参；果能额外加办，除于考成案内议叙外，其加办最多之员，照例奏请鼓励。务期各厂渐有起色，铜无缺乏，俟有赢余，即将泸店底铜陆续归补。至盐务章程，除向食川盐、粤盐各府属另行查办外，其余各属俱销滇省井盐。近年各大井出卤淡缩，兼之黑盐等井屡被水淹，课额致有短绌。着派熟谙人员堵缉私贩，就井稽卤，防范于灶户未煎之先。按各井出盐多寡，酌定行销地面，以杜越境争售诸弊。其应如何损益变通之处，着该督等确查筹议具奏。"

041 卷98・道光六年五月

丙戌 修云南宁台厂运铜道路、桥梁，从署巡抚伊里布请也。

042 卷101・道光六年七月

甲辰 谕军机大臣等："现降谕旨授长龄为扬威将军，剿办逆回，军营大小官员，悉听节制。派杨遇春、武隆阿俱为钦差大臣，参赞军务。并已饬德英阿速赴伊犁参赞之任，长龄将将军印务交德英阿署理，即前往督办军务。杨遇春已自甘肃起程，计八月朘旬可抵哈密。武隆阿日内到京，朕拣派巴图鲁侍卫随同前往，并将扬威将军印信交武隆阿带交长龄祗领任事，计九月内亦可抵哈密。长龄侦探大军现抵何处，即驰赴该处会齐，合力同心，相机进剿，总须慎重办理。本日又据长清奏称'叶尔羌所属伊勒都军台兵丁，均被回匪杀害。并据台兵禀称，六月二十六日夜间，叶尔羌十台当差回子变乱，抢车杀人，喀什噶尔、英吉沙尔自六月二十、二十二等日起，叶尔羌、和阗自六月二十六日起，回子抢掠商民，文报不通。现在叶尔羌等处，咨催新换及调拨各城前往进剿官兵八百七十余员名，行抵阿克苏，饬令相机前进，并将铜厂、钱局、柴滩工作暂行停止，挑派兵二百员名，防守阿克苏城'等语。前已有旨令长龄饬祥云保、硕隆武、达淩阿等沿途侦探何处可以驻扎，即在何处会齐。现在飞饬各该带兵官酌量兵力如何，迅速救援各城，即着前往。如必须厚集兵力，即在阿克苏防堵，俟大兵云集，会合前进。务当养精蓄锐，一鼓埽除，以彰天讨。至军火粮饷一切经费，已饬户部速行筹款，源源接济矣。并发去朱谕一封，给长龄阅看，长龄当善体朕意，与杨遇春、武隆阿等熟商妥筹，计出万全，迅奏肤功，伫膺懋赏。将此由六百里加紧谕令知之。"

甲辰 又谕："前颁给杨遇春秋钦差大臣关防，带领陕甘精锐官兵驰赴回疆，筹办堵剿。本日降旨授大学士长龄为扬威将军，并颁给武隆阿钦差大臣关防，与杨遇春均参赞军务。杨遇春此时计已出关，长龄俟新授伊犁参赞大臣德英阿到任后，交卸起程。武隆阿于八月初由京驰驿前往，约计九月内可抵哈密。着杨遇春行抵哈密，即相度回疆扼要处所，何处可以驻扎即在何处会齐，务当戮力同心，公同筹办，加意慎重，总期厚集兵力，势出万全，用副倚任。并飞饬达淩阿及各路带兵官员，一体遵照，毋稍疏虞。本日又据阿克苏办事大臣长清奏'侦探逆回情形，叶尔羌东路军台弁兵，均被贼杀害。现在喀什噶尔、英吉沙尔、叶尔羌、和阗等城，俱文报不通，不知局势如何。已将经过阿克苏之换防进剿官兵八百七十员名，饬令赶紧探明前往，并于铜厂、钱局、柴滩工作内，挑派二百员名，来城防守'等语。阿克苏毗连叶尔羌，军台既已经截，是该城防堵事宜甚为紧要。计祥云保等所带伊犁官兵二千，七月中旬应抵阿克苏。达淩阿等所带乌噜木齐官兵四千，八月初旬亦可到彼。已另降谕旨饬长清侦探贼势众寡确实情形，如果力能救援，方可向叶尔羌等城相机前进，亦须严防后路。若贼众兵单，断不可冒昧深入，即饬达淩阿、祥云保等，均在阿克苏驻扎防堵，俟长龄等督同大兵云集，以期一鼓歼除。至军火粮饷一切，已饬户部速行筹款，源源接济。将此由六百里谕知杨遇春，并谕达淩阿知之。"

甲辰 又谕："长清侦探逆回现在情形，令叶尔羌等处换防进剿官兵，相机前进，并以阿克苏存城官兵无几，调回铜厂、钱局等处官兵来城防堵，所办甚好。朕现授长龄为扬威将军，并授杨遇春、武隆阿为钦差大臣，参赞军务，带同侍卫巴图鲁，统领大兵约二万名，会同进剿。天戈所指，不日即可悉数埽除。此时祥云保、硕隆武所带伊犁援兵二千，计本月望间已抵阿克苏。达凌阿等所带乌鲁木齐官兵四千，计八月初旬亦可到彼。着长清会同侦探实在情形，计算官兵多寡，如力能救援，即着祥云保等，同此次换防及进剿官兵探路遄往。仍须加意慎重，严防后路，毋堕贼回奸计。如尚须厚集兵力，即令暂在该城驻扎巡防，候大兵云集，一同进剿，务期动出万全，不可冒昧轻进。长清即设法知会各城，一体慎重防守，毋稍疏虞，并探明喀什噶尔、英吉沙尔、叶尔羌、和阗各处军情，随时驰奏，以慰廑注。将此由六百里加紧谕令知之。"

043 卷 102 · 道光六年八月

戊午 谕军机大臣等："琦善等奏筹备启放减坝事宜，及试行戽水通船各一折。前据琦善等会议启放王营旧减坝，掣溜通漕，朕以河湖运道关系甚钜，降旨询问该督等，启放减坝后，办理是否实有成效，迅速具奏。兹据称'现在湖河情形，除启放减坝外，别无良策，已将抽河、筑坝各工逐一布置，大堤亦择要培修。俟减黄出清，石工即可坚守，漕行不致贻误'，似非竟无把握等语。南河连年受弊，河身淤垫日高，清水不能畅出，漕运阻滞，商贾不行，朕心日深廑注。该督等于万难措置之时，为此权宜之举，亦只可照议办理。惟兴事务期经久，筹虑不厌精详，此次黄水掣溜之后，约计何时，清水始能刷涤深通，本年帮船即可回空，明年重运北来，能否不致阻滞，总须筹画万全，不容稍有诿卸。该督等所称才识短浅，不敢力为担认，显系为将来卸责地步。如届时稍有贻误，空船业已归次，海船又难骤雇，而河身淤垫仍复如故，恐该督等不能当此重咎，不可不懔之又懔也！所有抽河、筑坝、圈堰、捞于等工，即着督同道、府、将、厅、营各员弁，赶紧认真办理，务期宽深如式，无许虚糜。其各省漕运及湖南尾帮，已通饬该督抚务于来年四月二十日以前，全抵御坝，不致有误江省堵坝之期。至戽水通船之法，已将铜铅各船试行有效，较之盘坝海运，简而易行。然此乃万不得已，聊备一格，未可恃为良法，总须黄水落低，清水畅出，期复河运旧规，方为正办。若徒事补苴，终于大局无济也。所有挑沟、筑柜、水车、夫工等项，用过银数，准其报部核销。将此各谕令知之。"

044 卷 105 · 道光六年九月

庚辰 予云南解铜淹毙知县吕梦飞祭葬恤荫如例。

己丑 谕军机大臣等："据户部奏'新疆各城设立钱局，鼓铸制钱，塔放兵丁盐菜，及官员养廉公费等项公用。伊犁钱局每年额铸制钱一千七百二十二串，南路设局于阿克苏，每年额铸普尔钱二千六百余串，所用铜斤，大半产自回疆。阿克苏钱局铜斤，向系阿克苏、赛哩木、拜城、库车、沙雅尔、喀喇沙尔等六城回子及官兵采办交局。伊犁钱局铜斤，向系喀什噶尔、阿克苏、喀喇沙尔等处回子采办运往。其伊犁本境所采之铜，仅六千余斤，现在逆回滋事，采铜未能足数，兼以大兵云集，支用较多。近来伊犁铜厂，巴彦岱呼巴海地方，采获不能如前丰旺，自乾隆、嘉庆年间，先后移设哈尔海图及哈什地方。闻该处山场，处处多有铜苗，应招募殷实商民，令其别开新矿，加卯鼓铸，每年增多数千串，于边城大有裨益。又回疆所铸普尔钱，以一当五，伊犁现有钱炉二座，以一座照旧鼓铸制钱，一座仿照阿克苏模式铸当五钱'等语。伊犁为新疆根本，鼓铸攸关经费，现当军用浩繁，尤须预为筹备。着德英阿会同英惠、恒敬等，通盘筹画西、南两路鼓铸事宜。如伊犁山场现有铜苗，即派明练委员，募熟谙工匠，指定矿穴，招商开采，加卯鼓铸，以期泉布充盈。现在阿克苏办理军务，鼓铸势难兼顾，应令伊犁钱炉二座内，以一座照旧鼓铸伊犁制钱，以一座仿照阿克苏模式铸普尔钱，运往回疆行使，庶西、南两路，均可流通敷用。抑或另有调剂之法，即查明妥议具奏。将此谕知德英阿，并谕英惠、恒敬等知之。"寻，德英阿奏："请将阿克苏、喀喇沙尔本年例解伊犁铜三千二百斤，截留阿克苏，俾资添铸，一俟军务完竣，仍照旧章办理。"从之。

045 卷 108 · 道光六年十月

庚午 又谕："伊里布奏参'承运粤铜迟延之知县，请摘去顶带，勒限运交，并将后任运到次年铜斤，先行拨发'一折。滇省应运道光四年分粤铜，除蒙自县金钗厂已照数办运交收，其易门县万宝厂，应解正耗余铜一十万七千三百斤零。委员李耀瑚承办，迟至年龄，尚未运交清款，殊属延玩。易门县解任知县李耀瑚，着先行摘去顶带，勒限本年十一月将铜斤全数运粤交兑，倘仍逾限未交，即着严参惩办。至粤省派员接运四年铜斤，已抵该省，未便令其久候，着将万宝厂续运到五年分粤铜，先行拨作四年之项，并同金钗厂运存四年铜斤，交该委员领运回粤，俟李耀瑚将误运之铜运到，即拨还五年之款，免致有误鼓铸。该部知道。"

癸酉 又谕："长清奏'设局筹办军需并添备台马、鼓铸钱文'一折。阿克苏为回疆总汇之区，现在调集满汉官兵三万数千员名，需用粮饷、军火等项，收支运供，均关紧要。经长清于九月二十日设立总局，以期无误军需，自应如此办理。所有该处东路接壤库车，向设军台八处，准其每台添马三十匹；北路接壤伊犁，向设军台六处，准其每台添马二十匹；共采买马三百六十匹，分拨各台应用。每马一匹，冬春二季准日给草十斤、料三仓升，事竣核实报销；夏秋二季，仍随地牧放；俟大功告竣，即行裁撤。前有旨令德英阿等招商开采铜斤，加卯鼓铸普尔钱，运往回疆行使，自已遵旨妥办。兹长清因阿克苏大兵云集，钱价较昂，将本年秋季分现存采就铜斤，于九月二十五日开局鼓铸普尔钱一千三百三十串零，亦属因时制宜，着即赶紧办理。仍一面委员于各路采买铜斤，添炉鼓铸，以期钱数充盈，帑项既可节省，市价亦当平减，于军需实有裨益。该部知道。"

046 卷 109 · 道光六年十一月

壬午 山西巡抚福绵奏："前准鄂山等来咨，办解铁锅二千口。晋省存营生铸铁锅，体质笨重，不利炊爨，不便携带，若俟造齐再解，恐致贻误。查各营向有存贮铜锅，挑拨一千数百口，同已造熟铁锅解往，庶应急需。现值收驼候解，拟每驼带运四口，较为省便。各属禀报买就驼只，除前解甘省一千只外，尚存厂四千余只，省厂所存驼六百只，复加挑验，分起先后解赴甘省，其余朔州等三厂所收驼只，现复飞催赶紧解厂，以便分运解往。"

报闻。

甲申 谕内阁："德英阿奏'易换哈萨克牲畜所需布匹，请暂由甘省采买布六万匹内，分拨径运塔尔巴哈台一万匹，其余五万匹运至伊犁，以备哈萨克贸易之用'，又请'将伊犁钱炉二座，以一座鼓铸制钱，搭放兵饷，以一座仿照阿克苏普尔钱模式鼓铸，运往回疆备用'等语。阿克苏前因铜厂官兵赴城防守，暂停鼓铸，嗣据长清奏大兵云集，钱价骤昂，业经开局铸钱，并委员赴各路采买铜斤，添炉宽为赶铸。应否再由伊犁鼓铸运往之处，着一并交户部速议具奏。"

丁亥 谕军机大臣等："前据德英阿奏'伊犁需用布匹，请暂由甘省采买；并采办铜斤，加铸钱文'各事宜，当交户部核议。兹据奏'伊犁所需布匹，现在各城不能应时交纳，应准其由甘省购办布六万匹内，分拨径运塔尔巴哈台一万匹，其余五万匹运至伊犁，以备哈萨克贸易之用'，着交鄂山即查照部议办理。惟回布一匹计长二丈，向来购买牲畜，并官兵领用，每匹作价银四钱，足敷袍料一件，现由内地采买，较之回布，宽狭悬殊，若每匹仍止二丈，恐不敷用，事关外夷贸易，总须筹备周妥，断不可草率从事。鄂山即查明所买布匹，长短宽狭是否相等，价值是否与四钱之数不致相悬，将来如何作价扣还归款，并如何节省筹运之处，即一面详查妥酌，核定报部，毋致迟误，并咨商德英阿办理。至伊犁现存棉花一万四千余斤，自可暂缓筹办；其鼓铸钱文，既据该将军奏明，伊犁山场现有铜苗，着派委妥员，俟春融后，招熟谙工商采办，加卯鼓铸，以期兵民均有裨益。将此由五百里各谕令知之。"

047 卷 110 · 道光六年十一月

己亥 乌噜木齐都统英惠奏："遵旨筹画鼓铸事宜，当即札饬各属在附近山场履勘，如有铜苗，即行招商认采，或解送伊犁，加卯鼓铸，或即由乌噜木齐设炉开铸。俟详覆到日，再行通盘筹画。"报闻。

048 卷 112 · 道光六年十二月

乙丑 谕内阁："户部奏'宝泉局现存铜斤无多，请饬催在途各运赶趱交局'等语。现据山东巡抚奏报，委员孙琚等领运甲申二运铜斤在临清守冻。着该署抚即严饬该二运铜船，开冻后赶紧趱运，并着直隶总督派委干员，探查迎提，务于来年三月内交局，以资接济。至龙江关咨报，已入江境之甲申年正运第四起，乙酉年正运第一二起，并尚未到江之乙酉、丙戌等年各运铜斤，均着各该督抚查明各运铜船入境，随时严催，迅速抵京，毋稍延误。"

049 卷 113 · 道光七年正月

乙酉 免云南铜厂民欠无着工本银。

050 卷 117 · 道光七年五月

壬午 谕内阁："嵩孚奏'采办滇铜，未能运回接济，请照案采买商铜'一折。'湖北宝武局鼓铸钱文，额配滇铜二十三万余斤，向应按年采买，交局济铸。近年滇省产铜未能丰旺，委员采办需时，请援照成案，采买商铜，俾资局铸'，着照所请。该省宝武局应买道光七年分正耗余铜，准其在附近口岸购买，即照准销铜价运脚杂费等银，按数给发，勒限一年，买运交局，提作道光五年之用。俟委员张从鼎等运回滇铜，作为道光六七两年岁额之需。惟楚省商贩铜斤，每年多寡盈绌，未能据为定额，滇省不得以湖北就近购买商铜，藉词透卸。其道光八年分铜斤，仍着照例委员赴滇办运。此次购买商铜，需用脚价等银，准其照案销银三万三千四百三十一两零，事竣造册报销，如有不敷，亦着照案办理，以归核实。该部知道。"

051 卷 126 · 道光七年九月

己未 湖南巡抚康绍镛奏："宝南局采买滇铜应需价值，及运脚银两，因地丁不敷，请于司库捐存通米经费银内暂行借给，俟地丁解收归还。"得旨："转行遵照。"

壬戌 谕内阁："长清等奏采买铜斤，加卯鼓铸一折。阿克苏自上年军兴后，钱价骤昂，已经长清等于额铸之外，添铸钱文。本年复采买铜斤，铸钱搭放兵饷。现因长龄等筹办善后事宜，各城添建城垣，及修盖衙署、兵房等项，需用较繁，已预发银两采买铜斤，加卯鼓铸。惟此项工程，有需时日，自应预为筹备宽裕。着照所请，阿克苏所属之拜城北山一带，旧设上下铜厂二处，原拨驻防兵三百名，准其每厂再添给兵五十名，供采铜斤。所需兵丁，即将由营撤回兵一百五十余名内，拨给铜厂兵一百名、其余五十余名，拨于钱局供役。仍照征兵分例，每名月给盐菜银一两四钱五分、口粮面一分，暂留一年，俟善后事宜完竣，再行察看情形办理。该部知道。"

壬申 谕内阁："户部奏查明宝泉局库贮铜铅，请定鼓铸卯额。着自本年九月起，每月仍按六卯鼓铸，其次年三月以后卯额，届时再行察看情形具奏。现在滇省委员恒明、庆瑞领运乙酉年两运铜斤将次到局，其黄元吉领运乙酉年加运一起铜斤，于本年正月过龙江关，至今未据两江总督咨报过境。黎永赞领运乙酉年加运二起铜斤，于本年闰五月抵湖北汉阳县，亦未据咨报出境。着各该督抚迅即确查，严行催趱北上。并将已过龙江关之马承业、宫思晋，已入湖北境之吴廷柱、金澄等领运两戌年正运四起铜斤，一体严饬承催、督催各员，实力趱运，毋任迟延，以资鼓铸。"

052 卷 135 · 道光八年四月

癸巳 又谕："陶澍奏'苏州银价昂贵，暂借铜铅工本银两发换制钱，以平市价'一折。苏州省城，因近来商货未能流通，又多汇票往来，银价顿增。现值上忙开征，民间易银纳赋，较之往时，多寡悬殊，商民均多未便，自系实在情形。着准其于司库现存钱价银内借拨银二十万两，由苏州府督同长、元、吴三县，陆续具领，发换制钱，解局收贮。一俟银价平减，仍饬该府等易银解还司库归款。如借拨之项，尚未发完，而银价已经平减，即行停止发换。该抚即责成该府、县认真查察，勿任牙行、经纪等抑勒扰累。据奏宝苏局库现在饷钱六万余串，尚敷数月搭放兵饷之用，所有未铸道光七年五卯钱文，亦准其暂停鼓铸。该部知道。"

053 卷 136 · 道光八年五月

戊辰 以办铜溢额，赏还云南知府丁锡群花翎。

054 卷 141 · 道光八年八月

庚寅 又谕："阮地等奏筹议增给运铜经费银两一折。滇省历年运员，沿途借支水脚银两，虽经随时报部，于报销找领银内扣还，但找领之项，不敷拨抵，仍应于运员名下着追，往往有名无实，以致借款虚悬。该督等议请增给运费，即将借支之例停止，计每年正运每起增给银二千五百两，加运每起增给银一千五百两，正加六起，共需银一万三千两。除于奏销盐课溢余留半案内，每年动支银六千两入册造报外，尚不敷银七千两，由本省筹捐办理。着照所请。此项增给运费，即自道光八年起，查照水脚等款之例，由湖北、江宁二省藩库各半发给，作正开销。滇省于请拨铜本银内扣除，并照支领帮费成案，免其入册报销。至本年各起运员，将次前赴泸州领运。着该部飞咨各省停止借支，并令湖北、江宁二省，查照应增正、加运费各数，动款支给，俟滇省下届请拨铜本案内声请扣除。自此次奏定章程，该运员等不得以经费不敷，仍前滥借，致滋流弊。该部知道。"

055 卷 148 · 道光八年十二月

丙寅 谕内阁："嵩溥奏请暂减课铅成数一折。黔省妈姑、福集等铅厂，因开采年久，峒老山空，砂丁采取匪易。新发白岩子厂，夏间雨水过多，礧峒被淹，招丁车水，需费不少，炉户倍形疲乏。据该抚查明恳请调剂，着照所请。所有该厂等应抽二成课铅，准照滇省办铜抽课一成之例，暂减一成，以纾厂力。俟铅矿丰旺，仍照二成抽课，用归旧制。至妈姑、福集两厂，每年抽课变价银两，除支销厂费外，其余课价银两，因楚运铅斤，向于此项课价及三两水脚银内借支办运，俟楚运委员售价领解回黔，核数报部拨归，余银拨入兵饷。现暂减一成课铅，每年计少价银九千四百七十八两零，着由部按年照数补拨，以充兵饷。该部知道。"

庚午 又谕："卢坤奏'省标教演速战阵式，渐臻纯熟，请拨赴南北两镇演习'一折。前据护陕西巡抚徐炘选派守备景福明、把总程芝，并带兵丁咨送山西教演速战阵式。兹据卢坤查明，该备等会同该省抚、标、城守三营将备，逐日督率操演，技艺渐臻纯熟，南北两镇，自应一体照演。着仍饬令景福明等，并选派省标熟谙弁兵，次第前赴大同、太原两镇，认真教演，以期咸成劲旅。该守备景福明、把总程芝训练省标弁兵，不辞劳瘁，现又派赴两镇教演，俟各营一律娴习，再行饬回原营，奏明分别奖励。又另片奏，各营操演每年需用火药、铅丸等项银二千三四百两，系额外增用之款，未便请动公项。着准于存贮办铜帮费款内提借银三万两，发交殷实典商承领，按月一分生息，每年所得息银三千六百两，以一千二百两提归办铜原款，以二千四百两同闰月息银，一并归于药铅项下支用。俟原款归清后，即将此项岁息，永作操演经费并津贴兵丁之用，每年由司造报巡抚衙门查考，毋庸咨部核销。"

056 卷 149 · 道光八年十二月

癸未 又谕:"着英等奏,滇省每年额办京铜,解交户工钱局,核计仅敷一年鼓铸之用。遇有沉溺短少及低潮搀杂,应照例如数赔补,况丙戌年加运铜斤,前经奏明裁减,滇省已省办铜二百一十万余斤。乃该省挂欠铜斤,自道光五年以后,未据咨报带解,其煎折之铜,自嘉庆二十三年以后亦未带解,殊属延缓。现在户工钱局所存铜斤,及滇员叶申芗一运,渐次解京,仅足敷明年鼓铸。其庚寅年以后,正需丙戌年加运接济之时,业经户部、工部因节省铜本,将此项铜斤奏裁,自应先事筹备。着云南督抚即将积欠京局铜斤,妥速酌筹,勒限归补,以济急需。其作何分年带解之处,并着赶紧造册咨报,毋许再有迟延。"

057 卷 151 · 道光九年二月

乙丑 免云南铜厂民欠无着工本银。

058 卷 153 · 道光九年三月

庚子 又谕:"着英等奏,户部宝泉局鼓铸卯额,前经奏准,每月按六卯鼓铸。兹据查明现存铜铅斤数,自本年三月至九月仍按六卯鼓铸。惟局存铜斤仅敷给发,在途各运,自应赶紧解交,俾免贻误。所有滇省委员叶申芗领运丁亥年加运一起铜斤,于上年十月已入东境。符其珍、何兰汀、荫德合、郭安龄、陈师庆等五运,均于上年九月前已过龙江关。着两江总督、山东巡抚、直隶总督确查各该运铜船,因何迟滞,严饬承催、督催各员,实力催趱。叶申芗一运限于四月内运局,符其珍等五运,统限五、六月内交局,以资接济,毋得再有稽延。"

059 卷 156 · 道光九年五月

丁巳 又谕:"托津等议覆长清奏'酌撤阿克苏铜厂官兵,并免征赛哩木、拜城回户粮石折交铜斤'一折。阿克苏岁收铜斤,从前系派回子协同兵丁刨挖,嗣将回子撤去专派兵丁承办。现据长清查明,'近来铜苗不甚丰旺,兵丁采办维艰。访察赛哩木拜城回子久住山内,皆能辨识铜苗,情愿采铜交纳,以抵应交粮石。且阿克苏粮储充裕,岁需兵食足敷,若令该二城回户采办铜斤,免征粮石,其生计不至苦累',事属可行,着照所议。自道光十年为始,所有赛哩木拜城回户,准免征粮二千六百八十九石零,折交铜一万六千二百斤。其铜厂兵丁三百名,概行裁撤,选派五六品伯克二员,专司铜厂事务,并着随时差委员弁认真稽察,以杜弊端。如该伯克员弁等有藉端勒索刁难情事,即行严参惩办。"

060 卷 158 · 道光九年七月

戊午 谕军机大臣等:"御史王赠芳奏请饬禁奸徒牟利开矿一折。据称江西袁州府宜春县石围山,间有铜铅砂苗,奸民诡传银矿,妄思开采。前于嘉庆二十五年、道光元年,有生员林森等价买此山,赴地方官具呈。后诈称官准试采,蛊惑乡愚,经前任巡抚严饬府县查拿封禁。今闻有瑞州府上高县生员陈泰来,于上年八月赴提督衙门,具呈开矿。经提督衙门批咨江西巡抚查覆，'陈泰来回至江省，辄敢以京控批准为名，议定股分，开采银矿。各府属有受其愚弄，捐资入股者，自数百两至数千两不等。倘不迅速严禁，诚恐招集无赖，贻害将来'等语。奸民牟利惑众，最为地方之害，该县石围山本经封禁，岂可任其复行开采？着蒋攸铦、韩文绮，迅饬该府县严查禁止，生员陈泰来赴京具呈，指称批准，是否实有其事，并现在曾否聚众开究，着查明据实具奏，不可稍有枉纵。至该御史奏称，袁州府萍乡县湖塘地，有叶丝冲山，亦有矿苗，着该督抚一并饬属严切查禁，永除后患，勿许偷采。将此各谕令知之。"

061 卷 159 · 道光九年八月

戊辰 以管理铜厂奋勉，赏云南景东厅同知陈桐生知府衔。

062 卷 160 · 道光九年九月

乙卯 又谕："着英等奏户部宝泉局鼓铸卯额，前经奏准，每月按六卯鼓铸。兹查明现存铜铅斤数，自本年九月起至次年三月，仍按六卯鼓铸。惟在途各运，日久未据各该省咨报过境，恐致临时短绌。所有运员罗祖望、喀勒崇阿、李秉钧、秦士纶等，领运戊子年正、加各运铜斤，均于本年夏间，先后行抵湖北境内。着两江、湖北、安徽、山东、直隶各督抚，严饬承催、督催各员，实力催趱，务令各运员迅速前进，毋任稍延。"

063 卷 164 · 道光十年正月

甲辰 修云南寻甸州至贵州威宁州运铜桥道，从云南巡抚伊里布请也。

丙午 免云南铜厂民欠无着工本银。

064 卷 167 · 道光十年四月

庚午 又谕："嵩孚奏湖北、湖南两省堵截邻私情形一折。前因行销淮盐口岸，私枭充斥，降旨令各该督抚严饬所属认真查办。兹据嵩孚查明，湖北、湖南两省设卡巡查，并委员密访，饬令藩司盐法道筹添经费，期归周密。汉岸行销淮盐，引地最广，各路邻私浸灌为尤甚。该督因缉私经费不敷，现议筹添，必须严饬所属文武员弁，及坐卡缉私委员认真查拿。若遇大伙枭徒，得规纵放，转藉查缉私盐，扰害行旅，是不但徒縻经费，于鹾务民生，有何裨益？现已谕知琦善，严饬滨江营、汛、州、县稽察铜铅船只夹带私盐。此外凡邻私浸灌及枭匪出没地方，着该督严查密访，督饬所属不分畛域，认真办理，不得徒托空言，有名无实。将此谕令知之。"

庚午 又谕："嵩孚覆奏楚省堵截邻私情形。据称'上游之巴东县为川私入境门户，向来川江铜铅各船，往往夹带私盐，现已移咨该督互相盘察'等语。邻私浸灌楚岸，必须各该督抚不分畛域，互相查拿，方有裨益。滇黔铜铅船只，向多带私，此外枭徒兴贩，亦所不免。着琦善严饬滨江营、汛、州、县设法稽查，认真堵截，既不使私盐偷漏，又不致扰累行旅，与楚省一体互相盘察，不得稍分畛域。将此谕令知之。"

乙酉 免运铜溺毙云南知县吕梦飞应缴水脚银。

065 卷169·道光十年五月

己巳 又谕:"宝兴等奏'滇省委员喀勒崇阿、罗祖望两运铜船,于上年八、九月间运抵江苏,至今未据咨报何日开行',着两江总督查明该运船开行日期,一面咨报,一面迅饬该运员趱运北上。至己丑年六运滇铜,内除郑允修一运业已渡黄外,其滇员方若麟、周诵芬、王寿、沈改之,并川省接运委员杨佩芝等五运,均未依次跟接,咨报过境。着云南、四川、湖北督抚查明,饬令各运员扫帮前进。并着沿途各督抚一系铜船抵境,即饬上紧趱行,毋许稍有迟延。倘承催、督催各员催趱不力,立即严参。再,滇省节年沉溺挂欠及煎炼折耗两项铜斤,前经该抚咨报户部,自庚寅年起,分作五年,每年带解铜二十五万余斤,其余沉溺挂欠铜五十九万余斤,煎炼折耗铜四十六万余斤,俟价脚银两催追完缴,再行买补。着云南巡抚迅速催追完缴,造册补解,以资鼓铸。"

066 卷170·道光十年六月

辛卯 谕军机大臣等:"据御史朱壬林奏,'私盐侵占,淮纲最甚,而为害于江、广尤深者,莫如粮私、川私……至川私由夔关至宜昌之巴东县入楚,蔓延湖南、北,由铜铅剥船随带者十之三四,由私枭贩运者十之六七。近年四五月间,江水涨发,每至连樯接舳,顺流而下,守卡官弁目击,畏葸不前。而屯户之分贩占销,复听其往来自若,以至楚岸未销之积引,竟有七八十万。自整顿盐务以来,江省屡奏拿获枭匪多名,而楚省竟未有以拿获私枭入奏者,请饬实力筹办'等语。两淮盐务疲敝,整顿之法,莫要于疏引靖私。该御史所奏回空漕船及铜铅船只水手人等,沿途分贩占销,自系实在情形,全在文武官弁不分畛域,随时严密稽查,有犯必惩,方足以挽积疲而收实效。着各该督抚、漕运总督、长芦两淮盐政督饬所属,于回空漕船过境时,实力查办,不得仍前得规卖放,并藉词兑漕期迫,有意纵容。其铜铅各船,不得任听多带船只,以为私贩地步。总须私盐敛戢,官引畅销,断不可视为查缉具文,仍至有名无实。将此各谕令知之。"

067 卷171·道光十年七月

己未 兵部等部议奏:"大学士两江总督蒋攸铦奏扬州营左军守备,移驻高邮事宜:

……

一、督催铜、铅、木料过境,如逾限耽延,各按地界参处。应如所请办理。

……

从之。

壬申 修云南大关厅、镇雄州运铜桥道,从巡抚伊里布请也。

癸未 又谕:"阿尔邦阿等奏'滇铜不敷接济,节年积欠甚多,请旨饬催'一折。滇省节年积欠铜斤,前据该抚咨称'沉溺挂欠一项,业经定案买补铜三十三万四千二百余斤;煎炼折耗一项业经分摊买补二十二万八千三百余斤;均自道光十年起,分作五年,带解来京。其余尚有沉溺挂欠铜三十九万六千一百余斤、煎炼折耗铜五十五万九千七百余斤,未经买补’。似此旧欠未清，旋有新欠，日积月累，伊于胡底？着云贵督抚迅速催追，勒限完缴，逐年带解，以资鼓铸，毋任再有延宕。至现在宝源局库贮无多，滇员李秉钧等四运铜斤仅敷来年二月之用。其余各运何时到京，尚难悬定，诚恐有误鼓铸。向来委员领运京铜，逾限一二月以上者，分别降革，带罪管解，定例綦严。近年率多任意逗留，藉端扣除程限，幸免处分，相率效尤，疲玩已极。即着云贵督抚严饬领运各员，依限管解，毋得稍逾期限；并着沿途各督抚转饬地方官，督催各运员上紧趱运；倘无故迟逾，立即严参惩办。该督抚有心徇庇，一并重惩不贷。”

068 卷 172 · 道光十年八月

己酉 江苏巡抚陶澍奏：“宝苏局铸钱年额，洋铜不敷，请将扣还各炉头前借工料钱一万三千二百串，发商生息，采买抵补。其本年鼓铸，即于下年额铜内借用，俟收息后随时归款。”从之。

069 卷 173 · 道光十年九月

癸亥 陕西巡抚鄂山奏：“宝陕局所存低铜，不敷下卯配铸，请配用高铜，量为调剂，以免停卯。”从之。

070 卷 174 · 道光十年九月

庚午 谕内阁：“嵩孚等奏查拿私盐一折，所办好。前因两淮盐引滞销，私枭充斥，降旨令各该督抚等督饬所属，实力查拿。兹据嵩孚等奏‘自本年三月以后，各卡文武员弁暨各州、县，先后报获私盐二十五起、人犯二十九名，计盐一万八千余斤’；又据‘湖南报获私盐四十三起、人犯一百六十五名，计盐二万三千余斤’；可见私盐侵占，一经严旨饬拿，该二省即缉获六十余起之多，此后当倍加振作，认真查拿，以收实效。所有江、广帮船经由掺盐之处，随查随行，毋许停泊。现届回空之时，务当严查夹带。并严饬由川入楚各州县，于铜铅船只过境，查验有无多带剥船，并令各卡员掺查。如敢越卡直下，即行拿究。其界连河南、四川各州县，着饬令会同营员严密查办，遇有大伙私枭，不分畛域协力捡拿，不得仅将零星小贩报获塞责。倘有兵役人等，得规庇纵，或藉端扰累行旅，必应从严惩治，并将该管员弁，据实参处。该督等当遵照前旨，督饬地方官实力查缉，毋得日久生懈，视为具文。”

071 卷 181 · 道光十年十二月

庚戌 谕内阁：“托津等奏查明胡培翚具呈剖辩各款一折。此案吏部核办捐纳房司员处分，严议议处，均系遵旨办理，并非无所区别。候选七品京官胡培翚，以前在捐纳房任内曾立防弊章程，并以失察假照，与窜稿处分有殊，部议降调，具呈剖辩。现经托津等查明，窜稿之弊，至道光八年九月初十日而止，尚在该员九年正月禀立章程之先。林德先之假捐破案，系由周载控告，亦非由胡培翚举发。至窜稿之弊，蔡绳祖等原供，均称系托查案书吏偷出稿件，将假捐之名窜入，非尽作于署内。且窜稿与假照，舞弊者均系捐纳房书吏，司员失察，亦无署内署外之分。其所称曾将多年积蠹桑培元斥革，书吏稍知儆畏，查核原案，桑培元系云南司贴写，不应在捐纳房充役，将其逐出，不许复充，与书吏在捐纳房舞弊无涉。又称在广东、云南二司，承办南粮雇船盘运及积余铜本各稿内，核实主驳，钩稽节省，并查出遗漏银款，亦与本案无涉。该员于八年十月派兼捐纳房，如果假照之弊，实由伊严定章程而破，或任内并无失察漏查清白册结，则藉词剖辩，尚属有因。乃在任一年，先事既未能预防，任内又漫无觉察，吏部议以降二级调用，实属咎所应得，毫无屈抑，该员辄复具呈申诉。似此被议之员哓哓置辩，相率效尤，尚复成何事体？胡培翚着于补官日罚俸一年，以示惩儆。"

072 卷184·道光十一年二月

癸巳 免云南铜厂民欠无着工本银。

073 卷200·道光十一年十一月

己未 谕内阁："工部奏宝源局煎炼云南低潮铜斤，两次借用节慎库火工银共二万七千二百一十一两零。经该部及钱法衙门叠次咨催该省追缴，迄今延未解部归款。此项银两，将来设遇再行煎炼之时，又须借动，何得日久悬宕！着云贵总督、云南巡抚，查明何故迟延，即将前项银两，严行饬催，迅速委员解部交纳，毋再迟延干咎。"

073 卷202·道光十一年十二月

壬午 又谕："那丹珠等奏请饬催各运铜斤一折。滇省委员领运京铜，定限綦严，近年各运员率多逾限。经年累月，任意逗留，藉词守风守水，幸免处分。现查据该省咨报，庚寅六运铜斤，除李嘉祐已解京兑收外，其在途各运，惟胡兆蓉一运现抵江苏；常明、许应元、聂光谦、陈桐生等四运，尚在江西、两湖等省，难免沿途稽滞；至辛卯六运，仅报李天锡、张立方、曾毓璜等三运，甫自滇省起程。着该督抚迅即转饬领运各员依限管解，上紧趱行，不得违限，致干重咎；并着沿途各督抚转饬地方官，督催各运员迅速设法趱运解京，无许再有迟误。"

074 卷205·道光十二年二月

辛巳 免云南铜厂民欠无着工本银。

075 卷208·道光十二年三月

癸酉 谕内阁："户部奏请饬催途次铜斤一折。滇省委员领运京铜，据该侍郎等查明，庚寅年正运二起许应元、正运三起胡兆蓉、正运四起常明、加运一起聂光谦、加运二起陈桐生等，均已先后行抵江苏省境，迄今日久，尚未据咨报渡黄。着两江、山东、直隶各督抚，派委道府大员，会同沿途文武员弁，查明各该运铜船现在行抵何处，实力催趱，务令遵照定限，迅速抵京交纳，毋许延误。"

076 卷212·道光十二年五月

壬申 又谕："吏部将拟准捐复降捐人员开单具奏。朕详加披阅……其贵正元、黄进学二员，虽俱系因公获咎，但思地方缉捕最关紧要，贵正元于江西武宁县县丞任内，令解铜本银两，中途被窃，革职留于地方协缉，一年之久，犯无弋获……贵正元、黄进学，俱着不准捐复，以示惩儆。"

077 卷221·道光十二年闰九月

乙亥 又谕："前据御史周彦奏'户工两局兑收滇铜，请嗣后认真挑拣，遇有铁砂低潮，即将余铜抽换抵补，如无余铜之运，驳回另解，不准将挑退低铜在京煎炼'，当降旨交该部妥议具奏。兹据奏称'京铜之有无低潮，全系厂地之煎炼，若俟运京之后，始行挑拣驳换，是厂员转得卸责，未免使运员有所藉口。且以余铜抵换低铜，事涉偏枯，恐炉匠人等有刁难勒掯情弊，前于嘉庆年间，曾经奏明停止有案。至招商煎炼低铜，应需火工银两，历系奏明先行由部借支，行文该省照数追缴，并非商人垫办'。该御史申明旧例，自为因公杜弊起见，然尚非拔本塞源之要，此时均无庸遽议纷更，惟事关鼓铸，自应严申考成，以重钱法。着云贵总督、云南巡抚，将嗣后应办京铜，严饬经管厂员加工提炼，不得以矿质衰薄、薪炭昂贵为词，任听炉丁率以低潮充数。并饬泸店及承运各员认真挑拣，毋许含混接收，总期铜色在八成以上，方准起解。倘仍有低潮搀杂，经部局挑出，即将承办各员一并照例严参示惩。并饬该监督等验明成色合例，方准兑收，不得任听炉头等含混验收，致滋弊端。其业经起解在途，以及现在到京各运，事在此次奏案以前，着责成户工两局监督于交收之时逐细辨认，如有铁沙潮铜，另行挑出贮库，俟积有成数，仍照向例办理。至运员在途，难保不偷换铜斤，得价售卖，历来虽无其事，然亦不可不防其渐。着直省各督抚督饬藩臬大员，凡遇铜船过境，务饬地方文武员弁实力巡查，悉心防护，毋任瞻徇玩视，致滋流弊。一俟铜运到京，着户工两部满汉侍郎同往验明成色，如果一律纯净，方准兑收，倘监督及炉匠人等有高下其手、刁难勒掯情弊，或有成色低潮将就兑收者，一经查出，即着奏参惩办。"

078 卷228·道光十二年十二月

庚申 谕内阁："裕诚等奏'勤炉停限将满，请预筹铜斤'一折。宝源局勤炉停铸期限，于明年四月届满，二月内即应开铸，而现在局库存铜一百十万余斤，仅敷明年六月发给八月分之用。在途各运，已届年底，尚在川、楚、江西地面，势难于明年八月以前，到局接济。若不复开勤炉，既无别款搭放兵饷，若照限满复开，又恐铜斤不敷。其应如何筹济之处，着户部速议具奏，并着沿途各督抚专派妥员，严催各运员赶紧趱行，将入境出境日期，先期报部查核，无许藉词阻风守水，耽延程限，致误鼓铸而干重咎。"

戊辰 免云南铜厂民欠无着工本银。

079 卷230·道光十三年正月

辛丑 又谕："麟庆奏'钱局鼓铸需铜，请暂买商铜接济'一折。贵州省贵阳、大定二府，分设钱局，额铸钱文除支给物料、工伙等项外，余钱搭放通省兵饷、俸、廉、役食。兹据该署抚查明，'道光十二年所铸之钱，系十一年分卯额，已将次铸竣。核算现存钱文，仅敷十二年冬季，并十三年春季兵饷。委员袁敏升采买十二年分滇铜，运到需时，未便停炉以待，自应预为筹备'，着照所请，准其就近购买商铜，暂办一年铸务，以供支放。所需铜价，准于司库制钱易银款内先行借动银一万九千两，分给该府等承领，赶紧买铜供铸，仍照委员办运准销之数报销。其袁敏升运到滇铜，改作十三年分卯额，以后依次接算造报。该部知道。"

080 卷233·道光十三年三月

癸酉 谕内阁："讷尔经额等奏'湖北宝武局鼓铸钱文，委员采办滇铜，因辗转改委羁迟，请照案暂时就近采买商铜济铸'一折。湖北宝武局每年鼓铸钱文，额配滇铜二十三万余斤，原应按年采买交局济铸。利川县知县王汝澎委办道光十一年滇铜，因前委各员均有事故，辗转改委，以致羁迟，与他运委员不同。若此时责令领价赴滇，恐采买需时，缓不济急，有误鼓铸。既据该员访得各口岸商贩铜斤充裕，请照案改买商铜，以资接济，自系实在情形。着照所请，所有该员应买道光十一年分宝武局需用正、耗、余滇铜二十三万二千九百九十九斤零，准其在于附近各口岸，购买商铜，并照准销铜价、运脚、杂费等银，按数给发。即以领银之日起，勒限一年，陆续买运交局，事竣造册报部核销。如有不敷价值，亦着照案由该员自行措办，以归核实。"

081 卷234·道光十三年三月

辛卯 谕内阁："吴荣光奏'铜铅鼓铸钱文，足敷搭放兵饷，请缓买滇铜，并免补铸额卯'一折。湖南宝南局所铸钱文，向供搭放兵饷，道光四年，因搭放不敷，量为变通，奏明钱价或有增长，即随时妥筹办理。兹据该抚查明，钱价较前有减无增，未便加数搭放，致绌兵丁生计，且钱局存钱，足供十余年兵饷之用，所请将道光三年至二十四年应买滇铜，停其采买，并将历年缺卯及十三年至二十四年应铸额卯，一并免铸，俱着照所请办理。至道光二十五年应用铜斤，着于二十一年，再行委员赴滇预买，俾资接铸。"

082 卷235·道光十三年四月

丙午 谕内阁："前因给事中孙兰枝奏'江浙两省钱贱银昂，商民交困，并胪陈受弊、除弊各款'，当经降旨交陶澍等体察情形，悉心筹议。兹据陶澍、林则徐《酌筹利民除弊事宜》分晰具奏，所称'洋钱平价，民间折耗滋多，惟当设法以截其流'一条。洋钱行用内地，既非始自近年，势难骤禁，要当于听从民便之中，示以限制，其价值一以纹银为准，不得浮于纹银，庶不致愈行愈广。至官局议请改铸银钱，太变成法，不成事体。且银洋钱方禁之暇，岂有内地亦铸银钱之理？所称'鸦片烟来自外洋，以土易银，严查洋船进口夹带'一条。鸦片烟由洋进口，潜易内地纹银，为害最甚，全在地方官实力稽查，且恐此拿彼窜，或于大海外洋即已勾串各处奸商，分路潜销，仍属不能净尽。该督等务当严饬沿海关、津、营、县，于洋船未经进口以前，严加巡逻，务绝其勾串之源。复于进口时实力摸查，毋许夹带，如有偷漏纵越情弊，一经查出，即将牟利之奸商、得规之兵役，一并追究，加倍重惩。法在必行，方可杜根株而除弊害。所称'纹银出洋，请明定例禁'一条。刑部律例只有黄金、铜、铁、铜钱出洋治罪明文，于纹银未经议及，奸商罔知儆畏。着刑部悉心酌定具奏，篡入则例，颁发通行。所称'收缴小钱、铅钱，请不及斤者一并随时收买'一条。私铸小钱、铅钱，向来设局收缴，惟以斤计算，其不及斤者，恐民间仍私行搀用。嗣后各省收缴小钱，及斤者，仍照例给价六十文，不及斤者，小钱二文抵大钱一文；铅钱及斤者，亦照例给价二十文，不及斤者，铅钱五文抵大钱一文；俾民间随时收买缴官。阎阎市肆咸知与大钱价值悬殊，小钱、铅钱，不能搀混，奸徒本利俱亏，自不肯轻于犯法，庶私铸可期净尽，以重钱法。"

083 卷237 · 道光十三年五月

壬午 刑部覆奏："两江总督陶澍等议覆给事中孙兰枝条奏'纹银出洋，请明定例禁'一条。查白银一项，虽非铜铁制造军器者比，惟内地物产，应供内地之用，若私运出洋，则内地转形支绌。应如该督所议，另立治罪专条。嗣后纹银出洋，一百两以上，请照偷运米谷一百石以上例，发近边充军；一百两以下，杖一百，徒三年；不及十两者，杖一百，枷号一个月；为从知情不首之船户，各减一等问拟。并请篡入则例，永远遵行。"从之。

084 卷240 · 道光十三年七月

丁丑 谕内阁："御史金应麟奏请查禁铜船迟延积弊一折。各省运员领运铜斤，必须依限趱行，方可无误鼓铸。近年运京铜斤不能源源接济，叠经降旨饬催，并令沿途各督抚查明参奏。若如该御史所称，运员雇船装运，有全不给价或减半给价者，辄向船户言明，任其在途逗留，讹诈商船，以偿运费，并令家丁帮同恐吓，从中分肥；凡铜船停泊处所，横篙系缆，阻碍商船，甚至将铜板掷置，指为抢去，或捏称撞损船板，勒令赔偿，商人畏之如虎，致有铜天王名号；更有不法水手，四出偷盗，商民等目睹真赃，不敢理论，迨州县偶经查询，运员即以铜斤被窃为词，反向讹诈；船户、水手人等，恃有运员包庇，明目张胆，横行不法，似此种种弊端，不独扰害商民，且任意迟延，屡催罔应，必致鼓铸逾限，所关匪细。向来铜船经过地方，责成藩臬大员，实力查催，本不应任其迟滞，致滋弊窦。嗣后各督抚，遇有铜船经过该省地方，严饬藩臬两司，认真稽查，如有前项情弊，立即从严惩办，毋稍徇纵。经此次谆谕之后，该藩臬两司，倘不能破除积习，任意姑容，一经发觉，除将该运员等严行究办外，并将该藩臬一并惩处不贷。将此通谕知之。"

庚辰 又谕："户工宝泉、宝源二局，鼓铸钱文，据该侍郎等援照成案，请采买商铜，以裕鼓铸。着照所请，准其于部库借支银六万八千两，户局暂行采买铜三十万斤、工局暂行采买铜十五万斤，俾资配铸。此项银两，由各该局，牌仰五城招商，验明铜斤成色，分别公平兑收，陆续由部库支领发给。仍令滇省将前运员沉溺铜七十余万斤，划出四十五万斤，无庸再行买补。其现在所用价银，在于运员等名下查照定例，将应行着追归款者，即行着追报拨，应行核数豁免者，即行作正开销，造册报部查核。"

085 卷 241 · 道光十三年七月

庚寅 谕内阁："御史黄爵滋奏'纹银洋银应并禁出洋，务绝仿铸之弊，并严科罪之条'一折，着刑部再行妥议具奏。"寻奏："前经酌定黄金、白银出洋，均请照《私运米谷出洋例》治罪。兹该御史奏称'纹银出洋有禁，而洋银出洋无禁，内地仿铸洋银者，多诚恐不能尽绝偷漏，自应另定治罪专条。惟仿铸洋银，究与私铸铜钱不同，未便遽问拟重辟。请嗣后内地奸民，有摹造洋板，销化白银，仿铸洋钱图利者，一经当场拿获，如数在一百圆以上者，即照白银出洋一百两以上例，发近边充军；一百圆以下，杖一百，徒三年；不及十圆者，枷号一个月，杖一百；为从者各减一等。纂入例册，永远遵行'。至该御史请将洋银并禁出洋，于海洋交易事宜，有无窒碍，应请饬下沿海各督抚酌核。"得旨："据刑部将仿铸洋银，明定治罪科条具奏，着照所议办理。其禁止洋银出洋是否可行，着沿海各督抚体察情形，妥议章程具奏。"

086 卷 247 · 道光十三年十二月

乙卯 又谕："裕诚等奏'勤炉停限届满，请照旧开铸，并请饬催途次铜斤'一折。宝源局前因铜斤短绌，节经奏准停铸勤炉，明年四月停限届满，应行开铸。现查局存铜斤，连已过天津将次抵京之兴善、朱绍恩二运铜斤，只足敷明年四月至十一月鼓铸之用。其辛卯年加运张汝询一起，甫入直隶境；壬辰年正运邱翰元一起，加运任芬、王铣二起，尚在两江、四川地面；癸巳年六运，仅报正运一起汪之旭，自滇起程；其余正、加五起，尚未咨报委运；必须明年冬间全行解到，始能接济。所有户部奏提江苏局铜五十五万斤，着江苏巡抚于新漕北上以前，照数赶紧解京拨用。并着沿途各督抚遴派干员，会同沿途文武员弁，查明各该运铜船，现在行抵何处，实力严催赶运北上，毋任藉词逗留，务令按限抵京交纳，以资鼓铸，毋许迟误！"

087 卷 248 · 道光十四年正月

戊子 又谕："户部奏请严追厂欠等款应赔银两。云南省铜务项下厂欠银两，核计未完各官共六十五员，节年应赔银数至四十一万九千余两之多。该部节次咨追，并未完解，殊属玩延。所有此项各员应赔银两，着各该旗籍任所，按照单开银数，速饬催追完缴，如再延宕，即将承追督催应议各员，据实参办。并着户部查明案由，按员分款行文着追，以清积欠。"

088 卷 249 · 道光十四年二月

己亥 免云南铜厂民欠无着工本银。

丙午 谕内阁："上年节经降旨令有漕各省督抚，早兑早开，务于四月初十日以前抵坝渡黄，不准稍有迟误。兹据林则徐奏'江苏漕粮，除江北各帮已经兑竣开行，其苏、松等属，因冬间雨雪连绵，收米寥寥，现在严饬各州县加紧设法催征'等语。漕粮为天庚正供，岂容少有延误？现距渡黄定限，为期较近，该抚务当严饬催兑，趁早开行，不得藉词晴少阴多，湿谷难以上硗，少有迟延。亦不得以帮船搭运部拨铜斤，吃水稍重，任听帮丁沿途逗留，致逾限期。总须随兑随开，严行催趱，以速补迟，毋误抵坝渡黄定限。倘仍前松懈，以致逾期，必将该抚严行惩处，决不宽贷。"

089 卷250 · 道光十四年三月

乙酉 谕内阁："讷尔经额等奏'局铸额配滇铜，请照案就近购买'一折。湖北宝武局每年鼓铸钱文，额配滇铜，向系按年委员赴滇买运，嗣因滇省产铜不旺，历经奏明凑买附近各口岸商铜，以资鼓铸。兹据查明，现在滇省产铜仍不丰旺，两运委员接续前往拨运，有需时日，自应通融筹办，俾局铸得以无误。着准其援照成案，将委员邓应罴应买宝武局道光十三年正、耗、余滇铜二十三万二千九百九十九斤零，即在本省附近口岸购买商铜，以领银之日起，勒限一年，陆续运局交收。所需铜价、脚费等项银两，照案给银三万三千四百三十一两零，事竣核实报销。其邓应罴所买商铜，着即提作十二年卯额，王体名运回滇铜，即作为十三年额铸，嗣后仍按年委员赴滇办运，以符旧章。该部知道。"

090 卷251 · 道光十四年四月

丙辰 谕内阁："长龄等奏'四川乌坡铜厂，自奏定开采后，不过七年，产铜骤减几及百万，自此每年递减，现在月报不过一万余斤'。又该厂八分官买铜斤，系奏定供滇省采买，协济京运之项。八年以前，余存官铜三百三十余万斤，近年滇省并未据报委员采办，节次行查，该督始以买供本省鼓铸咨覆。历查该省销册，并无声明买过乌坡厂铜之语。着四川总督严饬该管各官，迅将乌坡厂道光五年以后采获铜斤，递实查办，不得仍听该厂员以多报少，致有透漏营私；并将八年以前未归滇省采买铜三百三十二万六千余斤，查明着落何所；并九年至十二年该厂应存八分官买铜九十七万余斤，一体分晰确查，迅速报部核办，毋任徇隐迟延，以裕课额而昭核实。"

庚申 谕内阁："前据给事中琦琛奏'请严禁部胥勒索解员使费，并银库交项，无凭查核'，当降旨交户部会同三库大臣议奏。兹据长龄等查明，铜铅交库兑收，例令监督坐秤弹兑，运员家人提包上秤，不得假手吏役、秤夫人等，任意轻重。着严饬承办司分，遇有解员投具文批，务当严行约束胥吏，不准需索使费，并着户工钱法衙门并工部一体严禁，以杜弊端。责成该侍郎等不时亲往查察，倘有前项情弊，别经发觉，不特将承办司员及监督等从严究办，并将该侍郎等一并惩处不贷。至猾吏棍徒以及银号人等，包揽承交，吏役从中分肥各弊，着顺天府、五城、步军统领衙门一体出示禁止，倘有前项情弊，即严拿治罪，如稍有徇隐，必将该府尹等一并严惩。嗣后各省解员，如被胥吏勒索及库内多索添平银两，准其据实呈首，以凭究办。"

091 卷254 · 道光十四年七月

己卯 以办铜逾额，赏云南知府广裕道衔。

092 卷 260 · 道光十四年十一月

丙戌 谕军机大臣等："有人奏'川省地方，蠹役尤横，大州县或千余人，小州县亦数百人、百余人不等，遇有民间词讼事件，官准一案，差派数役往传，以致差役勒索多方，动辄破产。至缉捕窃盗，亦向事主索发脚钱，私取乞丐，导至窝家诈赃，以饱私囊，真贼反令远扬；诬扳有隙之家，逐户磕索，以乞丐送官搪塞。此等差役，相继承充，良民受累。又川省文武衙门，书役、弁兵，多于衙署侧近设局招赌，名曰厅子。而武署为尤甚，每日招引城乡富民，并土豪、地棍，设局赌钱，抽头分利。破家荡产，贻害匪细。又川省佐杂等官，皆设有书役多人，串唆擅受，需索多赃，牵连贫民受累。并不肖生监，盘踞说合及至卸任，将牌票稿件概行烧毁，一无凭证。擅受之巧，无过于此。故川省谓佐杂官为买卖衙门'等语。此种地方积弊，全在有守土之责者，严行查禁，实力整顿。衙蠹盛则良民伤、赌风盛则富民败、擅受多则平民扰，必应设法汰除，痛加惩创。着瑚松额、鄂山将各项情弊，逐细掺查，无任稍有朦混匿饰。有弊必除、有犯必惩，设法妥立章程，据实具奏，断不准以空言塞责，一奏了事，于地方仍无裨益。原折着钞给阅看，将此谕令知之。"寻，鄂山奏："查川省递解人犯及护送铜铅船只，差事太繁，额外多设差役在所不免。经前督臣全行裁撤，准于额设外量添帮役，大缺不得过二百名、小缺一百五十名，严定稽查章程，恪遵办理。兹复严饬厅、县，实力奉行，仍责成该管道府就近查察。至开厅聚赌，现查尚无其事，仍饬属严行查禁。文官自道府以下、武官自副将以下，满城弁兵，责令该管协领、佐领以下，均于年终出结，申送备案。设再有开厅聚赌等弊，查出严办，出结官立予揭参。擅受之风，臣到任时，已通檄饬禁，并以佐杂无鞠问之权，明示民间，又参办数案，各知儆畏。现再申明例禁，责成该管道、府、厅、县，有犯揭参，以肃功令。"得旨："立法何难，患在不能实力奉行耳，当勉之又勉！"

093 卷 261 · 道光十四年十二月

壬辰 谕军机大臣等："有人奏'风闻自江南扬州至直隶天津运河一带，水陆冲途，时有棍匪数十为群，身藏利刃，每遇粮艘、铜船、木筏北上，辄沿路随行。托名跟差，混杂水手、纤夫队中，于居民铺户，过往船只，任意讹索。稍不遂意，辄倚恃人众，肆行抢夺。粮艘、铜船水手，亦利与勾吉，随同吓诈。或时无粮艘、铜船过往，该匪等窥伺往来客船，拦截抢劫，请饬查拿严办'等语。各省水陆冲途，行旅络绎，务俾地方肃清，遇有棍匪等沿途扰害，全在地方文武员弁，不分畛域，一体严拿，认真惩办，何至任令该棍匪等假托跟差名目，引类呼群，肆行无忌，蔓延日甚，必至酿成巨案，于地方所关匪细。着琦善等严饬所属文武员弁，各于管辖地方，遇有此等棍匪，一体密访严拿，从重惩办，以期尽绝根株。倘各地方官有讳饰推诿情弊，一经查出，或别经告发，立即严参示惩，无稍徇隐。将此各谕令知之。"

壬子 又谕："户部奏'办供京铜低潮，请酌核改煎章程'。此次滇省癸巳年正运一起委员汪之旭所解京铜，户工二局，共挑出低铜六万一千余斤，值此铜务吃紧之际，若不严予参处，则此后办供京运，势必至每运搀有低潮。着吏部将该委员及滇省承办铜务各员，查取职名，分别加等议处，以儆将来。嗣后到京各运，如挑有低铜，再行核参。所有此次挑出低铜，俟户工二局，汇同从前节次低铜煎炼后，核计逾折、火耗等项银两，着落滇省各员分赔归款。至每年挑出低铜，在京煎炼，不若即由滇省改煎，可免赔累。如谓改煎需时，恐误起运，着即将该厂贮备他省应领高铜，先尽协供京运，而以续行改煎之铜，通融补拨，自可两无贻误。其应如何相机办理之处，着云贵总督、云南巡抚会同妥为筹画，勿任铜色仍前搀杂，亦勿令款项少涉虚糜，总期历久可行，永杜低潮而资鼓铸。"

094 卷263·道光十五年二月

壬辰 免云南铜厂民欠无着工本银。

095 卷264·道光十五年三月

己丑 谕内阁："奕纪等奏'酌议鼓铸卯额，并请饬催途次铜铅'一折。宝泉局现存铜斤，按每月六卯鼓铸，及闰月加铸四卯，可敷七个月之用；现存白铅斤，按每月六卯鼓铸，可敷两个月之用；现存黑铅斤，可敷四十三个月之用。所有该局鼓铸卯额，着自本年三月分起，每月仍按六卯鼓铸。其九月以后卯额，届期察看情形，再行具奏。至该局需用铜、铅，必须严催在途各运，迅速抵京。铜铅为鼓铸攸关，断不容迟延贻误，着湖北、江苏、安徽各巡抚派委道员，会同武职大员，迎提催趱，严饬所属文武员弁及沿途地方官，查明各运铜铅，现在行抵何处，督令赶运，统限五月内全数抵京。倘该员等藉词逗留，地方官不实力督催，该抚等即指名严参。并着直隶总督、山东巡抚一俟各运铜铅入境，即派员上紧催提，迅速解京，以资鼓铸。又另片奏'运员行抵清江浦后，藉口让漕，尤多阻滞，请照案插档行走'等语。上年运铅委员严锡珍、朱寿淮，运铜委员张景沂等，均于十月过坝，自应行在首进帮船之前，迄今未据东省咨报过境，未必非藉口让漕之故。着漕运总督并沿河各督抚查照前案，应随何帮船后，或临时察看何帮可以插档先行，指明派定，令其随尾而进。仍着严行催趱，随时奏闻，务使依限抵通，以免阻滞。"

096 卷268·道光十五年闰六月

壬申 谕军机大臣等："本日据陶澍等由驿驰奏重运漕船，全数渡'一折，览奏均悉……又另片奏'本年铜铅船只，随漕插档行走，该船水手较少，提溜打闸，在后军船，不无停待，请嗣后非遇军局守待之时，仍令照例让漕'等语，所奏非是。本年因京局有需接济，谕令铜铅船只，插漕行走，原以鼓铸攸关，期于迅抵通坝，其提溜打闸与漕船俱属公事，既知该船水手较少，自当不分畛域，拨夫帮办，俾得迅速遄行，无误鼓铸。嗣后倘有必须插漕行走之时，总在该督等设法筹措，不得藉口军船，因之停泊，稍存观望，以致漕务铜运，两有妨碍。将此各谕令知之。"

丙子 又谕："讷尔经额等奏'筹议禁戢铜铅船夹带私盐，以肃鹾政'一折。湖广省每年额销官引，为淮纲最重口岸，只以界连数省，水陆交冲，私贩每多浸灌，官引辄致滞销，必应随时整饬，设法禁戢。兹据该督等查明，铜铅船只，自四川装运北上，一路收买私盐入楚售卖，经由卡隘，并不听候查验，自非督饬严查，不足以资镇压。嗣后铜铅船经由宜昌府所属地方，着即饬令该镇总兵亲督卡运各员，查验催趱。倘有水手抗拒，及逃散挟制等事，即拿交地方官究办；一面代为雇觅水手，迅速开行，以副例限。并着云、贵、四川各督抚严饬运员，务将船价水脚，照数给发，不准稍有克扣。运船过境，饬令沿途各州县加意稽查，如有私行售给该船户盐斤，即行严拿惩治。倘不认真查办，一经楚省察出夹私情事，即着行知川省，核实查参。惟铜铅船只听候稽查，不无停待，仍应严饬卡员，查无夹私等弊，立即赶紧放行，断不准藉端勒掯，稍有稽迟，致误鼓铸。务俾盐务铜运，两有裨益。"

097 卷281·道光十六年四月

壬戌 谕内阁："陶澍等奏'铜铅船只，插漕行走，请归粮道总运各员一体催趱'一折。前因铜运稽迟，令其插入漕档行走。兹据该督等查明，铜铅重运，易于阻压漕船，非归漕员稽查弹压，不足以资约束。着照所请，嗣后插漕行走之铜铅船只，核其跟接何帮何船，即归该帮船之押带、总运粮道，一体弹压催趱。如有无故停留，以致漕船稽阻，即由漕运员弁，将该船头舵水手严提责惩，并将该运员照催趱不力例参处，以专责成而速运行。"

098 卷284·道光十六年六月

乙亥 谕内阁："户部奏请饬催铜铅厂运案内应追各款银两。向来厂运各员借支银两，系动支正款，运员于差竣报销后，核计长支银数，分案追缴。厂员应缴银两，往往于该员离任调任之时，始行报部请追，以致欠款累累，帑项久悬。若将应追各款随案追缴，何至新陈相积，日渐加增。据该部节年饬催，各该旗省并未追缴十分之一。自嘉庆二十五年以前，各员积欠，均经豁免外，迄今核计实欠银数，又积至三十四万二千八百余两之多。年复一年，伊于胡底？且厂店各员应赔逾折等银，俱属预拨铜本项下之款。铜铅各运应缴水脚捞费银两，均系沿途借支各该省作正开销之项，更非寻常借动闲款可比，尤应按名严追，以杜积弊。国帑攸关，岂容任其延宕。着各该督抚、府尹、八旗都统等，严饬承追督催各员，赶紧勒追完缴，不得仍前延玩，以昭核实而重帑项。"

099 卷286·道光十六年七月

庚子 免云南铜厂民欠无着工本银。

100 卷287·道光十六年八月

辛未 谕军机大臣等："有人奏'江浙等省钱法敝坏。私钱之源，一为局私，一为民私。江省之宝苏局，炉头工匠，向以私积制钱五万余串，分存附近质库，每届开炉，运局点验，验后仍分藏质库。所有官铜，尽铸私钱，其价较民私稍昂。浙省局私，搀和沙土，堕地即碎，不若民私之便用。民间私铸，处处有之，有司衙门得规包庇。其大伙鼓铸，藏于附近海口岛屿之中，由商船夹带进口，船底有夹板，油饰严密，查之无迹，抵岸卸货，抉板出钱，一船所带八百千之多'等语。圜法为经国重务，私钱充斥，百物腾贵，最为闾阁之害，不可不严行拿究。着两江、闽、浙各督抚通饬所属，于开炉时严密查察，认真究办。民间所用私钱，务究其贩自何人、铸自何处。其岛屿私铸，着责成巡洋水师各将备实力掩缉。倘查有得贿庇纵情弊，即行从严惩处。其夹板商船，如敢夹带他项违禁物件，尤当一律掩查，毋许疏懈。此皆系地方大吏应办之事，原不应有此弊端，若再因循不加振作，自问于心能无愧乎？懔之！将此各谕令知之。"

101 卷288·道光十六年九月

己丑 谕内阁："御史董宗远奏请禁各省私铸一折。民间私铸铜钱十千以上，为首即入死罪情实，该地方官不加意缉拿者，处分綦严，立法本极周密。若如该御史所奏，近来各省奸民，私行牟利，竟有销毁制钱，搀和砂土，私铸小钱，肆行无忌。着各省督抚严饬各道府州县，实力稽查，倘仍有私铸搀和者，即行缉拿，照例治罪，并将该地方官照例参处，以禁私铸而除弊端。"

辛卯 谕内阁："敬征等奏'酌议鼓铸卯额，并请饬催途次铜铅'一折。宝泉局现存铜斤，及现在应收铜斤，按每月六卯鼓铸，可敷六个月之用；现存白铅，可敷十个月之用；现存黑铅，可敷六十四个月之用。所有该局鼓铸卯额，着自本年九月起，每月仍按六卯鼓铸。其次年三月以后卯额，届期察看情形，再行具奏。至该局需用铜铅，必须严催在途各运，迅速抵京，俾资接济。着两江总督及沿途各督抚，严饬所属文武员弁及沿途地方官，查明各运铜铅，行抵何处，督令赶运抵京。倘该运员等藉词逗留，地方官不实力督催，该督抚即指名参奏，以示惩儆。并着直隶总督、山东巡抚一俟各运铜铅入境，即派员上紧提催，迅速解京，以资鼓铸，毋任延误。"

102 卷290·道光十六年十月

己未 谕内阁："向来科道等官于京外各省事件，如有风闻，原许据实陈奏，请旨查办。至应如何办理之处，岂容妄逞臆见，率行渎请。兹据给事中寅德奏'江西廪生陈泰来，前因呈报开采铜铅，致被斥革，请开复廪生，饬令前往采办'，实属糊涂冒昧，寅德不胜给事中之任，着回原衙门行走。"

己未 又谕："给事中寅德奏'江西上高县已革廪生陈泰来，于道光八年间呈报开采袁州府宜春县登坼里等处铜铅。经委员勘明无碍田庐，前任巡抚韩文绮不愿办理，坐以呈词不实，革去廪生，以致宜春等县诸山，所产铜铅铁锡，匿不具报'等语。着陈銮详查原案所称开井取砂，煎出铜铅，解存藩库，是否有案，前任巡抚何以不愿办理；或有窒碍难行之处，确切查明，据实具奏。将此谕令知之。"

103 卷291·道光十六年十一月

丁亥 谕军机大臣等："寄谕云贵总督伊里布、云南巡抚何煊。据御史袁文祥奏'云南铜务，每年正运四起，由运员领银办船，直送天津。加运二起，运员领银办船，止到汉口，由汉口更换站船二十只，湖北委佐贰一员，弹压回空；及至江南，更换站船二十只，俗名马包子船；此项船只船丁、头工，勾串各船，招集匪徒，沿途滋扰。江南委试用佐杂一员弹压，该委员得此以为美差，包庇匪徒，任其讹诈，或串同船丁，向运员恶借银两。是铜船水手，扰害地方，由于地棍之插入，实由于协运委员之包庇。若将加运改照正运，一体由运员直办船只，送至天津，则诸弊可免。且查汉口站船二十只，应领水脚银一千余两；江南站船二十只，应领各费银四千余两；又湖北委员帮费银三百余两，江南委员帮费银一千余两；并站船修造各项；所费更钜。加运一改，则站船可裁，繁费既可节省，铜运自必迅速'等语。铜船水手沿途讹诈，最为地方之害，不可不设法办理。着该督等体察情形，将加运二起改照正运办理之处，是否可行，确切查明，据实具奏。将此谕令知之。"

104 卷292·道光十六年十二月

丙辰 又谕："前据给事中鲍文淳奏江浙等省钱法敝坏，当降旨着该督抚等严密查察，认真究办。兹据林则徐等查明，江苏宝苏局验收之时，由藩臬两司及委员人等抽提摔掷，并无破碎。其尚无搀和沙土、偷窃铜斤、私铸小钱，似属可信。惟该炉头等前于道光元年借款津贴，有发商生息之项，难保不藉端舞弊。至附近海口岛屿一带，虽查无私铸及夹板商船携带违禁他物进口之事，其海洋岛屿及人迹罕到之处，小民趋利若鹜，亦难保无私行鼓铸等弊。着该督抚等督饬所属认真稽察，有犯必惩，以绝弊源。倘有得贿徇庇，着即从严参办。"

甲子 谕内阁："前据给事中寅德奏，江西上高县已革廪生陈泰来呈报开采宜春县登垆里等处铜铅，前任巡抚不愿办理，以致宜春等县诸山所产铜铅铁锡，匿不具报，当降旨着陈銮据实覆奏。兹据该抚查明登垆里等处山场铅砂，并不畅旺，有碍居民田庐。且屡次呈报开采，俱经降旨概行永远封禁。着陈銮仍遵前旨，晓谕居民，毋得妄冀开采，以致聚众耗食，滋生事端。仍着遵照原定巡防章程，严行稽查结报。如该管员弁巡察不力，结报不实，着即严参不贷。"

105 卷294·道光十七年二月

壬申 又谕："户部核议铜船行走迟滞弊端一折。铜铅攸关鼓铸，自应迅速趱运，无误期限，遇有在途守风阻水等事，例由地方官取结，详明督抚，咨部备查。近来咨报迟延，部中漫无稽察，殊非慎重办公之道。嗣后铜铅各运，如有风水阻滞情节，着沿途各督抚，即将该运员因何耽延日期之处，确切查明，务于各运抵京以前声明到部，以凭考察。倘有徇隐捏报情弊，着即指名严参，毋稍姑息。"

106 卷295·道光十七年三月

丙戌 又谕："赛尚阿等奏酌议鼓铸卯额，并请饬催途次铜铅。宝泉局库现存铜斤，按每月六卯鼓铸，可敷本年九月分之用。现存白铅，可敷次年正月分之用。现存黑铅，可敷六十五个月之用。着自本年三月起至九月止，每月仍按六卯鼓铸。其本年九月以后卯额，届期察看情形，再行具奏。至宝泉局在途各运铜铅，必须依限抵京，方资接济。着各该督抚严行催趱，毋令稍事迟延。其行抵清江过坝后，仍责成沿途各督抚、漕运总督查照前案，相机随漕插档行走，务期遵照例限，迅速抵京，以资鼓铸。"

107 卷296·道光十七年四月

甲子 云贵总督伊里布奏："遵议御史袁文祥奏，云南铜务，每年正运四起，由运员领银办船，直送天津。加运二起，运员领银办船止到汉口，由汉口更换站船，至江南复换站船。将加运铜船改照正运办理，庶该运员于船丁人等，尤易稽查约束。"从之。

108 卷297·道光十七年五月

壬寅 谕内阁："林则徐奏'铜铅船只夹带私盐，请将运员总兵分别议处'一折，所奏甚是。滇黔铜铅，向由川船装载，藉差夹带私盐，为弊滋甚。前降谕旨，饬令经由卡隘，认真查验，有犯即惩，原所以杜私卫引，整饬鹾纲。兹据该督查明，云南委员署大关同知彭衍墀领运铜船，并不拢卡，经兵役等追获私盐；贵州委员龙泉县知县童翚，船不泊岸，顺流直下，追赶下游，就彼验放。该运员于船户冒越避查，均有失察之咎。彭衍墀、童翚俱着交部分别议处。护宜昌镇总兵倭仁布并不遵照前奉谕旨，亲督卡运各员，实力查验，迨该船不听搂查，仅以赶往截验一语，含糊具禀，显系意存迁就。倭仁布着交部议处。此次议处各员，着该部专折具奏。至铜铅船只夹带川省私盐，最为淮纲之害，着四川总督督饬夔州府，于各船过关查税之便，务将所带私盐，一并认真查起，并严饬泸州、丰都、忠州、云阳、巫山各州县，随时随地，加意稽查。倘该处场店，胆敢将川盐卖给船户，一经查出，即行严拿，按律惩治，毋稍徇纵。该督等惟当以公事为重，不分畛域，实力稽查，务期买私诸弊，一律肃清，庶于盐务铜运，两无妨碍。如敢意存膜视，任听私贩充斥，再经楚省掺获，除将失察透私之州县及纵漏之夔关，照例查参议处外，定将该督一并惩处，决不宽贷。"

109 卷298·道光十七年六月

乙卯 谕内阁："铁麟等奏'接运云南铜斤委员张组绶禀报沉溺铜斤，与四州总督咨覆两歧'一折，着户部查明具奏。嗣后该运员等如有沉溺铜斤，着于抵通后，将沉溺处所地方官印结，在坐粮厅呈验。如无印结，即着仓场侍郎奏请饬部传询，以免辗转咨查，致稽时日。即自本年为始，着云贵总督、云南巡抚一体遵照办理。"

110 卷300·道光十七年八月

戊辰 免云南铜厂民欠无着工本银。

111 卷305·道光十八年正月

壬午 谕内阁："前据伊里布奏请裁减江宁站船，当经该部咨交两江总督查明办理。兹据陶澍奏称'江宁为九省通津，设立站船与陆路车马无异，一切往来差使，赖以应付，并非专应滇铜。若因节省水脚等项银二千四百余两，辄将站船裁汰，遇有紧要差使，必至掣肘'等语。该督系为慎重水邮起见，着照所议，所有江宁站船一项，仍照旧章办理。至每运船只舵水人等，着责成管解运员并协运各员沿途督押，随时约束，毋许藉端滋事，以

289

肃铜运而杜扰累。该部知道。"

112 卷306·道光十八年二月

丙寅 谕内阁:"前据给事中王玥条奏铜铅运船沿途积弊一折,当交户部议奏。兹据该部覆奏'运员在途耽延日期,业于上年饬令于各运抵京以前咨部。惟各运员逗留支饰,各州县不能认真催趱,均难保其必无'。着该督抚遵照前议,核实办理。如查有运员逗留,州县催趱不力,即行分别严参。至铜铅沉溺,该员等自顾考成,或不至有心捏报,而船户偷漏装点,情弊在所不免。着沿途各督抚责成文武员弁严查积弊,如果有遭风遇险情事,仍照例分别派委藩臬道府勘明后,饬令地方官多雇夫役,上紧打捞,务期全获报解,以祛积弊而昭核实。"

壬申 谕内阁:"前据伊里布奏请裁减站船,当经部咨各该省查明办理,旋据陶澍奏请仍照旧章,碍难裁汰。所有江宁站船一项,已降旨毋庸裁减。兹据林则徐等奏称'湖北站船应付一切往来差使,并非专应滇铜。倘将此项裁汰,遇有紧要差使,必致贻误'等语。两省情形相同,该督等前后查议,均属相符。所有湖北站船,亦着毋庸裁减。并着林则徐等仍遵前旨,责成管解运员,沿途约束舵工、水手人等,毋许藉端滋事,以肃运站而昭画一。"

113 卷310·道光十八年五月

丙辰 又谕:"裕诚等奏'铜运中途沉溺及交局短秤,请即旧章量为变通'一折。滇省办运京铜,准带余铜一项,或补短秤,或补沉溺,例文与章程向未画一。近来各运委员沉溺过多,若准余铜先补短秤,俾免短折处分,易启玩视公务之渐,于京局额铸,大有关碍。嗣后遇有沉溺之运,俱着将所带余铜,尽先抵补沉溺,抵收有余,方准添秤以示节制。此次运员陈步贤等,所短秤头铜斤,着即行文该省,责令该员按数赔缴。并着云贵督抚,迅即饬令按限完缴,买铜补解,以清款项;严饬各该运员,以后务须小心管解,毋致疏虞。如各该运遇有遭风沉溺等事,即着沿途各督抚派委道府大员,亲往履勘,严督上紧打捞,毋任捏报隐饰,至折耗铜斤,秤不足数。着户工两局统合该运额解铜数计算,照例办理,以归画一而昭公允。"

壬戌 谕内阁:"琦善奏请饬铜铅船只停让漕船等语。铜铅船只,鼓铸攸关,原属紧要,惟较重运军船,关系回空归次新漕待兑者,究属有间。现当河道浅涸之时,自宜权其轻重。着经额布遇有铜铅船只,即令在临清闸内外河面宽阔处所,暂行停让军船,将来水势增长,再令插档前进,以期无碍漕行。"

114 卷311·道光十八年六月

辛未 蠲缓四川马边、雷波、屏山三厅县上年被夷滋扰田地新旧额赋有差,免马边、雷波二厅商丁补解铜铅。

己丑 谕内阁:"前据御史蔡琼奏'云南临安府属之阿迷、蒙自,与开化府属之文山,及广西交界地方阿喇冲、石碑、团山、倒马坑等处,流民结伙,抢劫商旅,盗窃居民。又东西两迤地方，匪徒聚众结拜兄弟，鱼肉乡邻，种种不法'，当降旨着伊里布、颜伯焘严饬该地方官认真查办，并将流民编入保甲管束是否可行之处，妥议具奏。兹据奏称'上年文山、阿迷、邱北等处，查报抢掠各案，业经拿获首从各犯，其中即有石碑、团山等地名，俱已严加掺缉，并无流民在内。现在委员督同该地方官审讯办理，其余各属，遇有抢劫案件，俱随时饬令严缉'，该地方官尚知奋勉。其开化等府外来流民，向来已附入保甲，或归伙头约束，每年由地方官抽查一次，并各属流民一律编入保甲。着循照前议章程，饬属妥为办理。至所称开化、广南一带，向因山多旷土，邻省贫民往往迁居垦种，近年旷土渐稀，着责成沿边州县留心盘查，无业游民入境者，即行驱逐。其迁移流民，亦着截留递遣出境。一面咨会川楚黔粤等省，晓谕民人，毋得轻离乡土，自取递遣，以杜纷扰。至迤东、迤西附近铜银等厂州县，有棍匪纠众拜盟之案。据该督等饬缉究办，尚无纠伙众多，肆行扰害之事。惟距省遥远之区，该地方官或失于查察，或意存掩饰，实难保其必无。是在该督抚认真督饬，实力整顿，遇有抢劫重案，立即捕获，不使漏网，从严惩办。并饬该管道府，随时稽察，严参玩泄之员，毋稍容隐，庶匪徒敛迹而间阎悉臻安谧矣。"

115 卷313·道光十八年八月

丙戌 免云南铜厂民欠无着工本银。

116 卷314·道光十八年九月

己未 以多办铜斤，赏云南知府许文谖道衔。

117 卷316·道光十八年十一月

丙午 谕内阁："前据梁章钜奏请改铸大钱，当有旨交户部议奏。兹据该部奏称'圜法之流通，原以便民生之日用。近来私铸充斥，总由地方官不能严密查拿所致。且当十、当百之钱，需铜较少，获利转多，即多其品类、重其工本，彼私铸者亦能肆其巧诈，随在混淆'等语。现在京外各局铜铅，均属赢余，钱法通行已久，并无窒碍。梁章钜所请改铸大钱之处，着毋庸议。至各省私铸在所不免，各该督抚等惟当严饬所属，遵照旧定章程，随时严拿惩办，务使私铸之弊净尽，而银价钱价，两得其平。倘查有奉行不力，因循怠玩情弊，即行严参示惩，不得日久视为具文。将此通谕知之。"

118 卷325·道光十九年八月

癸未 免云南铜厂民欠无着工本银。

丁亥 谕内阁："户部奏'四川铜厂办铜，向无定额。该省乌坡厂产铜素旺，从前每年报获一百八九十万斤，现在每年仅获数万斤，恐系厂员恃无定额，偷漏匿报，捏称商贩，以为免抽课耗，多销价值地步'等语。川省开采铜斤，关系鼓铸，虽地力衰旺不常，多少不应悬绝，若任听承办之员，朦混滋弊，则本省不敷鼓铸，势必向他省采办。不惟帑项攸关，兼恐事多窒碍。着宝兴督饬藩司刘韵珂严查该厂情形，有无弊窦。并着酌中定额，责成宁远府知府认真督办。倘办理日有起色，即据实奏请奖励；若仍前怠玩，经理失宜，并查有匿报偷漏情弊，亦着分别严参，以示惩儆。"

119 卷 326·道光十九年九月

庚戌 谕内阁："御史张灏奏'各省藩库，每年奏销州县已征未解，因公挪移，以致库款虚悬，实数不及十分之五'等语，着户部查议具奏。又据奏'外省小钱甚多，京城宝源、宝泉二局所铸之钱，有时与外省小钱相似，皆系炉头偷漏铜铅，监督不善经理所致'，着户部、工部钱法堂严查弊窦，据实奏闻。"寻，户部奏："各省奏销，春秋二季，造册报部，遇有拨款，按册指拨，非已征未解所能牵混。库贮钱文，分量亦俱准足，并无小钱，亦无偷漏情弊。"工部奏："现将库贮钱文，一一抽称，斤两无缺。仍随时稽查，倘有弊窦，断不姑容，以肃局务而重鼓铸。"报可。

120 卷 329·道光十九年十二月

癸未 谕内阁："前据给事中朱成烈奏'鼓铸制钱不一，请饬查办'，当降旨令户部、工部钱法堂明白回奏。兹据查明据实覆奏。制钱大小向有定式，嗣后宝泉、宝源两局，每月铸钱，着该堂官彻底查验，务令分两悉遵定例。如有轻重未能一律之处，即将该监督等严行参撤。至铜船到通，难保无炉厂奸商包揽代交等弊，着仓场侍郎督同坐粮厅实力稽查。并着该侍郎等于运员抵通时，密加访查，倘有前项弊端，即行严拿惩办。其运员交铜，尤须严饬该局书吏等毋得稍有勒索，以杜弊窦而利鼓铸。"

丁亥 又谕："运员沉溺铜斤，应取地方官印结备验，前经奏准通行，自应永远遵办。至在途接运，亦须酌定章程，以备稽核。着云贵总督、云南巡抚并沿途各督抚，严饬该运员等，嗣后遇有沉溺铜斤，除由该地方官照例咨报，并取具印结送部外，该运员等仍须取具地方官印结，赍赴仓场衙门呈验。倘该运员等在途有接运情事，亦着饬令将应行移交印结一并移交。如再玩忽，未取地方官印结，暨接运员并未接收，原运员并未移交，抵通时着仓场衙门奏交户部传询；并着该部查取该运员等职名，移咨吏部议处，以示惩儆。"

121 卷 330·道光二十年正月

戊申 又谕："户部奏'云南省铜务动用工本银两，请将未奉谕旨率行动用之巡抚、藩司交部议处'。云南省铸息等闲款银十六万二千两，据该部查明业于上年十二月奏明，拨给该省兵饷。该抚颜伯焘等，于此项闲款，并未奉有谕旨，辄因铜库存银，不敷支放，擅行动用。若各省纷纷效尤，该部凭何指拨？所有动用闲款银十六万二千两，着即于该年铜本银内如数提回，拨给该省庚子年兵饷之用，其余闲款，仍着随时存贮入册报拨。其兵饷岁拨等款，如果缓不济急，应将实在情形奏明请旨，不得率行动用。此次办理错误之云南巡抚颜伯焘、布政使刘鸿翱，均着交部议处。"

122 卷 333·道光二十年四月

甲申 谕内阁："前据御史重豫奏'新疆地方岁需官兵俸饷，请在南北两路每年添铸钱数万串，以资搭放'，当经降旨着奕山等体察情形，是否可行，奏明核办。兹据奏称'回疆各城，近因铜苗不旺，设法觅采，未有成效。现在铜斤仅敷宝伊局春卯鼓铸之用，秋卯能否照常鼓铸，尚须查看情形，斟酌办理，实不能添铸钱文。该处近来商贾云集，贸易四通，银两并无壅滞，钱文足资流转，仍不急需添铸'等语，所奏自系实在情形，着仍照旧办理。惟该处铜铅，现在既形短绌，布彦泰到任后务当督饬各城委员，留心相度，有可开采之处，实力采挖，以裕鼓铸。"

123 卷335·道光二十年六月

丁卯 又谕："御史陈燨奏'解运铜船，宜慎选船户，并严查奸私，以除积弊'一折，又另片奏'铜船过境，须派勤干之员，饬与铜铅一路行走，督率催趱'等语，着铜船所过省分各督抚妥议具奏。"

124 卷338·道光二十年八月

辛未 谕内阁："前据颜伯焘奏'备陈办铜原委，仍请准除借款提拨银两'一折，当交户部议奏。兹据该部议请'将每年额拨铜本银两，提早数月拨给，俾得藉以周转'，着照所议，嗣后滇省请拨铜本银两及户部指拨，着一并改题为奏，以归简捷。"

125 卷339·道光二十年九月

戊申 免云南铜厂民欠无着工本银。

126 卷340·道光二十年十月

丙子 以办铜逾额，加云南知州李德生同知衔。

127 卷341·道光二十年十一月

甲寅 以伊犁铜斤不敷，暂停宝伊局鼓铸，从将军布彦泰请也。

128 卷344·道光二十一年正月

丁酉 又谕："现在嘆夷在广东日肆猖獗，已授奕山为靖逆将军，隆文、杨芳为参赞大臣，驰赴剿办。着钱宝琛、梁章钜各于该省拣选大炮数十尊，试放有准，一俟奕山等飞调，即行迅速解往应用。如旧炮难资得力，或不敷应用，即着督匠迅铸铜炮数十尊，约重三千斤为率，俾资轻捷而利施放，毋得迟误。将此由五百里各谕令知之。"

129 卷345·道光二十一年正月

壬寅 谕内阁："刘韵珂奏请赶铸铜炮等语，着照所请，于宝浙局酌提铜四五万斤，赶紧督工铸造，分拨要口，以资防御。其铜斤价本，俟用竣后，核计银数，由军需款内拨还。"

130 卷346·道光二十一年二月

丁巳 江西巡抚钱宝琛奏："遵旨酌拨铜斤，派员押运于佛山镇境内设厂兴铸，就近购买应用物件，一经铸成，陆续由水路运赴粤省，以备运营调用。"得旨："妥速办理。"

131 卷349·道光二十一年三月

丁未 又谕："伊里布奏'熟筹沿海情形，分别添兵备防'一折。江苏省洋面绵长，海口纷歧，经该督周历巡查，扼要派防，并添调兵弁驻守。着照所议妥办。该督现回上海策应弹压，仍着随时亲赴宝山一带，会督提镇妥为防范。沿海各要地，亦着严饬各县营，同派防官兵竭力巡防，毋稍疏懈。至该省海防紧要，铸炮不容稍迟，既由苏州省局拨解洋铜十二万斤，即应赶紧开铸。着即动款速办，毋误事机。又另折奏'沿海通商各港口，酌拟一律封闭'等语。江苏洋面现无夷船，遽将港口封闭，商贩未免向隅，惟是汉奸之透漏消息，接济米粮硝磺等物，亦不可不严密防范。着严饬该管司道等，于商渔船只出入，实力稽查，毋稍疏虞，亦无滋骚扰，是为至要。该省沿海各港，此时着毋庸封闭。将此谕令知之。"

132 卷351·道光二十一年四月

戊申 谕内阁："上年据御史陈燨奏'解运铜船，宜严查奸私'，并另片奏'铜船过境，须派干员，饬与一路同行督催'等语，当降旨交铜船所过省分各督抚妥议具奏。现据江苏等省各督抚各就所办情形，陆续奏到，其应如何酌定章程之处，着该部议奏。"寻议：

一、四川议。运船无论泸州兑开、重庆换载，均由地方官会同运员，每船选派头舵经工一名，管束水手，开帮后不许擅离登岸。如有作奸犯科，交地方官重惩。倘地方选雇不慎，运员稽查不严，及沿途少拨兵役，不亲护送，将该管道府一并参处。

一、湖南议。运船由湖南经过，仅有巴陵一县，即责成该县文武，亲诣掺查，出具印结，于详报过境文内，赍送查考。

一、湖北议。运船入境，由宜昌镇总兵督同各卡员地方官掺查，顺水押护至宜昌府。移委丞倅各员，督同地方文武，交替催趱出境。至汉镇以下，另雇熟谙大江水手，由巡抚严饬汉黄德道，督同汉阳同知，选雇头舵经工，查照川省新章办理。

一、江西议。责成九江关监督查验，取具运员钤结，并盘查之员印结备案。其委员兵役护送，令下站出具实系亲送印结通送。

一、安徽议。经过芜湖关，责成该道查验。

一、两江议。加运铜斤及铅，在江换船，加运责成江防同知，铅运责成仪征县，代为选雇水手，取具连环保结。如有疏防，由该管上司查参。

一、山东议。另雇民船，责成地方；盘诘奸宄，责成关隘；如有弊端，会同地方官究办。

一、直隶议。铜铅将次入境，由天津通永二道催趱弹压。

均应如所请行。

得旨："着照所议办理。惟滇黔两省办解铜铅，均有一定例限。近来在途耽延日期，往往转多于例限。嗣后着责成派出之藩臬大员，严饬各道府及沿途地方文武员弁，一体认真稽查。如该运员无故逗留，地方官扶同结报，即着该督抚严行参办。"

133 卷353 道光二十一年六月

戊子 谕内阁："御史朱淳奏'铅船夹带木料过多，请旨饬禁'一折。各省解运铜铅，关系京局鼓铸，若如所奏，运员雇船之日，藉带木之私以省水脚，船户承揽之后，借运铅之名以脱关税，以致铅运迟延，任催罔应。该御史奏称，湖北之田家镇为储木之乡，江西之九江关为舣舟之地。着湖北、江西各巡抚先行出示晓谕，俾居民商贾，咸知法令所在，再饬所属严行查禁，有犯必惩，毋任虚应故事。"

己丑 谕内阁："吴其浚奏'知州在任自缢，请彻底究办'一折。湖南桂阳直隶州知州恒善，到任甫逾一月，即因地方疲玩难治，尽可从容设法整顿，何致遽尔轻生？着吴其浚亲提书差人等，并传该家丁等来省，彻底根究，有无致死别情，确切讯明，据实具奏。"寻奏："讯明恒善实因民情犷悍，书差疲玩，钱粮铜铅，处处掣肘，情急自尽。惟州书萧明堂等，另有受贿把持等事，应归各案办理。"得旨："逐案研讯，务得确情，不准颟顸了结。"

己亥 又谕："讷尔经额奏撤兵归伍一折，已明降谕旨令该督酌量减撤矣。其另片奏'请铸大炮，经久备防'等语。炮位重至八千斤，如果火药力足，施放有准，尽可摧坚致远。若重至万斤，转恐体质笨滞，运用不灵。该督请铸万斤铜炮四尊、八千斤铜炮四尊，现在万斤铜炮如已铸成，即着择要安设。如尚未铸就，即着改铸八千斤炮，较为便捷。再，上年冬间，京师运往炮位三十余尊，现在天津添铸炮位，足资防守。着讷尔经额即将前次运往之炮，于今冬分起陆续运还京师，归局存贮。将此谕令知之。"

壬寅 又谕："前因滇黔两省办解铜铅船只，在途耽延，着沿途各督抚酌拟催趱章程，并交户部详加核议。即经降旨，责成派出之藩臬，各饬所属实力奉行。兹据户部将经过之四川等省藩臬两司开列名单，请旨简派，着即责成派出各员，遵奉前降谕旨，严饬各道府及沿途地方文武员弁，一体认真稽查。如该运员无故逗留，地方官扶同结报，即由该道府查明，详报该督抚严行参办，该藩臬等务当不时查察，毋任稍有捏饰，仍至有名无实。将此通谕知之。"

134 卷356·道光二十一年八月

甲辰 谕军机大臣等："刘韵珂奏请拨济军需银两一折。据称'浙洋夷船日增，前拨银两，业经支用已尽。现在镇海等处添兵雇勇，急筹堵剿，请再行拨给银一百万两，以资接济'等语。所有该省现经户部拨解云南省壬寅年铜本之二十年地丁银三十万两，又拨解云南省壬寅年春季兵饷之二十一年地丁银二十万两，均着准其截留。再，该省藩库，现在二十一年秋，拨造报银十五万八千两，捐监银二万二千两；织造衙门征收二十一年正月起至八月止，北新关税课银十二万两；运库现存秋拨造报银十万九千两；秋拨截数后，应归二十二年春拨造报银九万一千两；俱着准其收入军需专款，以备分解宁波、乍浦、海宁，

295

并为省局一应支发之用。该省需用孔亟,是以俯如所请。该抚务当督饬局员,力加撙节,断不可稍任虚糜,致滋浮冒。该抚所称'云南省铜本、兵饷,请由部另筹拨解'等语,着户部速议具奏。将此谕令知之。"

庚戌 又谕:"据梁章钜奏查勘吴淞海口,并演试新铸大炮情形等语。逆夷占踞定海,距江苏吴淞每口甚近,亟宜加意筹防。该抚既亲历查勘,会同提督陈化成,逐一详加准备,并将上海炮局续铸四千余斤铜炮十尊,解至吴淞试演,均能致远,万一逆夷窜至,自己有备无患。该抚务当激励将士,奋勇争先,处处布置周密,勿令逆夷稍有得手,如察看兵力尚单,即行会商调拨,以期声势联络,战守有资,水陆交严,不可稍存大意。是为至要。将此谕令知之。"

135 卷 357·道光二十一年九月

丁巳 又谕:"据刘韵珂驰奏'截留散兵,遣赴宁波,听候余步云调遣,以资防守,并查裕谦下落'等语。浙江镇海失守,已由六百里加紧谕知该抚等防堵事宜,本日又降旨令前任藩司郑祖琛、卞士云、候补知府孙善宝,即赴浙江省城,随同刘韵珂办理粮台事务矣。逆夷既占镇海,必窥宁波府城。该抚已派员至绍兴一带,将过境兵丁截赴宁波,着仍遵前旨,会同督率兵勇协力防守,俟大兵云集,克期进剿。至炮位为军中利器,镇海炮位已为逆夷夺据,必得赶紧另铸。着该抚即委干员,采办铜铁,鼓铸一二千斤上下大炮数十位,以备要需。至裕谦投入泮池,副将丰伸泰等所禀是否属实,现在究竟作何下落,仍着查明具奏。将此由五百里谕令知之。"

136 卷 358·道光二十一年九月

乙亥 又谕:"梁章钜等奏'续调官兵防御,并遵旨赶铸炮位'各一折。江苏宝苏局铜铁,现已用尽,经梁章钜委员赴湖北采购精铁,并将废炮改铸数百斤至二三千斤炮位,以备调拨。着即赶紧铸造,随时演试,如有调拨,即行飞速解往应用,毋稍迟误……"

137 卷 360·道光二十一年十月

甲辰 又谕:"据牛鉴、梁章钜奏覆陈'严防进口商船以杜汉奸',并'设立粮台'及'赶铸炮位'各一折……其提拨宝苏局洋铜赶铸炮位之处,着照所议速办。惟上海滨临外洋,现在设立炮局,在彼铸造,万一该逆众突而来,稍有疏失,岂不反为贼有?其应于何处铸炮更为相宜,着牛鉴、梁章钜于将军参赞到时,会同详议,酌定地方,一面铸造、一面奏闻。将此由五百里各谕令知之。"

乙巳 谕内阁:"刘韵珂奏'续铸大炮所用洋铜价本,及收买商船价脚,准于军需项下分别拨还给发',所请截留漕粮,准其于道光二十一年应行起运漕米内截留十五万石以资接济。"

乙巳 又谕:"本日据刘韵珂驰奏'逆夷窥伺慈溪,派兵防守一折'……又另折奏续铸大炮一节,据奏'现已铸成大炮八十二位,均在一二千斤上下,堪以适用,并于楚省购买铁斤,及提宝浙局洋铜,一面赴苏添购铜锡,源源制造',所办尚属周妥,着即严饬赶办以济要需，毋稍迟滞……"

138 卷362·道光二十一年十一月

丙寅 谕军机大臣等："奕兴奏请演放旧存炮位等语。绥远城存贮军器内，查有九节十成铜炮三尊、威远铜炮三尊，着该将军饬令弁兵试为演放，如果致远有准，即着每岁同子每炮出演备用，倘演试不能适用，即行存贮。将此谕令知之。"

139 卷363·道光二十一年十二月

辛卯 江苏巡抚程矞采奏："接据扬威将军等咨取苏省加工大药一万斤及腰刀鸟枪等项，并将存贮在苏之铜炮十三门，一并解浙。"报闻。

140 卷365·道光二十二年正月

庚戌 谕军机大臣等："本日裕泰奏'拿获奸细，究出贼势情形，现在添调官兵，妥筹堵剿'一折。逆犯钟人杰等，胆敢戕官据城，威胁各乡保正，令其帮助。现在收取乡间铜铁制造军器，并将各要隘挖断路径，设卡拒敌，实属罪大恶极，必应迅速扑灭，以伸国宪。裕泰现驻咸宁，着提督刘允孝迅即拣带精兵前往会剿，毋稍迟延，致令滋蔓……"

141 卷366·道光二十二年正月

己巳 又谕："刘鸿翱等奏动拨宝福局铜斤铸炮等语。福建厦岛原设炮位，毁弃无存，各要口所安之炮亦不敷用，自应设厂拨铜，广加铸造。惟所铸炮位，不在重大，必须坚固如法，足以摧坚致远，方为适用……着怡良、刘鸿翱督饬督员，认真办理……"

142 卷375·道光二十二年六月

壬辰 云贵总督桂良等奏："遵旨筹议节用，请将滇省岁修塘房银四千六百两有奇，暂行停发。开化等府缉捕经费银八千五百两，办铜各厂员薪水银二千两有奇，俱减半扣发。解运京铜委员增给经费银一万三千两，酌减一成扣发。粮道兼管大修海口积存银六千七百两，又节省银一千五百两，应俟一年后察看情形，再行核办。黑盐井于办供正溢课款外，每年设法趱解解一万两。以上各项，计五年内可共得银十一万四千两有奇。"下部议，从之。

143 卷376·道光二十二年六月

甲辰 又谕："朕闻江广盐船最为坚固，于江路素称熟习，多在武昌一带停泊。并向有随铜船行走，预备入江捞铜之人，号为水摸，能于江底潜伏半日。因思逆夷现在由海入江，肆意猖獗，总缘江防废弛，水师战船有名无实，以致逆船横行，不能堵截。若果有坚实江船，并募练熟习水性之人驾驶得法，于沿江一带，或合力迎击，或分路夹攻，当可制其死命。江南现有逆船滋扰，无暇办理，着裕泰于武昌停泊各船内，酌量预雇坚致盐船，并救生红船三五百只，即于水摸中挑募水性最熟之人，或千名、或数百名，认真练习水战，随时探明安徽、江苏如有逆船闯入，即派委妥弁迅将此项船只顺流而下，当可大挫其锋。果能试用得力，该督之功甚伟也。将此谕令知之。"

144 卷386·道光二十二年十二月

乙酉 谕军机大臣等："耆英奏查明上海宝山及吴淞口情形一折……至另片奏'拟酌提宝苏局洋铜数十万斤，铸造大炮，并咨会河南代造抬炮'等语。制造炮位，无论铜铁，总以精炼为要，非必专用铜炮，始能及远命中。且购办铜斤，不如购办精铁之易。苏局现在所贮洋铜，自应仍留备鼓铸钱文，该督等增铸大小炮位，惟当广购精铁，加工镕炼，并调取广东熟谙铸炮工匠，如式制造，务期一炮得一炮之用，方为妥善。其抬炮一项，以体质轻固者为得用，该督因江苏所造未能如法，已咨河南巡抚，责成河北镇昌伊苏代造抬炮一千五百杆，亦着照议办理。惟三十斤之炮，尚恐运动未能灵便，若每炮再减六七斤，运用时当更得力，并着该督咨会河南巡抚照办。将此谕令知之。"

己丑 免云南铜厂民欠无着工本银。

145 卷389·道光二十三年二月

癸卯 谕军机大臣等："（直隶总督）讷尔经额奏'校阅省标各营操演速战阵式情形，并绘图呈览'等语，览奏已悉。所铸五百斤铜炮六十尊，添设在速战阵头层，三十斤铜炮一百尊，添设在二层，有炮车推挽，炮架支放，轮转装药，均可连环套打，用之陆路，足可制胜，甚合朕意。后路以抬枪、鸟枪继之，又以弩箭藤牌刀矛马枪继之。该督已亲加校阅，均属整齐。仍饬各营将领一体教演，务臻纯熟。至海口防兵技艺胆量，尤应平日认真讲论，方可收得心应手之效。该督惟当督饬将备极力讲求，按期教练，不得始勤终怠，日久又致废弛也。将此谕令知之。"

146 卷393·道光二十三年六月

乙亥 谕内阁："德春等奏'委员解铜抵通，据报在途有沉溺铜斤情事，请饬部传询'一折。云南委员张应扬解运辛丑年正运铜斤，于抵通后，报称在湖北归州地方，沉溺铜六万六百五十余斤，并未将地方官印结呈验。所报沉溺情形，是否属实，着户部即将该员就近传询，据实核办。"寻奏："查明该员实系遭风，尚无捏报。惟未遵奏定章程，另取地方官印结，赍赴仓场衙门呈验，究属疏忽，请交部议处。"从之。

147 卷395·道光二十三年闰七月

丁酉 又谕："前据贺长龄奏'铜铅船只，遇有沉溺，水摸乘机偷窃，应责成各地方官实力查拿'一折，当交户部议奏。兹据该部议核具奏，铜铅为鼓铸要需，岂容水摸乘机偷藏，私售牟利。如果该地方官不以膜外相视，认真查缉根究，积弊自不难立破。着铜铅经过省分各督抚，严饬沿河地方文武员弁，嗣后遇有铜铅船只沉溺，务即亲诣河干，眼同该运员督饬水摸，认真打捞。如或捞不足数，即派妥干差役缉访，遇有私卖铜铅，查系出于水摸之手，立即严拿，尽法惩治。又滇黔委员铜铅运抵天津，雇船剥运通州，由通州分别水陆转运京局。各该处船户、车夫，陆续运解，恐难免乘机偷卖情弊，并着顺天府尹，通饬各该州县，派役认真严查，毋稍姑容，以除积弊而肃运务。将此勇谕知之。"

丁酉 又谕："贺长龄奏'钱局开铸，请更定额铸年分'一折。贵州省贵阳、大定两府额铸钱文，现在开炉鼓铸，系用上届存剩铜铅，自应更定额铸年分，核实办理。着照所请。贵阳、大定两局，收存道光十八年铜铅，准其作为二十三年正额供铸。其十九年采办铜铅，即作为二十四年正额供铸。以后依次接算采运，局铸报销，均着按年核办。"

148 卷400·道光二十三年十二月

辛丑 免云南铜厂民欠无着工本银。

149 卷403·道光二十四年三月

壬午 谕内阁："成刚等奏请饬催途次铜铅船只等语。宝泉局现在存库铜斤，只敷一年之用，必须严催在途各运迅速抵京，俾资接济。所有滇员，均未据各督抚咨报行抵何处，并入境出境日期。铜铅为鼓铸攸关，断不容迟延贻误，着沿途各督抚迅派干员，会同地方文武员弁，迎提催趱，总期全数迅抵清江。仍责成漕运河道各总督，将铜铅船只，跟随首进粮船，相机插档行走。并着云、贵、四川各督抚，严饬兑交开行，毋令耽延贻误。倘该运员等藉词延宕，承催、督催各员，并不实力催趱，即着各督抚指名严参。"

150 卷404·道光二十四年四月

丁酉 谕军机大臣等："前因回疆所用当五、当十钱文，行使便利，降旨令富呢扬阿等体察陕西、甘肃情形，仿照铸行。兹据该督奏称'普尔钱一项，惟南路八城通行，北至吐鲁番，东至哈密，即不能行。其吐鲁番所产棉花，亦不能以普尔钱收买，民间不能施行，在官即难搭放'等语。回疆普尔钱文，藉可疏通圜法，惟欲自外而内，必须渐推渐近。着布彦泰、达洪阿，体察南北两路各城情形，能否一律行使，确加访核，据实具奏。将此谕令知之。"寻奏："普尔钱系净红铜铸造，仿铸反增工费。其带至东北各城，每个只作一文之用，不能当五当十。"批："候旨行。"

151 卷409·道光二十四年九月

丁亥 谕内阁："户部奏请饬催途次铜铅船只等语。铜铅为鼓铸攸关，断不容迟延贻误，所有已入直隶境之张循征、童翚、赵亨钤三运，已过天津关之杨汝芝、方联选二运，已入山东境之姚光熹、黄际昌二运，已自湖北开行之李杰一运，已入江南境之崇璪一运，已过龙江关之俞汝本一运，已过淮关之林发森一运，均着沿途各督抚迅派干员，会同经过地方文武员弁迎提催趱，务期于河水未冻以前，一律赶运抵通，不准稍有稽滞。倘该运员等藉词延宕，承催督催各员，并不实力催趱，即着各该督抚指名严参，以肃运务。"

152 卷412·道光二十四年十二月

戊戌 免云南铜厂民欠无着工本银。

癸丑 又谕:"户部奏'漕仓铜务应行解拨银款,请旨饬催,开单呈览'。各省应交款项,岂容任意延缓?所有浙江等省应行报解各款共银七十四万六千八百余两,着该督抚暨仓场侍郎督饬各属,按款详查,应实贮者即行解部,已报完者造入拨册,并迅速分晰咨部,以备稽核。倘仍前延玩,即将承办各员查取职名议处。"

153 卷 417 · 道光二十五年五月

癸酉 谕内阁:"工部奏请饬催铜运等语。滇省运员李杰等领解铜斤,前经降旨严催,迄今已逾两月,或咨报在途,或尚未起运。兹据工部查明,现存铜斤仅敷本年九月之用,倘在途及未报起程各起,任意迁延必致有误鼓铸。着沿途各督抚转饬地方官,查明癸卯正加三运运员现在行抵何处,务令按程催趱,不准稍有稽滞,统于九月前解局应用。至甲辰各运,亦必上紧严催,设法趱运解京。并着云南督抚于派委运员时饬令依限管解,趱运遄行,不得违限干咎。"

154 卷 419 · 道光二十五年七月

丙寅 谕军机大臣等:"程矞采、潘锡恩奏'重运漕船,全数渡黄'一折……又另片奏'云贵领运铜铅船只,业已放渡,尚有四川解运木植,并在后铜船,俟空运未到之前,另作一塘灌放'等语。铜铅为鼓铸攸关,前已有旨饬催,若俟空运未到以前,甫行灌放,必致有误鼓铸。该河督等务当相机妥办,设法趱催,断不准稍有迟滞。将此谕令知之。"

155 卷 420 · 道光二十五年八月

丁酉 谕内阁:"吴其濬奏请饬清查铜厂情形、库存款项等语,所奏是。滇省铜本,每于正额之外,动以多办铜斤为词,援案借支银两,积成钜款,必宜清查办理。着新任巡抚郑祖琛督率藩司苏彰阿将铜厂情形,及库存铜款逐细清查,务令有厂州县,悉心采办,通力合作,以供京运。并于奏销时,由厂员造送所办铜斤确实数目,详呈核对。倘书吏幕友等,查有勒派需索等弊,即行按律究惩,毋稍宽纵。"

156 卷 421 · 道光二十五年九月

癸亥 谕内阁:"户部奏铜铅船只沿途羁滞,请饬催趱等语。滇黔两省办解铜铅,向来责成派出之藩臬大员,饬属催趱,无任逗留,原期迅速趱行,以资京局鼓铸。若任听各运员沿途耽延,是派委藩臬大员竟成虚设。现据户部奏'委员汤师淇等各起,迄今均未据咨报行抵何处',若再羁迟,必致在途守冻,多糜经费。着沿途各督抚,督饬派出之藩臬大员,将在境铜铅船只迅派干员,会同经过地方文武员弁,无分昼夜,实力迎提,总期于河水未冻以前,一律赶运抵通,无任稍有羁滞。倘各该运员藉词延宕,地方官不实力催趱,即着各该督抚指名严参,毋得视为具文,有名无实。"

157 卷 425 · 道光二十六年正月

丁巳 谕内阁:"贺长龄等奏'遵查铜务各款,恳请定限'一折。云南铜务各款,前有旨饬令清查，未定期限。兹据奏称'款目纷烦，稽核非易'，着准其自道光二十五年八月初一日设局起，扣至二十六年七月底止，给限一年，赶紧清查。该督抚藩司俱系新任，无所用其回护，总当悉心查核，实力钩稽，毋致牵混滋弊。"

丁巳 免云南铜厂民欠无着工本银。

158 卷 428 · 道光二十六年四月

辛丑 谕军机大臣等："贺长龄奏'上年永昌汉回互斗滋事，业经持平审办。其逃散回民所遗田地，亦经委员分头清查，不准汉民侵占。并出示招回复业，其不愿回者，酌给抚恤'，该回民等已属得所。讵于本年正月复有外来及永昌逃散回民百余人，藉认种遗产为词，求赏盘费。迨经该县理谕解散，该回民等辄敢黏挂揭帖，声称报复雪恨，并邀抢客货。加以游匪藉端冒充，日聚日众。似此玩法藐官，必应及时查办，免致日久蔓延。现在永昌镇道督饬府县修城治械，足资捍卫，并经该督飞咨提督，带兵堵缉，兼委道将驰往查拿，自可克日葳事。惟回众甫经上年剿办之后，复敢藉端寻衅，披猖已极。且滇省铜锡各厂，游匪甚多，若不乘机扑灭，必至勾结为患。该督惟当体察情形，如果一时未能掩捕，即当亲往督办，总期立时殄灭，早靖边陲，是为至要。将此谕令知之。"

159 卷 432 · 道光二十六年七月

丙申 又谕："陆建瀛奏'查明铜厂情形，现在催办'一折。据称'泸店存铜短少，不敷起运'，着该抚督率司道严饬各厂员赶紧趱办，源源发运。并饬各路店员，随收随运，不准片刻积压，一面檄令各厂员并地方官，无论本境隔境，广觅新厂，通力合作，如敢仍蹈积习，即行参惩。嗣后领运人员，着责成本省藩司遴委廉干之员，妥为经理，倘派委不得其人，以至挪移延误，百弊丛生，于铜务大有关系。责有攸归，毋稍宽纵。其经由各省，向由派出催趱之藩臬大员，实力严催前进，以杜稽延。倘敢视为具文，虚应故事，致有耽延玩误等弊，定当查明惩处不贷。"

160 卷 438 · 道光二十七年正月

辛丑 免云南铜厂民欠无着工本银。

161 卷 440 · 道光二十七年三月

己亥 谕内阁："户部奏请饬催铜铅船只等语。铜铅为鼓铸攸关，断不容迟延贻误，所有已入江南境之滇员，乙巳年正运三起，已入湖北境乙巳年正运四起、加运一起，在四川泸州开行之乙巳年加运二起，丙午年正运一起二起，已入湖北境之黔员丙午年下运二起，丁未年上运二起、下运二起，在四川泸州开行之丁未年下运一起，均着沿途各督抚迅即派委干员，会同经过地方文武员弁，无分昼夜，迎提催趱，迅抵清江。责成漕运河道各总督，饬令跟随首进粮船，相机插档行走，俾资迅速。其已咨报起程尚未开行之滇员桂文奎，已报接运，未据盘兑开行之湖北运员德通二运，着云、贵、四川、湖广各督抚，严饬该委员等迅即兑交，盘兑开行，无令稍事耽延。倘运员藉词延宕，地方官不实力催趱，着即指名严参，毋稍隐饰。"

162 卷 442·道光二十七年五月

丙申 军机大臣会同户工二部，议覆给事中张修育奏筹裕库储六条：

一、筹裕铜斤。应请此后运员例带余铜，概令交局，官为给价收买。

一、酌定勒追例限。查应追应赔各款，本有统限，又有分限，毋庸变例。惟银数较重，未据结报家产，该员廉俸又复无多者，应请由该管上司饬追，并查取迟延职名议处，仍将本员廉俸停止一半作抵。至候补人员及子孙代赔、并无职官之人，责成各旗籍按限着追。实系力不能完，查明取给，分别办理。

一、酌办估变逾限。应令各督抚查明入官应变各项，责成现任州县，统行予限一年，出示召售如实与原估数目不敷，准照时价变完。其因亏挪查抄者应令认真查办，毋许隐匿。

从之。

163 卷 444·道光二十七年七月

庚辰 谕内阁："工部钱法堂奏请饬催铜运等语。铜运为鼓铸攸关，断不容迟延贻误。所有已入山东境之邓墀一运，着沿途各督抚查明行抵何处，务令星夜遄行，无任片刻停留，勒限八月中解京。其已过淮关及已入江南境之乙巳三运，并已过淮关之丙午一运，均着饬令领运各员迅速趱行，务于十月内解局，以资接济，不得违限干咎。其余丙午各运，亦着沿途地方官上紧严催，设法趱运，无令稍事耽延。倘运员藉词延宕，或地方官催趱不力，即着查明严参，以重鼓铸。"

164 卷 447·道光二十七年九月

壬寅 云贵总督林则徐等奏："云南泸店存铜无多，厂办之数不敷济运，现饬各厂员加丁采煎，随时济运。其各厂未煎厚黑铁砂，勒限改煎。并示谕居民，遍觅新山，广开子厂，分饬各州县躧觅，毋许饰词透卸，庶可源源补额，俾京运足资鼓铸。"从之。

165 卷 453·道光二十八年三月

辛巳 谕内阁："工部钱法堂奏请饬催铜运等语。铜运为鼓铸攸关，断不容迟延贻误。所有已出湖南境之桂文奎一运，已出四川境之李令仪一运，并湖北接运委员韩印海一运，着沿途各督抚查明行抵何处，务令星夜遄行，勒限于六月内解京。其丙午李旸一运，丁未王阶钰、盛熙瑞、冯祖绳三运，仅在四川及滇省起程，均令领运各员，迅速趱行，务于八月内解局，以资接济。至未报开行之丁未三运，并令该督抚赶紧严催。倘运员藉词延宕，或该地方官催趱不力，即着查明参办。"

庚子 谕内阁："户部钱法堂奏请饬催铜铅船只等语。铜铅为鼓铸攸关，断不容迟延贻误。所有已入湖北境之云南解员丙午年正运三起四起、加运二起，已入四川境之丁未年正运一起二起，已出四川境之贵州解员戊申年上运一起二起、下运一起，已在四川重庆开行之下运二起，均着沿途各督抚迅即派委干员，会同经过地方文武员弁，无分昼夜，迅即迎提催趱,早抵清江。责成漕运河道各总督,饬令跟随首进粮船,相机插档行走,俾资迅速。其已报起程尚未开行之云南解员冯祖绳,已报接运盘兑尚未开行之湖北接运员韩印海两运,着云、贵、四川、湖广各督抚,严饬该委员等迅即兑交开行,毋令稍事耽延。倘运员藉词延宕、地方官不实力催趱,着即指名严参,毋稍瞻徇。"

166 卷455 · 道光二十八年五月

庚子 谕内阁:"户部钱法堂奏请饬催铜运等语。铜运为鼓铸攸关,断不容迟延贻误。所有已报渡黄之桂文奎一运,已入江南境之李令仪一运,并先后入湖北境之韩印海、李旸、王阶钰、盛熙瑞四运,着两江、漕运、江南、东河、河道各总督、湖北巡抚,严饬文武员弁,将在境各铜船,迅即押令飞挽北上,勿令片刻逗留。并令直隶、山东各督抚,一俟各该运船到境,即专派妥员,迎提催趱,务于七月内全数抵通。倘该运员等藉词延宕,或该地方官提催不力,即着查明参办。"

167 卷457 · 道光二十八年七月

壬申 谕内阁:"户部钱法堂奏请饬催铜运等语。铜运为鼓铸攸关,断不容迟延贻误。前已降旨令沿途各督抚迅速提催,迄今仍未据报行抵何处。现在需铜紧急,所有已报随漕渡黄之滇员桂文奎、李令仪二运,已入江南境之韩印海、李旸、王阶钰、盛熙瑞四运,着两江、漕运、江南、东河、直隶各总督暨山东巡抚,严饬文武员弁,将入境各铜船迅即押令飞挽北上,务使在前各运赶紧于七八月间抵京交局,在后各运跟接抵通,勿任片刻逗留。倘各该运员藉词延宕,或地方官催趱不力,即着指名严参。"

168 卷458 · 道光二十八年八月

丁卯 谕内阁:"户部钱法堂奏'铜斤配铸,并请饬催'等语。铜运为鼓铸攸关,不容迟延贻误。节经降旨令沿途各督抚迅速提催,迄今仍未据报行抵何处。现在需铜紧急,所有已报随漕渡黄之滇员桂文奎、李令仪、韩印海、李旸、王阶钰、盛熙瑞等六运,着漕运、东河、直隶、山东各督抚,专派妥员,会同地方文武员弁,无分昼夜,实力迎提催趱,跟随漕船,相机插档行走,务于九月内全数抵京运局。倘各该运员仍前延宕,地方官不实力催趱,即着指名严参。"

169 卷459 · 道光二十八年九月

甲午 谕内阁:"户部钱法堂奏请饬催铜铅船只等语。云南委员丙午年正运三起桂文奎、四起李令仪,加运一起湖北接运委员韩印海、二起李旸,丁未年正运一起王阶钰、二起盛熙瑞,贵州委员戊申年上运一起周献廷、二起谢人龙,下运一起英达、二起许大纶,均已先后入直隶境,迄今未据咨报行抵何处。若再羁滞,必致在途守冻,有误鼓铸。着直隶总督将在境铜铅船只,迅速派委干员,会同经过地方文武员弁无分昼夜,迎提催趱,务于十月内一律赶紧抵通运局,以济要需。倘该运员藉词延宕,地方官催趱不力,即着指名严参,以肃运务。"

丙申 以采办铜斤出力，予云南候补知州沈承恩以同知升用。

170 卷462·道光二十八年十二月

戊辰 免云南铜厂民欠无着工本银。

171 卷463·道光二十九年正月

己亥 谕军机大臣等："林则徐奏'京控案内原告狡诈支吾，具呈挟制，并查有妄冀贿和情事'一折。此案前经降旨令琦善驰往云南审办，并将该原告降调知县广和革职矣。兹据该督奏称'该革员捏病诈死，坚不输服，并具呈挟制入奏，希冀迁延拖累'，且查出该革员意图讹诈，种种刁健各情，非研讯确实，不足以折服其心。着琦善于抵滇后，将案内人证提同质讯，务期水落石出，按律定拟具奏。至藩司赵光祖于库项铜银暨别种情节，均要逐一讯明，不可因广和狡展，遂颟顸了事，必要成一信谳。朕料卿断不肯瞻顾轻率，故特谕之。林则徐折，着钞给阅看。将此谕令知之。"

172 卷465·道光二十九年三月

甲午 谕内阁："户部钱法堂奏请饬催铜铅各运等语。所有云南已报自汉开行之丁未年三起冯祖绳，已出四川境之正运四起杨为翰、加运一起曹学俭，已入四川境之加运二起余居宽，戊申年正运三起管谐铎，自泸开行之正运一起吴开阳、正运二起王观潮，贵州已入安徽境之己酉年上运一起胡霖澍，已入四川境之上运二起寿元渭、下运一起崇璟，已出四川境之下运二起桂隆，均未据报行抵何处。若再任意逗留，势必贻误鼓铸。着沿途各督抚，将在境铜铅船只，迅速派员，会同经过地方文武员弁无分昼夜，迎提催趱。总于御黄坝未启以前，全数趱抵清江。过坝后，责成漕运、河道各总督，饬令插档行走，俾资迅速。至未经咨报开行之云南戊申年正运四起、加运一起、加运二起，着云贵总督、云南巡抚，严饬厂运各员迅速开兑开行，毋稍延误。倘该运员藉词延宕，地方官催趱不力，即着该督抚指名严参，以肃运务而济要需。"

173 卷469·道光二十九年六月

辛卯 谕内阁："户部钱法堂奏请饬催铜运等语。铜运为鼓铸攸关，断不容迟延贻误。前已降旨令沿途各督抚迅速提催，现在需铜紧急，所有已报先后入两江境之丁未年正运四起杨为翰，加运二起余居宽，戊申年正运一起吴开阳、正运二起王观潮、正运三起管谐铎各铜船，着两江、漕运、江南、东河、直隶、山东各督抚，迅速查明各船行抵何处，遴委妥员，会同地方文武员弁，昼夜提催，跟随漕船插档行走，飞挽北上，务于七月内全数抵京交局。至运员冯祖绳、曹学俭两起，已据山东巡抚报称入境，何难迅速催行抵京？倘各该运员藉词延宕，地方官不实力催趱，着即指名从严参办。"

癸巳 谕内阁："林则徐、程矞采奏请将办理铜斤短绌最多之运员革职勒赔一折。云南昆阳州知州桂文奎领运丙午年正运三起户局额铜七十二万斤，短至十七万四千余斤之多，现当整顿铜务之际，自应从严惩处，以儆其余。桂文奎着即革任，仍留滇省勒限照数赔缴，倘限满完不足数，即着严行追缴，从重惩办。"

174 卷471·道光二十九年八月

壬申 又谕："徐泽醇奏'解司钱粮，查有搀铜情弊，请将验解不慎之知县，严加议处'一折。山东署平原县知县汪嗣绪，着即撤任，交部严加议处；并着该抚行提匠役人等，研审究办。"

175 卷475·道光二十九年十二月

癸未 免云南铜厂民欠无着工本银。

文宗实录部分

001 卷 9 · 道光三十年五月

癸卯 谕内阁："御史隆庆等奏请严禁铸钱违式一折。宝泉局鼓铸制钱配用铜铅，轻重向有定式，自应局员随时查验，有轻重不均者，饬令回炉，不使支放之时，临期挑换。兹据该御史等奏称'每月监放八旗饷钱竟有薄小易碎、字样模糊者，每千搀杂数十文，势难逐串查验。而兵丁食用所关，岂容任意以偷减之钱，强为支领'等情。因思户部宝泉局如此，工部宝源局其弊略同，嗣后着两局满汉侍郎，督率该监督厂大使等，实力整顿，悉遵定制，毋任草率偷减。如有厚薄大小轻重不符，及文字模糊、磨镗不精等弊，随时查验，将炉头人等严行惩办，并将监督等官参处。现在新章甫定，劝惩兼施。该侍郎等，若只有保举而无参劾，钱法安望有起色耶？懔之！"

002 卷 11 · 道光三十年六月

己巳 谕内阁："工部钱法堂奏请严催铜运等语。铜运为鼓铸攸关，断不容迟延贻误。所有已过淮关之宋淇、已入安徽境之姚光璐二运，现在何处逗遛，着沿途各督抚督饬地方官，设法催趱，务于七月内解京。至已入湖北境之戊申一运、己酉二运，并着转饬领运各员，务于九月内解局。其余己酉各运，亦着赶紧严催，迅速趱运，以重鼓铸而济要需。"

癸酉 又谕："户部奏请饬催铜斤等语。京局鼓铸钱文，全赖滇黔二省按时运到铜铅，方资应用，岂容任意稽延？所有甫经运过淮关及尚在湖北、江西地方之滇运戊申、己酉等年铜斤各员，着沿途各督抚，严饬沿河文武员弁，押令昼夜遄行，克期北上。其奏提湖南、江苏局存洋、滇高铜，并着赶紧管押运京，总期速益加速，以重鼓铸而济要需。"

003 卷 14 · 道光三十年七月

癸丑 谕内阁："户部钱法堂奏请饬催铜斤等语。滇运铜斤迟滞，屡经降旨饬催，并特派沿途各省藩臬大员实力催趱，何以漫不经心，任令延宕？可见各省藩臬，直将特派事件视为具文，殊负委任。兹据户部钱法堂奏称'在途各起运员，均未据经过各省报抵何处。其已入山东境之宋淇一运，亦未据报出境日期。若再耽延，致误鼓铸，所派催趱大员，岂能当此重咎？着直隶总督、山东巡抚，先将宋淇一运铜斤，星夜迎提，飞挽北上。一俟行抵通坝，即着仓场侍郎迅速盘验，务于八月中旬运交京局。其余在途各运，亦着经过各该省督抚，勒限加紧严催，不准片刻停留。并着漕运总督，饬令于重运军船内，插档行走，毋得藉称拥挤，再有迟延。至湖广等省铜斤，亦着一律趱进，勿任虚报阻滞。倘各该运员仍复逗遛，地方官催趱不力，即着各该督抚指名严参，以儆怠玩而济要需。"

004 卷 15 · 道光三十年八月

癸酉 谕内阁："户部奏请饬催江苏迅解铜斤等语。江苏省局存铜斤，前经户部奏提解京，并节次行文催提，迄今已逾半载，未据咨报起解，实属延玩。着傅绳勋迅即遴委妥员，将户部指提该省局存洋铜，按数解京交局，毋任迟误要需。仍将委员衔名及启程日期，先行报部查核，并查明因何迟滞之处，报部核办。"

005 卷 16 · 道光三十年八月

己卯 谕内阁："程矞采等奏审明职官钱债控案一折。云南降调通判赵埍林，前因委管泸店铜务，禀控准升知州丁楚玉，降旨分别革职审讯。兹据该督等查明，赵埍林认真挑拣，系为慎重京铜起见，惟因索取垫付煎费，辄行具禀，丁楚玉不早偿还，以致兴控，均属不合。现既查无营私捏饰情事，所有革职之降调通判赵埍林及暂行革职之前任蒙自县准升广西直隶州知州丁楚玉，着准其一并开复，仍交部分别议处。"

006 卷 17 · 道光三十年九月

丁酉 又谕："前据程矞采等奏称'滇省办运京铜因长途磕损，錾字不全，并无挽换'等语，饬该部议奏。兹据户部奏称'现在该局所收铜斤，破碎者甚少，而整圆大块并未錾凿厂名。数十万斤中，凿字不过数块。并据询问运员，率以迫于程限，未候錾凿厂名具结'，皆与该督等原奏悬殊。着该督抚查明，认真核办，据实具奏，毋稍含混。"

007 卷 19 · 道光三十年十月

辛未 又谕："杨殿邦奏铜铅船只挽出东境等语。户工两局，需铜孔亟，现在节逾立冬，宜防冻阻。所有委员姚光璐、椿龄、陈然青等三起，及在后之李峥嵘等各船，着该漕督迅饬严催，并着仓场侍郎、直隶总督酌量情形，是否应须起剥，迅即设法押催抵通，毋任延误。"

008 卷 22 · 道光三十年十一月

癸丑 免云南铜厂民欠无着工本银。

009 卷 30 · 咸丰元年三月

乙卯 谕内阁："徐广缙、叶名琛奏'剿办灵山县境匪徒，大获胜仗，全股首伙尽行歼灭'一折，览奏嘉慰。逸匪黄大一股，自正月击败逃窜之后，率众二千余人，由竹山坪窜踞那彭墟。经署都司饶成龙指挥兵勇，奋力攻击，立将黄大枪毙，并轰毙贼匪一百余名；委员陈义等击毙三百余名；余匪逃入墟内，于墟前排列大炮施放。我军冒烟冲锋并进，抢得炮位，转向内轰，并抛掷火礶，墟中周围火起，烧死四百余名。外逃各匪，复经署游击玉山等分兵截杀二百余名，生擒男妇四十五名，并将黄大之妻赖氏擒获。此次统计轰击焚杀贼匪首伙一千五百余名，生擒二百二十三名，夺获大小铜铁炮八十四位、马八十三匹、枪矛刀械无算。此股首伙各匪业已剿除殆尽，署都司饶成龙身先士卒，不避艰险，实属奋勇，着以应升之缺即行升用，先换顶带。在事出力文武各员，均堪嘉尚，着即据实保奏，候朕施恩。伤亡兵勇，查明咨部议恤。其钦州苏凝三等股及刘八等匪徒，仍饬该处文武，不分畛域，尽力剿捕，以期群丑歼除，迅速蒇事。"

丙辰 谕内阁："户部钱法堂奏请饬催铜运等语。铜运为鼓铸攸关，断不容迟延贻误。现在庚戌年加运一二起委员，尚未据云南咨报开行。其己酉年正运四起吴鸿昌、加运一起彭克偶、二起赵昆,庚戌年正运一起郑训逵、正运二起王日省、三起陈步莱、四起顾恩绶,均于上年及本年或报自泸开行,或报自滇启程,或报已出川境,或报甫入川境。又湖南委员王秀深于上年十一月,在清河县停让空漕,江苏委员黄培庚于上年十二月,兑竣开行,迄今均未据咨报行抵何处。着沿途各督抚及藩臬大员,速查各运铜船行抵何处,一面报部查核,一面派委干员,会同经过地方文武员弁,无分昼夜、实力迎提,务期于御黄坝未启以前,全数趱抵清江。过坝后,即责成杨殿邦、杨以增押令各运铜船,紧跟首进粮艘,插档行走,飞挽北上。断不可如上年跟随尾帮漕船挽运,致有迟滞。其未经咨报开行各运,着云贵总督、云南巡抚,严饬厂运各员迅速开兑开行,毋稍延玩。倘各该运员,藉词延宕,藩臬大员及地方官催趱不力,即指名严参,以肃运务而资鼓铸。"

010 卷33·咸丰元年五月

丙申 谕军机大臣等:"张亮基奏滇省铜务现办情形一折。据称近年矿少质劣,磄硐愈深,窝路愈远,且附近炭山,砍伐殆尽,工费益繁,以致额铜不能依期到店,往往停脚待运,厂员店员均极疲累。厂店交疲,则运员之迟逾、铜质之低潮,皆所难免。所奏自系目前实在情形。惟地不爱宝,亦赖人力相机筹办。该抚现已遴选妥员,设法攻采。丽江、东川所管各厂,或据报获矿,或觅得子厂,较上年渐有起色。现在京局鼓铸需铜孔亟,着吴文镕到任后,会同张亮基,督率藩臬两司,严饬厂店各员认真经理,务于循守旧章之中,寓力求整顿之意。即使量为变通,亦应斟酌尽善,慎勿轻议纷更。总之,厂员须善躧引苗,严督砂丁,不得听其以硐老山空一报塞责。而店员之承运迟滞、运员之沿途逗遛,甚至恣意偷窃、捏报遭风,均应节节严防,以杜积弊,庶期于铜务渐有裨益。谅吴文镕等必能勉力筹办,不待谆谆告诫为也。将此谕令知之。"

011 卷35·咸丰元年六月

戊午 谕内阁:"工部钱法堂奏'请分拨铜斤,以资鼓铸'等语。工部宝源局现存铜斤不敷鼓铸,在途各运,叠经严催,尚未据报抵何处,自应先事预筹。着户部钱法堂,于业经提到之湖北铜六十万斤内拨交工局二十万斤,以资接济。其奏提未到之江苏、湖南存铜共四十四万三千斤,俟解到时,亦着照向来滇铜定额,分拨工局三分之一。嗣后,户部如再提他省铜斤,并着照此划分办理,以昭平允。"

012 卷36·咸丰元年六月

甲戌 谕内阁:"徐广缙、叶名琛奏'剿办广宁匪徒,三获胜仗,生擒贼首'一折。广西贺县股匪窜回东境,由四会至广宁、高要等县界,经该督等饬令文武员弁剿捕。四月二十九日,追至大播墟,候补县丞刘镇、潮州府司狱牟考祥率潮勇攻破贼垒,枪毙多名。该匪分股突出,黄冈协守备钟庆瑞会同广宁县知县程兆桂、署督标守备萨国亮,三面合击,毙贼甚多。贼遂分窜开建之云塘、封川之长塘,署督标水师营千总卢威扬、肇庆协把总何振标、江口汛把总李得禄,于五月初九日,由渔涝直捣贼巢,轰毙七十余贼。钟庆瑞、萨国亮、刘镇、牟考祥分带兵勇,于十三日进剿,轰毙一百三十六名、生擒二十四名、夺获铜铁炮三十二位，及大旗枪矛多件，余匪溃散。其逆首温大货五一名，复经前任肇庆府知府蔡振武悬赏购线，督同各员弁于十四日在广宁之梅子尖拿获，解省审办。此时肇庆一带渐就廓清，伙匪曾亚涓等势已穷蹙，不难悉数殄灭。着该督等，督饬文武，尽力掳捕，勿任窜逸。所有出力员弁，着查明确实分别保奏。"

013 卷37·咸丰元年七月

乙未 谕内阁："户部钱法堂奏'滇铜运解迟延，己酉未到三运或甫入东境、或甫抵清江，庚戌六运均无确信，恐缓不济急'等语。铜运攸关鼓铸，似此节节耽延，必致迟逾贻误。叠经降旨饬催，仍着沿途各督抚及派出之藩臬各员，并河漕各总督，不分畛域，一体饬属严催，务令赶紧运京，以资鼓铸，毋任迟延。倘各该运员任意逗遛，或沿途地方官不能实力催趱，即着指名严参惩办。"

014 卷41·咸丰元年闰八月

乙未 谕内阁："工部钱法堂奏请严催铜运等语。铜运为鼓铸攸关，断不容迟延贻误。现在户工两局，铜斤短绌，叠经降旨严催，而该运员等行走迟滞，习为故常。若非责成地方官竭力催提，必致贻误鼓铸。所有已入山东境之己酉年加运一起彭克偶、二起赵昆，已渡黄之正运四起吴鸿昌，庚戌年正运一起郑训逵，已入湖北境之二起王日省，现在何处逗遛，着沿途各督抚及藩臬大员，飞饬提催。先将已入山东境之彭克偶、赵昆，已渡黄之吴鸿昌、郑训逵等四起铜运，赶于九月内运送到京，以资接济。其报入湖北境之王日省及庚戌正运三起陈步莱、四起顾恩绶、加运一起邹衍泰、二起彭荩忠等，在途各运，亦着赶紧严催迅速趱行。倘各该运员沿途逗遛，或地方官不能实力催趱，即着指名严参惩办。"

015 卷43·咸丰元年九月

癸丑 谕内阁："前因户工两局铜斤短绌，降旨饬令沿途督抚飞催各铜运，已入山东境及已渡黄各起，限于九月内赶运到京。本日据陈庆偕奏'运员吴鸿昌领解己酉年正运四起、郑训逵领解庚戌年正运一起铜船，均于八月内趱入山东境内，飞饬提催'等语。现在京局鼓铸需铜紧要，此两起铜运入山东境，又逾一月，着直隶总督、山东巡抚，各派妥员迎提北上。其前次已入山东境之彭克偶、赵昆二起铜运，一并飞速提趱，务于本月内抵通运京，以资接济。倘再逾延，即着指参惩办。其在后各起铜运，仍着沿途各督抚赶紧严催，迅速趱行，毋任稍有延缓。"

016 卷57·咸丰二年三月

乙亥 谕内阁："户部奏'滇省办铜，低潮过多，领运各员行走迟滞，请饬催查办'一折。云南省办运京铜，自应遵照定例，依限开船，乃近年在泸各运，无不以患病守水为词，任意耽延。且解局铜斤低潮过多，铁砂尤甚。现在京局鼓铸急需，岂容解运迟滞、低潮搀杂，致有贻误？着云贵总督、云南巡抚，查照户部前奏章程，严饬厂店各员以及领运委员，务将所办铜斤煎炼纯净，錾凿清楚，毋稍含混。并饬领运各员依限到泸，泸店委员随到随兑。倘仍前玩误，即着从严参办。该督等惟当实力整顿，剔除积弊，如铜斤成色不能纯净，起运不能迅速，即着该部查明，将该督抚奏请一并议处。另片奏'庚戌年正运一二起委员王日省、陈步莱，已于上年十月运抵淮安，现在时逾立夏，尚未据将渡黄日期咨报到部，实属玩延'，着漕运总督、两江总督，即将该二运铜船，押令随漕插档前进；并着山东、直隶各督抚，一体严催，如该运员等有脱空落后、任意逗遛情事，即行指名严参。至在后之庚戌年正运委员顾恩绶、加运委员邹衍泰、彭荩忠，及辛亥年正运一起委员施钟等，渡黄后，均着照此插档行走，毋得稍有迟延，以肃运务而资鼓铸。"

017 卷61·咸丰二年五月

甲寅 谕内阁："吴文镕、张亮基奏查明病故厂员短办京铜一折。云南已故澄江府知府许文諟，前管宁台厂务，短办铜斤，并未采买足数，饰词蒙禀。现据该督等查明，该故员实短铜四十万二千二百余斤，所有长领工本核计例价，共银二万九千三十六两零，实属侵吞肥己，大干功令。伊子候补卫千总许保琅、分发贵州候补从九品许保瑚，均着暂行革职。该故员原籍家产，即着查抄，寓所资财，查封备抵，不敷之数，勒限严追许保琅等赔缴，以示惩儆。"

壬戌 又谕："陆建瀛等奏筹办江境运道一折。据称'黄河归海之路，业经分饬厅营将邳、宿一带运河坝牐展拓，俾令疏畅，并加培运河纤堤，安设水拨，估挑替河各事宜，均已一律兴办。现在杨殿邦已督饬帮船，陆续由顺清河渡黄北上'，江境上下运道，自可无虞阻滞。惟山东省南路运道，尤关紧要，亟应设法办理。着颜以燠、李僡严饬所属，妥筹挽运，务使帮船衔尾前进，以重仓储。至已抵清江牐之铜船二起，现随粮船插档行走，着一体催趱。其在后铜船，亦着随时督催，毋稍迟误。"

018 卷62·咸丰二年五月

壬申 又谕："刑部奏'审明贩运铜斤人犯，尚无影射情弊，请饬钱法堂另议煎铜章程'一折。现当铜斤短绌之时，若将此项铅燥，官为煎练，于局铸不无裨益。着户工两部钱法堂体察情形，嗣后铅燥，应如可官为煎炼之处，妥议章程，奏明办理。"

019 卷63·咸丰二年六月

癸未 谕内阁："陆建瀛等奏遵筹漕运事宜一折。据称现在东省水势骤长，八牐已无岸可循，重运恐难逆挽，请分别变价海运，并酌量起卸办赈截漕，抵给兵饷及行月兵匠等米各款。着户部速速具奏。其业经渡黄各帮船，仍着严催前进，毋任迟延。另片奏'铜铅船只，亦难上挽，须预筹变通之计，请由台庄陆运至济宁，再行雇船载运北上'等语，着户部一并速议具奏。

辛卯 谕内阁："户部奏遵旨速议漕运事宜一折。所有江安江广各帮起运米石，均着照该部所议，分别催趱并截留备赈抵给银款。其浙江帮船，本年秋间，是否尚能改行海运，着陆建瀛悉心酌核，如果确有把握即责成该督妥为办理。应用水脚剥价等银，仍由浙江巡抚核实筹备。倘因时交秋令，行驶维艰，该督即会同浙江巡抚妥商截卸，在附近上海地方存储，于今冬预筹来岁海运，毋得互相推诿，致干重咎。此次漕行迟误，总由丰工未能合龙所致，陆建瀛、杨以增着交部分别议处。另片奏'铜铅起运，亟筹变通'等语，着山东巡抚体察情形，于各运到境，即饬地方官雇备车辆或多备剥船，催令迅速北上。其在后各运，并着两江总督设法催出江境，毋任稍有迟延。

020 卷67·咸丰二年七月

己巳 谕内阁："前因李僡奏称'山东湖河盛涨，漕船难行，请将各帮分别截留散囤，雇船剥运'一折，当交户部迅速定议。兹据该部查核议奏，天庚正供，关系甚重，本年又有截漕备赈米石，京仓支放，更恐不敷。岂可因运道艰滞，藉词逗遛，致有贻误？……京仓紧要，该漕督所司何事，岂得畏难苟安，任令帮丁及地方官各为私计，竟置京仓于不顾耶？其已入东境各船，并着李僡严饬文武员弁迅速催趱。该抚甫经到任，无所用其回护，如该管道厅及催漕将弁，查有延玩等情，即着据实参奏。至运京铜铅各船，亦着一并饬催，随漕北上，毋稍迟误。"

021 卷75·咸丰二年十一月

壬子 四川学政何绍基奏'铸用大钱以复古救时，并禁止民用铜器'。得旨："所奏不为无见，然小钱大钱，制虽异，用实同。现铸小钱，铜尚不足，何况大钱乎？汝知一，未知二也。至器用多铜，原干例禁，本年曾经降旨。况古制亦非尽善，举一事必欲复古，试问井田封建，尚可复乎？此折着户部存记，若有可行时，不妨采择入奏。"

乙卯 谕内阁："常大淳奏'运铜委员铜斤短绌，请解交云南查办'等语。云南马龙州知州董钰，领运咸丰元年正运、二起京铜，在途丁忧。经接运委员蔡传枢查出所运铜斤，数有短少，其原带法马比较另起委员所带法马，亦有轻短。据供系家丁经手具领，殊属玩视，且难保无侵亏掉换情弊。董钰着先行交部议处，仍解交云南巡抚，就近饬提人证，审明因何平轻铜短缘由，照例惩办；所短铜十万七千八百六十一斤零，即饬该员照数赔补。并着常大淳饬令接运委员，将赛收铜斤，迅速起运赴京，毋稍迟误。"

022 卷76·咸丰二年十一月

乙丑 又谕："据琦善奏'遵赴楚豫交界督防，请饬陕甘挑选鸟枪长矛单刀兵丁，并调甘肃铜炮'等语。着舒兴阿、张祥河专选夙习鸟枪长矛单刀兵丁，无须弓箭，不必按营匀派，惟择技艺精熟者逐加挑选，毋以庸劣充数。其带兵各员，尤须年力精壮，方可得力，着一并遴选，不得派委怯懦将弁。倘查有吸食鸦片弁兵，尤应严加斥汰，毋令滥竽。至例给余夫，原藉以纾兵力，着准其酌量由本处自行携带，每百名只准带余夫三十名，照例折给夫价，以免派累民夫之弊。琦善前在陕甘总督任内，所制铜炮四十尊，着舒兴阿即派员运赴河南，并备带炮车炮子火药，修理器具，以资利用。"

023 卷82·咸丰三年正月

壬戌 谕军机大臣等："有人奏'访闻逆贼现用木筏，舟行中流，筏行傍岸，上堆泥垛，枪炮遮列四面，直若无基之城、有足之马，结阵而行，战船不能及前，火攻不能透内。又有连环小筏，一遇敌军，可以围裹。又用木筏铺板上覆厚土，接连两岸，可以遏遮上游之师，若坦途然，以利行旅。凡过者皆以银钱与之，如此则川江、汉江之兵米不能踰越，铁铜等船必被隔断。贼如顺流东下，冲过九江，安徽、江宁各处，虽有小隘口，恐难抵御。贼若水陆并下，以遏江西、两广、两湖之兵，则江宁势甚可危，扬州以北亦恐震动。今只有屯重兵于凤、宿、徐州上下四面救应。如贼窜至江宁，则以重兵扼瓜州，或泝流到观音门，以木筏厚塞，使不能下，则布置可期得手'等语。若如所奏，贼匪木筏笨重，若我军船炮应手，正可顺风纵火，焚毁贼船。向荣此时已督兵追赴下游，陆建瀛现在如何御贼，琦善、陈金缓是否带兵由北路赶紧追剿，旬日以来，均未据报，实深焦灼。凡遇江口，勿令贼匪占踞，其船只必须先期收入港汊，多备火具，绕出贼船上游，乘势焚击。陆路扼要处所，万不可令贼截断。总期通盘筹画，进可以战、退可以守，是为至要……"

024 卷84 · 咸丰三年二月

甲申 准截留浙江委解云南铜本银十万四千两，备安徽筹防支放。

025 卷86 · 咸丰三年二月

丁酉 兼署四川总督成都将军裕瑞奏陈捐铸铜炮，并饬巫山等县选募团勇。得旨："办理甚好。"

026 卷92 · 咸丰三年四月

乙未 又谕："恩华（理藩院尚书）奏请带炮营章京赵炳琇、骁骑校赵辅之兵十名，前往军营，着准其随带。并请带各旗铁心铜炮，每旗四位，炮手各四名，抬枪一百杆、火箭一千枝，及大药铅丸、健锐营火药二千斤、火器营火药一千斤，着各该旗营按照单开件数配齐，均交恩华带往军营，以资防剿。至该尚书面奏请带火枪二千杆，亦着两翼护军各营检配齐全，一并交带备用。"

乙未 又谕："前据升任御史王茂荫奏请将热河珠源寺铜殿拆运，以资鼓铸，当交麟福查验。据称该处铜阁只有一座，细核尺寸，铜斤亦非甚多，拆卸拉运需费甚钜，于鼓铸恐无裨益。兹复据奕湘、恒春前往履勘。奏称'该处铜殿系和铅镕铸，净铜不过五成，且恐椽檐等件，外实中虚，不偿工费'等语，所有拆运铜殿之处，着毋庸议。将此谕令知之。"

027 卷97 · 咸丰三年六月

己丑 谕军机大臣等："户部奏'度支万分窘迫，军饷无款可筹，密陈情形'一折。览奏实深焦灼，国家经费有常，自道光二十年以后，即已日形短绌，近复军兴三载，糜饷已至二千九百六十三万余两。部库之款，原以各省为来源，乃地丁多不足额，税课仅存虚名。朕轸念时艰，特发内帑数百万金，并命部臣等预筹经费，拟定条款，颁行各直省，酌量试行。迄今数月，覆奏者甚属寥寥。在督抚不过因事非易办，诿之部臣，抑思部臣筹款，岂能不取给外省耶？即如各路粮台需饷孔亟，部拨各款，该省既不能克期起解，而遇事辄复请拨邻省款项，徒托空言。现在部库仅存正项待支银二十二万七千余两，七月分应发兵饷尚多不敷，而三城尚未克复，贼势日见蔓延。若不及早筹维，岂能以有限之帑金，供无穷之军饷乎？本日已严谕琦善、向荣速图攻剿，以节糜费。特再申谕各直省督抚大吏，其各就本省地方情形力筹济时之策，权宜变通，其势不得不然！惟须得人经理，自有实效，岂可坐视大局涣散，一筹莫展？户部现行之官银票，招商分设官钱铺，俾官兵领票易钱，并购买铜斤，添炉鼓铸。制钱之外加铸大钱，以为票本，京师试行，颇有实际，已饬户部妥议章程，迅速通行各省办理。各督抚大吏具有天良，睹此支绌情形，岂不思为朕分忧耶？户部原折钞给密看，勿庸宣示。仍将现在如何筹办之处，迅速覆奏。将此由五百里各谕令知之。"

028 卷 99 · 咸丰三年七月

庚戌 又谕："御史蔡征藩奏'风闻台湾府城被围，请简员解散'一折……又据该御史片奏'宝福局本欲开炉铸钱，委员钱堃勒索规例不遂，以致中止，并委员书役侵蚀旧存铜铅帮办委员甘麟籍隶本省，不洽乡评'等语。着该署督即将钱堃、甘麟撤回，如查有勒索等弊，即行严参惩办。至所称藩库及宝福局各存制钱五万贯请发交当商铺户以资兑换之处，着该署督体察情形，妥筹办理，原折片均着钞给阅看。将此由六百里谕令知之。"

029 卷 101 · 咸丰三年七月

甲子 又谕："昨据毓书（乌噜木齐都统）奏'开挖遍山线地方银矿，每砂百斤，得银二十余两'等语，是该处矿苗颇形丰旺，若认真采办多觅线道，广开矿硐，必能速见成效。第恐该商等以试办为名，稽延时日，先饱私橐，置课税于缓图，不可不防其弊。着毓书督饬总办矿务之委员穆翰会同该地方官，饬令商人广开矿硐，加工采办，毋得迟延日久，仍无实效。其锡蜡片、牛圈子沟等处亦着迅速开挖，并责成该道府委员等随时确切详查，不致以多报少，开隐匿侵欺之弊。至户工两局铜斤，现当缺乏，所有铜矿三处一并赶紧开采，以济要需。将此谕令知之。"

戊辰 谕内阁："王懿德奏请添设炉座兼铸大钱一折。现在京师户工两局添铸当十大钱与制钱搭放，行用甚为便利。业据户部奏明通行各直省照式增铸大钱，酌拟章程试办。兹据王懿德奏请于福建宝福局添设两炉，试铸当十、当二十、当五十、当百大钱，其原设炉座仍按卯鼓铸制钱，与大钱相辅而行，并将大钱式样进呈。着即照所议办理。其铜斤分数如何配制，各省收放款项，如何通行利用之处，着户部妥议章程具奏。"

030 卷 103 · 咸丰三年八月

壬辰 户部议覆："江南道御史黄经疏称'变通缴铜章程推行各省，请仿照劝捐事例，按各省买铜时价，以银核计，照例奏请议叙'，应如所奏办理。"从之。

031 卷 104·咸丰三年八月

丙申 又谕:"前据户部奏'变通俸饷放款,请派王大臣核议',当派惠亲王、吏部尚书柏葰会同议奏。嗣经惠亲王等陈奏,分别准驳,复交户部再行核议。兹据户部覆核具奏'所有八旗兵丁,生计艰难,差操繁重,若照搭放饷钱之例,以一串折银一两,不足以示体恤',着即照此次部议,除原搭饷钱照旧支放外,其余应领饷银,自十月为始,均按制钱两串,折银一两发给。其满汉官员俸银,着自明年春季为始,照户部前奏应停应折各数,分别核办。现值推广鼓铸,流通钞票之际,必须钱法畅行,以济银款之不足。其应如何宽备铜斤,添钱济用,仍由户部会同工部钱法堂,妥速筹办,俾经费日充,变通尽利。其地租赏项,着于本年冬间,暂行停止,俟帑项宽裕,即行赏给。至所称宗室觉罗及八旗红白赏恤,请一并暂停之处,着该衙门体察情形,妥议具奏。"

032 卷 109·咸丰三年十月

辛卯 又谕:"刘裕珍奏皖省军饷支绌情形一折。该省屡经贼匪窜扰,其颍、亳一带复有土匪乘机窃发。现在征兵募勇,需饷孔殷,而库款支绌,别无筹措之策,自系实在情形。所有前次准拨江西截留铜本项下银十万两,又李嘉端前此奏请截留抵兑银一万六千余两,又于江西请留饷银内拨六万两,现因道路梗塞,均未解到。着张芾迅即将前项准拨银两遴委妥员,择路兼程,解赴安徽以应急需。并饬该委员等,小心护解,毋稍疏失。再,向荣军营,现在需饷亦急,该省尚有应行解还留截之款,昨已谕户部速速催解,亦着按款起解,勿误为要。刘裕珍折着摘钞给阅看。将此由六百里加紧谕令知之。"

033 卷 110·咸丰三年十月

丁酉 谕军机大臣等:"前因安徽桐城失守,谕令江忠源统带兵勇飞速前往,并谕袁甲三驰赴桐城一带,相机剿办。本日据吕贤基奏'桐、舒交界之处,惟大小关最为要隘,非厚集兵力,不足以资守御'等语……江忠源抵任后,即将皖省全局妥速筹画……安徽借拨淮北票盐,着江忠源、刘裕珍仍饬地方官,迅速设法转运,既可接济民食,兼可协助军需。皖省地丁钱粮应征之款,亦须随时督催。其捐资助饷者,即行奏请优奖。近日拨款之难,该侍郎等亦所深悉,若不就本地筹画,专恃远款,恐难济急。所称部拨江西截留铜本银十万两,因江路梗阻,尚未解到,已饬户部速催,并筹议拨款矣。将此由六百里加紧各谕令知之。"

己亥 又谕:"户部奏'筹议川楚封存铜铅,改道运京'一折。现在京局铜铅短绌,各起运员,多因江路梗阻不能抵通。湖北省城现有存留两运铜斤,四川巴县现有截卸四运铅斤,据该部奏请,均令运赴樊城,或河南新野县登陆,即由商贩雇车揽载,包装包卸之法运抵河南内黄县,计路程一千三百余里,即由楚旺集入卫河,交豫省运粮军船酒带,归各运员押运,以期迅速抵通,接济京局之用。着裕瑞、吴文镕、崇纶、英桂按照该部所指程途办法,派委道府大员,悉心筹办,亲往督理。监押各运员遄行,各按省分交替,饬令经过州县一体照料，以利运务而资鼓铸。此系必应变通之举，该督抚等务当迅速妥筹办理，毋得推诿贻误。原折着钞给阅看。将此由五百里各谕令知之。"

034 卷 112 · 咸丰三年十一月

庚申 又谕："本日据张芾奏请留借协解滇黔兵饷及铜铅本银，以资善后一折。该抚只知有一江西，而应解应拨款项，竟敢不遵谕旨任意截留，置全局于不顾，已于折内严切批示矣。兹又据江忠源奏称'前饬江西拨解铜本项下银十万两，并未如数赶解皖省，经前抚李嘉端委员迎提。据禀，江西仅能拨银二万两'等语。此项银两，叠经降旨严催，该抚乃置若罔闻，于事势缓急轻重全无审度。现在该省自舒、桐二城失事后，庐郡情形危在呼吸，是该省之需饷紧急，视江西之预备善后，孰轻孰重？着张芾于接奉此旨后，迅即提款，派委妥员，务将前项银十万两全数拨解，无分昼夜，兼程前进，以济急需。无得藉口迟延，致干重咎。将此由六百里加紧谕令知之。"

035 卷 113 · 咸丰三年十一月

壬戌 谕内阁："前因巡防王大臣等奏请推广铸造大钱，当交户部议奏。兹据该部查照王大臣等所议'当千大钱以重二两为率，以次酌量递减，期于轻重相权，便民利用'，着即照部议所有当千、当五百大钱，均用净铜铸造，务使磨鑢精工，色泽光润。当百、当五十、当十、当五大钱，亦须配铸精良，一律完整，与制钱相辅而行，俾民间咸知宝贵，便于行用。倘制造稍有粗率偷减，着钱法堂侍郎即将炉匠人等严行究办，该管监督大使各官一并严参。并着该部通行各直省督抚，均照此次所定分两，一体铸造，以归画一。其民间应纳税课钱文等项，均照部议，准以大钱交纳，其应交银者，并准其按照制钱两串，折银一两之数抵交，总期上下相信，出入均平。如有私铸及奸商居奇阻挠者，均按例治以应得之罪。"

036 卷 116 · 咸丰三年十二月

乙未 又谕："裕瑞、伊璷额奏'遵审知县禀讦上司各款，定拟具奏'一折。四川撤任大竹县知县杨得质、盐源县知县盛朝辅，列款禀讦署藩司苏敬衡。旋据该员等以怀疑冒昧妄禀，各据实检举，并经裕瑞等审明所讦各款，悉属虚诬。杨得质、盛朝辅怀疑禀讦上司，实属谬妄，均着勒令休致。苏敬衡于宝川局余铜及地丁税契加平等事，具禀时未曾分晰声叙，虽经续禀，究属疏漏，着交部议处，即饬令回籍，听候部议。"

丁酉 谕内阁："前据张芾奏请留滇黔铜铅银两，朕因其不知缓急，任意截留，保举守城各员，太觉冗滥。于批折内严旨切责，正望其激励有为，兼筹全局，庶不负朕谆谆训诲之意。乃本日据奏筹拨军饷折内，不知感愧，仍复哓哓置辩。张芾系内廷翰林，曾司部务，由学政特简巡抚。值此军务方殷，筹饷孔亟之际，应如何酌度缓急，详慎举劾，于奉到谕旨时，虚心体会，为朕分忧，乃据所奏，但以庸愚引咎，转视训谕为多事，实属负气妄言，有负委任，张芾着交部议处。"

037 卷 122 · 咸丰四年二月

戊戌 又谕:"……本日据英桂奏'四川铜斤,前经户部奏明,由湖北转运陆路至河南运京,现在尚未行抵豫境'等语。京局需铜甚急,着台涌速饬所属,查明该运员等铜船现抵何处,催令星速运至江北陆路,由河南转运,万不可稍有延误。将此由六百里加紧谕令知之。"

己亥 谕内阁:"御史吉勒通阿奏请查禁出局铜斤一折。向来铜斤出局,例禁綦严。乃据该御史所见'装载铜斤约计数万斤,查系户部宝泉局煎炼,拉运出城'等语。当此铜斤短绌之际,尤应认真查察,以杜弊端。况煎炼铜斤,向在局内设炉,何以此次装运出城?显有情弊。着兼管户部钱法堂侍郎确查具奏,并着户工二部兼管钱法堂侍郎随时稽察,严行申禁,以防偷漏而重鼓铸。"

038 卷 123 · 咸丰四年三月

辛丑 又谕:"户部钱法堂奏遵查铜斤拉运出城一折。据称'此项铜斤,系各厂炉头,呈交厂内历年存积铁砂低铜。发商试炼,该商系在城外,因将铜斤拉运出城'等语。向来煎炼铜斤,均系在局设炉,不准出局。此次铜斤拉运出城,虽据查明实无情弊,究与向例不符,着该侍郎等仍饬该监督等遵照旧章,在局煎炼,不准拉运出城。并着随时稽查,毋任偷漏滋弊。"

甲辰 两江总督怡良等奏:"上海逆匪,向奸夷买铜火药帽、自来机火枪,虽大雨亦可利用。"得旨:"铜帽枪实为利器之最,尤利于风雨。现在军营能否购买应用,着传知吴健彰酌量筹办,虽不甚多亦可。若无风雨时用之,固觉捷便,然出枪太多,内有药煊堵塞火门,尚不如火绳可百发百出。"

丙午 贵州学政黄统奏:"请收洋烟之税,并严禁铜钱出洋。"得旨:"所奏亦不尽非。""

039 卷 124 · 咸丰四年三月

丁巳 又谕:"庆惠、文瑞奏遵议铸钱立票章程一折。户工两局鼓铸钱文向有旧章,此次准庆惠等捐铜铸钱,原以协济兵饷之不足。所请颁给印信,钦定局名,是欲于宝泉、宝源两局之外另立一局,殊属非是,着不准行。其余各条均着照所议办理。宗人府主事钟岱等准其差委,毋庸添设监督名目,以符体制。庆惠、文瑞务当认真督办,以期有裨实用,不在铺张名目,徒事虚文也。"

己未 谕内阁:"惠亲王、恭亲王奕䜣、亲王衔定郡王载铨奏'试铸铁钱有效,请旨办理'一折。现在户工二局所铸大钱,业已畅行,更得铁钱相辅,国用民生,当可益臻饶裕。着惠亲王等悉心详定章程,添炉鼓铸,总期与现用铜钱,并行不滞。所拟设厂安炉各款,均着照所议办理。"

040 卷 127 · 咸丰四年四月

辛巳 又谕:"庆惠、文瑞奏'采买铜斤,请分别查办'等语。向来偷漏官铜,原干例禁,若如所奏,实系民间旧藏铜器及商人积蓄,情殷报效者。若概以私铜目之,势必至隐匿不出,转无益于捐买铜斤鼓铸之事。着都察院、步军统领衙门、顺天府按照所奏,分别详查,如果商民所呈之铜并非官物,地方官不得概行禁止,亦不得假手吏役,从中讹诈,以杜弊端而裕鼓铸。原片着钞给阅看,将此各谕令知之。"

辛巳 又谕:"据陆元烺奏'义宁州、武宁县匪徒勾结长发贼匪,攻扑城池,经官兵击退'一折……至应拨部款,并江南、湖南军饷各款,据另片奏,分别筹解。惟江西上年地丁等款,据户部奏称,未完银两竟有一百四十余万,其中即有蠲缓,亦何至延欠如此之多?且漕米变价及漕项等银,为数亦钜,何以部拨铜本、铅本银两,概未起解?陈启迈甫经到任,着严饬藩司按款分年,实力催提,以济要需。倘查有亏挪情弊,即着严参究办。将此由六百里加紧谕令知之。"

041 卷 129 · 咸丰四年五月

甲辰 又谕:"王懿德奏'钞法不宜纷更',并'请停铸铁钱、铅钱'各折片。据称户部咨令各省殷实之家捐资助饷,有不愿邀议叙者,由官照数发给银票,准俟军务完竣后赴各省司库领银。虽为广劝捐输起见,惟事涉纷更,恐于钞法有碍。所奏自属实在情形。京局铁钱,现经试铸,因滇铜运解道路梗塞,采买铜斤为数无多,不能不权宜办理,以广鼓铸而济兵饷。至铅钱京局现未铸造,该督奏称恐致私铸日增,物价骤长诸弊,亦不为无见。该省即着毋庸鼓铸铁钱。至该督前奏福建省城开设官钱铺,试用银钱票,并拟于厦门等处添设官铺,一切章程尚属周妥。仍着王懿德督率在事人员等认真经理。各省情形不同,补偏救弊,要在随时随地斟酌筹办,现在度支匮绌,而京师放款尤多,非广铸大钱,疏通钞法,无以济急。该督果能悉心讲求,于该省行之有效,朕方且以该省章程推行各省,非独于事有窒碍之处,不强该督以所难也。将此由四百里谕令知之。"

042 卷 130 · 咸丰四年五月

丙辰 又谕:"前经户部奏'请令各省开设官钱局,推行官票,添铸铜铁钱及各项大钱',当经降旨允准。原以经费支绌,全赖钱法钞法流通无滞,庶足以利民用而济时艰。乃迄今日久,仅据福建、山西、陕西各督抚,奏明遵办,其余各省,并未将现办情形奏报。该督抚等如果悉心经理,何至迁延一载,迄无定章。福建素称瘠区,办理已有成效,各省情形虽有不同,亦何难设法筹办。总由地方官吏畏难苟安,怠玩因循,实堪痛恨。着各省督抚、将军、都统、府尹等,查照户部原奏,督饬所属,酌量地方情形,迅速设立官钱局,并设法筹款,开炉加铸,俾钱法与钞法相辅而行。一面妥议章程,奏明办理。如有廉能官吏,认真办有成效,准该上司据实保奏,以示奖励。将此通谕知之。"

043 卷 131 · 咸丰四年五月

壬戌 又谕:"王庆云奏'陕局鼓铸大钱,进呈钱样'一折。陕西省局,鼓铸当十至当千各种大钱,既已渐次流通,商民便于行用,着即照所议办理。其南山一带铜铅等矿,并准民间开采,惟不得招集外来游民,致令奸宄溷迹。着王庆云妥定章程,督饬所属认真稽察,以裕鼓铸而杜流弊。"

壬戌 谕军机大臣等:"英桂奏'解京银两铜斤,请饬直隶派员护送接解'等语。据称豫省漕粮变价银九万两、银票一万两,已委候补知府高应元管解启程,赴部交纳。惟连镇逆匪尚未扫除,直豫交界地方,自应严密防护。着桂良即派委干员,饬营遴拨弁兵,至安阳县丰乐镇协同该委员妥慎护送,毋稍迟误。其运京铜斤,豫省现已雇备船只,由内黄装载,飞速挽至直隶大名县属之龙王庙地方,交直隶委员协同接解,计日当可解到。并着桂良派员速赴该处兑收,协同原运之员,接解赴部,不可稍有迟延,致误要需。将此由四百里谕令知之。"

甲子 又谕:"户部奏'各省协济滇黔款项,不能如期解往,请饬该省督抚,设法预筹'等语。云贵两省,岁需铜铅本银及应发兵饷,向俱由邻省协拨接济。现因军饷需用浩繁,各省应解滇黔款项,往往请改请缓,即已经起解者经过用兵省分,亦多截留,不能如期解往,自系实在情形。惟该省兵饷及应办铜铅工本,俱属紧要之款,若因各省拨解稽迟致误要需,关系非浅。着罗绕典、吴振棫、蒋霨远,通盘核算,按照户部所奏添铸大钱,设局开捐,并酌减支放各款,悉心筹画,酌量妥办,务于协饷未到以前迅速布置,预筹接济,庶不致临事周章。此外或尚不敷用,并着照该部所奏,贵州则咨商四川,云南则咨商广东,于应拨协饷之外,复在空白部照捐输项下,各通融凑拨银十万两,先行接济,仍于各省协拨银内划扣归款。该督抚等务当赶紧筹办,毋得畏难诿卸,专待拨款,致有贻误。原片着钞给阅看。将此由五百里各谕令知之。"

044 卷 132 · 咸丰四年六月

癸酉 谕军机大臣等:"户部奏'请饬催铜斤,由河运前进'等语。据称云南委员周力塘、景尧春二运铜斤,已由河南催抵大名之龙王庙地方,尚未准直隶总督咨报到部。京局鼓铸需铜甚为紧要,现值盛夏,大雨时行,设直隶陆运稍有阻滞,必致贻误。若由大名陆运至冀州李家庄,雇备船只,顺流运至天津,转挽抵通,较之长途陆运尤为便易,并可节省经费。该二起运京铜斤,前经谕令桂良派员妥速兑收,赶紧解部,何以日久尚未据报由直起运?着桂良仍遵前旨,迅速催趱解部。其由冀州李家庄河运抵津,是否可期迅速,并着桂良酌度情形,速筹妥办。无论水陆,务于七月内全数运京,不得稍有迟误。至蔡传枢一运铜斤,据山东巡抚于四月内咨部,上年在济宁守冻,迄今仍未奏报出境,实属任意逗遛。着崇恩确查该运铜船,现在行抵何处,飞速派员迎提,催趱出境。即道路偶有梗阻,亦须设法绕道前进,克期挽运交局,毋稍稽延。将此由四百里各谕令知之。"

045 卷 134 · 咸丰四年六月

丙申 热河都统毓书奏："遵旨筹款鼓铸，推行钞法。请官收铜百斤，作银十两，报捐者八十斤作银十两，铜器百斤作银十三两，并设立官钱局，以逐卯所铸之钱作为票本。"得旨："所奏俱妥实，无可再议，即照所拟行。"

046 卷 136 · 咸丰四年七月

辛亥 谕军机大臣等："庆锡奏'遵议设局，铸造大钱章程'各折片。所请先铸当百、当五十、当十大钱，以期畅行，着即先行鼓铸，其钱背应铸局名，即查照旧例，用清文宝蓟二字。至五字、百字毋庸添写人旁，以归画一。其余各条，均着照所议办理。该总兵即督率委员招匠试铸，以备搭放兵饷之需。倘因铜斤支绌，或成本过重，未能获益，即着停铸。如果大钱流通无滞，所有部颁钞票，即行暂存官局，另为设法变通。着庆锡随时体察情形，奏明办理。将此谕令知之。"

壬子 又谕："前因御史范承典奏请将出土铜斤核实办理，当经派令阿灵阿会同该御史，前往确查具奏。兹据阿灵阿等奏'前往铜厂查验后，随赴该局，将铜斤试行煎炼，经文瑞拦阻，谓其不应擅入'，并据文瑞奏称'阿灵阿等私自至局煎炼铜斤，恐启偷漏之弊，实属胆大妄为'等语。阿灵阿、范承典，经特旨派令，将出土铜斤查验，该尚书等于赴局查验后，因铜色不一，即携铜至该局煎炼，自系为辨别铜色，期于核实起见。况厂中之铜业已运往局中，即为该尚书等应查之件。阿灵阿、范承典并无不合。文瑞于奉旨饬查事件，竟敢藉词拦阻，声言不应擅自入局，辄以阿灵阿胆大妄为参奏，已属荒谬，且欲勒令该尚书等写给是金是铜字据，尤属负气任性，有乖体制。文瑞着交部议处。"

乙卯 谕内阁："桂良奏'请饬运代购铜斤，以资鼓铸'一折。直隶现铸大钱，需铜孔急，据查有道光九年分，江苏省代购铜斤二十七万斤，直隶未经领运。着怡良、吉尔杭阿即行查明此项铜斤，派委妥员，迅附海运解津。其铜价银两，由直隶分年解还，并着酌定运费，先由该省暂垫，此外仍着宽为筹画，以应要需。"

047 卷 137 · 咸丰四年七月

丁卯 谕内阁："庆惠奏'遵查钱局捐铸情形，并请饬严查冒充委员等弊'一折。现在通州一带私铸甚多，难保无匪徒假充委员，商人将官铜私售鼓铸等事。着步军统领衙门、顺天府、五城一体严查，如有假冒委员招摇撞骗情事，查明并无札委者，着即拿交刑部，从严惩办，毋稍疏纵。"

048 卷 140 · 咸丰四年闰七月

乙未 谕军机大臣等："前因扎拉芬泰（塔尔巴哈台参赞大臣）等奏称'采获似银等矿苗，请饬部试炼辨认'，当交户部验明具奏。兹据该部详细验明，遵旨覆奏，现在铜铁兼资鼓铸，需用浩繁，必须广为采办，以裕度支。着扎拉芬泰等悉心体察情形，一俟安肃道和祥到日，即饬该员带同熟悉矿苗煎炼之人，详细查勘，设法开采，如办有成效，即酌量分铸铜铁各钱，以资兵饷。并着派员遍历所属地方，将产铜线道多开礦硐，以冀采获正矿。如查有金银各矿，即速行筹议开采，酌定章程，据实具奏。原片着钞给阅看。将此谕令知之。"

049 卷 141 · 咸丰四年八月

戊戌 谕内阁："桂良奏'省局鼓铸，请借铜斤'等语。直隶宝直局现在鼓铸大钱，需铜孔亟，着准其于云南委员蔡传枢领运铜斤项下，借拨铜十万斤以资接济，一俟江苏铜斤运到，即行如数解京归款。"

戊戌 谕军机大臣等："前因铜斤短绌，改铸各项大钱，与制钱相辅而行，并谕令铺户军民人等出入交易，均须大钱制钱均匀搭配，原期利用便民，通行无滞。庆惠、文瑞等设局鼓铸，本系专铸当百以下大钱，惟现在民间行使大钱渐形壅滞，该局如能兼造制钱，于钱法更有裨益。着庆惠等体察情形，悉心筹画，将该局能否兼铸制钱若干之处速行覆奏。将此谕令知之。"

癸卯 谕内阁："前因大钱行使壅滞，谕令庆惠、文瑞仿照户工两局章程，分成配铸制钱，以便民用。兹据奏称'制钱一项，因铜斤短绌，仅能专用铅铸'等语。现在户工两局，于按成铸造大钱以外，加铸铅质制钱与各项大钱相辅而行，已足以资周转。庆惠等因铜斤不敷，未能添铸制钱，自系实情。其铅钱一项，既有户工两局鼓铸，毋庸另行铸造。所有庆惠等现设钱局，着即停止，并将以前捐输铜斤及铸钱数目，一并移交户部。该部于宝泉局或议添炉、或议加卯，及工匠人等分别去留，酌量办理。嗣后捐输铜斤，亦交该部收捐，以归画一。至庆惠等，设局以来承办各员，着有微劳，着择其尤为出力者，与捐铜人员一并核实请奖，毋许冒滥。"

050 卷 146 · 咸丰四年九月

己丑 准湖南截拨云南运员铜斤，配铸大钱。

辛卯 谕军机大臣等："庆锡奏筹备铜斤等语。现在该处开炉鼓铸，自以多备铜斤为要，着照所请，即饬永平府知府锡麟，督率各该州县，妥为收买。其承德府属铜矿，并着委员查勘，如有可以开采之处，即行奏明，招商承办。将此谕令知之。"

051 卷 147 · 咸丰四年十月

庚子 谕内阁："户部奏'请饬应赔关税各员，按限缴钱宽免成数'一折。户部现办捐铜事宜，系出自官生捐备，尚可准其以钱钞减成搭交。至应赔关税，皆系各该员等亏欠帑项，且所欠之数，本系实银，岂能援照办理？内务府承办工程，虽有欠员认修，宽免成数之案，亦皆出自特恩，并非着有成例。若如该部所奏，各欠员等既得以折算减交又得邀恩宽免，是徒为欠员开侥幸之门，于课帑转形短绌。该部既为速催赔项起见，着即予限三个月，在京以奉旨之日为始，在外以接到部文之日为始，饬令应赔关税各员，一体完缴实银，解交户部。限满，完缴若干，再由该部奏闻请旨，概不得混入捐铜章程，致滋冒滥。其逾限不交各员，仍着遵照旧章办理。"

癸卯 谕军机大臣等："文煜奏试铸大钱以济军饷一折。现在江北军营需饷甚急，该藩司所请试铸当百以下三项大钱，以存铜捐铜为本，借厘捐之资为炉工器具之用。即着照议赶紧开炉鼓铸，其分两式样，均照杨以增前奏一律办理，总期便民济饷，两有裨益。其如何设法通行分成搭放之处，俟办有成效，随时奏闻……"

052 卷150 · 咸丰四年十一月

壬申 又谕："庆锡奏筹办铸钱搭放兵饷一折。马兰镇地方，经庆锡试铸铜铁各项大钱协济兵饷，现因铁钱未能铸造精工，致兵丁行使未便，着庆锡体察情形，妥筹试办，并饬遵化州一体出示，剀切晓谕，总期兵民商贾，交易流通，毋得稍有抑勒，致拂舆情。仍督饬炉役加工鼓铸，务须一律精良，以便民用，并随时严拿私铸，按律惩治。另片奏'改铸当十、当五铜铁钱文'等语，亦着会同该地方官悉心筹办。"

癸酉 先是闽浙总督王懿德等奏："铜禁綦严，诸多未便，请收五斤以上铜器，其五斤以下者，速弛其禁。至产铜之地不止云南一省，陕西商州有人呈请开办铜矿，请饬该督抚认真采办。"下军机大臣会同户部议。至是奏："收缴铜器，应如所奏办理，五斤以下铜器，仍准民间照常使用。其产铜之区，请饬陕西巡抚，迅即委员确查，以凭核办。"从之。

053 卷153 · 咸丰四年十二月

己亥 又谕："庆锡奏'借用库款银两，拟按市价折钱归还'等语，着交柏葰查明是否可行，奏明办理。其所称各商呈缴大钱，请作为铜斤交局，着一并查核妥办。至庆锡前次奏请改铸当十、当五铜铁钱文，搭放兵饷，当降旨饬令会同地方官试办，并着柏葰体察情形，悉心筹议，以期兵民两有裨益。有无应行变通之处，即行详晰酌核具奏。"

054 卷156 · 咸丰五年正月

壬申 福建巡抚吕佺孙奏："闽省钱局鼓铸乏铜，筹议改铸铁钱，以充民用。"下部知之。

丙子 谕内阁："贾桢、全庆奏遵查局员参款一折。据称'宝源局监督桂荣、王溥于收放铜价，有数可稽，亏短工银亦非新欠，其煎炼铅燥，未经讲定，续报铅斤，未经请赏，均系回堂办理，尚无别情'等语，惟国瑞原参请将该监督等惩处及自请议处之处，折内未经议及。国瑞、杜翰有无应得处分，亦未随折声叙，着贾桢、全庆再行核议切实具奏。"

丙子 又谕："赓福奏'躧获铜铅各矿，设局鼓铸，以济经费，并进呈样钱'一折。乌鲁木齐地方，向未开炉鼓铸，现经赓福督饬镇迪道和祥等，于罗布淖尔、三个山等处地方，躧获铜铅两矿，并以鼓铸工本无款可筹，拟请照热河章程，暂开捐例各等情。所筹尚属周妥。着赓福即督同该道州委员等照议实心经理，所有捐资各生准其随时请奖。经理局务各员，如果始终奋勉，并准其酌量保奏。一切详细章程，仍着妥议具奏。其局名着定为宝迪，钱面清文，即用宝迪字样。将此谕令知之。"

055 卷157·咸丰五年正月

壬辰 又谕："易棠奏酌拟变通制钱分两一折。甘肃省铜价甚贵，且须兼铸大钱，若制钱分两，仍按每文重一钱二分鼓铸，非独工料过重，亦易启奸民私销改铸之弊。所有该省宝巩局鼓铸制钱分两，着照易棠所请，酌量变通，每钱一文减为八分，每千以重五斤为率，仍着督饬局员认真经理，务期制作精良，俾轮廓字画分明，不致有漏风缺边等弊，以重圜法而便行用。将此谕令知之。"

癸巳 兵部左侍郎王茂荫奏请收买铜斤，以济部用。得旨："户部查核办理。"

056 卷158·咸丰五年二月

己亥 先是叶尔羌参赞大臣常清奏"筹画新疆南路八城全局，酌裁防兵以减经费，并折征加铸，以济兵饷"，命军机大臣会同户部、兵部议。至是会奏："叶尔羌满洲换防官兵二百五十五员名，既议全行裁撤，应令乌鲁木齐都统于绿营兵内，照数添派，赴叶尔羌等城换防，抵减内地调派，以节糜费。喀什噶尔满洲换防官兵出队得力，绿营换防官兵分守各城要隘，均无庸议裁，以重边防。其折征仓粮一节，既因各城仓粮储积愈多，出粜不易，应自咸丰五年起，将正科粮石征收本色一半，折价一半，所收折价由该大臣酌中定价，以示均平。至加铸原以裕饷，叶尔羌所属及乌什、喀什噶尔两城，既经采有铜苗，可资鼓铸，应令该大臣商同各城大臣，广行开采，加炉鼓铸各项大钱，分成搭放兵饷，以济银两之不足。"从之。

057 卷162·咸丰五年三月

甲戌 谕内阁："全庆、文彩奏'请饬催江苏省海运经费，速解天津'一折。向例海运经费，均由该省预备，先期解津应用。兹据奏称，江苏省本年应解经费，欲于代办直隶铜价内扣除，势必有误转运，关系甚重。着怡良、吉尔杭阿迅将海运应需经费银两，派委妥员，兼程解赴天津，毋稍迟误。至直隶省应还江苏代垫铜价，仍照前奏定限二年解还，总当各清各款，毋得彼此牵混，以免缠轇。"

庚辰 以办理伊犁雅玛图铜矿出力，赏回子商伯克阿布都苏尔花翎，余升叙有差。

058 卷163·咸丰五年三月

癸未 谕内阁："惠亲王、恭亲王奕訢奏'钱法亟宜整顿，酌拟章程五条呈览'一折。户工两局并铁钱局，鼓铸当十大钱，凡官收民用，均应恪遵功令，一律行使。近以私铸过多，人怀疑畏，银市奸商，并敢将大钱与制钱各定价值，任意轩轾。兵饷民食攸关，自应亟筹整顿。着照惠亲王等所请，嗣后顺天、直隶、山东、山西等省征收地丁钱粮，凡零星小户及银钞尾零，完纳钱文者，俱准呈交铜铁当十大钱，并铅铁制钱。如官吏书差勒索挑剔不肯收纳，准该民人控告究办，其余较远省分以次递推，遵照办理。其民间买卖交易，倘敢听信奸商把持，任意阻挠，初犯者，枷号示众，再犯者，发极边烟瘴充军，遇赦不赦。其有故意刁难，致大钱买物之价昂于制钱者，亦即照阻挠治罪。至私铸钱文，本干例禁，尤宜严加惩治。嗣后凡私铸大钱人犯，拿获到官，除将该犯按新定律例讯置重典外，仍将该犯家产入官，并准军民人等首告，诬告者，仍反坐。所有一切详细章程，即照所拟，着巡防王大臣、步军统领、顺天府、五城出示晓谕，并着近京各直省督抚等一体遵行。务期家喻户晓，藉导壅滞。至钱文之鼓铸，间有未善，则民间不知宝贵，并着户工两部钱法堂侍郎，督率该监督等将两局当十大钱，加工鼓铸，务使分两均齐、制作精良，以重圜法而裕国用。"

059 卷165·咸丰五年四月

癸卯 谕内阁："昨据托明阿（江宁将军）等奏'水师连次剿贼情形'，本日复据向荣（湖北提督）奏'师船进剿，大获胜仗'各等语。三山江面贼匪，经官军连次攻击，叠受惩创。三月二十六日，总兵吴全美（浙江温州镇总兵）等复会督各船进剿……统计先后焚溺大小贼船二百余只，夺获大拖、多桨、快蟹等船二十五只，大小铜铁炮位八十余尊，火药四千余斤，军械火器无算……"

060 卷170·咸丰五年六月

丁巳 又谕："昨因兰阳汛三堡漫溢，谕令李钧等赶紧堵合，设法协济，并谕令桂良、英桂、崇恩查明被水灾黎，妥为抚恤。因思河工漫口，向来暂开捐例，以济要工。现在军务未竣，部库支绌，无从筹拨，朕夙夜焦劳，念及小民荡析离居，难安寝馈，该河督等具有天良，于堵筑漫口抚恤灾民一切事宜，更应早为筹及，断不能以无款可筹遂至束手无策。着李钧与英桂、崇恩悉心妥议，于河南、山东两省设立捐局，无论银钱、米面及土方秸料皆准报捐，米面可备赈需，土秸可供工用。并着遴委妥员，分路劝谕绅商捐办口粮，接济灾民。此外所属各州县，如有可拨之仓谷亦可酌量动用，总期被水灾民不至流离失所，方为妥善。至办工需用钱文即可劝谕民间，捐输铜斤，设局鼓铸，以资支发。该河督等接奉此旨后，即将现在如何筹办情形，迅速覆奏，以慰廑念。并着蒋启扬将兰阳汛三堡漫溢处所，绘图贴说奏闻。将此由五百里各谕令知之。"

061 卷171·咸丰五年七月

甲子 河东河道总督李钧奏："兰阳漫口，请开捐输，并请饬户部主事濮庆孙赴二襄办。"得旨："濮庆孙着该部饬令前往，惟所拟捐输成数，有无与京局窒碍之处，着户部妥议速奏。"寻奏："东河捐输，若照铜局章程办理则与京局略无分别，恐于京饷有妨。拟准照军营粮台章程，核减二成，每两折收制钱一千六百文，搭收官票三成，既可以广招徕，而与京局亦不致有碍。"从之。

062 卷173·咸丰五年七月

甲申 又谕："劳崇光奏'收捐章程，请照京城捐铜局办理'等语。嗣后广西省捐输，着照筹饷例减三成办理，并准其以制钱一千五百文作银一两交纳。该省为边地瘠区，是以量予核减，他省不得援以为例。"

063 卷185·咸丰五年十二月

辛卯 谕内阁："国子监司业崇福奏捐炉鼓铸铁钱一折。现在户工两局，每月加卯鼓铸，并添设铁钱局，以广钱法，足敷流转。该司业与候选知县纪兰馨、商人李世锦等，如果情殷报效，或量力捐资，或捐备铜斤铁斤交局，以资鼓铸，均可邀恩奖励。乃敢于官局之外，擅请设炉百座，添铸铁钱，显系假报效之名希图渔利，必至私铸充斥，官钱壅滞，流弊不可胜言。崇福着交部议处，所奏不准行。"

064 卷196·咸丰六年四月

丁未 策试天下贡士马元瑞等二百十六名于保和殿。制曰："朕寅承宝命，抚御兆民，六载于兹矣。仰荷昊穹眷佑，列圣贻庥，兢业敉几，日慎一日。每维继统传心之旨、厚生务本之原、理财制用之经、讲武诘戎之略，攸关治忽，宜切究图。兹当金榜抡才，临轩授简，国桢鳞集，爰访嘉谟，尔多士其敬听朕命。伊古心法治法，传自唐虞，典谟所载，皆帝德之隆轨、王谟之懿迹。先圣后圣，其揆一也。三代以下，见知闻知，端在讲学。所以奉执中之训、握建极之原，薪至于咸五登三之盛者，舍学无由焉。孔子删诗书、定礼乐、修春秋，曾子传大学、子思述中庸，而论语之末简、孟子之终篇，皆述统绪之传以诏来世。宋范祖禹撰帝学、真德秀着大学衍义，大旨若何？元苏天爵之治世龟鉴、明张九韶之理学类编，有相发明足资省览者，可胪举欤？民为邦本，食则民天，尝观周礼之设官、豳风之矢咏，以逮雅颂所陈。大田良耜诸篇，妇孺若躬列于旁，宫壸若亲见其事，其风何淳、俗何美也！岂非爱土物而心臧，习勤劳则思善之故欤？积储者生民之大命也，自汉而后，莫不讲求其法。或云岁有四秋，或云人给二觚，地利不患不尽、人力不患不勤，而一值告灾，则鸿嗷满野。周制荒政外，若前史所纪发廪、弛征、输粟、贷种，酌而行之，不在良有司欤？社仓、义仓，欲使筹储备于先、善敛发于后，厥道何从？古者金有三品，铜为赤金。钟鼎刀剑，皆铜铸也。汉以后，用以铸器者渐少。岂铜之多，已不如昔欤？汉贾谊言收铜不令作兵器、唐刘秩请禁铜以给钱之用。夫因铜乏而筹铜，除开采外，有收铜禁铜二策。而或斯令一出，有司急于奉承，小民不胜诛责。然则欲裕铜而不至扰民，果遵何道欤？前代多就矿设冶，往往运钱而不运铜，其法亦可议行欤？顷因滇运稽迟，设局买铜，果何术而能使铜源日裕，无误鼓铸也？六韬有水战篇，苍兕舟楫，着于盟津之誓，岂水战即始于周欤？汉有伏波、楼船、下濑戈船各将军之号，然仅用之南粤东夷耳。后汉岑彭装战船以破蜀，晋王濬作大船连船以伐吴，唐李靖帅战舰破萧铣，遂屡以舟师奏绩。明舟制尤详，江海各异，载于史志者，盍约言之。夫舟师可进可止，其以舟师进者，何代为优？以舟师守者，何地为要？兹当江淮未靖，现饬粤省艇船剿截，进守之宜，果如何而后能应机制胜欤？凡此者，崇圣学以端主极、敦本业以劝农功，整圜法以阜民财、饬武备以彰国宪，皆国家思艰之切务，古今御世之鸿模？尔多士学古入官，其有旧闻及所心得，悉着于篇，毋隐毋泛，朕将亲遴焉。"

壬子 以阿克苏采办铜厂出力，赏回子郡王爱玛特等各一级。

065 卷203 · 咸丰六年七月

乙丑 又谕："永康等奏'请饬催遵化等州县应交铜铁大钱，逾限未解'一折。直隶遵化、丰润、玉田、苏州四州县，承领宝蓟局各样大钱，发商行使，勒限一年归款，迄今均届限满，并未解缴。屡催罔应，实属延玩。着直隶总督桂良，严催各该州县，迅即埽数缴齐，按款归还，毋得再有延宕，以重库储而昭核实。"

066 卷208 · 咸丰六年九月

壬申 又谕："英隆奏请将玩视矿务之商人惩处一折。热河平泉州所属铅硐沟地方，承办铜矿之商人戚大祥、宋友梅、戴启运前因办有成效，各给予议叙职衔。兹据英隆奏称，戚大祥拖欠工价，以致矿夫各散。宋友梅不遵该道批示，擅自回籍，戴启运托故进口，久未回厂，均属玩视矿务。戚大祥、宋友梅、戴启运着一并摘去顶带，责令妥办，倘仍不知奋勉，即着严加惩治。"

067 卷209 · 咸丰六年十月

己亥 封禁伊犁雅玛图铜厂，从将军扎拉芬泰请也。

068 卷211 · 咸丰六年十一月

壬戌 谕内阁："戴垣等奏'现届恭修玉牒，请俟全书告成，分别变通奖叙'一折。增修玉牒，钜典攸关，在馆效力人员，与别项纂办书籍者不同。历届奖励本有成案，惟此次编辑，更属卷帙繁多，书成奖叙，自应酌量从优加恩。着照所请，此次在馆人员，如果始终勤奋，办理妥速，俟全书依限告成后，由该王大臣等核对功课，即比较捐铜局、火器营现办章程，酌量给予从优议叙，以示鼓励……"

069 卷214 · 咸丰六年十二月

甲申 谕内阁："何桂清奏'筹议办运银两'，并'请改拨滇饷铜本'等语。杭州织造年额制办缎匹等款，着准其将该衙门续征解存银两，先尽办运，俟防务稍松，再由藩库筹拨。其云南省兵饷铜本银两，应如何改拨之处，着户部议奏。"

070 卷217 · 咸丰七年正月

甲子 谕内阁："京师鼓铸大钱，铜铁并重，前经惠亲王等酌拟章程，严定阻挠罪名。嗣复谕令崇文门税局，户部捐局，一体搭收，原期上下周转，永为宝贵。乃闻近日市间，渐不行使铁钱，以致物价日昂，铺户间有歇业，此必有奸民造言煽惑，任意轩轾，暗中把持牟利，于军饷民食大有关系。着步军统领衙门、顺天府、五城剀切晓谕，倘商民人等敢于阻挠，一经查拿，即照前旨，初犯者枷号示众，再犯者发极边烟瘴充军，遇赦不赦，以儆刁风。至私铸罪名，定例綦严，近来地方官，并不认真查拿，因有破碎私钱搀和，致民间藉端挑剔，仍着严密查缉。照新定章程办理，其京外地方，凡官收民用，均宜恪遵功令，一律行使。现闻顺天直隶各属，尚未畅行，总由地方官怠忽因循，殊堪痛恨，着直隶总督责成藩司认真经理，务使中外流通不致阻滞。并着顺天府严饬各属实力奉行，以重圜法而便民用，毋得视为具文。将此通谕知之。"

071 卷218 · 咸丰七年正月

癸酉 谕内阁："军机大臣彭蕴章等奏'请酌拨库款，采买粮米'，并户部奏'饬商认买粮石，定价平粜'各一折。现在京城粮价昂贵，旗民生计维艰，亟应设法周转。着户部即行筹款，发交顺天府府尹，于近京地方购买米麦运京，酌定价值，准令米铺以钱票及铜铁大钱承买，出粜时并准其每石酌加京钱一二百文，亦将钱票与铜铁大钱并收，俾商民两便，粮食不致缺乏，大钱亦得流通。惟民间待食孔殷，采买尚需时日，着照户部所议，传集粮行经纪，酌中定价，于五城内外择殷实铺户，取具保结，赴官号认领钱票、宝钞，承办各项粮石，公平发粜。并准旗民人等持现行铜铁大钱，按照定价，赴该铺购买，所得钱文，准令该粮店抵还库款，其大钱除破碎不堪使用者，准其挑剔，余概不准桃拣，以平市价而济民食。着顺天府、五城即行出示晓谕，用副朕轸念民艰至意。"

丁丑 又谕："前因御史保恒奏'请疏通大钱'，并联顺奏'请定交纳章程暨转运粮石'，先后谕令御前大臣、军机大臣，会同户部妥速议奏。本日据载垣等会议具奏'京师行用铜铁大钱，总由直隶省未能设法疏通，以致情形壅滞，自应亟筹变通'。着照所议，顺天直隶各属钱粮，即自本年上忙为始，着以实银四成、宝钞三成，当十铜铁大钱三成，按成搭交。其零星小户应交钱粮，不足宝钞之数者，准以大钱抵交。所交宝钞大钱数目，按照现定章程办理，一切用项亦照成数搭放。该府尹、总督迅即刊刻誊黄，遍行晓谕，务使民间家喻户晓，按章输纳。朕闻直隶州县征收钱粮，或勒掯实银私换钞票，种种舞弊，该上司不能严加参劾，均堪痛恨，嗣后如敢仍前疲玩，不收宝钞大钱，勒令交银，或经民间呈控，或有人参奏，定将该州县照枉法例从重治罪。如该上司徇隐不参，着户部奏请严加议处。至所请由部派员赴各府会同征收，取结报部存案之处，恐有名无实，转滋繁扰，即着该府尹总督，责成该道府等于所属开征时，严密访查，有弊必惩。倘有徇庇等情，该上司亦无从藉词委卸。其私铸大钱罪名，前经从重定拟，而愚民无知仍多藐玩，自应尽法惩治。着步军统领、顺天府、五城暨直隶总督严饬所属，实力缉拿，如查有私铸匪徒，即照所议，无分首从，均于讯明后，就地正法，以儆刁风。甲长邻居隐瞒不报，分别徒流治罪。该地方官自行拿获者，于讯办后，由该上司奏请奖叙。如被邻境访拿，即将该地方官从严参处。至捐铜局搭收大钱，前经户部议定章程，每银一两搭收大钱六百文。其崇文门左右翼税银，应如何分成搭收当十大钱之处，着该监督等迅速酌核具奏。官民钱铺，如有囤积制钱，收买私铸者，着步军统领、顺天府、五城一体查拿严办。似此详加整顿，大钱既可疏通，即粮价自然平减。所有乡间米石仍着该府尹等，饬令各属晓谕，务使照常贩运，公平粜粜，以济民食。"

072 卷220 · 咸丰七年二月

庚子 谕军机大臣等："前因惠亲王奏'日本国铜船，每年驶泊乍浦销售铜斤，请饬浙江巡抚并乍浦副都统，体察价值，筹款采买运京。朝鲜国亦产铜斤，请饬盛京将军会同礼部侍郎，咨商该国，每年可否运铜若干斤至盛京，以备收买'，当经谕令户部议奏，兹据户部遵旨议覆'请饬该将军等妥筹声覆'等语。浙江等省开炉鼓铸，本有官商采办洋铜，现在价值若干、能否办运到京，着晏端书、来存妥筹奏明办理。其朝鲜国铜斤能否收买，着承志等就近访察情形，据实声覆核办。将此各谕令知之。"寻，承志等奏："朝鲜国不产铜斤，晏端书等奏日本国向无铜船至乍浦。"报闻。

073 卷221 · 咸丰七年三月

甲寅 谕军机大臣等："据给事中龚自闳奏'访闻通州所属之张家湾地方，多有私铸当五铜钱，轮廓大小与制钱等，获利甚厚，运京甚近，以至京师当五钱顿形壅滞'等语。奸徒罄不畏法，胆敢在近畿地方私铸钱文，实于圜法大有妨碍，亟应从严究办。着张祥河、黄宗汉遴派干员，严密蹑缉，查拿惩办，毋令漏网。将此谕令知之。"

074 卷222 · 咸丰七年三月

丁丑 以乌鲁木齐铜厂出力，赏游击彦禄花翎、千总李科蓝翎，余升叙有差。

075 卷224 · 咸丰七年四月

癸卯 谕内阁："前因大钱壅滞，叠经降旨，严禁阻挠。现令在京各局增铸铁制钱，分成搭放，俾与铜铁大钱，相辅而行，原为便民起见，并非置大钱于不用。倘有奸商造作谣言，阻挠大钱，故意低昂希图射利者，仍着步军统领衙门、顺天府、五城一体察访严拿，即按新定章程惩办，以儆刁风。"

癸卯 又谕："户部奏遵旨酌议滇省钱局提用铜斤一折，着照所请。云南省城、川东（当是东川之误）二局，现在需铜鼓铸，所有在厂未运铜斤，着准其酌量提用。其已运在途未到之铜，仍着陆续转运解京。并着恒春、舒兴阿即饬厂店各员，分别趱办，以资鼓铸。此后该省添炉加铸钱文，铜本稍可周转，仍将拨用铜斤采办，归还京铜原款。另片奏'浙江、江西二省，历年欠解滇省铜本银两，屡催未解'等语，并着晏端书、耆龄设法妥筹，陆续拨解，以济要需。"

076 卷225 · 咸丰七年五月

丁巳 谕御前大臣、军机大臣等："今日引见后，着御前大臣、军机大臣会同谭廷襄妥议流通大钱暨铁制钱办法，并将将来设有窒碍之处，作何补救之方，一并议及，庶免京外情形，有所隔膜。惟不必另立章程，徒涉纷更，总期潜移默运，益民生而裕经费也。"寻，御前大臣载垣等奏："疏通大钱，并搭收钱粮，应先由直隶酌定章程，再由户部核计方能中外相符，不致隔膜。应请自本年下忙为始，直隶征收钱粮，悉照银七票三办理，其大钱三成即纳在钞票三成之内。交票、交钱，悉听其便。仍于各府设立钞局，准以钞票与大钱，互相易换，再以大钱分发各行店，按二八搭配行使，庶钞票与大钱互相通融，以为补救。再，查铁钱局及五宇各官号、捐铜局、平粜处，共存铁当十钱五百余万吊，已足敷搭用，所有铁钱局尚铸二成大钱应照现议停铸。其停铸铜制钱、加铸铜大钱，应由户工两部酌改卯额，分别奏办。总以铁制钱与铜大钱相辅而行，仍以宝钞运实于虚，以便民利用。"从之。

077 卷226·咸丰七年五月

己卯 又谕："户部奏'酌议鼓铸卯额，请将一卯半制钱划出半卯铜斤，添铸大钱'等语。现在铜斤未能充裕，所有宝泉局现铸一卯半制钱，均着改铸当十大钱，余依议。"

078 卷228·咸丰七年闰五月

丁未 又谕："庆祺奏'铺商呈请捐输助铸铁制钱，如蒙允准，即由该商等普行劝谕京城各铺'一折。近来京城物价昂贵，小民生计艰难，朕以当十铁钱渐形壅滞，特命铁钱局及户工二部，添铸铁制钱，以便民用。虽一时尚未充裕，而以后源源搭放，间阎得资周转，物价自可渐平。此项经费，部臣业已筹及，何至苛派小民？该商等如果情殷报效，现有捐铜局、火器营皆可仰邀奖叙，正不必以铺捐为名，托词报效。况京师大小铺户，不下数十万家，岂能凭此数十人呈词，遂谓商情悉协。据单内所开铺商任大卿等，既非部院官员又非绅士，岂可委令劝捐，致开抑勒包庇诸弊。当此物力支绌之时，朕方期设法调剂以恤民艰，若令大小铺户逐日摊捐，物价必因此更昂，尤非体恤兵民之道。国家理财自有经权，何得任听市井细民，妄行干渎，所奏着不准行。"

079 卷229·咸丰七年六月

壬子 谕内阁："舒兴阿奏'参厂员运铜迟误，请摘顶勒交'一折。云南署路南州知州冯祖绳接管铜厂，应办正加京局铜斤，短运二十余万之多。节经该抚札催，该员藉词延宕，显有亏短情弊。冯祖绳着先行摘去顶带，勒限四个月，饬令运交清款。倘逾限不交，或查有亏挪情弊，即着从严参办。"

080 卷231·咸丰七年七月

壬午 谕内阁："惠亲王等奏遵议散放八旗赈米一折，着照所请。八旗满洲、蒙古、汉军，暨内务府三旗，每日每旗各领米六石，由户部筹拨。各该旗都统酌量户口多寡，分成散放，并着查旗御史会同各该旗都统、副都统，轮往监视，以昭核实。现在米价昂贵，八旗生计维艰，若俟至九月始行散放，恐不足以资接济。着各该旗于酌定章程后，自本月起即行散放，以示朕恩膏速沛至意。至八旗官绅中，有愿捐资助赈者，即照所议，令赴捐铜局及火器营上兑，另款收存，以备采买米石之用。"

081 卷232·咸丰七年七月

壬寅 谕内阁："前因五城御史保恒等奏请疏通大钱一折，当交户部核议具奏。兹据该部酌核覆奏，户工两局鼓当十铜钱，与铁钱局所铸铁制钱，分成搭放，民间辗转流通，并无窒碍。乃近日商贾挑斥大钱，竟敢私造名目，任意刁难，以致贫民持钱入市，行使维

艰，殊于钱法大有关系。本年五月间，经户部奏定章程，于兵饷应领二成现钱，全行改放
制钱，每月轮折粳米旗分，又搭放制钱五成。各官号开发钱票，均按八成当十铜钱、二成
铁制钱开放，核计制钱散布民间，当可足资周转。总因奸商贩运出京，希图射利，以至市
肆尚少制钱流通，而各铺户于铜大钱多方挑斥，亦必有奸商从中煽惑，以为重票轻钱地步。
国宝流通原以便民利用，岂容宵小把持，致妨兵民生计。着步军统领、五城出示晓谕，酌
定限期，所有民间钱铺及买卖铺户，均各遵照官号搭用制钱二成之例，一律配搭行用。倘
于所定限期之外，有不按成行用者，即着随时查办。如有将铁制钱囤积，或贩运出京，及
将铜大钱任意挑斥者，即着各该衙门严拿惩办，以警刁风而便民用。"

丙午 谕内阁："前因京城铺户人等于行使大钱，任意挑剔，经巡防王大臣等奏定章
程，严行惩办。兹据步军统领衙门、顺天府奏称'该铺户人等，日久玩生，于当十铜钱挑
剔日甚，兵民生计维艰，请饬查办'等语。自应申明前定章程，俾知警惕。嗣后各铺户人
各项买卖人等，如有不肯行使当十铜钱，被首拿获，初犯者枷号一个月，游示旗营地面；
再犯者，发极边烟瘴充军，遇赦不赦；如被告到官，畏罪悔过，免其治罪；诬告者，照例
反坐；其银市交易，不准将制钱、大钱分定价直，市肆各项货物，均不得任意抬价及囤积
不售，违者从严究办。即着步军统领衙门、顺天府出示明白晓谕，倘兵役人等有受贿徇庇，
或敢于藉端滋扰者，均着从重惩处。此项案件随到随办，毋得稍有积压留难，以警刁风而
惩玩泄。"

082 卷234·咸丰七年八月

辛未 又谕："御史陈浚奏'闽省铜铁制钱，低昂过甚，物价腾贵，现惟省垣行用铁
钱，其各外府州县仍用铜钱，请于距省较近及有水路可通各州县批解钱粮时，搭解铜制钱
二成，即由藩司发交官钱局另立铜制钱官票，散给民用'等语。福建省城铜制钱，悉为商
旅携带外出，城中只有铁制钱以致物价日昂，官民交困，自应亟筹调剂。该御史所请于各
州县批解钱粮时，各按本地银价搭解，铜制钱二成由藩司酌核钱数多寡，另立铜制钱、官
票散放之处，是否可行，着王懿德、庆端悉心酌核，妥为办理。原片着钞给阅看。将此谕
令知之。"

083 卷235·咸丰七年九月

庚辰 又谕："王茂荫奏'请饬外省广铸制钱，暂济民急'等语。据称'江浙银价，
向来每两换至制钱二千有零，自唤夷在上海收买制钱，钱即涌贵，以银易钱之数，渐减至
半。现在每两仅易制钱一千一百余文，兵民交困，而夷人竟据为利薮，因请饬于江浙两省
加炉加卯，广铸制钱，以济目前之急'。该侍郎所奏自系为银贱钱贵，变通调剂起见，着该
督抚等各就地方情形，酌量核办。至夷人收买铜钱应如何杜渐防微，设法阻止之处，并着
何桂清、赵德辙、晏端书悉心筹议具奏。王茂荫原奏，着钞给阅看。将此各谕令知之。"

084 卷240·咸丰七年十一月

戊戌 谕内阁："和春奏'四次击退贼援，攻克镇江府城'一折，览奏实深欣慰……

兹据和春等奏称，自十月二十九日大捷之后，张国梁等连夺下蜀街西贼营十七座……约毙六七千名、生擒百余名、砍取首级二千余颗，夺获铜铁炮六十余尊。计金陵四次来援之贼，均已击杀殆尽……"

085 卷 241 · 咸丰七年十二月

庚戌 又谕："吴振棫、张亮基奏请将在铜鼓铸钱文一折。四川泸州等处，存有运京铜铅，积压日久，一时未能起运。现值滇省办理军务需用孔亟，所有此项存铜并永宁、毕节一带所存铅斤，着准其暂行动用，即照所议，派员设局，知照四川总督鼓铸钱文，以济军需。仍着该督等，将动用铜铅设法筹补，以备运京之用。"

086 卷 244 · 咸丰八年正月

癸卯 谕内阁："崇纶、李菡奏请饬催直隶省应解银两一折。本年江浙海运新漕，为数较多，一切预办事宜需用甚钜，所有直隶省应解铜批银款，着谭廷襄即饬藩司迅速筹拨实银一万两，派员解往，以济要需。"

087 卷 250 · 咸丰八年四月

壬子 又谕："黄宗汉奏'闽省自行使铁钱，钱贱粮贵，贫民困苦。三月中南台一带，因海防厅办理团练，未洽舆情，激成众怒，势甚汹汹，相率以钱法粮价为词，入城至前尚书廖鸿荃家嚷闹。旋至督署，经将军东纯等悬牌许以搭用铜钱，并倡捐粮石，半赈半粜，始各散去'等语。此等愚民，固为饥寒所迫，而动辄聚众，挟制官长，其风亦断不可长。闽省外寇未平，何堪内患更作？着王懿德等察看情形，如该民人等已安静如常，即可悯其厄穷，不必绳之以法。如再挟制把持，即将为首一二人，严拿惩办，以儆效尤。至此事既经该民人等历控各衙门，何不早为变通筹画？而海防同知，因办团激变，亦当加以参办……"

088 卷 258 · 咸丰八年七月

丁丑 谕内阁："军机大臣会同兵部等衙门奏'遵议法福礼等条陈回疆善后事宜'一折。喀什噶尔地处极边，自参赞大臣移扎叶尔羌后，该城领队大臣例不能专发奏报，设有缓急，转达需时，自应量为变通，以资弹压。着照所议。喀什噶尔领队大臣，着改为办事大臣，所有本城应咨事件，仍与帮办领队大臣之换防总兵联衔咨呈参赞大臣查核。遇有边警，准其专折驰奏。其行文各城，悉用咨行。与东四城一律仍归叶尔羌参赞大臣统辖，以符定制。至该城六品以下伯克，以别城人员补授，每多不洽舆情，亦着准其专补本城人员。其阿斯图阿尔吐什庄五品阿克木伯克，着改为四品，并准于该处回城内复设回兵七百名，将旧给挖铜回子地一万四千亩给与，以充粮饷。仍旧设管辖回兵四品伯克二员以专责成。所有昌巴尔山铜厂，即行永远封禁，仍照议征收布税，以抵铜厂税课。嗣后，该大臣等务当详慎举劾，严密巡查，勤练兵丁，妥筹经费，以期变通经久，永靖边隅。"

089 卷259 · 咸丰八年七月

辛卯 谕内阁："瑞麟奏请截留铜斤鼓铸炮位等语。通州铸炮局需用铜斤，所有浙江运至天津之洋铜九万余斤，着准其全行截留，以济要需。"

丁酉 惠亲王等会奏："刑部议覆御史邹焌杰奏请分别私销大钱罪名一折。查私销各项铜铁废钱，竟予免罪，不足以示惩儆。请于私销制钱为首斩决，为从绞决本例上，酌减一等，为首者发边远充军，为从者杖一百流三千里。"从之。

090 卷260 · 咸丰八年八月

辛亥 谕内阁："有凤、王庆云奏'匪徒滋事反狱，剿捕完竣，并请将该管文武及出力各员分别参保'一折。四川会理州匪徒罗升等，因私售厂铜，被官罚赔。辄敢纠约多人，结盟抢掠，拒捕官兵。经署宁远府知府祥庆、建昌中营游击德茂带兵往剿，节次获胜，阵斩匪首，余党悉数歼擒。其在监之犯，犹复起意脱逃，拒伤兵役，实属罪大恶极，现经按名拿获，依律斩枭正法，地方一律肃清，办理尚为妥协。署会理州知州彰明县知县王锡之，于私售厂铜之案违例科罚，致肇衅端，着交部严加议处。署会川营参将怀远营都司花连布，当匪徒句结之初，党与无多，不能即时扑灭，着以守备降补，以示惩儆。其剿办此案出力员弁，准其择尤酌保数员，毋许冒滥。"

091 卷265 · 咸丰八年九月

癸巳 又谕："扎拉芬泰奏'查明回庄起衅原委，请将办理不善各员，分别惩办'等语。上年喀什噶尔回众滋事，既因铜厂交课苦累，聚众抗差，经前任领队大臣巴哈善，派委骁骑校巴彦察滚、章京佛尔果布叠次往勘，辄听回众饰词，草率禀覆，实属颠顸。巴彦察滚、佛尔果布均着照议革职。佛尔果布于派办善后，尚能得力，着仍留该城当差，以观后效。前任领队大臣巴哈善、换防总兵伊绵阿，前经降旨革职留任，着俟八年无过方准开复。叶尔羌参赞大臣庆英到任未久，帮办大臣固庆本无统辖之责，前署领队大臣阿克达春，未经办理铜厂，均着加恩免议。英吉沙尔领队大臣乌勒欣泰，虽查无畏葸重情，究属疏于防范，着交部照例议处。撤任阿奇木伯克爱玛特失守回城，罪有应得，念其平日尚属急公，亦无苛派陵虐情事，着免其斥革，以昭平允。"

092 卷267 · 咸丰八年十月

乙卯 又谕："前据扎拉芬泰奏回疆善后未尽事宜各条，当交原议之军机大臣会同该部议奏。兹据分别奏覆，已照所请依议行矣。惟所称回庄偶有逆萌，即责成伯克据实禀报一节，固为消患未萌，有所专责起见，但伯克与回众素相亲习，不免有平时恩怨，设或裁害复仇，以轻报重，亦应防其流弊。总在各城大臣洁己奉公，于所辖伯克毫无需索，则伯克自能畏法，不至苛派回众。而回众生计渐裕，自不至激成事端，即有不肖伯克藉端扰累，加以参劾，亦必帖然共服。若徒寄耳目于伯克，尚非正本清源之道。着该将军通行南路各城大臣，一体懔遵，务当正己率属，力挽从前积习，以杜乱萌，遇有密告之件，仍当默为查察，不可轻于偏听。至筹给空地，令安集延贸易人，徙居城外一节，本系扎拉芬泰函致法福礼，欲如所议办理。此次该将军折内，即称'派员劝谕，该夷坚执不从，致有买房给费之议，尚须夷情允协，出于乐从，徐为举行'等语，仍着该将军等随时体察，妥为筹办，未可操之过急，别开衅端。至删除各项差使，但当去其已甚，如铜厂重累，业已允其停止。此外琐屑细务，无关生计者，自当各仍其旧，未可因噎废食，徒事纷更。并着该将军等通行各城，体察核办。将此各谕令知之。"

093 卷268·咸丰八年十月

乙丑 又谕："吴振棫等奏请停铸大钱一折。鼓铸当十大钱，与制钱配成搭放，原冀省铜而利用。滇省兵饷、厂本等项，既据该督抚体察情形，实形壅滞，自应随时变通，着准其收回大钱，改铸制钱。其请将制钱铜斤酌减之处，并照所议办理。另折奏称需饷紧急等语，除广东现难筹拨外，已谕令四川、山、陕各督抚赶紧筹解，以资接济矣。将此谕令知之。"

094 卷269·咸丰八年十一月

丁丑 又谕："户部奏'请将未能设法疏通铁钱，率行出示之知县议'一折。山西平定州设立宝泉分局，鼓铸铁制钱与铜钱一律行使，商民久已相安，乃孟县知县李昌炽以绅士禀请分成搭用，不思善为开导，设法疏通，并不申详上司，听候筹办，辄敢率行出示不得尽用铁钱，以致铺户相戒，不敢收售铁钱，实属办理不善。李昌炽着交部议处，以示惩儆。并着山西巡抚通饬所属，遍行晓谕，凡州县征收钱粮，及商民交易，务须照旧铜钱铁钱一体行使。倘有拘分成数，或竟不用铁钱者，均照新定阻挠铸务章程惩办。至各省地方，无论是否设炉鼓铸铁钱，凡有铁钱行用之处，在官征收钱粮，与商民交易，均应与铜钱一律行使，不得歧视。其地方州县，如有勒令分成，致境内铁制钱阻格不通者，即着指明严参，照阻挠新章办理，以重圜法。"

辛巳 谕军机大臣等："据廖鸿荃奏'福建省永丰官局，前因提用局票过多，局伙倚恃委员护庇，买空卖空，致民间不复信用局票，物价日昂，奸徒鼓煽，致有三月间闯入督署之事。及铁钱窒碍，议复铜钱，以二成钱票、一成现钱搭放，市肆未见分文，多被奸民运赴省外销售。近因弥补票本，设局劝捐，怨声载道，将来此项捐资若复挪移别用，更何以为清厘官局之资。一朝溃裂，患不胜言'等语。该省设立官局，原期酌盈剂虚，便民利用。若任令委员盘踞，奸伙营私，不思力加整顿，必至官民交困。王懿德现在出省督兵，所有该局倚势作奸之委员，着派东纯，会同庆端严参惩办，局伙奸民，从中渔利者，一并严惩，以除积弊。至钱票与现钱分成搭放，该省铜钱本不敷用，不准奸民外运私销，日久自堪补救。其劝捐一节，原属不得已之举，亦须俯顺舆情，不得抑勒苛派，致滋怨讟。该将军巡抚务当通盘筹画，剔弊厘奸，严定章程，饬属妥办，以资周转而裕民生。将此谕令知之。"

095 卷272·咸丰八年十二月

甲子 谕内阁："户部钱法堂奏'局库被盗，请严饬查拿'一折。户部宝泉局库，为收储铜锡钱文重地，本月二十日夜，突有贼匪多人越墙进局，明火执刀吓禁，盗取铜锡多件，实属罯不畏法。着步军统领衙门、顺天府、五城一体严拿赃贼，务获归案审办。宝泉局中厂大使治泰疏于防范，着先行交部议处，仍将失去铜锡查明是否正项，着落赔补。该局监督亦有失察之咎，着查取职名，一并交部议处。在局值宿更夫等，如查有勾串情毙，即行送部究办。至该局添设堆拨未久，巡逻官兵等何以漫无觉察。并着步军统领衙门，严参惩办。"

096 卷 278 · 咸丰九年三月

庚辰 封禁热河铅碿沟铜矿，从都统常清请也。

097 卷 283 · 咸丰九年五月

庚辰 又谕："御史富稼奏沥陈钱法积弊一折。据称'宝泉局铜库书吏王韶，勾串库丁胡亮等，将入册收库之铜抬出局外，窝藏附近，盗卖分肥，致官役勾结匪棍，枪夺官铜，几酿巨案。宝丰铜厂张玉华绰号毛张，又名张孔久，恃火器营炮厂采买铜票一纸为符，伙同广发银号陈启堂等，向运官邹衍泰商允，盗买官铜三十余万斤，运收私厂，仍嘱书吏王韶在收铜册内，以少写多。又沿河一带，偷铜着名者，天津有毛景等二人，通州有黄三太等十人，随同行窃者不下二百人，皆赖张玉华之宝丰、永丰二厂，藏匿销赃，句结护庇'各等语。如果属实，大干法纪，着步军统领衙门查照该御史指参各节，按名悉数查拿，严行惩办，毋任闻风远扬，以重圜法。原折片均着钞给阅看。将此谕令知之。"

098 卷 289 · 咸丰九年七月

癸巳 又谕："张亮基等奏'军务紧要，请饬催应解银两'等语。云南各属回匪滋扰，兵饷待用甚殷，且各营标已三年未发兵饷，纷纷请领，恐致鼓噪，所奏自系实在情形。所有陕西欠解饷铜本二十万八千余两、四川欠解饷银铜本十四万二千八百两，为数较多，倘不能一时凑齐，亦应陆续拨解。着有凤、曾望颜迅即设法筹措，源源解赴滇省。其山西省欠解奉拨滇饷三万四千两，着英桂即行如数拨解，以资接济。将此由五百里各谕令知之。"

丙申 谕内阁："前因京师米粮腾贵，兵食维艰，曾降旨将八旗及巡捕各营兵饷，每月搭放实银三成，以纾兵困。惟念数月以来食用价值，仍属有增无减，兵丁生计尚形竭蹷，着自本年八月为始，所有八旗及巡捕各营兵丁月饷，应放票钞折银三十五万一千两零内，着加恩再加放实银二成，共搭放实银五成，着户部即随时筹款给发。其旗营每月应放二成铁制钱文，着每串以二成铁制钱、八成铜当十钱配搭放给，以示体恤。"

丙申 又谕："惠亲王等奏'设法采买铜斤，并申明旧章严禁铜器'一折。京局需铜鼓铸，节经户部奏准，将铜器分别斤数，禁止打造使用，并经刑部等衙门议奏科条在案。乃地方官因循日久，渐至视为故常，以致铜斤日形短绌，采买商铜赴局交纳者亦属寥寥，亟应申明旧章，认真办理。所有各项铜器，除乐器及古铜彝鼎等物不计外，其余各样铜器，凡在一斤以上者，概行禁止。在京大小官员民人等，自奉旨之日，限三月，将一斤以上铜器赴部呈交，如有逾限不交，查出将铜斤入官，仍照刑部等衙门奏，定官民处分罪名成案，分别办理。其各城铜铺私造一斤以上铜器者，照例治以应得之罪。京外各商呈交各色铜斤，以及民户呈交铜器者，均随时赴户部官局，查验成色兑收，概以实银给价。自此次申明降旨后，该部及地方官务须出示晓谕，实力奉行，以裕铜斤而济鼓铸。"

099 卷293·咸丰九年九月

庚午 又谕："御史徐启文奏'请严禁私销私铸，以通钱法'一折。据称'京师现行之铜当十钱，最为饶裕，近日骤行短绌，推原其故，京中铜当十钱一文仅抵铜制钱二文，若改铸制钱，可得三四文，必有奸民牟利，盗销改铸之弊。至通州、天津等处，行用铜制钱，每闻挑选大小厚薄，如无私钱换和，何由妄生区别'等语。盗销盗铸本干法纪，况私钱日多则官钱日少，于民用大有关系。着顺天府府尹、直隶总督派委妥员，认真稽查，如有前项不法之徒，即行严拿惩办，毋得任听吏胥，藉端骚扰，以重钱法而利民生。将此各谕令知之。"

癸酉 谕军机大臣等："裕瑞奏'回子应交额铜，请折交钱文'一折。据称叶尔羌库库雅尔、桑珠二庄地方，向系开设铜厂，令众回子刨挖交铜，将一切粮赋差徭豁免，库库雅尔庄每月交铜一千二百斤，桑珠庄每月交铜五百零七斤。兹据该二庄伯克等呈称'库库雅尔庄离挖铜地方，路途遥远，耽延时日；其桑珠庄柴水缺乏，挽运维艰；请将应交之铜，每斤交当五钱二百五十文，按月清款，核计收铜鼓铸，搭放兵饷，有赢无绌，恳请愈允'等语。该回子等采挖铜厂，交纳铜斤，历有年所，今请折交钱文以省挖运，似系体恤回民，但轻改旧章，其中恐有别情，日后有无流弊，着扎拉芬泰遴委妥员前往该城，确切查明具奏。将此谕令知之。"

100 卷295·咸丰九年九月

癸巳 谕内阁："瑛棨奏'短缺滇铜，循案赔补'一折。河南接运滇省壬子年加运京铜，据新乡县查报短铜一万九千五百二十六斤，应合赔价运脚杂费银二千四百五十两零，准其查照成案，由运员及经过州县分别赔补，以照核实。"

101 卷297·咸丰九年十月

丙辰 又谕："何桂清奏'探闻嘆、咈（案：英国、法国）等国，明春必来寻衅，并有不在津沽，而在盛京、山海关等处'之说。虽夷情诡诈，未可尽信，而思患预防，理宜周密。现在山海关一带业经僧格林沁奏请添拨兵勇驻扎；其盛京之没沟营、田庄台等处，据僧格林沁奏，前已拨解铜炮八位，现又拨解洋铁炮四位前往。该将军谅已布置周妥，所有兵丁，虽有奇凌阿等统带，不可无大员督率，着玉明俟来春冰泮时，即督带防兵，并新练之马队二百名，亲往该处驻扎。并着景霖激励民团，以助兵力，如有夷船驶至，即诱使登岸，痛加截击，聚而歼旃，毋得稍存大意。将此谕令知之。"

102 卷 298 · 咸丰九年十月

戊午 又谕："据蒋霈远奏'黔局无铜供铸，请援案拨借滇省运存泸店京铜，以资鼓铸'等语。黔省岁需俸饷等项，例将搭放之制钱按季酌发，现因军务，不能另筹铜本，赴滇采办，所有例搭钱文无从筹措。滇省运存泸店京铜，当尚不少，着张亮基、徐之铭查明存铜若干，准其援案如数拨借铜一百万斤，并着蒋霈远派员提解赴局，以资鼓铸。将此由五百里谕令知之。"

癸亥 谕内阁："张泳泰、李保城均着交派审王大臣，归案讯办。所有庆昌铜局及宝顺亨铜厂，均着步军统领衙门即行查封。"

103 卷 299 · 咸丰九年十一月

己巳 谕军机大臣等："本日据玉明等奏'会议明春没沟营设防事宜，并绘图贴说呈览'一折。据称'西弓湾等处现拟添筑炮台八座，炮位较少，不敷分布，拟请由津酌拨万斤及五六千斤铜炮十六尊，于明年开河时运赴没沟营海口。并因西弓湾河面较宽，利用铁戗水雷，请饬一并拨给，派员由海运送到营，择要安设'各等语。西弓湾地方虽属扼要，总不如在大小潮沟、立科、碾子房等处多设疑兵，既可诱其深入，兼可杜其窥伺，较为得计。因思僧格林沁于该处情形，尚为熟悉，该将军所称应需铜炮、铁戗、水雷各件，是否系该处必需之用，及何处需用若干，即着酌量情形具奏，再行拨给。现届节候严寒，海河冰冻，夷船当无北驶之理。前谕僧格林沁布置防兵各节，如已完备，即着该大臣遵照前旨，带领京营官兵回京，以资休息，毋稍延缓。玉明等原折着钞给阅看，地图一并发阅。将此谕令知之。"

104 卷 306 · 咸丰十年正月

丙戌 云贵总督张亮基等奏："黔省拨借铜斤，现在滇南无可拨运，应由黔自行筹采。"得旨："该部议奏，黔省军饷兵粮尚且不继，焉有余力再筹铜本。以兼辖省分，尚如此歧视，总由习气未化也。"

癸巳 谕内阁："乐斌奏故员领款无着，请饬历任藩司分赔等语。甘肃前任河州知州蒋立鏊，于咸丰三年采办铜斤，经前任布政使段大章，备发工本银钱，当时并未报部，嗣后该知州未能续交铜斤。接任布政使常绩，亦未催追归款。现在蒋立鏊病故，悬款无着，所有前项借发银一千七百两零、制钱五百千零，即着四川、山西各督抚饬令段大章、常绩各半分赔，解交甘肃藩库，以清悬款。"

105 卷 307 · 咸丰十年二月

甲辰 谕内阁："惠亲王等会同军机、户部奏'酌加兵饷实银，并变通钞票出入章程'一折。京城各旗营兵饷，自上年历次搭放实银以来，该兵丁领项较前虽觉宽裕，惟念物价仍未平减，兵丁不免拮据。除二成钱、四成实银，照旧放给外，着加恩自三月为始，将应折四成票钞，改放三成实银，以示体恤。至'捐铜局收捐章程，向系以钱折银，现在兵饷既加实银，则捐项亦应稍为变通，着准其于每两内改收实银二钱，余仍分别搭收钞票'等项。其前经奏定六条、九条捐项，仍着照旧办理。此外如销本改放现钱，及钞票掣字停止，与官票酌给宝钞，并停止民号宝钞之处，均着照所请行。经此次通盘筹画，兵饷各款均关紧要，所有部拨款项，并历年欠解地丁盐课关税等项，着各该督抚并各关监督，遵照历奏严旨，并该部叠次奏拨银数实力催提，源源解部，毋许稍有迟误，致干咎戾。"

106 卷308·咸丰十年二月

乙卯 又谕："前据裕瑞奏'叶尔羌库库雅尔、桑珠二庄，向设铜厂，请将铜斤折交钱文'，当经降旨令扎拉芬泰委员查明，有无流弊。兹据奏称'拣派伊犁领队大臣锡拉那前往查明，咸丰五六年间，因筹办开矿，是以将库库雅尔、桑珠二庄每年应交粮布棉花及一切杂差，概予豁免。近年铜斤短绌，情愿折交钱文，虽经该伯克等佥称毫无抑勒，惟令该回众因此赔累，非所以示体恤。可否免其折交铜斤，仍复粮赋旧制，请旨遵行'等语。该处开设铜厂，原以供鼓铸之用，今既产铜短绌，未便令折交钱文，情同科敛。所有库库雅尔、桑珠二庄折交铜斤钱文，即着停止，仍收原额粮赋，以复旧章而杜流弊。"

107 卷309·咸丰十年三月

己巳 谕军机大臣等："前据都察院奏'山西民人马敦五等呈称，绛县铜山铜矿，产苗甚旺，请自备资斧，试行开采'，当经降旨，着英桂派委妥员查看情形具奏。兹据御史富稼奏称'查阅马敦五呈内，矿经私挖，复请试行三个月升课，词有闪烁。素闻该民人等均非安分良民，且非殷实富户，显有影射之徒，假公济私'等语。着英桂，按照该御史所奏各情，严密查察，该处矿苗，如可采办，可否官为经理，据实具奏，毋任该民人等蒙混营私，以裕鼓铸而杜侵渔。原折着钞给阅看。将此谕令知之。"

108 卷320·咸丰十年五月

乙卯 又谕："英桂奏'查明铜矿不堪开采，请旨封禁'一折。前因都察院奏'山西民人马敦五，呈称该省绛县南山铜苗甚旺，请试行开采'，复据御史富稼奏'该民人情词闪烁，显系假公济私，请官为经理'等语，均经谕令英桂严密查奏。兹据奏称'派员履勘开挖，并无矿砂，实属不堪开采'，着英桂仍饬该地方官严行封禁，以杜纷扰。该御史所请官为经理之处，着毋庸议。"

109 卷331·咸丰十年九月

癸丑 又谕："本日据僧格林沁等奏'现派佐领纪文光等运送制胜得胜铜炮八位，九月十八日起身前赴热河'。此项炮位解到古北口时，即着恒福截留，于要隘处所相地安设以资防守。将此由六百里谕令知之。"

110 卷342·咸丰十一年二月

己未 又谕："徐之铭奏请将前署道员革职提问等语。前署云南迤东道汪之旭，官声平常，前经降旨送部引见，乃时逾两年，辄敢抗不遵依，复藉图差委，任意延宕，实属目无法纪。汪之旭着即革职，交徐之铭提问，并查明铜务历年交代，如有亏短情弊，即着从严惩办。"

111 卷343 · 咸丰十一年二月

戊寅 又谕："乌兰都奏遵旨拨解炮位一折。据称'选得五千斤铜炮二尊、三千二百斤铜炮二尊、二千四百斤洋铁炮二尊、一千五百斤洋铁炮二尊，委员于二十日起运'等语。古北口至热河多系山路，挽运不易，所有三千斤以上炮位，着暂缓运送。其二千四百斤以下铁炮四尊，着先行运赴热河，听候拨用。将此由五百里谕令知之。"

112 卷355 · 咸丰十一年六月

戊寅 谕内阁："户部奏'银价日贵，设法办理'，并据翰林院侍读学士绵宜奏'请严禁蠹商把持，并访拿私销'各等语。京师银价腾贵，于旗民生计大有关系，总由各官号商人，始以户部官号为名畅开私票，继以官款长开为口实，意在挟持，因之奸商从中渔利，实堪痛恨。着照户部所议，所有该部长开官号票存，按上年十月奏准，钱随市价之日，统扣三成，作为该商罚款，并变通捐铜局章程，收回该部长开官号票存。俟官款收清，将四乾字号，撤去官号字样，作为民铺，交顺天府管理。倘各官号未能将私票存，及三成罚款，全数清理，以致贻累民间，或任意抑勒，及有心搅乱，激成事端，即将该商人等送交刑部，奏明正法。原保之恒利等号商人，着先交五城看管。如任令官号商人，携资潜逃，即将该保人一并治罪。其五天字号，并着总管内务府大臣妥为办理。至民间钱铺，现不出票，显有与官号通同把持之弊。即着顺天府、五城、步军统领衙门一体出示晓谕，限于一月内，各开各票，倘敢抗违，即将该铺商从严惩办。除以前官号钱票，仍照户部现定数目发给外，自奉此旨后，各钱铺均照票之多寡发钱，不得仍前抑勒短少。至私销钱文，大干例禁，并着顺天府、五城、步军统领衙门一体查拿，于获案后加等治罪。仍严禁贩钱出城，并查拿私设钱摊之人，以重圜法而利民用。"

穆宗实录部分

001 卷4·咸丰十一年九月

甲午 谕军机大臣等："本日吏科给事中哲臣奏请采办铜斤一折。据称'山西民人韩浚泉在户部呈报闻喜等县中条山铜矿苗线甚旺，愿往开采，业经户部准给咨文，令山西巡抚派员监办。恐该地方官等任意阻滞，请饬遴派妥员办理'等语。京师铜斤短绌，亟应广为采办，以裕鼓铸。着英桂悉心查核，如果中条山铜矿畅旺，即行遴派妥员，并严谕该地方官认真监办，不准抑勒阻挠，任意需索。如果利少弊多，应行停止，亦即详查具奏。原折着钞给阅看。将此谕令知之。"寻奏："遵查中条山现无铜矿，应请停止采办。"报闻。

002 卷10·咸丰十一年十一月

辛丑 谕议政王、军机大臣等："有人奏'山东捻匪节次归巢，广收铜铁，大铸军器，必有奸人接济'等语。捻匪志在大举北犯，不可不预为之防。着僧格林沁、谭廷襄严密查访，如有奸人私卖接济，立即拿获正法。其或工匠偷卖火药、铅斤、硝磺与贼者，均须一律密为访查严禁。至各捻现在是否全行归巢，果能乘其不备，以精锐之师直捣巢穴，亦足以寒逆胆而孤贼势。并着该大臣等体察贼情，相机妥办。将此由四百里各谕令知之。"

003 卷16·同治元年正月

丁酉 又谕："前因绵性奏请改征回赋，奉旨令常清等查明有无流弊。复因绵性奏常清、英蕴意存回护等情，派令景廉驰赴阿克苏查办。旋据常清等奏'绵性于改征回赋，任意妄为，当将绵性先行交部议处，仍听候景廉查办。章京国燧等暂行革职，归案严讯'。兹据景廉奏'查明回赋业已征收，实属窒碍，据实奏参'一折。前任阿克苏办事大臣绵性因该城阿奇木衙门，向有征收私赋，辄听信国燧怂恿，请改为办公之用。不候谕旨，先行出示办理，以致回众惊疑，几酿巨案。并将赛里木、拜城例定采买铜斤，擅自变更，复将获咎之爱玛特奏留帮办，实属任性妄为。其奏参常清等有意阻挠，煽惑回众，亦未能指出实据，显系意图反噬，尤失大臣之体。着即革职，以示惩儆。暂革粮饷章京国燧于改征回赋，率凭臆见怂恿绵性变更旧章，其清查回户时复敢恃强偪勒，实属胆大藐法，业经另案革职，发往黑龙江充当苦差，应得罪名，着毋庸议。回子郡王爱玛特久失回众之心，屡次获咎，迨国燧与商改征回赋，复图分润，着即解回库车，交办事大臣严加管束，毋许出外滋事。至改征私赋，久干例禁，即着通谕各城大臣，将道光六年善后案内钦奉谕旨及此次谕旨，译成回字，榜示通衢。嗣后，各城大臣及大小伯克，务各洁己奉公，毋许再有摊征，以恤回户。"

丁酉 又谕："景廉奏'访查阿克苏回民苦累各情，请严剔弊端'等语。据称'阿克苏采买铜斤，每斤领价八十文，由粮饷局发钱四十余文，其余概向回户摊派。并据拜城阿奇木伯克哈色木亦有摊派回户，措办驼价之语。至该处遇有过往官员，预备羊面，该伯克等藉端需索，不啻倍蓰，请查明禁止，一并裁革。又该处于道光八年查出流寓十年以外安集延四百七十三户，自置地三千余亩，近来穷苦回众，往往将地私典与安集延，或安集延私自开垦，若不升科，应请酌定限制，一并严禁'等情。阿克苏地处极边，似此摊派需索，回众何以聊生？且回庄与外夷私行交产，恐该夷等意存蚕食，不独回众生计有碍，且于边疆大局关系非轻。着英蕴会同奎栋悉心访察，严剔弊端，以期安辑回众，绥靖边陲。原片着钞给阅看。将此各谕令知之。"

004 卷29·同治元年五月

庚戌 谕内阁："御史陈廷经奏'请除积弊，以平钱价'一折。据称'京师自上年清理官钱票后，钱价渐平，近复骤长骤落。各钱铺取钱之人纷纷拥挤，皆由各该钱铺于现钱钱票，有意低昂。钱票一项，复巧立现钱、票寄、存票等名目，甚至买空卖空，通行市上，诸弊丛生。近日城内竟有胆敢盗销当十大钱，以销化之铜卖与宝源宝泉两局，并铜铺内即用大钱销毁制器'各等语。银钱市价，为居民生计攸关，岂容铺户奸商把持市价，任意高下，牟利病民。私销例禁綦严，岂容任听此等奸徒，蠹国害民，漫无稽察。着步军统领衙门、顺天府、五城，一体严查，概行禁止。如查有前项情弊，立即严拿，按律惩办。"

005 卷36·同治元年八月

己未 谕内阁："内务府奏'清厘长开官票，请将司员商人等，分别惩处勒交'等语。五天官号，应赔三成罚款，前经户部开单奏请，降旨免其追缴，由捐铜局搭成收回，以免藉口而示体恤。该商人等所有长开票存二百七十九万余吊，自应迅速筹款，以凭给发。乃屡催罔应，贻累民间，其业经在坊看押之商人及已故之前商等，均着着落各该家属，于限内呈交，仍勒限三个月，将票款迅即清厘，以偿民欠。原保司员等，既经滥保于前，又不妥筹于后，实属玩泄。内务府郎中恩林、前任郎中德溥、现任热河副总管耀安，均着先行摘去顶带，仍责令赶紧筹办。此次勒限之后，倘再逾限不完，即将该商人等交部从严治罪，并将原保司员参革查办。"

006 卷41·同治元年闰八月

丁未 又谕："常清奏'伊犁西北，博罗胡吉尔卡伦附近地方，忽有俄国兵队三四百人，执持器械炮车，伐木挖土，经常清密选劲旅防范。一面派委妥员，前往晓谕，一面飞咨明谊等于会议时，向该国使臣理论'，所办尚是……常清又奏接奉部文，遵筹边务一折，所称'铜铅斤数，较之原额加倍，惟矿苗丰歉无定，现拟试办一年，酌量奏明定额'，均着照所议办理。至开垦荒地一节，经该将军于阿、齐、乌、苏等处地方修理渠道，招佃承种，已得田数万亩，即着认真经理，毋令日久荒废。并将劝捐收税各事宜，实力筹办，以裕饷需而重边防。常清等接奉此旨，务当格外慎密，不得假手他人，致有泄漏。嗣后，接奉寄信谕旨，均着遵照办理。将此由五百里各谕令知之。"

007 卷43·同治元年九月

戊辰 又谕："前因吏部、户部会议御史裘德俊所奏'商贾人等不准捐纳正印官，以示限制'，当经降旨允准。续据户部奏称'捐铜局接奉此旨后，捐生观望，有碍饷需，请仍照旧章办理'，复经有旨依议。兹据御史刘毓楠、孟传金奏称'前后所奉谕旨未符，复请折中办理，并明降谕旨'各等语。户部所奏捐铜局捐输章程，请仍暂照旧章办理，因恐捐生畏难观望，不能不权宜一时，是以于原奏内声明军务稍平，再行遵办，于所奉谕旨，尚非不符。惟该御史等所奏，系为澄清流品起见，着该部一俟军务稍平，即将商贾人等不得报捐正印，及捐生取具京外各官印结章程，遵照前旨办理。"

008 卷48·同治元年十一月

乙卯 谕内阁："户部奏'通筹来年提拨京饷，开单呈览'一折。京饷关系紧要，若不早为筹拨，必至临时贻误。兹览户部拟拨同治二年分京饷数目，其中酌盈剂虚，于各该省军务情形，尚无掣肘之处，即着各该省督抚监督等，按照户部单开各银数，一体遵照，分为两限，五月以前，解到一半，十二月以前，扫数解清，不准藉词抵拨。并着于来年开印后，陆续分批起解，如有迁延不到者，即着户部分别严参。另片奏'各直省地丁旗租关税，请一律停收钞票，捐输章程，除云南贵州两省，准其照常收捐，其余各省报捐京外文武各员，止准捐足三班。其分发指省银两，专归铜局上兑'，及'各项捐复人员，一并令其赴京呈交银两'，尚属可行，均着照所议办理。"

009 卷49·同治元年十一月

庚申 谕内阁："崇纶、董恂奏'宝泉局东厂被窃，贼匪拒捕，刃伤大使，现将该匪拿解刑部审办'一折。宝泉局炉作匠役，胆敢黈夜进作伦铜，经该厂大使亲往查拿，仍敢持刀拒捕，致该大使与家人均受重伤，实属不法已极，若不尽法惩治，何以戢凶暴而儆效尤！李文辉、苏瑞、贾喜即贾瀚，着刑部严行审讯，从重定拟具奏。东厂存铜，有无遗失亏短，着崇纶等查明办理。"

010 卷57·同治二年二月

甲申 谕内阁："署镶红旗汉军都统福兴等奏'炮局被窃，请将专管、兼管各员，分别议处并自请议处'一折。二月初三日，炮局被窃铜炮三尊，此项炮位系属笨重之物，如果被贼偷窃，何至毫无觉察？且据马甲所禀'因夜闲闻有人声，巡逻栅栏似有撬开痕迹'，恐系装点之词，其中必另有情弊，亟应彻底根究，以期水落石出。所有看守炮局之马甲、南、清、泰等五名，着解交刑部严行审讯。炮营参领福年等，有专管兼管之责，非寻常疏忽可比，该署都统等所请分别议处之处，未免轻纵。参领福年、骁骑校金长保，均着改为革职，副参领玉书，着改为严加议处，均听候刑部传质。该署都统等未能先事防范，亦属疏忽，着一并交部议处。"

011 卷59·同治二年二月

丙午 谕内阁："工部钱法堂奏'宝源局续办黰土，请将满汉监督奖励'等语。此次宝源局续办黰土，煎炼废铜，该监督等招商督办，虽属着有微劳，究系分内应办之事。且据援引上届成案，亦仅止于加衔，何以不行照办，率请优奖？岂以是区区者，尚未足餍该局员等干进之心耶？文兴系京察未经记名人员，乃率请记名以道府用，殊属非是，且与新章不符。刘名馨系刑部员外郎，向来由郎中截取者，仅以知府简用，所请俟补郎中后，作为二年期满，截取以道府用，尤与定例相悖，所奏着不准行。工部兼管钱法堂事务署右侍郎皂保、右侍郎吴存义，均着传旨申饬。近来各衙门司员，往往以办公为夤缘保举之券，而各该堂官亦惟知以保举见好属员，相习成风，几至不成政体。嗣后各该衙门司员，务各知立品自爱，勿尚声华，各该堂官亦宜知慎重名器，破除情面，于属员贤否，核实举劾，严绝干谒奔竞之风，以作人才而资治理。将此通谕在京大小衙门堂司各官知之。"

012 卷68 · 同治二年五月

丙寅 谕议政王、军机大臣等："给事中郭祥瑞奏'近日捐班流品太杂，竟有市井驵侩及劣幕、蠹书、土痞、无赖、舆台、仆隶之徒，亦皆张罗杂凑，溷入仕途，请饬各直省督抚，遇有捐纳到省人员，认真考察，严加甄核，以清吏治'等语。军兴以来，需费浩繁，国帑支绌，捐铜事例之设，实朝廷出于不得已。现既难于停止，即不得不思所以补救之方。若如所奏，此辈人等滥竽宦途，贻害百姓，迨至激成事端，仍复耗费军需，则是捐铜之设，非徒无益，而反有害。近来外省大吏如左宗棠、沈葆桢屡经甄核州县，捐纳出身者居多，均经降旨分别准行。可见各该省疆吏果能留意人才，于此辈人等到省接见时，早有一番考察，如果才具品概不能称职，非惟不可令其到任，且必当从严甄核，为朝廷惜名器、为仕途清流品、为地方弭祸乱。各直省大吏实操其权，嗣后着各直省督抚府尹，遇有捐纳人员到省，务必认真察看，或考其行谊、或访其声名、或令作牧令之论、或令读吏治之书，随时分别举劾。如有恶劣不堪造就者，即行严参，毋稍姑息。庶吏治可望肃清，流品不至混淆，而于军需亦仍无妨碍。原折着钞给阅看。将此谕令各直省督抚府尹知之。"

丙寅 又谕："徐之铭等……另片奏请'饬张亮基将收过铜铅变价及捐输银两解滇'等语，着该署抚仍遵前旨，将收存各款解赴云南，交贾洪诏备用，以资接济……"报闻。

013 卷77 · 同治二年八月

庚子 又谕："多隆阿奏'驰回北岸进剿'一折，熙麟奏'平凉失守'，并'调外火器营官员、工匠、火器'等各折片……前据熙麟奏请拨火器营所造火箭等项，曾经谕令英桂将火器营官祥妥在晋省制造之火箭、炸炮子等项，匀拨赴甘，本日复谕令英桂迅遵前旨，就近拨往。此次熙麟续请拨解炸子、火箭等项，并调吉庆等七员顾募工匠，解运钢铜赴甘。该营精于制造之人本属无多，铜铁等项，本系由部支领，运往亦觉不易，本日已交管理该营王大臣酌核办理矣。将此由六百里谕知多隆阿、熙麟，并传谕恩麟知之。"

癸卯 又谕："前据熙麟奏'调外火器营营官吉庆等七员名赴甘差遣，并请由该营代雇工匠、酌拨库钢洋铜及火箭、炸炮子等项，交吉庆等运赴甘省备用'……库钢洋铜二项，火器营本无收存，本日已交户部酌量拨解，并由该部知照兵部、顺天府照例运送矣。将此由五百里各谕令知之。"

014 卷80 · 同治二年九月

壬申 谕议政王、军机大臣等："有人奏'监司大员贪污巧滑，并州县陵虐无辜，草芥人命，请饬查办'各折片。据称，现任四川川东道恒保，贪婪性成，居心狡险，前在泸州知州任内，奉委开局铸钱，每炉需索重费至数千金之多。纵令炉头偷减铜料，以致新钱不堪行使，公私交病。又擅开私炉百余座，盗铸官铜以充囊橐，并将永宁道捐入书院发商生息银四千两，及书院束脩膏火银千余两，均提入己。复借兵差为名，亏挪库帑四万余金，迨经藩司刘蓉到任清厘，该员辄假造绅士借票，希图抵赖，并夤缘入夷教艾加略之门，指名要缺。艾加略令崇实为之求请，遂得再署川东道缺。赴任时，川东人闭关不令入城，该员鼠伏城外数日始得私行入署……"

015 卷82·同治二年十月

丁亥 又谕："福升奏'滇饷无从商办，请派大员统率'，并'预筹军饷、请整顿铜厂盐井'各折片。据称'云南军务紧急，劳崇光现驻黔省，往返咨商，动辄数月。贾洪诏尚无入川确信，曾商之骆秉章筹饷赴昭，乃因川省需用浩繁，坐候两月，无款可筹。泸局捐项，全被张亮基提拨。请拣派亲信大员赴滇督办。在各省酌量筹拨军饷，运赴昭通接济。又查滇省向有铜铅各厂，暨白、黑琅等处盐井，如官为办理，每岁可得银数万两。铜铅各厂，如能认真攻采，可期丰旺，用以配搭铸钱，亦可得数万两，但非先筹饷数十万，不足以为进攻战守及采小铜铅各厂之资。若铜矿果旺，可由昭通运川，仍在泸局鼓铸变易银两。至于盐务，遴派熟悉井地之员认真整顿，再委武弁常川防守，以免再扰。从此可专力进征，剿抚兼用'各等语，所筹不为无见。着骆秉章、劳崇光按照该提督所奏，酌度兴办，以裕饷源。至采办铜铅各厂需费甚多，能否由川省先行提拨若干，此后滇省以铜铅运川，在泸局鼓铸，即可陆续归偿，于川省亦无所损。其盐井应如何派员整顿之处，并着骆秉章妥筹办理。贾洪诏叠经谕令赴川，与骆秉章会商滇省军务，何以此时尚无到川消息？现在行抵何处？着即趱程前进，抵川后，将福升所陈各节与骆秉章筹议办法。仍遵前旨迅驻昭通，不准任意耽延，致负委任。福升以滇事为己任，力筹办法，甚属可嘉，着即设法先赴昭通，妥筹剿办。将此由六百里各谕令知之。"

016 卷99·同治三年四月

癸酉 谕内阁："阎敬铭奏'请重名器，以裕京饷'一折。据称'捐例之开，藉以筹备饷糈。近来行久弊滋，如道府州县等官，责任均重，自减成收捐以来，以官为贸易者，得厕其间，明效输将，暗亏帑项，请饬将道府州县四项，仍按筹饷定例减二成章程，呈缴实银，均在京铜局报捐'等语，所奏不为无见。道府有表率之责，州县为亲民之官，均应慎选廉能，以襄治理。近因捐数较轻，遂致所收易滥，在挟资干进者流，且自视为无足重轻，一经得官，于地方吏治民瘼漫不加察，恣情侵蚀，罔利营私，下则朘削民生，上则亏挪国帑，总缘收捐太易，人品混淆。亟应明定章程，以示限制。嗣后各省捐局，除丞倅杂职，仍准照常收捐外，其道府州县四项官职，着户部按照筹饷定例减二成章程，收捐实银，并令均在京铜局报捐。各省捐局，即将收捐道府州县四项官职之处，一律停止。"

017 卷 100 · 同治三年四月

庚寅 谕内阁:"御史富稼奏'运河一带,两岸住户,多于院落开掘地窖,藏窃铜米,比户皆然。聚众抢粮之案,正犯闻拿远避,完案复归,怙恶不悛,仍为沿河之害,其惯窃铜米积匪,虽经拿获多名,而窃藏之铜,并未摋获。今南漕尚未抵京,请预除积匪,以清河运'等语,着钟岱、宋晋遴派员役,实力摋查,将窖藏一律平毁,并饬各该管营汛及沿河委员,节节梭巡。倘有棍徒伙窃,及搀杂浸灌等弊,即行严拿从重惩办。厅桥各役,如有与贼通气者,亦即严究革惩,以清积蠹而重运务。"

018 卷 112 · 同治三年八月

戊子 又谕:"户部钱法堂奏请饬催直隶积欠宝泉局铜批饭银一折。户部宝泉局,例由直隶省藩库每年拨解银四万二千余两,以资办公,历年积欠已有四十二万七千余两之多。节经该部奏催筹拨,先后仅据直隶总督解到银九千两零。除由该部例分工局三分之一,及搭解钞票,并归还库款银两外,所余实银,已属无几。现在鼓铸正当吃紧,该炉役人等,岂能枵腹从事。着直隶总督严饬该藩司,于应解前项银两内,无论何款,先行筹解银三万两,并前次所欠奏准未解之一万九百余两,通计四万两,限一月内,迅速如数批解,以应急需而资办公。"毋许延缓。

019 卷 115 · 同治三年九月

庚戌 拨江苏小洋枪一千杆、洋火药五千瓶、小铜帽五十万粒,解赴甘肃军营备用。

020 卷 125 · 同治三年十二月

壬辰 谕议政王、军机大臣等:"林鸿年奏'筹办迤西,请拨军饷',并'请拨湖北湖南厘金、调员差委、马荣就擒'各折片……唐友耕已授云南提督、刘岳昭已授云南藩司,均无可卸之责,着骆秉章体察川省情形,如可腾出此二军,令各率所部入滇。林鸿年再就近在川边募勇训练,滇事自可日有起色。惟师行饷随,骆秉章仍当筹银数万两,交林鸿年为剿办经费。本日已谕令湖南、广东各督抚,令其设法接济,并照林鸿年所请,于湖北湖南,令各拨厘金,月一万两解滇。该抚得此兵力、饷力,务当随时与骆秉章、劳崇光会筹妥办,认真进剿,不得徒托空言,致负委任。盐井、铜矿为天地自然之利,滇省饷源所自出,该抚入滇后,即可就地设法兴办,为自强之计,将土夷各匪,次第廓清……"

021 卷 131 · 同治四年二月

甲午 又谕:"前因给事中赵树吉奏参'四川川东道恒保私开炉座,盗铸官铜,提取书院公项,藉兵差为名亏挪库帑,且有夤缘得缺等情……'各等款,当交骆秉章分别确查审办。兹据奏称'或事出有因,或查无其事,请即拟结'等语。此案恒保前在泸州任内,滇局开炉铸钱,有滇省委员经理,恒保不能向炉头索费,纵令偷减,亦无可盗铜私铸。局

347

绅邓云骧等借领书院膏火生息钱文，办理防剿，亦非恒保任内之事。至恒保任内因办防提用公项银两，已造册报销。邓云骧等借领银钱，除就地筹还，并经恒保垫解外，余欠无多，应归局绅弥补归款。其再署川东道缺，系骆秉章因人地相宜，委令前往署事，并非夤缘而得……"

022 卷 145·同治四年六月

乙巳 又谕："骆秉章奏'遵覆臬司赴黔，碍难查办，并被参督抚情形确实'一折。本日已有寄谕，先令劳崇光速行赴滇，并责令张亮基将林自清练勇先行遣散矣。大定、遵义，既多阻隔，着骆秉章即饬刘岳昭援黔之军，疏通道路，实力进剿，将遵义、大定等处匪徒一律歼除，以期与贵州省城消息相通。刘岳昭兵力、饷需不足，均着该督力筹协济，毋任缺乏。赵长龄即准其暂缓赴黔。贵州近日情形，骆秉章随时探奏以闻。劳崇光前已覆奏筹兵赴滇，今又有旨严催，自不敢稍事耽延。林鸿年身任滇抚，岂容安坐川省，一筹莫展？着懔遵叠次谕旨，迅赴东、昭一带，相机办理。若再畏葸迁延，定当重治其罪。前有人奏滇省应办事宜，如筹铜本、拨省兵等条，是否可行，着林鸿年妥为经理，原折着钞给林鸿年阅看。将此由六百里各谕令知之。"

023 卷 147·同治四年七月

丁卯 又谕："王榕吉奏'派兵筹防，并添拨炮位，扼守沿河要隘'一折。山西潞泽一带，自风门口东滩渡，以及平陆县之茅津渡、永济县之风陵渡，中闲大小数十口，绵亘六百余里，与陕西之潼关，河南之灵阌、陕州，均止一河之隔。王榕吉因处处设兵，无此兵力，现拨铜铁炮位二百尊，挑选炮兵六百名，派参将恩瑞押运河干，分段安设……"

024 卷 153·同治四年九月

己巳 谕军机大臣等："林鸿年奏'请调阶州得胜楚军'，并'请招商垫办铜厂'各折片……所称'云南厂地久废，砂丁失业，流而为匪，藩库又无铜本可放，后患更为可虑。请将东川之厂暂行招商垫办，抽收课厘'等语，自系权宜办法，即着照所请行。惟事同创始，尤须慎择廉干公正之员妥为兴办，以免别滋事端。一俟军务竣后，仍即行由官办运，以复旧章。将此由五百里各谕令知之。"

025 卷 175·同治五年四月

辛亥 又谕："前据吴棠奏称捻匪窜扰淮徐，当经谕令李鸿章将总兵刘士奇驻扎东坝等处各营，驰赴清江援剿……本日据杨岳斌奏'领饷委员曾广照在江苏办买铜帽并洋火药等，派于召喜解送湖北，转解甘肃军营。由上海雇船装运起程，行抵棉花堤，因火药轰发，将铜帽火药焚烧净尽'，业经降旨将曾广照革职矣。该革员领办火药等项，需费甚钜，所禀火药轰发各节，有无别情，船户曾广长不戒于火，曾据李鸿章奏报，即着该署督提集曾广照等严切讯究，从重惩办，原片着钞给阅看。将此由五百里谕令知之。"

026 卷 190 · 同治五年十一月

甲申　又谕："巡视西城御史恩崇等奏'拿获潜入禁城园庭行窃贼犯，请饬部严讯'一折。据称该城副指挥汪棰，于十一月二十六日，在海淀老虎洞地方，会同营汛团防，拿获贼犯倭大等多名。讯据该犯等供称'叠次冒充官役，潜进神武门，从西河沿出琉璃门，由咸安宫马道上城，转至午门西南角配亭下，偷窃铜瓦。并潜往圆明园，由北墙越进，偷窃碎铜'各等语。禁城园庭重地，极宜严肃，该犯等竟敢潜进偷窃，不法已极。倭大即倭和、陈五即魏五、李九即春和，并窝留之关继善、销赃之范黑子、供出之营兵德玉，及在关继善铺内借住之王拴劳，均着交刑部严行审讯，按律惩办。在逃之关大、阎五，着步军统领衙门、顺天府、五城，一体严拿务获，归案讯办。此外有无另犯不法之案，贼伙恐不仅此数人，并着刑部严切根究。各处直班官弁人等，何以均漫无觉察，实属玩泄，着该管衙门查明严加惩办。"

027 卷 191 · 同治五年十二月

辛卯　又谕："本日据管理钱法堂事务崇纶、毕道远、毓禄、王发桂奏遵查户工两局鼓铸情形各一折。所称'近因滇省铜厂停开，专用收买铜斤鼓铸钱文，质未纯净，钱形间有参差，工局现年所铸钱数较少'各等语。钱法关系民用，各该管堂官及监督自应认真筹办，以期一律流通，岂可不加意讲求，致启挑剔之渐。办理不善，咎实难辞。所有户工两部兼管钱法堂事务大臣，及宝源、宝泉两局监督，着先行交部分别议处。嗣后该堂官等务当遵循成法，认真督办，期于裕国便民，永无流弊。倘再任意因循，致滋弊窦，定当从重惩处。折内所称应行酌定章程，仍着妥议具奏。"寻奏："遵议章程七条：一、广筹铜斤以裕鼓铸；一、钱文分两，酌量以三钱五分为率；一、发厂铜斤，宜核实计算，并停止配搭铅斤；一、局厂各员，宜严加责成；一、四厂宜添设勇丁，帮同巡逻；一、四厂围墙及炉磨各房，宜加修葺；一、严拿私销私铸，以期官钱畅行。"从之。

028 卷 197 · 同治六年二月

壬子　又谕："张亮基奏'沥陈瘠苦情形，请饬拨饷接济'等语。据称黔省之患，不在无兵，而在无饷……至张亮基所称'请饬于四川、湖南两省外，查明稍可通那省分，酌拨饷需'，现在距黔较远省分，或因本省军事未竣，或以协解邻封饷项，碍难再拨。张亮基惟当振刷精神，将黔事力图整顿，倘四川、湖南协饷解到后，仍蹈因循积习，必将治该抚以应得之咎。张亮基片，着钞给崇实等阅看……张亮基另片奏'买铜售铅，拟派员赴仁怀厅相度地势，设局招商，垫本试办，借商本以铸钱，即因铸钱以销铅'等语，即着认真兴办，厘剔弊端，总期有益于公，无害于民，方为妥善。将此由六百里各谕令知之。"

029 卷 200 · 同治六年四月

甲申　谕军机大臣等："苏廷魁奏'铜铅船只改由河运，请饬山东省迅拨运河挑工，另案工程经费'一折。黔省办运京铅，近因江路疏通，仍照旧章，由四川重庆、江南仪征以达通州。此等船只，笨重甚于米船，若不将运河淤浅段落，妥为挑挖，诚恐铜铅到境，致有阻滞。京局鼓铸，关系非轻。且本年江北漕米虽已停运，而小米帮船及盐斤、军火船只，仍须行走。乘此大汛未交，正可将另案工程及时择要兴修。所有该河督前次奏请饬拨另案银五万两，挑工银三万两，着丁宝桢督饬藩司迅速如数筹拨，解交苏廷魁，以便将要工赶紧兴办，庶于京铅北上，不至贻误，毋得视为具文。原折着钞给阅看。将此谕令知之。"

030 卷215·同治六年十一月

甲寅 谕军机大臣等："户部奏请饬滨临江海各省解钱筹铜一折。前因铜斤缺乏，鼓铸当十大钱，原为一时权宜之计，行之日久不无流弊。近来市廛行使暗中折减，于国用民生均有未便。惟欲规复圜法，必须筹备制钱，京师自通行大钱以来，所有制钱大都运往外省，若欲鼓铸新钱，又非一二年所能骤复。户部议令滨临江海各省筹解制钱，实为便捷之法。前经谭廷襄函商湖北督抚，拟于盐厘项下酌提制钱，由轮船运津，据称事属可行。此外如江西、江苏、浙江、广东四省，均有海船可通，各该省厘金较旺，自可一律提解。着曾国藩、郭柏荫、英桂、马新贻、瑞麟、蒋益澧、李瀚章、何璟、刘坤一，各于盐卡、厘卡收款内，每年酌提制钱三十万串，由轮船装运天津，交崇厚择地严密收存，听候提用。酌提钱文，准照银价划抵应解京饷，其制钱一千合银若干，及运脚若干，即着各该督抚迅速议定具奏。所提之钱，务须年清年款，以两年为止，不准稍有短解。此项钱文即名为天津练饷，以昭慎密，不可稍有宣露，致令外来商民传播都城，有碍钱法。其湖北施、宜等处向多铜矿，着该督抚饬属招商试办，酌抽矿税，试行有效，即筹款收买商铜，以裕鼓铸，并着妥议章程具奏。至滨海商贾，向有贩运红铜、条铜等项，应如何招商收买之处，并着各该督抚、三口通商大臣妥速议奏。将此密谕曾国藩、英桂、瑞麟、李瀚章、马新贻、郭柏荫、刘坤一、蒋益澧、崇厚，并传谕何璟知之。"

031 卷227·同治七年三月

戊辰 署湖广总督李瀚章等奏："遵覆解钱铸铜各事宜，拟于本年应解京饷项下，酌运制钱二十万串，临时按照市价开报。运津脚费，约钱一千需银一钱有零，均归应解项下开支。至东洋之红铜、条铜，采买较难，施、宜一带铜矿，现拟招商试办。"下部知之。

032 卷235·同治七年六月

辛亥 谕军机大臣等："户部奏'筹办铜斤，请催各督抚认真办运'一折。京师自滇铜停运，鼓铸不能如额，曾经户部奏令四川省派员在泸州一带设局采买滇铜，由湖北转运天津。并议准林鸿年所奏云南东川所属各厂，每年额办京铜三百六十万斤，运赴川楚变价。迄今日久，并未据该省督抚覆奏，实属迟误。着崇实、吴棠、刘岳昭、岑毓英、宋延春，各将该省招商开厂设局收买等事宜，迅于三月内妥议章程具奏，由部指拨有着之款解往，分起办理，不得如前因循，以重圜法。泸州存积滇铜，湖北省应如何分局收买，及施、宜等处铜矿能否开采，着郭柏荫、何璟迅饬妥议，奏明办理。至红铜、条铜，足资鼓铸，应如何体察华洋商贩情形，随时变通设法采买之处，着曾国藩、英桂、马新贻、瑞麟、丁日昌、李瀚章、李福泰赶紧筹办，不准空言塞责，原折着钞给阅看。将此由五百里谕知曾国藩、崇实、英桂、吴棠、马新贻、瑞麟、刘岳昭、郭柏荫、李福泰、丁日昌、李瀚章、岑毓英，并传谕宋延春、何璟知之。"

033 卷236·同治七年六月

壬戌 谕军机大臣等："刘岳昭、岑毓英奏'省外官军历次剿匪获胜各情形'一折……刘岳昭另折奏'沥陈滇黔军情吏治，营务废弛，并团练流弊'一折。滇西逆党众多，分路攻扑省垣，扰及各府州县，纷至沓来，势甚蔓延，该督抚等当督率诸军，先清附省贼匪，将新陷各城以次收复，为进规迤西之计。并将迤东完善，各地方铜盐税课，妥为筹办，以裕饷源。简委贤能牧令，扫除积习，以敦吏治，并将僭冒文武各委员一体裁撤，以清积弊。其跋扈不驯之滇黔各团首，均着刘岳昭、岑毓英、曾璧光次第惩办，檄令各归地方官督理，严惩大团首私行仇杀干预公事旧弊，以杜乱源。黔省各路援剿之川湘各军，着崇实、刘崑即檄令统带各员，归曾璧光节制，以一事权。各该营饷需，仍着崇实、刘崑源源接济，不得视同膜外。滇黔需饷孔亟，所有历经部拨各省并各关协济饷银，着户部行文各该省督抚并各该关监督，严行催解，毋任视为具文……"

034 卷239·同治七年七月

庚子 又谕："前据刘岳昭奏'请运粤盐，以抵滇饷'，当经谕令户部速议具奏。又据翰林院侍读学士马恩溥奏'请筹济滇饷'，一并交部查明核议具奏。兹据该部奏称'查同治六年冬拨以前，广东省欠解滇省协饷约共四十余万两，内由盐课项下指拨协解者，有丙辰、丁巳、乙丑三年，共指拨银二十一万两。又太平关欠解三十余万两、粤海关欠解二十余万两，经该部三次奏催，仅据粤东将初次奏提银六万两陆续解往，其余多未报解。刘岳昭所请运盐抵饷一节，从前云南、广东本有铜盐互易之案，章程载在《则例》。今滇铜虽不能运粤，仍须取给粤盐，即以划抵欠饷，视铜盐互易旧章，办法虽殊，而情理则一。且广东产盐不虑不敷，若运至云南广南府督销，更无沿途晒卖侵灌粤东引地之虑'。着瑞麟严饬广东运司，赶紧酌提盐斤，飞咨滇省委员接收，售充军需，按每盐一包合银一两二钱有零之数，抵算欠饷，不准藉词推诿。其广东藩盐两库及太平关粤海关，截至现在实欠滇饷各若干，并如何酌提盐斤均匀划抵，及滇省如何委员设局督销转运之处，着瑞麟、刘岳昭、岑毓英各赶紧会商，妥拟章程具奏。浙江等省应解滇省协饷，报解寥寥，现在滇省需饷孔亟，除广东一省现议提拨盐斤售抵欠饷外，着曾国藩、崇实、英桂、郭柏荫、郑敦谨、李瀚章、刘坤一、刘崑、李鹤年，迅饬各该藩司监督，按照户部叠次奏明提拨各数目，赶紧如数起解，毋稍延宕。并着刘岳昭、岑毓英遵照该部历次奏案，将各省奉拨滇饷已解未解各数目，分晰开单，专案飞咨该部，以凭查核。至马恩溥所奏'请简派良将一二员，统带劲旅一二万人，入滇助剿'等语，云南距直、东较远，移师往剿，情形未必相宜。如该省亟须筹添兵勇，着刘岳昭等即就近添募，以资得力。将此由五百里谕知曾国藩、崇实、瑞麟、英桂、刘岳昭、郭柏荫、郑敦谨、李瀚章、刘坤一、刘崑、李鹤年、岑毓英，并传谕师曾知之。"

035 卷243·同治七年九月

己亥 又谕:"刘岳昭等奏'滇省历年长运粤铜,请饬拨款归还'一折。滇粤铜盐互易,从前办有成案。自道光十七年起至三十年止,滇省长交广东高低铜二百三十八万八百余斤,计铜价运脚银二十八万二千余两,广东应解滇省作抵盐斤,并未分毫报解。现在滇省军务紧要,饷项不支,所有广东历年积欠应解该省铜价运脚银二十八万余两,自应陆续筹还,以清旧欠。着瑞麟于广东所收厘金项下,按月划拨银二万两,由刘岳昭、岑毓英派员赴粤承领,转解回滇,接济军饷,毋许推诿。将此由四百里各谕令知之。"

036 卷245·同治七年十月

甲子 谕军机大臣等:"都察院奏同知陈泰琨遣抱刘升以捐购军火赴营投效等词,赴该衙门呈诉。据称'该同知籍隶广东南海,曾随戈登办理洋枪队,及协带常胜军克复昆山等处。现在购觅花旗新样马枪三十杆、子药六千出、七门手枪一百杆、铜帽子药一万出、步兵枪四百杆、铜帽十万颗、洋火药二千斤,寄存上海,拟赴山东军营投效,适闻凯撤,请发往云南'各等语。该同知以情殷报效购备军火,愿赴军营效力,其志尚属可嘉。但所称寄存上海各军火,是否实有其事,着马新贻、丁日昌确切查明。如果所称军火等项实已购备,即着给咨饬令该同知携带军火,迅赴云南,听候刘岳昭、岑毓英差遣。倘所诉不实,并着奏明办理。抱告家丁刘升,着都察院照例交兵部解赴江宁,交马新贻等质问后释放。将此各谕令知之。"寻奏:"陈泰琨捐购军火,查验属实,遵即饬赴云南投效。"报闻。

037 卷246·同治七年十一月

辛巳 云南巡抚岑毓英奏:"遵查东川府铜厂久废,骤难开办,且应在寻甸州采办炭斤,该州现为贼踞,请俟克复后再行议办。"允之。

038 卷258·同治八年五月

甲戌 湖广总督李鸿章奏:"遵查川存滇铜已竭,楚省无从收买。至施南各属开矿,利少弊多,亦难办理。仍请由苏省到沪,采买洋铜,以资鼓铸。"下部议,从之。

辛巳 谕军机大臣等:"前因户部奏'请饬滨临江海各省解钱筹铜,叠经湖广等省将钱文解存天津,听候拨用',兹据该部奏称'库款不敷周转,请停止天津练饷钱文,无庸在京饷内划抵,仍将所拨银两解京'等语。现在库款支绌,自应斟酌缓急,妥筹办理,所有湖广等省未经报解钱文即着照该部所议,一律停止。各该省应解八年分京饷,着李鸿章、马新贻、英桂、瑞麟、郭柏荫、刘昆、刘坤一、丁日昌、李瀚章、李福泰、张兆栋、文辉,按照该部原拨数目批解银两。其七年分欠解钱二十万串,并着李鸿章、马新贻、丁日昌、刘昆、张兆栋,各按以钱合银数目,赶筹银两,委员解部,不准藉词迁延。至各该省已解未到钱文,着崇厚于解到时认真验收,同上年已收钱文,截清数目,照旧存储。该大臣即将练饷局委员薪水等项,归并裁减,咨部核办。原折均着钞给阅看。将此由五百里谕知李鸿章、马新贻、英桂、瑞麟、郭柏荫、刘昆、刘坤一、丁日昌、李瀚章、李福泰、崇厚，并传谕张兆栋、文辉知之。"

039 卷267 · 同治八年九月

戊子 又谕："金顺奏请饬天津采办军火等语。现在金顺所部各营，防剿吃紧，所请在天津采买洋药五千磅、大铜帽一百万粒，着崇厚赶紧派员照数购买，由金顺委员提解，所需价值，准其作正开销。将此谕令知之。"

040 卷269 · 同治八年十月

癸亥 谕内阁："明善、于凌辰奏'请将宝源局已革炉头归案审究，并将监督大使议处'一折。宝源局大使成荫，于炉头孙凤起私淘铜土漫无觉察，已属不合，且于应管事宜前后，语涉歧异。其库存铜斤，经明善等清查，始据监督长润声称'内有已革炉头王炜均另存商铜一万余斤，屡传未领'等语，殊难凭信。王炜均着刑部传审严究，监督长润、陈大诰、大使成荫均着交部分别议处。"

041 卷280 · 同治九年四月

戊申 谕军机大臣等："丁日昌奏起解炮位并拨派弁兵赴津一折。现在江苏报解金顺军营开花铜炮十二尊，并炮子、车轮等件，及自来火一万四千枝、洋火药一万磅，又另拨洋火箭六百杆，派委知县徐炳奎等带同熟悉口令之都司陈友吉等二十员名，一并由海道运赴天津。此项军火到时，如金顺委员尚未到津，即着崇厚派员查验，暂为收储。一面赶紧知照金顺，迅饬该委员来津，领解赴营，以资攻剿。将此谕令知之。"

042 卷282 · 同治九年五月

乙亥 拨直隶天津洋火药一万斤、铅丸一万五千斤、大小铜火六十二万粒、皮纸八百刀，解赴绥远城，转交甘肃军营备用。

043 卷291 · 同治九年九月

壬午 又谕："金顺奏'天津解到洋枪火药等项，不敷攻剿，暨江苏拨解铜炮，配带炸子等件，亦不敷用，请饬均由江苏制办配解'等语。着丁日昌饬令上海制造局，赶紧制办洋枪二千杆，配带什物洋枪药二万磅、大铜帽二百万粒，赶由海道解赴天津，或取道山西包头镇，由该署将军派员提解。并饬局造办二十四磅炸子五千粒，各配带木引心，暨洋炮三楞药五千磅，解赴天津，交金顺委员提解，赴宁夏军营，以资攻剿。将此由五百里谕令知之。"

丁亥 谕内阁："武备院奏炮库被窃一折。据称'该库司员等于本月二十二日赴库时，见库门封皮撕去，门锁俱开，查点库内，失去大铜炮二个、小铜炮四个、炮车六辆'等语。库储重地，应如何严密看守，乃任令匪犯肆行偷窃，实属不成事体。着步军统领衙门，赶紧将此案贼犯悉数严拿惩办，并着两翼前锋营护军营大臣，将疏于防范之直班官兵讯明办理。其管库员外郎恒山失于觉察，着交内务府照例议处。"

044 卷311·同治十年五月

戊申 又谕："金顺奏'宁夏回务已竣，现筹分兵布置'一折……金顺另片奏'军营设局鼓铸炮子，需费甚钜，无款归还，请饬部拨银二万两，以清款项，并请饬河南抚臣核发张曜局费'等语。着袁保恒即于西征粮台筹拨银二万两，清还金顺铸炮局费。其张曜营中炮局之需，即着李鹤年如数筹拨，作正开销。前据曾国藩奏'续饬上海制造局制造洋火药二万磅、洋炮药五千磅、金底大铜帽二百万颗、二十四磅开花弹子四千个、药引六千个、木心六千个，委员解交天津道查点收存，由金顺委员迎提赴营'等语。着金顺、张曜迅速派员赴津，提解到营，以应急需。金顺现须前赴乌城，此项军火，应如何分拨应用之处，着与张曜妥商办理。将此由五百里谕知左宗棠、金顺、李鹤年，并传谕张曜、袁保恒知之。"

045 卷315·同治十年七月

丙申 又谕："定安奏请饬江苏拨解洋枪、洋药等语。提督张曜所部各营转战日久，火器损坏，亟宜更换添拨，以利攻剿。着曾国藩、张之万饬令江苏制造局，拨发洋枪一千五百杆、细洋药一万五千磅、金底大铜帽七十万粒，派员解赴天津，一面知照定安，由张曜委员赴津领解，毋稍延宕。将此由五百里各谕令知之。"

046 卷346·同治十一年十二月

己未 谕军机大臣等："金顺奏'派队赴肃筹布后路运道'，并'请饬购办军火'及'指拨银两'各折片。金顺所部各队齐抵凉州，已派队赴肃助剿，并留队分扎后路以顾运道，即日督饬后队赴肃。现在肃城军务吃紧，前据左宗棠奏'贼匪被剿穷蹙，该处地广兵单，官军尚未合围，亟盼劲旅早到'，即着金顺懔遵叠次密谕，驰抵肃州，会同徐占彪迅拔坚城，即行出关妥筹布置，毋得在凉州逗遛。金顺以军火不敷，'请饬江苏巡抚赶紧就沪购办细洋药二万磅、大铜帽四百万粒、三楞炮药五千磅，派员航海运至天津'等语。军火需用甚亟，若由沪运津，未免久需时日，着李鸿章按照金顺所请，先由天津现存之洋药铜帽等项，照数拨给，由金顺派员赴津，领解到营，以资应用。此项军火，系属借拨，攻恩锡赶紧如数购办，解赴天津归还，不得有误。金顺因购买皮衣，'请饬部拨银一万五千两'，着户部照数于就近省分迅速指拨，解交归绥道衙门，由金顺派员领取。将此由五百里谕知李鸿章、金顺，并传谕恩锡知之。"

047 卷353·同治十二年六月

庚申 拨神机营抬枪二百杆、鸟枪五百杆、矛二百杆、刀二百把、洋火药一千斤、洋药卷铅子各四万出、铜帽十六万粒、工部火药一万斤、轰药一百斤、铅丸二十八万出、火绳六千丈，解赴署伊犁将军荣全军营备用。

戊辰 谕内阁："广科奏'拿获偷窃铜丝幪网人犯，请旨办理'一折。据称'本月二十日，午门直班护军参领倭什浑盘获偷窃铜丝幪网人犯王洸华，供出同伙窝主李三等。复经步军校庆奎等带同王洸华将伙犯李三拿获'等语。王洸华、李三均着交刑部严行审讯，按律惩办。未获之杨三、金大、卢大等犯，着步军统领衙门、顺天府、五城一体严拿，务获究办。"

048 卷 359 · 同治十二年十一月

甲寅 拨江苏洋火药三万磅、大小铜帽四百五十万粒，解赴直隶天津，交伊犁委员领回备用。

049 卷 361 · 同治十二年十二月

己亥 谕军机大臣等："前因刘岳昭、岑毓英奏'善后经费孔亟，请饬催各省协饷'，谕令瑞麟等先行筹拨一半。兹据岑毓英奏称'迄今半年有余，浙江解银十万两、江西解银二万两，另解铜本银二万两，广东解银四万两、江苏仍照前每月解银五千两，通共不及二十万之数，以致各军欠饷不能补发，勇营遣撤维艰，地方善后更无从措手'等语。滇省盼饷甚迫，亟应迅筹接济，着瑞麟、张兆栋、吴棠、刘坤一、杨昌浚、李宗羲、张树声、李瀚章、吴元炳、王文韶懔遵前旨，督饬藩司等，将各该省积欠滇省协饷、新饷，无论如何为难，迅速筹拨一半，克日扫数交坐，催委员汇解来滇。其指拨铜本银两，并着照数依限起解，毋再迟延。将此由四百里各谕令知之。"

050 卷 362 · 同治十三年正月

丁巳 拨神机营攒竹枪三百杆、铜帽三万粒、铅箭二万出，交科布多委员领回备用。

051 卷 363 · 同治十三年二月

丙申 谕军机大臣等："御史张观准奏'京师现行当十大钱，近来式样渐小，并掺和杂铜铅片，致奸商图利私铸，相传有涉板鹅眼名目，请饬查拿'等语。奸民私铸钱文大干例禁，着步军统领衙门、顺天府、五城，一体严查，即将私铸人犯拿交刑部，按律惩办。该局鼓铸钱文，何以竟有掺和情弊？并着户工两局认真整顿，不准偷工减本，致滋弊端。至滇省军务现已告竣，应如何设法采办铜斤以资鼓铸之处，着户部妥筹办理。原片均着钞给阅看。将此各谕令知之。"

052 卷 364 · 同治十三年三月

丙寅 谕军机大臣等："岑毓英奏'遵筹撤勇停捐，并整顿粮税厘金'一折。滇省勇丁，现经岑毓英挑选精壮，补足绿营兵额，该省地方事宜，亦应及时整顿。该署督请饬'广东等省将旧欠滇饷八百余万两内奉拨铜本银一百万两，于本年解到滇省，俾得赶办京铜，并将新欠滇饷五百余万两，尽先筹出一半。一面照滇中库收，随到随发，一面发交该省坐摧委员，于本年内汇解到滇'等语，均着照所议办理。并着瑞麟、李宗羲、李瀚章、吴棠、张树声、刘坤一、杨昌浚、郭柏荫、吴元炳、王文韶、张兆栋，即行如数筹拨，俾资应用。据该署督声称'各省如能将新旧欠饷按照此次奏请之数筹拨，即可将营伍、善后、京铜各事宜次第办理。各省旧欠滇饷七百余万两，新欠滇饷二百五十余万两，均可全数免解'等情。各该省果能照岑毓英所奏办理，以后即可无须接济，实为一劳永逸之计。瑞麟等务当力顾大局，于无可设措之中，竭力筹拨，源源报解，以济要需，不得藉词推诿。原折着钞给阅看，原单着分别钞给阅看。将此由五百里各谕令知之。"

053 卷 367·同治十三年六月

庚寅 谕军机大臣等："杨昌浚奏'浙江积欠滇饷，拟照已给库收赴领银数分别筹给，并分年接续筹解'一折。据称'滇省欠发各营盐菜恤赏等银，由滇填给库收，到浙领取者，已有九万两，若各营员弁纷纷毕集，实在无款发给。其奉提旧欠内铜本暨欠新饷一半银两，并请分年筹解'等语，所奏自系实在情形。着照所请，由刘岳昭、岑毓英转饬藩司将未填给各将领库收概行停止，其已填给赴领者，即由杨昌浚按照库收内银数概行先给二成，浙省旧欠滇饷内铜本暨欠新饷一半未解各银两，即着分四五年解交，以清款项。原折着钞给刘岳昭、岑毓英阅看。将此由五百里各谕令知之。"

054 卷 371·同治十三年九月

庚申 又谕："岑毓英奏'滇省拮据情形，请饬各省补发欠饷'一折。前因滇省筹办营伍善后、京铜各事宜，当经谕令江苏等省于新旧欠解滇饷内，分别筹解应用。乃各省报解甚属寥寥，而滇省赶办京铜，以及补给勇饷、支发绿营俸饷，办理善后经费各节，需款甚殷，均属不容稍缓。着杨昌浚饬令该藩司将积欠滇省新饷一百四十二万两内，筹拨二成，银二十八万四千两，分别发交该省委员解滇应用。其余尚应补银四十二万六千两，分三年解清，以足一半之数。至旧饷应拨铜本欠银十八万两，并着于本年内依限解清。其各省应解饷银，着李宗羲、李瀚章、吴棠将新欠滇饷，尽本年内先筹解一半，或照一半之数于本年内解交十之六七，下余尽明年补解足数。其铜本银两，仍着于本年解清，毋得再有延宕。至广东省暨粤海关欠饷并铜本银两，应否仍令该省筹解，抑由部另拨有着之款，统着该部奏明办理。将此由五百里各谕令知之。"

055 卷 373·同治十三年十一月

己酉 拨神机营洋枪铅箭十万出、铜帽二十万粒、硬弓二百张、箭一万枝、工部火药一万斤、铅丸十四万出、轰药二百斤、火绳六千丈，解交署伊犁将军荣全军营备用。

德宗实录部分

001 卷8·光绪元年四月

壬辰 又谕:"崇实奏请饬直隶筹拨军火等语。现在奉省操演洋枪等队,急需军火,着李鸿章在天津机器局内,迅速筹拨洋火药七千磅、铅箭四十万出、铜帽八十万粒、铅丸四十万粒、三寸五炸子一千六百粒,三寸九炸子、二寸铁子、二寸二群子一千六百粒、打炮拉帽四千个、三寸五、三寸九炸炮木管各二千个、上洋炮药四千斤,即由崇实派员赴津领取,以应急需。将此由四百里谕令知之。"

002 卷10·光绪元年五月

癸丑 又谕:"岑毓英奏'请饬各省关筹解拨饷,并催四川欠饷'等语。滇省现在筹办边防,设立练军,需饷孔亟,所有浙江、福建,并镇江、东海两关,奉拨滇省本年兵饷银,共六十四万二千七百余两,及浙江奉拨丙子年春季兵饷二十万两,着李鹤年、刘坤一、丁宝桢、杨昌濬、王凯泰、吴元炳督饬藩运各司及速筹解,以济要需。其四川应解滇省一半新饷银六十五万一千五百两,除解过银四万两外,其余欠解银两着吴棠督饬藩司按照黔饷章程,筹拨银二十三万零二百七十两。查照滇中库收拨给,其三十八万一千余两年,即由各厘局指拨有着之款,饬滇省委员前往提解。至川省欠解滇省铜本银十六万两,着吴棠一并筹解,毋再迟延。将此由五百里各谕令知之。"

003 卷16·光绪元年八月

庚寅 以解清滇省铜本,免湖南布政使涂宗瀛察议、议处两案处分。

004 卷19·光绪元年十月

丁卯 饬神机营拨发洋药五千斤、铅丸一万斤、大铜帽十万粒,解交署吉林将军穆图善应用。

005 卷25·光绪二年正月

壬子 谕军机大臣等:"岑毓英奏'请饬部改拨常年兵饷,并催浙江欠饷'一折。据称'浙江欠解协滇饷银六十七万九千余两,迄今两年,分厘未解。其常年兵饷,又经部拨浙江银四十万两,欠数过多恐难筹解,请饬部改拨别省,并饬催浙江欠解一半饷银'等语。滇省绿营俸饷,暨善后经费,一切需用浩繁,各省协滇饷银多未解到,致将铜本银两动用。现在采办京铜,亟须各省解到滇饷归还铜本。浙江应解协滇一半饷银六十七万九千余两,日久未据报解,着杨昌濬迅速源源拨解,以清积欠,不准宕延。至前由浙江指拨滇省乙亥及丙子年春季兵饷,共银四十万两。岑毓英请改拨别省有着之款,勒限解滇,着户部速议具奏。将此由四百里谕令知之。"

006 卷28·光绪二年三月

甲寅 拨神机营洋马枪铅箭十万出、洋铜帽二十万粒,备荣全军营应用。

007 卷35·光绪二年六月

己酉 谕内阁：“户部奏‘云南铜斤起运，请派员沿途经理’一折。云南办运京铜，向派沿途藩臬大员经理其事，责成照料催趱。现在该省试办京铜，由海道转运赴京，秋间即可起运头批。经该部查照例案，将经过之广西、广东、江苏、直隶等省藩臬，开列名单，请旨简派。广西着派杨重雅、广东着派杨庆麟、江苏着派恩锡、直隶着派孙观，即责成各该员严饬各道府及沿途地方文武员弁，认真稽查催趱，护送前进。如有无故逗遛及盗卖短少等弊，详报该督抚严行参办。沿途应需水师照料之处，即由派出之员详咨前途督抚及水师提督调遣。并着自奉旨之日起，以三年为限，云南办运京铜，均责成此次所派之员一体经理，遇有升迁事故，即令接任之员遵办，期满再行更换。”

癸丑 署云南巡抚布政使潘鼎新奏：“滇省办运京铜，民捐难办，请照铜本加价之例，暂加运脚。”允之。

008 卷40·光绪二年九月

甲戌 又谕：“正白旗汉军奏广渠门城楼失去炮位一折。广渠门城楼，收存正白旗汉军炮位，现经该旗查明，失去台湾铜炮二尊、小洋铁炮二尊。该处值班弁兵，何以毫无觉察？且恐其中另有别情。着步军统领衙门，查明广渠门值班兵丁，送交刑部审讯。其门领呈祥、七品官致秀、千总承恩、德海等，均着听候传质。并着步军统领衙门、顺天府、五城，一体严缉窃犯务获，送交刑部严行讯办。”

甲戌 又谕：“（署吉林将军）古尼音布等奏请饬拨洋枪等语。着神机营筹拨马上单筒洋枪五百杆、步洋枪一千五百杆，随枪什物俱全，洋火药六千七百五十斤、铜帽七十二万颗、洋铅弹子七十二万粒，由古尼音布等派员领解，俾资应用。”

009 卷53·光绪三年七月

甲寅 云南巡抚潘鼎新奏：“铜运改由海道，请照轮船转漕成案，搭货免税。”下部议。

甲寅 （四川总督丁宝桢）又奏：“拟筹办盐岸铜厂，以杜外人觊觎。”报闻。

010 卷57·光绪三年九月

壬戌 谕军机大臣等：“春福等奏‘归绥后山游匪，分股东窜，亟须预筹守备。察哈尔精锐营，前由津局领取洋药等项，将次用竣，请饬拨给’等语。着李鸿章饬令拨给洋枪药三千七百五十磅、洋炮药七百五十磅、大铜帽二十四万七千五百粒、车炮子七百五十颗、铜拉火一千五百枝、铅子十五万粒，由春福等委员赴津领取，以资应用。将此谕令知之。”

011 卷64·光绪三年十二月

壬寅 谕军机大臣等：“保英等奏请饬拨军火等语，着神机营拨发洋药铅箭二万出、铜帽四万粒，交顺天府运解察哈尔都统衙门，转解科布多，以应要需。"

012 卷70·光绪四年三月

丙子 谕内阁："御史邓庆麟奏'光禄寺署丞敬惠，揽权营私，于拨款、放款，牵混积压；纂修《则例》，擅提正款；该寺库中，遗失银两、短少铜器，并不回堂查办；又于官余平外，另加私余平，克扣行户。请饬查明严参'等语。着派贺寿慈、恩承秉公查办，据实具奏，毋稍徇隐。"

013 卷74·光绪四年五月

乙亥 又谕："顺天府奏'八旗兵饷，请加放官铸大钱'等语，着军机大臣，会同户部妥议具奏。再，各省应解云南铜本银两欠解若干，并着户部查明，催令迅速筹解，毋稍延缓。"

丁丑 谕内阁："前据御史邓庆麟奏参光禄寺署丞敬惠揽权营私各款，当派贺寿慈、恩承秉公查办。兹据查明，敬惠被参拨借款目等节，或遵照例章办理、或有案可循、或已回堂、或未遗失，尚无揽权营私、积压克扣各情弊。惟于应放油行银两，因当日传领未到，以后并不认真催领，辄以纂办则例，率行具稿借用，且称系已放未领之款，情近挪移，虽未动支，而从前蒙混之咎，究无可辞。其另加平余一节，虽为办公之用，亦非始自该员，惟经手动支，并不立案，办理殊属草率。敬惠着即撤去一切差使，交部议处。即着该衙门将加扣平余一项，详细查核，如可裁减，即行改归旧章。倘必须藉资办公，亦应妥议章程，务昭核实。其所短铜器三千余件，应如何勒限赔缴，并以后派带印钥，如何添派同办或帮办人员，以杜专擅之处，一并奏明办理。"

014 卷75·光绪四年六月

戊子 又谕："刘长佑奏请将亏欠铜本之游击革职勒追一折。游击杨联桂，请领铜本银两，并不赶紧采办解交。经两次勒限严催，尚欠银五千六百余两之多。若不从严惩办，何以肃铜政而儆效尤？提督衔总兵云南提标游击杨联桂，着暂行革职，勒限两个月全数完缴。倘再逾限不交，即行照例从严追，以昭炯戒。"

庚寅 谕军机大臣等："户部奏'各省关续拨滇省铜本银两，请旨饬催'，并'请饬云南运解京铜'各折片。各省关续拨滇省铜本银两，自光绪三年六月间经户部奏准后，迄今已及一年，除湖南应解之二万两，业经报解外，广西尚欠解银一万两，粤海关欠解银六万两。又旧拨案内欠解银二万两、江西欠解银十九万两，此外浙江、四川、广东、河南及太平关，均未报解。现在滇省采办京铜，需款甚殷，各省关亟应迅速筹拨，岂容任意延宕？着各该督抚、监督等，将欠解铜本银两，赶紧筹解，限于本年年内，扫数解清，仍先将批解起程日期报部查核。倘再延不报解，或解不足数贻误要需，即由户部将该藩司等，指名严参。京师鼓铸钱文，急需运解铜斤，以资应用，着刘长佑、杜瑞联督率所属，将前次欠解之铜陆续起运，扫数解京，毋稍延误。其续拨铜本银两，并着遵照提拨奏案，源源采办，按期起解，不准擅行挪用，故意稽迟。将此由四百里谕知刘坤一、刘长佑、丁宝桢、刘秉璋、梅启照、涂宗瀛、张兆栋、杨重雅，并传谕杜瑞联、俊启知之。"

癸巳 谕军机大臣等："刘长佑等奏'滇省协饷铜本，各省关批解日绌，请饬速解'一折。滇省新常饷项，各省关欠解甚多。光绪二年七月间，酌提浙江等七省协济新饷，并严谕各该督抚，按月解济。乃据奏自光绪二年起至本年三月止，除江西长解银四万两外，其浙江等六省共欠解银三十三万八千余两。滇省兴办诸务，待饷孔殷，着沈葆桢、李瀚章、丁宝桢、刘坤一、吴元炳、梅启照、张兆栋、邵亨豫、潘霨、崇福严饬各藩司，查明欠解数目，迅速筹解，毋再延缓，致干参处。至滇省常年兵饷欠解甚钜，着户部查照刘长佑等咨开各数，分析严催。采办京铜，需款尤急，着各该督抚监督，遵照本月十二日谕旨赶紧筹解，务于本年年内扫数解清。所有奉拨解滇款项，务须迅速筹画，各清各款，毋稍牵混。刘长佑、杜瑞联亦当分别应用，不得再行挪动……"

癸卯 谕军机大臣等："本年四月间，据户部奏'各省关应解京饷，报解寥寥'，当谕令该将军等依限报解。兹据该部奏称'查明截至六月初十日止，除划拨铜价暨各处解到报解起程外，尚有……共未解银五百七十六万二千余两，着该将军各督抚监督等，即将前项未解银两，赶紧依限提前解部，统于年内扫数解齐。倘敢诿卸拖欠，致误要需，即着户部指名严参。其现在解不及半，及丝毫未解等处，经此次严催后，仍不完解，并着户部酌核情形，随时奏参……"

015 卷81 · 光绪四年十一月

己未 谕内阁："杜瑞联奏'前奏委解三起头批京铜片内，声称头二两起业经交清，经户部以情形不符，奏请饬查。兹查前片将头二两起按批解部交纳字样，误写交清，实属率忽，自请察议'等语。杜瑞联着交部察议。"

016 卷82 · 光绪四年十一月

壬申 拨神机营洋火药一万四千斤、洋铜帽七十五万粒，解往吉林练队。

017 卷86 · 光绪五年正月

戊辰 又谕："前因光绪二年五月间，天津寄存军械，倏被火灾，烧去铜帽、帐棚、旧械等件，李鸿章并未将数目价值详细奏闻。嗣经谕令该督查明被烧之件，核计价值若干，及有无遗失饷银，据实具奏。兹据奏称'天津城内水月庵寄存军械，计被烧铜帽九百余万粒、自来火子八十余万粒、帐棚六千四百余顶、马步枪五千五百余杆、炮车三十八辆，及手枪、皮纸、门火、马鞍、木架等零件，共合价银四万五千余两，因系照例免赔，是以未经续奏。此外各军饷银，并无遗失'等语。局存军械，理宜严密巡防。此次被烧之件甚多，实非寻常仓库物件，猝遇水火可比。所有被烧军械，除择修搭发外，其余仍着责令承管各员分别酌赔，以示惩儆。并着该督严饬在事之员，嗣后务宜周密防范，不准稍涉大意。"

018 卷89 · 光绪五年三月

丙午 谕军机大臣等："御史戈靖奏'滇省抽厘养勇于事无益，请饬规复绿营旧制，挑选乡练，编入行伍，将楚勇全行裁撤。并讲求铜盐水利诸税课，责成地方官核实征解。其厘金一项，惟于省会及各巨镇酌留数局，偏远州县，概免抽收'等语。着刘长佑、杜瑞联体察情形，悉心酌核，奏明办理。原片均着钞给阅看。将此各谕令知之。"

019 卷96·光绪五年六月

乙巳 云贵总督刘长佑等奏："遵旨体察云南情形，酌留练勇之办法，难复绿营之旧规，厘金分局务除积弊，铜盐两税，以次变通各节。"得旨："即着随事随时，酌核缓急轻重，妥实办理，庶兴利除弊，皆有实济。"

丙辰 江西巡抚李文敏奏："江西欠解云南铜本银两，为期甚迫，无款可筹，援案借漕折济用。"下户部议。

丁巳 谕内阁："户部奏'稽查云南铜运各员期满，请旨更换'一折。云南办运铜斤，头二两起已到京，现在接运三起。前派沿途经理各员期满，查照例案，将经过之广西、广东、江苏、直隶等省藩臬，开列名单，请旨更换。广西着派范梁、广东着派成孚、江苏着派谭钧培、直隶着派任道镕，即责成各该员严饬各道府，及沿途地方文武员弁认真稽查，催趱护送前进。如有无故逗遛及盗卖短少等弊，详报该督抚严行参办。沿途应需水师照料之处，即由派出之员，详咨前途督抚及水师提督调遣。仍着自奉旨之日起，以三年为限，均责成此次所派之员一体经理，遇有升调事故，即令接任之员遵办，期满再行更换。"

020 卷101·光绪五年十月

甲辰 谕内阁："户部奏'解铜委员具禀书吏勒索刁难，请旨查办'一折。云南委员孟荫桂管解滇铜，运抵天津，据禀宝泉局经承黄安澄勒索规费，前运滇铜之委员许光第暗与串通，劝令变卖正铜等情。若如所禀，实属胆大妄为，亟应彻底根究。黄安澄是否即该局册内之黄友清，着步军统领衙门、顺天府、五城御史查拿务获，解交刑部严行审讯。委员许光第是否在京，抑在天津，并着步军统领衙门、顺天府、五城御史、直隶总督一体查明送部，听候传讯，务得确情以成信谳。所有三起头批铜斤，着直隶总督派委妥员与户部所派司员，督同该委员孟荫桂迅速解交京局，以济要需。"

021 卷106·光绪五年十二月

丁巳 又谕："铭安等奏'吉林练军需用火药等物，余存无多，请饬直隶拨给'等语。着李鸿章于天津机器局发给洋火药七千斤、大铜帽一百万粒，由铭安等派员领取，以备操防。将此谕令知之。"

丙寅 又谕："福建水师提督彭楚汉奏'接统轮船出洋操练情形，添购战具'一折。据称'现将闽局万年青等五船督带出洋，驶赴澎湖港等处次第操演。扬武一船炮尚足用，而船头现无炮门，头炮不能中出。威远一船，前后虽有炮门而炮位太小。其万年青、济安、振威三船，炮均安在两傍，前后俱无炮门，炮位无从安置。若不设法更改，战守均难御敌。舢板宜安百斤以上铜铁后膛小炮一尊，大号轮船宜添配小轮船一只。总计现操五船，尚须添配万斤以上大炮二尊、二万斤以上大炮三尊、百斤以上后膛小钢炮十五尊、小轮船四只'

等语。现当整饬海防之际，必须船炮足用，方可备预不虞。着何璟、勒方锜、黎兆棠妥为商办，如须添配之处即着设法筹款，购置添配，以期缓急可恃，精益求精。将此由五百里谕知何璟、勒方锜，并传谕黎兆棠知之。"

022 卷111·光绪六年三月

癸未 谕军机大臣等："铭安奏'遵筹选将练兵事宜，并将各城地势绘图呈览'一折……所请由天津机器局拨给五百斤洋炮二尊、三百斤洋炮四尊、二百斤洋炮四尊、马上单筒洋枪一千二百杆、带刺步枪二千三百杆、洋火药三万斤、洋铜帽二百万颗、洋铅弹子二百万粒，着李鸿章酌量拨给，以资应用……将此由五百里各密谕知之。"

023 卷113·光绪六年五月

庚寅 先是户部奏"各省起解滇饷，铜本银两开支汇费，请饬明定章程"，奉旨允行。至是云南巡抚杜瑞联奏："遵议各省关协饷汇费，由滇省自行设法弥补。应解铜本，由各省关照例运解。"下户部知之。

024 卷122·光绪六年十月

庚申 又谕："喜昌……另片奏'需用军火孔殷，查山东机器局尚有余存洋药，请饬拨发洋药三万斤，铜帽三百万颗，由东省派员护解烟台以达营口，按站运至吉省'等语，着周恒祺查照办理。喜昌现抵该省即将防务与铭安、吴大澂和衷商榷，切实筹办，务须周密布置，仍以镇静出之，毋得稍涉张惶。将此由四百里各谕令知之。"又谕："喜昌奏请饬拨军火等语，着工部即拨火药三万斤，由神机营派员解赴吉林，以资应用。"

025 卷130·光绪七年五月

庚辰 谕内阁："步军统领衙门奏'拿获叠次偷窃铜瓦、门钉、棉甲贼匪，请交部审办'一折。贼犯袁三马儿、李顺儿即狗儿李三、张二即二套张二、王均见，均着交刑部严行审讯，按律惩办。所有东华门直班官弁，着该管大臣查取职名，交部严加议处。其直班兵丁，并着查明惩办。"

026 卷131·光绪七年六月

癸巳 （贵州巡抚调补福建巡抚岑毓英）又奏："台湾旧存开花炮，恐带去炮兵，仓猝试用，炮性不熟，难期有准。现拟拣选操熟之铜炮八位，交总兵雷应山等运往台湾，藉资利用。"报闻。

027 卷134·光绪七年八月

乙丑 谕军机大臣等："喜昌奏称'现赴库伦军火不敷，请饬天津机器局拨给洋枪二百杆、洋药五千斤、铅丸三千斤、金底铜帽一百万颗，以备操防'等语。库伦地居边要，一切军火修造匪易，着李鸿章如数拨给备用。至以后库伦月需军火，并着随时接济，毋令缺乏。将此谕令知之。"

028 卷139·光绪七年十月

庚寅 吉林将军铭安等奏:"援案请饬下直隶总督,由天津机器局再发火药一万斤、洋铅丸四十万粒、铜帽一百五十万粒。应须价银,由户部在吉林应领练饷项下,如数扣抵。"从之。

辛亥 谕内阁:"杜瑞联奏请将欠解铜本之道员摘顶勒催一折。按察使衔云南候补道张承颐,于承领江苏协滇铜本,辄敢欠解银二千八百余两,叠经催解,迄未完缴,实属玩延。张承颐着先行摘去顶戴,并着江苏巡抚勒限严催,照数追缴。如再迟延,即行从严参办,以重帑项而儆玩泄。"

029 卷140·光绪七年十二月

庚申 谕内阁:"上月三十日夜,慈宁宫前殿及大佛堂瓦上,失去铜炼八挂,并有遗弃木杆在地,及揭去瓦片情形。宫禁森严,竟有窃贼混入,该官兵等所司何事?叠经降旨申严门禁,竟敢视为具文,怠玩至于此极,实堪痛恨!着前锋统领、护军统领、总管内务府大臣,查明直班官弁兵丁,严行参办。该处总管首领太监,交总管内务府大臣严讯,并着步军统领衙门、顺天府、五城,一体严缉贼犯,务获究办。"

己巳 谕内阁:"步军统领衙门奏拿获贼犯,请交部审办一折。所有拿获叠窃慈宁宫等处铜炼各物之贼犯,袁大马即袁得山、袁立儿即袁顺儿、王五即王立儿、连毛儿、张大即张升儿、大胡即胡大、王群儿、徐志详、侯善详即善子侯、侯三即侯善殿、侯复山、张大海、李朋,均着交刑部严行审讯。其未获之王六顺儿等,着步军统领衙门、顺天府、五城,按名严拿务获,归案审办。至查拿此案各犯之出力员弁,着刑部于定案时,声明请旨。"

庚午 云贵总督刘长佑等奏:"铜政艰窘,请复旧制加给经费,并将京铜本脚银两展限,仍照新章发给。"允之。

壬申 又谕:"前据步军统领衙门奏'拿获贼犯袁大马等讯究,供出由东华门马道上城,偷窃铜炼宝匣、铜瓦、铜字等件',禁城重地,竟有窃贼潜踪,肆行无忌,实属不成事体。宝匣铜字等件,关系綦重,着工部堂官、总管内务府大臣,查明情形,以昭严肃。"

030 卷141·光绪七年十二月

丁丑 又谕:"刑部奏'审明叠窃宫殿铜练宝匣等物贼犯,按律从重定拟'一折。此案袁大马、袁立儿、王五,胆敢纠伙叠窃宫殿铜练宝匣等物,瞥不畏死,至于此极。徐志祥身充太监,辄敢吸食鸦片,复招引窃贼肆窃宫禁,实属罪不容诛。连毛儿、大胡于禁城重地,肆行出入偷窃,侯善详知情销赃,亦属异常藐法,亟应从严惩办。袁大马即袁得山、袁立儿即袁顺儿、王五即王立儿,均着处斩。徐志详依拟应斩,着即行正法。连毛儿、大胡即胡大、侯善详即善子侯,均着依拟斩监候,以肃法纪。其在逃之韩老西、李三狗、狄合儿、刘四、定福、傅九等，仍着步军统领衙门、顺天府、五城御史一体严拿，务获究办。所有拿获此案各员弁，着该衙门查明，奏请从优奖励。其在内直班之前锋统领、护军统领、总管内务府大臣，平日漫无觉察，所司何事，着各该衙门查取职名，照例议处。直班官兵，着按照各该犯供出日月，一并查明，分别惩处。"

031 卷 147 · 光绪八年六月

丙寅 谕内阁："户部奏'稽查云南铜运各员期满，请旨更换'一折。云南办运铜斤头二三起，及四起头批，业已到京，四起二批，现据咨报起程，此后续办铜斤次第运解。前派沿途经理各员期满，该部查照例案，将经过之广西、广东、江苏、直隶等省藩臬，开列名单请旨更换。广西着派徐延旭、广东着派姚觐元、江苏着派谭钧培、直隶着派崧骏，即责成各该员严饬各道府及沿途地方文武员弁，认真稽查，催趱护送前进，如有无故逗遛及盗卖短少情弊，详报该督抚严行参办。沿途应需水师照料之处，即由派出之员，详咨前途督抚及水师提督调遣。仍着自奉旨之日起，以三年为限，均责成此次所派之员一体经理，遇有升调事故，即令接任之员遵办，期满再行更换。"

032 卷 156 · 光绪八年十二月

甲子 谕军机大臣等："岑毓英等奏请饬催各省关欠解续拨铜本银两一折。据称'四川欠解银二万一百五十五两零、广东欠解银八万一千二百八十二两零、太平关欠解银二万四千七百一两、粤东关欠解银五千六百七十六两零、浙江欠解银十五万二千八十九两零、江西欠解银六万四千五十两、广西欠解银一千一百十三两零，请饬迅解'等语。铜运关系紧要，现当整顿厂务，需本甚殷，着各该督抚监督等将欠解铜本及应解汇费，赶紧筹解，以济要需。将此由四百里谕知曾国荃、丁宝桢、任道镕、陈士杰、潘霨、李文敏、裕宽、倪文蔚，并传谕崇光知之。"

033 卷 158 · 光绪九年正月

戊戌 署云贵总督岑毓英等奏整顿铜政，酌拟章程。下部议。

034 卷 159 · 光绪九年二月

辛酉 谕内阁："户部奏'云南铜运改归旧道，经过四川、湖北两省，请派大员经理'一折。云南解运京铜经过各省，前经派员经理，现据该部奏自五起二批为始，改由四川湖北运解，所有经过各省，除江苏、直隶仍遵前旨办理外，四川着派鹿传霖、湖北着派蒯德标，即责成各该员严饬委员及沿途地方文武员弁，认真稽查，催趱护送前进。该运员倘有无故逗遛及盗卖短少等弊，详报该督抚，严行参办。如有应需水师照料之处，即由派出之员详咨该督抚及水师提督调遣。至此次派出之员，遇有升调事故，即令接任之员遵办。"

035 卷 164 · 光绪九年六月

己酉 命署直隶总督张树声，按年添拨黑龙江练军洋火药四十万出、铜帽七十万粒、炸炮子一千二百粒、炸药八百斤、门火一千二百枝、药引子一千二百个、木信子一千三百个，由副都统文绪派员领回应用。

036 卷 166·光绪九年七月

戊子 又谕："钱法为民用所关，私铸私销大干例禁。现在近京一带，多有匪徒销毁官钱，改铸渔利，以致私钱充斥，亟应严拿惩办。着步军统领衙门、顺天府、五城御史，一体严密查拿务获，按律惩治，以重阛法。"

戊子 又谕："云南素产五金，乃天地自然之利。该省铜政久经废弛，本应整顿规复，以资鼓铸而利民用。此外金、银、铅、铁各矿，亦复不少，均为外人觊觎，自宜早筹开采，以广中土之利源，即以杜他族之窥伺，实为裕国筹边至计。惟经费较钜，筹款维艰，近来各处开采煤矿，皆系招商集股，举办较易。若仿照办理，广招各省殷实商民按股出资，与官本相辅而行，则众擎易举，事乃克成。前据岑毓英等奏《整顿铜政章程》五条，业经户部议覆准行。昨据署左副都御史张佩纶奏称'招集商股，开采滇矿，为富强本计'，不为无见。岑毓英、唐炯身膺疆寄，于滇省矿务，必能留意讲求，实心经画，着即详细会商，妥速筹办。新任藩司龚易图到后，并着饬令将筹款招商等事，妥为经理，总期事在必行，毋得视为不急之务，日久办无成效，坐失事机。至各处矿苗，应如何先行相度，或仍应购买外洋机器，以利开采，均着预为筹议。一俟款项集有成数，即可克期兴办，不至迟误。张佩纶原片，着钞给阅看。将此由四百里各谕令知之。"

037 卷 180·光绪十年三月

辛卯 谕内阁："唐炯奏'办铜委员亏短铜片，请革职讯究'等语。补用知州林禧经理铜务，亏短铜片一万四千余斤，辄敢藉词延宕，私行回籍。并据知府蔡元燮禀讦，该员有私卖余铜情事，亟应确切讯究。运同衔补用知州林禧，着暂行革职，并着广东巡抚勒提该员押解云南，归案究办，以儆官邪。"

038 卷 183·光绪十年五月

乙亥 谕内阁："户部奏'筹议云南矿务，请饬即时开采'一折。云南素产五金，乃天地自然之利，铜政关系钱法，运京鼓铸具有成规。此外金、银、铅、锡各矿，均应广为开采，以裕利源。上年叠据岑毓英等奏定章程，并拟招集商本，次第兴办，节经饬令实心经理，该督抚筹画有年，当已渐有起色。现在岑毓英驻扎边关，一切应办事宜，张凯嵩责无旁贷，着即遴选廉干之员，广集商力及时开采，力杜因循侵渔积习，以期无弊不革、有利必兴。国家度支有常，从不轻于言利，此乃因地之利以为民用，惟不弃货于地，庶可藏富于民。该督抚当仰体朝廷实事求是之至意，大加开拓，实力奉行，并将近来采办情形，先行据实具奏。"

039 卷 186·光绪十年闰五月

己巳 谕军机大臣等："绍祺奏'调派官兵会剿贼匪'，继格奏'兵勇剿匪获胜'各一折。多伦厅附近地方，游民聚众滋事，经继格派员督带兵勇，在刘家营一带及亦峰县属地方，叠次剿匪获胜，屡有擒斩。并掳获杨步澐贼党多名，惟匪首均未就获，匪众聚至一二千人之多，亟应迅速扑灭。着李鸿章、绍祺、继格，严饬派出各军，合力跟踪追剿，严密掳捕。并着李鸿章饬催王可升，迅即前往会剿，务将匪首宋敬思、杨步澐等，悉数弋获，克日歼除，毋留余孽，以靖地方，不准稍有玩误。据绍祺奏'请饬直隶拨给洋马枪一千杆、铅药、铜帽五万出'，着李鸿章酌量拨给。其所饬拨饷银，已谕令户部议奏。请拨军火等件，并谕令工部、神机营酌拨矣。将此由五百里各谕令知之。"

040 卷189·光绪十年七月

壬子 又谕："希元奏'吉省练队所需军火，余存无多，请饬由天津机器局拨给洋火药三万斤、铅丸五十万粒、铜帽二百万粒'等语，着李鸿章酌量拨给，以资应用。所需价银，即由户部于吉林应领练饷项下，如数扣抵，就近拨还直隶归款。将此谕令知之。"

041 卷199·光绪十年十二月

丙子 又谕："张之洞电奏'请饬山西借拨善后款银二十万两，汇津转解，利息汇费，统由广东认解'等语。据称该督前在山西，凡善后盐务、铁绢、铜本等项，按月生息公存备用，息四五厘至一分不等，各商诿避。现在粤防孔急，帑匮筹艰，借官款以济急需，所筹尚属两利。着奎斌督饬署藩司，妥筹款项，速拨银二十万两，解津汇兑，并酌定利息，由张之洞按季解还。"

042 卷208·光绪十一年五月

丙辰 钦奉慈禧端佑康颐昭豫庄诚皇太后懿旨："铜斤为鼓铸所关，现在云南矿务渐次扩充，采运尚未复额，应如何悉心筹画，详定章程，以期将来规复旧制。着军机大臣、户部、工部会同妥议具奏。醇亲王奕譞，着一并与议。"

丙辰 出使日本国大臣徐承祖奏："日本铜价甚贱，拟请试办采买，变通京师钱法。"得旨："着遵照五月初七日户部奏案，先行试办，如办有成效，再行接续办理。"

庚申 又谕："云南矿务曾于上年五月间，谕令该督抚广集商力，及时开采，业据张凯嵩将筹画采办情形，于上年闰五月、本年正月两次覆奏。所称绅民寻获旧硐新礦四十余处，若何开办？牛泥塘一处矿苗最旺，曾否办有成效？胡家桢等招集商股，已否集有钜款？目下军务已定，亟应扩充矿务，认真开采，以期规复旧额。着岑毓英、张凯嵩督饬所属实心筹办，并催令在沪委员赶紧集股赴滇，务须事事核实，取信商民，以期有裨时局，一面将现办情形，迅速覆奏。将此由五百里各谕令知之。"

043 卷209·光绪十一年六月

己巳 又谕："户部奏'稽查云南运铜各员期满，请旨更换'一折。云南办解六起二批京铜，现据咨报起程，此后续办铜斤次第运解。前派沿途经理各员期满，该部查照例案，将经过之四川、湖北、江苏、直隶等省藩臬，开列名单，请旨更换。四川着派易佩绅、湖北着派黄彭年、江苏着派谭钧培、直隶着派松椿，即责成各该员，严饬各道府及沿途地方文武员弁，认真稽查，催趱护送前进，如有无故逗遛，及盗卖短少等弊，详报该督抚严行参办。"

丁丑 谕军机大臣等："钦奉慈禧端佑康颐昭豫庄诚皇太后懿旨，醇亲王奕譞等奏'遵议云南矿务，请饬查明矿厂现在产铜情形及需用铜本若干，据实具奏'一折。云南应解京铜，自军务肃清以后，试行办运。经户部两次奏拨铜本银二百万两，该省仅解到铜五百余万斤，叠经谕令该督抚广为开采，认真筹办。刻下宝泉、宝源两局鼓铸，需铜甚殷，亟宜整顿铜务，以期渐复旧额。着岑毓英、张凯嵩按照此次所奏各节，逐一查明，据实迅速覆奏。总当竭力规画，庶几铜运日有起色，不得徒托空言。其经手承办官商人等，并着随时严查，倘有营私舞弊情事，即行从严惩办。东南各省，不乏产铜之区，并着曾国荃、丁宝桢、裕禄、卫荣光、吴元炳、德馨、彭祖贤、卞宝第、卢士杰，查明各该省，如有可开之矿即行奏明，一面筹拨资本招商试办，总期广为开采源源运京，以重铜政。原折着钞给岑毓英、张凯嵩阅看，将此由五百里谕知曾国荃、丁宝桢、岑毓英、裕禄、卫荣光、吴元炳、德馨、彭祖贤、卞宝第、张凯嵩，并传谕卢士杰知之。"

044 卷212·光绪十一年七月

甲子 谕军机大臣等："现在筹办海防善后、所有鼓铸制造事宜，铜铁两项需用甚殷，叠经谕令岑毓英等开办矿务，事在必行。兹据维庆奏'四川、云南宜及时开办铜矿，胪陈九利'暨'川省扩充局务，兼开铁厂，请饬分别筹办'各折片，尚多可采。丁宝桢平日办事认真，即着责成该督会同岑毓英、张凯嵩，按照该将军所陈各节，并体察各该地方情形，先行筹款，实力举办，核计确需经费若干，即行奏明，由户部筹拨的款应用。原折片均着钞给阅看。将此由四百里各谕令知之。"

045 卷214·光绪十一年八月

甲申 谕军机大臣等："户部奏'遵议云南矿务，请饬催铜本欠饷'一折。据称'各省应解云南铜本协饷，除解到及报解起程外，尚欠解铜本银二十一万三千余两、常年兵饷银二百九十九万三千六百余两、月饷银二百七十三万二千一百余两、增拨月饷银八十万五千三百两零，请饬迅解'等语。前项银两积欠甚钜，现在云南办理矿务需款孔殷，着各该督抚将欠解铜本，迅即扫数解清，应解常月等饷速筹钜款，源源接解，毋再延宕，致误要需。张凯嵩即将各省解到欠饷，划归挪用，铜本先尽此项采办，督饬各员核实经理毋任虚糜，并将归还铜本数目及采办情形，随时具奏。至该抚请添铜本一节，现在省各厂开采，每年究可增铜若干，尚未能确有定数，所请着暂毋庸议。原单着分别摘钞，给与曾国荃等阅看。将此由四百里谕知曾国荃、张之洞、丁宝桢、裕禄、刘秉璋、德馨、彭祖贤、卞宝第、倪文蔚、陈士杰、张凯嵩，并传谕谭钧培、孙凤翔知之。"

庚寅 黑龙江将军文绪奏："江省地居上游与俄对峙，防务紧要，拟请购克虏伯陆路铜炮四尊、过山钢炮四尊、洋枪一千杆，以资训练。"如所请行。

乙未 谕军机大臣等："兵部代递主事谢光绮条陈试办开矿安抚土司各节。据称'广西贵县天平寨银苗最着，矿徒聚众私挖，易酿事端，尤恐凶徒煽诱贻患，拟为官商合办之法，以辑匪徒而充饷项。此外如临桂、义宁、平乐各府州县金、银、铜、铁等矿，请一并开采'等语。各该处矿苗果旺，自可妥为开采，以资利用，况聚众私开，肇衅滋事，尤当设法严禁。着张之洞、李秉衡逐一详查，奏明办理……"

046 卷218 · 光绪十一年十月

甲午 又谕："希元等奏'吉省练队，需用军火，余存无多，请饬天津机器局拨给洋火药二万斤、铅丸五十万粒、铜帽二百万粒'等语。着李鸿章照数拨给，以资应用，所需价银，即由户部于吉林应领练饷项下如数扣抵，就近拨还直隶归款。将此谕令知之。"

047 卷223 · 光绪十二年正月

庚子 云南巡抚张凯嵩奏："请饬严催各省关，迅解旧欠铜本，并饬部酌量增拨，以资接济。"下部议。

癸丑 又谕："张凯嵩奏'边防吃重，谨陈布置防范'一折。英、缅构兵一事，叠将曾纪泽与英外部辩论各情，谕令张凯嵩知悉。现在议虽未定，尚不至遽启衅端。大理通商，载在《烟台条约》，十年来未经开办，如果该国照约办理，自必照会总理各国事务衙门商计一切，届时再行谕知该抚遵办。该省边防，目前仍应严密布置，所需饷项，本日经户部议奏，已谕令江苏等省，将前饬令筹解、欠解三分之一，提前半年赶解。至矿务必应迅速筹办，各省关欠解铜本银两，即由该抚查明数目，分别咨催，以应要需。将此由五百里谕令知之。"

048 卷225 · 光绪十二年三月

乙卯 谕军机大臣等："户部奏'遵议岑毓英奏滇省待饷迫切，请催各省应解减成旧饷'一折。各省欠解滇饷，前据户部会奏'请饬各该省于欠解新旧各饷内，筹解三分之一'等因，叠经降旨准行，迄今日久，未据报解。现在滇省办理边防、裁勇、运铜，均关紧要。各该省应解协饷，若再延不批解，必至贻误要需。着曾国荃、张之洞、裕禄、卫荣光、刘秉璋、德馨、谭钧培、边宝泉、陈士杰、倪文蔚各将应解滇省三分之一旧饷，按照户部前开清单，于接奉此旨后，速即筹解一半，其余统限六月底解清。并着丁宝桢、卞宝第，各将应解滇省月饷，按月如数报解，毋许稍有延误。将此由五百里各谕令知之。"

049 卷226 · 光绪十二年四月

甲子 先是户部代奏贵州按察使李元度条陈请在四川泸州开局铸钱，谕令四川总督丁宝桢查看情形。至是丁宝桢奏："四川宁远等处各厂，产铜日绌，以至川省宝川局应铸钱文日益短缺。附近之滇省采运京铜，尚难足额。黔省铅斤亦不敷应解京铅及川省采办之数。此外更无开采铜铅之区。泸州开局铸钱，实属无从筹办。"下部知之。

050 卷227 · 光绪十二年四月

甲申 策试天下贡士刘培等三百一十九人于保和殿。制曰："朕诞膺天命，寅绍丕基，于今十有二年矣。仰赖皇太后教育之勤，庶政协和、四方安谧。朕朝夕典学，惟日孜孜。求之于经史，以探治乱之原；求之于军旅，以资控制之略；求之于地形，以知险易之要；求之于圜法，以准轻重之宜。尔多士自田间来，学于古训，究心当世，兹当临轩发策，其敬听朕言。帝王诚正之学格致为先，若《帝范》、若《群书治要》、若《帝学》，能言其精义钦。《贞观政要》《太平御览》，撰者何人？魏征《谏录》《续录》，果有裨于治钦？此外若《政府奏议》、若《尽言集》、若《历代名臣奏议》，孰为优劣钦？真德秀《大学衍义》，何以阙治平？果有待于邱浚之补钦？夏良胜《中庸衍义》与德秀书同体例钦？司马光《资治通鉴》，为治忽之渊林，能举其要旨钦？为《释文》、为《音注》、为《释文辨误》、为《地理通释者》何人？为《外纪》者又何人？李焘、刘时举等所续，足继原书之精博钦？用兵之法，贵乎因地制宜，舟师其尤要也。《左氏传》楚子为舟师以伐吴，实为水军之始，其后楚获吴舟艅艎，则又舟名之最着者。或谓公输般之钩拒，乃战舟之始，然钦？汉时命朱买臣治楼船，元鼎五年又诏粤人及江淮以南楼船往讨吕嘉，其时有伏波将军、楼船将军之号，其船曰戈船、曰下濑、曰横海，命名之义，果何所在？其习水战，当在何地？晋武帝时，王濬修舟舰，乃作大船连舫，能受士卒几何人？其飞云舟、苍隼船，相去若干步，见于何书？随文帝命杨素造战舰，其舰何名？其高何若？唐时击萧铣，所有战舰，能举其数钦？宋时福、兴、泉、漳，各有鲥鱼船，可修整以备海盗，奏陈者何人？当在何年？绍兴时有飞虎战舰，旁设四轮，其制如何？铁可以为船，晋唐以前，见于何书？又有皮船，始于何人？明戚继光亦用之。一船可乘几人，能详之钦？在昔虞廷致治，振旅三苗，周道方兴，劳师獫鬻，边防之事，自古为昭。但齐称攘狄，左氏兼美乎和戎。汉重犁庭，扬雄反抑为中策。凡斯张弛，何说为长？且七雄竞爽，资驽牧以绥边；西夏一隅，拒辽、金而掎角。地居四战，何道之从？又如汉开西域，力詟乌孙；唐启安西，威扬大食。是则葱岭以西、雷翥以北，握其天险，务得中权，肆业及之，遂无胜算钦？又若汉得卫责、霍去病而奠漠南，唐用李靖、李勣而破突厥；元有旭烈兀诸人而收印度；明资戚继光诸将而靖倭氛。得人者昌，能言其效钦？钱法始于太皞，或谓之金、或谓之货、或谓之泉、或谓之布、或谓之刀，能各举其所自钦？周制以商通货、以贾通物，其九府圜法，厥制若何？后患钱轻，更铸大钱，始于何年？汉时初铸荚钱，后以钱益多而益轻，乃更铸四铢钱，其文奚若？其年代尚可考钦？后又有三铢、五铢，是否同时？魏晋以后，亦有铸四铢钱者。周时改五铢钱，每钱一千，计重若何？其钱监设于何地？其罢江淮七监，何人所言？宋时置监铸铁钱，当在何处？其铜钱一当铁钱几何？元丰间，毕仲衍进中书备对，言诸路铜铁钱监所增数，果多于宋初钦？自银币行而钱法一坏，自交子钞引行，而钱法再坏，元明以来，悉蹈此弊。岂鼓铸之不善钦？抑产于山者有时而竭钦？子母相权之法，不可不亟讲也。夫稽古者出政之本也、讲武者备预之方也、设险者立国之基也、范金者理财之要也，尔多士条举以陈，勿猥勿并，朕将亲览焉。"

051 卷228·光绪十二年五月

癸丑 云南巡抚张凯嵩奏请饬催解铜本银两。得旨："现在开办矿务，关系紧要，着户部饬催各该省关，迅将欠解铜本，遵限筹解，并将欠饷提前，一并解滇，以资应用。"

052 卷229·光绪十二年六月

乙亥 又谕："现在铜斤短绌，应如何筹款采买，以资鼓铸，着军机大臣会同户部、工部堂官妥议具奏。"

丙子 又奉懿旨："现在钱法亟应整顿，宜如何筹办铜斤，加炉鼓铸，以期渐复旧制之处，着军机大臣会同户部、工部堂官妥议具奏。醇亲王奕譞着一并与议。"

丙子 云贵总督岑毓英等奏："滇省铜矿，办理艰难，运京不易，请变通商铜成数，如办铜一百万斤准以一成通商，以上递加，并照漕运章程给奖。"下部议。

053 卷231·光绪十二年八月

庚辰 云贵总督岑毓英奏："铜政需本甚急，请饬川督预拨五年盐厘解滇，办理矿务。"下部速议。

054 卷238·光绪十三年正月

辛丑 又奉懿旨："户部奏'请于滨临江海各省应解京饷内，酌易制钱，解存天津备用，开单呈览'一折。上年六月间，谕令醇亲王奕譞会同军机大臣、户部、工部，将钱法妥为筹议，以期渐复旧制。旋据奏请以三年为期，徐图规复。先令直隶、江苏各督抚添购机器，制造制钱，并饬例应鼓铸制钱各省，一体赶紧开炉铸造，当经照所请行。此系特旨交办之事，宜如何切实举行，俾臻成效，户部为钱法总汇，自应督催各省认真筹办，乃时阅半年，忽称机器制造，工本过钜，京局开炉，恐滋市井疑虑，而以饬令湖北等省，搭解制钱，运津备用为请。该部并未向醇亲王奕譞等筹议，辄信外省督抚卸责之词，互相推诿，为此敷衍搪塞之计。规复制钱，仍准搭用当十大钱，前奏声叙甚明，何至一经开炉，阛阓嚣然，措词尤属失当。近来筹画度支，如开采铜铁等矿，本为天地自然之利，各该督抚往往以事多窒碍，一奏塞责。中外泄沓成风，于因时制宜变通尽利之至计，并不尽心筹画，实力奉行。更思藉端尝试，预为异日诿卸地步。此等积习，深堪痛恨！总之，旧制必宜规复，钱法亟应整顿。前经叠次训谕，乃该堂官不能仰体朝廷裕国便民之意，饰词延宕，实属大负委任。户部堂官，均着交部严加议处，原折单掷还。仍着将开炉鼓铸各事宜，迅速另行筹议具奏，限于一年内一体办理就绪，毋再迟延干咎。懔之！"

丁未 （云贵总督岑毓英）又奏："请饬各省关速解滇省铜本协饷银两。"得旨："现议规复钱法旧制，需铜甚亟，必应筹拨的款应用，着户部速议具奏。"

乙卯 钦奉慈禧端佑康颐昭豫庄诚皇太后懿旨："醇亲王奕譞等奏会议整顿钱法分条胪陈一折。规复制钱，必应广筹鼓铸。福建机器局，办理既有成效，应即仿照试铸，以期逐渐推行。着李鸿章先行购置机器一分，就天津机器局赶紧鼓铸，运京应用。福建所铸新钱，较寻常局铸为精，惟八分五厘，分两稍轻，嗣后每钱一文，均以重一钱为率，京局及各省一律照办，不得稍有参差。至京局铸钱，尤须铜质光洁，砂滓淘净。应如何加配铜斤，俾钱质坚好，可资经久，着户部详细考察，妥筹办理，即就现有炉座迅速鼓铸，毋许稍涉延宕。云南筹办铜矿，本日已准户部奏拨的款五十万两，该省办运铜斤，需款甚钜，着再由部库陆续筹拨的款，以资应用。原折着钞给阅看。将此谕知户部，并由五百里各谕令知之。"

055 卷239·光绪十三年二月

庚申 谕军机大臣等："前据裕禄等奏'鄂省钱少价昂，请暂禁轮船、洋船装运出口'一折，当经谕令该衙门议奏。兹据总理各国事务衙门奏称'条约内载铜钱不准运出外国，惟通商中国各口，准其以此口运至彼口，仍应照向章办理'等语。铜钱装运出口，条约所载，本甚明晰。各省督抚，果能督饬关道实力稽查，自无流弊。且向来洋人亦无私运铜钱出洋情事，今忽通行照会，转致生疑，易滋口舌。至圜法本贵流通，此省运至彼省，例所不禁，安能与岁荒禁米，相提并论？该督等所请由总署照会各国使臣之处，着毋庸议。嗣后遇有中外交涉事件，务当详核条约，照常妥办，毋得另生枝节，以致窒碍难行。原折着钞给阅看。将此谕令知之。"

丁卯 户部奏筹办钱法事宜。得旨："所筹催购铜铅、拨给工本各事宜，尚属周妥，均着照所议行。"

056 卷240·光绪十三年三月

辛卯 四川总督刘秉璋奏："奉拨云南铜本，无款可筹，请仍由江、浙等省赶筹拨解。"下户部速议。

癸巳 谕军机大臣等："户部奏遵议张之洞奏'广东购办机器，试铸制钱、银元'，并'拟令督办矿务大臣兼理泸州铸钱事宜'各一折。现议规复制钱，必应广筹鼓铸，变通办理，以辅京局之不足。张之洞拟于广东购用机器制造制钱，自系因地制宜之策。惟创办之始，应见工本一切确切估计，方免将来掣肘。该督折内始称'价本及火耗等项，与铸成所值银数不致亏折，又有目前粤铸兼用中外铜铅亏折过钜'等语。究竟铸钱一千，所值银数有无亏折，仍着详细核算，据实覆奏。至所称'兼铸银元一节'，事关创始，尚须详慎筹画，未便率尔兴办，着听候谕旨遵行。该督折内所称'弛禁商人，酌议挪借'，究系何项商人，并着明晰具奏。矿务与钱法互相表里，云南之铜、贵州之铅，向来解京，必须经过四川泸州，是泸州设局鼓铸，最为相宜。唐炯于四川情形素熟，前已派令督办云南矿务，即可兼筹泸州鼓铸事宜。着将矿务迅速筹画，实心经理铜斤一项，务期于解京外兼备川省鼓铸之用。泸州设局各事，应如何先行筹议，并着专折具奏。需用铜铅等项，如何采办，着刘秉璋、岑毓英、卞宝第、谭钧培、潘霨与唐炯随时会商，悉心规画。唐炯系弃瑕录用之员，必应激发天良，尽心竭力，为国家裕此利源。该督抚等均当体念时艰，通力合作，以副朝廷整顿圜法之至意。户部折着分别钞给张之洞、刘秉璋、唐炯阅看。将此由四百里谕知张之洞、刘秉璋、岑毓英、卞宝第、谭钧培、潘霨，并传谕唐炯知之。"

丙午 户部奏配搭铜铅铸就钱样。得旨："着照铜六铅四，搭用黄铜一成。样钱配铸，务当督饬该局认真办理，不准稍有偷减。"

057 卷 241 · 光绪十三年四月

壬戌 湖广总督裕禄等奏鄂省现拟开办鼓铸章程：

一、遵照钦奉懿旨，每文铸重库平一钱，以铜铅各五成，配合匀铸。

一、赢余钱文，留备日后铜铅涨价支用。

一、由司库拨钱五万千文，发商生息，弥补铜斤折耗。

一、采办外洋铜铅价值，照闽省科算。

一、局用月定银二百两。

一、铸出新钱，发商易银，藉资民用。

下部知之。

癸亥 钦奉慈禧端佑康颐昭豫庄诚皇太后懿旨："近日京城银价，易钱易票，任意低昂，而物价不减兵民受累。据户部奏称'由于民间窃议制钱一出，大钱将废，各铺所开钱票，恐将来亏折，纷纷收回，遂致钱票现钱，价值悬殊'等语。规复制钱，仍准搭用当十大钱，本年正月谕旨甚明，何至民间仍未晓谕？总由奸商从中把持牟利，蛊惑愚民。狡狯情形，实堪痛恨。现经户部拟定章程，将来通行制钱之时，每当十大钱，准折抵制钱二文，官民购买物件及各行商贾，均照此出入，不得稍有参差。其捐项税务，亦照此折抵数目，搭成交收。庶大钱、制钱相辅而行，不致偏废。所筹各节，均系为便民起见，即着照所拟办理。该铺商应各安生业，无虞亏折。所有银价，易钱易票，俱当按市值统归一律，不得任意涨落，致累闾阎。经此次宣谕后，倘再有奸商播弄取巧，紊乱钱法，一经查出，即着该地方各官，按律惩办，决不宽贷。将此通谕知之。"

癸酉 户部等衙门奏："请将户工两局所铸制钱，全行存储备用。"从之。

癸酉 户部钱法堂奏："宝泉局开铸制钱，例耗不敷，请暂行加耗以利鼓铸。"从之。

甲子 （山西巡抚）刚毅又奏："遵议晋省钱法，拟购洋铜，开炉鼓铸。"下部知之。

058 卷 245 · 光绪十三年七月

庚申 浙江巡抚卫荣光奏："鼓铸制钱，采购铜铅等项，请免征关税。"允之。

壬戌 （陕西巡抚叶伯英）又奏："陕省现办鼓铸，由上海、汉口等处购运外洋铜铅，请免交关税。"得旨："着照所请，即由该抚咨行经过各省督抚查照办理。"

059 卷 246 · 光绪十三年八月

庚子 谕军机大臣等："有人奏'洋人于通商口岸购运制钱，镕化提银。各省厘局存积纯铜制钱，加价售于钱商，钱商售于洋人销毁，有碍圜法，请饬查禁'等语。奸商贩运制钱转售销毁，大干例禁。所奏厘局加价发售、私卖各节，如果实有其事，必应严行禁止。着李鸿章、曾国荃、裕禄确切查明，据实覆奏，并咨行沿江、沿海各督抚，饬属一体认真查禁，以杜弊端。原片均着摘钞给与阅看。将此各谕令知之。"

庚戌 谕军机大臣等："希元等奏'吉林练队需用军火，余存无多，请饬天津机器局拨给洋火药二万斤、铅丸五十万粒、铜帽二百万粒'等语。着李鸿章照数拨给，以资应用。所需价银，即由户部于吉林练饷项下，如数扣抵，就近拨还直隶归款。将此谕令知之。"

060 卷247·光绪十三年九月

庚午 甘肃、新疆巡抚刘锦棠奏："新疆铜斤不敷鼓铸，暂难规复旧制。"报闻。

061 卷248·光绪十三年十月

癸卯 陕甘总督谭钟麟奏："甘省采买洋铜铸钱，工本太重，请从缓办。"下部知之。

062 卷251·光绪十四年正月

庚申 两广总督张之洞奏："琼州昌化县境内大艳山，开采石绿铜矿，凡贩运出琼州海口者，请自光绪十四年起，三年之内，山税及关税厘金概行暂免。"下户部知之。

063 卷253·光绪十四年三月

壬子 谕军机大臣等："本日户部奏'议覆御史文郁请以大钱抵银，报捐封典等项'一折。该部所请常捐及郑工大捐，均准搭交大钱一成，每银一两，折抵大钱十二千文交纳之处，着依议行。惟此次规复制钱，其紧要关键，总在广购铜斤，多铸制钱。其大钱一项收回之后，亦应改铸制钱，使大钱陆续收尽，制钱日渐增多，中外流通，悉归旧制，方为不失本意。该部所请官员公费，工部匠役工食，仍放大钱，此时制钱未充，暂准照议办理，他项不得加放。如有赢余，仍当发交两局，为添铸制钱之用。其捐生中如有全数交银者，均听其便，不得限定搭交一成，致与捐输有碍。至制钱通行之后，收回大钱，应如何酌定限制，仍着该部悉心筹画，随时察看情形，奏明办理。"

064 卷256·光绪十四年六月

丙戌 谕内阁："户部奏'稽查云南运铜各员期满，请旨更换'一折。云南办解八起头批京铜，现据咨报起程，此后续办铜斤，次第运解。前派沿途经理各员期满，该部查照例案，将经过之四川、湖北、江苏、直隶等省藩臬，开列名单，请旨更换。四川着派崧蕃、湖北着派蒯德标、江苏着派黄彭年、直隶着派松椿，即责成各该员严饬各道府及沿途地方文武员弁，认真稽查催趱，护送前进。如有无故逗遛及盗卖短少等弊，详报该督抚严行参办。沿途应需水师照料之处，即由派出之员，详咨前途督抚及水师提督调遣。仍着自奉旨之日起，以三年为限，均责成此次所派之员，一体经理。遇有升调事故，即令接任之员遵办，期满再行更换。"

065 卷258·光绪十四年八月

辛巳 热河都统谦禧奏："平泉州铜洞、矿局被贼抢劫，现在勘缉。"报闻。

066 卷 259 · 光绪十四年九月

丁巳 谕军机大臣等："有人奏'前出使大臣徐承祖贪劣侵欺,列款纠参,请饬查办'一折。据称'徐承祖采购日本铜斤,浮冒侵渔,长崎一案,办理失体,并浮销经费,擅刻功牌,索贿把持,奏调私人,狡诈取巧,保举欺罔'各节,如果属实,亟应严行惩办。着总理各国事务衙门王大臣将所参各款,详细确查,其在日本查讯各节,密咨黎庶昌,逐一查明,据实声覆,不准稍涉含混。俟查覆到日,由该衙门一并具奏。原折单二件,均着钞给阅看。将此谕令知之。"

067 卷 262 · 光绪十四年十二月

乙酉 户部奏:"宝源局铸钱炉座添复齐全,请严催办运铜铅,以资鼓铸。"从之。

068 卷 263 · 光绪十四年十二月

辛丑 谕军机大臣等:"前有人奏'前出使大臣徐承祖贪劣侵欺,列款纠参,请饬查办',当经谕令总理各国事务衙门详细确查。兹据该衙门奏称'分别行查户部、南北洋大臣、出使日本大臣严密覆查,业经先后覆到。原参徐承祖各款中,以浮冒铜价及浮开运费为最重。李鸿章覆函及黎庶昌咨覆内所称各节,显有浮冒情弊'等语。徐承祖经朝廷特简,派令出使日本,复以部局需用铜斤,责成购办,宜如何洁己奉公,核实经理,乃竟营私肥己,种种侵渔。即就铜价一项而论,据黎庶昌所查,已浮冒银三万余两之多。其余运费余铜各节,均有弊窦。似此牟利妄为,行止贪鄙,实堪痛恨。二品顶戴候选道徐承祖,着先行革职,听候查办。并着曾国荃饬派妥员,前往六合县,将该革员原籍财产,严密查封备抵。所有浮销银数,究有若干,及其余被参各款,均应彻底根究。即派曾国荃饬提徐承祖到案,确切严讯,定拟具奏。随员中如有应行质讯者,着分别咨调传讯。其因买铜出力保举十五人之案,并着先行撤销。原参折单各一件,总理各国事务衙门折一件,均着钞给阅看。将此由四百里密谕知之。"

069 卷 266 · 光绪十五年二月

辛卯 谕军机大臣等:"上年四月间,据唐炯奏'督同东洋矿师,开办昭通等处铜铅各厂',迄今将及一年,未据续行陈奏。该前抚督办矿务,专司其事,自应竭力筹画,并将办理情形随时奏闻,何以久无奏报?殊不可解。永善等属铜厂,威宁属铅厂,据称苗脉丰盛,究竟开采情形若何、东洋矿师能否得力?所称必须深入四五百丈,始得连堂大矿,非八九个月不能见功,现距设厂之期计已逾时,究竟有无成效?即着一一详晰覆奏。京师改铸制钱,需用铜铅甚钜,前经该部奏催办解,必须逐渐增运,规复旧额。该前抚务当督饬公司,实力采办,次第推广,以期矿务日有起色,毋得日久宕延,糜费旷时,致负委任。将此由四百里谕令知之。"

070 卷 267 · 光绪十五年二月

壬辰 巡抚衔督办云南矿务唐炯奏："厂务废弛以后，商货不能流通，民闲养马之户大都歇业。现运铜日多，需用多马，拟筹借银一万两，分发东川、昭通两府殷实马户，使多购马匹，以供驮运。所借之款，每次于应给脚价内，分成扣收。"如所请行。

癸巳 巡抚衔督办云南矿务唐炯奏："东川、昭通两府铜厂，渐次见功，本年可得铜一百数十万斤起解，以后必能逐年加增。请饬部筹拨铜本一百万两，以资采买发价。"得旨："据奏云南矿务渐有起色，着照所请，由户部指拨的款一百万两，限期分解以应急需。"

071 卷 268 · 光绪十五年三月

丁巳 谕军机大臣等："长顺等奏'吉林练队所需洋火药等件，余存无多，请饬天津机器局发给洋火药二万斤、铅丸五十万粒、铜帽二百万粒'等语。着李鸿章照数拨给，以资应用，所需价银，即由户部于吉林练饷项下，如数扣抵，就近拨还直隶归款。将此谕令知之。"

乙丑 谕军机大臣等："前据唐炯奏'云南矿务渐有起色，请拨铜本银一百万两'，当谕令户部如数指拨。兹据该部详议覆奏'请于欠解项下，令江西解银十五万两、浙江解银二十七万两，共银四十二万两；江苏、湖北、福建、广东于加放俸饷项下，各改解银十二万两，浙江改解银十万两，共银五十八万两；以上两项已足一百万两之数。着各该督抚饬藩司于本年六月间解到一半，年底全数解清。云南铜本关系紧要，江西浙江前已任意拖欠，此次如再延宕，即着该部将该二省藩司指名奏参。其余各省，均不得诿卸迟延，致干参处。其同治十二年暨光绪三年两次部拨各省关铜本银二百万两，及历年云南司库借用银两应行提还各款未还银四十余万两，江西、浙江、广东省，并太平关、广西、四川等省，尚未解清，着各该省关督抚、监督等，各将应还应解银两，迅即解滇应用。至云南历年欠解铜斤，为数甚钜，唐炯督办矿务责无旁贷，务当实力煎采，源源解运，不得仍前短欠，致糜钜款。本年煎获铜斤，即行提前起解，以资鼓铸。其贵州各铅厂，并着督饬尽力开采，现在已获铅斤若干，年内可解若干，迅速覆奏。原折钞给唐炯阅看。将此谕知曾国荃、裕禄、卞宝第、张之洞、刘秉璋、德馨、崧骏、奎斌、沈秉成、高崇基、唐炯，并传谕黄彭年知之。"

072 卷 269 · 光绪十五年四月

辛巳 又谕："唐炯奏'办理矿务应购开凿、通风、洩水三种机器，现已派员前往东洋购办，请准免征税厘'等语。此项机器准其免纳税厘，即着曾国荃转饬各关一体遵照办理。"

辛巳 巡抚衔督办云南矿务唐炯奏："滇矿开采，渐着成效。巧家白锡蜡山产铜尤富，迤南所属宁州及曲靖府属之平彝，昭通府属之大关等处，铜苗甚旺，请推广采办。并续延日本矿师，购买机器。"下部知之。

丁亥 谕军机大臣等："曾国荃奏遵旨查办已革道员徐承祖被参各款一折。此案以浮

冒铜价，私匿余铜，浮侵运费，为最重情节。兹据逐款讯明，徐承祖办事粗疏，虚糜帑项，
尚非贪利营私，业经革职，姑免治罪。惟亏折洋厘银至三万二千余两之多，亟应严行追缴。
着照所拟勒限一年，如数缴清，倘敢任意延宕，逾限交不足数，仍拿交刑部，按律惩办，
决不宽贷。将此谕令知之。"

073 卷270·光绪十五年五月

癸丑 又谕："户部奏'特参短欠铜斤委员，请旨交部勒追'一折。云南运铜委员惠
山，运解京铜，短交三万八千五百余斤，应赔银五千余两。前经部议革职勒追，迄今期限
久逾，仍未完缴，实属任意延宕。已革云南楚雄县知县惠山，着镶黄旗汉军都统送交刑部，
勒限监追，以儆玩泄。"

己未 巡抚衔督办云南矿务唐炯奏"铜厂添炉购炭，赶速煎运"，并"覆陈威宁铅厂
情形"。下部知之。

074 卷272·光绪十五年七月

己酉 巡抚衔督办云南矿务唐炯奏："贵州西良山铜矿甚佳，现拟开办，请将应纳铜
课，自光绪十七年为始，以示体恤。"从之。

075 卷274·光绪十五年九月

己巳 吉林将军长顺等奏："发放吉林旗营各官俸银，请归复旧制。"又奏："采购军
械铜斤，拟筹借公款银两。"均下部议。

076 卷276·光绪十五年十一月

甲寅 谕军机大臣等："铜铅为鼓铸要需，前派唐炯督办矿务，并谕户部筹拨钜款，
源源解济，原期事有专责，日起有功。乃数年以来，并未办有成效。即如从前云南解京铜
数，每年尚有解至百余万斤之时，近则年解铜数，不过五十万斤。前据奏称本年可解百数
十万，及迟之又欠，覆奏称不能照办。辄以铜老山空等词，藉口搪塞，至铅务则毫无起色，
数年未解分毫。该大臣到滇之时，据奏情形，似觉确有把握，迨叠降谕旨，饬催该大臣覆
奏，一味支吾，与前奏种种不符。经户部缕晰议驳，近数月来，又无奏报。现在京局需用
铜铅甚急，屡次购之外洋，断非常策。该大臣从前获咎甚重，经朝廷弃瑕录用，应如何激
发天良，竭力筹办，以图报称。似此任意玩误，日久无效，实属大负委任。即着懔遵叠次
谕旨，督饬公司，实力攻采，次第推广，务期力复旧额，不准仍前延宕，空言塞责。并将
现办情形，及以后每年究可办解若干，迅速覆奏。倘再不知振作，旷时糜费，致误要需，
定当重治其罪，毋谓宽典可再邀也。将此谕令知之。"

077 卷279·光绪十五年十二月

乙未 谕内阁："户部奏'特参延欠铜本之藩司，请交部议处'一折。云南铜本银两，
前经户部指拨，当谕令江西、浙江二省，于前欠项下，共解银四十二万两，限于年底全数

解清。乃该二省奉拨至今，报解银数，均尚不及一半，实属任意延宕。江西布政使方汝翼、浙江布政使许应鑅，均着交部议处，仍勒限将欠解银两，于明年三月内扫数解清。倘再迟逾，即着该部从严参办。"

078 卷280·光绪十六年正月

壬子 谕内阁："吏部奏遵议处分一折。江西布政使方汝翼应得革职处分、浙江布政使许应鑅应得降一级调用处分，均着加恩，改为降二级留任。仍着江西、浙江巡抚，督饬各该藩司，将欠解铜本银两，懔遵前旨，依限如数解清，毋再迟延干咎。"

079 卷282·光绪十六年闰二月

壬寅 两江总督曾国荃等奏："宁苏两属第二届试办鼓铸制钱，所用银数，请饬核销，并以铜铅价增，成本亏耗，请暂行停铸。"下部议。

乙卯 巡抚衔督办云南矿务唐炯奏："京铜例价，遽难规复旧章，请仍照前督岑毓英同治十三年原奏，免抽课铜，加增本脚，变通办理。"如所请行。

080 卷283·光绪十六年三月

戊寅 以铜本解清，开复江西布政使方汝翼降二级留任处分。

081 卷286·光绪十六年六月

丙辰 巡抚衔督办云南矿务唐炯奏："云南迤西民办铜厂，请设局收买，由官给价，凑供京运。"下部知之。

082 卷287·光绪十六年七月

壬午 巡抚衔督办云南矿务唐炯奏："改铸铜砖，赔累甚钜，请仍照旧办理。"下部知之。

083 卷291·光绪十六年十一月

癸巳 云南巡抚谭钧培奏："宝云局铸铜缺乏，暂行停炉。"下部知之。

084 卷297·光绪十七年五月

庚寅 谕内阁："户部奏'稽查云南运铜各员期满，请旨更换'一折。云南办解十起头批京铜，现据咨报起程，此后续办铜斤，次第运解。前派沿途经理各员期满，该部查照例案，将经过之四川、湖北、江苏、直隶等省藩臬，开列名单，请旨更换。四川着派德寿、湖北着派王之春、江苏着派邓华熙、直隶着派裕长，即责成各该员严饬各道府，及沿途地方文武员弁，认真稽查，催趱护送前进，如有无故逗遛，及盗卖短少等弊，详报该督抚严行参办。沿途应需水师照料之处，即由派出之员，详咨前途督抚及水师提督调遣。仍着自奉旨之日起，以三年为限，均责成此次所派之员，一体经理。遇有升调事故，即令接任之员遵办，期满再行更换。其贵州省办解京铅，经过各省，并着各该员妥为照料，以重运务。"

085 卷300 · 光绪十七年八月

丁未 四川总督刘秉璋奏："宁远府属通安厂铜斤，遵照原奏，川买四成官铜、滇买六成商铜。此外川省别厂之铜，滇局不得并买，各子厂亦不得越占，划清界限，俾供京运而敷川铸。"下户部议。

086 卷306 · 光绪十七年十二月

戊午 豁免云南各铜厂光绪十五年以前民欠无着工本银两。

087 卷313 · 光绪十八年闰六月

癸亥 云贵总督王文韶等奏："矿务公司，赔累过甚，厂情困苦，吁恳赏加铜价，以恤商艰。"下部议。

壬午 两江总督刘坤一奏："江南机器制造总局，铁铜机炉，不敷锻练，拟添购以图扩充。"下部知之。

088 卷314 · 光绪十八年七月

癸丑 谕军机大臣等："本日户部奏'核覆云南铜本运费，请照唐炯所奏，每百斤暂加银一两'，已依议行矣，另片奏'请饬整顿铜运'等语。唐炯系弃瑕录用之员，宜如何力图报称，乃自到云南以来，前后奏报铜厂渐有成效，迄今已阅三四年，办运之数，每年不过两批，毫无起色，实属有负委任。现值宽为加价之时，务当激发天良，力筹办法，逐岁加批，倘再空言搪塞，任意铺张，着户部据实严参，从重治罪。其前请加借工本银两，分年缴还，暨迤西矿务暂免课耗，现已奏限届满，均着唐炯迅速清结，毋任迟延。至该省近年所解铜斤，夹杂铁砂低铜，多至八九万或十余万斤，实属不成事体。着唐炯严饬该公司等，嗣后不得再有低潮搀和情事，并随时稽查，如有此等弊混，即着将该厂员严参示惩。原片着钞给唐炯阅看。将此谕知户部并谕令唐炯知之。"

089 卷315 · 光绪十八年八月

甲子 巡抚衔督办云南矿务唐炯奏："铜厂雨水为灾，厂情停顿，本年黑铅仅能加办二十万斤。"下部知之。

090 卷316 · 光绪十八年九月

庚寅 山东巡抚福润奏："铜山引盐，商人无力运销，暂归南运局委员承办，以顾地方而重课款。"下部知之。

癸卯 以解运铜铅出力，予贵州同知袁庆元、云南同知冒沅奖叙。

091 卷317·光绪十八年十月

己巳 巡抚衔督办云南矿务唐炯奏："遵旨饬办厂铜情形，请将未缴工本银两，宽至明年呈缴。"允之。

092 卷321·光绪十九年二月

乙丑 谕军机大臣等："前据御史吴光奎奏'四川雅州、宁远两府属，五金并产，请饬查勘开办'，当经谕令李鸿章咨商刘秉璋派员勘验，现尚未据核奏。兹据给事中方汝绍奏称'宁远府属之盐源县等处，铜质极佳，运道尤便，请饬开采'等语。着李鸿章、刘秉璋一并派员确查，迅速核奏。原折均着摘钞给与阅看。将此各谕令知之。"

己巳 巡抚衔督办云南矿务唐炯奏："川东（案：当为'东川'之误）、昭通两府，驮马稀少，京铜积滞，拟照贵州威宁运铅旧章，试立短铺，夫马并运。"下部知之。

093 卷325·光绪十九年六月

甲寅 巡抚衔督办云南矿务唐炯奏："增设短铺，夫运京铜，酌拟章程，请饬立案。"下户部知之。

094 卷327·光绪十九年八月

甲寅 巡抚衔督办云南矿务唐炯奏："贵州咸（威）宁连年灾荒，厂民困苦，黑白铅课，未能照例抽收，恳予展限四年。"下部议行。

辛未 谕军机大臣等："御史易俊……另片奏申明铜禁等语，着张之洞等体察情形，酌量办理。原片均着钞给阅看。将此各谕令知之。"

095 卷336·光绪二十年三月

己丑 谕军机大臣等："户部奏遵拨铜本银两一折。云南铜本银两，鼓铸攸关，现经户部遵旨筹拨。由河南、江西、湖北、湖南、广东五省，于二十、二十一两年，应解部库旗兵加饷项下，每年各划拨解五万两；福建省于二十、二十一两年，应解部库西征洋款改为加放俸饷项下，每折划拨银五万两；湖北、广东两省，于二十、二十一两年，应解部库西征洋款改为加放俸饷项下，每年各划拨银十万两；着谭钟麟、张之洞、裕宽、德馨、吴大澂、刚毅，即饬各该藩司，务须分年迅速筹拨，不准稍有蒂欠。其云南军需借动铜本，尚欠银三十万两，着王文韶、谭钧培，严饬藩司，于收到各省协饷，迅速提还归款。公司借饷底本银三十万两，着唐炯严饬该公司，分年依限扣清。至户部四次指拨铜本银两，各省已解及划解共银三百万有零，与唐炯所奏收到银二百九十六万零数目不符，并着王文韶、谭钧培、唐炯查明报部，以凭核办。现在京局鼓铸，需铜孔殷，必须宽为筹备，俾资接济。此项所拨，皆系的款，唐炯务当认真筹办，加批运京，勿稍延误。将此各谕令知之。"

096 卷 341 · 光绪二十年五月

辛丑 谕内阁："户部奏'稽查云南贵州两省铜铅运务各员期满，请旨更换'一折。云南办解十四起头批京铜、贵州办解京铅，现据咨报起程，此后续办铜铅，次第运解。前派沿途经理各员期满，该部查照例案，将经过之四川、湖北、江苏、直隶等省藩臬，开列名单，请旨更换。四川着派王毓藻、湖北着派陈宝箴、江苏着派陈湜、直隶着派裕长，即责成各该员严饬各道府及沿途地方文武员弁，认真稽查，催趱护送前进，如有无故逗遛，及盗卖短少等弊，详报该督抚严行参办。沿途应需水师照料之处，即由派出之员，详咨前途督抚及水师提督调遣。仍着自奉旨之日起，以三年为限，均责成此次所派之员，一体经理。过有升调事故，即令接任之员遵办，期满再行更换。"

097 卷 342 · 光绪二十年六月

戊申 谕军机大臣等："前据御史易俊奏'钱法日坏，请添铸银钱'，当令户部妥议具奏。兹据该部奏称'铜铅来源日绌，该御史请铸银钱，于商贾辐辏之区招集股分，购置机器官督商办，与广东所铸分两成色，不减分毫。将来收放章程，再由户部酌议。请饬南北洋大臣各就地方情形，悉心斟酌，并将现铸之小银，一并妥办'等语。现在广东、湖北等省，均已次第开铸银钱，南北洋沿海繁庶地方，如能招商集股，官督试办实可以济圜法之穷。着李鸿章、刘坤一体察情形，妥筹具奏。户部折均着钞给阅看。将此各谕令知之。"

己酉 谕军机大臣等："前因唐炯办理铜运，每年不过两批，已谕令力筹办法，逐岁加批。乃迄今近两年，起运到京，综计共只五批，按从前每年两批之数，所增无几，办理仍无起色，实属有负委任。现在需用铜斤，不能稍缓，务当赶紧筹办，加批起解，以期渐复旧额。毋再空言搪塞，任意耽延，致干咎戾。将此由四百里谕令知之。"

098 卷 346 · 光绪二十年八月

庚戌 谕内阁："谦光奏'本月初五日，经东华门直班委护军参领福保，拿获内务府正黄旗闲散于德立包裹铜砖一块，言语支离，请饬部审讯'一折。于德立着交刑部严行审讯，按律惩办。"

099 卷 350 · 光绪二十年九月

壬寅 谕军机大臣等："户部奏遵议云南办运京铜情形一折。据称'滇省办铜，每年解到两批，本年虽据报解两批，而能否运到一批，尚难预定。至所报米价，则与该省月报之案，加至二十倍；所称矿质，则与从前出铜之数，减去十数倍；显有不符，请旨严饬整顿'等语。京局鼓铸，需铜万紧，叠经严谕唐炯增批办运。现在洋铜停购，专恃滇铜解京应用，唐炯自当竭力经营，何得托词诿卸，着即懔遵叠次谕旨，认真整顿，设法采练，务使京铜按年增批起运，以供鼓铸。倘有延误，即着户部奏明请旨，从严惩处，决不宽贷。至本年所拨各省铜本银两，或尚未解齐，或未据报解，并着户部严行咨催。如各该藩司任意迟延，即着指名参处。原折着钞给唐炯阅看。将此谕知户部，并谕令唐炯知之。"

100 卷353·光绪二十年十一月

癸未 广西巡抚张联桂奏："钱局工本难筹，未能购铜鼓铸，拟经费稍裕，再行办理。"报闻。

101 卷370·光绪二十一年六月

庚午 以亏挪铜矿成本，革新疆候补县丞邹子鸥职，并勒追。

102 卷381·光绪二十一年十二月

壬申 云贵总督崧蕃等奏："铜厂加价限满，请展限三年，以纾商力。"下部议。

103 卷382·光绪二十一年十二月

己丑 又谕："户部奏遵议御史胡景桂奏'请严定限期改用制钱，详陈办理窒碍情形'一折，已依议行矣。该部折内奏称'禁用当十大钱，非多铸制钱不可，多铸制钱，非广筹铜斤不可。现在洋铜既难订购，滇铜骤难复额。钱局鼓铸，已递减卯数。八旗兵饷搭放制钱，亦经暂停'等语。京局鼓铸需铜甚亟，洋铜既无可购，全赖滇铜为来源。前此户部议加铜价及运夫脚价，并叠次奏催唐炯督办矿务，宜如何激发天良，尽力办解。乃运京铜数，每年止有两批，毫无起色，疲玩已极。即着迅饬公司局员，赶紧筹办，务期解京批数，逐渐加增。委员在泸州逗遛，即着参办。倘仍前玩泄，致误急需，定惟唐炯是问。将此由四百里谕令知之。"

辛卯 又谕："本日御史王鹏运奏'制钱日少，产铜日稀，请禁止轮船运钱出口，并开办矿务，鼓铸银圆，以维大局'一折，着户部总理各国事务衙门议奏。"寻议："该御史所请禁钱出口，自系维持圜法至计，核与约章相符，自应照准。至鼓铸银圆，前经议准，令沿海沿江各省，用意经营，应俟各省奏咨到日，再行妥议筹办。矿政尤裨国课，亦应照准。惟有无弊混，应再咨令产矿省分，厘定章程，奏明报部。"从之。

104 卷383·光绪二十二年正月

丁未 谕军机大臣等："福润奏'安徽制钱缺少，查禁私运外贩，并请各省一体严禁'一折。据称'近日安徽制钱骤形短少，兵民受累。由于匪徒串通奸商，运出销毁转售，并闻有洋商暗中收买，由轮船运往外洋，该省业经拿获奸商惩办。此等情弊，恐不独安徽一省为然。制钱原以便民，奸徒私贩镕销，例禁綦严，必须从严究办。至铜钱不准运出外洋，载在约章，如果实系洋人收买，贻害非浅，尤当力遏其流。着盛京将军，直隶、两江、闽浙、湖广、两广、四川各总督，江苏、安徽、江西、浙江、湖北、湖南、山东、广东各巡抚，饬令沿海、沿江各州县，一体实力稽查，严行禁止，毋任稍有偷漏。将此各谕令知之。"

105 卷385·光绪二十二年二月

甲戌 谕军机大臣等："开矿为方今最要之图，叠经谕令各直省督抚等设法开办。兹据御史陈其璋奏'奥国博物院谓中国煤产以江西乐平、浙江江山等处为最，而莫多于山西。比利时议院谓中华金、银、铜、锡四金之矿，所在多有。外洋《时事新编》谓山西煤铁之矿，品居上上，多至十三万余英方里'。见于西人称述者如此。其见诸臣工奏报者，如前两江总督沈葆桢《覆陈洋务事宜疏》内，谓福建古田等处产铁甚旺。前福建巡抚丁日昌《海防条议》内，称'磁州、平陆、大同、太原、米脂等处，皆煤多而佳；镇江之东南山，煤铁五金，皆有可采；浙江之金华、福建之永定，皆有煤井'各等语。览该御史所奏，或采自西欧各国纪闻，或考自从前疆臣奏疏，所指有矿处所，历历可数，断不至一无影响。着王文韶、刘坤一、边宝泉、赵舒翘、德寿、谬寿丰、胡聘之、张汝梅拣派熟悉矿务办事实心之员，按照所指各地名，逐一认真履勘，拟定办法据实具奏。至该御史另片所称'官办不如商办，凡各省产矿之处，准由本地人民自行呈请开采，地方官专事监管弹压，其一切资本多寡、生计盈亏，官不与闻，俾商民无所疑沮'等语，所奏亦颇中款要，并着各该督抚酌度情形办理。又据翰林院侍读学士文廷式奏'各省开办矿务，疆臣任意迁延，或藉端阻挠，推原其故，皆由畏难'等语。当此国用匮乏，非大兴矿务，别无开源良策，叠寄谕旨，业已剀切详明。各该督抚身膺重寄，与国家休戚相关，倘狃于故见，仍以空言搪塞，扪心自问，其何以仰对朝廷耶？将此由四百里谕知王文韶、刘坤一、边宝泉、赵舒翘、德寿、廖寿丰、胡聘之，并传谕张汝梅知之。"

106 卷387·光绪二十二年三月

丙申 （山西巡抚胡聘之）又奏："晋省煤铁之利甲于天下，金、银、铜、铅，亦有矿砂可寻，筹办开采情形。"下部知之。

丁巳 三品顶戴督办云南矿务唐炯奏："遵饬公司赶办京铜，沥陈转运停滞实在情形，现拟由盐井渡水陆分运。"下部知之。

107 卷391·光绪二十二年五月

庚申 谕军机大臣等："户部奏'滇省办解京铜不敷鼓铸，请严饬设法赶办，加批起运'一折。前因唐炯办解滇铜，每年止有两批，毫无起色，叠经饬令赶紧认真筹办，源源解京，毋得仍前疲玩。兹据户部奏'唐炯于奉旨严催之后，历陈水陆转运之难，即按年两批尚难解到，又安望有加批之日。仍请严饬加批起运'等语。唐炯督办滇铜已阅十年，所有运泸程途皆系当年故道，岂得藉口运途阻滞，即获铜丰旺亦永远不能加批。似此玩泄情形，必致贻误鼓铸。仍着赶紧设法，务将每年办运京铜遵照部章，限期加批起运。倘饰词搪塞，即着户部据实奏参，定将唐炯从严惩处，决不宽贷。将此由四百里谕令知之。"

108 卷394·光绪二十二年八月

己丑 三品顶戴督办云南矿务唐炯奏："遵旨设法赶运京铜。"下部知之。

109 卷403·光绪二十三年三月

己酉 四川总督鹿传霖奏:"川省铜乏,钱少价昂,上年制造官票以济钱荒,且准完纳粮厘,并广采铜矿,远购机器,以裕圜法而利市廛……"报闻。

辛亥 贵州巡抚嵩昆奏:"采办京铅,黔饷奇绌,前垫银二万七千余两,请饬部指拨赶解。"

丁巳 (陕西巡抚魏光焘)又奏:"陕省铸钱,光绪十八年奏定,每年额铸十卯,因铜苗未旺,迄未如额。请暂变通办理,就铜厂每年解铜,尽数鼓铸,不必拘定卯数。"下部知之。

110 卷404·光绪二十三年四月

戊辰 谕军机大臣等:"国子监司业黄思永奏'新疆自建行省以后,已十余年,屯政不能兴,皆吏治不能整之所致。该省南路,若库车、乌什、和阗,出金玉铜锡,矿务有可开。北路若塔尔巴哈台、伊利、迪化,出木材、药料、牛羊皮张,商务有可兴。全疆水道流通,引渠灌田,农务有可辟。请饬查覆筹办'等语。新疆屯政久经兴办,究竟近来曾否着有成效,并矿务、商务有无可以振兴之处,着饶应祺体察情形,妥筹具奏。至该省吏治营制,均关紧要,并着该抚认真整顿,毋稍疏懈。原片着钞给阅看。将此谕令知之。"寻奏:"遵旨查明新疆屯垦、矿务商务,难期速效情形。"得旨:"矿务为新疆要政,何得据委员一禀,遂尔中止,仍着该抚实力讲求兴办。"

戊寅 御史陈其璋奏:"各省制钱缺乏,请饬部添铸铜圆,并妥议办法,预防销毁。"下部议驳。

111 卷405·光绪二十三年五月

壬辰 又谕:"御史杨崇伊奏'制钱日少,请饬各省开炉鼓铸',并'云南铜厂有名无实,请另筹办法'各折片,着户部议奏。"寻奏:"应通行已经开铸及停炉未铸等省各督抚,体察地方情形,认真举办,以期挽回圜法,便益商民。至云南矿务,应饬该省督抚臣,据实确查,奏明办理。"从之。

辛亥 谕内阁:"户部奏'稽查云南、贵州两省铜铅运务各员,期满请旨更换'一折。云南办解十六起二批京铜、贵州办解京铅,已据咨报启程,此后续办铜铅,次第运解。前派沿途经理各员期满,该部查照例案,将经过之四川、湖北、江苏、直隶等省藩桌各员,开列名单,请旨更换。四川着派裕长、湖北着派王之春、江苏着派聂缉规、直隶着派季邦桢,即责成各该员严饬各道府及沿途地方文武员弁认真稽查,催趱护送前进,如有无故逗遛及盗卖短少等弊,详报该督抚严行参办。沿途应需水师照料之处,即由派出之员,详咨前途督抚及水师提督调遣。仍着自奉旨之日起,以三年为限,均责成此次所派之员,一体经理,遇有升调事故,即令接任之员遵办,期满再行更换。"

112 卷 407 · 光绪二十三年七月

庚子 （云贵总督崧蕃等）又奏："滇铜每年三批到京，一律加价，以广招来。"下部议。

113 卷 409 · 光绪二十三年八月

丙子 三品顶戴督办云南矿务唐炯奏："暂加铜价一两，现届期满，厂情困苦，请展缓三年，以恤民艰而广招来。"下户部议。

114 卷 411 · 光绪二十三年十月

癸酉 詹事府司经局洗马恽毓鼎奏："京师大钱短缺，商民交困，请添铸制钱，以维圜法。"又奏："请设法变通铜运。"均下部议。

己卯 户部奏："滇省办运京铜，严定章程。"又奏："滇铜加价，展限三年。"均从之。

115 卷 413 · 光绪二十三年十二月

辛巳 户部奏："铜钱短少，拟铸造银圆以资调剂，并请饬电知广东添筹银圆。"从之。

116 卷 414 · 光绪二十四年正月

乙未 三品顶戴督办云南矿务唐炯奏："通商镰铅，援案恳予免税。"又奏："铜价请仍按现行定章实发，免扣六分平。"均下部议。

壬寅 直隶总督王文韶奏："津局铸钱，铜铅价昂于昔，拟援案每文改铸七分，以资持久。"下部议。"

117 卷 415 · 光绪二十四年二月

戊寅 署吉林将军延茂等奏："京师钱荒铜贵，请铸银圆抵钱行使，以广利源。"下户部议。寻奏："应俟筹有的款，奏明办理。"从之。

118 卷 416 · 光绪二十四年三月

丁酉 三品顶戴督办云南矿务唐炯奏："河南等省欠解铜本，请饬催令如数迅解，以济要需。"得旨："着户部转咨各该省从速批解。"

119 卷 422 · 光绪二十四年六月

己亥 谕内阁："昆冈等奏'永定门城楼失去炮位，请将弁兵分别惩处'一折。据称本月初六日，据正蓝旗汉军炮营参领联棣禀称'因武胜营调取炮营存炮，当赴永定门城楼查验，始知失去铜炮二位'等语。城楼重地，宜如何严密看守，乃竟有失去炮位情事，该弁兵等平日所司何事？实属疏懈异常！所有城门及绿营直班住宿弁兵，着交刑部严行审讯。该管堂官查取职名，先行交部议处，并着步军统领衙门、顺天府、五城，一体严缉窃犯，务获究办。"

庚子 谕军机大臣等："陈宝箴奏'设立制造枪弹两厂，拟筹常年轻费，并请改拨款项'一折。据称'沪局暂难移设，拟于湘省购机建厂，制造快枪弹子，从速开办，以图扩充'等语。现当整顿武备之际，预筹军储，必以自造枪炮为急务。开办伊始，购机建厂，暨应需工料，自应筹拨款项并常年经费，方可无误要需。所称'拟仿照盐斤加价成案，每斤折收加价银一厘四毫，每年约银十余万两，以供制造枪弹两厂常年的款。又上海机器制造局，原议定购机器税款，现在尚未拨解，请饬于此项增拨未解款内，迅筹银三十万两，改拨湖南，尽本年内悉数兑交，以为购制机器之费'各节，着陈宝箴咨商刘坤一，斟酌情形，迅速筹办。另片奏'拟会商湘绅，认息借银购办机器，仿用西法炼铜，由该公司自办，照湖北铁厂商办章程，宽免岁课'等语，着照所请。陈宝箴折片，着钞给阅看。将此各谕令知之。"

119 卷 425 · 光绪二十四年七月

壬申 又谕："总理各国事务衙门奏'章京刘庆汾请仿照成法，印造铜钱，通饬各省筹办，据呈代奏'一折，着总理各国事务衙门妥定章程，奏明办理。"

乙亥 又谕："端方等奏'请用机器铸造铜钱、银圆'等语，着总理各国事务王大臣归入刘庆汾条陈内一并议奏。"

戊寅 又谕："本日岑春煊奏'银圆、铜钱，请广为鼓铸'等语，着总理各国事务衙门归入刘庆汾等前奏内一并议奏。"

120 卷 431 · 光绪二十四年十月

壬午 先是章京刘庆汾条奏"请仿照成法，印造银钱，通饬各省筹办，下总理各国事务衙门妥定章程，奏明办理。"寻，端方等、岑春煊、傅云龙、秦绶章，各陈奏圜法。得旨："归入刘庆汾前奏内一并议奏。"至是，会同户部奏："刘庆汾所拟钱制三种，略仿日本，而钱质尤轻。端方等所拟为略重，皆属不便施行。拟就广东原有铸钱机器，试铸重五分黄铜钱文，着有成效，再行推广。刘庆汾所请'将一切正杂各款，凡例纳库平一两者，折为龙洋一圆五角'，事多窒碍，应毋庸议。端方等各奏'请广铸大小银圆，藉维圜法，尤重在京师设局鼓铸'，查局厂外省已多设立，银圆畅行后，足供应用，在京设局一节，应暂缓办理。"得旨："仍着总理各国事务衙门王大臣再行妥议具奏。"

121 卷 433 · 光绪二十四年十一月

甲寅 又谕："京师鼓铸钱文，需用铜斤较多，着唐炯速就云南各处铜厂，认真开采，务须按年加批解京，以资鼓铸。毋得藉词延宕，致误要需。将此谕令知之。"

122 卷 434 · 光绪二十四年十一月

乙丑 护理四川总督文光奏："川省遵铸八分制钱，请于多铸钱内开支加增工料，并弥补铜铅不敷价值。"下户部议。

123 卷 435 · 光绪二十四年十二月

乙酉 又谕："近来京城市面，制钱日见短少，推原其故，未必不由火车畅行，逐日所收价值铜钱为多，因而不敷周转。着胡燏棻、张翼，严饬车站司事人等，凡往来火车价值，概用银两、银圆，不得仍前搭收制钱，并不准装运制钱出境，以恤民艰而重圜法。"

甲午 谕军机大臣等："现在京师制钱短少，亟应推广鼓铸。各直省近年多有开局铸钱之举，着各督抚一律查照办理。其分两以每文八分为准，务令铜质精纯，轮廓完好，不得以脆薄模糊之钱搀杂充数。各省已经设局者，速即开炉鼓铸。未经设局者，即行查照旧章，一体开办。将所铸钱样，先行呈览，嗣后仍将铸造数目，按季奏报，以备酌量提解。该督抚务当督饬承办之员，认真办理，毋滋流弊。将此各谕令知之。"

124 卷 437 · 光绪二十四年十二月

戊午 又谕："所有各省欠解云南铜本银两，着户部查明确数，即行分咨各省，赶紧筹解，毋行延误。"

戊午 三品顶戴督办云南矿务唐炯奏："部议滇厂脚价，仍令核扣减平，滇民亏本，停厂十八起，二批应解铜斤，年内恐难赶解。"得旨："仍着饬催赶紧起运，毋任迟延。"

125 卷 438 · 光绪二十五年正月

乙丑 谕军机大臣等："现在京师钱价日昂，现银亦短，以致市肆萧条，商民俱困。推原其故，皆由银钱日绌，不敷周转使然。亟应认真设法，以图补救。近来各省应解部库各款，多由号商以银票汇兑，京师现银，安得不日形亏短。嗣后着各省督抚，将应解部库各款，一律筹解实银，赴京交纳，不得以款绌途遥，藉词搪塞。其沿江沿海，及近畿各省督抚，于应解部库各银款内，并着搭解制钱一成，以资挹注。总期各省关源源报解，庶几中外流通，京城实银现钱，不至日益短绌，以维圜法而苏民困。将此各谕令知之。"

戊寅 又谕："饶应祺电奏新疆与俄商商办金矿大概情形等语。是否可行？有无窒碍？着总理各国事务王大臣会同督办矿务大臣迅速核议具奏。"寻奏："一、塔城等系外蒙古地方，应先行商明该部落划清界址，以免日后争论。一、新疆金矿甚多，原可随时奏开，不应笼统载入合同，致启俄商把持挟制之渐；又纳地租一层，核与奏定章程不符，应令酌核更正。一、再有银铜铁煤有利可开地方，奏明伙办；此条，该抚应随时另行奏办，不应于开办合同叙入，以致全省矿产包括殆尽。请饬饶应祺与俄领事等妥议改订，以期有利无弊。"从之。

126 卷 439 · 光绪二十五年二月

庚辰 又谕："户部奏滇省铜本待用孔殷,前经指拨四川官运局以济要需。兹据奎俊奏称'委无余银拨解,请改拨有着的款解滇济用'等语。滇省铜本银两需款甚急,既据四川总督奏称无款拨解,自应就近由云南筹拨以应急需。着崧蕃即在云南昭信股票存款内拨银八万两、裁兵节饷项下拨银四万两、粮道库存款内拨银八万两,留备云南铜本之用。该督接奉此旨,迅即转饬司道,照数提拨,毋得稍有贻误。原片着钞给阅看。将此由四百里谕令知之。"

戊子 两广总督谭钟麟等奏:"制钱改铸,钜款难筹,拟俟铜价稍平,再行设法开铸。"得旨:"俟铜价稍平,即行设法开铸,以资周转。"

壬辰 谕军机大臣等:"前因京城制钱短少,曾经谕令沿江、沿海及近畿省分,于应解部库款项,搭解一成制钱,原期逐渐流通,便民利用。因思云贵每年解京铜铅,本备鼓铸之用,若令改铸制钱,分批运解,既省京局鼓铸之烦,于运脚费用,当亦无甚出入。着崧蕃、王毓藻、唐炯体察情形,或全行铸钱解京,或分作数成,以若干成鼓铸制钱,分起运解,以资挹注。务即迅速筹议,奏明办理。将此各谕令知之。"

127 卷 440 · 光绪二十五年三月

戊申 江苏巡抚德寿奏:"苏省鼓铸制钱,向仿浙式,每文重七分,请免改造八分,致多折耗。出钱无多,仅敷本省行用,并恳免予提解。"得旨:"仍着筹款购铜,照该省向办章程,接续鼓铸,酌量提解。京师为根本之地,通筹兼顾,该督抚责无旁贷也。"

庚戌 谕军机大臣等:"鹿传霖奏'请严禁制钱出口,并请开采四川铜矿'一折。据称'近日制钱短绌,价值日昂,实由奸商私铸、私毁。上海洋商专购中国制钱镕毁,提出金银,所余净铜仍售重价,以致营私牟利之徒私运出口售与洋商'等语。各省制钱短绌,前曾谕令沿江、沿海严禁私运出口,现在仍形缺乏,难保无奸商运售外洋及私铸私毁情弊。着各督抚严饬地方官及各官卡认真稽查,如有藉词运载出境,即行查拿究办。至私铸私毁,本干例禁,即着一体严查照章惩办。所称'滇省铜斤缺少,岁办之铜尚须价购蜀铜凑解。各省鼓铸多购洋铜,洋商居奇,铜价日昂,请饬四川开办铜矿'等语。四川省宁远等属铜产甚饶,现在矿务业经开采,即着奎俊酌派熟悉矿务干员查勘情形,妥筹开办。原折均着钞给阅看,将此各谕令知之。"

128 卷 441 · 光绪二十五年三月

丁丑 湖南巡抚俞廉三奏:"奉拨云南铜本,叠次筹解,尚欠二万两,请展缓分汇。"得旨:"所欠银两,仍着陆续筹解,毋误要需。"

129 卷 442 · 光绪二十五年四月

己丑 云贵总督崧蕃奏:"滇省铜斤缺乏,一时未能鼓铸,请俟铜厂着有成效,再行开办。"如所请行。

130 卷443·光绪二十五年四月

甲辰 谕内阁："前因总理各国事务衙门章京刘庆汾呈请印造铜钱，并通用大小银圆，当经两次交总理各国事务衙门议奏。兹据该衙门奏称'叠向该员考察，仍称改用铜钱，使用银圆，有利无弊'等语。现在圜法未能整饬，亟应变通利用，着派庆亲王奕劻、军机大臣，会同户部试办，以机器制造银圆、铜钱。应如何酌定章程，以期推行尽利之处，次第妥筹具奏。"

131 卷444·光绪二十五年五月

戊申 又奏："山海关制钱缺乏，请将解部之款，概行报解现银。其搭解一成制钱，暂行从缓。"得旨："仍着俟铜价稍平，即行设法购备，加铸搭解。"

庚申 云贵总督崧藩等奏："遵筹铸钱运京，请每年解铜一百万斤，供京局鼓铸，以五十万留滇分铸。试办章程，请饬议施行。"下部议。

132 卷445·光绪二十五年五月

壬申 总理各国事务衙门奏："遵旨用机器制造银圆、铜钱，设局试办，请派鸿胪寺卿那桐等充任提调。"允之。

133 卷446·光绪二十五年六月

己丑 命头品顶戴三品卿衔李征庸，开去候选道，前往四川，与总督奎俊，会商办理铜矿事宜。

134 卷447·光绪二十五年六月

乙未 三品卿衔办理四川铜务李征庸奏："办理铜务，拟不请部款，不泥部章，官助商本，仍照市价收铜。并请开铜捐局，有报效铜本者，准按赈捐给奖，藉裕经费。"下户部知之。

甲辰 三品顶戴督办云南矿务唐炯奏："遵旨铸钱，需铅甚伙，于铜本内提银二万两，发交矿务公司采办，请免扣减平，以示体恤。"又奏："矿务公司承借底本三十万两，均于限内分次缴清。"并下户部知之。

135 卷449·光绪二十五年八月

癸未 安徽巡抚邓华熙奏："安徽向无铸钱炉厂，必须筹费建造，加以购置机器、采买铜斤，在在需资。现在款项支绌异常，一时难以举办。"得旨："着俟库款稍充，即行酌议举办。"

136 卷 452 · 光绪二十五年十月

辛巳 三品顶戴督办云南矿务唐炯奏："厂困民穷，开采不广，请加给铜价，以保利源而杜外患。"下部议。

137 卷 453 · 光绪二十五年十月

辛卯 谕军机大臣等："户部奏'户工两局改铸当十大钱，滇铜解京不敷甚钜，请饬加批办解'等语。滇省办运京铜，关系京局鼓铸，现在该省解京铜斤，年仅两批，自应先事预筹，方免停工待料。着崧蕃、丁振铎、唐炯，督饬承办各员，实力攻采，按年办解三批，实运到京，毋得稍涉延逾，致误要需。原片均着钞给阅看。将此各谕令知之。"

辛卯 三品顶戴督办云南矿务唐炯奏："滇省试铸开炉日期，并呈进样钱。"得旨："着即督饬委员，认真鼓铸，毋稍停待。"又奏酌加炉头等工费，允之。

138 卷 454 · 光绪二十五年十一月

戊午 三品顶戴督办云南矿务唐炯奏："本年雨水过多，礩硐被淹，柴炭缺乏，厂铜不旺。"得旨："即着督饬公司设法赶办，尽数起运。"

139 卷 458 · 光绪二十六年正月

己巳 湖广总督张之洞奏："应解部库银两，请暂缓搭解制钱。"得旨："着准其暂缓搭解，仍俟铜价稍平，即行采办鼓铸。"

140 卷 461 · 光绪二十六年三月

甲子 三品顶戴督办云南矿务唐炯奏："滇省铸钱运京，甚不合算，应即停止。所有铜斤尽数运京，庶济要需而免糜费。"下部知之。

141 卷 465 · 光绪二十六年六月

甲申 三品顶戴督办云南矿务唐炯奏："铜本支绌，请饬部拨银五十万两，并饬催广东欠款，以应急需。"下户部议。

142 卷 466 · 光绪二十六年七月

丁未 户部奏："请催云南矿务，赶办京铜，加批起运。"依议行。

143 卷 469 · 光绪二十六年八月

戊戌 又谕："何乃莹奏'晋省制钱缺乏'、'请速筹接济城内火药局，请移置城外空旷处所'、'乡民运米进城准其自行买卖，粮行不得把持渔利'各折片。着李廷箫体察情形，妥速办理。"寻奏："现饬各州县收买废铜，接济宝晋局铸钱，并饬晓谕乡民运米进省，自行售卖，不准粮行把持渔利。火药局现在八岭桥，与行宫尚无大碍，仍加派兵丁严密看守。"报闻。

144 卷 483 · 光绪二十七年五月

壬午 又谕："户部宝泉局铸造钱文，亟应开办，以资行用。现在铜斤实存若干，炉座是否完全，应即设法开铸。着该堂官察看情形，通盘筹画，奏明办理。将此谕令知之。"

145 卷 488 · 光绪二十七年十月

乙卯 三品顶戴督办云南矿务唐炯奏："铜本需用甚亟，恳准就近于蒙自关征收税项下酌量提拨。"下部知之。

146 卷 489 · 光绪二十七年十一月

乙亥 又谕："长顺奏'吉林机器局上年经乱轰毁，枪械短缺。现在该省伏莽甚多，需用军火，不能预为筹备，请饬下南洋大臣酌拨快枪子弹一百万颗、洋火药十一万五千斤、铜帽一百五十万颗，由该省备价派员承领。并另筹快枪三千杆'等语。吉林捕盗练团，须用子药甚多，着刘坤一照数拨给，以资应用。将此谕令知之。"

147 卷 492 · 光绪二十七年十二月

辛亥 豁免云南各铜厂二十五年以前民欠工本银两。

丙辰 谕内阁："近来各省制钱缺少，不敷周转。前经福建、广东两省铸造铜圆，轮廓精良，通行市肆，民间称便。近日江苏仿照办理，亦极便利，并可杜私铸私销之弊。着沿江、沿海各督抚筹款仿办，既就各该省搭铸通行。至京师制钱亦应照办，即着福建、广东、江苏等省，将所铸铜圆赶紧各解数十万圆，投交户部颁发行使，期于利用便民，以维圜法。"

148 卷 499 · 光绪二十八年五月

己巳 外务部奏："遵议滇省隆兴公司矿务，与法员弥乐石磋商，不准揽办全省，指定澄江、临安、开化、云南、楚雄等府，及元江州、永北厅七处，岁缴京铜一百万斤，护厂费用由公司给发。并由地方官在附近地方召募土勇，遴选武官一员管带，以杜争竞干预之弊。"从之。

149 卷 505 · 光绪二十八年九月

壬申 吉林将军长顺奏："拟就吉省银圆厂铸造铜圆，以资利用。"下部知之。

150 卷 507 · 光绪二十八年十一月

丁卯 调补浙江巡抚、安徽巡抚聂缉规奏："皖省仿铸铜圆，办理已有成效。"得旨：

"着即宽筹铸本,次第扩充,以利民用。"

151 卷512·光绪二十九年二月

丁酉 江苏巡抚恩寿奏:"就宝苏局地基添设厂屋,试铸铜圆,专资苏用。"下部知之。

癸卯 外务部奏:"金贵银贱,中国受亏甚钜,亟变通钱币,以图补救:一、铸金钱;一、存金款;一、严金禁;一、用金票;一、铸银圆;一、设银行。大要以金钱定铜银二币之值,以钞票济金银二币之用,以银行为利国便民之枢纽,以矿产为设局鼓铸之来源。借鉴列邦成法,损益尽善,庶挽利权。下政务处会同户部议奏。"

辛亥 署两江总督张之洞等奏:"江苏钱价日贵,民用日艰,拟设官银钱局,行用官钱票,并添机增铸铜圆。"报可。

152 卷518·光绪二十九年六月

乙卯 御史徐埥奏:"请变通钱法,改铸铜圆。"下户部议。

153 卷523·光绪二十九年十一月

甲辰 署四川总督锡良奏:"英法商人请开川矿,照章驳拒,并请申明定例。"下部议。寻议:"以矿务定章,叠经载明,华洋商人承办矿务,均须禀明地方官咨部核准,方为准行之据。其余开工期限,挖井地段,均已明示限制。各省办矿,皆当遵守,毋庸再立专条。至该署督所称'洋商指办川矿,与候补人员私订合同,擅指公地'一节,此等情事,他省亦所不免,应由该署督察看情形,拟议章程,咨部核办。"依议行。

甲辰 (署四川总督锡良)又奏:"拟扩充银圆、铜圆开矿余利,购机制械,以裨军实。"得旨:"着即切实举办,期收实效。"

154 卷524·光绪二十九年十二月

庚戌 谕军机大臣等:"有人奏'东事日急,请先整军节饷以备防守'折片两件,着袁世凯妥筹办理。又片奏保护天津市面等语,并着该督知道,原折片着钞给阅看。将此谕令知之。"寻,袁世凯奏:"前因日俄消息甚紧,必须筹备。曾函商庆亲王等拟添兵三万,需饷六百万,先凑拨三百万,名为开办练兵处经费,实则用以筹防。盖不欲彰明显露,启外人疑忌,言者不察,因疑请款专为改编营制之用。由于情势隔阂之故,至天津市面,零钱短缺,现已陆续添铸铜圆,以资补助。"报闻。

155 卷534·光绪三十年八月

丁卯 河南巡抚陈夔龙奏:"银贱钱荒,设局开铸铜圆,以资补救。"下部议。又奏:"请将宝河铸钱局停止。"报闻。

癸酉 两江总督魏光焘奏:"遵筹练兵要需,拟就铜圆推广铸造。"下练兵处、户部知之。

甲戌 两江总督魏光焘奏："创设练将学堂经费，由铜圆赢余动拨。"下部知之。

156 卷538 · 光绪三十年十一月

辛卯 又奏："江宁驻防军饷，及八旗蒙学堂、骑射枪厂等所经费，前经增拨银五千两，仍属不敷。拟于宁、苏两铜圆局余利项下，每年再各增拨银六千两，以备加饷练兵及扩充学堂，振兴工艺之用。下所司知之。"

壬寅 署四川总督锡良奏："川省酒捐，已拨解练兵处要饷，矿务尚无成效，银圆利微销滞，拟仿各省铸造铜圆，稍获赢余，藉维圜法。"下所司知之。

157 卷540 · 光绪三十年十二月

庚申 三品顶戴督办云南矿务唐炯奏："赶办京铜，常年铜本不敷，请饬添筹有着的款，予限解滇，以济要需。"下部议。

己巳 江苏巡抚恩寿奏清江铜圆局筹办情形，下部知之。

158 卷542 · 光绪三十一年二月

甲辰 （商部）又奏："京城私钱充斥，请采购铜圆，设局行用。"得旨："着户部、顺天府查照办理。"

己酉 翰林院侍讲翁斌孙奏："请暂设铜圆官钱局，以维市面。"下户部议。又奏："奸商偷运铜圆，请饬查拿。"得旨："着该衙门严密查禁。"

辛亥 谕内阁："周馥奏参庸劣不职各员一折。江苏试用道王运嘉贪鄙狡诈，行同市侩；候补道曾广祚、钻营猥鄙，不知自爱；安徽督销淮盐局委员试用通判徐开藩，纵容巡役，需索盐船。铜圆局委员、分省补用通判易梦书不明事理，轻妄误公；前署海州直隶州知州、试用直隶州知州王茂中操守平常，声名甚劣；上海租界会审委员候补知县黄煊，贪污谬妄，中外交怨；补用知县陈世辅胆大贪妄，善于钻营；试用知县林介镛，办事荒谬，不恤商情；铜圆局委员试用知县熊骧保，行为狡诈，损公益私；均着即行革职。黄煊情节尤重，并着永不叙用。试用道邓炬，轻躁无识，声名平常；前总办铜圆局试用道志钧，信任家丁，废弛公务；均着以同知降补。试用知府赵继椿，前办大河口厘局，纵容司巡，商民交怨，着以通判降补。山阳县知县叶芸，庸懦无能，不知振作，惟文理尚优，着以教职选用。候补道欧阳霖，年老性偏，公事疲玩，着勒令休致，以肃官方。"

159 卷543 · 光绪三十一年三月

庚寅 署江苏巡抚效曾奏："苏省铸造制钱，工本亏耗，现拟变通增铸当五铜钱，与铜圆制钱交相流通，暂行试办，再筹议扩充办理。"下部知之。

辛卯 云贵总督丁振铎等奏："云南铜本，不能应手，民困钱荒，拟购机器铸造铜圆，由矿务公司承办铜斤，匀拨供铸，俾得源源接济，藉保利权。"下部议。

己亥 署贵州巡抚林绍年奏："黔省久病钱荒，拟筹款购办机器，开铸铜圆，以苏民困。"下部议。

160 卷544·光绪三十一年四月

丙辰 练兵处奏："江南铜圆赢余八十万两，业经列作常年练兵经费的款，请饬两江总督照数解足，以济要需。"从之。

161 卷545·光绪三十一年五月

甲申 （署两江总督周馥）又奏："开铸铜圆，欠购机器银两，在司道库暂挪。"下部知之。

162 卷546·光绪三十一年六月

丙寅 署两江总督周馥奏："各省贩卖铜圆，流弊无穷，亟应预筹补救，俾有限制而维圜法，下财政处、户部议。"寻奏："所言极有见地，请饬各省督抚，酌量情形，遵照办理。"依议行。

163 卷549·光绪三十一年九月

乙亥 谕军机大臣等："电寄岑春煊，据电奏'请准广东铜圆运销出口，以一年为限'等语，着户部议奏。"

丁丑 给事中王金镕奏："铜圆宜不分省分，不论官民，一律通用。"下部议。

乙酉 福州将军兼署闽浙总督崇善电奏："请将铜圆暂准运销。"下户部议。

己亥 财政处奏："各省铜圆局，不准购买外洋铜饼。"从之。

164 卷550·光绪三十一年十月

辛酉 谕军机大臣等："署闽浙总督崇善电奏'船政铜圆，请准照旧运销'等语，着户部议奏。

壬戌 谕内阁："财政处奏'酌拟铸造银币分两成色，并行用章程，开单呈览'一折。据称'各省所铸银圆，系属一时权宜，未可垂为定制。现在明定国币，拟铸造重库平一两银币，定为本位。更铸五钱、二钱、一钱，三种银币，与现铸之铜圆，旧有之制钱，相辅而行'等语。整齐圜法，为当今财政要图，着户部造币总厂，按照所拟章程，行知直隶、江苏、湖北、广东各分厂，赶紧铸造。嗣后，公私收发款项，均应行用银币，以垂定制而昭大信。一切未尽事宜，着该王大臣等体察情形，随时奏明办理。"

165 卷553·光绪三十一年十二月

乙卯 湖广总督张之洞奏："遵旨拟订《中国矿务章程》，谨纂成正章七十四款，附章七十三条呈进，请饬部覆核。"下外务部、商部议。又奏："湖北需用铜圆尚亟，拟请量予变通，由本省自行限制，按实在需用之款铸造。"下所司议。寻奏："湖北以铸数最多省分，先请自行限制，于整齐币制，大有关碍，请饬遵照奏章办理。"依议行。

166 卷 555 · 光绪三十二年二月

庚子 内阁代奏："中书钟镛条陈蒙古事宜十四条：曰建议会、移建理藩院、变通理藩院官制、行殖民策、移八旗兵饷于蒙古、复围猎之制、借债筑路、设银行、铸造银铜圆、兴矿产之利、屯垦之利、畜牧之利、森林之利、榷盐之利。"下所司知之。

辛丑 财政处奏："整顿圜法以防流弊，酌拟八条：曰禁止贩运、限制鼓铸、禁购铜饼、核定铜斤、官民一律行用、行旅随带不逾二千枚免禁、市面行使彼此不得异视、各省多寡有无设法匀拨。"依议行。

167 卷 557 · 光绪三十二年三月

壬申 署两江总督周馥奏："苏省各局铸造铜圆，行销本省各州县，民间尚觉短绌，吁恳暂免限制铸数。"下财政处、户部议。寻奏："碍难照准，请饬遵照奏章办理。"依议行。

丁酉 福州将军兼署闽浙总督崇善奏："闽关币局，恳请照旧鼓铸铜币，俾获赢余，整顿船政。"下财政处、户部议。寻奏："船政不敷经费，应筹他项的款抵补，不得专恃铜圆余利，致误要需。"从之。

168 卷 560 · 光绪三十二年五月

庚戌 谕内阁："前据御史黄昌年奏参江西藩司周浩徇法徇私各款，当经谕令张之洞确查。兹据查明覆奏，该藩司贪污纵恣，贻误大局，着即行革职。至开办铜圆，购办机器，诸多不实不尽及官银号款项，并未移还。着吴重喜再行撤底严查，照数追缴，以重公款……"

169 卷 561 · 光绪三十二年六月

甲申 署两广总督岑春煊奏："粤省改造一文铜钱，重仅三分二厘，中凿圆孔，以便贯串。工作精则不易私造，体质轻则可免销毁。"报闻。

170 卷 562 · 光绪三十二年七月

己亥 江苏巡抚陈夔龙奏："苏州铜圆二厂，现已遵旨停铸。"下所司知之。

171 卷 564 · 光绪三十二年九月

甲辰 财政处奏："归并各省铜币局厂，续拟办法。"从之。

乙巳 湖广总督兼署湖北巡抚张之洞奏："鄂省试铸一文铜币，以保现行当十铜币价值本位，其一文铜币，宜与现行铜币一式，方能子母相权。"下财政处、户部，议驳。

172 卷 565 · 光绪三十二年十月

庚寅 御史徐定超奏："矿政不修，利权外溢，请将滇省已开之铜矿，设法兴复。"下度支部议。

173 卷 566 · 光绪三十二年十一月

丁酉 又谕："电寄吕海寰等，电悉'请准江南额外赶铸铜圆供赈'等语，着度支部议奏。"寻议行。

174 卷 567 · 光绪三十二年十一月

丙辰 命度支部右侍郎陈璧赴各省考查铜圆事宜，以内阁学士宝熙署度支部右侍郎。

175 卷 568 · 光绪三十二年十二月

甲戌 御史贵秀奏："近日铜圆充斥，请将官板大钱，一律行用。"得旨："着民政部、步军统领衙门、顺天府，妥筹办理。"

壬午 又谕："电寄恩铭，据电奏'请将皖省铜圆宽限加铸'等语，着度支部议奏。"

176 卷 572 · 光绪三十三年四月

甲申 福州将军崇善奏："闽海关铜币局停铸，拟归并船政以资抵补。"下部知之。

177 卷 573 · 光绪三十三年五月

戊戌 邮传部尚书陈璧奏："遵旨考查铜币事竣，谨将酌留裁并各厂事款，及拟定划一章程十六条，开单呈览。并请妥议铸数，明定币价，以维圜法。"又奏："请铸新式银币，以铜币为补助，并由度支部发行纸币，使轻重相权，及时挽救。"下部议。

178 卷 574 · 光绪三十三年五月

戊申 两江总督端方等奏："筹拨官款，开办赣州铜矿。"下部知之。

179 卷 579 · 光绪三十三年九月

庚子 谕内阁："锡良奏甄别属员一折……试用同知汪世楷，运铜弊混，胆大妄为；……均着即行革职……"

180 卷 582 · 光绪三十三年十一月

辛卯 置直隶总督杨士骧奏："京津铜圆纷杂，银价骤涨，遵章查禁，暂保市面，并请饬筹办法，以维全局。"得旨："着该衙门照章查禁，余着度支部速议具奏。"寻奏："嗣后应仍照定章，专禁二千枚以上大宗进口，以免别滋扰累。至各省私铸盛行，请饬下各督抚再行申禁，从严惩办。并设法查拿外洋私铸入境，以清币源。"从之。

辛丑 湖广总督赵尔巽等奏："湖南粤汉铁路开工在即，需用铜圆甚伙，拟请仍在长沙暂行鼓铸，以济工需。"得旨："暂准照数开铸一年，亦不得充斥外省。"又奏："湖北日限铜币二百万枚，不敷行使，拟请加倍铸造。"得旨："暂准照数加铸一年，惟不得充斥外省，如有窒碍，仍即减铸。"

181 卷586·光绪三十四年正月

己亥 谕内阁："京师人烟稠密，贫户孔多，食用物价，稍涉昂贵，小民生计，立形困难。近日银价陡涨，物价因亦增高，嗟我黎庶，其何以堪！着度支部迅即拨银五十万两，发交顺天府府尹承领，即责成该府尹妥择官商银号，代为贬价收钱，以平银值。一面严禁各商肆，任意抬高物价。其有私运大宗铜圆入京者，由崇文门监督、邮传部，认真查禁。倘有奸民私铸铜圆潜销充斥者，着责成民政部、直隶总督、顺天府、步军统领，严密查拿，尽法惩治。俟银价、物价皆平，由该府尹将承领银两解缴部库。其贬价亏耗之款，准其核实开单奏销。尚书陈璧，前在府尹任内办理银钱平价，尚属得法，并着该尚书会同府尹妥筹办理，务使操纵得法名，国帑不至虚糜，用副朝廷体恤民困之至意。"

己亥 谕军机大臣等："前以制钱缺乏，各省鼓铸当十铜圆，以期相辅而行。乃近来铜圆益多，制钱益少，铜圆一枚，不足抵制钱十文之用。而奸商折扣盘剥，颇足为害市面，且小民因制钱太少，零星日用，诸多不便。当各省鼓铸之始，原期准作十文，与制钱两无轩轾。而钱少圆多，遂至钱贵圆贱，不但物价腾涨，大碍小民生计，抑且铸本日亏，并足损碍饷源。自非铸用一文之钱，令一文本位长存，不足以显铜圆当十之数，保铜圆行销之利。前年湖北、广东等省，曾奏铸一文新钱，当经度支部议奏通行。而各省搭铸一文新钱者，仍不多见。盖由于铸造一文新钱，成本较重，不免稍有亏耗。然以铸当十铜圆余利，酌量补提，亏耗尚不至无着，所失无多，所全甚大。着度支部通行各省厂，凡铸当十铜圆，必须于定额之外加铸三成一文新钱，以资补救。其形式、重量、铜质、铸本，均须预为核算，妥为配合。又必须与当十铜圆，工料成本，大致相准，则兑换价值，铜圆一枚，必当新铸制钱十文，庶利推行而资信用。至此项一文新钱，或宜黄铜，或宜紫铜，或宜有孔，或宜无孔，并着该部详晰考核，悉心厘定，迅速奏闻。务期子母相权，大小相维，以便民生而正圜法。"

辛丑 （度支部）又奏："议覆两广总督奏'粤厂铸造铜币，请仍由善后局经理行销'。"又奏："黔省筹办官钱局，以维财政。"均依议行。

戊申 谕军机大臣等："陈璧等奏'天津、保定两处铜圆，价值尚贱，而近畿各州县市镇，私自折扣，均与京市之价悬殊'等语。着杨士骧妥筹整顿，务使钱价一律平均，以苏民困。原片着钞给阅看。"

182 卷587·光绪三十四年二月

癸未 谕内阁："度支部奏请领各厂暂行停铸铜圆一折。现在京外铜圆日益加多，民间减折行使，银价愈贵，物价愈昂。前经发款减价收买，铜圆仍是充斥，未收实效。着照所请，京外各厂，暂行停铸铜圆数月，俟铜圆价值稍平，察看市面情形，再行复铸。"

183 卷588·光绪三十四年三月

丁亥 谕内阁："近日京城银价，仍未甚平，固由于铜圆之充斥，亦由于私票之繁多。现在业经饬令各厂铜圆暂行停铸，而私票仍漫无限制。奸商但知牟利，并无实存铜圆，任意开写钱票，片纸架空，为害更甚，若不设法整顿，恐银价终无平减之日。着责成顺天府迅即详定章程，严立限制。除本非钱业一概禁止出票外，其钱业所出纸票，必须准该铺实存铜圆之数，定其出票之多寡。倘再有架空出票，取巧害民，扰乱市面，定予从重罚办。并着民政部、步军统领衙门协力查禁，认真整顿，勿得任其蒙混抗违，以肃圜法而利民生。"寻，顺天府奏："谨拟《查禁架空钱票章程四条》。"依议行。

庚寅 又谕："电寄赵尔丰电悉，所请展缓停铸铜圆各节，着度支部议奏。"寻议驳，得旨："着仍遵前旨，暂行停铸，以归画一。"

庚寅 湖南巡抚岑春蓂奏："湘省市面钱少，生计日蹙，额铸铜币，势难周转，拟恳增加铸数，以苏民困而利民生。"下度支部，议驳。

乙巳 东三省总督徐世昌等奏："奉省所购铜斤，尚未用罄，体察市面情形，尚不至十分充斥，拟请展缓停铸，俟所余铜斤铸罄，再行酌核办理。"得旨："所奏着毋庸议。"

184 卷590·光绪三十四年四月

壬午 又谕："电寄赵尔丰。据电奏，停铸铜圆实有碍难等情，着度支部速议具奏。"

185 卷594·光绪三十四年七月

丙申 谕军机大臣等："电寄端方等电奏悉。所请'将已购之铜，尽数开铸当十、当五、当二各铜圆，以维市面而清欠款'，着度支部速议具奏。"

壬寅 河南巡抚林绍年奏："豫省造币厂，本年三月停铸当十铜圆后，钱根日紧，请复开铸以便民用。"下部知之。

186 卷596·光绪三十四年九月

癸巳 又谕："会议政务处王大臣奕劻等，会同资政院总裁溥伦等遵议划一币制一折。'币制为财政大纲，各国以金币为主，以银铜各圆为辅，规制精密，流通便利，但须累年经营，始克完备，皆非一蹴所能几及。中国财政紊淆，币制亟宜厘定。欲以实金为本位，则钜本难筹，若定虚金为本位，则危险可虑。自应先将银币整齐划一，然后稳慎筹措，徐图进步。将来行用金币，可望妥实无弊。兹据该王大臣奏称'中国两钱分厘，习用已久，实难废改'。从前财政处奏定银币重量，亦以两计，着即定为大银币一枚，计重库平一两。又多铸库平五钱重之银币，以便行用。并附铸减成之库平一钱暨五分小银圆，以资补助。其两种银币，按九成八足银铸造，两种小银圆，按八成八足银铸造。此项银两，除与外国订有约文，照旧核算外，京外大小各衙门，库款收发，悉归一律，永不准再有补平、补色、顷镕、火耗、平余各名目。所有地方官及经收官吏，办公经费饭银，并管解川资，着该省督抚体察该省情形，详拟办法，咨明度支部汇核厘定。应增应减，均须明白宣示，永绝胥吏影射侵渔之积弊。至各省市面，银钱纷歧，成色糅杂，奸商市侩，藉以折扣盘剥，久为商民行旅之害，并着度支部详定章程，严申禁令，计期分年，务将通国银币统归画一，不得稍有参差。银币尚未铸造充足以前，各省旧有大小银圆，准其与各种生银，暂时照旧在市面行用。至旧日上库宝银，亦准暂照旧兑交，按年搭解银币，即将宝银按年递减，统由度支部随时酌量情形，妥拟办理。将此通谕知之。"

宣统政纪部分

001 卷2·光绪三十四年十一月

己丑 内阁奏："宣统建元，鼓铸银铜币制。"依议行。

丙申 又谕："电寄端方等。端方、朱家宝会电奏'请将应解北洋练兵经费二十万两，扣留一年，并鼓铸局存铜饼十一万斤各节'，着照所请。该部知道。"

002 卷3·光绪三十四年十一月

戊戌 东三省总督徐世昌等奏："吉林制钱缺乏，拟将铸钱之宝吉局归并银圆局内，搭铸铜圆，以维圜法。"如所请行。

003 卷6·宣统元年正月

乙未 度支部奏："光绪三十四年九月十一日，会议政务处会同资政院遵议画一币制一折。奉旨：'着即定为大银币一枚，计重库平一两，又多铸库平五钱重之银币，以便行用，并附铸减成之库平一钱，暨五分小银圆，以资补助。其两种银币，按九八足银铸造，两种小银圆，按八八足银铸造。着度支部详定章程，计期分年，务将通国银币统归画一，不得稍有参差等因。钦此！'臣等当即饬造币总厂雕刻钢模，以便及时铸造。惟币制重要，不厌详求，窃以改定币制，办法约有三端：始则讲铸造之法，继则筹推行之方，终则求画一之策。而以现在所定成色分两，求之三者，仍多窒碍。谨就管见所及，缕晰陈之：

一、铸造之始宜审名实也。一两银币按九八足银铸造，其中有二疑问。一以市俗通称之九八银一两入炉鼓铸，其中实含纯银九钱八分，杂质二分，则铸成之币，声音既不清越，币质较顿，亦易磨损。一以提净纯银九钱八分准货币公例，外加杂质，入炉鼓铸，则其重量决不止一两。重与文既不相符，即名与实两不相副。且大银币与小银圆两种成色既不一律，重量亦复参差，必启民间补贴折减诸弊。此其为难者一也。

一、推行之时宜防销毁也。各省行用生银之成色，向惟公估局及炉房定之。市侩牟利，技既不精，而公估炉房所定成色，又参差不一。今欲维持新币，使不致私销，必先定新币与各种生银之比较。盖制币之成色，既高于通用之生银，而生银之成色，又惟听公估炉房自为高下，则恶币未有不驱逐良币者。奸徒毁制币为生银，转可藉以牟利，是新币之随铸随销，可以预断。此其为难者二也。

一、画一币制，必吸收旧时银块银圆，而亏耗之资宜筹抵补也。中国市面向无十足纯银，所谓九八足银者，已为各处市面现用银两最高之色。今铸一两之制币，若用九八纯银，则即收市面九八库平银两，每两尚须有增加杂质及火耗铸工之亏。若所收银两不能尽得九八成色，则所亏更钜。且一两之币，质重而不便于携带，势不能不多铸五钱之币，铸费更重。至龙圆墨圆大都不过九成上下，收买更铸，势不能照实含之银计算。盖各项银圆各有市值，不照市值，则民闲不肯售换，势必仍听银圆行用，制币将永无画一之期。故欲期制币之画一，不得不逐渐将银圆收买更铸。此项银圆流行既久，为数甚钜，以之改铸一二钱之辅币，所亏尚少，以之改铸一两之主币，则每两须亏十成之一，而通国现有之银圆，势不能尽以之改铸辅币。盖减成之辅币不能过多，过多则价必跌，又将与主币不能为画一兑换，故收买银圆改铸制币之亏，必不能免。此项亏耗，殊难预计，国库支绌，筹备甚艰。此其为难者三也。

至于禁止外币输入，事关交涉。严禁私毁，责在警察。且既为制币，则银铜必有定价，中国财政复杂，各省情形不同，行于此者捍于彼，通行画一章程，实难遽定。以上各节，臣等再四推求，殊乏万全之策。会议政务处既主持于前，自必有权衡至当办法，应请饬下会议政务处再行妥议章程具奏，以利推行而免窒碍。"

得旨："着交会议政务处妥议具奏。"

004 卷 9 · 宣统元年闰二月

乙酉 先是湖广总督陈夔龙奏称"改定币制亟应先事筹虑"，又度支部奏称"币制重要，宜策万全"，均下会议政务处议，至是议上。以度支部奏陈"铸造、推行、画一三端，仍以成色分两多所窒碍为言。查币制通病，成色高则患私销，成色低又患私铸，故前代诸臣，皆有不惜铜爱工之论。考日本改革币制，尝由大藏大臣设立币制调查局，会议至三十余次。迨决议施行，新旧引换之际，犹复几经困难，始克有成。现在度支部清理财政，正在派员，如由部分别调查，以为入手办法，似属一举两得。拟请饬由度支部设立币制调查局，详加考察，再行确定方法，奏明办理。陈夔龙所陈'划一币价，吸收银圆，巩固法权，抵补亏款'四条，查各国通例，国币只行本国，无论何国，皆不能以自定币价，强人就我，此与国家法权并无关碍。其余三条，与度支部所奏大致相同，应请饬部一并妥筹办理。"均从之。

乙酉 云贵总督锡良奏："滇省改炼京运净铜，非宽筹铜本，厚给铜价，矿务万难振兴。现经悉心筹酌，应以例价二十两，尽数给商，每净铜一百斤，由滇运至泸州，应准以三十七两开支。拟请饬部宽筹铜本，添拨常年的款二三十万，以免竭蹶而图扩充。"下度支部议。

005 卷 10 · 宣统元年闰二月

甲辰 （山东巡抚袁树勋）又奏："铜圆约有十弊，敬筹治标之法：一、铸一两之银圆，限易铜圆若干，而铸小银圆、小铜圆为补助；一、当十铜圆，与制钱实质本不相当，拟折作五六文行使；一、铜圆制钱并行，应稍区别价格。"下度支部知之。

己酉 东三省总督邮传部尚书徐世昌奏："沥陈东省危迫情形，并已办筹办各事宜：窃自日俄以东省为拓殖之地，竭力经营，岁縻钜款。我拥领土之虚名，彼攘主权之实利。自路线划为南北，遂成分据之形。迨协约告成，图谋愈亟。干涉内政，扩充实权，官吏莫敢谁何，商民习为惯例。盖在强邻掌握之中者，非一日矣……一曰辟新机。公署之设、营房之建、工程之所经营、马路之所筑治，凡以昭整肃，规久远也。欲实业之发达，必先为实地之讲求。爰设森林学堂、植物研究所、农业试验各场，以资考究。整饬黑松两江之邮船，调查长白、珲春之林域。矿产之繁，尤难殚数。于本溪湖则允日合办，于漠河、观音山、呼吗尔河已开之矿，以用人未协，款绌事废，已派矿师测验，拟另行筹办，以辟利源。于海龙之杉松冈、辽阳之尾明山，皆已派人试办。其余若商明已开之矿，及续报开采者，以奉省计之,已有七十五区。吉省佳矿甚多,金矿之外,近复试办铜矿。江省等河,煤苗甚旺,惜运路不易,凡有商人呈请开矿者,皆由官往勘矿场,验其资本,而以时保护之……"得旨:"原折着钞给锡良阅看。"

006 卷 11 · 宣统元年三月

乙亥 浙江巡抚增韫奏:"浙西苏五属盐务,系由商人认办,其课项加价,向用银洋分别解缴,惟盐斤售价,则以钱合计。近来铜圆充斥,洋价日涨,银价亦与之俱增。商人暗中赔贴,所亏甚钜。拟请将所售盐斤,照现价暂改洋码,俾拯商困。"下度支部议。

007 卷 13 · 宣统元年五月

壬子 御史刘显曾奏:"宿州食盐,上年奉部章每年加价四文,路费二文,民皆遵守。乃盐局委员祝云翔勒令铜圆购盐,改七五折,而各子店复短称二两,民有违言,则虚报抢劫,损失盐斤,请兵弹压。乘查办委员李维源未到之先,串同局委丁铠、王鸿陆、知州李铭楚私押绅商,勒照加价短称办法,匪特紊乱部章,而且几酿大变,请饬查明办理。"得旨:"交安徽巡抚朱家宝查覆。"

壬戌 湖广总督陈夔龙奏:"湖北矿政调查局,经派司道充当总会办。按之矿章,凡人民禀请探矿开矿一切事宜,均须督同地方官察度办理。劝业道系实缺监司大员,事有专属,监督较易,自当遵章归并,一切文卷移交劝业道管理,该局即日裁撤,前发关防呈销。"又奏:"鄂省官办硝磺,先由善后局招商,发给执照采选,往往迟延,或运不足数。近年兵工、钢药厂制炼镪水,需磺尤伙,自设矿政调查局后,即归该局兼办。察度需用数目,先期济运,并委员圈山开采,稽察私贩。此次裁局归劝业道管理,应将硝磺划出专办,名曰硝磺总局,刊刻关防,派专员办理,以供兵工钢药厂之用。"均下部知之。 又奏:"湖北自光绪三十年将新案赔款捐,留办各州县学堂,名为赔款改学堂捐。三十三年复因学务公所岁入学款,自铜币赢余,经部提拨,不敷甚钜,饬将赔款改学堂捐酌提五成,充省城办学经费。除宣恩、来凤、咸丰、建始、归州、长阳、长乐、兴山、巴东、竹山、竹溪、保康十二州县及鹤峰直隶厅地方,均系瘠苦,原派捐款无多,准其全数存留自办学务外,其余各厅州县一律提拨五成,计实应解钱四十二万二千余串。行之两年,省城学务,赖兹挹注。伏查此项本系奏明专为鄂省兴学之用,而用之各属,与用之省城相同,自应奏明立案,以期垂久。"下部知之。

008 卷 18 · 宣统元年七月

癸酉 又谕:"都察院奏'据安徽京官呈称,皖省征收丁漕,勒价病民'等语。着朱家宝按照所呈各节,确切查明,体察情形,认真整顿,妥筹具奏。原呈着钞给阅看。"寻奏:"除向系照章征银收钱各州县,毋庸更张外。其余兼收银圆各属,各就地方市面情形,将每本洋一圆、英龙洋一圆,合钱若干,于未开征之前,专案详明,一面牌示,核实征收。其有奇零小户,以铜圆完纳者,不准勒缴洋圆。倘再有抑勒折扣者,即从严办。"下部知之。

009 卷 22 · 宣统元年九月

癸亥 （都察院）又代递江苏举人张毓英等条陈铜圆八害："一劳动工人有束缚之害、一商业有亏折之害、一农业有耗损之害、一非农非工非商有普受之害、一债权有损失之害、一地方公款有暗蚀之害、一库款有短绌之害、一国财有外溢之害。因陈治标治本二法，治标之法六：曰停铸、曰禁私、曰收回钱票、曰匀销边省、曰酌量收买、曰官为通用；治本之法，则以速定币制为归宿。"下度支部议。

010 卷 24 · 宣统元年十月

癸巳 以办理铜务，纵丁酿命，革云南补用守备杨开职。

戊戌 安徽巡抚朱家宝奏："皖省财政竭蹶，罗掘无从，请将认解北洋练兵经费、东三省俸饷、河南协饷、云南铜本四款，共计银二十四万两，一律停解数年，以轻担负。并将拨解江宁司织二仓荒缓屯匠米折，采办京棕二款，一并停免。此外不敷各款，尚在百万以外，应再力筹开源节流政策，庶开辟一分利源，即弥补一分亏欠。"得旨："度支部妥议具奏。"

011 卷 25 · 宣统元年十一月

癸丑 谕军机大臣等："翰林院侍讲学士周爰诹奏'铜圆流弊日滋，宜化畛域以利民用、杜外私，以保国权'一折。着外务部、度支部，按照所奏各节，体察情形，妥筹办法，会同具奏。原折着钞给阅看。"

012 卷 26 · 宣统元年十一月

壬申 御史赵炳麟奏："财政、学务，亟须整顿。财政之必须整顿者略有三事：

第一，早定币制。币制不定，其害有四：一外币充斥利权外溢，二纸币过多实银过少，三铜圆流行上下交困，四畛域各分交通不便。宜专用圜法，确定十进位，使流行不阻，庶利益可以挽回。

第二，烟草专卖。南北各省纸烟通行，漏卮较鸦片尤钜。仿行日本烟草专卖，必先议改税则，派员出洋调查。法律之调查，宜往日本，技术之调查，宜往欧洲、埃及。我国产烟草之地，所在皆是，倘能议改税则，讲求制造，行专卖法，他年海军经费，此项已可敷用。

第三，加税免厘，宜定期实行。欲改税则，必藉加税免厘方可与各国开议。闻美国极愿赞成，且愿列国联合扶助，正可乘机议增入口洋税。此机一失，税则永无议增之时。应请妥筹办法，挽回利权。

（学务部分略）"

得旨："着会议政务处妥议具奏。"寻奏："币制一事，造端宏大，请饬下度支部，将画一国币章程，暨一切关系币制条例，克期议定，早日施行，以便民用。至纸币过多一层，必俟新币推行，将旧币收换，方无纷扰。烟草专卖，事关条约，必须遇有机会，方能与外国商办。加税免厘，关系财政大局，应饬下度支、农工商等部，于商约所载各要端切实从速筹办……"从之。

013 卷31·宣统二年二月

己卯 山东巡抚孙宝琦奏："厘定币制，关系全国财政。谨拟上单数本位币一等、银币四等、镍币二等、铜币五等，附纸币两种，缮具清单，并将其应行筹画重要事宜，分条胪陈。"下部知之。

014 卷34·宣统二年四月

戊子 度支部奏："铸造国币，应一事权，拟将各省所设银铜各厂，分别撤留。所留汉口、广州、成都、云南四处之厂，专归天津总厂管理。东三省情形与他省不同，拟就奉厂基址，暂改分厂一所。其余各厂一律裁撤。"从之。

015 卷35·宣统二年四月

己丑 谕内阁："度支部奏'币制重要，宜策万全'，当即谕令会议政务处妥议。旋经覆奏准予饬部设局调查。兹据该部具奏'厘定币制，酌拟则例，缮单呈览'，及'筹议旧币办法'各折，朕详加披览，所拟各节，尚属切实可行，亟宜明白宣示。中国国币单位，着即定名曰圆，暂就银为本位，以一圆为主币，重库平七钱二分；另以五角、二角、五分、一角三种银币及五分镍币，二分、一分、五厘、一厘四种铜币为辅币；圆、角、分、厘、各以十进，永为定价，不得任意低昂。着度支部一面责成造币厂迅即按照所拟各项重量、成色、花纹，铸造新币，积有成数，次第施行。所有赋税课厘，必用制币交纳，放款亦然。并责成大清银行会同造币厂，将新旧交换机关，筹备完密，一面通行各省，将现铸之大小银铜圆，一律停铸，并知照京外各衙门按照单开折合标准及改换计数名称各条，依限妥办。将来新币发行地方，所有生银及从前铸造各项银铜圆，准其暂照市价行用，由部饬币厂银行逐渐收换，并酌定限期，停止行用。迨新币通行以后，无论官私各款，均以大清银币收发交易，不得拒不收受，亦不准强行折扣。至于伪造制币，大干例禁，缉拿惩治，均属地方之责。着各部院、顺天府及将军、都统大臣、各省督抚，督饬所属各就所管事项，遵照则例，切实奉行；并转谕各该处商会，宣演则例大意，使人人知此次改定币制，专为便民便商，划除向来平色纷淆之币，以立清厘财政之基。倘有奸商市侩，藉端摇惑愚民，抑扬物价，即着从严惩治，用副朝廷利用厚生之至意。"

016 卷36·宣统二年五月

辛亥 湖南巡抚杨文鼎奏："湘省财力殚竭，无可筹挪。请将奉拨甘肃、新疆、广西各省协饷，及云南铜本银两，暂行停解，以维大局。"下部议。

017 卷37·宣统二年六月

戊戌 （山东巡抚孙宝琦）又片奏："……海阳县知县方奎，才本平庸，不孚民望，于收钱粮搭配制钱铜圆，不知剀切晓谕，致激民变；均着先行革职，并将酿乱情形，再行确查，据实具奏。"

018 卷39 · 宣统二年七月

丁卯 湖南巡抚杨文鼎奏："查湘省历年积亏几三百万两，由光绪三十一年起，赈籴米捐衡宝配销拨为赎路之费，岁入骤短银四五十万两，而岁出增解京练兵二十万两，添练常备新军四十余万两。又游学暨学堂经费，原指赈籴米捐铜圆余利，今米捐改拨铜圆停铸，少银四十余万两，巡警约十余万两。添设巡警劝业各道，调查、咨议各局，筹办审判自治各处，又需十余万两，皆丝毫无着。此后宪政推行愈广，筹备更紧，实觉为难……今欲筹大宗款项，而不致累民者，惟有推广矿务盐务，加收出口米捐，容妥拟奏明办理。"下度支部知之。

019 卷41 · 宣统二年八月

丁酉 西藏办事大臣联预奏："遵照向章铸造宣统宝藏银圆铜圆，行使之际，不准任意低昂。拟另购外洋轻便机器，并拟增建厂屋，招募内地工匠，次第扩充。"如所请行。

庚子 陕西巡抚恩寿奏："陕省试办宣统三年预算，出入相抵，计不敷银一百万两。从前所以尚能勉强支持者，以尚有赈余一款，及每年土厘可资贴补。现在赈余用罄，土厘无收，何能别筹钜款？计惟有将行政经费再加撙节。筹经再四，拟将厘金试办统捐，约计每年可增银十万两内外。并酌裁绿营，计可减银十万余两。一面分别归并局所，裁汰委员，酌减薪水，计又每年可省银五六万两。其余万难再减。不得已，只有将解出之款酌量请缓。现拟将每年指拨甘、新饷内，请认筹一半，拟缓解银九万两；陆军学费内，暂缓解银三千九百两；专使经费内，暂缓解银一万两；其旧拨之宜昌盐厘银二万两、福州船厂改拨银五万两、云南铜本一万两；均请一并缓解。恩饬部从长核议，将陕省常年认解之款，暂予停缓银十余万两，以纾财力而资周转。"下部议。

020 卷42 · 宣统二年九月

庚戌 又谕："电寄李经羲。据电奏'川兵窜扰滇境，中甸同知姚春魁、哨官钱尊贤被胁，并抢去铜本银、枪械，杀伤十余人，现饬各营兜剿'等语。此次川兵叛窜，扰害边境，若非赶紧扑灭，必致裹胁蔓延，贻害地方。着李经羲督饬各营，迅速兜剿防窜。并着赵尔巽、赵尔丰严饬各将弁，速遏叛兵归路，合力夹击，毋任滋蔓。所有姚春魁等下落，及叛兵究竟如何起事情形，着该督等速即分别查明，据实电奏。"

021 卷44 · 宣统二年十一月

壬寅 杭州将军志锐奏："铜圆漏卮过钜，现虽令停铸，而日本则急起直追，大收中国制钱，毁成铜块，到华销售。天津、上海租界，公然日运铜板到埠，开炉铸成铜圆，欲用何省字样，登时有钱模印之。欲图补救，惟有将铜圆一枚，准折制钱四文或五文，奸商贩卖，不能得利，日本铸造，亦必亏折。"下部知之。

022 卷47·宣统二年十二月

己丑 考察日本国宪政大臣李家驹奏考察日本财政纂成《日本租税制度考》十册，《日本会计制度考》四册，恭缮进呈御览。窃维我国比年以来，财政困难，亦已极矣。论者谓财政支绌，当权事之轻重缓急，量入为出，是未知计臣责任与阁臣责任之区别也。又谓民穷财尽，当为休养生息之谋，不当为竭泽而渔之计，是未知经济行政与财务行政之区别也。臣所言者，属于财务行政之范围，其大纲曰制入、曰制出。

制入之要义，一曰租税之收入。租税之原则有四：一为财政之原则、二为经济之原则、三为公正之原则、四为行政之原则。今欲增加收入，必先整顿统系，迅速清理。清理之策曰改良旧税，如田赋之一律、盐课之专卖、关税之收回管理是也。曰归并旧税，如地丁、租课、漕粮、漕折、粮折、羡耗，裁并画一是也。曰废去旧税，如厘金、统捐、常关、茶税，以及繁复之杂税，分别存废是也。曰扩充旧税，如酒税、烟税、印花税，通行全国是也。曰增加新税，如营业税、财产税、家屋税，皆收益税之可行者也；如特别税、所得税、通常所得税、兵役税，皆所得税之可行者也；如饮料税、物品税、使用税，皆消费税之可行者也；如承继税、所引税、运输税，皆行为税之可行者也。

二曰租税以外之收入。此项之收入有三：一为官有财产，财产有土地、有森林、有矿山等项；二为官办实业，实业有工业、有商业、有邮电航路及各种专卖等项；三为政务公费，公费有司法公费、有行政公费以及罚金科费、没收等项，皆宜锐意经营以规大利者也。

三曰公债。公债之性有二，一为强迫公债，二为随意公债。强迫公债不可屡行，若随意公债，则有利无害。

我国今日尤有不能不行之势，盖因经费竭匮，始言整理财政，欲整理财政，则必先筹整理之费。如清理田赋一事，日本官费、民费，共用三千万圆，我国以十倍计，亦须三万万圆。除民费一万万圆外，政府所应筹措者约二万万圆。又如整顿币制一事，度支部原奏，限五年内，举各省自铸银圆铜圆，悉数收回，以全国计，当有二万万圆，每圆约耗十分之二，亦当耗四千万圆。其余改良一切税制，无不须先垫钜款者，则舍募集公债以资周转，更有何道哉？如上所陈，以言制出，则酌剂财用，必以政治方针为衡。以言制入，则增进财源，皆以统系税制为要。

财政大纲，略具于是，然臣之所言，改弦更张，已属非常而骇世俗。惟事变纷乘，缓无可缓，倘复畏难顾虑，旧贯相仍，则目前虽欲酌增岁入，势已不行。万一事起仓皇急须钜款，不知何以为计？言念及此，可为寒心。应请圣明采纳施行，大局幸甚。"……书留览。

023 卷52·宣统三年四月

壬午 谕内阁："李经羲奏'甄别属员贤否，分别劝惩'一折……办理迤东铜务委员邓川州……均着传旨嘉奖……。又片奏'镰铅厂委员永北直隶厅同知宋体乾，办事不力，叠被控告，所呈帐册，含混浮冒。铜厂委员已革四川候补知县周昌隆，领款钜万，成效毫无，巧词诿卸'等语。宋体乾着暂行革职，归案查办，周昌隆着严行管押，勒限追款。"

024 卷62 · 宣统三年九月

壬申 又谕:"电寄张人骏。据电奏'军事旁午,造币尚有存款,倘有急用,应准随时饬提,请将该厂暂归管辖,仍报部察核'等语,着度支部速议具奏。"寻议:"查江宁造币分厂,所存铸本,业已无多,又令解沪凑还赔款,该厂存款实已全数用完。至该厂向为鼓铸银铜各币之地,近日外间颇患钱荒,如该省有饬办事件,应准由该督暂行管辖,以资利便。"从之。

甲戌 又谕:"度支部奏续借洋款以济要需一折,着依议。"又谕:"电寄袁世凯。据电奏'河南市面钱荒,前敌军饷,无可兑换,请准河南铜圆局自行开铸铜圆,以济鄂豫军需。一俟军务大定,即当停止'等语。着暂准该省自行开铸当十铜圆以应急需。"

025 卷69 · 宣统三年十二月

丙午 节制各路军队大臣袁世凯奏:"保奖克复颍州府城出力各员……是役也,攻围六昼夜之久,阵毙悍匪一千余名、生擒匪党六百余名、击毙匪首伪标统营官队官二十余名、夺获克鹿卜五生的七钢炮三尊、江南造大铜炮三尊、格林连珠大炮二尊、各种快枪土枪数百杆、子弹火药无算。该藩司以新募之兵,当方张之寇,仰仗朝廷威灵、将士用命,遂能力破坚城,克复土宇,所有在事文武员弁,异常出力,不无微劳足录,仰恳照单奖叙,以酬劳勤而资激劝……"均如请行。

附录一

中央主要部门、省份、国别及洋铜索引

诏、制、上谕、懿旨

149、150、151、152、153、154、155、156、157、158、159、161、163、165、166、167、
168、169、171、172、173、174

文宗：001、002、003、004、005、006、007、009、010、011、012、013、014、015、016、
017、018、019、020、021、022、023、026、027、028、029、031、032、033、034、035、
036、037、038、039、040、041、042、043、044、046、047、048、049、050、051、053、
054、055、057、058、059、060、062、063、065、066、068、069、070、071、072、073、
075、076、077、078、079、080、081、082、083、084、085、086、087、088、089、090、
091、092、093、094、095、097、098、099、100、101、102、103、104、105、106、107、
108、109、110、111、112

穆宗：001、002、003、004、005、006、007、008、009、010、011、012、013、014、015、
016、017、018、020、021、022、023、024、025、026、027、028、029、030、032、033、
034、035、036、038、039、040、041、043、044、045、046、047、049、051、052、
053、054

德宗：001、002、005、007、008、010、011、012、013、014、015、017、018、019、020、
021、022、024、025、026、027、028、029、030、031、032、034、036、037、038、039、
040、041、042、043、044、045、046、047、048、049、050、052、054、055、056、057、
058、059、063、064、066、068、069、071、072、073、076、077、078、084、088、092、
094、095、096、097、098、099、103、104、105、107、110、111、118、119、121、123、
124、125、126、127、130、137、143、144、147、154、158、163、164、175、179、181、
182、183、184、185、186

宣统：001、008、011、015、020、023、024

内阁、军机处、议政王大臣、会议政务处、资政院

世宗：007、021、022

高宗：024、034、050、067、079、088、098、110、116、123、125、126、127、139、140、
142、144、151、153、158、159、161、164、172、173、178、180、189、192、201、214、
217、228、230、232、241、244、245、256、258、260、261、265、266、267、268、278、
279、287、290、291、300、302、303、306、307、310、311、315、319、320、322、323、
325、326、327、329、330、332、334、338、339、340、342、347、348、349、351、352、
353、354、355、361、365、366、368、369、370、374、376、377、378、382、383、385、
392、393、395、397、399、400、403、405、406、408、409、417、420、423、425、431、
435、436、437、438、441、444、445、449、452、455、456、458、459、463、469、471、
472、473、474、475、477、481、482、484、487、488、492、494、495、496、497、500、
504、508、511、512、520、523、524、525、527、528、529、530、531、534、535、545、
555、556、557、562、563、569、573、574、576、577、579、584、585、588、591、593、
596、600、601、604、610、611

仁宗：004、005、006、007、009、010、011、015、016、018、019、022、026、027、029、
032、033、036、037、039、040、044、046、047、050、055、057、058、060、061

宣宗：004、005、006、010、013、017、018、020、023、024、026、027、029、030、035、
037、040、042、043、044、046、048、050、051、055、060、066、070、071、072、075、

077、078、080、081、082、084、085、088、089、090、093、095、096、097、098、100、
101、102、103、108、109、111、112、114、117、118、119、120、122、124、129、131、
133、134、137、138、140、144、145、146、149、150、151、153、154、155、156、157、
158、161、162、163、165、166、167、168、169、171、172、173

文宗：001、002、003、004、005、009、010、011、012、013、014、015、016、017、020、
021、023、027、029、033、035、036、037、039、043、044、046、047、048、049、050、
051、052、054、056、057、058、059、063、064、068、069、070、071、072、073、075、
076、079、080、081、084、086、088、089、090、094、095、098、099、100、102、103、
104、105、107

穆宗：001、002、008、009、010、011、012、014、016、017、018、020、024、029、030、
032、033、036、038、040、041、043、046、047、049、051、052、053

德宗：005、007、010、011、012、013、014、015、018、019、020、022、023、025、027、
028、029、031、032、034、037、038、039、040、042、043、044、045、048、052、054、
055、056、059、063、064、066、068、069、071、072、076、077、084、088、092、094、
095、096、097、098、099、104、105、107、110、111、118、123、125、126、127、130、
137、147、151、154、158、163、164、166、168、174、179、181、182、183、185、186

宣统：001、003、011、012、015、023

户部、财政处、度支部、民政部

世祖：005、006、007、008、010、011、013、014、015、016

圣祖：001、002、004、005、008、009、012、013、014、016、018、021、022、023、024、
025、026

世宗：001、002、006、008、011、012、015、016

高宗：001、003、007、011、012、014、015、020、021、027、032、033、038、041、042、
043、045、046、047、052、055、056、057、058、059、061、065、066、068、069、070、
071、072、074、075、077、078、081、085、086、090、091、093、094、098、099、100、
101、102、115、117、120、121、123、125、127、129、133、135、137、147、148、149、
156、162、164、167、175、176、177、179、180、185、187、189、193、194、195、198、
199、200、204、209、210、212、213、214、216、224、225、226、235、242、253、262、
272、276、277、284、286、287、296、297、300、303、308、313、325、327、331、334、
336、337、339、344、351、353、357、358、377、379、381、383、384、389、391、392、
393、394、395、397、401、402、403、405、409、412、420、431、435、449、479、483、
498、519、521、523、524、525、545、550、563、567、577、579、586、593、595、597、
612、614

仁宗：004、009、011、013、015、016、019、022、024、030、037、045、055

宣宗：010、013、017、018、020、026、030、033、034、037、044、048、051、058、061、
075、084、087、090、093、095、098、101、105、106、109、112、113、117、118、119、
120、121、124、134、147、151、152、156、162、165、166、167、168、169、172、173

文宗：001、002、003、004、006、007、009、011、013、015、016、018、019、027、029、
030、031、032、033、035、037、038、039、041、042、043、044、048、049、051、055、

056、058、061、063、069、070、071、072、075、076、077、078、080、081、094、095、
097、098、105、112

穆宗：001、004、005、007、008、009、013、027、030、032、038、040、051

德宗：005、007、013、014、015、019、020、023、028、031、034、038、039、042、043、
044、045、046、047、048、052、054、055、056、057、063、064、067、068、070、071、
073、076、077、084、085、088、093、095、096、097、099、103、107、111、114、115、
117、118、120、124、126、130、137、141、142、144、151、152、158、162、163、164、
166、167、168、171、172、173、174、175、177、181、182、183、186

宣统：003、004、006、010、011、012、013、015、018、024

工部

世祖：009

圣祖：004、010、015、020、022、026、027

高宗：070、113、134、155、262、280、313、393、405、487、509、519、521、523、524、
597、614

仁宗：004、013、030、072

宣宗：077、078、084、086、090、093、113、119、120、153、162、163、165

文宗：001、002、007、011、014、015、018、029、031、037、039、049、054、058、063、
076、078、081

穆宗：004、005、011、027、051

德宗：024、029、039、042、052、054、057、063、137

吏部

圣祖：009

高宗：009、014、075、128、261、281、335、346、394、398、399、404、407、419、433、
441、462

仁宗：018

宣宗：018、020、071、076

穆宗：007

德宗：078

礼部、光禄寺

世祖：002

世宗：014

高宗：006、350

仁宗：026、029

德宗：012、013

兵部、五城御史、步军统领衙门、神机营、练兵处

圣祖：001、004、009

世宗：002、009、019

高宗：015、016、054、088、089、259、325、415、486、613

仁宗：015

宣宗：020、022、037、067、090

文宗：040、046、055、056、058、070、071、075、081、088、095、097、102、112

穆宗：004、013、026、043、047、051

德宗：004、006、008、016、020、024、025、029、030、039、045、118、160、175、
　　181、183

刑部、大理寺、都察院

圣祖：009

世宗：017

高宗：004、080、108、160、163、164、181、211、239、282、329、381、413、470

仁宗：011、016、033

宣宗：022、024、082、083、085、

文宗：018、089、098、107、108

穆宗：009、026、036、040、047

德宗：025、029、030、072、073、098、118

宣统：008、009

八旗、内务府、宗人府

圣祖：021

世宗：010、014

高宗：016、020、026、054、105、114、199、221、262、355、471、472、477、553、555

仁宗：011

宣宗：018、019、023、024、087、099

文宗：001、031、039、051、068、080、098、112

穆宗：005、010、013、043、103、156、166

德宗：008、013、029、030、098、103、118

总理各国事务衙门、外务部、商务部、邮传部

德宗：047、055、066、068、103、119、120、125、130、132、148、151、158、165、
　　177、181

宣统：011

直隶、顺天府（含热河）

世祖：001、002、026、027

圣祖：020

世宗：008、011、013

高宗：033、046、052、068、070、099、105、110、112、150、153、187、213、230、233、
264、277、286、294、300、303、370、374、377、387、391、395、413、425、432、435、
437、443、444、455、482、487、492、494、495、505、516、517、519、521、523、530、
536、540、542、549、588、591、593、611、613

仁宗：021、031、032、043、046、049

宣宗：005、006、018、019、020、021、036、048、058、076、093、095、101、103、132、
133、145、146、147、151、156、166、167、168、169、173

文宗：003、007、015、016、026、041、043、044、045、046、047、049、050、052、053、
057、058、065、066、070、071、073、075、076、078、081、086、089、095、096、097、
098、099、101、102、103、109、111、112

穆宗：001、004、008、013、018、026、030、032、038、039、041、042、043、044、046、
047、048、051

德宗：001、007、008、011、013、017、019、020、025、028、029、030、031、034、035、
040、043、046、054、057、059、064、065、071、084、096、111、114、117、118、120、
123、125、126、127、147、154、158、164、175、180、181、183

东三省

高宗：380、492

仁宗：029

文宗：101

德宗：001、004、008、016、021、022、024、028、035、040、045、046、059、071、075、
131、146、149、183

宣统：002、005、013

内外蒙古（含察哈尔）

圣祖：019

仁宗：004

宣宗：138

穆宗：042

德宗：010、011、027、039、125、166

新疆

世祖：002

高宗：241、248、252、256、258、265、267、268、270、363、364、377、404、429、449、
456、466、486、531、537、577

仁宗：011、044

宣宗：042、044、045、046、047、051、059、122、127、150

文宗：029、048、054、056、067、074、088、091、092、099、106

穆宗：003、006、047、048、050、055

德宗：006、060、101、110、125

宣统：016

甘肃（含宁夏）

世祖：002
世宗：013、015
高宗：110、245、250、298、363、382、455、466、510、534、558
宣宗：046、150
文宗：022、029、055、104
穆宗：013、019、025、042、043、044、046
德宗：061
宣统：016

陕西

世祖：004
圣祖：028
世宗：006
高宗：016、058、099、104、110、189、199、245、298、303、325、336、337、357、358、
　　382、393、394、422、438、439、444、455、458、488、489、491、494、506、529、557、
　　564、570、594、605
仁宗：005、012
宣宗：055、069、150
文宗：022、042、043、052、093、098
穆宗：023
德宗：058、109、116
宣统：019

山东

圣祖：008、017
高宗：073、079、084、088、094、098、150、152、221、242、260、325、370、396、407、
　　432、437、444、455、499、530、540、544、548、569、599、606、611、167、168、169
仁宗：043、046、049
宣宗：036、048、058、062、075、093、095、101、113、132、151、173、174
文宗：003、009、013、014、015、016、017、019、020、044、058、060、061
穆宗：002、029
德宗：090
宣统：005、017

山西

圣祖：005

高宗：088、093、094、099、130、141、149、202、205、244、256、292、304、420、439、
　　　455、464、472、477、530
宣宗：001、021、028、046、055
文宗：042、058、093、094、098、104、107、108
穆宗：001、023、041、057、106、143

河南

高宗：242、280、422、455、482、492、530、611
仁宗：046
宣宗：144
文宗：022、033、037、043、044、060、061、100
穆宗：023、044
德宗：014、095、117、155、185
宣统：024、025

安徽

圣祖：005、010、022
世宗：001、012
高宗：020、126、217、287、311、326、331、437、455、536、540、545
仁宗：036、042
宣宗：020、035、062、095、107、166、167、168、173
文宗：001、024、032、033、034、040
穆宗：029
德宗：104、135、149、158、160、161、162、173、175
宣统：007、008、010

江苏

圣祖：005、010、022、025、026、027
世宗：002、012
高宗：001、003、007、010、016、020、037、043、049、055、060、062、088、097、106、
　　　110、123、152、175、176、198、231、232、234、278、287、294、295、308、311、315、
　　　324、326、330、331、341、348、351、353、356、358、361、370、383、391、394、432、
　　　433、437、455、471、472、475、478、480、483、509、511、530、540、543、545、576、
　　　591、596、607、609、611
仁宗：019、029、030、040、042、043、046、047、060、061
宣宗：008、015、020、033、035、036、043、048、051、052、054、062、067、068、073、
　　　075、082、086、088、093、095、100、103、104、107、111、131、132、134、136、137、
　　　139、142、144、151、163、166、167、168、173
文宗：001、004、009、011、016、017、038、040、046、057、059、083、084、086
穆宗：019、025、029、030、036、038、041、043、044、045、048、049、054

德宗：007、019、028、031、034、043、047、054、058、064、071、079、084、087、096、
　　111、118、127、146、147、151、155、156、157、158、159、160、161、162、164、167、
　　170、173、185

宣统：001、005、008、024

浙江

圣祖：005、010

世宗：002、012

高宗：007、009、019、020、032、034、038、055、060、101、106、110、112、123、152、
　　153、176、177、178、231、234、320、326、330、336、353、358、361、444、455、475、
　　486、511、543、593 仁宗：018、042、060、061

宣宗：006、020、035、082、100、101、104、129、134、135、137、139、152

文宗：019、024、069、072、075、083、089

穆宗：034、049、053

德宗：002、005、014、032、058、071、077、078、127

宣统：006

江西

圣祖：008

世宗：002、003

高宗：012、027、070、115、116、184、207、249、251、311、330、336、338、355、358、
　　395、403、455、492、494、533、540、543、545

仁宗：060

宣宗：058、060、062、073、075、076、077、078、086、100、101、102、104、130、133、
　　166、167、173

文宗：032、033、034、040、075

湖北

圣祖：007、010、024、026

世宗：001、002、012

高宗：013、016、023、044、047、051、056、059、074、077、096、098、110、119、121、
　　137、141、142、143、146、155、159、167、183、198、201、217、235、240、287、288、
　　294、295、296、300、336、337、343、357、358、375、379、382、391、394、395、418、
　　421、428、436、437、438、439、440、455、461、483、492、494、501、504、511、517、
　　522、523、524、525、526、530、532、534、540、543、545、547、550、567、571、576、
　　581、583、584、591、597、603、608、610、614

仁宗：005、017、030、061

宣宗：004、018、023、050、051、054、062、064、065、066、070、073、077、078、080、
　　089、095、096、103、108、112、132、133、135、137、140、142、151、161、165、169

文宗：002、003、022、033、037

穆宗：020、025、030、031、032、038、034、043、054、055、057、058、064、071、084、
094、095、096、097、111、139、164、165、171、180、181

宣统：007

湖南

圣祖：024、026

世宗：001、002、012

高宗：016、023、030、035、051、053、056、061、063、077、110、111、120、121、136、
138、139、146、155、159、160、208、212、215、218、236、237、250、264、271、287、
343、358、359、360、433、436、437、455、530、540、547、555、591、597、603、614

仁宗：030、045、061

宣宗：029、036、051、062、064、066、070、074、078、081、132、133、161、165、173

文宗：002、003、009、011、040、050

穆宗：020、028

福建（台湾）

世宗：002、012

高宗：020、031、037、055、074、086、092、097、105、110、112、155、157、160、163、
171、224、234、278、326、330、336、337、338、339、361、366、391、444、455、459、
511、543

仁宗：034

宣宗：013、020、025、100、141

文宗：028、029、041、042、054、082、087、094

德宗：002、021、026、054、071、095、147、163、164、167、176

广东

世祖：003

圣祖：008

世宗：012、018、020

高宗：006、014、025、029、039、042、052、054、055、067、085、088、097、100、101、
103、104、105、106、109、110、112、115、121、122、146、196、276、278、282、295、
326、330、336、358、379、455、459、503、508、511、543、553、568、595、598

仁宗：001、002、060

宣宗：020、040、045、071、114、128、130、144

文宗：043、093

穆宗：020、030、034、035、036、049、052、054

德宗：007、014、019、031、032、041、056、062、071、095、097、115、120、126、141、
147、163、164、169、181

穆宗：030、049

德宗：014、019、032、071、077、078、080、095、096、168、178

德宗：014、095、118、128、180、183
宣统：016、018

广西

圣祖：016
世宗：015、016
高宗：009、010、011、035、037、066、072、077、086、090、100、117、121、123、126、
127、128、133、135、139、141、142、147、169、170、196、272、282、284、291、295、
296、325、326、336、337、343、357、358、371、423、427、455、517、545、563
文宗：002、009、012、062
德宗：007、014、031、032、045、100
宣统：016

西藏

高宗：402、436、520、554、556、562、566、578
宣统：019

四川

世宗：021、022
高宗：016、048、055、056、064、065、075、077、087、089、093、098、100、104、107、
110、111、112、113、115、117、124、125、146、148、156、158、161、163、166、167、
168、172、175、176、180、185、189、194、195、197、199、200、203、209、213、214、
216、221、222、223、224、225、226、229、245、251、263、273、275、287、301、306、
314、315、341、343、345、362、363、367、369、376、382、386、387、388、389、390、
393、394、396、397、399、400、402、404、436、438、439、455、460、461、468、469、
480、481、483、484、480、501、525、527、530、532、534、535、540、541、545、546、
547、552、558、574、579、583、585、586、587、589、591、594、597、603、614
仁宗：005、007、023、024、027、028、055
宣宗：037、040、054、064、065、066、070、078、080、086、089、090、092、096、107、
108、114、118、132、133、161、165、172
文宗：009、021、025、033、043、085、090、093、098、104
穆宗：014、015、020、021、028、032、038
德宗：002、009、014、032、043、044、049、053、056、064、071、084、092、096、109、
111、122、126、127、133、153、156、179、184
宣统：020

云南

圣祖：018、019
世宗：005、012、016、022

高宗：001、005、017、019、020、021、022、028、030、032、033、034、037、038、039、040、041、044、045、046、047、048、051、052、053、055、056、059、060、061、064、066、068、069、070、071、072、075、076、077、078、081、082、083、087、091、093、095、096、097、100、101、101、104、106、107、109、112、114、115、116、121、123、126、131、132、134、135、137、145、148、150、153、154、159、161、162、163、164、166、167、168、171、173、175、177、179、183、186、187、190、191、194、195、196、197、198、200、201、204、206、210、211、214、215、219、220、221、226、227、228、234、238、240、243、244、245、253、254、255、257、261、274、275、279、281、282、283、285、288、289、291、293、296、297、299、230、302、303、304、305、306、307、309、310、312、313、314、315、316、317、318、319、320、322、323、325、326、329、330、331、333、334、335、336、337、338、339、343、346、349、350、351、352、353、354、355、356、357、358、366、368、372、373、374、376、377、378、379、381、383、385、387、388、389、391、392、393、394、395、397、401、402、404、406、408、409、410、411、412、414、416、417、418、419、423、424、426、427、428、434、435、436、437、438、439、440、442、444、445、446、447、448、449、453、455、457、458、460、461、462、463、465、467、469、471、473、474、476、479、480、481、485、487、489、490、491、492、493、496、499、500、504、506、507、508、509、511、512、513、514、515、518、519、521、523、524、525、526、528、529、530、531、534、535、536、538、539、540、541、544、545、548、550、551、553、555、559、560、561、564、565、566、567、569、570、572、573、577、578、580、581、582、585、590、591、592、593、594、597、599、600、601、602、603、604、606、607、608、609、610、613

仁宗：001、002、004、006、008、013、014、017、019、020、022、024、025、032、035、037、040、041、042、043、047、049、051、052、053、054、055、056、057、059

宣宗：002、003、007、009、011、012、014、016、018、020、023、025、027、029、030、031、032、034、035、036、037、038、039、040、041、049、050、051、053、054、056、060、063、064、065、067、071、072、073、074、075、077、078、079、080、081、084、086、087、088、090、091、093、094、096、099、103、108、109、110、113、114、115、116、118、120、121、124、125、126、133、134、142、144、146、148、149、152、153、154、155、156、157、159、160、161、164、165、169、170、171、172、175

文宗：002、005、006、008、009、011、016、017、021、024、034、036、041、043、044、050、069、075、079、093、098、100、102、104、110

穆宗：008、012、015、020、021、022、024、027、029、032、033、034、035、036、037、049、051、052、053、054

德宗：002、003、005、007、009、013、014、018、020、028、029、031、032、033、034、036、037、038、042、043、044、045、047、048、049、051、052、053、056、069、070、071、072、073、076、077、079、081、082、083、084、085、086、087、088、089、090、091、092、093、094、095、096、097、099、102、103、106、107、108、111、112、113、114、116、117、121、124、126、127、128、129、131、136、137、138、140、141、142、144、147、157、159、172

宣统：004、010、016、019、020、023

贵州

圣祖：019

世宗：002、004

高宗：008、020、037、053、055、057、064、067、068、069、077、102、106、113、115、
118、120、121、129、131、142、146、151、159、164、174、182、193、200、201、206、
208、210、214、217、226、257、263、282、300、321、323、325、326、327、328、329、
330、332、337、339、341、342、347、357、358、393、394、397、404、406、423、437、
455、461、467、480、481、492、501、517、530、534、535、536、543、567、569、593、
597、604、612、614

仁宗：006、020、022、030

宣宗：014、018、032、035、036、055、063、079、096、114、133、147、149、154、156、
161、169、172

文宗：002、034、036、038、043、085、102、104

穆宗：008、022、028、029、033、049、056、071、084、090、092、094、096、109、111、
126、159、171

朝鲜

太宗：001

圣祖：001

仁宗：026、029

文宗：072

安南

世宗：005

高宗：028、077、083、361

宣宗：020

暹罗

世宗：018

高宗：006、104、459、503

仁宗：060

日本

高宗：055、330、348、351、361、444

文宗：072

德宗：042、066、068

宣统：021、022

英国

高宗：269
宣宗：128、134
文宗：083、101
德宗：047、153

法国

文宗：101
德宗：148、153

沙俄

穆宗：006
德宗：045、125

缅甸

高宗：302、310、317、318、408、409、410、411、503
德宗：047

荷兰

高宗：330

奥匈帝国、比利时

德宗：105

洋铜

高宗：119、150、152、155、189、217、234、235、269、276、294、315、326、330、341、
348、351、361、383、403、432、433、471、472、529、550、570、593
宣宗：068、131、
文宗：002、004
穆宗：013、031、032、038
德宗：042、057、058、066、103、118、127、163

附录二

地名索引

A

B

白露矾：高宗 428

白螺矾：高宗 547

百色：高宗 072、102、291、295、296

摆定：高宗 100

拜城：高宗 265、404；宣宗 044、059；穆宗 003

板蚌：高宗 019、102

报国：高宗 604

宝庆府：高宗 433

宝山：宣宗 131、144

保定：高宗 099、286、294、300、303、593

保康：宣宗 007

保山：高宗 368、387、412、499

包头：穆宗 043

本溪湖：宣统 005

毕赤：高宗 208、210

毕节：高宗 077、113、210、330；文宗 085

北河：高宗 277、588；宣宗 035

宾州：高宗 100

剥隘：世宗 016；高宗 291、295、296、297、366

博罗县：高宗 101

博罗胡吉尔卡伦：穆宗 006

亳州：文宗 032

捕河厅：高宗 396

C

苍梧县：高宗 272

茶陵：高宗 271

草坡：高宗 399

曹县：高宗 599、606

长芦：圣祖 005；高宗 471、472、492、611；宣宗 066

长白：宣统 006

长沙：高宗 061、264、547；宣宗 029

长乐：高宗 102；宣统 007

长宁：高宗 065

长崎：高宗 055；德宗 066

长铁滩：高宗 555

长汀：高宗 157

长寿：高宗 176

长阳：宣统 007

长崖坊：高宗 100

常德：高宗 136、264；仁宗 030

常宁县：高宗 023、358

常熟县：高宗 530

常州：高宗 543

昌化县：德宗 062

辰州：高宗 138

郴州：高宗 063、077、111、120、212、215、218、433

澄江：文宗 017；德宗 148

承德府：文宗 050

成都：宣统 014

赤水河：高宗 113、131、174

叱滩：高宗 201

池州：高宗 217、543

重庆府：高宗 075、077、176、216、222、229、396、404、480、481、483、545、546、
　　547、552、583、594；宣宗 132；穆宗 029

崇信里：高宗 210

磁庄滩：高宗 343

潮州：世祖 003；高宗 101

楚旺集：文宗 033

楚雄：高宗 368；德宗 073、148

D

大芭蕉：高宗 100

大板昭：高宗 399

大播墟：文宗 012

大布戛：高宗 195

大潮沟：文宗 103

大定：高宗 067、113、210、567、612；宣宗 014、032、079、147；穆宗 022

大峰珠滩：高宗 461

大关：高宗 087、109、164、175、368；宣宗 067、108；德宗 072

大汉漕滩：高宗 048、076、100、114、210

大黑石滩：高宗 525

大虎跳：高宗 100

大湖滩：高宗 526、536、547

G

J

K

喀尔喀：高宗 050

喀尔布扎＜什＞：高宗 537

喀喇沙尔：高宗 486；宣宗 044

喀什噶尔：高宗 248、404、429、449、537；宣宗 042；文宗 056、088、091

卡了：高宗 365

开化府：世宗 005；高宗 037、083、179、553；宣宗 020、114、142；德宗 148

开建：文宗 012

康家沟：仁宗 031

康萨尔：高宗 386

柯虎口滩：高宗 100

克什米尔：高宗 578

空舻峡：高宗 357

科布多：穆宗 050；德宗 011

库车：高宗 256、290；宣宗 044、045；穆宗 003；德宗 110

库尔勒：高宗 267

库库雅尔庄：文宗 099、106

库伦：德宗 027

库穆什阿哈玛：高宗 486

库套子滩：高宗 585、587

苦竹滩：高宗 100

夔关：高宗 124；宣宗 066

夔协：高宗 124

夔州府：高宗 176、546、583；宣宗 108

奎乡：高宗 164

昆明：高宗 041、171、179、221、255、293、294、303、411、471、591

昆阳：宣宗 173

L

腊溪河：高宗 195

来凤：高宗 379；宣统 007

栏杆矶：高宗 217

滥田坝：高宗 076、114、163

兰阳汛：文宗 060、061

兰州：世祖 002；高宗 363

婪凤塘：高宗 545

刘家营：德宗 039

龙江：圣祖 010；宣宗 048、051、058、151

龙泉县：宣宗 108

龙胜：高宗 140

龙阳县：高宗 136

泸州：高宗 040、104、132、163、164、175、176、315、336、389、396、398、404、409、436、437、444、452、483、546；仁宗 006、024；宣宗 020、040、054、077、108、132、159、161、164；文宗 085、102；穆宗 014、015、021；德宗 049、056、103

泸宁营：高宗 089

渌生岭：高宗 011

鲁甸：高宗 175、368

鲁租：高宗 195

路南州：高宗 246

禄劝县：高宗 372、512

潞泽：穆宗 023

略阳县：高宗 454

略阳：高宗 245、557、564、570、605

锣锅耳：高宗 100

罗定州：高宗 101

罗星渡：高宗 107、111、116、132、154、163、164

M

麻哈：世宗 004

马边厅：高宗 534；宣宗 114

马伯汛：世宗 005

马家岭：高宗 030

马家赛：高宗 525

马兰镇：宣宗 018、019、023、024；文宗 052

马龙州：文宗 021

马鹿沟：高宗 195

脉阃塘：高宗 164

茂州：高宗 112、400

茅津渡：穆宗 023

美诺：高宗 365、399

猛康：世宗 005

蒙自县：高宗 044、297；仁宗 056；宣宗 045、114；文宗 005；德宗 144

蒙化厅：高宗 417

Q

蕲州卫：高宗 201、543

奇台县：仁宗 044

铅厂山：世宗 005

黔西州：高宗 210

乾田坝：高宗 100

乾溪滩：高宗 100

巧家：高宗 194；德宗 072

钦州：文宗 009

邛州：高宗 148

琼州：仁宗 001、002；德宗 062

庆远：世宗 016；高宗 284；仁宗 026

清河县：高宗 260、530；文宗 009、017

清江：宣宗 106、165、172；文宗 013

清江浦：宣宗 095

清口头坝：高宗 596

清溪县：高宗 112

清镇：世宗 004

青云：高宗 400

邱北：宣宗 114

曲江：高宗 101

曲靖：高宗 179、467、502；德宗 072

全州：高宗 295

R

热河：仁宗 016、032；文宗 026、045、066、096、109、111；德宗 065

仁怀：高宗 113；穆宗 028

仁育里：高宗 210

日耳：高宗 399

日尔拉山：高宗 390

日光山：太宗 001

瑞州府：宣宗 060

S

撒拉：高宗 399

撒拉尔：高宗 490

太平府：世宗 016、217、542

太原府：高宗 130、149

潭江：高宗 357

唐古忒：高宗 556、566、578

塘河：高宗 396

桃关：高宗 399

特穆尔里克：高宗 270

特衣：高宗 100、270

滕：高宗 098

腾越：高宗 310、334、496

天津：高宗 044、105、233、370、377、389、391、413、425、435、482、516、542、549、593；宣宗 035、036、093、103、107、132、133、147、151；文宗 044、057、089、097、099、101；穆宗 030、038、039、041、042、043、044、048；德宗 001、010、017、020、021、027、028、054、116、154；宣统 014、021

天马关：高宗 408

天平石：高宗 343

天平寨：德宗 045

天全州：高宗 224

天生桥：高宗 164

田家镇：宣宗 133

田庄台：文宗 101

铁壁关：高宗 301

桐城：文宗 033、034

桐梓县：高宗 534、594

通州：高宗 033、046、068、187、198、230、277、377、389、391、398、413、435、437、495、516、542；仁宗 032；宣宗 035、109；120、146、147、156；文宗 044、046、073、097、099；穆宗 029

通惠河：仁宗 031

潼关：穆宗 023

铜城：高宗 166

铜塘山：世宗 003

铜陵县：高宗 217

吐鲁番：世祖 002；宣宗 150

土富州：高宗 346

团山：宣宗 114

W

万城堤：高宗 583

X

新乡县：文宗 100

新野县：文宗 033

兴化：高宗 527

兴宁：高宗 433

兴山：宣统 007

星澳口：高宗 444

修文县：高宗 067

秀山：高宗 604

嗅脑：高宗 604

叙永厅：高宗 176

叙州府：高宗 064、166、176、583

徐州：高宗 370、543

宣恩：高宗 379；宣统 007

宣化县：高宗 011、536

宣威：高宗 467

浔州：世宗 016

寻甸：高宗 022、038、046、175、191、195、215、357、467；仁宗 006；宣宗 063；
　穆宗 037

Y

哑喇：高宗 604

雅安县：高宗 484

雅州：高宗 112、301；德宗 092

严王埔：高宗 100

盐井渡：高宗 064、087、109、132、163、164、175；德宗 106

盐源：高宗 112、225、345、498；文宗 036

兖州：高宗 259

延平府：高宗 555

烟台：德宗 024

扬州：高宗 049、341、543；宣宗 067、093

扬州关：仁宗 040

羊角：高宗 100

阳朔县：高宗 147

洋山矶：高宗 217

杨村：高宗 495、516、549

杨林矶：高宗 547

杨林洲：高宗 583

姚州：高宗 436

叶尔羌：高宗 252、256、258、429、449、537；宣宗 042；文宗 056、088、099、106

叶滩：高宗 100

义宁：高宗 035、140；文宗 040；德宗 045

沂＜水＞：高宗 098

峄县：高宗 098、高宗 543

异石滩：高宗 100、176

宜宾县：高宗 117、156、176

宜昌府：高宗 201、288、532、545、552、583；宣宗 066、132；穆宗 030、031、032；
　　宣统 019

宜春县：宣宗 060、102、104

宜都：高宗 504、545

宜禾县：仁宗 044

宜章：高宗 433

仪征：高宗 187、198、344、389、394、412、483、540；宣宗 015、035、132；穆宗 029

益阳：高宗 264、271

伊犁河：高宗 270

伊犁：高宗 363、404、429、449、450、456、531、537、555；仁宗 011、048；宣宗 044、
　　046、047、127；文宗 067；穆宗 006、048

伊利：德宗 110

易门县：宣宗 045

亦峰县：德宗 039

颍上：文宗 032

颍州：宣统 025

英德：高宗 029

英吉沙尔：宣宗 042；文宗 091

荥经：高宗 112、530

营口：德宗 024

永北厅：德宗 148；宣宗 007；宣统 023

永昌：高宗 299、303、306、310、313、334、368、385、411、519；宣宗 158

永从县：高宗 406

永福：高宗 072

永济县：穆宗 023

永宁：世宗 022；高宗 022、037、038、046、056、065、072、075、077、087、102、164、
　　166、175、176、215、396、483、532、546；文宗 085；穆宗 014

永平：高宗 368；文宗 050

永善：高宗 087、175、368、419；德宗 069

永绥：高宗 035

永顺：高宗 293

附录三

人名索引

A

B

C

鄂山：宣宗 046、069、092
鄂斯满：高宗 404
恩承：德宗 012、013
恩崇：穆宗 026
恩华：文宗 026
恩林：穆宗 005
恩麟：穆宗 013
恩铭：德宗 175
恩丕：圣祖 017
恩庆：高宗 519、521
恩瑞：穆宗 023
恩寿：德宗 151、157；宣统 019
恩锡：穆宗 046；德宗 007

F

法福礼：文宗 088、092
法灵阿：高宗 466
范璨：高宗 059
范承典：文宗 046
范重棨：高宗 477
范光晋：仁宗 023
范黑子：穆宗 026
范李：高宗 472
范梁：德宗 019
范清济：高宗 286、330、444、471、472、473、477、478、482
范时绶：高宗 208、212、215
范毓馪：高宗 096、097、099、119、472、477
范宜宾：高宗 325
樊好仁：高宗 109
方观承：高宗 153、233、286、294、300、303、387
方奎：宣统 017
方联选：宣宗 151
方汝翼：德宗 077、078、080
方汝绍：德宗 092
方若麟：宣宗 065
方世俊：高宗 327、328、330、332
方受畴：宣宗 005、006

519、528、529、538、544、551、553、555、573、577、590、594、600、602

富俊：仁宗 029

富稼：文宗 097、107、108；穆宗 017

富勒浑：高宗 237、353、365、369、400、447、497、500、502

富明安：高宗 304、325、343

富呢扬阿：宣宗 150

富尼善：高宗 556

符其珍：宣宗 058

G

噶什图：圣祖 028

甘麟：文宗 028

高斌：高宗 068、300

高崇基：德宗 071

高對：高宗 098

高凤翥：高宗 545

高拱乾：圣祖 008

高恒：高宗 300

高积：高宗 325、328、329、330、332

高晋：高宗 260、311、324、326、330、331、341、353、355

高朴：高宗 394

高其倬：世宗 004、005；高宗 001

高山辉：高宗 234

高小二：仁宗 012

高应元：文宗 043

刚毅：德宗 057、095

戈登：穆宗 036

戈靖：德宗 018

格桑纳木结：高宗 556

赓福：文宗 026、054

关大：穆宗 026

关保：圣祖 019

关继善：穆宗 026

宫尔劝：高宗 116、164、190、221

宫绮岫：高宗 341

宫思晋：宣宗 051

宫兆麟：高宗 322

龚凤来：仁宗 029

龚绶：宣宗 018

龚自闳：文宗 073

龚易图：德宗 036

古尼音布：德宗 008

固庆：文宗 091

顾琮：高宗 003、165

顾恩绶：文宗 009、014、016

观音保：高宗 327、328

管谐铎：宣宗 172、173

广和：宣宗 171

广厚：仁宗 045

广科：穆宗 047

郭安龄：宣宗 058

郭柏荫：穆宗 030、032、034、038、052

郭世勋：高宗 568

郭祥瑞：穆宗 012

郭一裕：高宗 227、234

郭愈博：高宗 420

郭振仪：高宗 190

国瑞：文宗 054

国泰：高宗 444

国燔：穆宗 003

贵保：仁宗 016

贵秀：德宗 175

贵正元：宣宗 076

桂芳：仁宗 037、043

桂良：宣宗 142；文宗 044、049、060、065

桂隆：宣宗 172

桂荣：文宗 054

桂文奎：宣宗 161、166、167、168、169、173

H

哈攀龙：高宗 161

哈国兴：高宗 334

哈色木：穆宗 003

海成：高宗 394、402

黄进学：宣宗 076

黄经：文宗 030

黄凝道：高宗 236、237

黄培庚：文宗 009

黄彭年：德宗 043、064

黄三太：文宗 097

黄思永：德宗 110

黄韶音：高宗 436、507

黄澍：高宗 525、535、546

黄廷桂：高宗 044、175、213、216、221、222、223、225、226、229、241、315

黄统：文宗 038

黄爵滋：宣宗 085

黄煊：德宗 158

黄元吉：宣宗 051

黄有德：高宗 201

黄岳牧：高宗 009、010

黄中杰：仁宗 050

黄宗汉：文宗 073、087

惠龄：高宗 524、526、532、540、544、548、569、574、579、583、584、608、610

惠亲王：文宗 039、058、070、072、080、089、098、105

惠山：德宗 073

珲春：宣统 005

J

纪兰馨：文宗 063

纪山：高宗 110、111、115、117、124、148、156

继格：德宗 039

吉尔杭阿：文宗 046、057

吉勒通阿：仁宗 032；文宗 037

吉庆：高宗 231、259；仁宗 001、002；穆宗 013

吉禄：仁宗 016

季华钟：高宗 341

季邦桢：德宗 111

嵇曾筠：高宗 009

嵇璜：高宗 405

贾朝相：高宗 502

贾洪诏：穆宗 012、015

K

喀尔吉善：高宗 098、155、178、234

喀宁阿：高宗 313、332

喀勒崇阿：宣宗 062、065

开泰：高宗 193、206、210、215、222、229、245、273

康绍镛：宣宗 051

克兴额：宣宗 020

科尔坤：圣祖 028

科灵阿：高宗 405

蒯德标：德宗 034、064

奎栋：穆宗 003

奎斌：德宗 041、071

奎俊：德宗 127、133

昆冈：德宗 118

廓尔喀：高宗 554、566、578

L

来彬：高宗 425

来存：文宗 072

赖氏：文宗 009

兰第锡：高宗 591、593

郎图：高宗 370

琅玕：高宗 511

劳崇光：文宗 062；穆宗 015、020、022

勒保：高宗 510、534、558；仁宗 007、023、036

勒尔谨：高宗 357、363

勒方锜：德宗 021

乐斌：文宗 104

雷鼎浩：高宗 435

雷应山：德宗 026

李蔼：仁宗 032

李保城：文宗 102

李秉衡：德宗 045

李秉钧：宣宗 062、067

李昌炽：文宗 094

李长生：太宗 001

李成礼：仁宗 037

李倧：太宗 001

李达：高宗 504

李得禄：文宗 012

李德生：宣宗 126

李度：仁宗 025

李端元：宣宗 027

李发源：高宗 416、419

李奉翰：高宗 480

李福泰：穆宗 032、038

李光地：圣祖 024

李瀚：高宗 386

李瀚章：穆宗 030、031、032、034、038、049、052、054；德宗 014

李鹤年：穆宗 034、044；德宗 002

李鸿宾：宣宗 023

李鸿章：穆宗 025、038、046；德宗 002、010、012、021、022、027、039、040、046、054、
    059、068、071、092、097

李湖：高宗 339、342、347、352、353、354、355、358、360、368、374、376、377、378、
    387、436、438、439

李傅：文宗 017、020

李继孟：高宗 530

李嘉端：文宗 032、034

李嘉祐：宣宗 073

李家驹：宣统 022

李杰：宣宗 151、153

李经羲：宣统 020、023

李九（春和）：穆宗 026

李钧：文宗 060、061

李恺：高宗 116

李科：文宗 074

李令仪：宣宗 165、166、167、168、160

李禄：仁宗 032

李铭楚：宣统 007

李朋：德宗 029

李清芳：高宗 103

李庆棻：高宗 501、517

李如兰：高宗 112、124

罗祖望：宣宗 062、065

骆炜：高宗 480、509

骆秉章：穆宗 015、020、021、022

M

马昌业：高宗 260

马朝柱：高宗 207

马承业：宣宗 051

马敦五：文宗 107、108

马恩溥：穆宗 034

马尔泰：高宗 029、052、067、100、101

马慧裕：仁宗 011

马甲：穆宗 010

马甲萨尼布：仁宗 032

马教思：圣祖 003

马齐：圣祖 014

马钤：高宗 250

马荣：穆宗 020

马生龙：高宗 321、326、349

马世济：圣祖 009、028

马文龙：仁宗 012

马心绥：高宗 480

马新贻：穆宗 030、032、036、038

马衍宗：高宗 499

马元烈：高宗 325、329

马元瑞：文宗 064

马曾裕：仁宗 044

迈拉逊：高宗 405

满珠巴咱尔：仁宗 004

毛奉仪：高宗 502

毛景：文宗 097

毛文铨：世宗 004

冒沅：德宗 090

梅启照：德宗 014

孟传金：穆宗 007

孟荫桂：德宗 020

密尔普拉特：高宗 404

弥乐石：德宗 148

绵岫：宣宗 018、019、020、023、024

绵性：穆宗 003

闵鹗元：高宗 472、475、478、511、530

明安：仁宗 004

明德：高宗 245、295、307、310、312、313、314、315、316、320、321、322、323、326、
　　334、335、336、337、340

明瑞：高宗 299、302

明山：高宗 298、303；宣宗 018、020、027

明善：穆宗 040

明兴：高宗 470、499、537

铭安：德宗 021、022、024、018

牟考祥：文宗 012

缪之琳：高宗 110

穆翰：文宗 029

穆克登阿：高宗 556

穆克登布：仁宗 017

穆图善：德宗 004

N

那苏图：高宗 051、053、062、074、080、092、097、104、106、300

那桐：德宗 132

那彦成：仁宗 011、049

难番：高宗 444

讷亲：高宗 105、129、130

倪文蔚：德宗 032、045、048

聂光谦：宣宗 073、075

聂缉规：德宗 111、150

牛射方：高宗 208

牛鉴：宣宗 137

诺尔卜查穆苏：世祖 004

讷尔经额：宣宗 080、089、096、133、144

诺穆亲：高宗 339、350、351、352、353、354、355、479、523、602

O

欧堪善：高宗 105

欧阳霖：德宗 158

戚大祥：文宗 066

耆龄：文宗 075

耆英：宣宗 056、058、062、144

奇凌阿：文宗 101

钱宝琛：宣宗 128、130

钱度：高宗 322、323、353、355、426

钱鸣萃：高宗 353

钱堑：文宗 028

钱琦：高宗 355

钱起程：高宗 353

钱维城：高宗 325、332

钱鋆：高宗 397

钱尊贤：宣统 020

谦光：德宗 098

谦禧：德宗 065

乔世臣：高宗 001

秦承恩：高宗 529、557、564、594、605

秦维岳：仁宗 013

秦士纶：宣宗 062

秦绶章：德宗 120

庆保：宣宗 013

庆复：高宗 019、022、028、034、037、039、040、041、044、046、048、056、059、061、
066、067、089、104、110、117、163

庆桂：仁宗 016

庆惠：文宗 039、040、046、049

庆杰：仁宗 004

庆奎：穆宗 047

庆麟：高宗 566

庆祺：文宗 078

庆瑞：宣宗 051；文宗 082、094

庆锡：文宗 046、050、052、053

庆英：文宗 091

庆玉：宣宗 023

邱翰元：宣宗 086

邱鉴：高宗 188

邱日荣：高宗 391

邱树棠：宣宗 021

史贻直：高宗 003

舒常：高宗 362、442、445、492

舒赫德：高宗 098、105、112、159、161、163、166、252、256、258

舒洪：仁宗 012

舒辂：高宗 169、170

舒兴阿：文宗 021、075、079

沙玛尔巴：高宗 562、566

傻李：宣宗 020、021

绍祺：德宗 039

邵滋：高宗 436

沈葆桢：德宗 014、105

沈秉成：德宗 071

沈承恩：宣宗 169

沈良遇：高宗 201

沈清任：高宗 481、483

沈平：仁宗 032

沈改之：宣宗 065

申保：高宗 370、449、456

盛朝辅：文宗 036

盛泰：仁宗 016

盛熙瑞：宣宗 165、166、167、168、169

施钟：文宗 016

寿元渭：宣宗 172

淑宝：高宗 326、371

书麟：高宗 576；仁宗 027

帅承瀛：宣宗 006

硕色：高宗 016、065、075、190、194、201、206、210、220、221、236

硕隆武：宣宗 042

司马驹：高宗 581

宋邦绥：高宗 291、294

宋昌玲：高宗 491

宋晋：穆宗 017

宋敬思：德宗 039

宋淇：文宗 002、003

宋寿图：高宗 132、197

宋体乾：宣统 023

宋延春：穆宗 032

吴存礼：高宗 007

吴存义：穆宗 011

吴达善：高宗 274、325、327、328、329、330、332

吴大澂：德宗 024、095

吴光奎：德宗 092

吴国治：高宗 329

吴鸿昌：文宗 009、014、015

吴虎炳：高宗 427

吴健彰：文宗 038

吴璥：仁宗 046、047

吴开阳：宣宗 172、173

吴牛子：宣宗 024

吴其濬：宣宗 133、155

吴全美：文宗 059

吴绍诗：高宗 311

吴士端：高宗 153、251

吴寿朋：高宗 534

吴棠：穆宗 025、032、049、052、054；德宗 002

吴廷柱：宣宗 051

吴文镕：文宗 010、017、033

吴兴远：高宗 162、164

吴应棻：高宗 014

吴垣：高宗 492

吴元炳：穆宗 049、052；德宗 002、014、043

吴振棫：文宗 043、085、093

吴之黼：高宗 436

伍拉纳：高宗 527、555

五灵泰：仁宗 011、016

武隆阿：宣宗 042

乌兰都：文宗 111

乌勒欣泰：文宗 091

X

席椿：高宗 116

锡拉那：文宗 106

锡良：德宗 153、156、179；宣统 004

锡麟：文宗 050

熙麟：穆宗 013

喜昌：德宗 024、026

希元：德宗 040、046、059

夏履端：高宗 234

遐龄：仁宗 011、016

宪德：高宗 016、124

祥庆：文宗 090

祥云保：宣宗 042

向荣：文宗 021、027、059

萧得功：高宗 109

萧霖：高宗 539、541

萧明堂：宣宗 133

萧文言：高宗 462

效曾：德宗 159

解韬：高宗 217

谢光绮：德宗 045

谢国史：高宗 217

谢洪恩：高宗 528

谢人龙：宣宗 169

新柱：高宗 069、076、086、159、163、166

兴善：宣宗 086

熊枚：高宗 609

熊文藏：高宗 361

熊墀：仁宗 053

熊骧保：德宗 158

熊学鹏：高宗 265、266

熊遇泰：宣宗 037

许大纶：宣宗 169

许保瑚：文宗 017

许保琅：文宗 017

许光第：德宗 020

许容：高宗 053、061

许文衡：高宗 329

许文谡：宣宗 116；文宗 017

许应鑅：德宗 077、078

许应元：宣宗 073

许肇坤：高宗 116

Y

玉明：文宗 103

玉书：穆宗 010

毓岱：宣宗 004

毓禄：穆宗 027

毓奇：高宗 504、523

毓书：文宗 029、045

裕长：德宗 084、096、111

裕诚：宣宗 078、086、113

裕宽：德宗 032、095

裕禄：德宗 043、045、048、055、057、059、071

裕谦：宣宗 135

裕瑞：文宗 025、033、036、099、106

裕泰：宣宗 140、142

俞廉三：德宗 127

俞汝本：宣宗 151

于德立：德宗 098

于凌辰：穆宗 040

袁甲三：文宗 033

袁保恒：穆宗 044

袁大马（袁得山）：德宗 029、030

袁金城：高宗 143

袁立儿（袁顺儿）：德宗 029、030

袁敏升：宣宗 079

袁庆元：德宗 090

袁三马儿：德宗 025

袁世凯：德宗 154；宣统 024、025

袁守侗：高宗 353、355

袁树勋：宣统 005

袁文祥：宣宗 103、107

岳濬：高宗 012、027、084、179

岳钟琪：高宗 168

恽毓鼎：德宗 114

Z

皂保：穆宗 011

载铨：文宗 039

载垣：文宗 071

374、378、385、387、426

赵炳麟：宣统 012

赵炳琇：文宗 026

赵长龄：穆宗 022

赵德辙：文宗 083

赵尔巽：德宗 180；宣统 020

赵尔丰：德宗 183、184；宣统 020

赵辅：文宗 026

赵光祖：宣宗 171

赵黑汉：宣宗 020

赵亨钤：宣宗 151

赵恒裕：仁宗 012

赵宏恩：高宗 023、035

赵继椿：德宗 158

赵坤：世宗 004

赵昆：文宗 009、014、015

赵麟：仁宗 011

郑梅梅：高宗 157

赵儒：世宗 021

赵申乔：圣祖 021、023、025、028

赵慎畛：宣宗 025；宣宗 040

赵树吉：穆宗 021

赵舒翘：德宗 105

赵文在：宣宗 029

赵映奎：高宗 417

赵有保：高宗 502

赵堉林：文宗 005

赵州：高宗 368

昭丕雅大库：高宗 006

兆惠：高宗 248

哲臣：穆宗 001

准泰：高宗 049、086、122、141、149、150、166

郑大进：高宗 422、437、438、439、511

郑敦谨：穆宗 034

郑华：高宗 502

郑老么：仁宗 012

郑文焕：高宗 089

邹衍泰：文宗 014、016、097

邹永绥：高宗 326

邹子鸥：德宗 101

朱澜：高宗 425

朱成烈：宣宗 120

朱淳：宣宗 133

朱凤英：高宗 016

朱圭：高宗 536

朱红：高宗 100

朱桓：仁宗 015

朱家宝：宣统 001、007、008、010

朱理：仁宗 040

朱濆：仁宗 034

朱壬林：宣宗 066

朱绍恩：宣宗 086

朱绍曾：宣宗 029

朱士鳌：高宗 444

朱士龙：仁宗 011、013、016

朱寿湘：宣宗 095

朱叔权：高宗 052

朱渥：仁宗 034

朱毓炯：高宗 569

朱藻：高宗 165

朱之弼：圣祖 001

祖尚志：高宗 024

左国兴：高宗 310

左宗棠：穆宗 044

附录四

铜铅矿厂、矿地索引

云南

大铜新厂：高宗 255

凤凰坡厂（路南）：宣宗 027

日见汛厂：高宗 253、392

义都厂（易门）：高宗 297、392

茂隆厂（会泽）：高宗 317、408

香冲（平彝）：高宗 372

狮子山（禄劝）：高宗 372、458

力苏箐（大姚）：高宗 372

九渡箐新厂：高宗 372

大功山（云龙）：高宗 372

大美厂（罗次）：高宗 392

香树坡厂（南安）：高宗 392

马龙寨厂：高宗 392

得胜厂（永北）：高宗 392

白羊厂（云龙）：高宗 392

发古厂（寻甸）：高宗 401

万象厂：高宗 401

箐口（发古、万象兼办）：高宗 401

革浪河（发古、万象兼办）：高宗 401

茨营山（发古、万象兼办）：高宗 401

回龙厂（丽江）：仁宗 014

万宝厂（易门）：宣宗 045

牛泥塘：德宗 042

白锡蜡山（巧家）：德宗 072

广西

南丹厂（铜、锡、银：河池）：世宗 005；高宗 072、100

响水厂（河池）：高宗 072

渌生岭（铅：宣化）：高宗 011

回头山（铜铅：恭城）：高宗 072、086、100、357、371

山斗冈（铜铅：恭城）：高宗 086、357、371

石口子垒（恭城）：高宗 357

将军山（银铅铜：怀集）：高宗 072、170

将军山厂（怀集）：高宗 072、090

响水厂：高宗 072、283

临桂：高宗 072

永福：高宗 072

都匀厂（铅：都匀）：高宗 257

福集厂（铅：水城）：高宗 517；宣宗 055

白岩子厂（铅）：宣宗 055

西良山铜矿：德宗 074

月亮岩（铅）：高宗 102

四川

紫古唰厂（冕宁）：高宗 089、125、209、213、484

沙鸡铅厂（铅：冕宁）：高宗 209

金牛厂（冕宁）：高宗 484

建昌厂（建昌）：高宗 115

迤北厂（建昌）：高宗 213

沙沟厂（建昌）：高宗 125、213、484

黎溪白铜厂（会理）：高宗 115、222、226、229

金狮厂（会理）：高宗 484

老洞沟（乐山）：高宗 117、156、189、199、216

梅子凹（宜宾）：高宗 117、156、185

甲子夸厂（盐源）：高宗 223、498

蔑丝罗厂（盐源）：高宗 223、225、484

甲子夸厂（铜铅：盐源）：高宗 498

豹子沟厂（铜铅：盐源）：高宗 498

月花楼厂（铜铅：盐源）：高宗 498

大川铜厂（天全）：高宗 224

天台山铜矿（平武）：高宗 273

金马厂（西昌）：高宗 484

铜大厂（马边）：高宗 534

分水岭厂（雷波）：高宗 534

乌坡厂：宣宗 040、090、118

通安厂（宁远）：德宗 085

陕西

宝玉堂：高宗 104

王家梁：高宗 104

竹林洞：高宗 104

铜洞坡：高宗 104

青子沟：高宗 104

华阳川（铅：华阴）：高宗 104

兴隆湾（略阳）：高宗 557、558、559、605

山西

交城（铜铅：太原）：高宗 130

铜山（南山）铜矿（绛县）：文宗 107、108

中条山铜矿（绛县）：穆宗 001

湖北

三宝山（远安县）：高宗 137

新疆

库车：高宗 256

阿克苏：高宗 256、258

叶尔羌：高宗 256、258

拜城：高宗 265

硕尔布拉克：高宗 268

大石头（奇台）：仁宗 044

羊圈湾（都兰哈拉）（铅：宜禾县）：仁宗 044

遍山线（银铜）：文宗 029

锡蜡片（银铜）：文宗 029

牛圈子沟（银铜）：文宗 029

罗布淖尔（铜铅：镇迪道）：文宗 054

三个山（铜铅：镇迪道）：文宗 054

雅玛图铜厂（铜铅：伊犁）：文宗 057、067

昌巴尔山铜厂：文宗 088

河南

李封村（河内县）：高宗 280

甘肃

中山嘴铜矿（西和）：高宗 410

直隶

四道沟（平泉）：仁宗 004、032

云梯沟（平泉）：仁宗 004

铅硐沟铜厂（平泉）：文宗 066、096；德宗 065

八沟：仁宗 032

宝丰铜厂：文宗097

永丰铜厂：文宗097

江西

石围山（宜春）：宣宗060

登埘里（铜、铅：宜春）：宣宗102、104

叶丝冲山（萍乡）：宣宗060

广东

大艳山（海南琼州）：德宗062

后 记

铜作为一种金属物质，以其特有的坚固性和良好的延展性，在促进早期人类文明的质性飞跃上作出了难以估量的贡献。中国文明从传说时代进入历史时代，铜也是居功至伟的第一物资。在将我国如此广袤、差异巨大的国土联系起来上，铜的作用同样功不可没，因为在秦始皇一统六合之前，我国的青铜器已先期实现在这片土地上的万里同风了。

我国地域辽阔，铜矿的分布却不均衡，万里同风的铜器，必定伴随着万里流转的铜业贸易。不管这种贸易是部族之间的、方国之间的，抑或是个体商人的行为、帝国内部的调配，他们的迁徙流转承载的必定还有文明的交流、文化的融通。

进入铁器时代，铜的作用似乎并不那么重要了，但是，大一统帝国的天子们，却还有一个理想是寄托在铜之上的，那就是把帝国的铜钱流布到帝国的每一个角落。这个理想在清代终于实现了，康熙帝自豪地说："钱法流行莫如我朝，南至云南、贵州，北至蒙古，皆用制钱，从古所未有也！"但是，支撑清帝如此豪迈的，却基本是帝国西南极边之地的云南省，尤其是滇东北一隅的铜矿资源。

滇东北地处我国著名的川滇铜矿带上，铜矿储藏虽然丰厚，地理环境却不太利于人居，山高水深、瘴气蛮荒。但自明代中期以来，当帝国的运转愈发依赖铜钱的时候，为了改善自身生存状况的人们便开始大举进入滇东北，用钎锤斧凿、烈火精钢，唤醒了这里沉睡已久的铜矿。至清代，官商合采，每年数百万斤铜材，穿越重山，全贯长江，北转运河，行程万里，直达帝国心脏，供京城户、工二部铸钱，赣、闽、鄂、浙等八省亦仰赖滇铜鼓铸，滇东北铜矿支撑起了帝国货币的大半江山。滇东北铜矿最富之东川府，也仅以一县一厅的编制，列为名郡，成为大清帝国的铜冶特区。

与此相伴的，是八方的商官工伎源源而来，附带着各地的风俗、文化，乃至西洋诸教，在东川府治会泽县汇聚融合。会泽县城各方会馆、庙堂号称一百零八所承载的极度喧嚣和盛世繁华，也让滇东北这片荒瘴僻土迎来了空前的人气和亘古未有的文明，星极长空，光耀天南。

彼时的云南，以铜为政，政以铜兴，铜兴而百事举，铜衰而百业弊。铜衰而百业弊，但铜兴时带来的文明却生根发芽，滇省人物在清末民初盛极一时，纵横叱咤在全国的历史舞台上，以其鲜明个性变幻风云、改天换地。而并非理想人居之地的滇东北，至今仍是全滇人口稠密、汉文化古风荡荡的神奇土地。

但是，时过境迁，当滇东北的铜矿业衰落既久，这段辉煌的历史也渐渐埋没在人们的记忆之中，加之边地僻土，身处学术中心地区的学者们也难以注意到这段昔日帝国盛极巅峰时，支撑着她的辉煌与荣耀的，只属于这片边地的光荣岁月，以及用血泪和汗水浇灌出这片光荣的各色人物的悲欢离合，还有帝国与这片土地的深沉关系。

值今地方文化研究方兴未艾之际，我们觉得滇东北这段兴盛的铜业开发史，以及整个中华民族的用铜史，都应当在我们民族的记忆中恢复过来，并填充进她应有的空间。利用这段记忆去探究我们民族的另一个侧面的过去，思考另一种可能的今天和未来。

我校领导以敏锐的眼光，发现了这种历史文化给予曲靖和曲靖师范学院发展的重要契机，在学校建立了中国铜商文化研究院，希望以之为平台，恢复滇东北这段辉煌的铜业开发记忆，并以之为基点探究中国历史曾有过的运作机态，并以铜矿采冶和铜材、铜钱、铜器的贸易和流转为中心，探究其全流通行经地的文化生态的生成、变迁和演化，及其过去的作用、今天的影响、未来的导向。所以，铜商文化研究，是经济史、科技史，也是政治史、社会史、文化史，总之，是一门多学科的综合研究。

也许，我们所用以概括我们研究对象的"铜商文化"命题，目前尚有争议，对此，我们的基本态度是暂且搁置争议，全力用心开拓，当我们的研究达到一定广度和深度时，我们就能让这个命题成立，即便不能，也可以寻觅出更科学、更合适的命题。为了实现我们的目标，我们在成立之初即确定了"四步走"的发展规划：第一步是搜集、编辑中国铜商文化研究的相关资料，建立传统文献、档案资料、视频、音频等的数据库，形成研究工作开展的基础；第二步是进行研究，形成我们的代表性成果；第三步是以我们第一、二步取得的成绩为基础，进行广泛的学术交流，逐步推广铜商文化研究，初步形成铜商文化研究的群体力量；第四步是进入应用阶段，搜集铜商文化相关遗物，建立展览馆，利用我们的基础研究积累，为相关地方的文化产业发展提供咨询、规划、决策等的专业服务。

这本资料的编纂，便是我们"第一步"里的第一份重要工作。若说有了这部资料，就可以把铜商文化研究推向深入，显然是极不现实的。这部资料的最大价值，我们的定位也只是为有清一代的铜业铜政，勾勒出一个概貌而已。但就是如许简单的一份心愿，其实要完成也是很繁杂艰难的，从搜集资料、编辑、点校，我们三人用去了将近一年的时间。而这段时间的付出，其出产仍难以达到我们的预期，因为涉入浩繁的《清实录》后，我们才发现，所谓"铜业铜政资料"，并不单纯，要全面反映的话，还应当将很多非铜矿业的资料、金融资料、祭祀、军事资料等一一揽入，但这不是短时期可以完成的，所以我们不得不只保留表面上直接相关性较高的，其他就留待后续了。从本资料的标点来说，也尚有颇不尽如人之处，我们所能保证的只是通得过自己的掂量，然后期待方家的批评和斧正。

这本资料终于完稿，首先要感谢曲靖师范学院院长、书记的关怀，中国铜商文化研究院是他们决策的结果，也是他们寄予了我们厚望，为我们研究的起步和沿着正确方向开展提供了指导。其次要特别感谢张永刚院长的大力支持，我们才有了开展这项工作的基础保障。最后，还要感谢杨黔云院长平时无有巨细的悉心指导。

此外，这本资料得以出版，也要感谢西南交通大学的杨岳峰、黄庆斌先生，他们敏锐的眼光，让我们坚信我们的工作会是有意义的。也感谢吴迪女士对我们文本的精细校对。

编者

2015 年 12 月